Cisco Netzwerke
Troubleshooting

Laura Chappell/Dan Farkas
(Hrsg.)

Übersetzung:
Cosmos Consulting

Cisco Netzwerke Troubleshooting

Markt+Technik Verlag

Die Deutsche Bibliothek – CIP-Einheitsaufnahme

Ein Titeldatensatz für diese Publikation ist bei
Die Deutsche Bibliothek erhältlich.

Die Informationen in diesem Produkt werden ohne Rücksicht auf einen
eventuellen Patentschutz veröffentlicht.
Warennamen werden ohne Gewährleistung der freien Verwendbarkeit benutzt.
Bei der Zusammenstellung von Texten und Abbildungen wurde mit größter
Sorgfalt vorgegangen.
Trotzdem können Fehler nicht vollständig ausgeschlossen werden.
Verlag, Herausgeber und Autoren können für fehlerhafte Angaben
und deren Folgen weder eine juristische Verantwortung noch
irgendeine Haftung übernehmen.
Für Verbesserungsvorschläge und Hinweise auf Fehler sind Verlag und
Herausgeber dankbar.

Autorisierte Übersetzung der amerikanischen Originalausgabe:
CISCO Internetwork Troubleshooting © 1999 by Cisco Press

Alle Rechte vorbehalten, auch die der fotomechanischen Wiedergabe und der
Speicherung in elektronischen Medien.
Die gewerbliche Nutzung der in diesem Produkt gezeigten Modelle und Arbeiten
ist nicht zulässig.

Fast alle Hardware- und Softwarebezeichnungen, die in diesem Buch erwähnt werden,
sind gleichzeitig auch eingetragene Warenzeichen oder sollten als solche betrachtet werden.

Umwelthinweis:
Dieses Buch wurde auf chlorfrei gebleichtem Papier gedruckt.
Die Einschrumpffolie – zum Schutz vor Verschmutzung – ist aus umweltverträglichem
und recyclingfähigem PE-Material.

10 9 8 7 6 5 4 3 2 1

03 02 01 00

ISBN 3-8272-5728-X

© 2000 by Markt+Technik Verlag,
ein Imprint der Pearson Education Deutschland GmbH,
Martin-Kollar-Straße 10–12, D-81829 München/Germany
Alle Rechte vorbehalten
Einbandgestaltung: Helfer Grafik Design, München
Programmleitung: Erik Franz, efranz@pearson.de
Übersetzung und Lokalisierung: Cosmos Consulting GmbH/
Systemhaus/ISP/Redaktion, Cisco@cosmosnet.de
Fachlektorat: Ralf Kothe, Cisco Systems GmbH
Herstellung: Claudia Bäurle, cbaeurle@pearson.de
Satz: text&form, Fürstenfeldbruck
Druck und Verarbeitung: Bercker, Kevelaer
Printed in Germany

Inhaltsverzeichnis

Vorwort		11
Einleitung		13
Teil I:	Fehlersuche – Werkzeuge und Methoden	17
1	**Die Methodik der Fehlersuche**	**19**
1.1	Die systematische Fehlersuchmethode	20
1.2	Die Komplexität von Internetzwerken	21
1.3	Das Problemlösungsmodell	23
1.3.1	Schritt 1: Das Problem festlegen	24
1.3.2	Schritt 2: Das Sammeln von Fakten	27
1.3.3	Schritt 3: Betrachtung der Möglichkeiten	27
1.3.4	Schritt 4: Die Erstellung eines Aktionsplans	29
1.3.5	Schritt 5: Die Ausführung des Aktionsplans	31
1.3.6	Schritt 6: Die Überprüfung der Ergebnisse des Aktionsplans	32
1.3.7	Schritt 7: Die Wiederholung des Problemlösungsprozesses	33
1.3.8	Schritt 8: Die Lösung des Problems	34
1.4	Ihre eigene Vorbereitung auf die Fehlersuche	35
1.5	Zusammenfassung	37
1.6	Test 1: Die Methodik der Fehlersuche	38
2	**Ein Überblick über die Protokolleigenschaften**	**41**
2.1	Grundlegende Protokolleigenschaften	42
2.1.1	Verbindungsorientierte Dienste	43
2.1.2	Verbindungslose Dienste	44
2.1.3	Beispiele zu Verbindungsabläufen	45
2.2	Ausführliche Protokolleigenschaften	51
2.2.1	Vergleich von verbindungsorientierten und verbindungslosen Protokollen	53

2.2.2	Die Eigenschaften der OSI-Schicht 2	59
2.2.3	Die Eigenschaften der OSI-Schichten 3 bis 7 – geroutete Protokolle und Routing-Protokolle	123
2.3	Zusammenfassung	186
2.4	Test 2: Überblick über die Protokolleigenschaften	188
3	**Die Cisco-Routing- und -Switching-Prozesse**	**193**
3.1	Routing	193
3.2	Switching	195
3.2.1	Grundlegende Switching-Pfade	196
3.2.2	Ein Beispiel eines Paketflusses	202
3.2.3	Switching-Features, die die Performance beeinflussen	205
3.2.4	Prozess-Switching	207
3.2.5	Systempufferung und -Queuing	208
3.2.6	Eingehende und ausgehende Queues	211
3.2.7	Schnittstellenpuffer	212
3.3	Zusammenfassung	213
3.4	Test 3: Die Cisco-Routing- und -Switching-Prozesse	213
4	**Werkzeuge zur allgemeinen Fehlersuche**	**217**
4.1	Einfache Kabeltestgeräte	218
4.2	High-End-Kabeltester	219
4.3	Werkzeuge zum Test von digitalen Schnittstellen	221
4.4	Netzwerkmonitore	222
4.5	Protokoll-Analyzer	223
4.6	Netzwerkmanagementsysteme	226
4.7	Simulations- und Modellierungswerkzeuge	228
4.8	Zusammenfassung	229
4.9	Test 4: Werkzeuge zur allgemeinen Fehlersuche	229
5	**Die Cisco-Management- und -Diagnose-Werkzeuge**	**231**
5.1	Die Cisco-Management-Werkzeuge	231
5.1.1	CiscoWorks	232
5.1.2	Die Netsys-Netzwerk-Management-Suites	235
5.1.3	Die TrafficDirector-Remote-Monitoring-Software	238
5.1.4	Die Switch-Management-Applikation VlanDirector	241
5.1.5	Der WAN-Manager	242
5.2	Die Cisco-Diagnosebefehle	243
5.2.1	Die show-Befehle	246
5.2.2	Die debug-Befehle	278
5.2.3	Die Befehle ping und trace	287
5.2.4	Der cdp-Befehl	302
5.3	Core-Dumps	316
5.4	Zusammenfassung	317
5.5	Test 5: Cisco-Management- und -Diagnosewerkzeuge	317

6	Beispielaufgaben zur Fehlersuche	319
6.1	Aufgabe 1: Ein Token-Ring-Netzwerk	319
6.2	Aufgabe 2: Der Router Sydney	322
6.3	Aufgabe 3: Der Router Brussels	327
6.4	Zusammenfassung	338
Teil II:	Fehleranalyse Routing und geroutete Protokolle	339
7	Die Fehlersuche bei TCP/IP-Verbindungen	341
7.1	Die TCP/IP-Diagnose-Werkzeuge eines Routers	341
7.1.1	Der TCP/IP-Befehl ping	342
7.1.2	Der TCP/IP-Befehl trace	347
7.1.3	Die show-Befehle des TCP/IP	349
7.1.4	Die debug-Befehle des TCP/IP	362
7.2	Die Isolierung von Problemen in TCP/IP-Netzwerken	371
7.2.1	Symptom: Benutzer können nur auf einige Hosts zugreifen, aber nicht auf andere	372
7.2.2	Symptom: Benutzer können sich nicht verbinden, wenn ein redundanter Pfad ausgefallen ist	375
7.3	Die Fehlersuche in IP-Internetzwerken mit Windows NT	375
7.3.1	Browsing-Probleme	378
7.4	Symptome und Probleme beim TCP/IP	379
7.5	Probleme und Aktionspläne beim TCP/IP	381
7.5.1	Das Pingen Ihrer Loopback- und lokalen IP-Adresse	385
7.5.2	Das Pingen Ihres Cisco-Routers	385
7.5.3	Das Pingen des DNS-Servers, des Standard-Gateways und des WINS-Servers	385
7.5.4	Das Pingen der externen Ziel-IP-Adresse	386
7.5.5	Das Werkzeug tracert	387
7.5.6	Die Überprüfung der Routing-Tabelle auf einem Windows-NT-System	387
7.5.7	Die Entleerung des ARP-Cache eines Windows-NT-Systems	388
7.5.8	Die DNS-Konfiguration	389
7.5.9	Die HOSTS-Datei	389
7.5.10	Die LMHOSTS-Datei	390
7.5.11	Winsock-Proxy-Probleme	390
7.6	Zusammenfassung	391
7.7	Test 7: Die Fehlersuche bei TCP/IP-Verbindungen	392
8	Die Fehlersuche bei Novell-Verbindungen	395
8.1	Die Diagnose-Werkzeuge eines Routers für NetWare von Novell	395
8.1.1	Der IPX-Befehl ping	396
8.1.2	Die show-Befehle des IPX	396
8.1.3	Die debug-Befehle für das IPX	412

8.2	Die Isolierung von Problemen in NetWare-Netzwerken	419
8.3	Symptome und Probleme unter NetWare	423
8.3.1	Die Fehlersuche bei unpassenden Einkapselungen	424
8.4	NetWare-Probleme und Aktionspläne	425
8.5	Zusammenfassung	429
8.6	Test 8: Die Fehlersuche bei Novell-Verbindungen	430
9	**Die Fehlersuche bei AppleTalk-Verbindungen**	**433**
9.1	Die Diagnosewerkzeuge eines Routers für das AppleTalk	433
9.1.1	Die show-Befehle des AppleTalk	433
9.1.2	Die NBP-Untersuchung	453
9.1.3	Die debug-Befehle des AppleTalk	455
9.2	Die Isolierung von Problemen in AppleTalk-Netzwerken	466
9.3	Symptome und Probleme unter AppleTalk	468
9.4	AppleTalk-Probleme und Aktionspläne	471
9.5	Konfigurationstipps für AppleTalk-Internetzwerke	476
9.6	Zusammenfassung	477
9.7	Test 9: Die Fehlersuche bei AppleTalk-Verbindungen	478
Teil III:	**Fehleranalyse Campus Switching und VLAN**	**481**
10	**Die Diagnose und Behebung von Catalyst-Problemen**	**483**
10.1	Ein Überblick über die Catalyst-Reihe	484
10.2	Die interne Architektur des Catalyst 5000	485
10.3	Die Catalyst-Switching-Technologie	489
10.4	Ein Überblick über Spanning-Tree	491
10.4.1	Die VLAN-Frame-Markierung bei einer ISL	494
10.4.2	Die Fehlersuchwerkzeuge des Catalyst 5000	503
10.4.3	Die Überprüfung der Catalyst-Switch-LEDs	506
10.4.4	Die Diagnosewerkzeuge des Catalyst-Switch 5000: ping	510
10.4.5	Das CDP	511
10.4.6	SPAN	513
10.5	Die Catalyst-Befehle	516
10.5.1	Die show-Befehle für die Systemeinstellungen	516
10.5.2	Die show-Befehle für die Switch-Konfiguration	522
10.6	Die Isolierung von Problemen in Catalyst-Netzwerken	529
10.7	Catalyst-Symptome und Probleme	531
10.8	Zusammenfassung	532
10.9	Test 10: Die Diagnose und Behebung von Catalyst-Problemen	533
11	**Die Fehlersuche in VLANs auf Routern und Switches**	**535**
11.1	VLANs in gerouteten und geswitchten Netzwerken	537

11.2	Das Switching, die Übersetzung und das Routing eines VLAN	538
11.3	Die Übersetzungsfunktion der Schicht 2 auf einem Router	540
11.4	Die Cisco-IOS-Fehlersuche im Fast-Ethernet	541
11.5	Die Punkte einer VLAN-Fehlersuche	544
11.5.1	Das VLAN-Design	544
11.5.2	Die Funktionalität eines Routers in einem geswitchten Netzwerk	546
11.5.3	CDP	547
11.5.4	Der Einsatz des Telnet zu einem Switch auf einem anderen Subnetz	548
11.6	Die show-Befehle für VLANs auf einem Router	549
11.6.1	Der Befehl show vlan	550
11.6.2	Der Befehl show span	550
11.7	Die debug-Befehle für VLANs auf einem Router	553
11.7.1	Der Befehl debug vlan packet	554
11.7.2	Der Befehl debug span	555
11.8	Die Isolierung von Problemen in Router/Switch-VLAN-Netzwerken	556
11.8.1	Ein Beispiel zur Fehlersuche: verworfene Pakete und Schleifen	557
11.8.2	VLAN-Symptome und Probleme auf Routern	559
11.9	Zusammenfassung	560
11.10	Test 11: Die Fehlersuche in VLANs auf Routern und Switches	560
Teil IV:	**Fehleranalyse WAN**	**563**
12	**Die Diagnose und die Behebung von Frame-Relay-Problemen**	**565**
12.1	Die Fehlersuche im Frame-Relay	565
12.1.1	Das Frame-Format des Frame-Relays	567
12.1.2	Die Isolierung von Problemen in Frame-Relay-WANs	568
12.1.3	Ein Überblick über die Fehlersuchbefehle	571
12.2	Die Diagnosewerkzeuge im WAN und beim Frame-Relay	572
12.2.1	Die show-Befehle des Frame-Relay	572
12.2.2	Die debug-Befehle für das Frame-Relay	579
12.2.3	Die Loopback-Tests für das Frame-Relay	585
12.3	Zusammenfassung	585
12.4	Test 12: Die Diagnose und die Behebung von Frame-Relay-Problemen	586

13	Die Diagnose und die Behebung von ISDN-BRI-Problemen	589
13.1	Die Isolierung von Problemen in ISDN-BRI-Netzwerken	589
13.1.1	Ein Überblick über die Fehlersuchbefehle	593
13.2	Die Diagnosewerkzeuge für die ISDN-BRI	594
13.2.1	Die show-Befehle der ISDN-BRI	594
13.2.2	Die Fehlersuche auf der S/T-Schnittstelle der Schicht 1	600
13.2.3	Die debug-Befehle des ISDN-BRI	607
13.3	Zusammenfassung	632
13.4	Test 13: Die Diagnose und die Korrektur von ISDN-BRI-Problemen	632

Teil V: Anhang 635

Anhang A: Antworten zu den Tests 637

Anhang B: Die Cisco-Supportfunktionen 651

B.1	Die Nutzung der CCO zur Vermeidung von Problemen	654
B.1.1	Die Cisco-Dokumentation	655
B.1.2	Die Cisco Press	656
B.1.3	Der CCO-MarketPlace	656
B.1.4	Das CCO-Software-Center	657
B.2	Der Einsatz der CCO zur Problembehebung	658
B.2.1	Das Bug-Toolkit II von Cisco	659
B.2.2	Die CCO-Troubleshooting-Engine	660
B.2.3	Der CCO-Stack-Decoder	660
B.2.4	Das Open Forum der CCO	661
B.2.5	Das TAC	662
B.3	Die CCO-Trainingsinformationen	664
B.4	Zusammenfassung	665

Anhang C: Referenzen und empfohlene Literatur 667

Anhang D: Prüfliste und Arbeitsblatt zur Problemlösung 675

Stichwortverzeichnis 681

Vorwort

Im April 1998 startete Cisco Systems, Inc. eine neue berufsfördernde Initiative mit dem Titel Cisco Career Certifications. Diese Zertifizierungen zielen auf den weltweit wachsenden Bedarf nach mehr (und besser) ausgebildeten Computernetzwerk-Experten. Basierend auf dem äußerst erfolgreichen Cisco-Programm für Cisco Certified Internetwork Experts (CCIE) können Sie sich durch das von der Industrie am höchsten angesehene Netzwerkzertifizierungsmedium der Cisco Career Certifications auf verschiedenen technischen Fähigkeitsstufen zertifizieren lassen.

Cisco Internetwork Troubleshooting präsentiert Ihnen alle Themen des anspruchsvollen Unterrichtskurses gleichen Namens zur Zertifizierungsvorbereitung. Die Prüfung zum Cisco Internetwork Troubleshooting (CIT) ist eine von vier erforderlichen auf dem Weg zum Cisco Certified Network Professional (CCNP). Ganz gleich, ob Sie dieses Buch zur Vorbereitung auf den CCNP durcharbeiten oder lediglich ein besseres Verständnis für die Entdeckung von Fehlern und für Verfahren zur Fehlersuche bekommen möchten, Sie werden aus den Details dieses Buches großen Nutzen ziehen.

Cisco und Cisco Press präsentieren dieses Material in Textform, um unseren Kunden und anderen allgemein Interessierten ein zusätzliches Bildungsmedium zu bieten. Auch wenn eine Publikation kein Ersatz für praktisch orientierte Unterrichtseinheiten ist, müssen wir zugeben, dass nicht jede Person auf dieselbe Form der Informationsvermittlung gleich reagiert. Mit der Veröffentlichung dieses Materials beabsichtigen wir, die Weitergabe der Kenntnisse an den Kreis der Netzwerkprofis zu verbessern.

Dieses Buch ist das dritte einer Reihe, die für Cisco Press zur Unterrichtsbegleitung vorgesehen ist, nach den Werken *Einführung in die Cisco-Router-Konfiguration* und *Fortgeschrittene Cisco-Router-Konfiguration*. Cisco wird durch diese Unterrichtsbücher vorhandene und zukünftige Kurse ermöglichen, um die grundlegenden Zielsetzungen des weltweiten Cisco-Trainingsprogramms zu erreichen: um die Cisco-Gemeinde der professionellen Netzwerker zu schulen und diese Gemeinde zu befähigen, zuverlässige und skalierbare Netzwerke aufzubauen und zu betreiben. Die Cisco Career Certifications und die einzelnen Zertifizierungsstufen richten sich nach diesen Zielsetzungen durch eine etappenweise progressive Zertifizierung. Die Bücher, die Cisco in Zusammenarbeit mit Cisco Press herausgibt, werden inhaltlich dieselben Qualitätsstandards erfüllen, die auch für unsere Schulungen und Zertifizierungen gelten. Wir wollen, dass Ihnen diese und nachfolgende Cisco Press-Zertifizierungs- und Trainings-Publikationen beim Aufbau Ihres Wissens über Netzwerke von Nutzen sind.

Thomas M. Kelly
Director, Worldwide Training
Cisco Systems, Inc.

Einleitung

Die Welt der Netzwerke nimmt mit jedem Tag an Komplexität zu, da wir ständig versuchen, die Bandbreite und Leistungsfähigkeit in unseren LANs und WANs über Nacht zu verbessern. Die alarmierende Wachstumsrate erfordert ein solides Verständnis darüber, wie Kommunikations- und Konfigurationsprobleme schnell und einfach zu analysieren sind. Als führender Hersteller von Internetzwerkgeräten fühlt sich Cisco Systems dazu verpflichtet, Netzwerkadministratoren, Konstrukteuren und Integratoren beim Einsatz seiner Produkte zur Seite zu stehen.

Der Inhalt, die Aufmachung und die Ziele dieses Buches basieren auf dem äußerst erfolgreichen Cisco-Internetzwerkkurs zur Fehlerbestimmung. Das Buch bietet einen leicht verständlichen Führer zur Fehlerbestimmung in LANs und WANs, in denen TCP/IP-, IPX/SPX- und AppleTalk-Protokolle verwendet werden. Zusätzlich behandelt das Buch die Fehlersuche in geswitchten und VLAN-Netzwerken.

Konfigurationsbeispiele demonstrieren Techniken zum Management und zur Fehlersuche für zahlreiche LAN- und WAN-Topologien. Wenn Sie dieses Buch als Vorbereitungshilfe für eine der Zertifizierungsprüfungen von Cisco verwenden, werden Ihnen die Übungen am Ende jedes Kapitels sehr hilfreich sein. Diese Übungen wurden erstellt, damit Sie überprüfen können, ob Sie die in diesem Kapitel enthaltenen Konzepte verstanden haben und ob Sie die möglichen Konfigurationstechniken für Cisco-Router ausführen können. Die Kapitel enthalten zusätzliche Anmerkungen in Form von Tipps, Hinweisen und Warnungen, um kritische Details hervorzuheben.

Die bisher veröffentlichten Titel dieser Reihe, *Grundlagen der Cisco-Router-Konfiguration* und *Fortgeschrittene Cisco-Router-Konfiguration*, bieten ebenso grundlegende wie fortgeschrittene technische Details über Internetzwerkgeräte.

Wer dieses Buch lesen sollte

Dieses Buch bietet Informationen für Anfänger und Fortgeschrittene über Netzwerktechnologien, Praktiken und Fehlerbestimmungen für TCP/IP-, IPX/SPX- und AppleTalk-LANs und WANs. Wenn Sie die CCNP-Zertifizierung erlangen und an der CIT-Prüfung teilnehmen möchten, dann bildet dieses Buch den logischen Startpunkt.

Auch wenn Sie keine Cisco-Router verwenden, kann dieses Buch Ihr Verständnis und Ihre Effizienz in der Isolierung und Beseitigung von Problemen in Internetzwerken steigern.

Teil I: Mittel und Verfahrensweisen zur Fehlerbestimmung

Der Teil I legt den Grundstein für dieses Buch. Er bietet Richtlinien zur Fehlerbestimmung und enthält ein Problemlösungsmodell, das unabhängig von jedem Netzwerkproblem eingesetzt werden kann. Dieser Abschnitt betrachtet eingehend die Protokolleigenschaften (vor allem die verschiedenen Protokolle des Layers 2, TCP/IP, IPX/SPX und AppleTalk). Sie werden die grundlegenden Paketstrukturen kennen lernen und die einzelnen Frames anhand ihrer eindeutigen Eigenschaften identifizieren können. Dieser Abschnitt erklärt auch die Funktionalität von Cisco-Routern, den Mechanismus des Route-Prozessors, des Switch-Prozessors und die verschiedenen Cache-Level innerhalb des Routers. Sie werden ein ganzes Arsenal von Werkzeugen kennen lernen, mit denen Sie Ihre Netzwerkprobleme lösen können. Einige davon sind Geräte von anderen Herstellern, die meisten sind jedoch im IOS selbst enthalten. Sie werden die entsprechenden Verfahren zur Lösung bestimmter Probleme erlernen.

Wir empfehlen Ihnen, dass Sie einige Zeit darauf verwenden, sich mit der Technologie in Teil I dieses Buches vertraut zu machen. Die Teile II, III und IV setzen voraus, dass Sie den Teil I erfolgreich abgeschlossen haben.

Teil II: Fehlerbestimmung bei Routing- und gerouteten Protokollen

In Teil II werden Sie erlernen, welche Werkzeuge eingesetzt werden können, um eine Fehlersuche in den heute am häufigsten vorkommenden Netzwerkumgebungen auszuführen, TCP/IP-, Novell- und AppleTalk-Netzwerke eingeschlossen. Sie finden in jedem der Kapitel des Teils II diagnostische Befehle und Werkzeuge, die zur Fehlerbestimmung in jeder dieser Umgebungen eingesetzt werden können, sowie Hinweise zur Lösung und Isolierung der Probleme für jede dieser Umgebungen.

Nach Abschluss von Teil II sollten Sie an jedes Netzwerkproblem herangehen können, ganz gleich, welcher Protokolltyp im Netzwerk eingesetzt wird oder wo sich die Geräte befinden.

Teil III: Die Fehlerbestimmung bei Campus-Switches und VLANs

Teil III konzentriert sich auf die Switch- und VLAN-Kommunikation, mit besonderem Augenmerk auf häufige Probleme und hilfreiche Werkzeuge.

Das Kapitel 10 bietet die notwendigen Grundlagen durch die Erklärung der Funktionalität des Catalyst 5000 und der allgemeinen Catalyst-Switching-Technologie. Darüber hinaus bietet dieses Kapitel Definitionen des Spanning-Tree-Prozesses, der eine Pflichtlektüre für jeden ist, der mit Loop-Netzwerken arbeitet.

Kapitel 11 konzentriert sich besonders auf die VLAN-Technologie und deren Fehlersuche. In diesem Kapitel geht es um die Funktionsweise von VLANs und das angehängte Frame-Format, mit dem die Interswitch-Kommunikation ermöglicht wird.

Nach Abschluss dieses Teils sollten Sie mit den Methoden und Werkzeugen zur Fehlerbestimmung für geswitchte Netzwerke vertraut sein, die die VLAN-Technologie einsetzen.

Teil IV: Fehlersuche in WANs

Teil IV konzentriert sich besonders auf Frame-Relay- und ISDN-BRI-WAN-Technologien und die erforderlichen Hauptschritte, um eine Fehlersuche in Bezug auf WAN-Aktivität auszuführen. Sie finden in jedem Kapitel des Teils IV diagnostische Befehle und

Werkzeuge, die zur Fehlerbestimmung in jeder dieser Umgebungen eingesetzt werden können, sowie Hinweise zur Lösung und Isolierung der Probleme für alle diese Umgebungen.

Nach Abschluss des Teils IV dieses Buches sollten Sie das Wissen besitzen, um Probleme mit Leitungsstörungen, Protokoll-Inkompatibilitäten und Konfigurationsfehlern zu beseitigen. Sie sollten auch mit den hilfreichsten Werkzeugen und Mitteln zur Fehlerbeseitigung vertraut sein.

Teil V: Anhänge

Die Anhänge enthalten die Antworten auf die Kapitelübungen sowie Details über die Verwendung des Cisco-Supports. Die Anhänge enthalten zusätzlich Referenzen und empfohlene Literatur, die Ihnen beim Studium der Internetzwerktechnologie und bei der Fehlerbestimmung weiterhelfen sollen. Abschließend enthält der Anhang D eine Kontrollliste zur Problemlösung und ein Arbeitsblatt, das Ihnen bei der Organisierung und bei der Dokumentation Ihrer Schritte zur Fehlersuche behilflich sein kann.

Teil 1
Routing-Grundlagen

1. Die Methodik der Fehlersuche
2. Ein Überblick über die Protokolleigenschaften
3. Die Cisco-Routing- und Switching-Prozesse
4. Werkzeuge zur allgemeinen Fehlersuche
5. Die Cisco-Management- und Diagnose-Werkzeuge
6. Beispielaufgaben zur Fehlersuche

KAPITEL 1

Die Methodik der Fehlersuche

Heutzutage nimmt die Komplexität der Internetzwerke immer mehr zu und Umgebungen mit mehreren Protokollen erzeugen zusätzliche Probleme. Die Fehlersuche in Internetzwerken ist zu einer wichtigen Aufgabe in vielen Unternehmen geworden. Es gibt entscheidende Gründe, warum eine systematische Vorgehensweise notwendig ist, um Probleme in Internetzwerken zu lösen. Dieses Kapitel bietet Ihnen ein Standard-Problemlösungsmodell, das Ihnen dabei helfen wird, eine Fehlersuche zu beginnen.

Dieses Kapitel bildet den Kern, um den herum dieses Buch aufgebaut ist. Nur durch eine systematische und logische Vorgehensweise können Sie ein wirkungsvolles und effizientes Fachwissen für die Fehlersuche aufbauen. Immer wenn Sie an ein Netzwerkproblem herangehen, sollten Sie ein Problemlösungsmodell verwenden: eine logische schrittweise Methode zur Beseitigung der Ursachen.

Es ist ebenso wichtig, das Netzwerk sowie relevante Geräte und Konfigurationen zu dokumentieren, bevor und nachdem Änderungen vorgenommen wurden. Wenn Sie Ihr Netzwerk kennen und dokumentieren, werden Sie die erforderliche Zeit zur Beseitigung der auftretenden Probleme gering halten.

Nachdem Sie dieses Kapitel gelesen haben, werden Sie

- über ein Problemlösungsmodell verfügen, mit dem Sie eine systematische Fehlersuche zur Problembehebung ausführen können.

- die ausgeführten Schritte beschreiben können, mit denen Sie potenzielle Ursachen von Problemen isolierten und mögliche Lösungen bestimmten.

1.1 Die systematische Fehlersuchmethode

Die Kosten des Ausfalls eines Internetzwerks können astronomisch sein. Generell können die durchschnittlichen Kosten eines ausgefallenen Produktionsnetzwerks (legt man der Berechnung die verlorene Produktivität aufgrund des verlorenen Host- oder Client-/Server-Zugangs zugrunde) zwischen 10000 und mehreren Millionen Dollar pro Stunde liegen. Für eine wachsende Zahl von Unternehmen kann ein längerer Ausfall eines Produktionsnetzwerks das Ende des jeweiligen Unternehmens bedeuten.

Die Wiederherstellung eines ausgefallenen oder gestörten Internetzwerks erzeugt einen gewaltigen Druck auf die zuständigen Netzwerkingenieure und Netzwerkadministratoren. Unter diesem Druck ist der Einsatz von besonderen Fachkenntnissen und bekannten Kniffen zur schnellen Wiederherstellung der Netzwerkfunktionalität sehr wertvoll. Wenn Sie wissen, wie ein Problem in einem Produktionsnetzwerk direkt zu lösen ist, dann lösen Sie es. Setzen Sie Ihr Fachwissen ein. Für dieses Fachwissen benötigen Sie allerdings ein tiefes technisches Verständnis und ein detailliertes Wissen über das Internetzwerk. Diese Tiefe und Breite stammt jedoch nur selten aus isolierten, stückweisen und unsystematischen Fehlersuchverfahren.

Solange Sie noch nicht wissen, wie ein Problem zu lösen ist, kann eine unsystematische Vorgehensweise bei der Fehlersuche dazu führen, dass Sie Zeit verschwenden, wenn Sie sich dabei im Labyrinth von Symptomen, Abhängigkeiten und Möglichkeiten des Netzwerks verlieren. Dagegen kann Ihnen eine systematische Fehlersuchmethode dabei helfen, die verwirrenden Details des Netzwerks zu durchschauen, indem Sie einen Prozess durcharbeiten, durch den Sie Tatsachen erkennen, Möglichkeiten berücksichtigen, auf wahrscheinliche Gründe eingehen und die Ergebnisse Ihrer Tests beobachten können.

Die grundlegende Idee eines Fehlersuchmodells besteht in der systematischen Verkleinerung einer großen Menge möglicher Problemursachen auf eine überschaubare Menge von Ursachen oder auf einen einzigen Grund. Daraufhin können Sie das Problem beheben und die Funktion des Netzwerks wieder herstellen. Wenn Sie das Problem gelöst haben, trägt eine systematische Fehlersuchmethode durch eine Dokumentation des Falles dazu bei, die bei der Problemlösung gewonnenen Erfahrungen aufzunehmen, zu bewahren und sie weitergeben zu können.

Der Nutzen eines solchen systematischen Fehlersuchmodells verbessert das Fachwissen des Unternehmens und verringert die notwendige Zeit zur Lösung von vergleichbaren, zukünftigen Problemen. Dieser Prozess des Aufbaus von Fachkenntnissen und der Zusammenarbeit kann dazu beitragen, den immensen Druck beim Support von kritischen und komplexen Internetzwerken abzumildern.

1.2 Die Komplexität von Internetzwerken

Mit der Einführung von immer fortschrittlicheren Technologien und Diensten in den Bereichen der Informationsverarbeitung und Kommunikation, werden die Aufgaben der Konzeption, Verwaltung und Unterhaltung der daraus erwachsenden Internetzwerke immer komplexer.

Früher waren die Netzwerkachitekturen hostzentriert. Mainframe-basierte Architekturen haben sich hin zu verteilten Verarbeitungssystemen entwickelt, die mit dem Erscheinen des Client/Server-Modells verbunden waren. Neue Applikationen wie z.B. CAD/CAM, Video, Audio und Multimedia werden immer beliebter und werden durch die erhöhte Rechenleistung der Prozessoren auf Client- und Serverseite ermöglicht. Als Ergebnis benötigen Benutzer dedizierte Hochgeschwindigkeitsverbindungen wie z.B. 10-Mbps Ethernet, 100-Mbps Ethernet, 100-Mbps FDDI oder noch schneller bis direkt zum Desktop. Um die Übertragung der erhöhten Last zu ermöglichen, werden auf den Trägermedien spezielle Dienste wie z.B. ISDN, Frame-Relay und ATM ausgeführt. Wie Bild 1.1 zeigt, benötigen verschiedene Netzwerke verschiedene Konzepte und verschiedene Komplexitätsstufen.

Auch die Vielfalt der proprietären Protokolle trägt zur Komplexität des Internetzwerks bei. Daher besteht ein Ziel des Open-System-Interconnection-(OSI-)Referenz-Modells der International Organization for Standardization (ISO) (siehe Bild 1.2) darin, die Kompatibilität und die Operabilität zwischen verschiedenen Herstellersystemen zu ermöglichen und damit theoretisch eine allgemeine Architektur zu gewährleisten sowie Probleme bei der gegenseitigen Kommunikation zu beseitigen. Obwohl viele Hersteller ihre Protokollstrukturen auf dem siebenschichtigen OSI-Modell aufbauen, ist die Vorstellung einer nahtlosen wechselseitigen Beziehung zwischen allen Herstellerprodukten weit entfernt von jeder Realität.

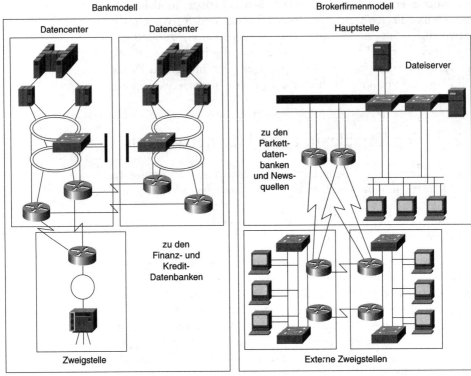

Bild 1.1: Der Bedarf an Datenfluss und Datendurchsatz bestimmt häufig das Design und die Komplexität eines Netzwerks

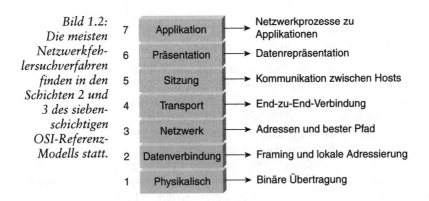

Bild 1.2: Die meisten Netzwerkfehlersuchverfahren finden in den Schichten 2 und 3 des siebenschichtigen OSI-Referenz-Modells statt.

Als Folge all dieser Faktoren sind die heutigen Internetzwerke sehr komplex. Internetzwerke wurden zu einem Cocktail aus Protokollen, Technologien, Medien und Topologien. Durch diese zusätzliche Komplexität entsteht das Risiko von komplizierten

Verbindungs- und Performance-Problemen. Komplizierte Probleme erfordern ein systematisches Problemlösungsmodell.

In diesem Kapitel werden wir sehen, dass ein Problemlösungsmodell das beste Mittel ist, um die erforderliche Zeit zur Fehlerbeseitigung in einem Netzwerk auf ein Minimum zu reduzieren.

1.3 Das Problemlösungsmodell

Die Komplexität und die entscheidenden Ansprüche der Verfügbarkeit an die modernen Netzwerke verstärken den Druck auf die schnelle Lösung von Verbindungs- und Performance-Problemen. Die beste Vorgehensweise an ein Internetzwerk-Problem besteht in der Entwicklung eines Standardverfahrens zur Fehlersuche. Das in Bild 1.3 gezeigte Problemlösungsmodell ist ein Beispiel eines solchen Verfahrens. Der Einsatz einer geordneten Gedankenstruktur bei der Fehlersuche hilft Ihnen bei der Lösung aller auftauchenden Probleme. Sie hilft Ihnen und Ihrem Unternehmen dabei, allgemeine Fachkenntnisse für den Support Ihres Internetzwerks zu erringen.

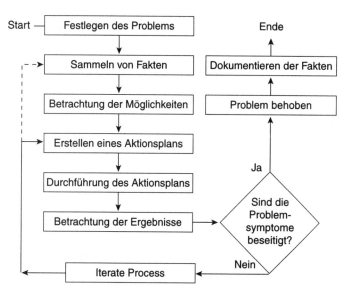

Bild 1.3:
Dieses zuverlässige Problemlösungsmodell ist nur eines unter vielen und wir werden in diesem Buch damit arbeiten.

Bild 1.3 zeigt eine Abfolge von Schritten. Diese Schritte können in einer Reihe von Fehlersuchphasen zusammengefasst werden:

– Stellen Sie sicher, dass Sie eine klare, verwertbare Aussage bezüglich des Problem machen können.

- Sammeln Sie alle relevanten Fakten und betrachten Sie die Wahrscheinlichkeit der Möglichkeiten.
- Erstellen Sie einen Aktionsplan für die wahrscheinlichste Möglichkeit. Führen Sie diesen aus und überprüfen Sie die Ergebnisse.
- Wenn die Symptome nicht verschwinden, versuchen Sie einen anderen Aktionsplan (oder sammeln Sie zusätzliche Fakten).
- Wenn die Symptome verschwinden, dokumentieren Sie Ihre Lösung des Problems.

ANMERKUNG

Dieses Problemlösungsmodell ist eines unter vielen Modellen, die Sie einsetzen können. Wenn Sie bereits ein anderes Modell einsetzen (basierend auf einem alternativen Modell oder ein durch Erfahrung entwickeltes), sollten Sie dieses weiter verwenden. Wenn Sie in Ihrer bisherigen Praxis noch nicht systematisch an die Probleme herangegangen sind und die Verwendung eines Problemlösungsmodells noch nicht in Betracht gezogen haben, dann sollten Sie ein Schema übernehmen wie z.B. das in diesem Kapitel aufgezeigte.

Das Ziel dieses Kapitels besteht in der Erstellung eines methodischen Gedankensatzes – ein geordnetes Muster von Gedanken, das bei der Fehlersuche eingesetzt wird. Das in diesem Kapitel beschriebene Modell führt durch mehrere Schritte an die Lösung des Problems heran. In den nächsten Abschnitten werden wir jeden dieser Schritte detailliert betrachten, um zu erkennen, wie sie in einem Fehlersuchbeispiel verwendet werden können.

1.3.1 Schritt 1: Das Problem festlegen

Wenn Sie ein Internetzwerkproblem analysieren, sollten Sie eine klare Aussage über das Problem machen, indem Sie das Problem durch eine Reihe von Symptomen und zugehörigen Ursachen beschreiben. Treffen Sie die Aussagen über das Problem in Bezug auf die Grundlinien, die Sie für Ihre Netzwerke aufgezeichnet haben. Identifizieren Sie hierzu die allgemeinen Symptome und ermitteln Sie daraufhin, welche Art von Problemen (Ursachen) diese Symptome verursachen können. Betrachten Sie z.B. das Szenario zur Netzwerkfehlerbestimmung in Bild 1.4.

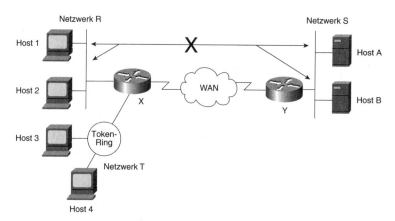

Bild 1.4:
Die Hosts 1 und 2 erhalten keine Antwort von Host A oder B.

Dieses Netzwerk verwendet das TCP/IP-Protokoll und es tritt ein Problem auf. Das Symptom des Problems zeigt, dass die Benutzer an Host 1 und Host 2 keine Antwort von Host A oder Host B erhalten können. Wie lösen Sie das Problem?

Zu diesem Zeitpunkt des Verfahrens legen Sie das Problem fest, indem Sie zugehörige allgemeine Symptome und mögliche Ursachen identifizieren. Versuchen Sie sich eine Meinung über mögliche Gründe zu bilden und notieren Sie sich diese. Es können viele Antworten auftauchen, konzentrieren Sie sich aber nur auf diejenigen, die augenscheinlich den Hauptteil des Problems ausmachen.

Zu diesem Zeitpunkt besteht das Ziel darin, die möglichen Ursachen zu betrachten. Die weiteren Schritte des Verfahrens ermöglichen das Stellen von Fragen (das Sammeln von Fakten), z.B. ob Host 3 und Host 4 eine Antwort von Host A und Host B erhalten, ob Host 1 mit Host 2 kommunizieren kann, ob die WAN-Verbindung vorhanden ist usw.

Eine systematische Vorgehensweise an die Fehlersuche besteht aus einer Abfolge von Schritten. Die erste Phase dieser Schritte besteht darin, eine klare, verwertbare Aussage über das Problem zu machen und dann alle relevanten Fakten zu sammeln. In dieser Schrittphase sollten Sie die ursprüngliche Diagnose verwenden, die vom Endbenutzer gemacht wurde (aber seien Sie dabei auch skeptisch). Es ist sehr wichtig, was der Endbenutzer berichtet. Jedoch kann die vollständige Aussage über das Problem eine breitere Basis ausmachen. Sie sollten möglichst Ihre eigenen Kenntnisse über Ihr Internetzwerk einsetzen und das Problem von Ihrer Seite aus betrachten.

Als Teil der systematischen Vorgehensweise an die Fehlersuche haben viele Support-Teams einen speziellen Katalog von Hauptfragen und Prozessen entwickelt, die verwendet werden, wenn Probleminformationen von Endbenutzern aufgenommen werden. Unter den Hauptfragen befinden sich »Wie oft ist dieses Problem aufgetreten?« und »Wann trat es zuerst auf?« und »Können Sie den Problemzustand reproduzieren und wenn ja, wie?«

Die Problemaussagen, die Sie erstellen, müssen sich auf die Grundlinien beziehen, die Sie für Ihre Netzwerke aufgezeichnet haben. Sie sollten wissen, wie Ihre Netzwerkparameter aussehen, wenn das Netzwerk normal arbeitet. Zudem müssen Sie Kenntnisse über die Netzwerkdetails besitzen, die sich seit der letzten Aufzeichnung einer Grundlinienperformance geändert haben.

Um das Problem festlegen zu können, müssen Sie die allgemeinen Symptome identifizieren und dann ermitteln, welche Art von Problemen (Ursachen) diese Symptome verursachen können.

Folgende mögliche Gründe können die Kommunikationsprobleme auf Host 1 und Host 2 verursachen:

- Es sind fehlerhafte Schnittstellenkarten in Host 1 und Host 2 installiert.
- Host 1 und Host 2 benötigen ein Standard-Gateway und dieses wurde nicht konfiguriert.
- Es existieren fehlerhaft konfigurierte Subnetzmasken auf Host 1 und Host 2 oder im Router X.
- Das Netzwerk R enthält ein fehlerhaft arbeitendes Gerät, das übermäßige Kollisionen auf der Ethernet-Verbindung verursacht.
- Entweder Router X oder Router Y besitzen eine fehlerhaft konfigurierte Access-Liste, wodurch der Verkehr für die betroffenen Hosts blockiert wird.
- Es besteht ein Problem mit der WAN-Verbindung.
- Die Router sind nicht mit gültigen Zuordnungs-(Mapping-) Aussagen für das Protokoll konfiguriert.
- Host A und Host B wurden nicht zur Erkennung von Host 1 und Host 2 konfiguriert.

Es könnte noch diverse andere Möglichkeiten geben, aber zuerst sollten Sie sich auf diejenigen konzentrieren, die scheinbar die Hauptursachen für das Symptom sind.

1.3.2 Schritt 2: Das Sammeln von Fakten

Der zweite Schritt in der Fehlersuche besteht in der Sammlung von Fakten, mit denen Sie mögliche Ursachen isolieren können.

Stellen Sie Fragen an die betroffenen Benutzer, Netzwerkadministratoren, Manager und alle anderen Schlüsselpersonen, die in das Netzwerk involviert sind. Versuchen Sie zu ermitteln, ob irgendjemand Kenntnisse darüber hat, dass etwas geändert wurde. (Wie oft wurde diese Frage gestellt und es kam die Antwort »Gar nichts!«) Dokumentieren Sie alle erhaltenen Informationen sorgfältig.

Sammeln Sie auf der Grundlage der berichteten Symptome Fakten aus Quellen wie z.B. durch Netzwerk-Management-Systeme, Protokoll-Analyzer-Spuren, Ausgaben auf Router-Befehlen wie z.B. durch die privilegierten **debug**- und **show**-Befehle des EXEC-Modus oder durch Software-Versionshinweise. Es kann notwendig sein, diese Informationen zu bestimmten Zeitpunkten oder auch über ausgedehnte Zeitperioden zu sammeln, wie z.B. durch eine Datenaufzeichnung über Nacht.

Es ist immer eine gute Idee, Konfigurationskopien von Hosts, Routern, Servern und allen anderen konfigurierbaren Netzwerkgeräten zu dokumentieren bzw. aufzubewahren, um Konfigurationen vergleichen zu können und zu bestimmen, ob sich irgendetwas geändert hat.

Zurück zu unserem Beispielproblem: Sie müssen Tatsachen sammeln, um die möglichen Ursachen einzugrenzen. Stellen wir uns vor, dass bei der Analyse des Problems die folgenden Tatsachen gesammelt wurden:

- Host 3 und Host 4 können mit Host A und Host B kommunizieren.
- Host 1 und Host 2 können mit Host 3 und Host 4 kommunizieren.
- Host 1 kann mit Host 2 kommunizieren.
- Host A und Host B sind korrekt konfiguriert, um Host 1 und Host 2 zu erkennen und mit ihnen zu kommunizieren.

1.3.3 Schritt 3: Betrachtung der Möglichkeiten

Mit den von Ihnen gesammelten Daten und Ihren Kenntnissen über die Cisco-Systemprodukte und andere Geräte in Ihrer Internetzwerkumgebung können Sie Eingrenzungen vornehmen, um die Ursachen des Problems zu isolieren. Durch die Eingrenzung konzentrieren Sie sich nur auf die Bereiche des Produkts, des Mediums oder des Hosts, die für das spezifische Problem oder den Fehlzustand von Bedeutung sind.

Eines der wichtigsten Ergebnisse einer systematischen Vorgehensweise an eine Fehlersuche besteht in der Eingrenzung der Möglichkeiten – indem Sie irrelevante Netzwerkdetails aus der Reihe von Punkten ausschließen, die Sie überprüfen müssen. Sie können ganze Problemgruppen ausschließen, die die System-Software und -Hardware betreffen. Sie können einige mögliche Ursachen durch die Tatsachen ausschließen, die für das Beispielproblem gesammelt wurden. Betrachten Sie die möglichen Ursachen, die zuvor identifiziert wurden (siehe Bild 1.5).

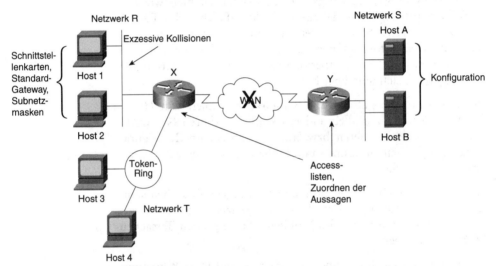

Bild 1.5: *Sie können schrittweise die möglichen Probleme ausschließen.*

- Fehlerhaft installierte Schnittstellenkarten in Host 1 und Host 2.

    Sie können diesen möglichen Grund ausschließen, weil Host 1 mit Host 2 kommunizieren kann.

- Host 1 und Host 2 benötigen ein Standard-Gateway und dieses wurde nicht konfiguriert.

    Sie können diesen möglichen Grund ausschließen, weil Host 1 und Host 2 mit Host 3 und Host 4 kommunizieren können.

- Es existieren fehlerhaft konfigurierte Subnetzmasken auf Host 1 und Host 2 oder in Router X.

  Sie können diesen möglichen Grund ausschließen, weil Host 1 und Host 2 mit Host 3 und Host 4 kommunizieren können.

- Das Netzwerk R enthält ein fehlerhaftes Gerät, das exzessive Kollisionen auf der Ethernet-Verbindung verursacht.

  Sie können diesen möglichen Grund ausschließen, weil Host 1 und Host 2 mit Host 3 und Host 4 kommunizieren können. Zudem kann Host 1 mit Host 2 kommunizieren.

- Entweder Router X oder Router Y besitzt eine fehlerhaft konfigurierte Access-Liste, wodurch Verkehr von den betroffenen Hosts blockiert wird.

  Dies ist weiterhin eine mögliche Ursache. Sie können sie nicht mit Hilfe der gesammelten Fakten ausschließen.

- Es besteht ein Problem mit der WAN-Verbindung.

  Sie können diesen möglichen Grund ausschließen, weil Host 3 und Host 4 mit Host A und Host B kommunizieren können.

- Die Router wurden nicht mit gültigen Zuordnungs-(Mapping-) Aussagen für das Protokoll konfiguriert.

  Sie können diesen möglichen Grund ausschließen, weil Host 3 und Host 4 mit Host A und Host B kommunizieren können.

- Host A und Host B wurden nicht zur Erkennung von Host 1 und Host 2 konfiguriert.

  Sie können diesen möglichen Grund ausschließen, weil Host A und Host B korrekt konfiguriert wurden, um Host 1 und Host 2 zu erkennen und mit ihnen zu kommunizieren. Dies wurde bei der Sammlung der Fakten überprüft.

Der Problemkreis wurde somit auf das Folgende eingegrenzt: Es könnte eine Access-Liste den Verkehr zu oder von den Hosts 1 und 2 blockieren, die entweder auf dem Router X oder auf dem Router Y konfiguriert wurde.

1.3.4 Schritt 4: Die Erstellung eines Aktionsplans

Auf der Grundlage der erhaltenen Möglichkeiten können Sie nun einen Aktionsplan erarbeiten. Ausgehend von diesen Möglichkeiten können Sie ein iteratives Verfahren anwenden. Betrachten Sie die wahrscheinlichste Möglichkeit und bestimmen Sie einen Plan, in dem nur eine einzige Variable verändert wird. Mit dieser Vorgehensweise können Sie eine erhaltene Lösung für ein spezifisches Problem reproduzieren. Wenn mehr als eine Variable zur gleichen Zeit verändert und das Problem gelöst wurde, wie können Sie dann erkennen, welche Variable das Problem verursacht hat?

- Verwenden Sie den Effekt der Teilung. Zerlegen Sie Ihre Fehlersuchdomäne in einzelne Bereiche, die logisch von jeder anderen isoliert ist. Diese Vorgehensweise ermöglicht Ihnen die Erkennung, welcher Bereich nach der Trennung das Problem aufweist (wenn es nicht auf beiden Seiten besteht).

- Bestimmen Sie, wo im Netzwerk das Problem existiert. Verwenden Sie eine Reihe von Tests, um herauszufinden, wo der Netzwerkfehler auftritt. Beginnen Sie mit einem Quellgerät und versuchen Sie eine Abfolge von Tests, um zu bestimmen, ob eine korrekte Funktion zwischen der Quelle und immer weiter entfernten, zwischengelagerten Netzwerkgeräten möglich ist. Mit dieser Vorgehensweise können Sie Stück für Stück einen Pfad von einer Quelle entlang des Weges bis zum letztendlichen Ziel verfolgen und möglicherweise den Teil des Pfads isolieren, der das Problem beherbergt.

- Arbeiten Sie mit anderen zusammen und verfolgen Sie abgesprochene Aktionspläne. Je mehr dieser logischen Problemlösungsverfahren Sie erlernen, desto mehr Werkzeuge besitzen Sie. Mit Werkzeugen können Sie eine gestellte Problemsituation testen. Mit wachsender Erfahrung können Sie die vorhandenen Möglichkeiten und Ihre Fehlersuchwerkzeuge immer besser zu einem eigenen und systematischen Aktionsplan zusammenfügen.

Durch die Analyse des Beispielproblems wurde die wahrscheinlichste Ursache dahingehend bestimmt, dass eine fehlerhafte Access-Liste auf einem der Router konfiguriert wurde, die möglicherweise den Verkehr zu oder von den Hosts 1 und 2 blockiert.

Ein Aktionsplan für diese Ursache besteht darin, die aktuelle Konfiguration jedes Routers zu überprüfen und zu bestimmen, ob eine der vorhandenen Access-Listen einen Fehler aufweist (Sie sollten sich immer des implizierten deny-Arguments am Ende *jeder* Access-Liste bewusst sein). Bild 1.6 zeigt die Access-Listen-Konfiguration auf Router X.

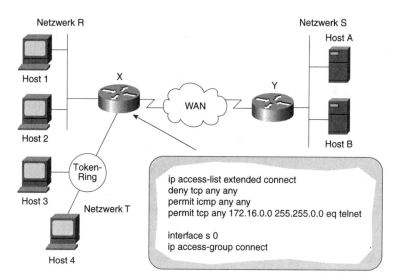

Bild 1.6:
Router X ist mit einer Access-Liste konfiguriert, die Teil des Problems sein könnte.

Nach der Analyse der Konfigurationen sollten Sie versuchen, eine fehlerhaft konfigurierte Liste zu berichten, oder Sie sollten die Access-Liste für eine gewisse Zeit deaktivieren (durch die Entfernung des Befehls **access-group** von einer Schnittstelle).

ANMERKUNG

Vergessen Sie nicht, dass die Deaktivierung der Access-Liste den Schutz aufhebt, für den die Liste eigentlich eingerichtet wurde.

1.3.5 Schritt 5: Die Ausführung des Aktionsplans

Die exakte Erstellung und Ausführung des Aktionsplans ist äußerst wichtig. Der Plan muss eine Reihe von auszuführenden Schritten festlegen und jeder Schritt muss sorgfältig ausgeführt werden. Verfolgen Sie genauestens, was Sie testen. Versuchen Sie nicht, zu viele Variablen auf einmal zu ändern.

Während Sie Ihren Aktionsplan ausführen, sollten Sie auch versuchen,

– mit Ihren Aktionen die Probleme nicht noch zu verschlimmern oder neue Probleme zu verursachen.

– mit Ihrem Aktionsplan so wenig wie möglich andere Netzwerkbenutzer zu behindern.

- den Grad und die Dauer potenzieller Sicherheitslücken während der Ausführung Ihres Aktionsplans so gering wie möglich zu halten.

Es ist auch wichtig, einen Rückzugsplan zu besitzen (z.B. eine gesicherte Konfigurationsdatei), um das Netzwerk in einen bekannten Urzustand zu versetzen. Bei diesem Beispielproblem sollten Sie eine der Router-Befehlskonsolen anschließen – z.B. die Konsole von Router X –, um seine Konfiguration anzusehen, (Wählen Sie sich entweder per Telnet ein, schließen Sie ein Terminal an den Konsolenport an oder verbinden Sie sich mit dem Aux-Port des Routers.)

Wenn die Access-Listen-Konfiguration fehlerhaft erscheint, sollten Sie die Access-Liste rekonfigurieren oder sie zeitweilig deaktivieren, indem Sie die letzte Zeile auf **no ip access-group 102** ändern.

Um sicherzustellen, dass nicht mehr als eine Variable gleichzeitig verändert wird, müssen die Ergebnisse der vorgenommenen Änderungen überprüft werden, bevor weitere Änderungen in der Konfiguration von Router Y oder auf anderen Geräten vorgenommen werden.

1.3.6 Schritt 6: Die Überprüfung der Ergebnisse des Aktionsplans

Nach der Änderung einer Variable zur Bestimmung einer Problemlösung müssen Sie Ergebnisse sammeln, die auf diesem Aktionsplan aufbauen. Generell sollten Sie dieselbe Methode zur Sammlung von Tatsachen vornehmen, die Sie in Schritt 2 des Verfahrens verwendet haben.

Nachdem Sie die Ergebnisse analysiert haben, müssen Sie feststellen, ob das Problem gelöst ist. Wenn ja, ist dies der Endpunkt der iterativen Schleife im Problemlösungsmodell. Wenn das Problem jedoch nicht gelöst wurde, müssen Sie diese Ergebnisse verwenden, um den Aktionsplan zu verfeinern, bis eine passende Lösung gefunden wurde.

Überprüfen Sie bei unserem Beispielproblem die Ergebnisse, nachdem eine Variable geändert wurde – durch die Rekonfiguration der Access-Liste oder durch deren zeitweilige Deaktivierung. Können Host 1 und Host 2 nun auf Host A oder Host B zugreifen? Wenn ja, wurde das Problem gelöst und der Prozess ist beendet. (Wenn der Aktionsplan in der zeitweiligen Deaktivierung der Access-Liste bestand und als Ergebnis das Problem gelöst wurde, muss der Administrator die Access-Liste rekonfigurieren.) Wenn aber Host 1 und Host 2 weiterhin nicht auf Host A oder Host B zugreifen können, müssen Sie zum nächsten Schritt übergehen.

1.3.7 Schritt 7: Die Wiederholung des Problemlösungsprozesses

Um an einen Punkt zu gelangen, an dem Sie diese Problemlösungsschleife verlassen können, müssen Sie sich darum bemühen, in einem fortlaufenden Prozess die Menge der Möglichkeiten zu verringern, bis nur noch eine einzige übrig bleibt.

Nachdem Sie nun die Liste der Möglichkeiten verkleinert haben (als Ergebnis des zuvor ausgeführten Aktionsplans und der Überprüfung der Ergebnisse), wiederholen Sie den Prozess und starten Sie mit einem neuen Aktionsplan, der auf einer neuen (vermutlich einer kürzeren, vielleicht aber auch einer längeren) Liste von Möglichkeiten aufbaut. Fahren Sie mit dem Prozess fort, bis eine Lösung gefunden wurde. Eine Problemlösung kann viele Iterationen von Änderungen in Host-Konfigurationen, Router-Konfigurationen oder Medien verlangen.

Bedenken Sie, dass es äußerst wichtig ist, alle vorgenommenen und nicht funktionierenden »Verbesserungen« rückgängig zu machen. Vergessen Sie nicht, dass Sie immer nur eine Variable gleichzeitig verändern sollten. Zudem können zu viele gleichzeitig im Netzwerk vorgenommene Änderungen eine Verringerung der Netzwerkperformance und der Sicherheit zur Folge haben. Aus diesem Grund ist es wichtig, einen Rückzugsplan zu besitzen, um Ihre Änderungen rückgängig zu machen und das Netzwerk in den früheren Zustand zurück zu versetzen.

In unserem Beispielproblem wurde der Router X zuerst betrachtet und die Rekonfiguration oder die Deaktivierung der Access-Liste brachte keine Lösung des Problems, daher müssen Sie die Prozessschleife wiederholen.

Nun müssen Sie also den nächsten Schritt des Aktionsplans ausführen. Überprüfen Sie, ob Ihr Vorgehen eine reguläre Access-Liste mit sich bringt, die die beabsichtigte Verkehrsfilterung verursacht. Nehmen Sie gegebenenfalls zusätzlich erforderliche Änderungen vor.

Eine weitere zu betrachtende Prozessiteration besteht in der Konfiguration von Router Y (siehe Bild 1.7). Möglicherweise funktioniert die Access-Liste auf Router X und das Problem ist eine eingehende Access-Liste auf der anderen Seite des Internetzwerks.

Die Schleife muss wiederholt werden, wobei Konfigurationsänderungen auf Router Y nötig sind. Überprüfen Sie daraufhin erneut die Ergebnisse.

Die Iterationen müssen weitergeführt werden, bis das Problem gelöst ist. Schließen Sie systematisch jede der möglichen Ursachen aus, bis Sie die Ursache(n) isoliert und überprüft haben, damit Sie das Problem beheben können.

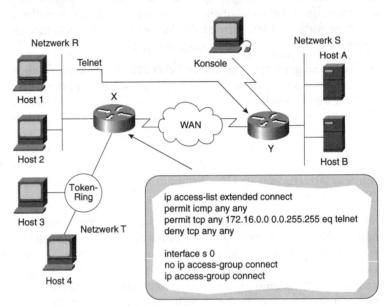

Bild 1.7: Nachdem ausgeschlossen wurde, dass Router X das Problem beherbergt, können Sie eine telnet-Sitzung mit Router Y aufnehmen. Beachten Sie, dass Sie auf Router X die ursprüngliche Konfiguration wiederherstellen können, indem Sie der Schnittstelle die Access-Liste wieder zuweisen.

1.3.8 Schritt 8: Die Lösung des Problems

Wenn Sie die wirkliche Quelle des Problems ausgemacht haben, können Sie den Prozess abschließen und das Problem dokumentieren. Wenn Sie jedoch alle allgemeinen Ursachen und Möglichkeiten für Ihre Umgebung beim Versuch zur Lösung eines Netzwerkproblems ausgeschöpft haben, sollten Sie als letzte Möglichkeit das technische Supportpersonal für Ihren Router kontaktieren. Sie sollten hierzu alle verfügbaren und notwendigen Informationen über Ihr Problem bereithalten, die Ihrem Supportpersonal dabei helfen können, den möglichen Grund Ihres Problems zu erkennen.

Eines der Ziele dieses Buches besteht darin, Ihnen dabei zu helfen, eigene Verfahren zur Datensammlung, zur Problembehebung und zur Verhinderung wiederkehrender Probleme zu entwickeln, bei denen eine minimale Ausfallzeit und möglichst wenig externe

Hilfe beansprucht wird. Auch wenn der rekursive Fortschritt durch dieses Modell zeitaufwendig erscheint, wird mit immer besseren Kenntnissen über die Fehlererkennung dieser Prozess automatisiert und Sie werden einem Flussdiagramm nicht mehr Schritt für Schritt folgen müssen.

Sobald die Problemsymptome verschwinden, besteht die Möglichkeit, dass Sie das Problem gelöst haben. Sie müssen Ihre Arbeit zu jeder Zeit dokumentieren, wobei die folgenden Dinge zu berücksichtigen sind:

- Führen Sie einen Bericht über die bereits von Ihnen ausgeführten Schritte (z.B. ob Sie andere Personen mit einbezogen haben, also andere Techniker oder Administratoren Ihres Unternehmens oder das Cisco-Technical-Assistance-Center).

- Halten Sie einen Ausweg parat, falls sich herausstellt, dass Sie die ausgeführten Aktionen rückgängig machen müssen (wenn Sie z.B. das vorliegende Problem gelöst haben, aber dabei versehentlich ein anderes Problem verursachten).

- Führen Sie Buch über die bisher aufgetretenen Probleme, um darin bei zukünftigen Problemen nachschlagen zu können (damit Sie sich erinnern können und damit andere lernen können, was damals auftrat). Dieser Bericht kann eine große Hilfe bei zukünftigen ähnlichen Problemen darstellen.

Der Anhang D »Prüfliste und Arbeitsblatt zur Problemlösung« bietet Ihnen einen Entwurf einer Kontrollliste und eines Arbeitsblatts, die Sie zur Dokumentierung des durch eine Problemlösungsroutine erreichten Fortschritts verwenden können.

ANMERKUNG

Wenn Sie ein Cisco-Certified-Internetwork-Expert (CCIE) werden wollen, wird eine Komponente des CCIE-Labortests die Prüfung sein, ob Sie während des Tests Ihre gesamte Arbeit dokumentiert haben.

1.4 Ihre eigene Vorbereitung auf die Fehlersuche

Wenn Sie eine Fehlersuche ausführen, Problemursachen isolieren und Ihr Netzwerk in den normalen Funktionszustand zurückversetzen, wenden Sie Ihre Fachkenntnisse über Ihr eigenes Netzwerk an. Um eine wirkungsvolle Fehlerbestimmung ausführen zu können, sollten Sie Ihr Netzwerk gut kennen und wirkungsvoll und effizient mit allen Schlüsselpersonen kommunizieren können, die in die Netzwerkadministration involviert sind, sowie mit allen Personen, die von dem Problem betroffen sind. Betrachten Sie das Netzwerk in Bild 1.8 und stellen Sie sich selbst die folgenden Fragen:

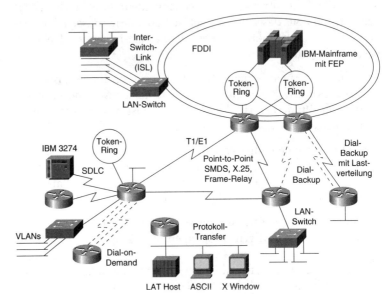

Bild 1.8: Die heutigen Netzwerke sind komplex. Sind Sie der Herausforderung gewachsen?

- Haben Sie eine exakte physikalische und logische Karte Ihres Internetzwerks? Verfügt Ihr Unternehmen oder Ihre Abteilung über eine aktuelle Karte Ihres Internetzwerks, das den physikalischen Ort aller Geräte im Netzwerk angibt und wie sie miteinander verbunden sind, sowie eine logische Karte der Netzwerkadressen, Netzwerknummern, Subnetzwerke usw.?

- Besitzen Sie eine Liste mit allen in Ihrem Netzwerk verwendeten Netzwerkprotokollen? Verfügen Sie für jedes der ausgeführten Protokolle über eine Liste der mit ihnen verbundenen Netzwerknummern, Subnetzwerke, Zonen, Areas usw.?

- Wissen Sie, welche Protokolle geroutet werden? Besitzen Sie für jedes dieser Protokolle eine korrekte und aktuelle Router-Konfiguration?

- Wissen Sie, welche Protokolle gebridget werden? Sind in diesen Bridges irgendwelche Filter konfiguriert und verfügen Sie über eine Kopie dieser Konfigurationen?

- Kennen Sie alle Kontaktpunkte zu externen Netzwerken, einschließlich aller Internetverbindungen? Kennen Sie für jede externe Netzwerkverbindung das verwendete Routing-Protokoll?

- Haben Sie Kenntnisse über den Normalzustand Ihres Netzwerks? Sind in Ihrem Unternehmen Zahlen über normales Verhalten und Performance des Netzwerks dokumentiert, damit Sie aktuelle Probleme mit einem Normzustand vergleichen können? Worauf beruht die normale zu erwartende Grundlinie, wenn Ihr Netzwerk ohne Probleme läuft? Welche Ereignisse, neue Hardware, Software oder Neukonfigurationen wurden seit Bestimmung des letzten Normzustands hinzugefügt?

- Welche besonderen Applikationseigenschaften und Verkehrsansprüche sind mit dem Problem verbunden (und welche nicht)? Welche früheren Fälle der Fehlersuche (falls vorhanden) könnten dabei helfen, die aktuelle Situation zu lösen?

Eine systematische Fehlersuchmethode verkürzt die meist verschwendete Zeit, die zum Durchgehen der verwirrenden, komplizierten und voneinander abhängigen Netzwerkdetails nötig ist. Da Netzwerke strategische Werkzeuge in Ihrem Unternehmen sind, besteht ein normales Verhalten darin, nach Abkürzungen zu suchen. Diese Abkürzungen ergeben sich in der Regel aus früheren Erfahrungen, die vermutlich aus systematischen Fehlerbestimmungen stammen.

Wenn Sie bereits eine systematische Fehlersuchmethode verwenden, die Ihnen gute Dienste leistet, sollten Sie diese weiterhin zur Fehlerbestimmung in Ihrem Netzwerk verwenden. Wenn Sie jedoch noch keine systematische Fehlersuchmethode verwendet haben, sollten Sie die in diesem Kapitel gezeigte berücksichtigen.

Damit die während der Netzwerkproblemlösung gewonnenen Kenntnisse zunehmen und weitergegeben werden, müssen Sie die Details Ihrer Fehlersuche dokumentieren. Heute und in der Zukunft wird dieser Dokumentationsschritt Ihnen, Ihren Teammitgliedern und den Technikern im Cisco-Technical-Assistance-Center (TAC) eine große Hilfe sein.

1.5 Zusammenfassung

In diesem Kapitel haben Sie gelernt, wie ein Standardmodell zur Problemlösung angewendet wird. Zudem haben Sie gelernt, wie wichtig die Dokumentierung Ihrer Entdeckungen und Aktionen ist. Nun sollten Sie in Anhang D nachschlagen.

Das Kapitel 2 mit dem Titel »Überblick über die Protokoll-Eigenschaften« konzentriert sich darauf, wie die Protokolle z.B. TCP/IP, AppleTalk und IPX/SPX im Netzwerk arbeiten. Die grundlegenden Kenntnisse auf Protokollebene sollten Ihnen dabei helfen, die am häufigsten vorkommenden Kommunikationsprobleme zu identifizieren und ausschließen zu können.

1.6 Test 1: Die Methodik der Fehlersuche

Geschätzte Zeit: 15 Minuten

Beantworten Sie alle Fragen, um Ihr Wissen über die in diesem Kapitel enthaltenen Fakten zu überprüfen. Die Antworten werden im Anhang A, »Antworten zu den Tests«, gegeben.

Verwenden Sie die Informationen aus diesem Kapitel, um die folgenden Fragen zu beantworten.

Frage 1.1

Welche Faktoren können bei der Kostenberechnung eines Ausfalls berücksichtigt werden?

_____

_____

_____

Frage 1.2

Welches sind die acht Schritte des Beispielmodells zur Problemlösung, die in diesem Kapitel beschrieben wurden?

1. _____
2. _____
3. _____
4. _____
5. _____
6. _____
7. _____
8. _____

Frage 1.3

Wo bzw. wie können Sie die Fakten sammeln, wenn Sie an ein Netzwerkproblem herangehen?

Frage 1.4

Wenn Sie einen Aktionsplan ausführen und die Netzwerkprobleme dadurch nicht gelöst werden, was müssen Sie tun, bevor Sie den nächsten Aktionsplan ausführen?

Frage 1.5

Was müssen Sie zusätzlich in Ihrem Aktionsplan berücksichtigen, wenn Sie ein Problem mit einer Access-Liste betrachten?

KAPITEL 2
Ein Überblick über die Protokolleigenschaften

Dieses Kapitel vergleicht verbindungsorientierte und verbindungslose Protokolle und kennzeichnet häufig verwendete Protokolle anhand dieser Eigenschaft. Darüber hinaus konzentriert es sich auf die Arbeitsweise von Ethernet/IEEE 802.3, Token-Ring/IEEE 802.5, Fiber-Data-Distributed-Interface (FDDI) und der seriellen Protokolle wie z.B. High-Level-Data-Connection-Control (HDLC) sowie auf die gerouteten Protokolle und die Routing-Protokollfamilien wie z.B. Transmission-Control-Protokoll/Internet-Protokoll (TCP/IP), Novell-Internetwork-Paket-Exchange (IPX) und AppleTalk.

Dieses Kapitel ist in zwei Hauptabschnitte unterteilt:

- Grundlegende Protokolleigenschaften
- Ausführliche Protokolleigenschaften

Der erste Abschnitt liefert eine Einführung zu Protokollen als Grundlage oder Kern von Kommunikationselementen. Der zweite Abschnitt liefert eingehende Details über die Datenverbindungs-, Netzwerk- und die höherschichtigen Protokolle.

Um ein erfolgreicher »Troubleshooter« zu werden, ist es sehr wichtig, das Protokollverhalten unter Normalbedingungen zu verstehen. Dies wird Ihnen dabei helfen, das Auftreten von abnormalem Verhalten zu erkennen. Wenn Sie die Komplexitäten der Protokolle verstehen, werden Sie erkennen können, was sehr einfach eintreten oder nicht optimal funktionieren kann.

Die meisten Protokolle besitzen gemeinsame Eigenschaften. Zum Beispiel sind sie entweder verbindungsorientiert oder verbindungslos und sie sind zuverlässig oder unzuverlässig. Wenn Sie diese Funktionen theoretisch verstanden haben, wird es Ihnen dabei helfen, alle verbindungsorientierten Protokolle zu verstehen. Auch wenn Sie momentan einige der in diesem Kapitel aufgezeigten Protokolle nicht verwenden, kann sich das in der Zukunft ändern. Es können in Ihrem Internetzwerk neue Protokolle eingesetzt werden oder Sie wechseln Ihre Arbeitsstelle, an der Sie neue Protokolle kennen müssen. Betrachten Sie z.B. die Anzahl von ehemaligen IPX-NetWare-Netzwerken, die mit Netware 5 auf TCP/IP umgestellt wurden.

2.1 Grundlegende Protokolleigenschaften

Wie bereits angesprochen, lassen sich Protokolle entweder in verbindungsorientiert oder verbindungslos und in zuverlässig oder unzuverlässig einteilen.

Ein zuverlässiges Protokoll ist ein Protokoll, das die Funktionen der Fehlerkorrektur, Flusskontrolle und Neuübertragung beinhaltet. Unzuverlässige Protokolle benötigen höherschichtige Protokolle, mit denen die Zuverlässigkeit gewährleistet wird. Ein Beispiel der zuverlässigen Versendung von Daten ist die Sendung eines Textes mittels zertifizierter Mail mit einer zurückgesendeten Empfangsbestätigung. Die unzuverlässige Datenübertragung wäre einfach die Übergabe des Textes in die Mail-Box des Empfängers mit der bestmöglichen Übertragung.

Die meisten verbindungsorientierten Protokolle sind zuverlässig und die meisten verbindungslosen Protokolle sind unzuverlässig, aber es gibt Ausnahmen. Zum Beispiel ist Frame-Relay ein verbindungsorientiertes Protokoll. Es erfordert virtuelle gegenseitige Verbindungen, bevor Daten gesendet werden können, aber es gibt im Frame-Relay keine Mechanismen zur zuverlässigen Übertragung. Entsprechend ist das Open-Shortest-Path-First (OSPF) verbindungslos. Wenn OSPF Routing-Updates aussendet, sendet es Multicast-Pakete (die per Definition verbindungslos sind), wobei es dennoch Bestätigungen von seinen Nachbarn erwartet.

Alle in diesem Abschnitt angesprochenen verbindungsorientierten Protokolle sind zuverlässige Protokolle.

Eine Einheit kann Daten an eine andere Einheit in einer ungeplanten Weise übertragen und ohne eine zuvor ausgeführte Koordination. Dieses Verfahren nennt sich *verbindungslose Datenübertragung*, in der jedes Paket auf sich allein gestellt ist. Die empfangende Software-Einheit als Teil des Protokoll-Stapels des Open-System-Interconnection-(OSI-)Referenz-Modells sieht, dass die empfangenen Pakete vollständig sind, aber eine höherschichtige Applikation muss sie in der richtigen Reihenfolge zusammensetzen, die Zeitzähler verwalten und die erneute Übertragung fehlender Pakete anfordern.

2.1.1 Verbindungsorientierte Dienste

Eine verbindungsorientierte Datenübertragung ist vom Konzept her mit einem Telefonanruf zu vergleichen. Ein Anrufer nimmt den Hörer ab und wählt; er erkennt danach, dass die Verbindung zustande kommt, weil sich eine Person am anderen Ende der Leitung meldet und der Informationsaustausch beginnt; er legt am Ende den Hörer auf, wenn der Informationsaustausch abgeschlossen ist.

Ein verbindungsorientiertes Protokoll verfügt über eine Methode zum Verbindungsaufbau, zur Flusskontrolle, zur Fehlerkorrektur und zur Sitzungsbeendigung. TCP und Asynchronous-Transfer-Mode (ATM) sind Beispiele von verbindungsorientierten Protokollen.

Ein verbindungsorientiertes Protokoll gewährleistet die richtige Reihenfolge der Pakete und verwaltet die Zeitzähler. Das verbindungsorientierte Protokoll fordert zudem die erneute Übertragung fehlender Pakete an.

Bei der verbindungsorientierten Datenübertragung wird eine logische Zuordnung oder Verbindung zwischen Protokolleinheiten eingerichtet. Wie Bild 2.1 zeigt, besitzt diese Art von Datenübertragung eine klar eingeteilte Lebenszeit, die aus drei unterschiedlichen Phasen besteht:

- Verbindungseinrichtung
- Datenübertragung
- Verbindungsbeendigung

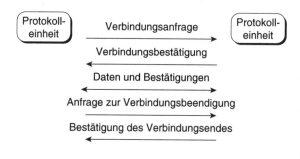

Bild 2.1:
Die Phase der Verbindungseinrichtung (die als Erste in verbindungsorientierten Diensten einsetzt) wird oft als Handshake bezeichnet.

Bei einigen Protokollen kann immer nur eine bestimmte Protokolleinheit die Verbindung einrichten und beenden. Jedoch können bei anderen Protokollen beide Seiten diese Phasen einleiten.

Die verbindungsorientierte Datenübertragung ist der verbindungslosen Datenübertragung vorzuziehen, wenn Stationen einen längeren Datenaustausch erfordern oder wenn bestimmte Protokolldetails dynamisch verarbeitet werden müssen. TCP ist ein Beispiel eines verbindungsorientierten Protokolls, Asynchronous-Transfer-Mode (ATM) ein anderes.

Wenn Sie bei verbindungsorientierten Protokollen eine Fehlersuche ausführen, sollten Sie überprüfen, ob mehrfache Neuübertragungen von Datensegmenten auftreten. Wenn dies der Fall ist, bestimmen Sie das höherschichtige Protokoll, das sie anfordert. Überprüfen Sie, dass die Sequenznummern, Bestätigungen, Fenstergrößen und andere zu diesem Protokolltyp gehörigen Parameter im normalen Bereich sind und dass sie korrekt erhöht oder verwaltet werden.

ANMERKUNG

Beachten Sie den späteren Abschnitt »Ausführliche Protokolleigenschaften« in diesem Kapitel für genauere Beispiele über verbindungsorientierte Kommunikation.

2.1.2 Verbindungslose Dienste

Bei verbindungslosen Diensten findet kein Verbindungsaufbau zwischen den beiden kommunizierenden Protokolleinheiten statt (siehe Bild 2.2). Jede Dateneinheit wird unabhängig von den vorherigen und nachfolgenden Dateneinheiten übertragen. Eine verbindungslose Datenübertragung ist vom Konzept her mit einem Satz von Postkarten zu vergleichen, bei dem jede Postkarte einzeln für sich gesendet wird. Entsprechend steht jedes Paket alleine für sich. Eine Einheit kann Daten an eine andere Einheit in einer ungeplanten Weise übertragen und ohne vorherige Koordination.

Bild 2.2:
Eine verbindungslose Kommunikation ist wesentlich einfacher als die dreiteilige verbindungsorientierte Kommunikation. Beachten Sie, dass keine Verbindung aufgenommen wird, bevor die Datenübertragung beginnt.

Die empfangende Software-Einheit als Teil des Protokollstapels des OSI-Referenzmodells erkennt, dass die Pakete vollständig empfangen wurden, aber eine höherschichtige Applikation muss sie in der richtigen Reihenfolge zusammensetzen und die erneute Übertragung fehlender Pakete anfordern. Eine verbindungslose Datenübertragung ist effizient, einfach auszuführen und beansprucht nur wenig Netzwerkverkehr.

Wenn Sie bei einer verbindungslosen Datenübertragung eine Fehlersuche ausführen, sollten Sie folgende Probleme überprüfen: Ob Daten nicht bestätigt werden, ob Datenfehler nicht an den Sender gemeldet werden, ob Daten nicht in der korrekten Reihenfolge ankommen (weil sie nicht sequenziert wurden) und ob keine Flusskontrolle stattfindet.

Wenn verbindungslose Protokolle auf tieferen Schichten verwendet werden, sind die höheren Schichten gewöhnlich verbindungsorientiert, um eine zuverlässige Datenübertragung zu gewährleisten. Zum Beispiel ist IP im TCP/IP-Protokollrahmen ein verbindungsloses Layer-3-Protokoll, während TCP ein verbindungsorientiertes Protokoll bis hinauf zum Layer 4 ist.

2.1.3 Beispiele zu Verbindungsabläufen

Wenn Sie alle möglichen Fehlerquellen der physikalischen oder der Datenverbindungsschicht überprüft und korrigiert haben, können Sie sich mit der Fehlersuche in den höheren Schichten befassen.

Fehlzustände in diesen tieferen Schichten wirken sich natürlich auf die höheren Schichten aus. Zum Beispiel wirkt sich eine fehlerhafte Ethernet-Datenverbindung auf die verbundene Ethernet-Schnittstelle des Router aus, die sich wiederum auf die TCP/IP-Routingtabellen auswirkt und die daraufhin die Verbindung beeinflusst, die durch eine Applikation aufgenommen wird.

Mitunter können mehrere potenzielle Gründe ein Netzwerkproblem ausmachen, vor allem dann, wenn die Applikation mehrere Technologien, Protokolle und Datenverbindungsknoten verwendet.

> **ANMERKUNG**
>
> Bei den Protokollschemata, die hier als Nächstes betrachtet werden, kann der sendende Host in einem Netzwerk keine höherschichtigen Daten zu einem Ziel übertragen, wenn keine Netzwerkverbindung hergestellt wurde.
>
> Wenn Benutzer Probleme beim Aufbau von Verbindungen im Netzwerk haben, sollten Sie die Fehlerursachen im spezifischen Netzwerkprotokoll und in höherschichtigen Protokollen suchen.

Auf der Netzwerkebene existieren zwei Protokollarten. Geroutete Protokolle übertragen Benutzerdaten zwischen Hosts. Routing-Protokolle übertragen Informationen zwischen Routern über die zu verwendenden Netzwerkpfade. Die Verbindungsabläufe der Protokollschemata verwenden sowohl diese Protokollarten als auch höherschichtige Protokolle innerhalb der Protokollschemata. Dieses Kapitel beschreibt die folgenden Konzepte:

- TCP/IP, das das Adress-Resolution-Protokoll (ARP) sowie Synchronisierungs-(SYN-)Pakete verwendet

- Novell-NetWare-Core-Protokoll (NCP), das das Routing-Information-Protokoll (RIP), das Service-Advertising-Protokoll (SAP) und Get-Nearest-Server-(GNS-)Anfragen verwendet

- AppleTalk, das mehrere Protokolle innerhalb seines Protokollschemas verwendet, unter anderem das Routing-Table-Maintenance-Protokoll (RTMP), das Zone-Information-Protokoll (ZIP), das Name-Binding-Protokoll (NBP) und das AppleTalk-Transaction-Protokoll (ATP).

Lassen Sie uns einen Blick auf die verschiedenen Verbindungsabläufe werfen, die bei TCP/IP, NetWare und AppleTalk auftreten. Jeder Protokollsatz hat eine eigene Routine zur Verbindungseinrichtung.

Der TCP-Verbindungsablauf

TCP ist ein Beispiel eines verbindungsorientierten Protokolls. Die TCP-Verbindungseinrichtung wird oft als ein *Drei-Wege-Handshake* bezeichnet, der in Bild 2.3 aufgezeigt wird.

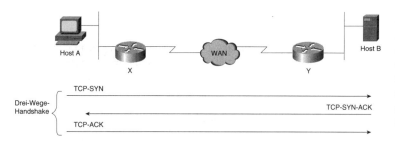

Bild 2.3:
Der Drei-Wege-Handshake muss erfolgreich abgeschlossen sein, bevor Daten ausgetauscht werden können.

Ein Drei-Wege-Handshake besteht aus drei Stufen:

- Der Host, der die Sitzung aufnehmen möchte, sendet ein TCP-Synchronisierungs-(SYN-)Paket.
- Der empfangende Host bestätigt das SYN und sendet im gleichen Paket sein eigenes SYN.
- Der ursprüngliche Host bestätigt den Empfang des SYN vom anderen Host.

Bild 2.3 zeigt auch, dass Host A eine ARP-Anfrage sendet und eine Antwort empfängt. Die ARP-Frames sind nicht Teil einer TCP-Sitzungseinrichtung, sind aber notwendig, damit Host A den Host B erreichen kann.

Bis Host A eine ARP-Antwort empfängt, kennt er nur die IP-Adresse von Host B. Es muss jedoch eine MAC-Adresse bestimmt werden, um Daten übertragen zu können. Unser Beispiel geht davon aus, dass die Software von Host A auch dann ARP-Frames sendet, wenn das Ziel nicht lokal ist, und der Router antwortet auf ARP-Frames für die Hosts auf der anderen Seite. (Der Router verwendet Proxy-ARP, die Standardeinstellung für Router von Cisco-Systems.)

Eine andere, aber dennoch korrekte Interpretation der in Bild 2.3 gezeigten ARP-Frames ist, dass auf Host A der Router X als Standard-Router konfiguriert ist und dass er ein ARP senden muss, um die MAC-Adresse des Routers X kennen zu lernen.

ARP ermöglicht die Korrespondenz zwischen Netzwerkadressen (z.B. einer IP-Adresse) und LAN-Hardware-Adressen (Ethernet-Adressen). Ein Vermerk über jede Korrespondenz wird in einem Cache für eine bestimmte Zeitdauer aufbewahrt und anschließend verworfen.

Wenn Sie eine Fehlersuche ausführen, sollten Sie den Befehl **show ip arp** ausführen, um die ARP-Tabelle auf irgendwelche Anomalien zu überprüfen (wie z.B. doppelte Routen) und um zu sehen, ob die in Frage kommenden Host(s) dort vermerkt sind.

> **ANMERKUNG**
>
> Weitere Informationen über das TCP/IP-Protokollschema finden Sie im Abschnitt »Ausführliche Protokolleigenschaften« im weiteren Verlauf dieses Kapitels.

Der NetWare-Verbindungsablauf

NetWare verwendet zwei Arten von Verbindungsabläufen: Sequenced-Packet-Exchange-(SPX-) und NCP-Verbindungen. NetWare verwendet SPX, um verbindungsorientierte Dienste auf der Transportschicht zu ermöglichen. Ähnlich wie beim TCP fordert ein SPX-Client die Synchronisierung mit einem gegenüberliegenden SPX-Gerät an. Eine bestätigende Antwort vollendet den Zwei-Wege-Handshake-Prozess des SPX. SPX gewährleistet die garantierte Übertragung der Daten in der richtigen Reihenfolge, wie es auch TCP erfüllt.

Auch NCP von Novell ist ein verbindungsorientiertes Protokoll, das von Datei-Servern und Clients verwendet wird. Bevor sich ein Client auf einem NCP-Datei-Server einloggen und mit der Anforderung und Versendung von Daten beginnen kann, sendet der Client zuerst Broadcasts in Form einer SAP-GNS-Anfrage, die in Bild 2.4 gezeigt wird.

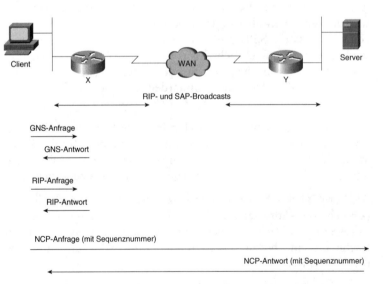

Bild 2.4: NetWare-Clients müssen erst eine Suche nach dem Dienst ausführen, bevor sie sich mit einem Server verbinden können.

Ein Router oder Server kann auf die Anfrage antworten. Router erkennen die Dienste, da sie auf die SAP-Broadcasts von Servern und anderen Routern hören. Nachdem ein Client einen Server erkannt hat, sendet er eine RIP-Anfrage, um eine Route zum Server zu finden. Schließlich kann der Client NCP-Anfragen aussenden, um sich einzuloggen und um Daten senden und empfangen zu können.

NCP-Anfragen und -Antworten enthalten ein Sequenznummernfeld, mit dem gewährleistet wird, dass die Pakete in der richtigen Reihenfolge ankommen und dass keine Pakete fehlen.

Die NetWare-Versionen 3.x und 4.x verwenden IPX für die Layer-3-Verbindung, die Adressierung und das Routing. An LANs angeschlossene NetWare-Clients, die IPX verwenden, können vor eine ganze Reihe von Problemen gestellt werden, die mit der Verbindung mit einem Server über ein geroutetes Internet zusammenhängen. Diese können fehlerhafte Netzwerknummern und Einkapselungsarten beinhalten. Es ist sehr wichtig, mit einer systematischen Fehlersuchmethode vorzugehen, um Fakten zur Isolierung des Problems oder der Probleme zu sammeln. Unter den diversen Werkzeugen des Cisco-Internetwork-Operating-Systems (IOS), mit denen Sie Probleme isolieren können, befindet sich der Befehl **show ipx interface**. Dieser Befehl kann zur Überprüfung der Netzwerk- und Einkapselungskonfigurationen verwendet werden und um den Status der Router-Schnittstellen abzufragen. Mit dem Befehl **show ipx traffic** können Sie die Sendung und den Empfang der Protokollpakete überprüfen, die zuvor in diesem Kapitel beschrieben wurden.

Die Schnittstellen sollten anzeigen, dass die Schnittstelle aktiv ist und dass das Protokoll aktiv ist.

ANMERKUNG

Weitere Informationen über das Novell-NetWare-Protokollschema finden Sie im Abschnitt »Ausführliche Protokolleigenschaften« im weiteren Verlauf dieses Kapitels.

Der AppleTalk-Verbindungsablauf

ATP ist ein verbindungsorientiertes Protokoll der Transportschicht, das sowohl vom AppleTalk-Filing-Protokoll (AFP) als auch vom Printer-Access-Protokoll (PAP) verwendet wird. Es ermöglicht den zuverlässigen Transport von Daten, wenn ein Client mit einem AppleShare-Dateiserver oder einem AppleShare-Drucker verbunden ist.

Bevor sich ein Client mit einem Dateiserver (oder mit einem Drucker) verbinden kann, muss er den Server durch einen Suchprozess namens *service discovery* (Dienstentdeckung) lokalisieren. Ein Macintosh-Computer sendet eine GetZoneList-Anfrage an den lokalen Router, um das Auswahlfenster mit Zonennamen auszufüllen. Wenn der Benutzer einen Zonennamen und einen Type of Service (Diensttyp) anklickt, sendet der Macintosh eine NBP-Broadcast-Anfrage, wie es Bild 2.5 zeigt.

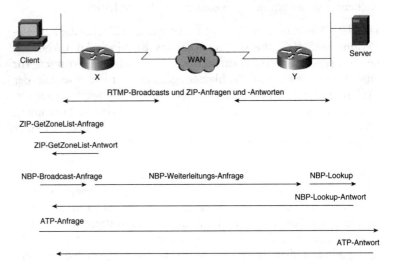

Bild 2.5:
AppleTalk verwendet eine Kombination von Protokollen, um einen Dienst zu lokalisieren und sich mit ihm zu verbinden.

Der Router überprüft seine Zonen-Informationstabelle, um zu bestimmen, welche Netzwerke sich in der angefragten Zone befinden. Der Router leitet für jedes Netzwerk in der Zone die Anfrage an einen Router weiter. Der empfangende Router sendet daraufhin eine NBP-Überprüfungs-Anfrage in sein lokales Netzwerk. Alle Server des angefragten Diensttyps antworten auf den ursprünglich anfragenden Macintosh. (Die Adresse des ursprünglich anfragenden Macintoshs wird innerhalb der NBP-Frames übertragen.)

Wenn der Client-Macintosh weiß, wie er einen Datei-Server erreichen kann, richtet er mittels ATP und AFP eine Verbindung ein. Er kann auch ein Echo-Frame senden, um die zeitliche Entfernung zum Server zu bestimmen. Diese Informationen können für das Setzen der ATP-Timeout-Werte verwendet werden.

In einem AppleTalk-Netzwerk können eine ganze Reihe von Problemen den Zugang zu Servern und Diensten blockieren. Der Befehl **show appletalk traffic** der Cisco IOS-Software ermöglicht einen guten und umfassenden Überblick der AppleTalk-Aktivität auf dem Router.

Eine weitere Quelle für Fehlersuch-Informationen besteht in der Überprüfung einer fehlerhaften AppleTalk-Konfiguration. Ein Fehler tritt dann auf, wenn die folgende AppleTalk-Regel verletzt wird: »Alle Router auf einer gegebenen Leitung müssen der Konfiguration der Leitung zustimmen (d.h. alle müssen passende Netzwerknummern, Leitungsbereiche, Zonennamen oder Zonenlisten besitzen)«. Die Router zeigen eine fehlerhafte Portkonfiguration in der Ausgabe auf den Befehl **show appletalk interface**.

> **ANMERKUNG**
>
> Weitere Informationen über das AppleTalk-Protokollschema finden Sie im folgenden Abschnitt »Ausführliche Protokolleigenschaften«.

2.2 Ausführliche Protokolleigenschaften

Obwohl dieser Abschnitt mit relativ allgemeinen Begriffen beginnt, taucht er relativ schnell in die Komplexitäten und die Arbeitsweise der Protokolle der 802.3-, 802.5-, FDDI-, Point-to-Point Protokoll- (PPP-), Synchronous-Data-Connection-Control- (SDLC-), Frame-Relay-, ISDN-, TCP/IP-, NetWare-IPX/SPX- und der AppleTalk-Netzwerke ein.

Beginnen wir diese Betrachtung mit dem berüchtigten OSI-Referenzmodell. Wenn man die Kommunikation zwischen oder unter Computersystemen betrachtet, ist es sehr hilfreich, einen allgemeinen Satz von Standards oder Konventionen zu übernehmen. Die Internationale Organisation für Standardisierung (ISO) entwickelte das OSI-Referenzmodell als Rahmen für die Definition von Standards für die Verbindung von heterogenen Computern.

Das OSI-Referenzmodell enthält einen vertikalen Satz von Schichten (Layern). Jede Schicht erfüllt die erforderlichen Funktionen, um mit der entsprechenden Schicht eines anderen Systems kommunizieren zu können. Jede Schicht baut auf die nächsttiefere Schicht auf und kann damit auf eine Reihe von Diensten zurückgreifen. Gleichzeitig ermöglicht jede Schicht weitere Dienste für die nächsthöhere Schicht. Die ISO beschloss ein Referenzmodell mit sieben Schichten und legte daraufhin jede Schicht und die darin ausgeführten Dienste fest. Bild 2.6 zeigt die sieben Schichten des OSI-Modells.

Bild 2.6:
Das OSI-Modell besitzt sieben Schichten.

7	Applikation
6	Präsentation
5	Sitzung
4	Transport
3	Netzwerk
2	Datenverbindung
1	Physikalisch

Die OSI-Schichten und deren Funktionen:

- Die Schicht 7 namens Applikationsschicht legt die Benutzer-Schnittstelle und die Schnittstelle des Applikationsprogramms fest und beschäftigt sich mit der Bedeutung der Daten, der Jobverwaltung und dem Datenaustausch.

- Die Schicht 6 namens Präsentationsschicht akzeptiert Daten von der Applikationsschicht und verhandelt über die Datensyntax, die Repräsentation, die Komprimierung und die Verschlüsselung mit gegenüberliegenden (Peer-)Systemen.

- Die Schicht 5 namens Sitzungsschicht fügt Kontrollmechanismen wie z.B. Prüfpunkte (Checkpoints), Abbrüche und Neustarts hinzu, um die Kommunikation zwischen Applikationen einzurichten, zu unterhalten und zu synchronisieren.

- Die Schicht 4 mit dem Namen Transportschicht ermöglicht die Verantwortlichkeit von Anfang bis Ende und gewährleistet die zuverlässige Datenübertragung mittels Bestätigungs-, Sequenznummern- und Flusskontrollmechanismen.

- Die Schicht 3 namens Netzwerkschicht legt das Netzwerkrouting (mittels symbolischer Adressierung) und die Kommunikation zwischen Netzwerksegmenten fest.

- Die Schicht 2 nennt sich Datenverbindungsschicht und ist für die Datenübertragung über einen Kommunikationskanal verantwortlich, durch die Einbindung der Daten in Frames, durch das Entdecken und Beheben von Übertragungsfehlern und durch die Angabe physikalischer Geräteadressen.

- Die Schicht 1 ist die physikalische Schicht, die für die mechanische, elektrische, funktionelle und prozedurale Schnittstelle zwischen Benutzerequipment und dem Kommunikationssystem des Netzwerks zuständig ist – mit anderen Worten, »sie setzt die Bits auf die Leitung«.

Das Ziel des OSI-Modells besteht darin, dass Protokolle entwickelt werden sollen, die die Funktionen jeder Schicht ausführen, um die Kommunikation zwischen korrespondierenden (Peer-) Einheiten derselben Schicht in zwei verschiedenen Systemen zu ermöglichen.

Unabhängig davon, welcher Natur die Applikationen oder Einheiten sind, die versuchen, miteinander Daten auszutauschen, müssen diese Daten gewöhnlich zuverlässig ausgetauscht werden. Das heißt, alle Daten sollten den Zielprozess in derselben Reihenfolge erreichen, wie sie gesendet wurden.

2.2.1 Vergleich von verbindungsorientierten und verbindungslosen Protokollen

Damit Applikationen oder Einheiten in verschiedenen Systemen miteinander kommunizieren können, müssen einige Protokolle einen Satz von Regeln festlegen (d.h. die Syntax und Bedeutungen), die den Austausch der Daten zwischen den beiden regeln.

Ein fundamentaler Aspekt jeder Kommunikationsarchitektur besteht darin, dass ein oder mehrere Protokolle auf jeder Schicht der Architektur arbeiten und dass zwei gleichberechtigte Protokolle auf derselben Schicht, aber in verschiedenen Systemen miteinander kooperieren, um die Funktion der Kommunikation zu ermöglichen.

Ein Satz von Funktionen formt die Basis der meisten Protokolle. Diese Funktionen können in Protokollen der verschiedenen konzeptionellen Schichten vorhanden sein. Obwohl wir das Konzept der Protokolle innerhalb des siebenschichtigen OSI-Modells betrachten, sind einige Herstellerprotokolle proprietär. Diese Protokolle können jedoch auch so betrachtet werden, als ob Sie sich innerhalb von einer oder mehreren der Schichten des OSI-Modells befinden.

Die Protokollfunktionen können in die folgenden Kategorien eingeteilt werden:

- Datensegmentierung und -zusammensetzung
- Dateneinkapselung
- Verbindungskontrolle
- Geordnete Übertragung von Daten
- Flusskontrolle
- Fehlerkontrolle
- Multiplexing

Dieser Abschnitt konzentriert sich auf die Aspekte der Verbindungseigenschaften eines Protokolls, die die Verbindungskontrolle, die geordnete Übertragung, die Fluss- und die Fehlerkontrolle betreffen. In diesem Kapitel wurden zuvor zwei Protokollarten angesprochen – verbindungsorientierte und verbindungslose. Die verbindungsorientierten Protokolle sind mit einem Telefonanruf vergleichbar, bei dem wir uns vor der Datensendung vergewissern, ob ein Benutzer am anderen Ende ist, während verbindungslose Dienste mehr wie eine Postkarte sind, bei der die Übertragung nicht garantiert ist.

Die verbindungslose Datenübertragung

Eine Einheit kann Daten an eine andere Einheit in einer ungeplanten Weise übertragen und ohne vorherige Koordination. Diese wird auch *verbindungslose Datenübertragung* genannt, in der jedes Paket für sich steht. Die empfangende Software-Einheit als Teil des Protokollstapels des OSI-Referenzmodells erkennt, dass die Pakete vollständig empfangen wurden, aber eine höherschichtige Applikation muss sie in der richtigen Reihenfolge zusammensetzen und die erneute Übertragung fehlender Pakete anfordern. Auch wenn dieses Verfahren sehr hilfreich sein kann, wird es weniger oft eingesetzt als die verbindungsorientierte Übertragung.

Bei der verbindungslosen Datenübertragung wird keine logische Verbindung eingerichtet und jede PDU wird unabhängig von der vorherigen und der nachfolgenden Dateneinheit übertragen. Bild 2.7 illustriert dieses Konzept.

Bild 2.7: Die verbindungslose Datenübertragung verursacht im Vergleich zu den verbindungsorientierten Diensten einen geringeren Overhead.

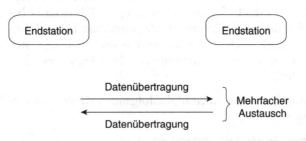

Die Stationen verhandeln zuvor darüber, die Protokoll-Daten-Einheiten (PDUs = Protocol Data Units) gegenseitig auszutauschen, aber ohne eine Inanspruchnahme der tieferschichtigen Dienste.

Weil keine Verbindung eingerichtet wird, wird jede Dateneinheit durch einen eigenen Dienstzugriff übertragen und dieser Zugriff muss alle notwendigen Informationen enthalten, um die Einheit an ihr Ziel zu bringen (Zieladresse, erforderliche Dienste usw.). In der Folge dieses einfachen Dienstzugriffs werden keine Verhandlungen über Parameter ausgeführt. Zudem wird bei den PDUs, die durch den Anbieter des Dienstes transportiert werden, keine geordnete Übertragung, Fluss- oder Fehlerkontrolle gewährleistet, da keine Beziehung zwischen aktuellen, vorherigen oder nachfolgenden Dateneinheiten besteht.

Es folgen Beispiele von verbindungslosen Protokollen:

- IEEE 802.2 (oft auch als Logic Connection Control [LLC] bezeichnet) bietet drei Dienstarten an, von denen zwei verbindungslos sind: Typ 1 ermöglicht einen bestätigungslosen und verbindungslosen Dienst und Typ 3 ermöglicht einen bestätigten und verbindungslosen Dienst.

- OSI bietet sowohl einen verbindungslosen als auch einen verbindungsorientierten Netzwerkschichtdienst. Der verbindungslose Dienst wird in ISO 8473 beschrieben (er wird gewöhnlich als Connectionless-Network-Protokoll [CLNP] bezeichnet).

- Internet-Protokoll (IP) ist das verbindungslose Protokoll der Netzwerkschicht im TCP/IP-Schema. Das User-Datagram-Protokoll (UDP) ist das verbindungslose Transportschicht-Protokoll im TCP/IP-Schema.

- Das primäre Netzwerkschicht-Protokoll von AppleTalk ist das Datagram-Delivery-Protokoll (DDP). DDP bietet einen verbindungslosen Dienst zwischen Netzwerk-Sockets.

- IPX ist ein verbindungsloses Netzwerkschicht-Paket-Protokoll für NetWare-Netzwerke, das auf der Basis des IPX/SPX arbeitet. NetWare 5 kann direkt über das TCP/IP betrieben werden und es ersetzt in diesem Fall die IPX-Funktionalität durch UDP.

- DECnet verwendet CLNP und den Connectionless-Network-Service (CLNS) für den verbindungslosen Dienst.

- Fast-Sequenced-Transport (FST) ist ein verbindungsloses, sequentiertes Transportprotokoll, das oberhalb von IP abläuft. Das FST verwendet die IP-Header zur Ausführung der Sequenzierung ohne eine Verletzung der IP-Spezifikation. Es überträgt Remote-Source-Route-Bridging-(RSRB-)Pakete an gegenüberliegende Stationen ohne TCP- oder UDP-Header oder Prozessor-Overhead.

Die verbindungsorientierte Datenübertragung

Wie bereits früher in diesem Kapitel erwähnt, ist die verbindungsorientierte Datenübertragung der verbindungslosen vorzuziehen, wenn Stationen einen längeren Datenaustausch erfordern oder wenn bestimmte Protokolldetails dynamisch verarbeitet werden müssen.

Bei der verbindungsorientierten Datenübertragung wird eine logische Zuordnung oder Verbindung zwischen Protokolleinheiten eingerichtet. Diese Art von Datenübertragung besitzt eine klar eingeteilte Lebenszeit, die aus drei unterschiedlichen Phasen besteht:

– Verbindungseinrichtung

– Datenübertragung

– Verbindungsbeendigung

Die Einrichtung der Verbindung beginnt, wenn eine der Stationen eine Verbindungsanfrage an die andere sendet. Die beiden Endstationen können die einzigen beteiligten Geräte sein oder es kann eine zentrale Autorität mit einbezogen werden.

Wie Bild 2.8 zeigt, müssen die beiden Endstationen während der Phase der Verbindungseinrichtung zu einer gemeinsamen Übereinkunft gelangen und mit der darunterliegenden Protokollschicht Daten austauschen. Während der Laufzeit der Verbindung werden die Parteien jede fehlerfrei übertragene Dateneinheit akzeptieren. Es kann eine Verhandlung über Parameter und Optionen stattfinden, die sich auf die nachfolgende Datenübertragung auswirkt (wie z.B. die maximale Daten- oder Fenstergröße). Die Verhandlung kann in der Ablehnung der Verbindung münden, wenn eine der Parteien die angefragte Verbindungskonfiguration nicht unterstützt.

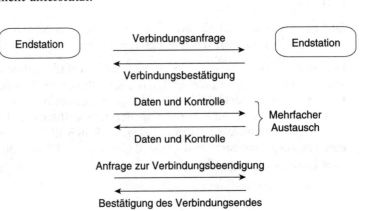

Bild 2.8: Die verbindungsorientierte Datenübertragung besteht aus drei Phasen.

Wenn die logische Verbindung eingerichtet wurde, tritt die Phase der Datenübertragung ein, bei der Daten und alle relevanten Kontroll-Informationen wie z.B. Flusskontrolle oder Fehlerkontrolle zwischen den Endstationen ausgetauscht werden. Eine Verbindungs-ID kann verwendet werden, um die Daten und Kontrollinformationen, die mit der logischen Verbindung verbunden sind, zu identifizieren.

Eine logische Verbindung ermöglicht auch den Einsatz der Sequentierung, d.h. jede PDU wird nacheinander durchnummeriert. Die Endstationen führen eine Liste von lokal erzeugten ausgehenden und eingehenden Nummern. Die Sequentierung erlaubt die geordnete Übertragung, Fluss- und Fehlerkontrolle. Diese Konzepte können folgendermaßen erklärt werden:

- Die geordnete Übertragung – In einer verbindungsorientierten Umgebung kann die richtige Reihenfolge der PDUs aufrecht erhalten werden, weil jede PDU durch eine Verbindungs-ID und eine Sequenznummer gekennzeichnet ist. Ein eindeutiges Schema der sequentiellen Nummerierung wird während der Phase der Verbindungseinrichtung bestimmt. Die empfangende Station kann das sequentielle Nummernschema verwenden, um die empfangenen PDUs zu ordnen, auch wenn sie nicht in Reihenfolge ankommen.

- Die Flusskontrolle – Mit der Flusskontrolle sendet die übertragende Station die Daten oder Informationen nicht schneller, als sie die empfangende Station oder ein dazwischen liegendes Gerät verarbeiten kann. Auch hier erfüllen bei einem verbindungsorientierten Protokoll die Sequenznummern diese Funktion. Das grundlegende Verfahren, das von den meisten Protokolle verwendet wird, ist eine Technik der Fensterdimensionierung, in der die empfangende Station festlegt, welche Puffergröße für eingehende PDUs zur Verfügung steht. Der Sender sendet diese Datenmenge in PDUs und wartet daraufhin auf den Empfang einer Bestätigung von der empfangenden Station, dass sie alle oder einige dieser PDUs empfangen hat und bereit zum Empfang weiterer PDUs ist.

- Die Fehlerkontrolle – Eine Endstation entdeckt beschädigte PDUs durch die Berechnung der empfangenen Bits. Wenn eine PDU beschädigt oder verloren wurde, fordert die Endstation eine wiederholte Übertragung der betroffenen PDU anhand ihrer Liste von Sequenznummern an.

Die Abschlussphase einer verbindungsorientierten Operation ist die Beendigung der Verbindung. Diese kann von jeder der betroffenen Parteien eingeleitet werden. Beide Endstationen oder die eventuell beteiligte zentrale Autorität können eine Anfrage zur Beendigung senden.

Es folgen Beispiele von verbindungsorientierten Protokollen:

- IEEE 802.2 (LLC) bietet drei Arten von Diensten an, von denen nur der Typ 2 verbindungsorientiert ist. Der LLC-Typ 2 (LLC2) ist ein verbindungsorientiertes Protokoll der OSI-Datenverbindungsschicht, das in Local-Area-Netzwerk-(LAN-) Umgebungen weit verbreitet ist, vor allem unter IBM-Kommunikationsystemen, die durch Token-Ring verbunden sind.

- ATM ist eine verbindungsorientierte Umgebung. Der gesamte Verkehr in ein oder aus einem ATM-Netzwerk wird durch eine virtuelle Pfad-ID (VPI) und eine virtuelle Kanal-ID (VCI) eingeleitet. Ein VPI/VCI-Paar wird als eine einzelne virtuelle Verbindung (VC = Virtual Circuit) betrachtet. Jeder VC ist eine private Verbindung zu einem anderen Knoten im ATM-Netzwerk. Jeder ATM-Knoten muss eine separate Verbindung zu jedem anderen Knoten im ATM-Netzwerk einrichten, mit dem er kommunizieren will.

- OSI bietet einen verbindungsorientierten Dienst, der mitunter als Connection-Mode-Network-Service (CMNS) bezeichnet wird und der in ISO 8208 und ISO 8878 beschrieben ist. (ISO 8208 beschreibt das X.25-Packet-Level-Protokoll [PLP], das gelegentlich auch als Connection-Oriented-Network-Protokoll [CONP] bezeichnet wird. ISO 8878 beschreibt, wie ISO 8208 zu verwenden ist, um den verbindungsorientierten Dienst der OSI zu erfüllen.) OSI verwendet X.25-Packet-Level-Protokoll über IEEE 802-LANs für eine verbindungsorientierte Datenübertragung und zur Fehlererkennung.
Die OSI-Transportschicht ermöglicht die verbindungsorientierten Dienste auf die gleiche Weise wie bei der OSI-Netzwerkschicht. Es existieren fünf verbindungsorientierte OSI-Transportprotokolle: TP0, TP1, TP2, TP3 und TP4.

- Innerhalb des TCP/IP-Protokollschemas ist TCP ein zuverlässiges, verbindungsorientiertes Full-Duplex-Protokoll, das das Format der Daten und der Kontrollpakete bestimmt, die zwei Computersysteme untereinander austauschen, um Daten zu übertragen.

- SPX von Novell ist ein verbindungsorientiertes NetWare-Transportprotokoll. Novell entwickelte dieses Protokoll aus dem Sequenced-Packet-Protokoll (SPP) von Xerox-Network-Systems (XNS). SPX ist wie TCP und viele andere Transportprotokolle ein zuverlässiges und verbindungsorientiertes Protokoll, das den Paket-Dienst der Protokolle der Schicht 3 ergänzt.

- AppleTalk unterstützt mehrere höherschichtige Protokolle, die verbindungsorientiert sind. ATP ist ein weit verbreitetes Transportschicht-Protokoll, das den zuverlässigen Anfrage-Antwort-Austausch zwischen zwei Socket-Clients ermöglicht.

- Die Netzwerkschicht des DECnets verwendet das X.25-Protokoll der Paketebene, das auch unter X.25-Level 3 und CONP bekannt ist.

Sie werden erkennen, dass alle Protokollschemata eine Kombination aus verbindungsorientierten und verbindungslosen Diensten bieten. Wenn Sie die meiste Zeit darauf verwenden, nur ein Protokoll kennenzulernen, werden Sie angenehm davon überrascht sein, wie einfach Sie sich mit den verbindungslosen und verbindungsorientierten Transporteigenschaften eines anderen Protokollschemas vertraut machen können.

Der nächste Abschnitt betrachtet speziell die OSI-Datenverbindungsschicht. Es ist sehr wichtig, sich einige Zeit auf die Funktionen der Schicht 2 in Ihrem Netzwerk zu konzentrieren, um Fehlzustände und fehlerhafte Konfigurationen dieser Schicht schnell erkennen zu können.

2.2.2 Die Eigenschaften der OSI-Schicht 2

Die OSI-Schicht 2, also die Datenverbindungsschicht, ist für die Einbindung der Daten in lokal adressierte Frames verantwortlich. Dieser Abschnitt behandelt in erster Linie das LAN- und WAN-Framing der Schicht 2 wie z.B. Ethernet/IEEE 802.3, Token-Ring/802.5, FDDI und PPP.

Ethernet/IEEE 802.3

Dieser Abschnitt konzentriert sich auf die gebräuchlichsten Protokolle der Datenverbindungsschicht: Ethernet/IEEE 802.3, Token-Ring, FDDI, PPP, SDLC, X.25, Frame-Relay und ISDN.

Das Ethernet wurde in den 70er Jahren durch das Palo Alto Research Center (PARC) der Xerox-Corporation entwickelt. Die Digital Equipment Corporation, die Intel Corporation und die Xerox Corporation entwickelten und veröffentlichten gemeinsam eine Ethernet-Spezifikation (die Version 2.0) die im Wesentlichen mit IEEE 802.3 kompatibel ist. IEEE 802.3 wurde erstmals im Jahre 1983 durch die Behörde des Institute of Electric and

Electronic Engineers (IEEE) anerkannt. Das Ethernet und IEEE 802.3 machen derzeit gemeinsam den Hauptteil jedes LAN-Protokolls aus. Heute bezieht sich der Begriff *Ethernet* sehr oft auf alle Carier-Sense-Multiple-Access-Collision-Detection-(CSMA/CD-)LANs, die generell mit den Ethernet-Spezifikationen konform sind, das IEEE 802.3 eingeschlossen.

Das Ethernet wurde entwickelt, um die Lücke zu füllen zwischen den langsamen, weit auseinander liegenden Netzwerken und den hochspezialisierten Computerraumnetzwerken, die Daten mit hoher Geschwindigkeit über sehr kurze Entfernungen übertragen. Das Ethernet ist sehr gut für Applikationen einsetzbar, bei denen ein lokales Kommunikationsmedium einen stark schwankenden und gelegentlich sehr starken Verkehr mit hohen Spitzenraten übertragen muss.

Die Ethernet- und IEEE 802.3-Netzwerke beinhalten sehr ähnliche Technologien. Beide sind CSMA/CD-LANs. Die Stationen auf einem CSMA/CD-LAN können jederzeit auf das Netzwerk zugreifen. Bevor Daten gesendet werden, lauschen die CSMA/CD-Stationen in das Netzwerk hinein, um zu erkennen, ob es bereits in Anspruch genommen wird. Wenn dies der Fall ist, wartet die sendebereite Station in einer Art »Warte-Prozess«. Wenn das Netzwerk nicht genutzt wird, überträgt die Station. Eine Kollision tritt auf, wenn zwei Stationen auf den Netzwerkverkehr lauschen, nichts hören und gleichzeitig mit der Übertragung beginnen. In diesem Fall werden beide Übertragungen gestört und die Stationen müssen ihre Daten später erneut übertragen. Ein Algorithmus des Zurücktretens legt fest, wann die kollidierenden Stationen neu übertragen. CSMA/CD-Stationen können Kollisionen feststellen, daher wissen sie, wann sie neu übertragen müssen.

Sowohl LANs mit Hubs als auch mit Repeatern, die Ethernet und IEEE 802.3 betreiben, sind Broadcast-Netzwerke. Mit anderen Worten, alle Stationen sehen alle Frames, ganz gleich, ob sie an ein bestimmtes Ziel gerichtet sind. Jede Station muss die empfangenen Frames überprüfen, ob sie für diese Station bestimmt sind. Wenn dies der Fall ist, wird der Frame an eine höhere Protokollschicht für die entsprechende Verarbeitung übergeben. Bridges und Switches der Schicht 2 ändern dieses Modell dynamisch, indem unnötiger Verkehr vermieden wird.

Die Unterschiede zwischen Ethernet- und IEEE 802.3-LANs sind sehr gering. Ethernet ermöglicht Dienste, die den Schichten 1 und 2 des OSI-Referenzmodells entsprechen, während das IEEE 802.3 die physikalische Schicht (Schicht 1) und nur einen Teil der Schicht 2 umfasst. Das IEEE 802.2 übernimmt hier den restlichen

Teil der Schicht 2 (den LLC-Teil). Sowohl Ethernet als auch IEEE 802.3 werden hardwaretechnisch entweder als eine Schnittstellenkarte in einem Hostcomputer oder als Schaltkreis auf einem Primary Circuit Board innerhalb eines Hostcomputers realisiert.

IEEE 802.3 legt mehrere verschiedene physikalische Schichten fest, während Ethernet nur eine festlegt. Jedes physikalische Schichtprotokoll des IEEE 802.3 trägt eine Bezeichnung, das seine Eigenschaften zusammenfasst. Die kodierten Komponenten einer physikalischen IEEE 802.3-Schichtbezeichnung sind in Bild 2.9 gezeigt.

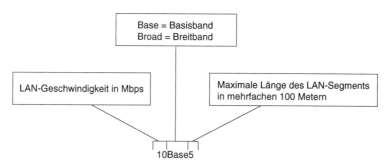

Bild 2.9:
Die Bestandteile der bezeichneten physikalischen IEEE 802.3-Schichten beschreiben deren Funktionalität.

Die Tabelle 2.1 beinhaltet eine Zusammenfassung der Eigenschaften der Ethernet-Version 2 und des IEEE 802.3.

Eigenschaft	Ethernet-Wert	802.3-Werte						
		10Base5	10Base2	1Base5	10BaseT	100BaseT	10Broad36
Datenrate (Mbps)	10	10	10	1	10	100	10
Signalmethode	Basisband	Basisband	Basisband	Basisband	Basisband	Basisband	Breitband
Maximale Segmentlänge (m)	500	500	185	250	100	100	1800
Medium	50-Ohm Koax (dick)	50-Ohm Koax (dick)	50-Ohm Koax (dünn)	Ungeschirmtes Twisted-Pair	Ungeschirmtes Twisted-Pair	Ungeschirmtes Twisted-Pair	75-Ohm Koax
Topologie	Bus	Bus	Bus	Stern	Stern	Stern	Bus

Tabelle 2.1: Physikalische Eigenschaften der Ethernet-Version 2 und des IEEE 802.3.

Das Ethernet ähnelt am ehesten dem IEEE 802.3 10Base5. Beide Protokolle legen ein busförmiges Netzwerk mit einem Verbindungskabel zwischen den Endstationen und dem eigentlichen Netzwerkmedium fest. Im Falle des Ethernets wird das Kabel ein *Transceiver Cable* genannt. Das Transceiver Cable verbindet ein Transceiver-Gerät, das an das physikalische Netzwerkmedium angeschlossen ist. Die IEEE 802.3-Anordnung ist sehr ähnlich, mit der Ausnahme, dass das Verbindungskabel *Attachment Unit Interface (AUI)* genannt wird und der Transceiver eine *Medium Attachment Unit (MAU)*. In beiden Fällen ist das Verbindungskabel an ein Interfaceboard (oder an eine Schnittstellenschaltung) innerhalb der Endstation angeschlossen. Bild 2.10 zeigt die Ethernet- und IEEE 802.3-Frameformate.

Bild 2.10: Die Ethernet_II und IEEE 802.3-Frames unterscheiden sich im Typen- und im Längenfeld.

Ethernet

7	1	6	6	2	46-1500	4
Präambel	S O F	Zieladresse	Quelladresse	Typ	Daten	FCS

IEEE 802.3

7	1	6	6	2	46-1500	4
Präambel	S O F	Zieladresse	Quelladresse	Länge	802.2-Header und Daten	FCS

SOF = Start-Of-Frame-Begrenzer
FCS = Prüfsumme

Die Ethernet- und IEEE 802.3-Frames beginnen beide mit einem abwechselnden Muster aus Einsen und Nullen, das als *Präambel* bezeichnet wird. Die Präambel teilt den empfangenden Stationen mit, dass ein Frame ankommt.

Das Byte vor der Zieladresse in den beiden Ethernet- und IEEE 802.3-Frames endet mit zwei aufeinanderfolgenden 1-Bits, die den Frame-Empfangsteil aller Stationen im LAN synchronisieren. Die Spezifikation des IEEE 802.3 legt dieses Byte als Start-of-Frame-Delimiter (SFD) fest, der einer 7-Byte-Präambel folgt, während die Ethernet-Spezifikationen dieses Muster einfach am Ende der 8-Byte-Präambel einschließen.

Sowohl in den Ethernet- als auch in den IEEE 802.3-Frames folgen direkt nach der Präambel/SFD die Ziel- und Quelladressfelder. Die Ethernet- und die IEEE 802.3-Adressen sind beide 6 Bytes lang. Die Adressen sind in der Hardware der Ethernet- und IEEE 802.3-Schnittstellenkarten eingebrannt. Die ersten 3 Bytes der Adressen werden durch einen von der IEEE vorgegebenen Herstellercode festgelegt und die letzten 3 Bytes werden durch den Hersteller selbst vorgegeben. Die Quelladresse ist immer eine Unicast-Adresse (d.h. von einem einzelnen Knoten), während die Zieladresse eine Unicast-, eine Multicast-(eine Gruppen-) oder eine Broadcast-Adresse (an alle Knoten) sein kann.

In Ethernet-Frames ist das 2-Byte-Feld nach der Quelladresse ein Typenfeld. Dieses Feld legt das höherschichtige Protokoll fest, das die Daten nach der Ethernetverarbeitung empfangen soll.

In den IEEE 802.3-Frames ist das 2-Byte-Feld nach der Quelladresse ein Längenfeld, das einen hexadezimalen Wert im Bereich von 0001 bis 05DC enthält. Es gibt Aufschluss über die Bytezahl der Daten, die sich hinter diesem Feld und vor dem Frame-Check-Sequenz-(FCS-)Feld befinden.

Nach dem Typen-/Längenfeld folgen die eigentlichen Daten des Frames. Nachdem die Verarbeitung auf der physikalischen Schicht und der Verbindungsschicht abgeschlossen ist, werden diese Daten schließlich an ein höherschichtiges Protokoll übergeben. Im Falle des Ethernets wird das höherschichtige Protokoll im Typenfeld angegeben. Im Falle des IEEE 802.3 muss das höherschichtige Protokoll innerhalb des Datenteils des Frames angegeben werden. Wenn die Daten innerhalb des Frames die minimale Framegröße von 64 Byte nicht ausfüllen, werden so genannte Padding-(Auffüll-)Bytes eingefügt, damit mindestens ein 64-Byte-Frame erzeugt wird.

Nach dem Datenfeld befindet sich ein 4-Byte-FCS-Feld, das einen Cyclic-Redundancy-Check- (CRC-) Wert (eine Zwischensumme aus allen Bits) enthält. Der CRC wird durch das sendende Gerät berechnet und ebenso durch das empfangende Gerät, um den Frame auf Übertragungsschäden zu überprüfen.

Bild 2.11 zeigt das Format des 802.2-Header- und des Daten-Frames (dieses Format wird auch als LLC-PDU bezeichnet).

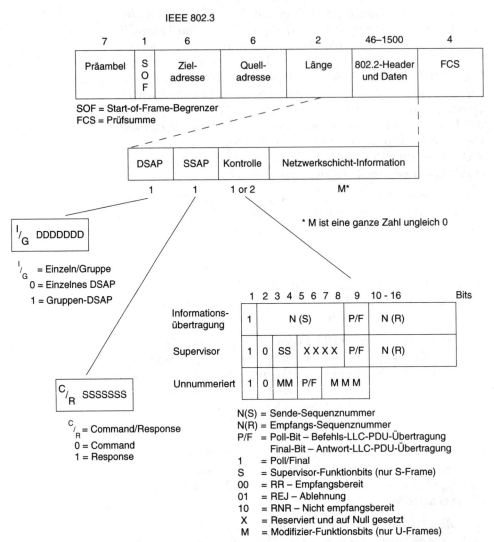

Bild 2.11: *Das Format des 802.2-Header- und des Datenframes wird auch als LLC-PDU bezeichnet.*

Die 1 Byte großen Destination-Service-Access-Point-(DSAP-) und Source-Service-Access-Point-(SSAP-)Felder geben das gesuchte und das sendende höherschichtige Protokolle an. Die SAP-Felder haben dieselbe Funktion wie das Typenfeld in einem Frame der Ethernet-Version 2.

Das Kontrollfeld kennzeichnet die bestimmte PDU und legt verschiedene Kontrollfunktionen fest. Es ist 1 oder 2 Bytes lang, je nach PDU-Typ. Die PDU kann entweder ein Befehl oder eine Antwort sein und es ist entweder eine Informationsübertragungs-, eine Anweisungs- oder eine unnummerierte Informations-PDU.

Das Netzwerkschicht-Informationsfeld überträgt die Daten des höherschichtigen Protokolls.

Eine Erweiterung des LLCs wurde durch die Internet-Gemeinschaft im RFC 1042 festgelegt, um vor allem IP-Pakete sowie ARP-Anfragen und -Antworten innerhalb des IEEE 802.3, des IEEE 802.4 (Token-Bus), des IEEE 802.5 (Token-Ring) und von FDDI-Netzwerken zu verkapseln. Auf diese Weise können IP-Pakete, die früher nur auf Ethernet-Frames beschränkt waren, über Nicht-Ethernet-Netzwerke mittels eines Subnetwork-Access-Protokoll-(SNAP-)Mechanismus transportiert werden. Bild 2.12 zeigt das SNAP-Frame-Format.

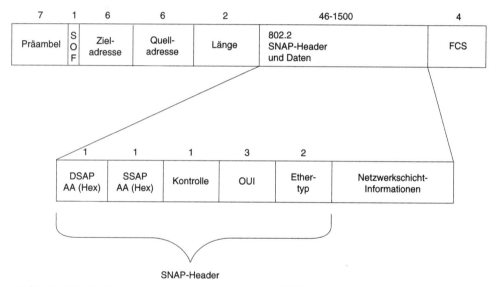

Bild 2.12: Die SAP-AA-Felder kennzeichnen einen SNAP-Frame.

Die ersten 3 Bytes des 802.2-Teils des Frames gleichen denen des LLC-Frames. Die DSAP- und SSAP-Felder besitzen den speziellen, hexadezimalen Wert AA (der anzeigt, dass dies ein SNAP-Frame ist).

Nach dem Kontrollfeld folgt eine 5 Byte lange Protokoll-ID. Die ersten 3 Bytes repräsentieren den Organizational Unit Identifier (OUI), ein eindeutiger Wert, der durch die IEEE an eine Organisation vergeben wird. Die restlichen 2 Bytes enthalten Informationen, die denen im Typenfeld eines Ethernet-Frames ähneln.

Weitere Informationen über Ethernet, IEEE 802.3 oder andere Netzwerktypen finden Sie im Anhang C, »Referenzen und empfohlene Literatur«.

Token-Ring/IEEE 802.5

Das Token-Ring-Protokoll wurde ursprünglich in den frühen 80er Jahren von IBM entwickelt. Es ist immer noch die primäre LAN-Technologie von IBM und ist nach Ethernet/IEEE 802.3 die häufigste in einem LAN eingesetzte Lösung. Die IEEE 802.5-Spezifikation ist fast identisch mit dem Token-Ring-Netzwerk von IBM. In Wirklichkeit wurde die IEEE 802.5-Spezifikation an Hand des IBM-Token-Rings modelliert und sie folgt weiterhin der Entwicklung des IBM-Token-Rings. Der Begriff *Token-Ring* wird allgemein für IBM-Token-Ring-Netzwerke und für IEEE 802.5-Netzwerke verwendet.

Token-Ring- und IEEE 802.5-Netzwerke sind zueinander kompatibel, obwohl sich die Spezifikationen in ganz kleinen Bereichen unterscheiden. Das Token-Ring-Netzwerk von IBM legt eine sternförmige Anordnung fest, bei der alle Endstationen an ein Gerät namens MultiStationAccess Unit (MSAU) angeschlossen sind, während das IEEE 802.5 keine besondere Topologie festschreibt (obwohl praktisch alle IEEE 802.5-Ausführungen auch auf einem Stern basieren). Es gibt andere Unterschiede, den Medientyp (IEEE 802.5 legt keinen Medientyp fest und IBM-Token-Ring-Netzwerke verwenden vornehmlich Twisted-Pair) und die Feldgröße der Routing-Informationen eingeschlossen. In einigen Fällen sind die Spezifikationen identisch. Sowohl IBM-Token-Ring als auch IEEE 802.5 legen Folgendes fest:

- Basisband-Signalisierung

- Token-Übertragung

- Datenraten von entweder 4 oder 16 Mbps

Token-Ring und IEEE 802.5 sind die Hauptbeispiele von tokenübertragenden Netzwerken. Token-übertragende Netzwerke befördern einen kleinen Frame namens *Token* im Netzwerk. Der Besitz des Token verleiht das Recht zu übertragen. Wenn ein Knoten den Token empfängt und keine Informationen zu senden hat, gibt er den Token einfach an die nächste Endstation weiter. Jede Station besitzt eine beschränkte Zeitdauer, die er den Token halten darf.

Wenn eine Station den Token besitzt und Informationen zu übertragen hat, ändert sie 1 Bit des Tokens (womit der Token zu einer Framestart-Sequenz wird), fügt die zu übertragenden Informationen an, nimmt eine CRC-Berechnung der Frame-Inhalte vor und sendet diese Informationen an die nächste Station des Rings. Während der Informations-Frame über den Ring läuft, befindet sich kein Token im Netzwerk (wenn der Ring kein Early-Token-Release unterstützt), also müssen die anderen Stationen, die übertragen wollen, warten. Daher können in Token-Ring-Netzwerken keine Kollisionen auftreten. Wenn Early-Token-Release unterstützt wird, kann ein neuer Token freigegeben (released) werden, wenn die Frame-Übertragung abgeschlossen ist. Obwohl sich mehrere Frames auf dem Ring befinden können, kann sich immer nur ein Token auf dem Ring befinden.

Der Informations-Frame kreist über den Ring, bis er die gesuchte Zielstation erreicht, die die Informationen für eine weitere Verarbeitung kopiert. Der Informations-Frame kreist weiter über den Ring und wird erst dann entfernt, wenn er die Sendestation wieder erreicht. Die Sendestation kann den zurückkehrenden Frame überprüfen, um zu erkennen, ob der Frame erkannt und daraufhin vom Ziel übernommen wurde. Die Sendestation ist dafür verantwortlich, den Frame aus dem Ring zu entfernen, wenn er erneut empfangen wurde.

Im Gegensatz zu den CSMA/CD-Netzwerken (wie z.B. Ethernet) sind token-übertragende Netzwerke deterministisch. Mit anderen Worten, es ist möglich, die maximale Zeit zu berechnen, die vergehen wird, bevor jede Endstation übertragen kann. Durch diese Möglichkeit und verschiedene Zuverlässigkeitsfeatures sind Token-Ring-Netzwerke ideal für Applikationen, bei denen Verzögerungen vorhersagbar sein müssen und bei denen eine zuverlässige Netzwerkfunktion wichtig ist. Beispiele solcher Applikationen sind Umgebungen mit automatisierter Produktion.

Stationen in Token-Ring-Netzwerken sind direkt mit MSAUs verbunden, die so miteinander verkabelt werden können, dass sie einen großen Ring bilden (wie in Bild 2.13 gezeigt). Patch-Kabel verbinden MSAUs mit benachbarten MSAUs. Einzelne Kabel verbinden MSAUs mit Stationen. MSAUs besitzen Umleitungs-Relais, um Stationen aus dem Ring entfernen zu können.

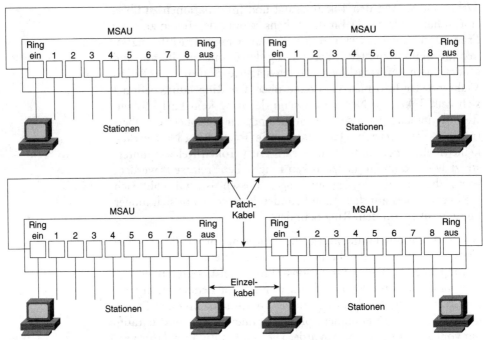

Bild 2.13: *Token-Ring-Geräte werden über MSAUs verbunden.*

Token-Ring-Netzwerke verwenden verschiedene Mechanismen zur Aufdeckung und Kompensation von Netzwerkfehlern. Zum Beispiel wird eine Station im Token-Ring-Netzwerk als aktiver Monitor ausgewählt. Diese beliebig im Netzwerk wählbare Station agiert als zentrale Quelle von Taktinformationen für andere Ringstationen und führt eine Reihe von Ringverwaltungsfunktionen aus. Eine dieser Funktionen ist die Entfernung von ständig umlaufenden Frames vom Ring. Wenn ein sendendes Gerät ausfällt, kann sein Frame weiterhin über den Ring kreisen. Auf diese Weise können andere Stationen daran gehindert werden, ihre eigenen Frames zu senden, und das Netzwerk kann damit praktisch blockiert werden. Der aktive Monitor kann solche Frames entdecken, sie aus dem Ring entfernen und einen neuen Token erzeugen.

Die sternförmige Topologie des Token-Ring-Netzwerks trägt auch zur allgemeinen Ausfallsicherheit des Netzwerks bei. Da alle Informationen in einem Token-Ring-Netzwerk durch aktive MSAUs gesehen werden, können intelligente Geräteversionen so programmiert werden, dass sie Probleme überprüfen und einzelne Stationen aus dem Ring entfernen, wenn dies erforderlich ist.

Ein Token-Ring-Prozess namens *Beaconing* entdeckt bestimmte Netzwerkfehler und versucht, sie zu beheben. Immer wenn eine Station ein ernstes Problem mit dem Netzwerk entdeckt (z.B. einen Kabelbruch), sendet sie einen Beacon-Frame. Der Beacon-Frame legt eine Fehlerdomäne fest, die die fehlermeldende Station beinhaltet, ihren nächsten aktiven Upstream-Nachbarn (NAUN) und alle dazwischen liegenden Stationen. Das Beaconing initiiert einen Prozess namens *Autorekonfiguration*, bei dem die Knoten innerhalb der Fehlerdomäne automatisch Tests ausführen, mit dem Versuch, das Netzwerk um die ausgefallenen Bereiche herum neu zu konfigurieren. Physikalisch kann die MSAU dies durch eine elektrische Rekonfiguration erreichen.

Token-Ring-Netzwerke unterstützen ein ausgefeiltes Prioritätssystem, mit dem Applikationen mit höherer Priorität die häufigere Nutzung des Netzwerks gestattet wird als Applikationen mit geringerer Priorität. Token-Ring-Frames besitzen zwei Felder die die Priorität kontrollieren: das Prioritätsfeld und das Reservierungsfeld.

Nur Stationen mit einer Priorität gleich oder höher dem Prioritätswert, der in einem Token enthalten ist, können auf den Token zugreifen. Nachdem der Token aufgenommen und in ein Informations-Frame verwandelt wurde, können nur die Stationen mit einem Prioritätswert höher als der der aussendenden Station den Token für die nächste Weitergabe über das Netzwerk reservieren. Wenn der nächste Token erzeugt wird, enthält er die höhere Priorität der reservierenden Station. Die Stationen, die die Prioritätsstufe des Tokens erhöhen, müssen nach Abschluss der Übertragung die vorherige Priorität wieder einsetzen.

Token-Ring-Netzwerke legen zwei Frame-Typen fest: Token- und Daten/Befehls-Frames. Bild 2.14 zeigt beide Formate.

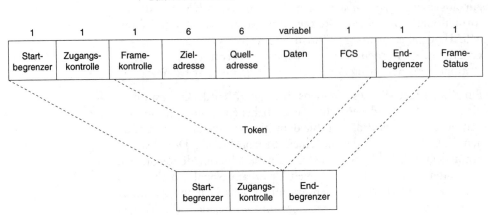

Bild 2.14: *Die IEEE 802.5- und die IBM-Token-Ring-Frame-Formate sind identisch.*

Token

Ein Token ist 3 Bytes lang und besteht aus einer Startsequenz, einem Access-Kontrollbyte und einer Endsequenz.

Die Startsequenz alarmiert jede Station, dass ein Token (oder ein Daten-/Befehls-Frame) angekommen ist. Dieses Feld enthält Signale, die das Byte vom Rest des Frames unterscheiden, indem das Schema verletzt wird, das sonst im Frame verwendet wird.

Das Access-Kontrollbyte enthält die Prioritäts- und Reservierungsfelder (mit denen einigen Geräten ein häufigerer Zugriff auf den Token gewährt wird), ein Tokenbit (mit dem ein Token von einem Daten-/Befehls-Frame unterschieden wird) und ein Monitorbit (das der aktive Monitor verwendet, um zu bestimmen, ob ein Frame für immer über den Ring kreist).

Schließlich signalisiert die Endsequenz das Ende des Tokens oder Daten-/Befehls-Frames. Es enthält auch Bits zur Erkennung eines beschädigten Frames und eines Frames, der der letzte in einer logischen Reihenfolge ist.

Daten-/Befehls-Frames

Daten-/Befehls-Frames variieren in der Größe, je nach der Dimension des Daten-(Informations-)Felds. Daten-Frames übertragen Informationen für höherschichtige Protokolle. Befehls-Frames enthalten Kontrollinformationen und besitzen keine Daten für höherschichtige Protokolle.

In Daten-/Befehls-Frames folgt nach dem Access-Kontrollbyte ein Frame-Kontrollbyte. Das Frame-Kontrollbyte zeigt an, ob der Frame Daten oder Kontrollinformationen enthält. In Kontroll-Frames legt dieses Byte den Typ von Kontrollinformationen fest.

Nach dem Frame-Kontrollbyte folgen die beiden Adressfelder, die die Ziel- und die Quellstationen identifizieren. Wie beim IEEE 802.3 sind die Adressen 6 Bytes lang.

Das Datenfeld folgt nach den Adressfeldern. Die Länge dieses Felds wird durch den Token-Holdingtimer begrenzt, der die maximale Zeitdauer festlegt, die eine Station den Token aufbewahren darf.

Nach dem Datenfeld folgt das FCS-Feld. Dieses Feld wird durch die Quellstation mit einem Wert gefüllt, der abhängig von den Frame-Inhalten berechnet wird. Die Zielstation berechnet den Wert erneut, um zu bestimmen, ob der Frame während der Übertragung beschädigt wurde. Wenn er beschädigt wurde, wird der Frame verworfen.

Wie beim Token kennzeichnet die Endsequenz auch das Ende des Daten-/Befehls-Frames. Jedoch folgt in einem Daten-/Befehls-Frame im Unterschied zum Token der Endsequenz das Frame-Statusbyte. Das Frame-Statusfeld enthält die adresserkannten und framekopierten Indikatoren. Durch den adresserkannten Indikator kann die Zielstation anzeigen, dass er die Zieladresse erkannt hat. Durch den framekopierten Indikator kann die Zielstation anzeigen, dass er die Framedaten kopiert hat.

Weitere Informationen über die Token-Ring-Technologie finden Sie im Anhang C, »Referenzen und empfohlene Literatur«.

FDDI

Der FDDI-Standard wurde Mitte der 80-er Jahre durch das ANSI X3T9.5-Standards-Kommittee aufgestellt. Während dieser Periode begannen technische Hochgeschwindigkeits-Workstations an die Grenzen der Fähigkeiten existierender LANs zu stoßen (vor allem Ethernet und Token-Ring). Es wurde eine neue LAN-Technologie benötigt, die diese Workstations und deren neue verteilte Applikationen leicht bewältigen konnten. Zur gleichen Zeit wurde die Zuverlässigkeit von Netzwerken ein zunehmend wichtiger Aspekt, da Systemmanager damit begannen, missionskritische Applikationen von Großrechnern auf Netzwerke zu übertragen. Das FDDI wurde entwickelt, um diese Bedürfnisse erfüllen zu können.

Nach dem Abschluss der FDDI-Spezifikation übergab das American-National-Standards-Institute (ANSI) das FDDI an die ISO. Die ISO erstellte eine internationale Version des FDDI, die vollständig mit der ANSI-Standardversion kompatibel ist.

Das FDDI besitzt einen substanziellen Nachfolger, der sich mit den sinkenden Kosten für FDDI-Schnittstellen immer weiter verbreitet. FDDI wird häufig als Backbone-Technologie eingesetzt, aber auch um Hochgeschwindigkeits-Computer lokal miteinander zu verbinden.

Es spezifiziert ein 100-Mbps-, Token-übertragendes, Doppel-Ring-LAN mit einem glasfaser-optischen Übertragungsmedium. Es legt die physikalische Schicht und den Teil der Datenverbindungsschicht für den Medienzugriff fest und ist weitgehend analog zum IEEE 802.3 und IEEE 802.5 in Bezug auf das OSI-Referenzmodell.

FDDI ähnelt dem Token-Ring, obwohl es mit höheren Geschwindigkeiten arbeitet. Die beiden Netzwerke haben viele gemeinsame Eigenschaften, z.B. die Topologie (Ring), die Technik des Medienzugriffs (Token-Übertragung) und Features zum Ausfallschutz (z.B. Beaconing).

Eine der wichtigsten FDDI-Eigenschaften ist der Einsatz der optischen Glasfaser als Übertragungsmedium. Optische Fasern bieten mehrere Vorteile gegenüber der traditionellen Kupferverkabelung:

– Sicherheit – Glasfasern emittieren keine elektrischen Signale, die abgefangen werden können.

– Zuverlässigkeit – Glasfasern sind unempfindlich gegenüber elektrischen Interferenzen.

– Geschwindigkeit – Glasfasern besitzen wesentlich höhere Durchsatzpotenziale als Kupferkabel.

FDDI legt die Verwendung von zwei Fasertypen fest: Single-Mode (manchmal auch Monomode genannt) und Multimode. Die Modi kann man sich als gebündelte Lichtstrahlen vorstellen, die in die Faser in einem bestimmten Winkel eintreten. Die Single-Mode-Faser erlaubt nur die Übertragung eines Lichtbündels durch die Faser, während die Multimode-Faser die Übertragung von mehreren Lichtbündeln durch die Faser erlaubt. Bei der Übertragung von mehreren Lichtbündeln durch eine Faser legen diese verschiedene Distanzen zurück (je nach Eintrittswinkel) und sie kommen damit zu verschiedenen Zeiten am Ziel an (ein Phänomen namens *modale Dispersion*). Aus diesem Grund besitzt die Single-Mode-Faser eine höhere Bandbreite und sie kann Daten über größere Distanzen übertragen als die Multimode-Faser. Aufgrund dieser Eigenschaften wird die Single-Mode-Faser häufig für Campus-Backbones verwendet und die Multimode-Faser meist für Workgroup-Verbindungen. Die Multimode-Faser verwendet lichtemittierende Dioden (LEDs) als Lichtquellen, während bei den Single-Mode-Fasern generell Laser verwendet werden.

FDDI wird durch vier separate Spezifikationen festgelegt (siehe Bild 2.15).

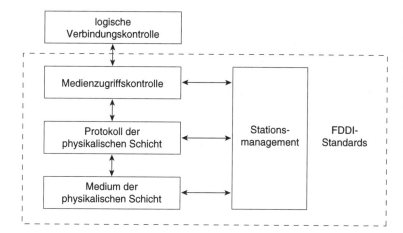

Bild 2.15: Es gibt mehrere FDDI-Standards für die Verbindungen der Schichten 1 und 2.

Die folgende Liste erklärt diese Spezifikationen im Detail:

– Medienabhängige physikalische Schicht (PMD = Physical Layer Medium Dependent) – diese bestimmt die Eigenschaften des Übertragungsmediums, einschließlich der faser-optischen Verbindung, der Lichtstärken, der Bitfehlerraten, der optischen Komponenten und der Anschlüsse.

– Physikalisches-Schicht-Protokoll (PHY) – bestimmt die Prozeduren zur Datenver-/-entschlüsselung, die Taktvorgaben, das Framing und andere Funktionen.

– Media-Access-Control (MAC) – bestimmt wie auf das Medium zugegriffen wird, z.B. das Frame-Format, die Token-Behandlung, die Adressierung, die Berechnung eines Cyclic-Redundancy-Check-Werts und die Behebung von Fehlern.

– Stations-Management (SMT) – bestimmt die Konfiguration der FDDI-Station, die Ring-Konfiguration und Ring-Kontrollfeatures, z.B. das Einfügen und Entfernen einer Station, die Initialisierung, die Fehlerisolierung und deren Behebung, Scheduling und die Sammlung von Statistiken.

FDDI legt den Einsatz von doppelten Ringen fest. Der Verkehr auf diesen Ringen wandert in entgegengesetzten Richtungen. Physikalisch bestehen die Ringe aus zwei oder mehreren Point-to-Point-Verbindungen zwischen benachbarten Stationen. Einer der beiden FDDI-Ringe nennt sich *primärer Ring*, der andere wird *sekundärer Ring* genannt. Der primäre Ring wird für die Datenübertragung verwendet, während der sekundäre Ring in der Regel als Backup (Ersatzring) eingesetzt wird.

Es gibt zwei Klassen, die den Geräteanschluss an das FDDI-Netzwerk festlegen. Class-B-Stationen oder auch Single-Attachment-Stationen (SAS) sind an einen Ring angeschlossen. Class-A-Stationen oder Dual-Attachment-Stationen (DAS) sind an beide Ringe angeschlossen. Die SAS werden an den primären Ring mittels eines Konzentrators angeschlossen, der Verbindungen für mehrere SAS ermöglicht. Der Konzentrator stellt sicher, dass der Ausfall oder das Abschalten einer SAS den Ring nicht unterbricht (siehe Bild 2.16). Dies ist besonders hilfreich, wenn an den Ring PCs oder ähnliche Geräte angeschlossen sind, die regelmäßig an- oder ausgeschaltet werden.

Bild 2.16: Eine typische FDDI-Konfiguration mit DAS und SAS enthält die FDDI-Knotentypen DAS, SAS und Konzentrator.

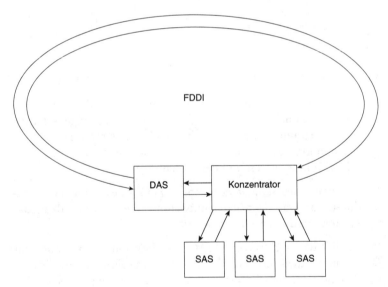

Jede FDDI-DAS besitzt zwei Ports mit der Bezeichnung A und B. Diese Ports verbinden die Station mit dem doppelten FDDI-Ring. Daher besitzt jeder Port eine Verbindung zum primären und zum sekundären Ring, wie Bild 2.17 zeigt.

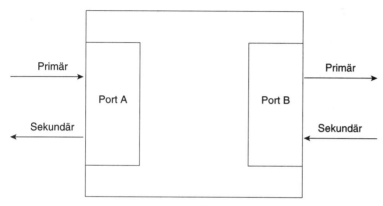

Bild 2.17:
Das FDDI-DAS verbindet Port A mit Port B.

Das FDDI unterstützt die Zuweisung von Netzwerkbandbreite in Echtzeit und bietet damit ideale Voraussetzungen für eine ganze Reihe von Applikationen. Es ermöglicht diese Unterstützung durch die Definition von zwei Arten von Verkehr: synchron und asynchron. Synchroner Verkehr kann einen Teil der gesamten Bandbreite von 100 Mbps eines FDDI-Netzwerks beanspruchen und asynchroner Verkehr kann den Rest verwenden. Die synchrone Bandbreite wird den Stationen zugewiesen, die eine kontinuierliche Übertragungskapazität benötigen. Diese Kapazität ist sinnvoll, um beispielsweise Sprach- und Videoinformationen zu übertragen. Andere Stationen nutzen die verbleibende Bandbreite asynchron. Die SMT-Spezifikation des FDDI legt ein verteiltes Bieterschema für die Zuweisung der FDDI-Bandbreite fest.

Asynchrone Bandbreite wird durch ein achtstufiges Prioritätsschema zugewiesen. Jeder Applikation kann eine asynchrone Prioritätsstufe zugeordnet werden. Das FDDI erlaubt auch ausgedehnte Dialoge, bei denen einzelne Stationen zeitweise die gesamte asynchrone Bandbreite nutzen können, indem ein reservierter Token eingesetzt wird. Der reservierte Token-Mechanismus des FDDIs kann damit Stationen praktisch aussperren, die keine synchrone Bandbreite nutzen können.

FDDI bietet verschiedene fehlertolerante Eigenschaften. Die primäre fehlertolerante Eigenschaft ist der Doppel-Ring. Wenn eine Station auf dem Doppel-Ring ausfällt oder abgeschaltet wird oder wenn das Kabel beschädigt wird, wird der Doppel-Ring automatisch in einen einzelnen Ring »gefaltet« (d.h. auf sich selbst zurückgeführt), wie Bild 2.18 zeigt. Wenn in diesem Bild die Station 3 ausfällt, wird der Doppel-Ring automatisch in den Stationen 2 und 4 gefaltet und formt daraufhin einen einfachen Ring. Obwohl sich die Station 3 nicht mehr auf dem Ring befindet, funktioniert das Netzwerk für die restlichen Stationen weiterhin.

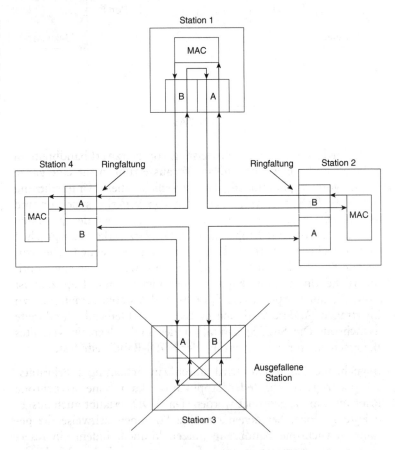

Bild 2.18:
Der Ausfall einer FDDI-Station resultiert in der Ringreparatur durch die Ringfaltung.

Bild 2.19 zeigt, wie FDDI eine Kabelbeschädigung kompensiert. Die Stationen 3 und 4 falten den Ring intern, wenn die Verkabelung zwischen ihnen beschädigt wird.

Kapitel 2 • Ein Überblick über die Protokolleigenschaften **77**

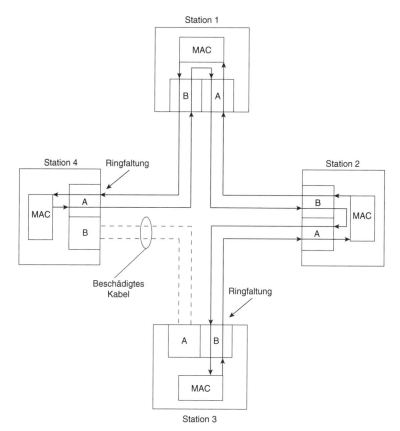

Bild 2.19:
Ein beschädigtes
Kabel führt zu
einer Ringreparatur durch
Ringfaltung.

Mit wachsenden FDDI-Netzwerken wächst auch die Wahrscheinlichkeit von mehreren Ringfehlern. Wenn zwei Ringfehler auftreten, wird der Ring in beiden Fällen gefaltet, wodurch der Ring in zwei getrennte Ringe aufgespalten wird, die nicht miteinander kommunizieren können. Nachfolgende Fehler können zusätzliche Ringteilungen verursachen.

Es können optische Bypass-Switches verwendet werden, um eine Ringteilung zu verhindern, indem ausgefallene Stationen aus dem Ring entfernt werden. Bild 2.20 zeigt, dass die Station 1 vollständig aus dem Ring entfernt wurde.

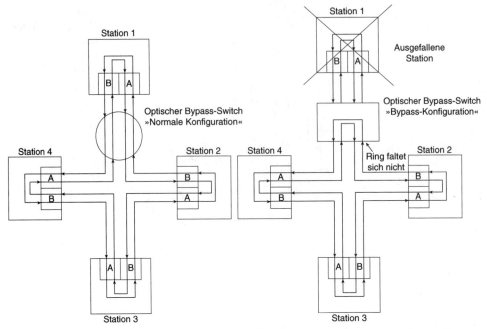

Bild 2.20: Für die Ringreparatur können optische Bypass-Switches verwendet werden.

Kritische Geräte, wie z.B. Router oder Mainframe-Hosts, können eine andere fehlertolerante Technik namens *Dual-Homing* einsetzen, um eine zusätzliche Redundanz zu erreichen und die Funktionsfähigkeit zu garantieren. In Dual-Homing-Situationen ist das kritische Gerät an zwei Konzentratoren angeschlossen. Eine Konzentrator-Verbindung wird als aktive Verbindung deklariert, während die andere passiv bleibt. Die passive Verbindung bleibt im Backup-Modus, bis festgestellt wird, dass die primäre Verbindung (oder der angeschlossene Konzentrator) ausgefallen ist. Wenn dies auftritt, wird die passive Verbindung automatisch aktiviert.

Die FDDI-Frame-Formate (die in Bild 2.21 gezeigt sind) gleichen denen des Token-Rings.

Die Präambel bereitet jede Station auf den ankommenden Frame vor. Die Startsequenz zeigt den Beginn des Frames an. Sie besteht aus Signalmustern, die sich vom Rest des Frames unterscheiden.

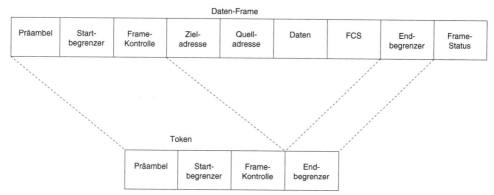

Bild 2.21: Das Frame-Format des FDDI gleicht dem Token-Ring-Format.

Das Frame-Kontrollfeld zeigt die Größe der Adressfelder an und ob der Frame asynchrone oder synchrone Daten und andere Kontrollinformationen enthält.

Wie beim Ethernet und Token-Ring bestehen FDDI-Adressen aus 6 Bytes. Das Ziel-Adressfeld kann eine Unicast- (einzelne), Multicast- (Gruppen) oder Broadcast-Adresse (alle Stationen) enthalten und die Quelladresse kennzeichnet die einzelne Station, die den Frame gesendet hat.

Das Datenfeld enthält entweder Informationen, die für ein höherschichtiges Protokoll bestimmt sind oder Kontrollinformationen.

Wie beim Ethernet und Token-Ring wird das FCS-Feld von der Quellstation mit einem berechneten CRC-Wert gefüllt, der von den Frame-Inhalten abhängt. Die Zielstation berechnet den Wert neu, um festzustellen, ob der Frame während der Übertragung beschädigt wurde. Wenn er beschädigt wurde, wird der Frame verworfen.

Die Endsequenz enthält Nichtdatensymbole, die das Ende des Frames anzeigen.

Das Frame-Status-Feld ermöglicht der Quellstation die Bestimmung, ob ein Fehler auftrat und ob der Frame von einer empfangenden Station erkannt und kopiert wurde.

Weitere Informationen über FDDI finden Sie in Anhang C, »Referenzen und empfohlene Literatur«.

PPP

In den späten 80-er Jahren wuchs die Zahl der IP-unterstützenden Hosts im Internet explosionsartig an. Die überwiegende Mehrheit dieser Hosts war an verschiedenartige LANs angeschlossen, wobei das Ethernet den größten Stellenwert hatte. Die meisten anderen Hosts waren durch Wide-Area-Netzwerke (WANs) wie z.B. öffentliche X.25-Daten-Netzwerke (PDNs) verbunden. Eine relativ geringe Anzahl von diesen Hosts wurde über einfache Point-to-Point-Verbindungen (d.h. serielle) angeschlossen. Gerade die Point-to-Point-Verbindungen gehören zu den ältesten Methoden der Datenkommunikation und fast jeder Host unterstützt Point-to-Point-Verbindungen.

Ein Grund für die geringe Anzahl von Point-to-Point-IP-Verbindungen lag im Fehlen eines Standard-Internet-Einkapselungs-Protokolls. PPP wurde speziell zur Lösung dieses Problems entwickelt. Neben der Lösung des Problems zur standardisierten Internet-Einkapselung des IPs über Point-to-Point-Verbindungen wurde PPP auch für andere Aufgaben entwickelt, z.B. für die Vergabe und Verwaltung von IP-Adressen, für die asynchrone (Start/Stop) und bitorientierte synchrone Einkapselung, für Multiplexing von Netzwerkprotokollen, für Verbindungskonfiguration, für das Testen der Verbindungsqualität, für Fehleraufdeckung und die Verhandlung von Optionen, wie die Adressverhandlung der Netzwerkschicht und der Verhandlung über Datenkomprimierung. PPP erfüllt diese Aufgaben durch ein erweiterbares Verbindungs-Kontroll-Protokoll und eine Gruppe von Netzwerk-Kontroll-Protokollen, um optionale Konfigurationsparameter und -funktionen auszuhandeln. Heutzutage unterstützt PPP neben IP auch andere Protokolle, z.B. IPX und DECnet.

PPP bietet eine Methode zur Übertragung von Paketen über serielle Point-to-Point-Verbindungen. Sie besteht aus drei Hauptbestandteilen:

- Eine Methode zur Einkapselung von Paketen über serielle Verbindungen – PPP verwendet HDLC als Grundlage für die Einkapselung von Paketen über Point-to-Point-Verbindungen.

- Ein erweiterbares Verbindungs-Kontroll-Protokoll zur Einrichtung, Konfiguration und zum Test der Datenverbindung.

- Eine Gruppe von Netzwerk-Kontroll-Protokollen zur Einrichtung und Konfiguration verschiedener Netzwerkschicht-Protokolle. Das PPP wurde entwickelt, um den simultanen Einsatz mehrerer Netzwerkschicht-Protokolle zu ermöglichen.

Um die Kommunikation über eine Point-to-Point-Verbindung einzurichten, sendet die verursachende PPP-Station zuerst LCP-Frames, um die Datenverbindung zu konfigurieren und (optional) zu testen. Nachdem die Verbindung eingerichtet wurde und optionale, vom LCP benötigte Funktionen ausgehandelt wurden, sendet der initiierende Host Network-Control-Protokoll-(NCP-) Frames aus, um ein oder mehrere Netzwerkschicht-Protokolle auszuwählen und zu konfigurieren. Wenn jedes der ausgewählten Netzwerkschicht-Protokolle konfiguriert wurde, können von jedem Netzwerkschicht-Protokoll Pakete über die Verbindung gesendet werden. Die Verbindung bleibt für die Kommunikation konfiguriert, bis ausdrückliche LCP- oder NCP-Frames die Verbindung beenden oder ein externes Ereignis eintritt (z.B. läuft ein Leerlaufzeitgeber ab oder ein Benutzer verlangt die Beendigung).

PPP kann über jede Data-Terminal-Equipment-(DTE-)/Data-Circuit-Terminating-Equipment-(DCE-)Schnittstelle arbeiten (z.B. EIA/TIA-232, EIA/TIA-422, EIA/TIA-423 oder ITU-T V.35). Die einzige erforderliche Voraussetzung für PPP ist die Existenz einer Duplex-Verbindung, entweder dediziert oder geswitcht, die entweder im asynchronen oder synchronen Bit-seriellen Modus arbeiten kann und für PPP-Verbindung-Schicht-Frames transparent ist. PPP stellt in Hinsicht auf die Übertragungsrate keine Ansprüche und richtet sich dabei nur nach der eingesetzten DTE/DCE-Schnittstelle. Bild 2.22 zeigt das PPP-Frame-Format.

1	1	1	2	variabel	2 or 4
Flag	Adresse	Kontrolle	Protokoll	Daten	FCS

Bild 2.22: Das PPP-Frame-Format ist sowohl für synchrone als auch für asynchrone Verbindungen verwendbar.

Der Flag-Abschnitt ist ein einzelnes Byte und kennzeichnet den Beginn oder das Ende eines Frames. Die Flag-Sequenz besteht aus der binären Folge 01111110.

Das Adressfeld ist ein einzelnes Byte und enthält die binäre Folge 11111111, die Standard-Broadcast-Adresse. Das PPP vergibt keine individuellen Stationsadressen, da es nur eine einzelne Verbindung zwischen zwei Geräten unterstützt.

Das Kontrollfeld ist ein einzelnes Byte und enthält die binäre Folge 00000011, die zur Übertragung von Benutzerdaten in einem unsequentierten Frame aufruft. Es wird ein verbindungsloser Verbindungsdienst unterhalten, der dem LLC-Typ 1 ähnlich ist.

Das Protokollfeld ist 2 Bytes lang und sein Wert identifiziert das im Informationsfeld des Frames eingekapselte Protokoll. Die neuesten Werte des Protokollfelds sind in RFC 1700 festgelegt.

> **ANMERKUNG**
>
> Eine aktuelle Liste der vergebenen Nummern können Sie unter www.iana.org finden.

Das Datenfeld ist 0 oder mehr Bytes lang und enthält das Paket, für das im Protokollfeld angegebene Protokoll. Das Ende des Informationsfelds lässt sich bestimmen, wenn Sie die abschließende Flag-Sequenz identifizieren und 2 Bytes für das FCS-Feld abziehen. Die Standardeinstellung für die maximale Länge des Informationsfelds beträgt 1500 Bytes. Durch eine vorher erfolgte Übereinkunft, können zustimmende PPP-Ausführungen andere Werte für die maximale Informationsfeldlänge verwenden.

Das FCS-Feld ist gewöhnlich 2 Bytes lang. Durch eine vorher erfolgte Übereinkunft können zustimmende PPP-Ausführungen ein 4-Byte-FCS für eine verbesserte Fehlererkennung verwenden.

LCP kann über die Modifizierung der Standard-PPP-Frame-Struktur verhandeln. Jedoch sind modifizierte Frames immer deutlich von Standard-Frames zu unterscheiden.

PPP-LCP bietet eine Methode zur Einrichtung, Konfiguration, Unterhaltung und Beendigung der Point-to-Point-Verbindung. Das LCP durchläuft vier einzelne Phasen:

1. Verbindungseinrichtung und Konfigurationsverhandlung – Bevor Netzwerkschicht-Pakete (z.B. IP) ausgetauscht werden können, muss das LCP erst die Verbindung eröffnen und über Konfigurationsparameter verhandeln. Diese Phase ist abgeschlossen, wenn ein Konfigurations-Bestätigungs-Frame gesendet und empfangen wurde.

2. Bestimmung der Verbindungsqualität – LCP erlaubt nach der Phase zur Verbindungseinrichtung und Konfigurationsverhandlung eine optionale Phase zur Bestimmung der Verbindungsqualität. In dieser Phase wird die Verbindung getestet, um festzustellen, ob die Verbindungsqualität ausreicht, um die Netzwerkschicht-Protokolle in Kraft zu setzen. Diese Phase ist optional. Das LCP kann die Übertragung von Netzwerkschicht-Protokoll-Informationen verzögern, bis diese Phase abgeschlossen ist.

3. Verhandlung über die Konfiguration des Netzwerkschicht-Protokolls – Wenn LCP die Phase zur Bestimmung der Verbindungsqualität abgeschlossen hat, können die Netzwerkschicht-Protokolle einzeln durch das entsprechende NCP konfiguriert werden und sie können jederzeit aufgerufen oder deaktiviert werden. Wenn LCP die Verbindung beendet, informiert es die Netzwerkschicht-Protokolle, damit diese die zugehörigen Aktionen ausführen können.

4. Verbindungsende – LCP kann die Verbindung jederzeit abschließen. Dies erfolgt gewöhnlich auf die Anfrage eines Benutzers. Durch ein physikalisches Ereignis, z.B. den Verlust des Leitungssignals oder Ablauf eines Leerlaufzeitgebers, kann die Verbindung ebenfalls beendet werden.

Es gibt drei LCP-Frame-Klassen:

- Verbindungseinrichtungs-Frames – Diese werden zur Einrichtung und Konfiguration einer Verbindung verwendet.

- Verbindungsabschluss-Frames – Diese werden zur Beendigung einer Verbindung verwendet.

- Verbindungsverwaltungs-Frames – Diese werden zur Verwaltung und zum Debuggen einer Verbindung verwendet.

Diese Frames werden eingesetzt, um die Aufgaben in jeder der LCP-Phasen zu erfüllen.

Weitere Informationen über PPP finden Sie im Anhang C, »Referenzen und empfohlene Literatur«.

SDLC und Abarten

IBM entwickelte Mitte der 70er Jahre das SDLC-Protokoll für den Einsatz in System-Netzwerk-Architektur-(SNA-)Umgebungen. Das SDLC war das erste eines wichtigen neuen Typs von Verbindungsschicht-Protokollen, die auf einer synchronen, bitorientierten Arbeitsweise beruhen. Im Vergleich zu synchronen zeichenorientierten (z.B. Bisync von IBM) und synchronen bytemengenorientierten Protokollen (z.B. Digital-Data-Communication-Message-Protokoll [DDCMP] von Digital-Equipment-Corporation), sind bitorientierte synchrone Protokolle effizienter, flexibler und sehr oft auch schneller.

Nach der Entwicklung des SDLC wurde es von IBM an verschiedene Standard-Kommittees übergeben. Die ISO modifizierte das SDLC und erzeugte damit das HDLC-Protokoll. Das Consultative-Committee for International Telegraph und Telephone (CCITT), das heute der ITU-Bereich zur Telekommunikation-

Standardisierung (die ITU-T) ist, modifizierte daraufhin das HDLC und erzeugte damit die Link-Access-Prozedur (LAP) und anschließend die Link-Access-Prozedur, Balanced (LAPB). Die IEEE veränderte das HDLC und erzeugte IEEE 802.2. Jedes dieser Protokolle wurde in seinem eigenen Bereich sehr wichtig. SDLC bleibt das primäre Verbindungsschicht-Protokoll der SNAs für WAN-Verbindungen.

SDLC unterstützt eine Reihe von Verbindungstypen und Topologien. Es kann mit Point-to-Point- und Multipoint-Verbindungen verwendet werden, mit Half-Duplex- und Full-Duplex-Übertragungswegen und mit kreis-(circuit-)geswitchten und paketgeswitchten Netzwerken.

SDLC kennt zwei Arten von Netzwerkknoten:

- Primäre Knoten – Diese kontrollieren die Arbeitsweise von anderen (sekundären) Stationen. Die primäre Station fragt die sekundären in einer vorbestimmten Reihenfolge ab. Diese können daraufhin Daten übertragen, wenn sie welche aussenden können. Die primäre Station richtet Verbindungen ein und beendet sie und sie verwaltet die aktiven Verbindungen.

- Sekundäre Knoten – Sekundäre Knoten werden durch einen primären kontrolliert. Sekundäre können nur Informationen an die primäre Station senden, aber sie können nicht senden, bevor nicht die primäre die Erlaubnis dazu erteilt.

Die primären und sekundären Stationen des SDLC können in vier grundlegenden Konfigurationen miteinander verbunden werden:

- Point-to-Point – Beinhaltet nur zwei Knoten, einen primären und einen sekundären.

- Multipoint – Beinhaltet einen primären und mehrere sekundäre Knoten.

- Loop – Beinhaltet eine Schleifentopologie, bei der der primäre Knoten mit dem ersten und letzten sekundären verbunden ist. Dazwischen liegende sekundäre Knoten senden Meldungen über andere weiter, wenn sie auf die Primäranfragen antworten.

- Hub-go-ahead – Beinhaltet einen eingehenden und einen ausgehenden Kanal. Die primäre Station verwendet den ausgehenden Kanal zur Kommunikation mit der sekundären. Die sekundäre Station verwendet den eingehenden Kanal zur Kommunikation mit der primären. Der eingehende Kanal wird durch jede sekundäre Station zurück zur primären verkettet.

Bild 2.23 zeigt den SDLC-Frame.

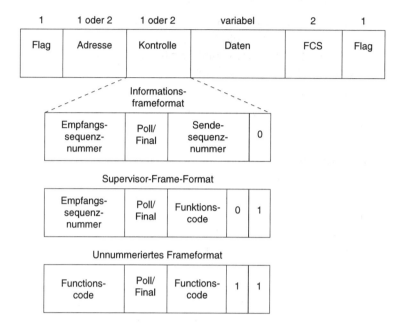

Bild 2.23: Für die SNA-Verbindung werden SDLC-Frames verwendet.

Wie Bild 2.23 zeigt, werden SDLC-Frames von Flag-Feldern umgeben, die den Beginn und das Ende des SDLC-Frames kennzeichnen. Das Adressfeld enthält immer die Adresse der sekundären Station, die an der aktuellen Kommunikation beteiligt ist. Da die primäre Station entweder die Kommunikationsquelle oder das -ziel ist, muss die primäre Adresse nicht enthalten sein – sie ist bereits allen sekundären Stationen bekannt.

Das Kontrollfeld verwendet drei verschiedene Formate, je nach verwendetem SDLC-Frame-Typ. Die drei SDLC-Frames werden auf folgende Weise beschrieben:

– Informations-Frames (I) – Diese Frames tragen höherschichtige Informationen und einige Kontrollinformationen. Die Sende- und Empfangs-Sequenznummern und das Poll-Final- (P/F-)Bit führen eine Fluss- und Fehlerkontrolle durch. Die Sende-Sequenznummer bezieht sich auf die Nummer des gerade gesendeten Frames. Die Empfangs-Sequenznummer liefert die Nummer des Frames, der als Nächstes empfangen wird. Sowohl der Sender als auch der Empfänger unterhalten Sende- und Empfangs-Sequenznummern. Die primäre Station verwendet das P/F-Bit, um der sekundären mitzuteilen, ob sie eine sofortige Antwort benötigt. Die sekundäre Station verwendet dieses Bit, um der primären mitzuteilen, ob der aktuelle Frame der letzte in ihrer aktuellen Antwort ist.

- Supervisor-Frames (S) – Diese Frames liefern Kontroll-Informationen. Sie fordern die Übertragung an und heben sie auf, berichten über den Status und bestätigen den Empfang von I-Frames. Sie besitzen kein Datenfeld.

- Unnummerierte (U) Frames – Diese Frames sind, wie der Name bereits aussagt, nicht sequenziert. Sie werden für Kontrollzwecke verwendet. Sie können zum Beispiel entweder ein 1- oder 2-Byte-Kontrollfeld festlegen, eine sekundäre Station initialisieren und andere ähnliche Funktionen erfüllen. Sie können ein Datenfeld besitzen.

Das FCS steht vor dem begrenzenden Endflagfeld. Das FCS ist gewöhnlich der Rest einer CRC-Berechnung. Die CRC-Berechnung wird im Empfänger wiederholt. Wenn sich das Ergebnis vom Wert im Frame des Senders unterscheidet, wird dies als ein Fehler interpretiert.

Bild 2.24 zeigt eine typische SDLC-basierte Netzwerkkonfiguration. Ein IBM-Establishment-Controller (früher als *Cluster-Controller* bezeichnet) auf externer Seite ist mit einfachen Terminals und einem Token-Ring-Netzwerk verbunden. An lokaler Stelle ist ein IBM-Host (über Kanalanschlüsse) mit einem IBM-Front-End-Prozessor (FEP) verbunden, der auch Verbindungen zu lokalen Token-Ring-LANs und einem SNA-Backbone besitzen kann. Die beiden Seiten sind durch eine SDLC-basierte 56-Kbps-Standleitung miteinander verbunden.

Obwohl es einige Funktionen des SDLC nicht enthält, wird HDLC im Allgemeinen als eine kompatible Obermenge des SDLC angesehen. Das LAP stellt eine Teilmenge des HDLC dar. Das LAPB wurde entwickelt, um die angehende Kompatibilität mit dem HDLC zu gewährleisten, das in den frühen 80er Jahren verändert wurde. IEEE 802.2 ist eine Modifikation des HDLC für LAN-Umgebungen. Von IBM wurde ein Verbindungsschicht-Protokoll mit der Bezeichnung Qualified Logic Link Control (QLLC) festgelegt, mit dem SNA-Daten über X.25-Netzwerke transportiert werden können.

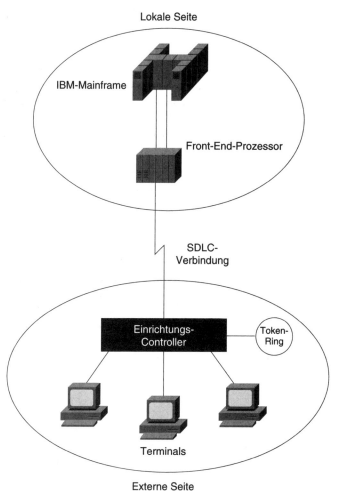

Bild 2.24:
Eine typische SDLC-basierte Netzwerkkonfiguration verbindet Benutzer mit dem Datenzentrum.

HDLC

HDLC verwendet das gleiche Frame-Format wie SDLC und die HDLC-Felder erfüllen die gleichen Zwecke wie beim SDLC. HDLC unterstützt auch, wie das SDLC, eine synchrone Full-Duplex-Operation.

HDLC unterscheidet sich vom SDLC in einigen wenigen Punkten. Erstens besitzt HDLC eine Option für eine 4-Byte-Prüfsumme. Zudem unterstützt es im Gegensatz zum SDLC die Loop- und Hub-go-ahead-Konfigurationen nicht.

Der Hauptunterschied zwischen HDLC und SDLC besteht darin, dass SDLC nur einen Übertragungsmodus unterstützt, während HDLC drei unterstützt. Die drei HDLC-Übertragungsmodi sind Folgende:

- Normaler Antwortmodus (NRM = Normal Response Mode) – Dieser Übertragungsmodus wird sowohl von HDLC als auch von SDLC verwendet. In diesem Modus können sekundäre Stationen nicht mit einer primären kommunizieren, bis die primäre die Erlaubnis erteilt hat.

- Asynchroner Antwortmodus (ARM = Asynchronous Response Mode) – Dieser Übertragungsmodus wird nur von HDLC verwendet und erlaubt einer sekundären Station die Aufnahme der Kommunikation mit einer primären Station ohne eine empfangene Erlaubnis.

- Asynchroner ausgewogener Modus (ABM = Asynchronous Balanced Mode) – Der ABM führt den kombinierten Knoten ein. Ein kombinierter Knoten kann als primärer oder sekundärer agieren, je nach der vorliegenden Situation. Jede ABM-Kommunikation findet zwischen mehreren kombinierten Knoten statt. In ABM-Umgebungen kann jede kombinierte Station die Datenübertragung initiieren, ohne eine Erlaubnis von anderen Stationen.

LAPB

LAPB ist am ehesten durch sein Vorkommen im X.25-Protokollstapel bekannt. LAPB verwendet dieselben Frame-Formate, Frame-Typen und Feldfunktionen wie SDLC und das HDLC. Im Gegensatz zu diesen beiden beschränkt sich das LAPB jedoch auf den ABM-Übertragungsmodus und eignet sich daher nur für kombinierte Stationen. Zudem können LAPB-Verbindungen nur durch DTEs oder DCEs eingerichtet werden. Die Station, die die Verbindung aufruft, wird zur primären und die antwortende Station wird zur sekundären Station. Abschließend verwendet LAPB das P/F-Bit in einer etwas unterschiedlichen Weise wie die anderen Protokolle.

IEEE 802.2

IEEE 802.2 wird oft als LLC bezeichnet. Es ist in LAN-Umgebungen sehr beliebt, in denen es mit anderen Protokollen zusammenarbeitet, wie z.B. IEEE 802.3, IEEE 802.4 und IEEE 802.5. IEEE 802.2 bietet drei Diensttypen. Typ 1 ermöglicht einen unbestätigten verbindungslosen Dienst, Typ 2 einen verbindungsorientierten Dienst und Typ 3 ermöglicht einen bestätigten verbindungslosen Dienst.

Als unbestätigter verbindungsloser Dienst bestätigt der LLC-Typ 1 keine Datenübertragungen. Weil viele höherschichtige Protokolle, wie z.B. TCP, die zuverlässige Datenübertragung ermöglichen, mit denen unzuverlässige Protokolle in tieferen Schichten kompensiert werden, ist Typ 1 ein häufig verwendeter Dienst.

Der LLC2-Dienst errichtet logische Verbindungen zwischen Sender und Empfänger und ist damit verbindungsorientiert. LLC2 bestätigt Daten nach dem Empfang. Er wird häufig in IBM-Kommunikationssystemen eingesetzt.

Obwohl der LLC-Dienst vom Typ 3 die bestätigte Datenübertragung unterstützt, richtet er keine logischen Verbindungen ein. Als ein Kompromiss zwischen den beiden anderen LLC-Diensten ist Typ 3 sehr nützlich in Umgebungen zur Produktionsautomatisierung, bei der die Fehlerentdeckung (durch Bestätigung) sehr wichtig ist, aber virtuelle Verbindungskapazitäten, z.B. durch Speicherbeschränkungen, extrem eingeschränkt sind.

Endstationen können mehrere LLC-Diensttypen unterstützen. Ein Gerät der Klasse I unterstützt nur den Diensttyp 1. Ein Gerät der Klasse II unterstützt sowohl den Diensttyp 1 als auch den Diensttyp 2. Geräte der Klasse III unterstützen die Diensttypen 1 und 3 und Geräte der Klasse IV unterstützen alle drei Diensttypen.

Höherschichtige Prozesse verwenden IEEE 802.2-Dienste durch Service Access Points (SAPs). Der IEEE 802.2-Header beginnt mit einem DSAP-Feld, das den empfangenden höherschichtigen Prozess kennzeichnet. Das bedeutet: Nachdem die empfangende IEEE 802.2-Ausführung des Knotens seine Verarbeitung abgeschlossen hat, empfängt der im DSAP-Feld angegebene höherschichtige Prozess die restlichen Daten. Nach der DSAP-Adresse folgt die SSAP-Adresse, die den sendenden höherschichtigen Prozess kennzeichnet. Zum Beispiel kennzeichnet der hexadezimale Wert 06, dass der höherschichtige Prozess IP ist. Der hexadezimale Wert E0 steht für IPX.

QLLC

QLLC ermöglicht die Fähigkeiten zur Datenverbindungskontrolle, die erforderlich sind, um SNA-Daten über X.25-Netzwerke zu transportieren. Das QLLC und das X.25 ersetzen gemeinsam das SDLC im SNA-Protokollstapel.

QLLC verwendet das Protokoll der Paketschicht (Schicht 3) des X.25-Protokollstapels. Um anzuzeigen, dass ein X.25-Paket der

Schicht 3 durch QLLC verarbeitet werden muss, wird ein spezielles Bit mit der Bezeichnung Qualifier-Bit innerhalb der General-Format-ID (GFI) des X.25-Paketschicht-Headers der Schicht 3 auf 1 gesetzt. Die SNA-Daten werden als Benutzerdaten in X.25-Paketen der Schicht 3 übertragen.

ATM-Switching

ATM ist ein ITU-Standard für Zell-Relay, bei der Informationen für mehrere Diensttypen, wie z.B. Sprache, Video oder Daten, in kleinen, fest dimensionierten Zellen übertragen werden. ATM-Netzwerke sind verbindungsorientiert. Dieses Kapitel bietet Zusammenfassungen von ATM-Protokollen, -Diensten und -Arbeitsweisen. Bild 2.25 illustriert ein privates ATM-Netzwerk und ein öffentliches ATM-Netzwerk, das Sprach-, Video- und Datenverkehr überträgt.

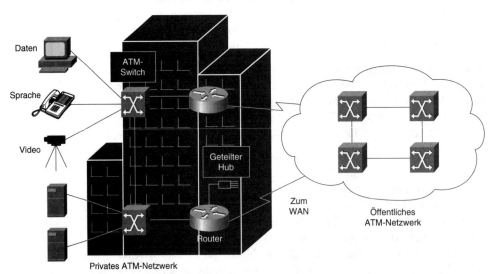

Bild 2.25: Ein privates ATM-Netzwerk und ein öffentliches ATM-Netzwerk kann gleichzeitig Sprach-, Video- und Datenverkehr übertragen.

ATM vereint die Vorteile des Kreis-(Circuit-)Switching (garantierte Kapazität und konstante Übertragungsverzögerung) mit denen des Paket-Switching (Flexibilität und Effizienz für stoßweisen Verkehr). Es ermöglicht eine skalierbare Bandbreite von einigen wenigen Megabits pro Sekunde (Mbps) bis zu vielen Gigabits pro Sekunde (Gbps). Wegen seiner asynchronen Natur ist ATM effizienter als synchrone Technologien, wie z.B. Time-Division-Multiplexing (TDM).

Beim TDM werden Timeslots (feste periodische und sehr kurze Zeitbereiche) an Benutzer vergeben und keine andere Station kann während dieser Timeslots senden. Wenn eine Station eine große Datenmenge senden möchte, kann sie nur dann senden, wenn ihr Timeslot an der Reihe ist, selbst dann, wenn alle anderen Timeslots leer sind. Wenn aber eine Station nichts zu übertragen hat und ihr Timeslot an der Reihe ist, wird der Timeslot leer gesendet und damit verschwendet. Weil das ATM asynchron ist, sind die Timeslots auf Anforderung verfügbar, bei denen Informationen im Header jeder ATM-Zelle die Quelle der Übertragung kennzeichnen.

ATM-Geräte

Ein ATM-Netzwerk besteht aus einem ATM-Switch und ATM-Endpunkten. Ein ATM-Switch ist für die Zellübertragung durch ein ATM-Netzwerk verantwortlich. Die Aufgaben eines ATM-Switch sind genau vorgegeben: Er akzeptiert die eingehende Zelle von einem ATM-Endpunkt oder einem anderen ATM-Switch. Daraufhin liest und aktualisiert er die Zellheader-Informationen und switcht die Zelle an eine ausgehende Schnittstelle in Richtung Ziel. Ein ATM-Endpunkt (oder Endsystem) enthält einen ATM-Netzwerk-Schnittstellenadapter. Beispiele von ATM-Endpunkten sind Workstations, Router, Daten-Service-Units (DSUs), LAN-Switches und Video-Coder-Decoder (CODECs). Bild 2.26 illustriert ein ATM-Netzwerk mit ATM-Switches und ATM-Endpunkten.

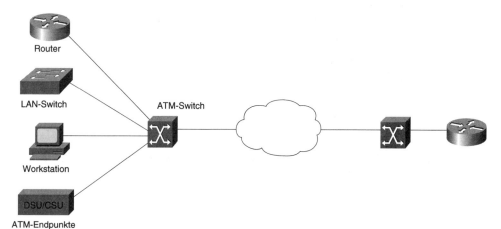

Bild 2.26: Ein ATM-Netzwerk besteht aus ATM-Switches und ATM-Endpunkten.

ATM-Netzwerk-Schnittstellen

Ein ATM-Netzwerk besteht aus einer Reihe von ATM-Switches, die miteinander durch Point-to-Point-ATM-Verbindungen bzw. Schnittstellen verbunden sind. ATM-Switches unterstützen zwei primäre Schnittstellenarten: User Network Interfaces (UNI) und Network to Network Interfaces (NNI). Die UNI verbindet ATM-End-Systeme (wie z.B. Hosts und Router) mit einem ATM-Switch. Die NNI verbindet zwei ATM-Switches.

Je nachdem, ob der Switch firmeneigen ist und sich auf privatem Grund befindet oder ob er dem Telefondienstleister gehört und von ihm betrieben wird, können UNIs und NNIs weiter in öffentliche und private UNIs und NNIs unterteilt werden. Eine private UNI verbindet einen ATM-Endpunkt und einen privaten ATM-Switch. Ihre öffentliche Entsprechung verbindet einen ATM-Endpunkt oder privaten Switch mit einem öffentlichen Switch. Eine private NNI verbindet zwei ATM-Switches innerhalb derselben privaten Organisation. Eine öffentliche verbindet zwei ATM-Switches innerhalb derselben öffentlichen Organisation.

Bild 2.27 illustriert die ATM-Schnittstellenspezifikationen für private und öffentliche Netzwerke.

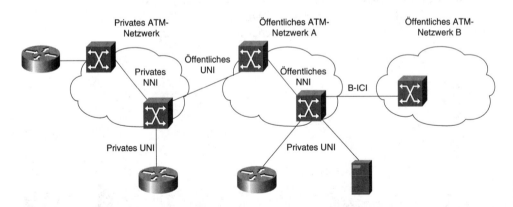

Bild 2.27: Die Spezifikationen für ATM-Schnittstellen unterscheiden sich für private und öffentliche Netzwerke.

ATM-Zell-Header-Format

ATM überträgt Informationen in fest dimensionierten Einheiten mit der Bezeichnung *Zellen*. Jede Zelle besteht aus 53 Oktetten oder Bytes. Die ersten 5 Bytes enthalten Zell-Header-Informationen und die restlichen 48 enthalten die »Datenfracht« (d.h. die Benutzerinformationen). Kleine, in der Länge feste Zellen eignen sich sehr gut für die Übertragung von Sprach- und Videoverkehr, da solcher Verkehr sehr anfällig bei Verzögerungen ist, die unter anderem durch das lange Warten auf den Download von großen Datenpaketen verursacht werden.

Ein ATM-Zell-Header kann eines der beiden Formate besitzen: UNI oder NNI. Der UNI-Header wird für die Kommunikation zwischen ATM-Endpunkten und ATM-Switches in privaten ATM-Netzwerken verwendet. Der NNI-Header wird für die Kommunikation zwischen ATM-Switches verwendet. Bild 2.28 beschreibt das grundlegende Format der ATM-Zelle, das Format des ATM-UNI-Zell-Headers und das des ATM-NNI-Zell-Headers.

Im Gegensatz zum UNI-Header enthält der NNI-Header kein generisches Flusskontrollfeld (GFC = Generic Flow Control). Dafür besitzt der NNI-Header ein VPI-Feld, das die ersten 12 Bits umfasst und damit größere Datenfrachten zwischen öffentlichen ATM-Switches ermöglicht.

Neben den GFC- und VPI-Header-Feldern werden bei ATM verschiedene andere verwendet. Die folgenden Beschreibungen fassen die ATM-Zell-Header-Felder aus Bild 2.28 zusammen:

- GFC – Ermöglicht lokale Funktionen, wie z.B. die Kennzeichnung mehrerer Stationen, die sich eine einzelne ATM-Schnittstelle teilen. Dieses Feld wird gewöhnlich nicht verwendet und wird in seinem Standardwert belassen.

- VPI – Gemeinsam mit der VCI kennzeichnet sie das nächste Ziel einer Zelle, wenn es durch eine Reihe von ATM-Switches auf dem Weg zum Ziel wandert.

- VCI – Gemeinsam mit der VPI kennzeichnet sie das nächste Ziel einer Zelle, wenn es durch eine Reihe von ATM-Switches auf dem Weg zum Ziel wandert.

- Payload-Typ (PT) – Zeigt im ersten Bit an, ob die Zelle Benutzerdaten oder Kontrolldaten enthält. Wenn die Zelle Benutzerdaten enthält, zeigt das zweite Bit die Verbindungslast an und das dritte Bit zeigt an, ob die Zelle die letzte in einer Reihe von Zellen ist, die einen einzelnen AAL5-Frame repräsentiert.

- Congestion-Loss-Priorität (CLP) – Kennzeichnet, ob die Zelle verworfen werden soll, wenn es extremen Datenstau entdeckt, während es durch das Netzwerk wandert. Wenn das CLP-Bit gleich 1 ist, sollte die Zelle zugunsten von Zellen verworfen werden, deren CLP-Bit gleich Null ist.
- Header-Fehlerkontrolle (HEC = Header Error Control) – Berechnet eine eigene Prüfsumme für den Header.

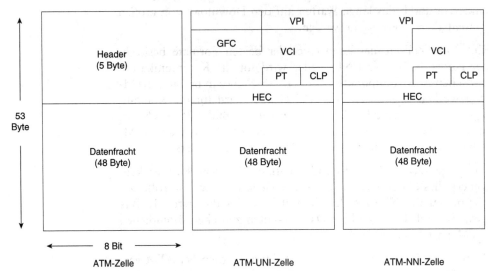

Bild 2.28: *Jeder ATM-Zellen-, ATM-UNI-Zellen- und ATM-NNI-Zellen-Header enthält 48 Bytes Datenfracht.*

ATM-Dienste

Es existieren drei Arten von ATM-Diensten: Permanent Virtual Circuits (PVCs), Switched Virtual Circuits (SVCs) und verbindungsloser Dienst (der dem Switched-Multimegabit-Data-Service [SMDS] ähnelt).

Ein PVC erlaubt eine direkte Verbindung zwischen Stellen. Auf diese Weise ist ein PVC ähnlich einer Standleitung. Neben anderen Vorteilen garantiert ein PVC die Verfügbarkeit einer Verbindung und erfordert keine Einrichtungsprozeduren zwischen Switches. Die Nachteile von PVCs bestehen darin, dass sie statische Verbindungen enthalten und eine manuelle Einrichtung erfordern.

Ein SVC wird dynamisch erzeugt und aufgehoben und bleibt so lange in Betrieb, wie Daten übertragen werden. In diesem Sinn ähnelt er einem Telefonanruf. Die dynamische Verbindungskontrolle erfordert ein Signal-Protokoll zwischen dem ATM-Endpunkt und dem ATM-Switch. Die Vorteile von SVCs umfassen die Flexibilität der Verbindung und die Verbindungseinrichtung, die automatisch durch ein Netzwerkgerät ausgeführt werden kann. Die Nachteile liegen in der zusätzlichen Zeit und im Overhead, die für die Einrichtung der Verbindung nötig sind.

ATM-Netzwerke sind grundsätzlich verbindungsorientiert, d.h., für jede Datenübertragung muss ein virtueller Kanal über das ATM-Netzwerk eingerichtet werden. (Ein virtueller Kanal ist praktisch das Gleiche wie eine virtuelle Verbindung.)

Es bestehen zwei Typen von ATM-Verbindungen: *virtuelle Pfade (VPs)*, die durch virtuelle Pfad-Ids gekennzeichnet werden und *virtuelle Kanäle (VC =Virtual Channel)*, die durch die Kombination einer VPI und einer VCI gekennzeichnet werden.

Ein virtueller Pfad besteht aus einem Bündel von virtuellen Kanälen, die alle transparent über das ATM-Netzwerk auf der Basis der allgemeinen VPI geswitcht wird. Jedoch besitzen alle VCIs und VPIs nur lokale Bedeutung über eine bestimmte Verbindung und sie werden nach Bedarf bei jedem Switch verändert.

Ein Übertragungspfad besteht aus einem Bündel von VPs. Bild 2.29 illustriert, wie sich VCs miteinander zu VPs verknüpfen, die sich wiederum verknüpfen und damit einen Übertragungspfad bilden.

Bild 2.29: Mehrere VCs werden gebündelt, um VPs zu erzeugen.

ATM-Switching-Operation

Die grundlegende Arbeitsweise eines ATM-Switch ist sehr einfach: Die Zelle wird über eine Verbindung mit einem bekannten VCI- oder VPI-Wert empfangen. Der Switch vergleicht den Verbindungswert in einer lokalen Übersetzungstabelle, um den ausgehenden Port (oder die Ports) der Verbindung und den neuen VPI/VCI-Wert der Datenverbindung auf der physikalischen Verbindung zu bestimmen. Der Switch überträgt daraufhin die Zelle auf der ausgehenden Verbindung mit den entsprechenden Verbindungskennzeichen. Da alle VCIs und VPIs nur eine lokale Bedeutung über eine bestimmte Verbindung haben, werden diese Werte je nach Bedarf auf jedem Switch neu zugeordnet.

Das ATM-Referenzmodell

Die ATM-Architektur verwendet ein logisches Modell zur Beschreibung der unterstützten Funktionalität. Die ATM-Funktionalität entspricht der physikalischen Schicht und einem Teil der Datenverbindungsschicht des OSI-Referenzmodells.

Das ATM-Referenzmodell ist aus den folgenden Ebenen zusammengesetzt, die alle Schichten überspannen:

- Kontrolle – Diese Ebene ist verantwortlich für die Erzeugung und Verwaltung von Signalisierungsanfragen.

- Benutzer – Diese Ebene ist verantwortlich für die Verwaltung der Datenübertragung.

- Management – Diese Ebene enthält zwei Komponenten:

    - Das Schichtmanagement verwaltet schichtspezifische Funktionen, wie z.B. die Aufdeckung von Fehlern und Protokollproblemen.

    - Das Ebenenmanagement verwaltet und koordiniert Funktionen, die das gesamte System betreffen.

Das ATM-Referenzmodell besteht aus folgenden ATM-Schichten:

- Die physikalische Schicht – Analog zur physikalischen Schicht des OSI-Referenzmodells verwaltet die physikalische Schicht bei ATM die medienabhängige Übertragung.

- Die ATM-Schicht – Gemeinsam mit der ATM-Adaptions-Schicht entspricht die ATM-Schicht grob gesehen der Datenverbindungsschicht des OSI-Referenzmodells. Die ATM-Schicht ist verantwortlich für die Einrichtung von Verbindungen und die Weitergabe der Zellen durch das ATM-Netzwerk. Hierzu verwendet sie Informationen im Header jeder ATM-Zelle.

- Die ATM-Adaptions-Schicht (AAL =ATM-Adaption-Layer) – Gemeinsam mit der ATM-Schicht entspricht diese Schicht grob gesehen der Datenverbindungsschicht des OSI-Referenzmodells. Diese Schicht ist verantwortlich für die Trennung der höherschichtigen Protokolle von den Details des ATM-Prozesses.

Abschließend befinden sich die höheren Schichten über der ATM-Adaptions-Schicht, die die Benutzerdaten übernehmen, sie in Pakete verpacken und sie an die ATM-Adaptions-Schicht übergeben. Bild 2.30 illustriert das ATM-Referenzmodell.

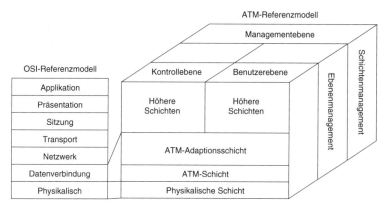

Bild 2.30:
Das ATM-Referenzmodell bezieht sich auf die untersten beiden Schichten des OSI-Referenzmodells.

Die physikalische Schicht des ATM hat vier Funktionen: Bits werden in Zellen umgewandelt. Auf dem physikalischen Medium wird die Übertragung und der Empfang von Bits kontrolliert. Die ATM-Zellgrenzen werden nachverfolgt. Zellen werden in den für das physikalische Medium passenden Frame-Typ verpackt.

AAL1 ist ein verbindungsorientierter Dienst, der sich für die Verarbeitung von verbindungsemulierenden Applikationen eignet, wie z.B. Sprach- und Videokonferenzen. Ein verbindungsemulierender Dienst akzeptiert auch den Anschluss von Geräten mittels einer Standleitung an ein ATM-Backbone. AAL1 erfordert eine Zeitsynchronisation zwischen Quelle und Ziel. Aus diesem Grund benötigt AAL1 ein Medium, wie z.B. SONET, das einen Taktgeber unterstützt.

AAL3/4 unterstützt sowohl verbindungsorientierte und verbindungslose Daten. Dieser Dienst wurde für Netzwerk-Serviceprovider entwickelt und ist eng mit dem SMDS verbunden. AAL3/4 wird zur Übertragung von SMDS-Paketen über ein ATM-Netzwerk verwendet.

AAL5 ist die primäre ATM-Adaptions-Schicht für Daten und unterstützt sowohl verbindungsorientierte als auch verbindungslose Daten. Sie wird für die Übertragung des Großteils der Nicht-SMDS-Daten verwendet, wie z.B. klassisches IP über ATM- und LAN-Emulation (LANE).

ATM-Adressierung

Der ITU-T-Standard basiert auf der Verwendung von E.164-Adressen (die den Telefonnummern ähneln) für öffentliche ATM-(BISDN-)Netzwerke. Das ATM-Forum erweiterte die ATM-Adressierung, um private Netzwerke mit einzuschließen. Die ITU-T entschied sich für das Subnetzwerk oder auch Adressüberlappungsmodell, in dem die ATM-Schicht für die Zuordnung der Netzwerkschichtadressen zu ATM-Adressen verantwortlich ist. Dieses Subnetzwerkmodell ist eine Alternative zur Verwendung der Protokolladressen der Netzwerkschicht (wie z.B. IP und IPX) und von existierenden Routing-Protokollen (wie z.B. IGRP und RIP). Das ATM-Forum legte ein Adressformat fest, das auf der Struktur der Adressen der OSI-Network-Service-Access-Points (NSAPs) beruht.

Das Subnetzwerkmodell der Adressierung

Das Subnetzwerkmodell der Adressierung entkoppelt die ATM-Schicht von jedem existierenden höherschichtigen Protokoll, wie z.B. IP oder IPX. Als solches erfordert sie ein vollkommen neues Adressierungsschema und Routing-Protokoll. Allen ATM-Systemen muss zusätzlich zu jeder höherschichtigen Protokolladresse eine ATM-Adresse vergeben werden. Dies erfordert ein Protokoll zur ATM-Adressauflösung (ATM_ARP), um die höherschichtigen Adressen den entsprechenden ATM-Adressen zuordnen zu können.

Das NSAP-Format der ATM-Adressen

Das 20 Byte lange NSAP-Format der ATM-Adressen wurde für den Einsatz in privaten ATM-Netzwerken entwickelt, während öffentliche Netzwerke in der Regel E.164-Adressen verwenden, deren Format durch die ITU-T festgelegt wurden. Das ATM-Forum legte eine NSAP-Kodierung für E.164-Adressen fest, mittels der die E.164-Adressen innerhalb von privaten Netzwerken kodiert werden. Diese Adresse kann aber auch von einigen privaten Netzwerken verwendet werden.

Solche privaten Netzwerke können ihre eigene (NSAP-Format-) Adressierung auf der E.164-Adresse des öffentlichen UNIs gründen, mit dem sie verbunden sind. Damit können sie das Adressen-Präfix der E.164-Nummer verwenden und die lokalen Knoten durch die nachgestellten Bits kennzeichnen.

Alle ATM-Adressen mit NSAP-Format bestehen aus drei Komponenten: die Autoritäts- und Format-ID (AFI), die Initial-Domänen-ID (IDI) und der domänen-spezifische Part (DSP). Die AFI kennzeichnet den Typ und das Format der IDI, die wiederum die Adresszuweisung und die administrative Autorität bestimmt. Der DSP enthält die eigentlichen Routing-Informationen.

Drei Formen der privaten ATM-Adressierung unterscheiden sich durch die Eigenschaften der AFI und der IDI. Im NSAP-kodierten E.164-Format ist die IDI eine E.164-Nummer. Im DCC-Format ist die IDI ein Daten-Country-Code (DCC), mit dem bestimmte Länder gekennzeichnet werden, wie sie in der ISO 3166 festgelegt sind. Solche Adressen werden in jedem Land durch die nationale Vertretung der ISO festgelegt. Im ICD-Format ist die IDI ein internationales Codekennzeichen (ICD =International Code Designator), das durch das Registrierungsgremium der ISO 6523 (das British Standards Institute) vergeben wird. Die ICD-Codes kennzeichnen bestimmte internationale Organisationen.

Das ATM-Forum empfiehlt den Organisationen oder privaten Netzwerk-Serviceprovidern, entweder die DCC- oder die ICD-Formate zur Erstellung ihres eigenen Nummernkonzepts zu verwenden.

Bild 2.31 zeigt die drei ATM-Adressformate, die für private Netzwerke verwendet werden.

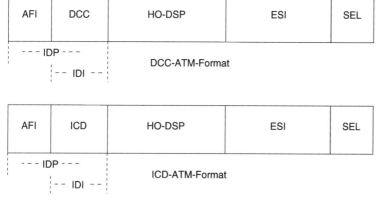

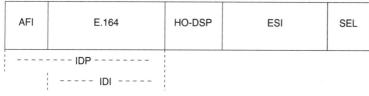

Bild 2.31: Für private Netzwerke werden drei ATM-Adressformate verwendet: die DCC- und ICD-ATM-Formate und das NASP-E.164-Format.

Die folgenden Beschreibungen fassen die in Bild 2.31 gezeigten Felder zusammen:

- AFI – Kennzeichnet den Typ und das Format der Adresse (E.164, ICD oder DCC).
- DCC – Kennzeichnet bestimmte Länder.

- High Order Domain Specific Part (HO-DSP) – Verknüpft die Routing-Domäne (RD) und die Area-ID (AREA) der NSAP-Adressen miteinander. Das ATM-Forum hat diese Felder miteinander verbunden, um eine flexible, mehrstufige Adressierungshierarchie für präfixbasierte Routing-Protokolle zu unterstützen.

- End-System-ID (ESI) – Kennzeichnet die 48-Bit-MAC-Adresse, die durch die IEEE administriert wird.

- Selektor (SEL) – Wird für lokales Multiplexing innerhalb von Endstationen verwendet und hat keine Bedeutung für das Netzwerk.

- ICD – Kennzeichnet bestimmte internationale Organisationen.

- E.164 – Kennzeichnet die BISDN-E.164-Adresse.

ATM-Verbindungen

ATM unterstützt zwei Verbindungstypen: Point-to-Point und Point-to-Multipoint. Point-to-Point verbindet zwei ATM-Endsysteme und kann eindirektional (einseitige Kommunikation) oder bidirektional (beidseitige Kommunikation) sein. Point-to-Multipoint verbindet ein Endsystem als einzelne Quelle (auch Root-Knoten genannt) mit mehreren Ziel-Endsystemen (auch Leaves genannt). Solche Verbindungen sind immer unidirektional. Root-Knoten können Daten an Leaves (Blätter) übertragen, während Leaves keine Daten an die Root (Wurzel) oder an andere Leaves derselben Verbindung übertragen können. An den Stellen, an denen sich innerhalb des ATM-Netzwerks die Verbindung verzweigt, replizieren die ATM-Switches die Zellen.

In ATM-Netzwerken wären bidirektionale Multipoint-to-Multipoint-Verbindungen wünschenswert. Solche Verbindungen sind analog zu den Broadcast- oder Multicast-Fähigkeiten der LANs, die sich ein Medium teilen, wie z.B. Ethernet und Token-Ring. Eine Broadcast-Fähigkeit ist in derartigen LANs einfach zu implemetieren, bei denen alle Knoten auf einem einzelnen LAN-Segment alle in dieses Segment gesendeten Pakete verarbeiten müssen. Leider kann eine Multipoint-to-Multipoint-Fähigkeit nicht mittels AAL5 implementiert werden, der der meistverwendete AAL zur Übertragung von Daten über ein ATM-Netzwerk ist. Im Gegensatz zum AAL3/4 mit seinem Meldungs-ID-(MID-)Feld, hat der AAL5 innerhalb seines Zellformats keine Möglichkeit, Zellen von verschiedenen AAL5-Paketen auf einer einzelnen

Verbindung zu vermischen. Das bedeutet, dass alle AAL5-Pakete, die zu einem bestimmten Ziel über eine bestimmte Verbindung gesendet werden, hintereinander empfangen werden müssen. Anderenfalls kann der Zielprozess die Pakete nicht mehr zusammenfügen. Daher können ATM-AAL5-Point-to-Multipoint-Verbindungen nur unidirektional sein. Wenn z.B. ein Leaf-Knoten ein AAL5-Paket über die Verbindung übertragen würde, würde es sowohl vom Root-Knoten als auch allen anderen Leaf-Knoten empfangen werden. An diesen Knoten könnte das vom Leaf gesendete Paket mit Paketen vermischt werden, die vom Root- und möglicherweise auch von anderen Leaf-Knoten gesendet wurden, und würde damit die Zusammenfügung aller vermischten Pakete unmöglich machen.

ATM-QOS

Das ATM unterstützt die Garantien des *Quality of Service* (QOS), der den Verkehrskontrakt (Traffic Contract), die Verkehrsregelung (Traffic Shaping) und die Verkehrsführung (Traffic Policy) umfasst.

Ein *Verkehrskontrakt* legt einen Rahmen fest, der den beabsichtigten Datenfluss bestimmt. Dieser Rahmen gibt unter anderem Werte für die maximale Bandbreite, die mittlere verwendete Bandbreite und die Burstgröße fest. Wenn ein ATM-Endsystem sich mit einem ATM-Netzwerk verbindet, stimmt es einem »Kontrakt« mit den netzwerkbasierten QOS-Parametern zu.

Verkehrsregelung bedeutet, den Einsatz von Warteschlangen (Queues), um Datenbursts(-stöße) einzugrenzen, die maximale Datenrate zu limitieren und Jitters abzumildern, damit der Verkehr im vorgegebenen Rahmen bleibt. ATM-Geräte sind für die Einhaltung des Kontrakts in Bezug auf die Verkehrsregelung verantwortlich. ATM-Switches können Methoden zur Erzwingung des Kontrakts einsetzen, die sich Verkehrsführung nennen. Der Switch kann den aktuellen Verkehrsfluss messen und ihn mit dem vorgegebenen Verkehrsrahmen vergleichen. Wenn der Switch erkennt, dass sich der Verkehr außerhalb der vorgegebenen Parameter befindet, kann er das Zell-Verlust-Priorität-Bit (CLP = Cell-Loss-Priority-) in den Zellen setzen, die die Regeln verletzen. Durch das Setzen des CLP-Bits wird die Zelle »löschfähig«, d.h., jeder Switch, der die Zelle verarbeitet, darf die Zelle während Überlastungsperioden verwerfen.

LANE

LANE ist ein durch das ATM-Forum festgelegter Standard, der den über ATM angeschlossenen Stationen dieselben Fähigkeiten verleiht, die sie gewöhnlich von LANs erhalten, wie z.B. Ethernet und Token-Ring. Wie der Name schon vermuten lässt, besteht die Funktion des LANE-Protokolls in der auf einem ATM-Netzwerk aufgesetzten Emulation eines LANs. Das LANE-Protokoll definiert besondere Mechanismen zur Emulation entweder eines IEEE 802.3-Ethernets oder eines 802.5-Token-Ring-LANs. Das aktuelle LANE-Protokoll bestimmt keine separate Verkapselung für das FDDI (FDDI-Pakete müssen in Ethernet- oder Token-Ring-emulierte LANs [ELANs] durch den Einsatz von übersetzenden Bridge-Techniken portiert werden). Das Fast-Ethernet (100BaseT) und das IEEE 802.12 (100VG-AnyLAN) können unverändert portiert werden, da sie dieselben Paketformate verwenden. Bild 2.32 vergleicht ein physikalisches LAN und ein ELAN.

Das LANE-Protokoll verlangt eine Service-Schnittstelle für höherschichtige (d.h. Netzwerkschicht-)Protokolle, die mit den existierenden LANs identisch sind. Die Daten, die über das ATM-Netzwerk gesendet werden, werden in das passende LAN-MAC-Paketformat eingekapselt. Grob gesagt verleihen die LANE-Protokolle einem ATM-Netzwerk das Aussehen und das Verhalten eines Ethernet- oder Token-Ring-LANs – obwohl so ein Netzwerk wesentlich schneller arbeitet als ein eigentliches Ethernet- oder Token-Ring-LAN-Netzwerk.

Es sei hier angemerkt, dass LANE nicht versucht, das wirkliche MAC-Protokoll des betreffenden spezifischen LANs zu emulieren (also CSMA/CD für Ethernet oder Token-Übertragung für IEEE 802.5). Das LANE erfordert keine Veränderungen bei höherschichtigen Protokollen, um deren Funktion über ein ATM-Netzwerk zu aktivieren. Weil der LANE-Dienst den Treibern der Netzwerkschicht dieselbe Service-Schnittstelle der existierenden MAC-Protokolle präsentiert (z.B. eine NDIS- oder ODI-Treiber-Schnittstelle), sind bei diesen Treibern keine Änderungen notwendig.

Kapitel 2 • Ein Überblick über die Protokolleigenschaften **103**

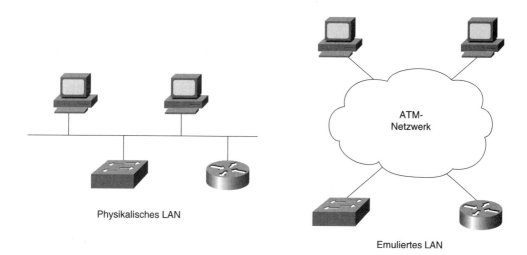

Bild 2.32: Ein ATM-Netzwerk kann ein physikalisches LAN emulieren.

Die LANE-Protokoll-Architektur

Die grundlegende Aufgabe des LANE-Protokolls besteht in der Zuordnung der MAC-Adressen zu ATM-Adressen. Das Ziel besteht darin, solche Adresszuordnungen aufzulösen, damit die LANE-Endsysteme direkte Verbindungen untereinander aufbauen und daraufhin Daten weiterleiten können. Das LANE-Protokoll wird in zwei Arten von angeschlossener ATM-Hardware eingesetzt: in ATM-Netzwerk-Schnittstellen-Karten (NICs) und in Internetzwerk- und LAN-Switch-Geräten.

ATM-NICs implementieren das LANE-Protokoll und die Schnittstelle gegenüber dem ATM-Netzwerk, während sie gegenüber den höherschichtigen Protokolltreibern innerhalb des angeschlossenen Endsystems die aktuelle LAN-Service-Schnittstelle präsentieren. Die Netzwerkschicht-Protokolle auf dem Endsystem kommunizieren weiterhin, als ob sie sich in einem bekannten LAN befinden, indem sie bekannte Prozeduren verwenden. Jedoch können Sie die wesentlich größere Bandbreite der ATM-Netzwerke einsetzen.

Die zweite Klasse der Netzwerkübersetzung, die das LANE implementiert, besteht aus ATM-angeschlossenen LAN-Switches und Routern. Diese Geräte werden, zusammen mit direkt angeschlossenen ATM-Hosts mit ATM-NICs, zur Erzeugung eines virtuellen LAN-(VLAN-)Dienstes eingesetzt, indem die Ports auf den LAN-Switches bestimmten VLANs zugeordnet werden, die unabhängig von der physikalischen Anordnung sind. Bild 2.33 zeigt die LANE-Protokoll-Architektur, die in ATM-Netzwerkgeräten implementiert wird.

> **ANMERKUNG**
>
> ATM-Switches werden durch das LANE-Protokoll nicht direkt beeinflusst. Das LANE bildet wie die meisten anderen ATM-Internetzwerk-Protokolle das aufgesetzte Modell. Auf diese Weise arbeiten die LANE-Protokolle transparent über und durch ATM-Switches und verwenden nur Standard-ATM-Signalisierungs-Prozeduren.

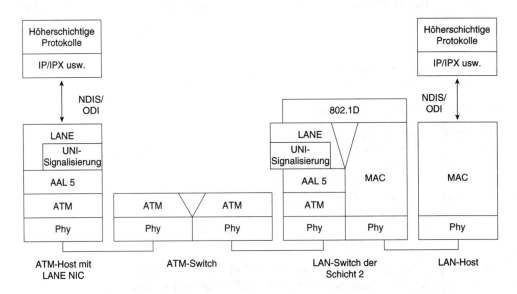

Bild 2.33: Die LANE-Protokoll-Architektur kann in ATM-Netzwerkgeräten implementiert werden.

X.25

In den 70er Jahren wurde ein Protokollsatz benötigt, um Benutzern eine WAN-Verbindung über PDNs zu ermöglichen. PDNs wie z.B. Telnet und Tymnet erreichten bemerkenswerte Erfolge, jedoch wurde erwartet, dass die Protokoll-Standardisierung durch eine verbesserte Gerätekompatibilität und geringere Kosten die Nutzung der PDNs steigern würde. Als Ergebnis der darauf folgenden Entwicklungen entstand eine Gruppe von Protokollen, von der das bekannteste X.25 ist.

X.25 wurde durch die öffentlichen Anbieter von Übertragungsmedien (vor allem Telekommunikationsunternehmen) entwickelt und nicht von einem einzelnen kommerziellen Unternehmen. Die Spezifikation ist daher so aufgebaut, dass sie unabhängig von dem Systemtyp oder Hersteller eines Benutzers einsetzbar ist. Benutzer vereinbaren mit den öffentlichen Anbietern den Einsatz von paketgeswitchten Netzwerken (PSNs) und diese werden nutzungsabhängig abgerechnet. Die angebotenen Dienste und Preise werden in den USA durch die Federal Communication Commission (FCC) geregelt.

Eine der außergewöhnlichen Eigenschaften des X.25 ist sein internationaler Charakter. X.25 und verwandte Protokolle werden durch eine Vertretung der Vereinten Nationen namens ITU verwaltet. Die ITU-T führt die Funktionen der früheren CCITT aus. Beteiligte Mitglieder sind die FCC, die europäischen Post-, Telefon- und Telegraforganisationen, die öffentlichen Anbieter von Übertragungsmedien und viele Computer- und Datenkommunikationsunternehmen. Hierdurch wurde das X.25 ein wirklich globaler Standard.

ANMERKUNG

Die ITU können Sie unter www.itu.ch finden.

X.25 legt für die Datenkommunikation ein Telefonnetzwerk fest. Um eine Kommunikation zu beginnen, ruft ein Computer einen anderen an und fordert eine Kommunikationssitzung an. Der angerufene Computer kann die Verbindung akzeptieren oder ablehnen. Wenn der Anruf akzeptiert wird, können die beiden Systeme mit der Full-Duplex-Übertragung von Informationen beginnen. Jede Seite kann die Verbindung jederzeit beenden.

Die X.25-Spezifikation legt eine Point-to-Point-Interaktion zwischen DTE und DCE fest. Die Terminals und Hosts der Benutzer verbinden sich mit Modems oder Paket-Switches, die sich gewöhnlich in den Anlagen der Leitungsanbieter befinden, die wiederum mit Packet Switching Exchanges (PSE) und anderen DCEs innerhalb eines PSN verbunden sind, und diese verbinden sich schlussendlich mit einem anderen DTE-Gerät. Bild 2.34 zeigt die Beziehungen zwischen den Geräteeinheiten in einem X.25-Netzwerk.

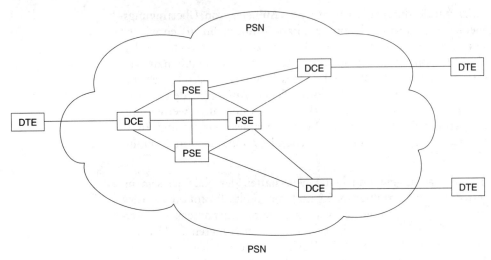

Bild 2.34: *PSE- und DCE-Geräte bilden die X.25-Service-Wolke.*

Ein DTE kann ein Terminal sein, das nicht die vollständige X.25-Funktionalität erfüllt. Ein DTE ist mit einem DCE durch ein Übersetzungsgerät namens Packet-Assembler/Disassembler (PAD) verbunden. Die ITU-T-Empfehlungen X.28, X.3 und X.29 legen die Arbeitsweise der Terminal-zu-PAD-Schnittstelle, die vom PAD ermöglichten Dienste und die Interaktion zwischen PAD und Host fest.

Die X.25-Spezifikation entspricht den Schichten 1 bis 3 des OSI-Referenzmodells. Die X.25-Schicht 3 beschreibt die Paket-Formate und die Paket-Austauschprozeduren zwischen gleichberechtigten Einheiten der Schicht 3. Die X.25-Schicht 2 wird durch das LAPB ausgeführt. Das LAPB bestimmt das Paket-Framing für die DTE/DCE-Verbindung. Die X.25-Schicht 1 bestimmt die elektrischen und mechanischen Prozeduren für die Aktivierung und Deaktivierung des physikalischen Mediums, das den DTE mit dem DCE verbindet. Diese Beziehung wird in Bild 2.35 gezeigt. Beachten Sie, dass die Schichten 2 und 3 auch als ISO-Standard ISO 7776 (LAPB) und ISO 8208 (die X.25-Paket-Schicht) bezeichnet werden.

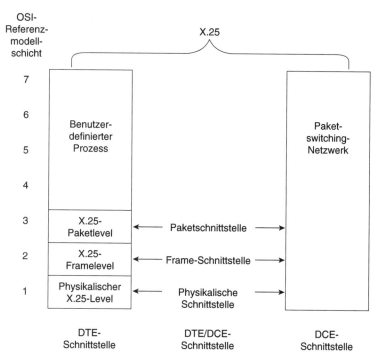

Bild 2.35:
X.25 hat Beziehungen zu den tieferen drei Schichten des OSI-Referenzmodells.

Die End-zu-End-Kommunikation zwischen DTEs wird durch eine bidirektionale Assoziation namens virtueller Kreis (Circuit) ermöglicht. Ein virtueller Kreis erlaubt eine Kommunikation zwischen unterschiedlichen Netzwerkelementen über eine beliebige Anzahl von zwischengeschalteten Knoten, ohne dass Teile des physikalischen Mediums wirklichen physikalischen Stromkreisen entsprechen müssen. Virtuelle Kreise können entweder permanent oder geswitcht (temporär) sein. Permanente virtuelle Kreise werden gewöhnlich PVCs genannt. Geswitchte virtuelle Kreise nennen sich gewöhnlich SVCs. PVCs werden meist für regelmäßige Datenübertragungen verwendet und SVCs werden für sporadische Datenübertragungen eingesetzt. Die End-zu-End-Kommunikation mit den PVCs und SVCs erfolgt auf der X.25-Schicht 3.

Nachdem ein virtueller Kreis eingerichtet wurde, sendet der DTE ein Paket an das andere Ende der Verbindung, indem er es an den DCE über den entsprechenden virtuellen Kreis sendet. Der DCE überprüft die virtuelle Kreisnummer, um zu erkennen, wie das Paket durch das X.25-Netzwerk geroutet werden muss. Das X.25-Protokoll der Schicht 3 multiplext zwischen allen DTEs, die sich auf dem Weg zum DCE der Zielseite des Netzwerks befinden, und das Paket wird an den Ziel-DTE übertragen.

Ein X.25-Frame besteht aus einer Reihe von Feldern, die in Bild 2.36 gezeigt sind. Die Felder der X.25-Schicht 3 bilden ein X.25-Paket und enthalten einen Header und Benutzerdaten. Die Felder der X.25-Schicht 2 (LAPB) enthalten Kontroll- und Adressierungsfelder auf Frame-Ebene, das eingebettete Paket der Schicht 3 und ein FCS.

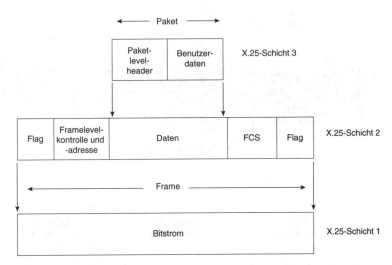

Bild 2.36: X.25-Frames enthalten Kontrollinformationen für Zuverlässigkeit und Dimensionierung.

X.25-Schicht 3

Der Header der X.25-Schicht 3 besteht aus einer GFI, einer logischen Kanal-ID (LCI = Logical Channel Identifier) und einer Paket-Typ-ID (PTI). Die GFI ist ein 4-Bit-Feld, welches das allgemeine Format des Paket-Headers kennzeichnet. Die LCI ist ein 12-Bit-Feld, das den virtuellen Kreis identifiziert. Die LCI ist lokal an der DTE/DCE-Schnittstelle von Bedeutung. Mit anderen Worten, das PDN verbindet über zwei DTE/DCE-Schnittstellen zwei logische Kanäle miteinander, jeder mit einer unabhängigen LCI, um einen virtuellen Kreis einzurichten. Das PTI-Feld identifiziert einen der 17 Pakettypen des X.25.

Die Adressfelder in Paketen zur Verbindungseinrichtung enthalten Quell- und Ziel-DTE-Adressen. Diese werden zur Einrichtung der virtuellen Kreise verwendet, die die X.25-Kommunikation ermöglichen. Die ITU-T-Empfehlung X.121 bestimmt die Quell- und Ziel-Adressformate. X.121-Adressen (auch internationale Datennummern oder IDNs genannt) sind in der Länge variabel und können aus bis zu 14 dezimalen Ziffern bestehen. Das Byte 4 im Paket zur Verbindungseinrichtung bestimmt die Längen der

Quell-DTE- und Ziel-DTE-Adressen. Die ersten vier Ziffern einer IDN nennen sich Daten-Netzwerk-Identifikations-Code (DNIC). Der DNIC besteht aus zwei Teilen: Der erste (drei Ziffern) kennzeichnet das Land und der letzte kennzeichnet die PSN an sich. Die restlichen Ziffern nennen sich nationale Terminalnummern (NTNs) und werden zur Identifizierung des spezifischen DTE auf dem PSN verwendet. Bild 2.37 zeigt das X.121-Adressformat.

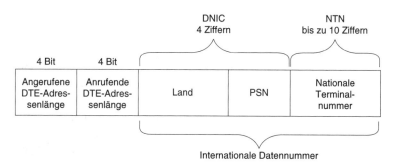

Bild 2.37: Das X.25 verwendet das Adressformat X.121.

Die Adressfelder einer X.121-Adresse werden nur dann benötigt, wenn ein SVC verwendet wird, und auch dann nur während der Verbindungseinrichtung. Nachdem die Verbindung eingerichtet wurde, verwendet das PSN das LCI-Feld des Datenpaket-Headers, um den bestimmten virtuellen Kreis zum entfernten DTE zu kennzeichnen.

Die X.25-Schicht 3 führt für virtuelle Kreise drei Prozeduren aus:

– Verbindungseinrichtung

– Datenübertragung

– Verbindungsende

Die Ausführung dieser Prozeduren hängt vom verwendeten virtuellen Kreistyp ab. Bei einem PVC befindet sich die X.25-Schicht 3 immer im Datenübertragungsmodus, da der Kreis permanent eingerichtet wurde. Wenn ein SVC verwendet wird, werden alle drei Prozeduren ausgeführt.

Die Datenübertragung wird durch die Datenpakete beeinflusst. Die X.25-Schicht 3 segmentiert die Benutzermeldungen, wenn die maximale Paketgröße des Kreises zu klein ist, und fügt sie wieder zusammen. Jedes Datenpaket erhält eine Sequenznummer, damit eine Fehler- und Flusskontrolle über die DTE/DCE-Schnittstelle erfolgen kann.

Die X.25-Schicht 2

Die X.25-Schicht 2 wird durch das LAPB implementiert. Das LAPB erlaubt beiden Seiten – dem DTE und dem DCE – die Aufnahme der gegenseitigen Kommunikation. Während der Informationsübertragung kontrolliert das LAPB, dass die Frames den Empfänger in der richtigen Reihenfolge und fehlerfrei erreichen.

Wie bei ähnlichen Verbindungsschicht-Protokollen, verwendet das LAPB drei Frame-Format-Typen:

- Informations-Frames (I) – Diese Frames übertragen höherschichtige Informationen und einige Kontrollinformationen (die für die Full-Duplex-Funktion erforderlich sind). Die Sende- und Empfangs-Sequenznummern und das P/F-Bit ermöglichen die Flusskontrolle und die Fehlerbehebung. Die Sende-Sequenznummer bezieht sich auf die Nummer des aktuellen Frames. Die Empfangs-Sequenznummer gibt Aufschluss über die Nummer des Frames, der als Nächstes empfangen werden soll. Bei Full-Duplex-Kommunikation bewahrt der Sender und der Empfänger die Sende- und Empfangs-Sequenznummern auf. Das Poll-Bit wird verwendet, um als Antwort eine abschließende Bit-Meldung zu erzwingen. Dies wird für die Fehlerentdeckung und deren Behebung verwendet.

- Supervisor-Frames (S) – Diese Frames liefern Kontrollinformationen. Sie fordern zur Aufnahme und zur Beendigung der Übertragung auf, liefern Statusberichte und bestätigen den Empfang von I-Frames. Sie besitzen kein Informationsfeld.

- Unnummerierte (U) Frames – Diese Frames sind, wie der Name vermuten lässt, nicht sequentiert. Sie werden für Kontrollzwecke verwendet. Zum Beispiel können Sie eine Verbindung mittels Standard oder erweiterter Dimensionierung (128 Modulo 8) aufnehmen, die Verbindung unterbrechen, einen Protokollfehler melden oder andere ähnliche Funktionen ausführen.

Bild 2.38 zeigt den LAPB-Frame.

1	1	1	variabel	2	1
Flag	Adresse	Kontrolle	Daten	FCS	Flag

Bild 2.38: Das LAPB wird durch X.25 für die Verkapselung der Schicht 2 verwendet.

Die Flag-Felder umgrenzen den LAPB-Frame. Der Frame wird mit Bits aufgefüllt, um zu gewährleisten, dass das Flag-Muster nicht innerhalb des Frame-Körpers auftritt.

Das Adressfeld kennzeichnet, ob der Frame einen Befehl oder eine Antwort enthält.

Das Kontrollfeld ermöglicht weitere Einschränkungen der Befehls- und Antwort-Frames und kennzeichnet auch das Frame-Format (U, I oder S), die Frame-Funktion (z.B. Empfänger bereit oder Unterbrechung) und die Sende-/Empfangs-Sequenznummer.

Das Datenfeld überträgt höherschichtige Daten. Seine Größe und Format variiert je nach Pakettyp der Schicht 3. Die maximale Länge dieses Felds wird zwischen einem PSN-Administrator und dem sich Einwählenden zum Zeitpunkt der Einwahl vereinbart. Das FCS-Feld gewährleistet die Integrität der übertragenen Daten.

Die X.25-Schicht 1

Die X.25-Schicht 1 verwendet das physikalische Schicht-Protokoll X.21bis, das in etwa dem EIA/TIA-232-C entspricht. Das X.21bis-Protokoll wurde aus den ITU-T-Empfehlungen V.24 und V.28 abgeleitet, die die wechselnden Kreise bzw. die elektrischen Eigenschaften einer DTE-zu-DCE-Schnittstelle kennzeichnen. Das X.21bis unterstützt Point-to-Point-Verbindungen, Geschwindigkeiten von bis zu 19,2 Kbps und eine synchrone Full-Duplex-Übertragung über vieradrige Medien (mit Geschwindigkeiten bis zu 64 Kbps). Die maximale Distanz zwischen DTE und DCE beträgt 15 Meter.

Weitere Informationen über das X.25 finden Sie im Anhang C, »Referenzen und empfohlene Literatur«.

Frame-Relay

Frame-Relay sollte ursprünglich als Protokoll über ISDN-Schnittstellen eingesetzt werden und erste Pläne mit dieser Absicht wurden 1984 durch die CCITT veröffentlicht. Auch das von der ANSI anerkannte T1S1-Standards-Kommitee der Vereinigten Staaten unternahm einige Arbeiten bezüglich Frame-Relay.

In der Entwicklungsgeschichte des Frame-Relay setzte 1990 eine Hauptphase ein, als Cisco-Systems, StrataCom, Northern-Telecom und Digital-Equipment-Corporation ein Konsortium bildete, um sich auf die Entwicklung der Frame-Relay-Technologie zu konzentrieren und die Einführung von interoperablen Frame-Relay-Produkten zu beschleunigen. Dieses Konsortium entwickelte eine Spezifikation, die mit dem grundlegenden Frame-Relay-Protokoll, das in der T1S1 und CCITT diskutiert wurde, konform war. Sie erweiterten es jedoch um Funktionen, die zusätzliche Kapazitäten für komplexe Internetzwerkumgebungen ermöglichten. Diese Erweiterungen des Frame-Relays werden in ihrer Gesamtheit als Lokale-Management-Schnittstelle (LMI = Local Management Interface) bezeichnet.

Frame-Relay existiert auf der Schicht 2 des OSI-Modells. Es bietet die Möglichkeit der paketgeswitchten Daten-Kommunikation, die über die Schnittstelle zwischen Benutzergeräten (z.B. Router, Bridges, Hostgeräte) und Netzwerk-Equipment (z.B. switchende Knoten) eingesetzt wird. Benutzergeräte werden oft als DTEs und das einem DTE gegenüberstehende Netzwerk-Equipment wird oft als DCE bezeichnet. Das Netzwerk, das die Frame-Relay-Schnittstelle liefert, kann entweder ein öffentliches Netzwerk von einem Telefondienstleister sein oder ein privates Unternehmensnetzwerk mit eigenem Equipment.

Wie eine Schnittstelle gegenüber einem Netzwerk ist Frame-Relay derselbe Protokolltyp wie X.25. Jedoch unterscheidet sich Frame-Relay deutlich in Funktionalität und Format vom X.25. Vor allem ist es ein stromlinienförmiges Protokoll, das eine höhere Performance und eine bessere Effizienz aufweist.

Wie eine Schnittstelle zwischen dem Benutzer und dem Netzwerk-Equipment, bietet Frame-Relay die Möglichkeit des statistischen Multiplexing von vielen logischen Datenkonversationen (die als virtuelle Kreise oder Circuits bezeichnet werden) über eine einzelne physikalische Übertragungsverbindung. Dies unterscheidet es von anderen Systemen, die lediglich die Technologie des Time-Division-Multiplexing (TDM) für die Unterstützung mehrerer Datenströme einsetzen. Das statistische Multiplexing des Frame-Relays ermöglicht eine flexiblere und effizientere Nutzung der verfügbaren Bandbreite. Sie kann ohne TDM-Techniken verwendet werden oder oberhalb von TDM-Systemkanälen.

Eine weitere wichtige Eigenschaft des Frame-Relays ist, dass es die jüngsten Entwicklungen der WAN-Übertragungstechnologie einsetzt. Frühere WAN-Protokolle, wie z.B. X.25, wurden entwickelt als analoge Übertragungssysteme und Kupferleitungen vorherrschten. Diese Verbindungen sind wesentlich unzuverlässiger als die heute verfügbaren Glasfaser-/digitalen Übertragungsverbindungen. Über solche Verbindungen können Verbindungsschicht-Protokolle vor zeitaufwendigen Fehlerkorrektur-Algorithmen ausgeführt werden und diese können den höheren Protokoll-Schichten überlassen werden. Auf diese Weise ist eine bessere

Performance und Effizienz möglich, ohne auf die Datenintegrität zu verzichten. Frame-Relay wurde unter diesen Gesichtspunkten entwickelt. Es enthält einen CRC-Algorithmus zur Entdeckung beschädigter Bits (um die Daten verwerfen zu können), aber es enthält keinen Protokollmechanismus zur Korrektur beschädigter Daten (z.B. durch eine erneute Aussendung auf dieser Protokollebene).

Ein anderer Unterschied zwischen Frame-Relay und X.25 ist das Fehlen einer expliziten, vom virtuellen Kreis abhängigen Flusskontrolle beim Frame-Relay. Da die meisten höherschichtigen Protokolle ihre eigenen Flusskontroll-Algorithmen wirkungsvoll ausführen, hat sich der Bedarf für diese Funktionalität auf der Datenverbindungsschicht verringert. Frame-Relay enthält daher keine expliziten Flusskontroll-Prozeduren, die diejenigen der höheren Schichten duplizieren würden. Stattdessen ermöglicht es einfache Mechanismen zur Überlastungsmeldung, damit ein Netzwerk ein Benutzergerät darüber informieren kann, dass die Netzwerkressourcen annähernd überlastet sind. Diese Benachrichtigung kann höherschichtige Protokolle dazu auffordern, die Flusskontrolle zu aktivieren.

Frame-Relay ermöglicht eine verbindungsorientierte Kommunikation auf der Datenverbindungsschicht. Dieser Dienst wird mittels virtueller Kreise implementiert. Ein virtueller Frame-Relay-Kreis ist eine logische Verbindung, die zwischen zwei DTE-Geräten über ein Frame-Relay-PSN erzeugt wird. Virtuelle Kreise bieten einen bidirektionalen Kommunikationspfad von einem DTE-Gerät zum anderen. Sie werden eindeutig durch die Data-Link-Connection-ID (DLCI) gekennzeichnet. Ein virtueller Kreis kann über eine beliebige Anzahl von zwischengeschalteten DCE-Geräten (Switches) laufen, die sich innerhalb des Frame-Relay-PSN befinden. Eine Reihe virtueller Kreise kann durch Multiplexing in einem einzigen physikalischen Schaltkreis über das Netzwerk übertragen werden. Die virtuellen Frame-Relay-Kreise können entweder SVCs oder PVCs sein.

Zusätzlich zu den grundlegenden Frame-Relay-Protokollfunktionen über die Datenübertragung enthält die Frame-Relay-Spezifikation des Konsortiums LMI-Erweiterungen, die die Unterstützung von großen und komplexen Internetzwerken vereinfachen. Einige LMI-Erweiterungen werden als »normal« angesehen und es wird erwartet, dass sie jeder implementiert, der die Spezifikation übernimmt. Andere LMI-Funktionen werden als »optional« angesehen. Im Folgenden sehen Sie eine Übersicht über die LMI-Erweiterungen:

- Virtuelle Kreis-Zustandsmeldungen (= Virtual-Circuit-Status-Messages) (normal) – Ermöglichen die Kommunikation und Synchronisierung zwischen dem Netzwerk- und dem Benutzergerät, die periodisch über die Existenz neuer PVCs und die Entfernung bereits vorhandener PVCs berichten, und liefern allgemeine Informationen über die PVC-Integrität. Virtuelle Kreis-Zustandsmeldungen verhindern die Sendung von Daten in schwarze Löcher, also über PVCs, die nicht mehr existieren.

- Multicasting (optional) – Erlaubt einem Sender die Übertragung eines einzelnen Frames, wobei er gleichzeitig über das Netzwerk an mehrere Empfänger übertragen wird. Auf diese Weise unterstützt Multicasting die effiziente Übermittlung von Routing-Protokollmeldungen und Adress-Auflösungsprozeduren, die typischerweise simultan an viele Ziele gesendet werden müssen.

- Globale Adressierung (optional) – Verleiht Verbindungs-IDs neben der lokalen auch eine globale Bedeutung und ermöglicht damit deren Einsatz zur Identifizierung einer bestimmten Schnittstelle gegenüber dem Frame-Relay-Netzwerk. Durch die globale Adressierung wird das Frame-Relay-Netzwerk einem LAN in Bezug auf die Adressierung ähnlich. Die Funktionsweise der Adress-Auflösungsprotokolle im Frame-Relay ist daher exakt die Gleiche wie in einem LAN.

- Einfache Flusskontrolle (optional) – Ermöglicht einen XON/XOFF-Flusskontroll-Mechanismus für die gesamte Frame-Relay-Schnittstelle. Sie ist für diejenigen Geräte vorgesehen, deren höhere Schichten die Überlastungsmeldungs-Bits nicht verwenden können und die einen gewissen Grad an Flusskontrolle benötigen.

Bild 2.39 zeigt den Frame-Relay-Frame. Flag-Felder umgrenzen den Frame. Nach dem ersten Flag folgen 2 Bytes mit Adress-Informationen. Zehn Bits dieser 2 Bytes enthalten die aktuelle Kreis-ID (namens DLCI oder Data-Link-Connection-ID).

1	1	variabel	2	1
Flags	Adresse	Daten	FCS	Flags

Bild 2.39: Das Frame-Relay-Frame-Format wurde durch die Internet-Engineering-Task-Force vorgegeben.

Der 10-Bit-DLCI-Wert ist das Herz des Frame-Relay-Adressfelds im Header. Er kennzeichnet die logische Multiplex-Verbindung innerhalb des physikalischen Kanals. Im grundlegenden (d.h. nicht durch die LMI erweiterten) Adressierungsmodus besitzen DLCIs nur lokale Bedeutung. Das heißt, die Endgeräte an zwei verschiedenen Enden einer Verbindung können unterschiedliche DLCIs für dieselbe Verbindung verwenden. Bild 2.40 zeigt ein Beispiel der Verwendung von DLCIs bei der nicht erweiterten Frame-Relay-Adressierung.

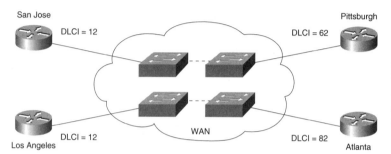

Bild 2.40: Die DLCIs werden für die Adressierung von PVCs in Frame-Relay-Netzwerken verwendet.

In Bild 2.40 werden zwei PVCs angenommen, einer zwischen Atlanta und Los Angeles und einer zwischen San Jose und Pittsburgh. Los Angeles könnte seinen PVC mit Atlanta mit der DLCI = 12 bezeichnen und Atlanta denselben PVC mit DLCI = 82. Entsprechend könnte San Jose seinen PVC mit Pittsburgh mit DLCI = 12 bezeichnen. Das Netzwerk verwendet interne proprietäre Mechanismen, um zwischen den beiden nur lokal bedeutsamen PVC-IDs zu unterscheiden.

Am Ende jedes DLCI-Bytes befindet sich ein erweitertes Adress-(EA-)Bit. Wenn dieses Bit gleich 1 ist, ist das aktuelle Byte das letzte DLCI-Byte. Tatsächlich verwenden alle Ausführungen ein 2-Byte-DLCI, aber das Vorhandensein der EA-Bits bedeutet, dass in der Zukunft längere DLCIs vereinbart und verwendet werden können.

Drei Bits innerhalb der 2-Byte-DLCI sind Felder, die die Überlastungskontrolle betreffen. Das vorwärts gerichtete explizite Überlastungsmeldungs-Bit (FECN = Forward Explicit Congestion Notification) in einem Frame wird durch das Frame-Relay-Netzwerk gesetzt, um dem empfangenden DTE mitzuteilen, dass auf dem Pfad von der Quelle zum Ziel ein Datenstau auftrat. Das rückwärts gerichtete explizite Überlastungsmeldungs-Bit (BECN = Backward Explicit Congestion Notification) wird durch das Frame-Relay-Netzwerk in einem Frame gesetzt, das in der entgegengesetzten Richtung der Frames wandert, bei denen ein verstopfter Pfad auftritt. Der Gedanke hinter diesen Bits besteht darin, dass die FECN- bzw. BECN-Anzeige an ein höherschichtiges Protokoll gemeldet werden kann, das daraufhin die entsprechende Flusskontrollaktion ausführen kann (die FECN-Bits sind sehr hilfreich für höherschichtige Protokolle, die empfängergesteuerte Flusskontrollen einsetzen, während die BECN-Bits bei »sendergesteuerten« Flusskontrollen von Bedeutung sind).

Das verwerfungsberechtigende (DE = Discard-Eligibility) Bit wird durch den DTE gesetzt, um dem Frame-Relay-Netzwerk anzuzeigen, dass ein Frame eine geringere Wichtigkeit besitzt als andere Frames und dass sie verworfen werden sollten, bevor andere Frames des Netzwerks keine Ressourcen mehr zur Verfügung haben. Dies stellt einen sehr einfachen Prioritätsmechanismus zur Verfügung. Dieses Bit wird gewöhnlich nur dann gesetzt, wenn das Netzwerk überlastet ist.

Der vorherige Abschnitt beschrieb das grundlegende Format des Frame-Relay-Protokolls für die Übertragung von Benutzerdaten-Frames. Die Frame-Relay-Spezifikation des Konsortiums enthält auch die LMI-Prozeduren. LMI-Meldungen werden in Frames gesendet, die sich durch eine LMI-spezifische DLCI unterscheiden (die in der Spezifikation des Konsortiums als DLCI = 1023 festgelegt ist). Bild 2.41 zeigt das LMI-Meldungsformat.

1	2	1	1	1	1	variabel	2	1
Flag	LMI-DLCI	Unnumerierter Informationsanzeiger	Protokollbegrenzer	Anrufreferenz	Meldungstyp	Information Elements	FCS	Flag

Bild 2.41: LMI-Meldungen werden für die Signalisierung zwischen Frame-Relay-Switches und Endgeräten verwendet.

In LMI-Meldungen stimmt der grundlegende Protokoll-Header mit dem der normalen Daten-Frames überein. Die wirkliche LMI-Meldung beginnt mit vier vorgeschriebenen Bytes, denen eine variable Anzahl von Informationselementen (IEs) folgt. Das Format und die Kodierung der LMI-Meldungen basiert auf dem ANSI-T1S1-Standard.

Das erste der vorgeschriebenen Bytes (unnummerierte Informations-ID) besitzt dasselbe Format wie die unnummerierte Informations-Frame-ID (UI), bei dem das Poll/Final-Bit auf Null gesetzt ist. Das nächste Byte wird als Protokoll-Unterscheider (Discriminator) bezeichnet, der auf einen Wert gesetzt ist, der die LMI kennzeichnet. Das dritte vorgeschriebene Byte (Verbindungskennzeichen) besteht immer aus reinen Nullen.

Das letzte vorgeschriebene Byte enthält das Meldungstypenfeld. Es wurden zwei Meldungstypen bestimmt:

- Statusabfragemeldungen ermöglichen dem Benutzergerät die Abfrage des Netzwerkstatus. Statusmeldungen antworten auf Statusabfragemeldungen.

- Keepalives (Meldungen, die durch eine Verbindung gesendet werden, um sicherzustellen, dass beide Seiten die Verbindung weiterhin als aktiv betrachten) und PVC-Statusmeldungen sind Beispiele dieser Meldungen und es sind die allgemeinen LMI-Features, von denen erwartet wird, dass sie ein Teil jeder Ausführung sind, die mit der Spezifikation des Konsortiums konform ist.

Zusammen können die Status- und Statusabfragemeldungen dazu beitragen, die Integrität der logischen und physikalischen Verbindungen zu bestätigen. Diese Informationen sind in einer Routing-Umgebung sehr wichtig, da Routing-Algorithmen ihre Entscheidungen auf Basis der Verbindungsintegrität fällen.

Nach dem Meldungstypenfeld folgen einige IEs. Jedes IE besteht aus einer 1-Byte-IE-ID, einem IE-Längenfeld und einem oder mehreren Bytes, die die wirklichen Daten enthalten.

Globale Adressierung des Frame-Relay

Zusätzlich zu den normalen LMI-Funktionen existieren einige optionale LMI-Erweiterungen, die in einer Internetzwerk-Umgebung sehr hilfreich sind. Die erste wichtige, optionale LMI-Erweiterung ist die globale Adressierung. Wie bereits angemerkt, unterstützt die einfache (unerweiterte) Frame-Relay-Spezifikation nur Werte des DLCI-Felds, die die PVCs mit lokaler Bedeutung kennzeichnet. In diesem Fall gibt es keine Adressen, die Netzwerkschnittstellen identifizieren, oder Knoten, die an diese Schnittstellen angeschlossen sind. Da diese Adressen nicht existieren, können sie nicht durch herkömmliche Adressauflösungs- und -suchtechniken bestimmt werden. Das bedeutet, dass bei der normalen Frame-Relay-Adressierung statische Zuordnungen erzeugt werden müssen, um dem Router mitzuteilen, welche DLCIs einzusetzen sind, mit denen er ein externes Gerät und seine zugehörige Internetzwerkadresse finden kann.

Die globale Adresserweiterung lässt Knoten-IDs zu. Mit dieser Erweiterung werden die Werte im DLCI-Feld eines Frames zu Adressen von individuellen End-Benutzergeräten (z.B. Routern) mit globaler Bedeutung. Bild 2.42 zeigt deren Implementierung.

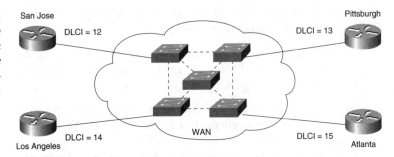

Bild 2.42:
Global geltende DLCIs müssen über das gesamte Netzwerk eindeutig sein.

In Bild 2.42 ist zu beachten, dass jede Schnittstelle ihre eigene ID besitzt. Stellen wir uns vor, dass Pittsburgh ein Frame an San Jose senden muss. Die ID von San Jose ist 12, daher verwendet Pittsburgh den Wert 12 im DLCI-Feld und sendet den Frame in das Frame-Relay-Netzwerk. Am Austrittspunkt ändert das Netzwerk die Inhalte des DLCI-Felds auf 13, um den Quellknoten des Frames zu reflektieren. Da jede Router-Schnittstelle einen anderen Wert als Knoten-ID besitzt, können individuelle Geräte unterschieden werden. Auf diese Weise wird ein adaptives Routing in komplexen Umgebungen ermöglicht.

Die globale Adressierung bietet deutliche Vorteile in einem großen, komplexen Internetzwerk. Das Frame-Relay-Netzwerk erscheint den Routern an den Rändern wie ein typisches LAN. Für höherschichtige Protokolle werden keine Änderungen benötigt, um die Kapazitäten dieser höherschichtigen Protokolle voll in Anspruch nehmen zu können.

Frame-Relay-Multicasting

Multicasting ist ein weiteres wertvolles optionales LMI-Feature. Multicast-Gruppen werden durch eine Reihe von vier reservierten DLCI-Werten (1019 bis 1022) festgelegt. Wenn ein Gerät ein Frame mit einer dieser reservierten DLCIs sendet, wird es durch das Netzwerk repliziert und an alle Austrittspunkte im festgelegten Bereich gesendet. Die Multicasting-Erweiterung bestimmt auch LMI-Meldungen, die Benutzergeräte über neu hinzugefügte, aufgehobene und vorhandene Multicast-Gruppen informiert.

In Netzwerken, in denen dynamisches Routing eingesetzt wird, müssen Routing-Informationen zwischen vielen Routern ausgetauscht werden. Die Routing-Meldungen können wirkungsvoll versendet werden, wenn hierzu Frames mit einer Multicast-DLCI eingesetzt werden. Auf diese Weise können Meldungen an bestimmte Routergruppen gesendet werden.

Frame-Relay kann entweder als eine Schnittstelle zu einem öffentlich verfügbaren von einem Telefondienstleister angebotenen Dienst verwendet werden oder zu einem privaten Netzwerk. In einem typischen privaten Netzwerk werden herkömmliche T1-Multiplexer mit Frame-Relay-Schnittstellen für Datengeräte eingesetzt sowie Nicht-Frame-Relay-Schnittstellen für andere Applikationen wie z.B. für Sprach- und Video-Telekonferenzen. Bild 2.43 zeigt diese Konfiguration.

Ein öffentlicher Frame-Relay-Dienst wird durch eine Frame-Relay-Switching-Anordnung in den Zentralstellen eines Telekommunikationsanbieters ermöglicht. In diesem Fall kann der Benutzer die wirtschaftlichen Vorteile von verkehrsabhängigen Gebührenraten nutzen und muss keine aufwendige Administration und Verwaltung in das Netzwerkequipment und den Dienst investieren.

Bei jedem Netzwerktyp können die Leitungen, die die Benutzergeräte mit dem Netzwerkequipment verbinden, mit einer aus einem breiten Bereich von Datenraten frei wählbaren Geschwindigkeit betrieben werden. Übertragungsraten zwischen 56 Kbps und 2 Mbps sind typisch, obwohl Frame-Relay langsamere und schnellere Geschwindigkeiten unterstützen kann.

ISDN

ISDN enthält eine Reihe von Kommunikationsprotokollen, die durch Telekommunikationsanbieter implementiert werden, um Telefonnetzwerke zur Übertragung von digitalisierter Sprache, Daten, Text, Grafiken, Musik und Video zu Endbenutzern über vorhandene Telefonsysteme einzusetzen. ISDN-Dienste werden durch viele Anbieter vergünstigt angeboten. ISDN wird allgemein als eine Alternative zum Frame-Relay und zu T1-Wide-Area-Telefon-Services (WATS) angesehen. Es hat sich faktisch zu einer der führenden Technologien für eine vereinfachte Einrichtung von Telearbeitsplätzen entwickelt und um kleine, externe Zweigstellen zu einem firmeneigenen Campus zu vernetzen.

ISDN wird durch eine Reihe von ITU-T-Standards behandelt, die die physikalische, die Datenverbindungs- und die Netzwerkschicht des siebenschichtigen OSI-Referenzmodells umfassen.

*Bild 2.43:
Hybride Frame-
Relay-Netz-
werke vereinen
Daten-, Sprach-
und Video-
dienste.*

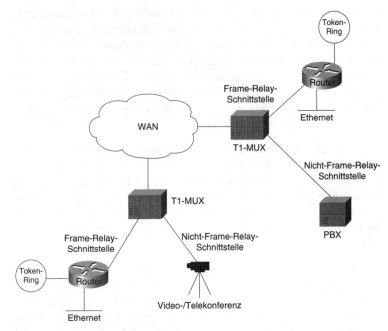

Der ISDN-BRI-Dienst bietet zwei Übertragungskanäle und einen Datenkanal. Der BRI-B-Kanal arbeitet mit 64 Kbps und überträgt Daten, während der BRI-D-Kanal mit 16 Kbps arbeitet und gewöhnlich Kontroll- und Signalisierungsinformationen überträgt. Die gesamte Übertragungsrate beträgt 144 Kbps.

Das Primary Rate Interface (PRI) des ISDN bietet in Nordamerika und Japan über 23 B-Kanäle und einen D-Kanal mit 64 Kbps eine gesamte Übertragungsrate von bis zu 1544 Mbps. In Europa, Australien und anderen Teilen der Welt ermöglicht es 30 B-Kanäle und einen D-Kanal mit 64 Kbps und damit eine gesamte Übertragungsrate von bis zu 2048 Mbps.

Es bestehen drei prinzipielle Kategorien von ISDN-Netzwerkkomponenten:

– ISDN-Terminalgeräte

– ISDN-End-(Terminations-)Geräte

– ISDN-Referenzpunkte

ISDN- Terminalequipment

ISDN legt zwei grundlegende Terminalequipment-Typen fest:

- Der Terminalgerätetyp 1 (TE1) – Ein TE1 ist ein besonderes ISDN-Terminal, über das Computer oder Telefone angeschlossen werden können. Mit diesem Typ wird ISDN über eine vieradrige, digitale Twisted-Pair-Verbindung ermöglicht.
- Der Terminalgerätetyp 2 (TE2) – Ein TE2 ist ein Nicht-ISDN-Terminal wie z.B. ein DTE, das bereits vor den ISDN-Standards existierte. Mit einem TE2 wird ISDN über einen Terminaladapter (TA) ermöglicht. Ein ISDN-TA kann entweder ein alleinstehendes Gerät sein oder eine Karte innerhalb des TE2.

ISDN-Netzwerk-End-(Terminations-)Geräte

ISDN legt eine Art von vermittelndem Gerät namens Netzwerk-Terminations-Gerät (NT) fest. NTs verbinden die vieradrige Anschlussleitung mit lokalen zweiadrigen Leitungen. Es existieren drei unterstützte NT-Typen:

- Das NT-Typ 1 (NT1-)Gerät – Ein NT1-Gerät wird in Nordamerika als Eigentum des Kunden (CPE = Customer Premises Equipment) betrachtet, während es in anderen Ländern auch von den Telekommunikationsanbietern gestellt werden kann.
- Das NT-Typ 2 (NT2-)Gerät – Ein NT2-Gerät findet sich gewöhnlich in digitalen privaten Telefonanlagen (PBX = Private Branch Exchange). Ein NT2 führt Protokollfunktionen und Konzentrationsdienste der Schichten 2 und 3 aus.
- Das NT-Typ 1/2 (NT1/2-)Gerät – Ein NT1/2-Gerät ermöglicht kombinierte Funktionen von separaten NT1- und NT2-Geräten. Ein NT1/2 ist kompatibel zu NT1- und NT2-Geräten und wird als Ersatz für separate NT1- und NT2-Geräte verwendet.

ISDN-Referenzpunkte

Die ISDN-Referenzpunkte legen logische Schnittstellen fest. Im ISDN sind vier Referenzpunkte festgelegt:

- R-Referenzpunkt – Bestimmt den Referenzpunkt zwischen Nicht-ISDN-Equipment und einem TA.
- S-Referenzpunkt – Bestimmt den Referenzpunkt zwischen Benutzer-Terminals und einem NT2.
- T-Referenzpunkt – Bestimmt den Referenzpunkt zwischen NT1- und NT2-Geräten.

– U-Referenzpunkt – Bestimmt den Referenzpunkt zwischen NT1-Geräten und Leitungs-Terminations-Equipment in einem öffentlichen Telefonnetzwerk. (Dies gilt nur für Nordamerika, wo das öffentliche Telefonnetzwerk keine NT1-Funktion bietet.)

Die Datenverbindungsschicht des ISDN-Signalisierungs-Protokolls ist die Link-Access-Prozedur auf dem D-Kanal (LAPD). LAPD ähnelt dem HDLC und LAPB-Spezifikationen. Durch LAPD wird sichergestellt, dass die Kontroll- und Signalisierungsinformationen fließen und richtig empfangen werden. Das LAPD-Frame-Format verwendet Supervisor-, Informations- und unnummerierte Frames. Bild 2.44 zeigt die Felder des Frames der ISDN-Datenverbindungsschicht.

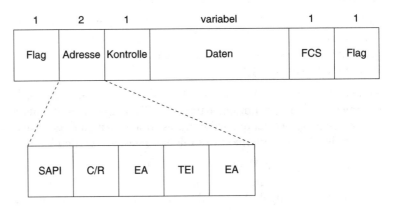

Bild 2.44: ISDN verwendet LAPD für die Signalisierung auf der Datenverbindungsschicht.

Die Flag-, Kontroll- und FCS-Felder der LAPD sind mit denen des HDLC identisch. Das LAPD-Adressfeld kann entweder 1 oder 2 Bytes lang sein. Wenn das EA-Bit des ersten Bytes gesetzt ist, ist die Adresse 1 Byte lang. Wenn es nicht gesetzt ist, besteht die Adresse aus 2 Bytes. Das erste Byte des Adressfelds enthält die Service-Access-Point-ID (SAPI), ein 6-Bit-Feld, das den Punkt kennzeichnet, an dem die LAPD-Dienste der Schicht 3 ansetzen. Das C/R-Bit gibt an, ob der Frame einen Befehl oder eine Antwort enthält. Das Terminal-Endpunkt-ID-(TEI-)Feld kennzeichnet entweder ein einzelnes Terminal oder mehrere Terminals. Eine TEI, die nur Einsen enthält, kennzeichnet einen Broadcast.

Weitere Informationen über ISDN finden Sie im Anhang C, »Referenzen und empfohlene Literatur«.

2.2.3 Die Eigenschaften der OSI-Schichten 3 bis 7 – geroutete Protokolle und Routing-Protokolle

Die OSI-Schichten 3 bis 7 (Netzwerk-, Transport-, Sitzungs-, Präsentations- und Applikationsschicht) werden im OSI-Referenzmodell als *höherschichtig* (= upper-layer) bestimmt. Dieser Abschnitt betrachtet die folgenden Protokoll-Suiten:

- TCP/IP
- NetWare SPX/IPX
- AppleTalk

TCP/IP

Mitte der 70er Jahre wuchs das Interesse der Defense Advanced Research Projects Agency (DARPA) an der Einrichtung eines paketgeswitchten Netzwerks, um eine Kommunikation zwischen Forschungsinstitutionen in den Vereinigten Staaten zu ermöglichen. Die DARPA und andere Regierungsorganisationen wussten um das Potenzial der paketgeswitchten Technologie und beschäftigten sich erstmals mit dem Problem, mit dem heutzutage praktisch alle Unternehmen mit Netzwerken konfrontiert sind – die Kommunikation zwischen unterschiedlichen Computersystemen.

Mit dem Ziel einer optimalen heterogenen Verbindungsmöglichkeiten förderte die DARPA Forschungsprojekte an der Stanford-Universität und bei Bolt, Beranek und Newman (BBN), um eine Reihe von Kommunikationsprotokollen zu entwickeln. Das Ergebnis dieser Entwicklungsbemühungen war die Ende der 70er Jahre abgeschlossene Internet-Protokoll-Suite, aus der TCP und IP die beiden bekanntesten Protokolle sind.

Mit den Internet-Protokollen kann eine Kommunikation über alle beliebig miteinander verbundenen Netzwerke hergestellt werden. Sie sind für die LAN- und WAN-Kommunikation gleichermaßen geeignet. Die Internet-Suite enthält nicht nur tieferschichtige Spezifikationen (wie z.B. TCP und IP), sondern auch Spezifikationen für solch allgemeine Applikationen wie Mail, Terminal-Emulation und Dateiübertragung. Bild 2.45 zeigt einige der wichtigsten Internet-Protokolle und deren Beziehung zum OSI-Referenzmodell.

Die Entwicklung und Dokumentation der Internet-Protokolle ähnelt weitgehend einem wissenschaftlichen Forschungsprojekt. Die Protokolle wurden in RFCs festgelegt, veröffentlicht und anschließend durch die Internet-Gemeinschaft überprüft und analysiert. Die Protokollverfeinerungen wurden in neuen RFCs veröffentlicht. Im Ganzen gesehen liefern die RFCs eine farbenfrohe Geschichte über die Menschen, Unternehmen und Trends, die die Entwicklung dessen formte, was heute die weltweit populärste offene System-Protokoll-Suite ist.

Die TCP/IP-Netzwerkschicht

IP ist das primäre Protokoll der Schicht 3 innerhalb der Internet-Suite. Zusätzlich zum Internetzwerk-Routing ermöglicht IP die Fragmentierung und das Zusammenfügen der Pakete und die Fehlermeldung. Zusammen mit TCP bildet IP das Herz der Internet-Protokoll-Suite. Bild 2.46 zeigt das IP-Paketformat.

Bild 2.45: Der TCP/IP-Stapel vereint die oberen drei Schichten des OSI-Referenzmodells in einer Applikationsschicht.

OSI-Referenzmodell		Die Internet Protocol Suite	
7	Applikation	FTP, Telnet, SMTP, SNMP	NFS
6	Präsentation		XDR
5	Sitzung		RPC
4	Transport	TCP, UDP	
3	Netzwerk	Routing-Protokolle / IP	ICMP
2	Datenverbindung	ARP, RARP	
1	Physikalisch	Nicht angegeben	

Der IP-Header beginnt mit einer 4 Bit langen Versionsnummer, die die aktuell verwendete IP-Version anzeigt. Die aktuelle IP-Version ist 4, daher wird IP zuweilen auch IPv4 genannt.

32 Bit			
Version	IHL	Type-of-Service	Gesamtlänge
Identifikation		Flags	Fragment-Offset
Time-to-Live		Protokoll	Header-Prüfsumme
Quelladresse			
Zieladresse			
Optionen (+ Padding)			
Daten (variabel)			

Bild 2.46: Der IP-Paket-Header enthält die für das Routing der IP-Pakete notwendigen Quell- und Zieladressen.

ANMERKUNG

IPv6 stellt die nächste Generation des IP-Protokolls dar. (Momentan existiert ein vollständiger Protokollsatz, der die Protokollstufe der Version 6 unterstützt.) Die im IPv6 vorgenommenen Hauptveränderungen betreffen die folgenden Bereiche:

I. IP-Adressen – Die IPv6-Adressen sind 16 Bytes lang und basieren nicht auf Klassen.

II. Konfiguration – IPv6 besitzt viele der Autokonfigurationseigenschaften des IPX.

III. Sicherheit – IPv6 besitzt zusätzliche Sicherheitsstufen zur Behebung der Unzulänglichkeiten des IPv4.

Dieser Abschnitt konzentriert sich auf IPv4 und nicht auf IPv6.

Das 4 Bit lange IP-Header-Längen-(HL-)Feld kennzeichnet die Länge des Paket-Headers in 32-Bit-Worten.

Das Type-of-Service-(TOS-)Feld ist ein 8-Bit-Feld, in dem ein bestimmtes höherschichtiges Protokoll festlegt, wie das aktuelle Paket verarbeitet werden soll. Durch dieses Feld können Paketen verschiedene Wichtigkeitsstufen zugewiesen werden.

Das 16 Bit lange totale Längenfeld kennzeichnet die Länge des gesamten IP-Pakets in Bytes, Daten und Header eingeschlossen.

Das 16 Bit lange ID-Feld enthält eine ganze Zahl, die das aktuelle Paket identifiziert. Mit Hilfe dieses Feldes können fragmentierte Pakete wieder zusammengefügt werden.

Das Flag-Feld ist ein 3-Bit-Feld, bei dem die ersten 2 Bits die Fragmentierung kontrollieren. Das letzte Bit ist auf 0 gesetzt. Das erste der beiden Kontroll-Bits legt fest, ob das Paket fragmentiert werden kann (0 = darf fragmentiert werden, 1 = darf nicht fragmentiert werden). Das zweite Bit legt fest, ob das Paket das letzte Fragment in einer Serie von fragmentierten Paketen ist (0 = letztes Fragment, 1 = weitere Fragmente).

Das 13 Bit lange Fragment-Offset-Feld zeigt, an welche Stelle dieses Fragment innerhalb des gesamten Pakets gehört. Dies bestimmt sich vom Anfang des Pakets in 64-Bit-Einheiten.

Das 8 Bit lange Time-To-Live-Feld unterhält einen Zähler, der stufenweise zurück auf Null zählt, woraufhin das Paket verworfen wird. Auf diese Weise kreisen die Pakete nicht unendlich lange durch das Netzwerk.

Das Protokollfeld zeigt an, welches höherschichtige Protokoll die eingehenden Pakete nach der abgeschlossenen IP-Verarbeitung empfängt. Tabelle 2.2 zeigt einige Beispiele.

Tabelle 2.2: IP-Protokoll-Feldwerte.

Dezimal	Schlüsselwort	Beschreibung
1	ICMP	Internet-Control-Message-Protokoll
2	IGMP	Internet-Group-Management-Protokoll
6	TCP	Transport-Control-Protokoll
8	EGP	Exterior-Gateway-Protokoll
9	IGRP	Interior-Gateway-Routing-Protokoll
16	CHAOS	Chaos
17	UDP	User-Datagram-Protokoll
22	XNS-IDP	XNS-Internetwork-Datagram-Protokoll
29	ISO-TP4	ISO-Transport-Protokoll der Klasse 4
80	ISO-IP	ISO-Internet-Protokoll
83	VINES	Virtual-Integrated-Network-Service

Das 16 Bit lange Header-Prüfsummen-Feld stellt die Integrität des IP-Headers sicher.

Die 32 Bit langen Quell- und Zieladressfelder enthalten die IP-Adresse des sendenden und des empfangenden Hosts.

Das längenvariable Optionsfeld ermöglicht IP die Unterstützung von Optionen wie z.B. Sicherheit und Routenmeldungen. Das Optionsfeld muss an einer 32-Bit-Begrenzung enden. Durch das Auffüllen mit Bits (= Padding) wird dies gewährleistet.

Das Datenfeld enthält höherschichtige Informationen.

Die TCP/IP-Adressierung

Wie bei allen Protokollen der Netzwerkschicht, ist für den Routingprozess von IP-Paketen durch ein Internetzwerk das IP-Adress-Schema unerlässlich. Eine IP-Adresse ist 32 Bits lang und besteht entweder aus zwei oder drei Teilen. Der erste Teil entspricht der Netzwerkadresse, der zweite Teil (wenn vorhanden) entspricht der Subnetzadresse und der letzte Teil entspricht der Hostadresse. Subnetzadressen sind nur dann vorhanden, wenn der Netzwerkadministrator sich dazu entschlossen hat, das Netzwerk in Subnetzwerke zu unterteilen. Die Längen der Netzwerk-, Subnetz- und Host-Felder sind alle variabel.

Die IP-Adressierung unterstützt fünf verschiedene Netzwerkklassen (die ersten Bits kennzeichnen die Netzwerkklasse):

- Netzwerke der Klasse A sind für den Einsatz in wenigen sehr großen Netzwerken vorgesehen, da sie nur 8 Bits für das Netzwerkadressenfeld bieten.

- Netzwerke der Klasse B reservieren 16 Bits für das Netzwerkadressenfeld und 16 Bits für das Hostadressenfeld. Diese Adressklasse bietet einen guten Kompromiss zwischen Netzwerk- und Hostadressenbereich.

- Netzwerke der Klasse C reservieren 24 Bits für das Netzwerkadressenfeld. Netzwerke der Klasse C bieten jedoch nur 8 Bits für das Host-Feld, daher kann die Anzahl von Hosts pro Netzwerk ein limitierender Faktor sein.

- Netzwerke der Klasse D sind für Multicast-Gruppen reserviert, die formal in RFC 1112 beschrieben sind. In den Adressen der Klasse D sind die 4 letzten Bits auf 1110 gesetzt.

- Netzwerke der Klasse E sind auch durch IP festgelegt, sie wurden aber für zukünftige Anwendungen reserviert. In Adressen der Klasse E sind die 4 letzten Bits alle auf 1 gesetzt.

Die IP-Adressen werden in gepunktet-dezimaler Form geschrieben – z.B. 34.10.2.1. Bild 2.47 zeigt die Adressformate für IP-Netzwerke der Klassen A, B und C.

*Bild 2.47:
Die ersten Bits
einer IP-Adresse
bestimmen ihre
Klasse.*

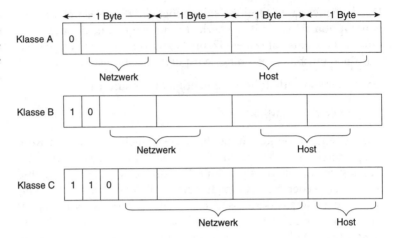

IP-Netzwerke können auch in kleinere Einheiten namens *Subnetze* unterteilt werden. Subnetze bieten eine zusätzliche Flexibilität für Netzwerkadministratoren. Wenn wir zum Beispiel annehmen, dass einem Netzwerk eine Adresse der Klasse B vergeben wurde und alle momentan im Netzwerk vorhandenen Knoten dem Adressformat der Klasse B entsprechen, dann könnte z.B. die gepunktet-dezimale Entsprechung dieser Netzwerkadresse 128.10.0.0 lauten (alle Nullen im Host-Feld einer Adresse geben das gesamte Netzwerk an). Anstatt alle Adressen auf eine andere Netzwerknummer zu ändern, kann der Administrator das Netzwerk durch eine Subvernetzung unterteilen. Dies erfolgt durch das Borgen von Bits aus dem Hostteil der Adresse und deren Einsatz als Subnetz-Feld, wie es Bild 2.48 zeigt.

*Bild 2.48:
Durch Subvernetzung werden
Hostbits in Subnetzbits umgewandelt und sie
werden Teil der
Subnetzadressen.*

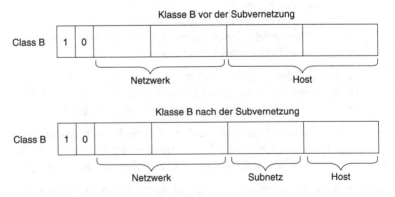

Wenn ein Netzwerkadministrator die 8 Bits für die Subvernetzung einsetzen möchte, liefert das dritte Oktett einer IP-Adresse der Klasse B die Subnetznummer. In unserem Beispiel bezieht sich die Adresse 128.10.1.0 auf das Netzwerk 128.10 mit dem Subnetz 1. Die Adresse 128.10.2.0 bezieht sich auf das Netzwerk 128.10 mit dem Subnetz 2 usw.

Die Anzahl der für die Subnetzadresse geborgten Bits ist variabel. Um festzulegen, wie viele Bits verwendet werden, bietet IP die Subnetzmaske. Subnetzmasken verwenden dasselbe Format und dieselbe Repräsentierung wie die IP-Adressen. Alle Bits einer Subnetzmaske enthalten Einsen, bis auf diejenigen Bits, die das Host-Feld kennzeichnen. Zum Beispiel lautet die Subnetzmaske der Klasse-A-Adresse 34.0.0.0, die 8 Bits zur Subvernetzung verwendet, 255.255.0.0. Die Subnetzmaske der Klasse-A-Adresse 34.0.0.0, die 16 Bits zur Subvernetzung verwendet, lautet 255.255.255.0. Diese beiden Subnetzmasken sind in Bild 2.49 gezeigt.

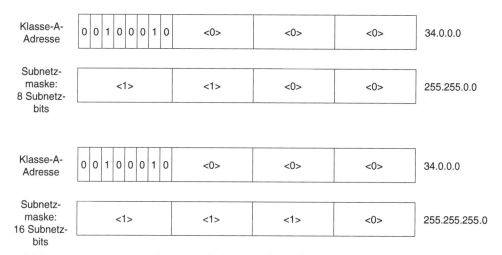

Bild 2.49: Einsen in der Subnetzmaske kennzeichnen den Netzwerkteil der Adresse.

Auf einigen Medien (wie z.B. IEEE 802 LANs) werden die Medien- und IP-Adressen dynamisch durch den Einsatz zweier weiterer Mitglieder der Internet-Protokoll-Suite bestimmt: ARP und RARP. ARP verwendet Broadcast-Meldungen, um die MAC-Adresse der Hardware zu bestimmen, die zu einer bestimmten Internetzwerkadresse gehört. Es ist hinreichend allgemein, um IP mit praktisch jedem Typ des zugrunde liegenden Medienzugriffsmechanismus zu verwenden. RARP verwendet Broadcast-Meldungen, um die Internet-Adresse einer bestimmten Hardware-Adresse zu bestimmen. RARP ist besonders bei Knoten ohne Laufwerke und Festplatten wichtig, die beim Bootvorgang ihre

Internetzwerk-Adresse nicht kennen. Bild 2.50 zeigt den Aufbau der ARP/RARP-Pakete.

Bild 2.50: Für die MAC/IP-Adressauflösung werden ARP/RARP-Pakete verwendet.

Hardware-Typ		Protokolltyp
HA-Länge	PA-Länge	Operationen
Sender HA (Oktetts 0–3)*		
Sender-HA (Oktetts 4–5)		Sender-PA (Oktetts 0–1)
Sender-PA (Oktetts 2–3)		Target-HA (Oktetts 0–1)
Ziel-HA (Oktetts 2–5)		
Ziel-PA (Oktetts 0–3)		

*Die Feldlängen gehen von HA = 6 Oktetts und PA = 4 Oktetts aus

HA = Hardware-Adresse
PA = Protokolladresse (IP-Adresse)

Das 16 Bit lange Hardware-Typ-Feld kennzeichnet den Hardware-Typ, für den die Anfrage ausgeführt wird. Es sind hier Beispielwerte genannt:

Wert	Beschreibung
1	Ethernet (10 Mb)
4	Proteon-ProNET-Token-Ring
6	IEEE-802-Netzwerke
7	ARCNET
11	LocalTalk

Das 16 Bit lange Protokolltyp-Feld enthält den Protokoll-Code oder den Ethertyp. Der hexadezimale Wert 0800 kennzeichnet IP.

Die 8 Bit langen Hardware-Adress-(HA-)Längen- und Protokoll-Adress-(PA-)Längen-Felder zeigen jeweils die Längen (in Oktetts) der Hardware- und der Protokoll-Adressen an.

Das 16 Bit lange Operationsfeld zeigt den Operationscode für diese Meldung an:

Wert	Beschreibung
1	ARP-Anfrage
2	ARP-Antwort
3	RARP-Anfrage
4	RARP-Antwort

Die Sender-HA und die Ziel-HA enthalten bei Ethernet die 48 Bit langen Hardware-Adressen und die Sender-PA und die Ziel-PA enthalten bei IP die 32 Bit langen Protokoll-Adressen.

Das Internet-Routing des TCP/IP

Routing-Geräte im Internet werden gewöhnlich *Gateways* genannt – ein unglücklich gewählter Begriff, da er an anderer Stelle in der Industrie für ein Gerät mit einer etwas anderer Funktionalität verwendet wird. Gateways (die wir ab diesem Punkt nur noch *Router* nennen werden) sind innerhalb des Internets hierarchisch angeordnet. Einige Router werden zur Übertragung von Informationen durch eine bestimmte Gruppe von Netzwerken unter derselben administrativen Autorität und Kontrolle eingesetzt. Eine Gruppe von Netzwerken und Routern unter derselben administrativen Kontrolle nennt sich ein *autonomes System (AS)*. Router, die für den Informationsaustausch innerhalb autonomer Systeme verwendet werden, werden *interne Router* genannt und sie verwenden eine Reihe von IGPs, um diese Aufgabe zu erfüllen. Router, die Informationen zwischen autonomen Systemen übertragen, nennen sich *externe Router* und sie verwenden ein EGP für diese Aufgabe. Bild 2.51 zeigt die Anordnung von internen und externen Gateways.

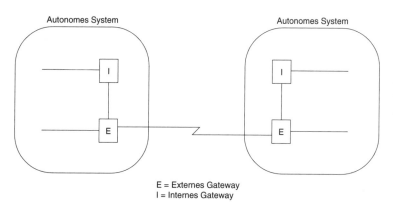

Bild 2.51: Externe Gateways sind für das Routing zwischen autonomen Systemen zuständig.

IP-Routing-Protokolle sind dynamisch. Das dynamische Routing erfordert, dass die Software in den Routing-Geräten in regelmäßigen Zeitabständen eine Routenberechnung ausführt. Dies steht im Gegensatz zum statischen Routing, bei dem die Routen durch den Netzwerkadministrator eingerichtet werden und sich nicht ändern, solange sie nicht vom Netzwerkadministrator verändert werden. Eine IP-Routing-Tabelle enthält Paarungen aus Zieladresse/nächster Hop. Ein Beispieleintrag ist in Bild 2.52 gezeigt, der Folgendes aussagt: »Um ins Netzwerk 34.1.0.0 (Subnetz 1 im Netzwerk 34) zu gelangen, ist der nächste Halt der Knoten mit der Adresse 54.34.23.12.«

Bild 2.52: Router speichern die nächsten Hops zu Zielnetzwerken in der IP-Routingtabelle.

Ziel-adresse	Nächster Hop
34.1.0.0	54.34.23.12
78.2.0.0	54.34.23.12
147.9.5.0	.
17.12.0.0	.
.	54.32.12.10
.	54.32.12.10
.	.

IP-Routing bestimmt, dass IP-Pakete durch Internetzwerke immer von einem Hop zum nächsten wandern. Die gesamte Route ist zu Beginn der Reise nicht bekannt. Stattdessen wird an jedem Halt das nächste Ziel berechnet, indem die Zieladresse innerhalb des Pakets mit einem Eintrag in der Routingtabelle des aktuellen Knotens verglichen wird. Jeder Knoten beschäftigt sich innerhalb des Routing-Prozesses lediglich mit der Weiterleitung der Pakete auf der Grundlage der internen Informationen, er kümmert sich nicht darum, ob die Pakete zu ihrem letztendlichen Ziel gelangen. Mit anderen Worten, IP meldet keine Fehler zurück an die Quelle, wenn Routing-Anomalien auftreten. Diese Aufgabe wird einem anderen Internet-Protokoll überlassen, dem Internet-Control-Message-Protokoll (ICMP).

ICMP

ICMP erfüllt eine Reihe von Aufgaben innerhalb eines IP-Internetzwerks. Der prinzipielle Grund für seine Entwicklung lag in der Rückmeldung von Routing-Fehlern an die Quelle. Zusätzlich ermöglicht ICMP hilfreiche Meldungen, wie z.B. die Folgenden:

- Echo- und Antwortmeldungen, um die Erreichbarkeit von Knoten über ein Internetzwerk zu testen (über den **ping**-Befehl)

- Traceroute-Meldungen, um die Erreichbarkeit von Knoten über ein Internetzwerk schrittweise zu testen (über den **trace**-Befehl)

- Redirect-(Umleitungs-)Meldungen, um ein effizienteres Routing zu ermöglichen

- Zeitüberschreitungsmeldungen, um Quellen darüber zu informieren, dass ein Paket seine erlaubte Lebenszeit innerhalb des Internetzwerks überschritten hat
- Router-Anzeige- und Router-Abfrage-Meldungen zur Erkennung von Router-Adressen auf direkt angeschlossenen Subnetzwerken

Eine neuere Funktion des ICMP bietet neuen Knoten die Möglichkeit, die aktuell in einem Internetzwerk verwendete Subnetzmaske zu erkennen. Im Ganzen gesehen ist ICMP ein integraler Bestandteil jeder IP-Ausführung (vor allem in Routern).

> **ANMERKUNG**
>
> Sie können ICMP als Prüfwerkzeug einsetzen. Durch eine Analyse des gesamten ICMP-Verkehrs, der das Netzwerk durchquert, können Sie Routing-Fehler, fehlerhafte Konfigurationen, Sicherheitsattacken und vieles andere isolieren. Daher lohnt es sich, einen tieferen Einblick in ICMP zu gewinnen. Weitere Details zum ICMP finden Sie in RFC 792.

IRDP

Das ICMP-Router-Discovery-Protokoll (IRDP) verwendet Router-Anzeige- und Router-Abfragemeldungen, um Router-Adressen auf direkt angeschlossenen Subnetzwerken zu erkennen.

Mit IRDP sendet jeder Router regelmäßige Router-Anzeigemeldungen als Multicasts aus allen seinen Schnittstellen. Hosts entdecken die Adressen der Router auf dem direkt angeschlossenen Subnetz, indem sie auf diese Meldungen hören. Die Hosts können die Router-Abfragemeldungen einsetzen, um eine sofortige Anzeige anzufordern und nicht auf unaufgeforderte Meldungen warten zu müssen.

IRDP bietet mehrere Vorteile im Vergleich zu anderen Verfahren, mit denen die Adressen benachbarter Router bestimmt werden. Zum einen müssen die Hosts keine Routing-Protokolle erkennen, zum anderen ist keine manuelle Konfiguration durch einen Administrator erforderlich.

Durch Router-Anzeigemeldungen können Hosts die Existenz benachbarter Router erkennen, aber nicht, welcher Router der beste für ein bestimmtes Ziel ist. Wenn ein Host für ein bestimmtes Ziel einen weniger guten Erst-Hop-Router verwendet, empfängt er eine Redirect-(Umleitungs-)Meldung, mit der ihm ein besserer Router angezeigt wird.

Die TCP/IP-Transportschicht

Die Internet-Transportschicht wird durch TCP und UDP ausgeführt. TCP ermöglicht den verbindungsorientierten Datentransport und die Arbeitsweise des UDP ist verbindungslos. Dieser Abschnitt konzentriert sich zuerst auf TCP.

TCP

TCP ermöglicht einen bestätigten und flusskontrollierten Full-Duplex-Dienst für höherschichtige Protokolle. Es überträgt Daten in einem kontinuierlichen, unstrukturierten Bytestrom, indem die Bytes durch ihre Sequenznummern identifiziert werden. TCP kann auch zahlreiche höherschichtige Konversationen gleichzeitig unterstützen. Bild 2.53 zeigt das TCP-Paketformat.

Bild 2.53: Die Header-Felder des TCP-Segments bieten Zuverlässigkeit, Windowing und Verbindungsorientierung.

Quellport (2 Bytes)			Zielport (2 Bytes)	
Sequenznummer (4 Bytes)				
Bestätigungsnummer (4 Bytes)				
Data-Offset (4 Bits)	Reserviert (6 Bits)	Flags (6 Bits)	Fenster (16 Bits)	
Prüfsumme (2 Bytes)			Wichtiger Zeiger (2 Bytes)	
Optionen (+ Padding)				
Daten (variabel)				

Die 16 Bit langen Quellport- und Zielport-Felder kennzeichnen die Punkte, an denen höherschichtige Quell- und Zielprozesse die TCP-Dienste empfangen. Die Tabelle 2.3 zeigt Beispiele von TCP- und UDP-Ports.

Tabelle 2.3: Portnummern von TCP- und UDP-Applikationen.

Dezimal	Schlüsselwort	Beschreibung
7	ECHO	Echo
9	DISCARD	Verwerfen
11	USER	Aktiver Benutzer
13	DAYTIME	Tageszeit
17	QUOTE	Quote
20	FTP-DATA	File-Transfer (Daten)

Tabelle 2.3:
Portnummern von TCP- und UDP-Applikationen (Fortsetzung).

Dezimal	Schlüsselwort	Beschreibung
21	FTP	File-Transfer (Kontrolle)
23	TELNET	Telnet
25	SMTP	Simple-Mail-Transfer-Protokoll
37	TIME	Zeit
42	NAMESERVER	Host-Name-Server
43	NICNAME	Wer ist
53	DOMAIN	Domain-Name-Server
67	BOOTPS	BOOTP-Server/DHCP-Server
68	BOOTPC	BOOTP-Client/DHCP-Client
69	TFTP	Trivial-File-Transfer-Protokoll
79	FINGER	Finger
80	HTTP	Hypertext-Transfer-Protokoll
102	ISO-TSAP	ISO-TSAP
103	X400	X400
111	SUNRPC	Sun-Remote-Procedure-Call
137	NETBIOS – NS	NetBIOS-Name-Service
138	NETBIOS – DGM	NetBIOS-Paket-Service
139	NETBIOS – SSSN	NetBIOS-Session-Service
146	ISO-TP0	ISO-TP0
147	ISO-IP	ISO-IP
161	SNMP	Simple-Network-Management-Protokoll
162	SNMPTRAP	SNMPTRAP
163	CMIP-Manage	CMIP/TCP-Manager
164	CMIP-Agent	CMIP/TCP-Agent
201	AT-RTMP	AppleTalk-Routing-Maintenance
202	AT-NBP	AppleTalk-Name-Binding
204	AT-ECHO	AppleTalk-Echo
206	AT-ZIS	AppleTalk-Zone-Information
520	RIP	Routing-Information-Protokoll
524	NetWare over IP	Reines IP des NetWare 5

Das 32 Bit lange Sequenznummernfeld bestimmt gewöhnlich die Nummer, die dem ersten Daten-Byte in der aktuellen Meldung vergeben wurde. Während der Sitzungseinrichtung kann sie auch zur Identifizierung einer ersten Sequenznummer eingesetzt werden, die in der kommenden Übertragung verwendet wird.

Das 32-Bit lange Bestätigungsnummernfeld enthält die Sequenznummer des Datenbytes, das der Paketsender als Nächstes erwartet.

Das 4 Bit lange Daten-Offset-Feld enthält die Anzahl von 32-Bit-Worten im TCP-Header.

Das 6 Bit lange reservierte Feld ist für die zukünftige Verwendung durch die Protokollentwickler reserviert und auf 0 gesetzt.

Das 6 Bit lange Flag-Feld enthält eine Reihe von Kontrollinformationen, wie z.B. die Einrichtung und das Ende einer Sitzung, der beschleunigte oder dringende (urgent) Fluss oder das Zurücksetzen einer Verbindung. Die sechs Flags, die mit dem wichtigsten Bit beginnen, sind Folgende:

Flag	Beschreibung
URG	Urgent-Pointer-Feld, wichtig
ACK	Bestätigungs-(Acknowledgment-)Feld, wichtig
PSH	Push-Funktion
RST	Zurücksetzen (Reset) der Verbindung
SYN	Synchronisierung einer neuen Sitzung
FIN	Keine weiteren Daten vom Sender

Das 16 Bit lange Window-Feld gibt die Größe des Empfangsfensters des Senders an (d.h. die verfügbare Puffergröße für die eingehenden Daten).

Das 16 Bit lange Prüfsummenfeld zeigt an, ob der Header oder die Daten während der Übertragung beschädigt wurden.

Das 16 Bit lange Urgent-Pointer-Feld zeigt auf das letzte Byte mit dringenden Daten. Damit kann der Empfänger erkennen, wie viele dringende Daten ankommen werden. (In einigen Ausführungen zeigt der Urgent-Pointer auf das Byte, das nach dem letzten Byte mit dringenden Daten folgt.)

Das längenvariable Optionenfeld zeigt verschiedene TCP-Optionen an. Es muss an einer 32-Bit-Grenze enden. Hierzu kann ein Auffüll-(Padding-)Feld angefügt werden.

Das Datenfeld enthält höherschichtige Informationen.

UDP

UDP ist ein wesentlich einfacheres Protokoll als TCP und es ist dann sehr gut verwendbar, wenn die aufwendigen Zuverlässigkeitsmechanismen des TCP nicht benötigt werden. Der UDP-Header (in Bild 2.54 gezeigt) besitzt nur vier Felder: die jeweils 16 Bit langen Quellport- und Zielport-Felder, das 16 Bit lange Längenfeld und das 16 Bit lange UDP-Prüfsummenfeld. Die Quell- und Zielport-Felder erfüllen dieselben Funktionen wie die Felder im TCP-Header. Das Längenfeld gibt Aufschluss über die Länge des UDP-Headers und der Daten und das Prüfsummenfeld ermöglicht die Überprüfung der Paketintegrität. Die UDP-Prüfsumme ist optional.

Quellport (16 Bits)	Zielport (16 Bits)
Länge (16 Bits)	Prüfsumme (16 Bits)
Daten	

Bild 2.54: Der UDP-Header lässt den geringen Overhead der verbindungslosen Dienste erkennen.

Die 16 Bit langen Quellport- und Zielport-Felder kennzeichnen die Punkte, an denen höherschichtige Quell- und Zielprozesse die UDP-Dienste empfangen. Der Quellport-Wert ist optional und gibt den Port an, an den Antworten gesendet werden sollen. Wenn er nicht verwendet wird, sollte er 0 anzeigen. Die Portnummern für das UDP sind dieselben wie bei TCP (siehe Tabelle 2.3).

Das 16 Bit lange Längenfeld enthält die Anzahl der gesamten Bytes im UDP-Paket, einschließlich Header und Benutzerdaten.

Die 16 Bit lange Prüfsumme ist optional. Der Wert 0 bedeutet, dass die Prüfsumme nicht berechnet wurde.

Höherschichtige TCP/IP-Protokolle

Die Internet-Protokoll-Suite enthält viele höherschichtige Protokolle, die eine ganze Reihe von Applikationen darstellen und Netzwerk-Management, Dateiübertragungen, verteilte Dateidienste, Terminal-Emulationen und E-Mail umfassen. Die Tabelle 2.4 ordnet die bekanntesten höherschichtigen Internet-Protokolle den Applikationen zu, die sie unterstützen.

Applikation	Unterstützte Protokolle
Dateiübertragung	File-Transfer-Protokoll
Terminal-Emulation	Telnet, X-Window-System
E-Mail	Simple-Mail-Transfer-Protokoll
Netzwerk-Management	Simple-Network-Management-Protokoll
Verteilte Dateidienste	Network-File-System, externe Daten-Repräsentation und Remote-Procedure-Call

Tabelle 2.4: Zuordnung von Internet-Protokoll und Applikation.

FTP bietet die Möglichkeit, zwischen einzelnen Computersystemen Dateien zu übertragen. Das Telnet ermöglicht die virtuelle Terminal-Emulation. X-Window-System ist ein beliebtes Protokoll, mit dem intelligente Terminals mit externen Computern derart kommunizieren können, als ob sie direkt angeschlossen wären. Simple-Mail-Transfer-Protokoll (SMTP) ermöglicht einen elektronischen Mail-Transport-Mechanismus. Das Simple-Network-Management-Protokoll (SNMP) ist ein Netzwerk-Management-Protokoll, das für die Meldung von Netzwerkfehlzuständen verwendet wird, sowie zum Setzen von Netzwerk-Schwellwerten. Das Network-File-System (NFS), die externe Daten-Repräsentation (XDR) und der Remote-Procedure-Call (RPC) erlauben gemeinsam den transparenten Zugriff auf externe Netzwerkressourcen. Diese und andere Netzwerkapplikationen nutzen die Dienste des TCP/IP und anderer tieferschichtiger Internet-Protokolle, um den Benutzern die grundlegenden Netzwerkdienste zu ermöglichen.

RIP

RIP ist ein Routing-Protokoll, das ursprünglich für das Xerox-PARC-Universal-Protokoll erstellt (bei dem es GWINFO genannt wurde) und in der XNS-Protokoll-Suite eingesetzt wurde. Es wurde 1982 sowohl mit Unix als auch mit TCP/IP verbunden, als die Berkeley-Software-Distribution-(BSD-)Version des Unix mit einer RIP-Implementation ausgeliefert wurde, die als *routed* (lautmalerisch »route-die«) bezeichnet wurde. RIP, das innerhalb der TCP/IP-Gemeinde immer noch ein sehr beliebtes Routing-Protokoll ist, wurde formell in der XNS-Internet-Transport-Protokoll-Publikation (1981) und in RFC 1058 (1988) festgelegt.

RIP wurde weitgehend von den PC-Herstellern für den Einsatz in Netzwerkprodukten übernommen. Zum Beispiel ist das Routing-Protokoll RTMP des AppleTalk eine abgeänderte Version des RIP. RIP bildete auch die Grundlage für die Routing-Protokolle der Netzwerkarchitekturen von Novell und Banyan.

Jeder Eintrag in einer RIP-Routing-Tabelle ermöglicht eine Reihe von Informationen, die das letztendliche Ziel, den nächsten Hop auf dem Weg zum Ziel und eine Metrik enthält. Die Metrik kennzeichnet die Distanz bis zum Ziel durch die Anzahl von Hops. In der Routing-Tabelle können auch andere Informationen enthalten sein, z.B. verschiedene der Route zugehörige Zeitgeber. Bild 2.55 zeigt eine typische RIP-Routing-Tabelle.

Bild 2.55:
RIP-Routing-Tabellen zeigen Distanzinformationen auf der Grundlage der Hop-Anzahl.

Ziel	Nächster Hop	Distanz	Zeitgeber	Flags
Netzwerk A	Router 1	3	t1, t2, t3	x, y
Netzwerk B	Router 2	5	t1, t2, t3	x, y
Netzwerk C	Router 1	2	t1, t2, t3	x, y
.	.	.	.	.
.	.	.	.	.

RIP unterhält nur die beste Route zu einem Ziel. Wenn neue Informationen eine bessere Route ermöglichen, ersetzen diese Informationen die alten Routen-Informationen. Änderungen in der Netzwerktopologie können Routenveränderungen hervorrufen und z.B. verursachen, dass eine neue Route die beste Route zu einem bestimmten Ziel wird. Wenn Änderungen in der Netzwerktopologie auftreten, spiegeln sie sich in Routing-Update-Meldungen wider. Wenn z.B. ein Router einen Verbindungsausfall oder einen Routerausfall bemerkt, berechnet er seine Routen neu und sendet Routing-Update-Meldungen aus. Jeder Router, der eine Routing-Update-Meldung mit einer Änderung empfängt, aktualisiert seine Tabellen und meldet die Änderung weiter.

Bild 2.56 zeigt das RIP-Paketformat für IP-Implementationen wie sie in RFC 1058 festgelegt sind.

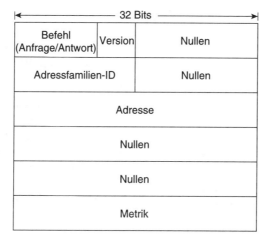

Bild 2.56: Die RIP-Pakete übertragen Informationen über die gemeldeten Netzwerke durch das gesamte Netzwerk.

Das erste Feld in einem IP-RIP-Paket ist das Befehlsfeld. Dieses Feld enthält eine ganze Zahl, die entweder eine Anfrage (Wert = 1) oder eine Antwort (Wert = 2) anzeigt. Der Anfragebefehl verlangt vom antwortenden System, dass es seine gesamte Routing-Tabelle oder einen Teil davon sendet. Ziele, für die eine Antwort verlangt wird, werden später innerhalb des Pakets aufgelistet. Der Antwortbefehl ist entweder eine Antwort auf eine Anfrage oder, was häufiger vorkommt, ein unaufgefordertes reguläres Routing-Update. Ein antwortendes System setzt in das Antwortpaket die gesamte Routing-Tabelle oder einen Teil davon. Reguläre Routing-Update-Meldungen enthalten die gesamte Routing-Tabelle.

Das Versionsnummernfeld kennzeichnet die implementierte RIP-Version (zur Zeit 1 oder 2). Da in einem Internetzwerk viele RIP-Implementierungen vorhanden sein können, können durch dieses

Feld verschiedene, möglicherweise inkompatible Implementierungen angezeigt werden.

Nach einem 16-Bit langen Feld aus reinen Nullen folgt das Adressfamilien-ID-Feld, das die verwendete Adressfamilie kennzeichnet. Dieses enthält typischerweise IP (Wert = 2), es kann aber auch andere Netzwerktypen bezeichnen.

Nach einem weiteren 16 Bit langen Feld mit reinen Nullen folgt ein 32 Bit langes Adressfeld. Dieses Feld enthält gewöhnlich eine IP-Adresse.

Nach zwei anschließenden 32 Bit langen Feldern mit Nullen folgt die RIP-Metrik, die eine Hop-Anzahl (engl. hop count) enthält. Sie lässt erkennen, wie viele Internetzwerkknoten (Router) durchquert werden müssen, bevor das Ziel erreicht werden kann.

Es können bis zu 25 Paarungen von Adressfamilien-IDs, Adressfeldern und Metrikfeldern in einem einzigen IP-RIP-Paket auftreten. Das heißt, es können bis zu 25 Ziele in einem einzigen RIP-Paket aufgelistet werden. Um Informationen über größere Routing-Tabellen zu übertragen, werden mehrere RIP-Pakete verwendet.

RIP verwendet, wie auch andere Routing-Protokolle, bestimmte Zeitgeber (Timer), um die Performance zu regulieren. Der RIP-Routing-Update-Timer wird im allgemeinen auf 30 Sekunden gesetzt, um sicherzustellen, dass jeder Router alle 30 Sekunden eine vollständige Kopie seiner Routing-Tabelle an alle Nachbarn senden wird. Der Routen-Ungültigkeits-(Invalid-)Timer bestimmt, wie lange ein Router nichts über eine bestimmte Route gehört haben muss, bevor die Route als ungültig betrachtet wird. Wenn eine Route als ungültig markiert wird, werden die Nachbarn darüber benachrichtigt. Diese Benachrichtigung muss vor dem Ablauf des Routen-Flush-Timers erfolgen, der anzeigt, wann die Route aus der Routing-Tabelle entfernt wird. Typische voreingestellte Werte für diese Zeitgeber sind 90 Sekunden für den Route-Ungültigkeits-Timer und 270 Sekunden für den Routen-Flush-Timer.

RIP-Implementierungen können verschiedene Features einsetzen, um die Funktionsweise angesichts von rapiden Änderungen der Netzwerktopologie zu stabilisieren. Diese enthalten ein Hop-Count-Limit, zeitliche Unterdrücker (Holddowns), ausgelöste Updates, Split-Horizon und Poison-Reverse-Updates.

Das RIP-Hop-Count-Limit

RIP erlaubt eine maximale Hop-Anzahl von 15. Jedes Ziel, das mehr als 15 Knoten entfernt ist, wird als unerreichbar markiert.

Die maximale Hop-Anzahl des RIP verhindert dessen Einsatz in großen Internetzwerken weitgehend, aber sie verhindert ein Problem namens Zählen bis unendlich (count to infinity), das durch endlose Netzwerk-Routing-Schleifen verursacht wird.

Überlegen Sie, was in Bild 2.57 passieren wird, wenn die Verbindung von Router 1 zu Netzwerk A fehlschlägt. Router 1 wird den Eintrag für Netzwerk A aus seiner Routing-Tabelle entfernen, gleichzeitig wird aber Router 2 anzeigen, dass er eine Verbindung zum Netzwerk A besitzt. Dies wird Router 1 dazu bringen, dass er den gesamten Verkehr für Netzwerk A durch Router 2 routet. Dies erzeugt eine Routing-Schleife, da Router 2 in seiner Tabelle den Router 1 als nächsten Hop zum Netzwerk A führt und Router 1 in seiner Tabelle vermerkt hat, dass der nächste Hop zum Netzwerk A Router 2 ist. Ein für das Netzwerk A bestimmter Frame würde unendlich lange kreisen, wenn das IP-Time-To-Live-Feld nicht schließlich auf 0 verringert werden würde, woraufhin der Frame gestoppt wird.

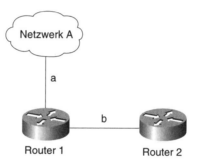

Bild 2.57: Auch in kleinen Netzwerken können Routing-Schleifen auftreten.

Der kreisende Frame ist aber nicht das einzige Problem. Das andere Problem ist, wenn der Router 2 eine 1-Hop-Verbindung zum Netzwerk A meldet, dass Router 1 daraufhin seine eigene Routing-Tabelle ändert, die somit einen 2-Hop-Pfad zum Netzwerk A widerspiegelt. Router 1 meldet diesen Pfad in seinem nächsten Update. Dieses wird Router 2 veranlassen, einen 3-Hop-Pfad zu melden usw. Dieses Problem wird unendlich weitergeführt, wenn keine externe Grenzbedingung eingerichtet wurde. Die Grenzbedingung ist die maximale Hop-Anzahl des RIP. Wenn die Hop-Anzahl 15 übersteigt, wird die Route als unerreichbar markiert. Nach einer gewissen Zeit wird die Route aus der Tabelle entfernt.

RIP-Holddowns und ausgelöste Updates

Um zu verhindern, dass reguläre Update-Meldungen eine ausgefallene Route fälschlicherweise wieder einsetzen, können Holddowns eingesetzt werden. Holddowns bringen den Router dazu, alle Änderungen, die kürzlich entfernte Routen betreffen, für einige Zeit zu unterdrücken. Die Unterdrückungsperiode wird gewöhnlich etwas größer als die notwendige Zeitdauer kalkuliert, mit der das gesamte Netzwerk mit einer Routing-Änderung aktualisiert werden kann. Holddowns verhindern das Problem des Zählens bis unendlich.

Wenn eine Route ausfällt, bemerken die benachbarten Router dies. Durch ausgelöste Updates können Router ihre Nachbarn sofort über die Routenänderung informieren, ohne auf eine reguläre Update-Periode zu warten. Ausgelöste Updates verursachen eine Welle von Routing-Updates, die durch das Netzwerk wandern.

Ausgelöste Updates erreichen nicht jedes Netzwerkgerät gleichzeitig. Daher besteht die Möglichkeit, dass ein Gerät, das noch über einen Netzwerkausfall informiert werden muss, eine reguläre Update-Meldung (in der angezeigt wird, dass eine gerade ausgefallene Route immer noch zur Verfügung steht) an ein Gerät aussendet, das gerade über den Netzwerkausfall informiert wurde. In diesem Fall enthält das letztere Gerät nun fehlerhafte Routing-Informationen (und meldet diese evtl. auch weiter). Die Holddowns verhindern dieses Problem.

RIP-Split-Horizon

Die Split-Horizon-Regel (= geteilter Horizont) entstammt der Tatsache, dass es gewöhnlich nicht notwendig ist, Informationen über eine Route zurück in dieselbe Richtung zu melden, aus der sie gekommen sind. Betrachten Sie hierzu das Beispiel in Bild 2.58.

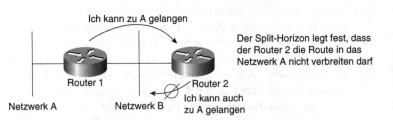

Bild 2.58: Der Split-Horizon verhindert, dass Router 2 das Netzwerk A zurück an Router 1 meldet.

Router 1 meldet zuerst, dass er eine Route zum Netzwerk A besitzt. Es besteht kein Anlass für Router 2, diese Route in seinem Update zurück an Router 1 zu melden, da Router 1 näher zum Netzwerk A ist. Die Split-Horizon-Regel sagt aus, dass Router 2 diese Route aus allen Updates entfernen soll, die er an Router 1 sendet.

Die Split-Horizon-Regel trägt zur Verhinderung von 2-Knoten-Routing-Schleifen bei. Wenn Sie zum Beispiel den früher diskutierten Fall betrachten, bei dem die Schnittstelle von Router 1 zum Netzwerk A ausfällt: Ohne Split-Horizon meldet Router 2 an Router 1, dass er das Netzwerk A erreichen kann. Router 1 übernimmt die Route von Router 2 als Alternative für seine ausgefallene direkte Verbindung, wodurch eine Routing-Schleife entsteht. Obwohl Holddowns dies verhindern sollten, ermöglicht der Split-Horizon eine zusätzliche Algorithmenstabilität.

RIP-Poison-Reverse-Updates

Die Funktion des Poison-Reverse erlaubt es einem Router, in seinen Routing-Updates Netzwerke mit einer Hop-Anzahl von unendlich anzugeben. Diese Funktion kann für unerreichbare Netzwerke verwendet werden oder um den Split-Horizon auf andere Weise zu implementieren. Wenn sie als eine Alternative zu einem Split-Horizon verwendet wird, kann ein Router die über die Verbindung erreichbaren Netzwerke angeben, über die das Update gesendet wird, jedoch gleichzeitig die Hop-Anzahl als unendlich entfernt angeben. Dies unterbricht 2-Knoten-Routingschleifen sofort.

IGRP und Erweitertes IGRP

Das Interior-Gateway-Routing-Protokoll (IGRP) ist ein Routing-Protokoll, das Mitte der 80er Jahre von Cisco Systems entwickelt wurde. Das grundlegende Ziel von Cisco bei der Entwicklung des IGRP sollte darin bestehen, innerhalb eines AS mit beliebig komplexer Topologie sowie Medien mit unterschiedlichen Bandbreiten- und Verzögerungseigenschaften, ein robustes Routing-Protokoll zu ermöglichen. Ein AS ist eine Ansammlung von Netzwerken unter gemeinsamer Administration, die sich eine gemeinsame Routing-Strategie teilen.

Mitte der 80er Jahre war RIP das häufigste Intra-AS-Routing-Protokoll. Obwohl es für das Routing innerhalb von kleineren bis mittleren und relativ homogenen Internetzwerken sehr nützlich war, stieß es durch das Wachstum der Netzwerke an seine Grenzen. Vor allem das kleine Hop-Count-Limit (15) des RIP beschränkte die Größe der Internetzwerke und seine einfache Metrik (nur die Hop-Anzahl) erlaubte keine besondere Routing-Flexibilität in komplexen Umgebungen. Die Popularität der Cisco-Router und die Robustheit des IGRP veranlasste viele Organisationen mit großen Internetzwerken, RIP durch IGRP zu ersetzen.

Die erste IGRP-Version von Cisco arbeitete in IP-Netzwerken. IGRP wurde jedoch konzipiert, um in jeder Netzwerkumgebung betrieben zu werden und Cisco übertrug es bald in OSI-CLNP-Netzwerke.

Cisco entwickelte das Erweiterte IGRP in den frühen 90er Jahren, um die Effizienz des IGRP-Betriebs zu verbessern. Das Erweiterte IGRP wird später in diesem Kapitel detailliert beschrieben.

IGRP ist ein Distanz-Vektor-IGP. Distanz-Vektor-Routing-Protokolle erfordern, dass jeder Router seine gesamte Routing-Tabelle oder nur einen Teil davon in einer Routing-Update-Meldung in regelmäßigen Intervallen an jeden seiner benachbarten Router aussendet. Durch die Fortpflanzung der Routing-Informationen durch das Netzwerk können die Router die Distanzen zu allen Knoten innerhalb des Internetzwerks berechnen.

Distanz-Vektor-Routing-Protokolle werden oft den Verbindungszustands-Routing-Protokollen gegenübergestellt, die lokale Verbindungsinformationen an alle Knoten innerhalb des Internetzwerks senden.

IGRP verwendet eine Kombination von Metriken. Verzögerung, Bandbreite, Zuverlässigkeit und Last des Internetzwerks gehen alle als Faktoren in die Routing-Entscheidung ein. Die Netzwerkadministratoren können die Gewichtungsfaktoren für alle diese Metriken festlegen. IGRP verwendet entweder die vom Administrator gesetzten oder die Standardgewichtungen zur automatischen Berechnung der optimalen Routen.

IGRP ermöglicht einen weiten Bereich für seine Metriken. Zum Beispiel können die Zuverlässigkeit und die Last jeden Wert zwischen 1 und 255 einnehmen, die Bandbreite kann Werte einnehmen, die Geschwindigkeiten von 1200 Bps bis zu 10 Gbps repräsentieren und die Verzögerung wird in Zehntel Mikrosekunden bestimmt, wobei sie jeden Wert von 1 bis 2^{24} einnehmen kann. Die weitgefassten Metrikbereiche erlauben eine befriedigende Metrikeinstellung in Internetzwerken mit sehr unterschiedlichen Performance-Eigenschaften. Die wichtigste Besonderheit liegt darin, dass die Metrikkomponenten in einem durch den Benutzer einstellbaren Algorithmus kombiniert sind. Somit können Netzwerkadministratoren die Routenauswahl auf eigene Art und Weise beeinflussen.

Als zusätzliche Flexibilität erlaubt IGRP das Routing über mehrfache Pfade. Doppelte Verbindungen mit gleicher Bandbreite können einen einzelnen Verkehrsstrom im Rotationsverfahren verarbeiten, mit einer automatischen Umschaltung auf die zweite Verbindung, wenn eine Verbindung aussetzt. Es können auch dann mehrere Pfade verwendet werden, wenn die Metriken für die Pfade unterschiedlich sind. Wenn ein Pfad zum Beispiel drei Mal besser als ein anderer ist, weil seine Metrik drei Mal geringer ist, wird der bessere Pfad drei Mal so oft verwendet. Beim Einsatz mehrerer Pfade werden nur Routen mit Metriken innerhalb eines bestimmten Bereichs der besten Route verwendet.

IGRP ermöglicht eine Anzahl von Features, die konzipiert wurden, um seine Stabilität zu verbessern. Diese umfassen Holddowns, Split-Horizon, ausgelöste Updates und Poison-Reverse-Updates. Diese funktionieren in einer ähnlichen Weise wie die Stabilitätsoptionen, die zuvor in diesem Kapitel im Abschnitt »RIP« behandelt wurden.

IGRP-Holddowns und ausgelöste Updates

Um zu verhindern, dass reguläre Update-Meldungen eine ausgefallene Route fälschlicherweise wieder einsetzen, können Holddowns eingesetzt werden. Wenn eine Route ausfällt, bemerken die benachbarten Router dies durch das Fehlen der regelmäßig erfolgenden Update-Meldungen. Diese Router berechnen daraufhin neue Routen und senden Routing-Update-Meldungen, um ihre Nachbarn über den Routenwechsel zu informieren. Diese Aktivität verursacht eine Welle von ausgelösten Updates, die durch das Netzwerk wandern.

Diese ausgelösten Updates erreichen nicht jedes Netzwerkgerät gleichzeitig. Daher besteht die Möglichkeit, dass ein Gerät, das noch über einen Netzwerkausfall informiert werden muss, eine reguläre Update-Meldung (in der angezeigt wird, dass eine gerade ausgefallene Route immer noch zur Verfügung steht) an ein Gerät aussendet, das gerade über den Netzwerkausfall informiert wurde. In diesem Fall enthält das letztere Gerät nun fehlerhafte Routing-Informationen (und meldet diese evtl. auch weiter).

Holddowns bringen den Router dazu, alle Änderungen, die kürzlich entfernte Routen betreffen, für einige Zeit zu unterdrücken. Die Unterdrückungsperiode wird gewöhnlich etwas größer als die notwendige Zeitdauer kalkuliert, mit der das gesamte Netzwerk mit einer Routing-Änderung aktualisiert werden kann.

IGRP-Split-Horizon

Die Split-Horizon-Regel (= geteilter Horizont) entstammt der Tatsache, dass es gewöhnlich nicht notwendig ist, Informationen über eine Route zurück in dieselbe Richtung zu melden, aus der sie gekommen sind. Betrachten Sie hierzu das Beispiel in Bild 2.59.

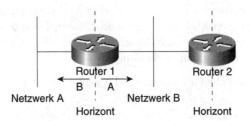

Bild 2.59: Der Split-Horizon bietet für IGRP dieselben Vorteile wie für das RIP.

Router 1 meldet zuerst, dass er eine Route zum Netzwerk A besitzt. Es besteht kein Anlass für Router 2, diese Route in seinem Update zurück an Router 1 zu melden, da Router 1 näher zum Netzwerk A ist. Die Split-Horizon-Regel sagt aus, dass Router 2 diese Route aus allen Updates entfernen soll, die er an Router 1 sendet.

Die Split-Horizon-Regel trägt zur Verhinderung von 2-Knoten-Routing-Schleifen bei. Wenn Sie zum Beispiel den Fall betrachten, dass die Verbindung von Router 1 zum Netzwerk A ausfällt: Ohne Split-Horizon meldet Router 2 an Router 1, dass er das Netzwerk A erreichen kann. Router 1 übernimmt die Route von Router 2 als Alternative für seine ausgefallene direkte Verbindung, wodurch eine Routing-Schleife entsteht. Obwohl Holddowns dies verhindern sollten, ermöglicht der Split-Horizon eine zusätzliche Algorithmenstabilität.

IGRP-Poison-Reverse-Updates

Während der Split-Horizon vor Routing-Schleifen zwischen benachbarten Routern schützen soll, sollen Poison-Reverse-Updates größere Routing-Schleifen verhindern. Routing-Schleifen lassen sich gewöhnlich durch eine Erhöhung der Routing-Metriken erkennen. Es werden Poison-Reverse-Updates ausgesendet, um die Route zu entfernen und sie in einen Holddown zu versetzen. In der Cisco-Ausführung des IGRP werden die Poison-Reverse-Updates ausgesendet, wenn sich eine Routenmetrik um einen Faktor von 1,1 oder mehr erhöht hat.

IGRP-Timer

Das IGRP unterhält eine Reihe von Zeitgebern und Variablen, die Zeitintervalle enthalten. Diese beinhalten einen Update-Timer, einen Ungültigkeits-Timer, eine Hold-Time-Periode und einen

Flush-Timer. Der Update-Timer legt fest, wie häufig Routing-Update-Meldungen ausgesendet werden sollen. Die IGRP-Standardeinstellung für diese Variable beträgt 90 Sekunden. Der Ungültigkeits-Timer legt fest, wie lange ein Router während des Fehlens von Routing-Update-Meldungen für eine bestimmte Route warten soll, bevor er die Route für ungültig erklärt. Die IGRP-Standardeinstellung für diese Variable ist drei Mal so lang wie die Update-Periode. Die Hold-Time-Variable legt die Unterdrückungsperiode fest. Die IGRP-Standardeinstellung für diese Variable ist drei Mal so lang wie die Update-Timer-Periode plus 10 Sekunden. Der Flush-Timer legt schließlich fest, wie viel Zeit vergehen soll, bevor eine Route aus der Routing-Tabelle entfernt werden soll. Die IGRP-Standardeinstellung ist sieben Mal länger als die Routing-Update-Periode.

Das Erweiterte IGRP

Das Erweiterte IGRP vereint die Vorteile der Verbindungs-Status-Protokolle mit den Vorteilen der Distanz-Vektor-Protokolle. Das Erweiterte IGRP beinhaltet den Diffusing-Update-Algorithm (DUAL), der am SRI-International von Dr. J.J. Garcia-Luna-Aceves entwickelt wurde. Das Erweiterte IGRP enthält die folgenden Features:

– Schnelle Konvergenz – Das erweiterte IGRP verwendet den DUAL, um eine schnelle Konvergenz zu erreichen. Ein Router, der Erweitertes IGRP betreibt, speichert alle Routing-Tabellen seiner Nachbarn, um sehr schnell alternative Routen übernehmen zu können. Wenn keine passende Route existiert, fordert Erweitertes IGRP seine Nachbarn zur Suche nach einer alternativen Route auf. Diese Anfragen pflanzen sich fort, bis ein alternative Route gefunden wurde.

– Subnetzmasken mit variabler Länge – Erweitertes IGRP bietet die volle Unterstützung der Subnetzmasken mit variablen Längen. Die Subnetzrouten werden automatisch an einer Netzwerknummerngrenze zusammengefasst. Zusätzlich kann Erweitertes IGRP zur Zusammenfassung an jeder Bitgrenze auf jeder Schnittstelle konfiguriert werden.

– Partielle, gebundene Updates – Das Erweiterte IGRP erzeugt keine periodischen Updates. Stattdessen sendet es nur dann partielle Updates, wenn sich die Metrik für eine Route ändert. Die Weitermeldung der partiellen Updates wird automatisch gebunden, damit nur diejenigen Router sie erhalten, die die Informationen benötigen. Als Ergebnis dieser zwei Fähigkeiten beansprucht Erweitertes IGRP eine wesentlich geringere Bandbreite als IGRP.

- Unterstützung mehrerer Netzwerkschichten – Erweitertes IGRP umfasst die Unterstützung für AppleTalk, IP und Novell NetWare. Die AppleTalk-Ausführung verwendet RTMP zur Neuverteilung der Routen. Die IP-Ausführung kann OSPF, RIP, Intermediate-System-to-Intermediate System (IS-IS), EGP oder BGP zur Neuverteilung der Routen einsetzen. Die Novell-Ausführung kann Novell-RIP und Service-Advertising-Protokoll (SAP) zur Neuverteilung der Routen einsetzen.

Erweitertes IGRP bietet die Kompatibilität und die nahtlose Zusammenarbeit mit IGRP-Routern. Ein automatischer Mechanismus zur Neuverteilung erlaubt, dass IGRP-Routen in Erweitertes IGRP und Erweiterte IGRP-Routen in IGRP importiert werden: Daher ist es möglich, das Erweiterte IGRP schrittweise in ein existierendes IGRP-Netzwerk einzuführen. Weil die Metriken für beide Protokolle direkt übersetzbar sind, können sie genauso behandelt werden, als ob die Routen aus den eigenen ASs stammen. Zudem behandelt das Erweiterte IGRP die IGRP-Routen als externe Routen und bietet damit einem Netzwerkadministrator die Möglichkeit, sie anzupassen.

Das Erweiterte IGRP besteht aus den folgenden Komponenten:

- Nachbar-Neu-/Wiederentdeckung
- Zuverlässiges (Reliable) Transport-Protokoll (RTP)
- DUAL-Finite-State-Machine
- Protokoll-abhängige Module

Die Nachbar-Neu-/Wiederentdeckung ist der Prozess, mit dem der Router dynamisch andere Router auf den direkt angeschlossenen Netzwerken kennen lernt. Die Router müssen auch erkennen, wann die Nachbarn unerreichbar werden oder ausfallen. Dieser Prozess wird mit geringem Overhead erreicht, indem periodisch kleine Hello-Pakete ausgesendet werden. So lange ein Router Hello-Pakete von einem benachbarten Router empfängt, betrachtet er den Nachbarn als funktionsfähig und sie können Routing-Informationen austauschen.

RTP ist für die garantierte und geordnete Übertragung von Erweiterten IGRP-Paketen an alle Nachbarn verantwortlich. Es unterstützt die gemischte Übertragung von Multicast- oder Unicast-Paketen. Aus Gründen der Effizienz werden nur bestimmte Erweiterte IGRP-Pakete zuverlässig übertragen. Zum Beispiel ist es auf einem Multi-Access-Netzwerk mit Multicast-Fähigkeiten, wie z.B. dem Ethernet, nicht notwendig, Hello-Pakete zuverlässig an jeden einzelnen Nachbarn zu senden. Aus diesem Grund sendet Erweitertes IGRP ein einzelnes Multicast-Hello-Paket, das ein Kennzeichen enthält, mit dem die Empfänger darüber informiert werden, dass das Paket nicht bestätigt werden muss. Andere Paketarten, wie z.B. Updates, zeigen innerhalb des Pakets an, das sie bestätigt werden müssen. RTP besitzt die Möglichkeit, Multicast-Pakete schnell zu versenden, wenn unbestätigte Pakete auf sich warten lassen, wodurch die Konvergenzzeit bei der Existenz von Verbindungen mit verschiedenen Geschwindigkeiten klein gehalten wird.

Die DUAL-Finite-State-Machine beherbergt den Entscheidungsprozess für alle Routenberechnungen. Sie verfolgt alle Routen, die von allen Nachbarn gemeldet werden. Der DUAL verwendet Distanzinformationen zur Auswahl von wirksamen, schleifenfreien Pfaden und wählt die in eine Routing-Tabelle einzusetzenden Routen auf der Basis von möglichen Nachfolgern (Feasible Successors). Ein möglicher Nachfolger ist ein benachbarter, für die Paketweiterleitung verwendeter Router, der einen günstigsten Pfad zu einem Ziel darstellt und garantiert nicht Teil einer Routing-Schleife ist. Wenn ein Nachbar eine Metrik ändert oder wenn eine Topologieänderung eintritt, sucht der DUAL nach möglichen Nachfolgern. Wenn einer gefunden wird, verwendet der DUAL ihn, um eine unnötige Routenneuberechnung zu vermeiden. Wenn sich kein möglicher Nachfolger findet, aber Nachbarn vorhanden sind, die eine Route zum Ziel melden, muss eine Neuberechnung (auch als eine diffundierende Berechnung bezeichnet) erfolgen, um einen neuen Nachfolger zu bestimmen. Obwohl die Neuberechnung nicht prozessorintensiv ist, beeinflusst sie die Konvergenzzeit, daher ist es von Vorteil, unnötige Neuberechnungen zu vermeiden.

Die protokollabhängigen Module sind für die protokollspezifischen Anforderungen auf Netzwerkebene verantwortlich. Das IP-Erweiterte-IGRP-Modul ist zum Beispiel für die Sendung und den Empfang von Erweiterten IGRP-Paketen verantwortlich, die in IP eingekapselt sind. Das IP-Erweiterte-IGRP-Modul ist auch für die Aufspaltung der Erweiterten IGRP-Pakete verantwortlich und für die Benachrichtigung des DUAL über neu empfangene Informationen. IP-Erweitertes IGRP fordert den DUAL zur Fällung von Routing-Entscheidungen auf, deren Ergebnisse in der IP-Routing-Tabelle gespeichert werden. Es ist für die Neuverteilung von Routen verantwortlich, die durch andere IP-Routing-Protokolle erlernt wurden.

Die Erweiterten IGRP-Pakettypen

Erweitertes IGRP verwendet fünf Pakettypen:

- Hello/Bestätigung
- Update
- Abfrage
- Antwort
- Anfrage

Hellopakete werden als Multicast zur Nachbar-Neu-/Wiederentdeckung gesendet und benötigen keine Bestätigung. Ein Bestätigungspaket ist ein Hello-Paket ohne Daten. Bestätigungspakete enthalten eine Nicht-Null-Bestätigungsnummer und sie werden immer mit einer Unicastadresse gesendet.

Update-Pakete werden verwendet, um die Erreichbarkeit von Zielen zu bestimmen. Wenn ein neuer Nachbar entdeckt wird, werden Unicast-Update-Pakete ausgesendet, damit die Nachbarn ihre Topologietabelle aufstellen können. In anderen Fällen, wie z.B. bei einer Kostenänderung einer Verbindung, werden die Updates als Multicast gesendet. Die Updates werden immer zuverlässig übertragen.

Abfrage- und Antwortpakete werden ausgesendet, wenn ein Ziel keine möglichen Nachfolger besitzt. Abfragepakete werden immer als Multicast gesendet. Antwortpakete werden als Antwort auf Abfragepakete gesendet, um dem Urheber anzuzeigen, dass dieser die Route nicht neu berechnen muss, da mögliche Nachfolger vorhanden sind. Antwortpakete werden als Unicast an den Urheber der Abfrage gesendet. Sowohl Abfrage- als auch Antwortpakete werden zuverlässig übertragen.

Anfragepakete werden verwendet, um bestimmte Informationen von einem oder mehreren Nachbarn zu erhalten. Anfragepakete werden in Route-Server-Applikationen verwendet und können als Multicast oder Unicast gesendet werden. Anfragepakete werden unzuverlässig übertragen.

Erweiterte IGRP-Nachbartabellen

Wenn ein Router einen neuen Nachbar entdeckt, speichert er die Adresse und die Schnittstelle des Nachbarn durch einen Eintrag in der Nachbartabelle. Für jedes protokollabhängige Modul existiert jeweils eine Nachbartabelle. Wenn ein Nachbar ein Hello-Paket aussendet, meldet er eine Zeitdauer (Holdtime) an. Für diese Zeitdauer betrachtet ein Router einen Nachbarn als erreichbar und funktionsfähig. Wenn innerhalb der Holdtime kein Hello-Paket empfangen wird, läuft die Holdtime ab und der DUAL wird über die Topologieänderung informiert.

Der Eintrag in der Nachbartabelle enthält auch Informationen, die vom RTP benötigt werden. Durch Sequenznummern können Bestätigungs- und Datenpakete einander zugeordnet werden. Die letzte vom Nachbarn empfangene Sequenznummer wird aufbewahrt, damit die außerhalb der Reihenfolge empfangenen Pakete entdeckt werden können. Durch eine Übertragungsliste werden Pakete nachbarweise für eine mögliche Neuübertragung aufgereiht. Im Nachbartabelleneintrag sind Zeitgeber für Hin- und Rückweg (Round-Trip-Timer) enthalten, um ein optimales Zeitintervall zur Neuübertragung abzuschätzen.

Erweiterte IGRP-Topologietabellen

Die Topologietabelle enthält alle Ziele, die durch benachbarte Router gemeldet wurden. Die protokollabhängigen Module bevölkern die Tabelle und die Tabelle wird auf Anweisung der DUAL-Finite-State-Machine geführt. Jeder Eintrag in der Topologietabelle enthält die Zieladresse und eine Liste von Nachbarn, die das Ziel angemeldet haben. Für jeden Nachbarn enthält der Eintrag die angemeldete Metrik, die der Nachbar in seiner Routingtabelle speichert. Eine wichtige von Distanz-Vektor-Protokollen zu befolgende Regel lautet: Wenn der Nachbar dieses Ziel anmeldet, muss er die Route zur Weiterleitung der Pakete verwenden.

Die vom Router zur Erreichung des Ziels verwendete Metrik wird auch dem Ziel zugeordnet. Die Metrik, die der Router in der Routingtabelle verwendet und die er auch an andere Router weitermeldet, ist die Summe aus der besten gemeldeten Metrik von allen Nachbarn plus die Verbindungskosten zum besten Nachbarn.

Erweiterte IGRP-Routenzustände

Ein Eintrag in der Topologietabelle für ein Ziel kann sich in einem von zwei Zuständen befinden: aktiv oder passiv. Ein Ziel befindet sich im passiven Zustand, wenn der Router keine Neuberechnung ausführt, und es befindet sich im aktiven Zustand, wenn der Router eine Neuberechnung ausführt. Wenn zu jeder Zeit mögliche Nachfolger verfügbar sind, wird ein Ziel niemals in den aktiven Zustand wechseln, damit wird eine Neuberechnung vermieden.

Eine Neuberechnung erfolgt dann, wenn ein Ziel keine möglichen Nachfolger besitzt. Der Router initiiert die Neuberechnung durch das Aussenden eines Abfragepakets an alle benachbarten Router. Die benachbarten Router können ein Antwortpaket senden, das anzeigt, dass er über einen möglichen Nachfolger für das Ziel verfügt oder er kann ein Abfragepaket senden, mit dem er anzeigt, dass er an der Neuberechnung teilnimmt. Während sich ein Ziel im aktiven Zustand befindet, kann ein Router die Zielinformationen in der Routingtabelle nicht ändern. Hat der Router eine Antwort von allen benachbarten Router empfangen, wechselt der Eintrag in der Topologietabelle für das Ziel zurück in den passiven Zustand und der Router kann einen Nachfolger auswählen.

Die Erweiterte IGRP-Routenmarkierung

Das Erweiterte IGRP unterstützt interne und externe Routen. Interne Routen entspringen einem Erweiterten IGRP-AS. Daher wird ein direkt angeschlossenes Netzwerk, das für den Betrieb des Erweiterten IGRP konfiguriert ist, als eine interne Route angesehen und es wird mit diesen Informationen innerhalb des gesamten Erweiterten IGRP-AS angemeldet. Externe Routen werden durch ein anderes Routing-Protokoll erlernt oder sie befinden sich als statische Routen in der Routing-Tabelle. Diese Routen werden individuell mit der Identität seiner Herkunft markiert.

Externe Routen werden mit den folgenden Informationen markiert:

– Die Router-ID des Erweiterten IGRP-Routers, der die Route neu verteilte

– Die AS-Nummer des Ziels

– Eine konfigurierbare Administratormarkierung

– Die ID des externen Protokolls

– Die Metrik des externen Protokolls

– Bitflags für Standard-Routing

Durch die Routenmarkierung kann ein Netzwerkadministrator das Routing individuell anpassen und flexible Verfahrenskontrollen einrichten. Die Routenmarkierung ist besonders hilfreich in Transit-ASs, bei denen das Erweiterte IGRP typischerweise mit einem Interdomänen-Routing-Protokoll interagiert, das die globalen Leitlinien ausführt, wodurch ein skalierbares, auf Vorgaben basierendes Routing erfolgt.

OSPF

OSPF (Open-Shortest-Path-First) ist ein Routing-Protokoll, das durch die IGP-Arbeitsgruppe der Internet-Engineering-Task-Force (IETF) speziell für IP-Netzwerke entwickelt wurde. Die Arbeitsgruppe wurde 1988 eingerichtet, um ein IGP für den Einsatz im Internet zu konzipieren, das auf dem Shortest-Path-First-Algorithmus (SPF = kürzester Pfad zuerst) basiert. OSPF wurde aus dem gleichen Grund wie IGRP entwickelt: weil RIP Mitte der 80er Jahre immer weniger geeignet war, große und heterogene Internetzwerke zu versorgen.

OSPF entstand aus verschiedenen Forschungsansätzen, einschließlich der Folgenden:

- Der SPF-Algorithmus der BBN, der 1978 für das ARPANET entwickelt wurde (ein Meilenstein für Paket-Switching-Netzwerke, das in den frühen 70-er Jahren von BBN entwickelt wurde)
- Dr. Radia Perlmans Forschungsarbeit über fehlertolerantes Broadcasting von Routing-Informationen (1988)
- Die Arbeit der BBN über Area-Routing (1986)
- Eine frühe Version des IS-IS-Routing-Protokolls des OSI

Wie die Abkürzung erkennen lässt, besitzt OSPF zwei primäre Eigenschaften. Erstens ist es dahingehend offen, dass seine Spezifikation öffentlich zugänglich ist und ursprünglich im RFC 1131 beschrieben wurde. Die aktuellste Version mit der Bezeichnung OSPF 2 ist im RFC 1583 beschrieben. Zweitens basiert es auf dem SPF-Algorithmus, der auch gelegentlich als Dijkstra-Algorithmus bezeichnet wird, wobei sich der Name auf die Person bezieht, die ihn entwickelt hat.

OSPF ist ein Verbindungs-Status-Routing-Protokoll. Als solches verlangt es die Aussendung von Verbindungs-Status-Anmeldungen (LSAs, engl. link state advertisements) an alle anderen Router innerhalb desselben hierarchischen Bereichs. In OSPF-LSAs sind Informationen über angeschlossene Schnittstellen, verwendete Metriken und andere Variablen enthalten. Während die OSPF-Router Informationen über Verbindungszustände sammeln, setzen sie den SPF-Algorithmus ein, um den kürzesten Pfad zu jedem Knoten zu berechnen.

Als Verbindungzustandsalgorithmus steht OSPF im Gegensatz zum RIP und IGRP, die selbst Routing-Protokolle mit Distanz-Vektoren sind. Die Router, die einen Distanz-Vektor-Algorithmus verwenden, senden alle ihre Routing-Tabellen oder Teile davon in Routing-Update-Meldungen aus, aber nur an ihre direkten Nachbarn.

Im Gegensatz zu RIP kann OSPF innerhalb eines hierarchischen Systems arbeiten. Die größte Einheit innerhalb des hierarchischen Systems ist das AS. Ein AS ist eine Ansammlung von Netzwerken unter einer gemeinsamen Administration, die sich eine gemeinsame Routing-Strategie teilen. OSPF ist ein Intra-AS-(internes Gateway-)Routing-Protokoll, obwohl es Routen von anderen AS empfangen und auch Routen an diese senden kann.

Ein AS kann in eine Reihe von Bereichen (Areas) unterteilt werden, die jeweils eine Gruppe von zusammenhängenden Netzwerken und angeschlossenen Hosts bilden. Router mit mehreren Schnittstellen können an mehreren Areas teilhaben. Diese Router mit der Bezeichnung *Area-Border-Router* unterhalten für jede Area separate topologische Datenbanken.

Eine topologische Datenbank stellt im Wesentlichen ein Gesamtbild der Netzwerke aus der Sicht des Routers dar. Die topologische Datenbank enthält die gesammelten LSAs, die von allen Routern in derselben Area empfangen wurden. Da Router innerhalb derselben Area über dieselben Informationen verfügen, besitzen sie identische topologische Datenbanken.

Der Begriff *Domäne* wird gelegentlich verwendet, um einen Teil des Netzwerks zu beschreiben, in dem alle Router über identische topologische Datenbanken verfügen. Der Begriff Domäne wird häufig als Synonym für AS verwendet.

Die Topologie einer Area ist für Einheiten außerhalb der Area unsichtbar. Durch die Aufteilung in einzelne Area-Topologien überträgt OSPF weniger Routingverkehr, als wenn das AS nicht aufgeteilt wäre.

Die Aufteilung in Areas verursacht zwei verschiedene OSPF-Routing-Arten, je nachdem, ob sich die Quelle und das Ziel in derselben Area befinden oder nicht. Das *Intra-Area-Routing* erfolgt, wenn sich die Quelle und das Ziel in derselben Area befinden. Das *Inter-Area-Routing* erfolgt, wenn sie sich in verschiedenen Areas befinden.

Ein OSPF-Backbone ist für die Verteilung der Routing-Informationen zwischen den Areas verantwortlich. Es besteht aus allen Area-Border-Routern, Netzwerken, die sich nicht vollständig in allen Areas befinden, sowie deren angeschlossenen Routern. Bild 2.60 zeigt ein Beispiel eines Internetzwerks mit mehreren Areas.

Kapitel 2 • Ein Überblick über die Protokolleigenschaften **155**

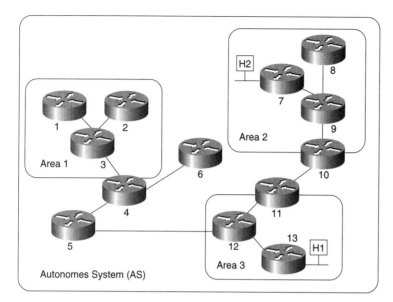

Bild 2.60:
OSPF verwendet ein hierarchisches Internetzwerkdesign zur Routing-Optimierung.

In Bild 2.60 bilden die Router 4, 5, 6, 10, 11 und 12 das Backbone. Wenn Host 1 in Area 3 ein Paket an Host 2 in Area 2 senden möchte, wird das Paket an Router 13 gesendet, der das Paket an Router 12 weiterleitet. Dieser sendet das Paket an Router 11. Router 11 leitet das Paket entlang des Backbones an den Area-Border-Router 10 weiter, der das Paket durch zwei Intra-Area-Router (Router 9 und Router 7) sendet, damit es zu Host 2 gelangt.

Das Backbone an sich ist eine OSPF-Area (Area 0), daher verwenden alle Backbone-Router dieselben Prozeduren und Algorithmen, um die Routinginformationen innerhalb des Backbone von allen Area-Routern zu unterhalten. Die Backbone-Topologie ist für alle Intra-Area-Router genauso unsichtbar, wie es die einzelnen Area-Topologien gegenüber dem Backbone sind.

AS-Border-Router, die OSPF betreiben, erlernen externe Routen mittels externer Gateway-Protokolle wie z.B. EGP oder BGP oder durch Konfigurationsinformationen.

Der SPF-Algorithmus

Der SPF-Routing-Algorithmus bildet die Basis für OSPF-Operationen. Wenn ein SPF-Router eingeschaltet wird, initialisiert er seine Datenstrukturen für das Routing-Protokoll und wartet anschließend auf Anzeichen von tieferschichtigen Protokollen, dass seine Schnittstellen einsatzbereit sind.

Wenn ein Router sichergestellt hat, dass seine Schnittstellen einsatzbereit sind, setzt er das OSPF-Hello-Protokoll ein, um seine Nachbarn abzufragen. Diese Nachbarn sind Router mit Schnittstellen zu einem gemeinsamen Netzwerk. Der Router sendet Hello-Pakete an seine Nachbarn und empfängt deren Hello-Pakete. Neben der Möglichkeit, mit Hello-Paketen Nachbarn zu entdecken, dienen diese auch als Lebenszeichen (Keepalives), damit der Router weiß, dass der andere Router weiterhin einsatzbereit ist.

In Multiaccess-Netzwerken (Netzwerke, die mehr als zwei Router unterstützen) wählt das Hello-Protokoll einen Designated-Router und einen Backup-Designated-Router aus. Der Designated-Router ist neben anderen Aufgaben für die Erzeugung der LSAs für das gesamte Multi-Access-Netzwerk verantwortlich. Durch einen Designated-Router kann der Netzwerkverkehr bzw. die topologische Datenbank deutlich verringert bzw. verkleinert werden.

Wenn die Verbindungs-Status-Datenbanken zweier benachbarter Router synchronisiert werden, werden die Router als benachbart bezeichnet. In Multi-Access-Netzwerken bestimmen die designierten Router, welche Router benachbart sein sollen. Topologische Datenbanken werden zwischen benachbarten Routerpaaren synchronisiert. Nachbarverbindungen (Adjacencies) kontrollieren die Verteilung der Routing-Protokollpakete. Diese Pakete werden nur über Nachbarverbindungen gesendet und empfangen.

Jeder Router sendet regelmäßig ein LSA aus. Es werden auch dann LSAs ausgesendet, wenn sich der Zustand eines Routers ändert. LSAs enthalten Informationen über die Nachbarverbindungen eines Routers. Durch den Vergleich der eingerichteten Nachbarverbindungen mit den Verbindungszuständen können ausgefallene Router leicht entdeckt und die Netzwerktopologie entsprechend angepasst werden. Anhand der durch die LSAs erzeugten topologischen Datenbank berechnet jeder Router einen kürzesten Pfadbaum und setzt sich selbst als Root (= Wurzel) ein. Der kürzeste Pfadbaum wird daraufhin zu einer Routing-Tabelle.

Das OSPF-Paketformat

Bild 2.61 zeigt den OSPF-Paket-Header. Das erste Feld im OSPF-Header enthält die OSPF-Versionsnummer. Die Versionsnummer kennzeichnet die bestimmte, verwendete OSPF-Ausführung.

1	1	2	4	4	2	2	8	variabel
Versions-nummer	Typ	Paket-länge	Router-ID	Area-ID	Prüf-summe	Authentifizie-rungstyp	Authentifikation	Daten

Bild 2.61: Jedes OSPF-Paket beginnt mit einem 24-Byte-Header.

Nach der Versionsnummer folgt das Typenfeld. Es gibt fünf OSPF-Pakettypen:

- Hello – Richtet Beziehungen zu Nachbarn ein und unterhält diese. Diese Meldungen werden in regelmäßigen Intervallen gesendet (in einem LAN gewöhnlich alle 10 Sekunden).

- Datenbankbeschreibung – Beschreibt die Inhalte der topologischen Datenbank. Diese Meldungen werden ausgetauscht, wenn eine Nachbarverbindung initialisiert wird.

- Verbindungs-Statusanfrage – Fragt nach Teilen der topologischen Datenbank von Nachbarroutern. Diese Meldungen werden ausgetauscht, wenn ein Router bemerkt (durch Überprüfung der Datenbankbeschreibungspakete), dass Teile seiner topologischen Datenbank nicht mehr aktuell sind.

- Verbindungs-Status-Update – Beantwortet Pakete mit Verbindungs-Statusanfragen. Diese Meldungen werden auch für die reguläre Verteilung der LSAs verwendet. Innerhalb eines einzigen Verbindungs-Status-Update-Pakets können mehrere LSAs enthalten sein.

- Verbindungs-Statusbestätigung – Bestätigt Verbindungs-Status-Updatepakete. Verbindungs-Status-Update-Pakete müssen ausdrücklich bestätigt werden, um sicherzustellen, dass das Fluten der Verbindungszustände durch eine gesamte Area ein zuverlässiger Prozess ist.

Jedes LSA in einem Verbindungs-Status-Update-Paket enthält ein Typenfeld. Es gibt vier LSA-Typen:

- Router-Verbindungs-Advertisements (RLA, engl. router link advertisement) – Beschreibt die gesammelten Zustände der Verbindungen eines Routers zu einer bestimmten Area. Ein Router sendet ein RLA für jede Area, der er angehört. RLAs werden durch die gesamte Area und nicht weiter geflutet.

- Netzwerk-Verbindungs-Advertisements (NLAs) – Werden vom Designated-Router gesendet. Sie beschreiben alle Router, die an ein Multiaccess-Netzwerk angeschlossen sind, und sie werden durch die Area geflutet, die das Multiaccess-Netzwerk enthält.

- Sammel-Verbindungs-Advertisements (SLAs) – Sammelrouten zu Zielen außerhalb einer Area, aber innerhalb des AS. Sie werden durch Area-Border-Router erzeugt und durch die Area geflutet. Es werden nur Intra-Area-Routen in das Backbone hinein gemeldet. In die anderen Areas werden sowohl Intra-Area als auch Inter-Area-Routen gemeldet.

- AS-Externe-Verbindungs-Advertisements – Beschreiben eine Route zu einem Ziel außerhalb des AS. Die AS-Externe-Verbindungs-Advertisements werden durch AS-Grenz-Router erzeugt. Dieser Typ von Advertisement ist der einzige Typ, der in das gesamte AS geleitet wird. Alle anderen werden nur in bestimmte Areas geleitet.

Nach dem Typenfeld des OSPF-Paket-Headers folgt ein Paketlängenfeld, das die Länge des Pakets in Bytes angibt, den OSPF-Header eingeschlossen.

Das Router-ID-Feld kennzeichnet die Quelle des Pakets.

Das Area-ID-Feld kennzeichnet die Area, zu der das Paket gehört. Alle OSPF-Pakete sind einer einzelnen Area zugeordnet.

Ein Standard-IP-Prüfsummenfeld gibt Aufschluss über erfolgte Transportschäden für den gesamten Inhalt des Pakets.

Das Authentifizierungstypenfeld enthält einen Authentifizierungstyp. Ein Beispiel eines Authentifizierungstyps ist »single password«. Jeder Austausch des OSPF-Protokolls wird authentifiziert. Der Authentifizierungstyp ist areaweise konfigurierbar.

Das Authentifizierungsfeld ist 64 Bit lang und enthält Authentifizierungsinformationen.

Zusätzliche OSPF-Features

Zusätzliche OSPF-Features umfassen das Equal-Cost-Routing, das Routing über mehrere parallele Pfade und das Routing aufgrund von höherschichtigen TOS-Anfragen. Das TOS-Routing unterstützt höherschichtige Protokolle, die bestimmte Diensttypen (Type of Service) festlegen können. Zum Beispiel könnte eine Applikation festlegen, dass bestimmte Daten dringend sind. Wenn OSPF Verbindungen mit hoher Priorität zur Verfügung hat, kann es diese einsetzen, um das dringende Paket zu übertragen.

OSPF unterstützt eine oder mehrere Metriken. Wenn nur eine Metrik verwendet wird, wird sie als eigenständig betrachtet und TOS wird nicht unterstützt. Wenn mehr als eine Metrik verwendet wird, wird TOS optional durch eine separate Metrik für jede der acht Kombinationen der drei IP-TOS-Bits (das Verzögerungs-,

Durchsatz- und das Zuverlässigkeits-Bit) unterstützt (und damit durch eine separate Routing-Tabelle). Wenn das IP-TOS-Bit zum Beispiel eine geringe Verzögerung, einen geringen Durchsatz und eine hohe Zuverlässigkeit angibt, berechnet OSPF die Routen zu allen Zielen auf der Basis dieser TOS-Vorgaben.

Mit jedem angemeldeten Ziel werden auch IP-Subnetzmasken geliefert, wodurch Subnetzmasken mit variabler Länge ermöglicht werden. Mit variablen Subnetzmasken kann ein IP-Netzwerk in viele Subnetze verschiedener Größe zerlegt werden. Dies gibt den Netzwerkadministratoren die Möglichkeit einer erweiterten Flexibilität bei der Netzwerkkonfiguration.

EGP

EGP ist ein domänenübergreifendes Erreichbarkeitsprotokoll. EGP ist im RFC 904 dokumentiert, das im April 1984 veröffentlicht wurde. Als das erste, im Internet weithin anerkannte externe Gateway-Protokoll leistete EGP wertvolle Dienste. Die Schwächen des EGP wurden erst deutlich, als das Internet größer und älter wurde. Aufgrund dieser Schwächen verschwand EGP nach und nach aus dem Internet und wurde vor allem durch BGP ersetzt.

EGP wurde ursprünglich konzipiert, um die Erreichbarkeit zu und von den ARPANET-Kernroutern zu melden. Es wurden Informationen von einzelnen Quellknoten in getrennten Internet-ASs hinauf zu den Kernroutern übertragen, die die Informationen daraufhin durch das Backbone weiterleiteten, bis sie wieder hinab in das Zielnetzwerk innerhalb eines anderen AS geleitet werden konnten. Diese Beziehung zwischen dem EGP und anderen ARPANET-Komponenten ist in Bild 2.62 gezeigt.

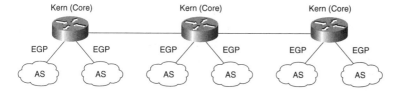

Bild 2.62: EGP wurde für das Routing zwischen autonomen Systemen im ARPANET verwendet.

Obwohl EGP ein dynamisches Routing-Protokoll ist, verwendet es ein sehr einfaches Design. Es verwendet keine Metriken und kann daher keine intelligenten Routing-Entscheidungen fällen. Die EGP-Routing-Updates enthalten Informationen über die Erreichbarkeit von Netzwerken. Das heißt, sie geben an, dass bestimmte Netzwerke durch bestimmte Router erreichbar sind.

EGP besitzt drei primäre Funktionen. Erstens richten Router, die EGP betreiben, eine Reihe von Nachbarn ein. Diese Nachbarn sind einfach Router, mit denen ein EGP-Router Erreichbarkeitsinformationen austauschen möchte. Dabei besteht kein Zusammenhang mit der geographischen Nachbarschaft. Zweitens befragen EGP-Router ihre Nachbarn regelmäßig, ob sie noch am Leben sind. Drittens senden EGP-Router Update-Meldungen aus, mit Informationen über die Erreichbarkeit der Netzwerke innerhalb ihrer ASs.

Das EGP-Paketformat

Das EGP-Paketformat ist in Bild 2.63 gezeigt. Das erste Feld im EGP-Paket-Header ist das EGP-Versionsnummernfeld. Dieses Feld kennzeichnet die aktuelle EGP-Version und es wird von Empfängern dahingehend überprüft, ob die Versionsnummern von Sender und Empfänger übereinstimmen.

Bild 2.63: Der EGP-Paket-Header besteht aus acht Feldern.

1	1	2	1	2	2	2	variabel
EGP-Versionsnummer	Typ	Code	Status	Prüfsumme	Autonome Systemnummer	Sequenznummer	Daten

Das Codefeld unterscheidet verschiedene Meldungsuntertypen.

Das Statusfeld enthält meldungsabhängige Zustandsinformationen. Statuscodes enthalten ungenügende Ressourcen, Parameterprobleme und Protokollverletzungen.

Durch das Prüfsummenfeld können mögliche Probleme entdeckt werden, die bei der Paketübertragung auftraten.

Das Autonomous-System-Nummernfeld kennzeichnet das AS, zu dem der sendende Router gehört.

Das Sequenznummernfeld ist das letzte Feld im EGP-Paket-Header. Dieses Feld erlaubt zwei EGP-Routern den Austausch von Meldungen, um Anfragen und Antworten einander zuzuordnen. Die Sequenznummer beginnt mit Null, wenn ein Nachbar eingerichtet wird, und wird bei jeder Anfrage-Antwort-Transaktion um Eins erhöht.

Die EGP-Meldungstypen

Nach dem EGP-Header folgen zusätzliche Felder. Die Inhalte dieser Felder variieren je nach Meldungstyp (der im Typenfeld angegeben ist):

- Nachbaraquisition – Die Nachbaraquisitionsmeldung enthält ein Hello-Intervallfeld und ein Poll-Intervallfeld. Das Hello-Intervallfeld legt die Zeitdauer für den Test fest, ob die Nachbarn noch am Leben sind. Das Poll-Intervallfeld legt die Frequenz der ausgesendeten Routing-Updates fest.

- Nachbarerreichbarkeit – Die Meldung über die Nachbarerreichbarkeit fügt dem EGP-Header keine zusätzlichen Felder hinzu. Diese Meldungen verwenden das Codefeld, um anzuzeigen, ob die Meldung eine Hello-Meldung oder eine Antwort auf eine Hello-Meldung ist. Die Trennung der Abschätzfunktion über die Erreichbarkeit von der Routing-Update-Funktion reduziert den Netzwerkverkehr, da sich die Netzwerkerreichbarkeit in der Regel öfter ändert, als Routingparameter. Nur wenn ein bestimmter Prozentsatz von Erreichbarkeitsmeldungen nicht empfangen wurde, erklärt ein EGP-Knoten einen Nachbarn für ausgefallen.

- Poll – Um ein korrektes Routing zwischen ASs zu ermöglichen, muss EGP die relative Lage von entfernten Hosts kennen. Die Pollmeldung erlaubt EGP-Routern die Bestimmung von Erreichbarkeitsinformationen über die Netzwerke, in denen sich diese Hosts befinden. Diese Meldungen besitzen nach dem allgemeinen Header nur ein Feld – das IP-Quell-Netzwerkfeld. Dieses Feld gibt das Netzwerk an, das als Referenzpunkt für die Anfrage verwendet wird.

- Routing-Update – Routing-Update-Meldungen bieten EGP-Routern die Möglichkeit, die Lage von verschiedenen Netzwerken innerhalb ihres eigenen AS zu bestimmen. Zusätzlich zum allgemeinen Header enthalten diese Meldungen viele zusätzliche Felder. Die Nummer des internen Gateway-Felds kennzeichnet die Anzahl der in der Meldung vorkommenden internen Gateways. Die Nummer des externen Gateway-Felds kennzeichnet die Anzahl der in der Meldung vorkommenden externen Gateways. Das IP-Quell-Netzwerkfeld liefert die IP-Adresse des Netzwerks, dessen Erreichbarkeit bemessen wurde. Nach diesem Feld folgt eine Reihe von Gateway-Blöcken. Jeder Gateway-Block liefert die IP-Adresse eines Gateways und eine Liste von Netzwerken sowie die Distanzen, die zur Erreichung dieser Netzwerke gehören.

Innerhalb des Gateway-Blocks listet EGP die Netzwerke anhand der Distanzen auf. Das bedeutet z.B., dass vier Netzwerke in der Distanz drei erreichbar sind. Diese Netzwerke sind anschließend anhand ihrer Adresse aufgelistet. Die nächste Netzwerkgruppe könnte dann die Distanz vier besitzen usw.

EGP interpretiert die in den Routing-Update-Meldungen enthaltenen Distanzmetriken nicht. Tatsächlich verwendet es das Distanzfeld lediglich zur Erkennung, ob ein Pfad existiert. Der Distanzwert kann nur zum Pfadvergleich verwendet werden, wenn diese Pfade sich vollständig innerhalb eines bestimmten AS befinden. Aus diesem Grund ist EGP eher ein Erreichbarkeitsprotokoll als ein Routing-Protokoll. Diese Einschränkung limitiert auch die Topologie der Internet-Strukturen. Vor allem muss ein EGP-Teil des Internets aus einer Baumstruktur bestehen, in der ein Kern-Gateway die Root ist und in der keine Schleifen zwischen anderen ASs innerhalb des Baums bestehen. Diese Einschränkung ist ein primärer limitierender Faktor des EGP und lieferte den Anstoß für seine stufenweise Ersetzung durch andere, fähigere externe Gateway-Protokolle.

– Error – Fehlermeldungen identifizieren verschiedene EGP-Fehlerzustände. Neben dem allgemeinen EGP-Header liefern die EGP-Fehlermeldungen ein Ursachenfeld, dem ein Fehlermeldungsheader folgt. Typische EGP-Fehler (Ursachen) enthalten ein falsches EGP-Headerformat, ein falsches EGP-Datenfeldformat, eine übermäßige Pollingrate und die fehlende Verfügbarkeit von Erreichbarkeitsinformationen. Der Fehlermeldungsheader besteht aus den ersten drei 32 Bit langen Worten des EGP-Headers.

BGP

BGP führt das domänenübergreifende Routing aus. BGP ist ein externes Gateway-Protokoll, d.h., es routet zwischen mehreren ASs und tauscht Routing- und Erreichbarkeitsinformationen mit anderen BGP-Systemen aus.

BGP wurde entwickelt, um seinen Vorgänger EGP als externes Standard-Gateway-Routing-Protokoll im globalen Internet zu ersetzen. Es löst die schwerwiegenden Probleme des EGP und skaliert das Wachstum des Internets wesentlich wirkungsvoller.

BGP ist in mehreren RFCs festgelegt:

– RFC 1771 – Dieses RFC beschreibt BGP4, die aktuelle BGP-Version.

– RFC 1654 – Dieses RFC beschreibt die erste BGP4-Spezifikation.

– RFC 1105, RFC 1163 und RFC 1267 – Diese RFCs beschreiben BGP-Versionen vor dem BGP4.

Obwohl BGP als Inter-AS-Protokoll konzipiert wurde, kann es sowohl innerhalb als auch zwischen ASs eingesetzt werden. Zwei BGP-Nachbarn, die sich in verschiedenen ASs befinden, müssen innerhalb desselben physikalischen Netzwerks miteinander verbunden sein. BGP-Router innerhalb desselben AS kommunizieren miteinander, um zu gewährleisten, dass sie einen übereinstimmenden Überblick über das AS besitzen und um zu bestimmen, welcher BGP-Router innerhalb des AS als Verbindungspunkt zu oder von bestimmten externen ASs dient.

Einige ASs sind reine Durchleitungskanäle für Netzwerkverkehr. Das bedeutet, dass einige ASs Netzwerkverkehr übertragen, der nicht aus dem AS stammt und nicht für selbiges bestimmt ist. BGP muss mit jedem beliebigen Intra-AS-Routing-Protokoll interagieren, das innerhalb dieses Durchleitungs-AS existiert.

Die BGP-Update-Meldungen bestehen aus Netzwerknummer/AS-Pfadpaaren. Der AS-Pfad enthält die Reihe von ASs, durch die das angegebene Netzwerk erreicht werden kann. Diese Updatemeldungen werden über den TCP-Transportmechanismus gesendet, um eine zuverlässige Übertragung zu gewährleisten.

Der erste Datenaustausch zwischen zwei Routern umfasst die gesamte BGP-Routing-Tabelle. Es werden zusätzliche Updates ausgesendet, wenn sich die Routing-Tabellen ändern. Im Gegensatz zu anderen Routing-Protokollen benötigt BGP keine periodische Erneuerung der gesamten Routing-Tabelle. Stattdessen bewahren Router, die BGP betreiben, die neueste Version jeder Routing-Tabelle ihrer Gegenstellen auf. Obwohl BGP eine Routing-Tabelle mit allen mögliche Pfaden zu einem bestimmten Netzwerk unterhält, meldet es nur den primären (den optimalen) Pfad in seinen Update-Meldungen.

Die BGP-Metrik ist eine beliebig wählbare Einheitennummer, die den Vorrang eines bestimmten Pfads angibt. Diese Metriken werden gewöhnlich in Konfigurationsdateien durch den Netzwerkadministrator vorgegeben. Der Grad des Vorrangs kann auf einer beliebigen Menge von Kriterien beruhen, die AS-Zahl (Pfade mit einer geringeren AS-Zahl sind generell besser) sowie die Stabilität und die Geschwindigkeit der Verbindung eingeschlossen.

Das BGP-Paketformat

Das BGP-Paketformat ist in Bild 2.64 gezeigt.

16	2	1	variabel
Marker	Länge	Typ	Daten

Bild 2.64: Der BGP-Paketheader besteht aus vier Feldern.

BGP-Pakete besitzen einen allgemeinen 19 Byte langen Header, der aus drei Feldern besteht:

- Das Markierungsfeld ist 16 Bytes lang und enthält einen Wert, den der Empfänger der Meldung vorhersagen kann. Dieses Feld wird für die Authentifizierung verwendet.
- Das Längenfeld enthält die Gesamtlänge der Meldung in Bytes.
- Das Typenfeld kennzeichnet den Meldungstyp.

BGP-Meldungstypen

Im BGP sind vier Meldungstypen festgelegt:

- Open – Nachdem eine Transport-Protokollverbindung eingerichtet wurde, sendet jede Seite zuerst eine Open-Meldung. Wenn die Open-Meldung vom Empfänger akzeptiert wird, sendet dieser eine Keepalive-Meldung (Lebenszeichen) als Bestätigung auf die Open-Meldung zurück. Bei einer erfolgreichen Bestätigung der Open-Meldung können Updates, Keepalives und Benachrichtigungen ausgetauscht werden.

  Neben dem allgemeinen BGP-Paket-Header enthalten Open-Meldungen verschiedene zusätzliche Felder. Das Versionsfeld liefert eine BGP-Versionsnummer und ermöglicht dem Empfänger die Überprüfung, ob er dieselbe Version verwendet, wie der Sender. Das Autonomous-Systemfeld liefert die AS-Nummer des Senders. Das Holdtime-Feld zeigt die maximal verstreichbaren Sekunden ohne den Empfang einer Meldung an, bevor der Sender für tot erklärt wird. Das Authentifizierungs-Codefeld kennzeichnet den verwendeten Authentifizierungstyp (falls verwendet). Das Authentifizierungs-Datenfeld enthält die eigentlichen Authentifizierungsdaten (falls verwendet).

- Update – BGP-Update-Meldungen übersenden Routing-Updates an andere BGP-Systeme. Die Informationen in diesen Meldungen werden zur Konstruktion eines Graphen verwendet, der die Beziehungen der verschiedenen ASs beschreibt. Neben dem allgemeinen BGP-Header besitzen Update-Meldungen verschiedene zusätzliche Felder. Diese Felder liefern

Routing-Informationen durch eine Liste der Pfadattribute für jedes Netzwerk. BGP legt zur Zeit fünf Attribute fest:

- Herkunft – Kann einen der drei Werte annehmen: IGP, EGP und unvollständig. Das IGP-Attribut bedeutet, dass das Netzwerk Teil des AS ist. Das EGP-Attribut bedeutet, dass die Informationen ursprünglich vom EGP erlernt wurden. BGP-Ausführungen werden IGP-Routen gegenüber den EGP-Routen vorziehen, da EGP in Anwesenheit von Routing-Schleifen versagt. Das unvollständige Attribut wird verwendet, um anzuzeigen, dass das Netzwerk durch andere Wege kennen gelernt wurde.

- AS-Pfad – Liefert die aktuelle AS-Liste auf dem Pfad zum Ziel.

- Nächster Hop – Liefert die IP-Adresse des Routers, der als nächster Hop zu den Netzwerken verwendet werden soll, die in der Update-Meldung aufgelistet sind.

- Unerreichbar – Falls vorhanden, zeigt dieses Attribut an, dass ein Route nicht länger erreichbar ist.

- Inter-AS-Metrik – Mit diesem Attribut kann ein BGP-Router seine Kosten zu Zielen innerhalb seines eigenen AS anmelden. Diese Informationen können von Routern verwendet werden, die sich außerhalb des AS befinden, um eine optimale Route in das AS zu einem bestimmten Ziel zu ermitteln.

– Benachrichtigung – Benachrichtigungsmeldungen werden ausgesendet, wenn ein Fehlzustand entdeckt wurde und ein Router einem anderen mitteilen will, warum er die dazwischen liegende Verbindung unterbrechen möchte. Neben dem allgemeinen BGP-Header besitzen Benachrichtigungsmeldungen ein Fehlercodefeld, ein Fehlersubcodefeld und Fehlerdaten. Das Fehlercodefeld kennzeichnet den Fehlertyp und kann einen der Folgenden anzeigen:

- Meldungs-Header-Fehler – Zeigt ein Problem mit dem Meldungsheader an, wie z.B. eine inakzeptable Meldungslänge, einen inakzeptablen Markierungsfeldwert oder einen inakzeptablen Meldungstyp.

- Open-Meldungsfehler – Zeigt ein Problem mit einer Open-Meldung an, wie z.B. eine nicht unterstützte Versionsnummer, eine inakzeptable AS-Nummer oder IP-Adresse oder einen nicht unterstützten Authentifizierungscode.

- Update-Meldungsfehler – Zeigt ein Problem mit der Update-Meldung an. Beispiele enthalten eine fehlerhaft formatierte Attributsliste, einen Attributslistenfehler und ein ungültiges Nächster-Hop-Attribut.

- Holdtime abgelaufen – Zeigt den Ablauf einer Holdtime an, nachdem ein BGP-Knoten für tot erklärt wurde.

– Keepalive – Keepalive-Meldungen enthalten kleine zusätzlichen Felder neben dem allgemeinen BGP-Header. Diese Meldungen werden häufig genug ausgesendet, damit der Holdtime-Zeitgeber nicht abläuft.

NetWare-Protokolle

NetWare ist ein Netzwerk-Operating-System (NOS) das den transparenten externen Dateizugriff und diverse andere verteilte Netzwerkdienste ermöglicht, z.B. Drucker-Sharing, Übertragung von E-Mail sowie den Zugriff auf Datenbanken. Viele Komponenten der NetWare-Netzwerktechnologie wurden aus dem XNS entwickelt, einem Netzwerksystem, das in den späten 70er Jahren durch die Xerox-Corporation konzipiert wurde.

Novell brachte Netware in den frühen 80er Jahren auf den Markt. Bis in die frühen 90er Jahre war der Marktanteil von NetWare auf 50% bis 75% angewachsen. Mit weltweit mehr als 500000 installierten NetWare-Netzwerken und einer wachsenden Bewegung hin zum Anschluss von Netzwerken an andere Netzwerke koexistieren NetWare und seine zugehörigen Protokolle sehr oft auf demselben physikalischen Kanal mit vielen anderen populären Protokollen, wie z.B. TCP/IP und AppleTalk.

Als eine NOS-Umgebung gibt NetWare die oberen fünf Schichten des OSI-Referenzmodells vor. Wie auch andere NOSs, z.B. NFS von Sun MicroSystems, Inc. und NT von Microsoft, basiert NetWare auf einer Client/Server-Architektur. In solchen Architekturen fordern Clients (zuweilen auch Workstations genannt) bestimmte Dienste von den Servern an, wie z.B. den Zugriff auf Dateien und Drucker.

Bild 2.65 zeigt einen vereinfachten Überblick über die bekanntesten Protokolle von NetWare und deren Beziehung zum OSI-Referenzmodell. Mit passenden Treibern kann NetWare auf jedem Media-Access-Protokoll betrieben werden. Bild 2.65 listet die Media-Access-Protokolle auf, die derzeit mit NetWare-Treibern unterstützt werden.

Kapitel 2 • Ein Überblick über die Protokolleigenschaften   **167**

OSI-Referenzmodell		NetWare					
7	Applikation	Applikation					
6	Präsentation	NetBIOS-Emulator	NetWare-Shell (Client)	NetWare-Core-Protokoll (NCP)	Routing-Information-Protokoll (RIP)	NetWare-Link-Services-Protokoll (NLSP)	
5	Sitzung			SPX			
4	Transport						
3	Netzwerk			IPX			
2	Datenverbindung	Ethernet/IEEE 802.3	Token-Ring/IEEE 802.5	FDDI	ARCnet	PPP	
1	Physikalisch						

Bild 2.65: Die NetWare-Protokollsuite umfasst alle Schichten des OSI-Referenzmodells.

NetWare funktioniert auch über synchrone WAN-Verbindungen, die PPP einsetzen.

Die NetWare-Netzwerkschicht

Das Netzwerkschichtprotokoll von Novell ist IPX. Wenn sich ein Gerät, mit dem kommuniziert werden soll, in einem anderen Netzwerk befindet, routet IPX die Informationen durch jedes dazwischen liegende Netzwerk zum Ziel. Bild 2.66 zeigt das IPX-Paketformat.

Prüfsumme (16 Bits)	
Paketlänge (16 Bits)	
Transport-Protokoll (8 Bits)	Pakettyp (8 Bits)
Zielnetzwerk (32 Bits)	
Zielknoten (48 Bits)	
Ziel-Socket (16 Bits)	
Quellnetzwerk (32 Bits)	
Quellknoten (48 Bits)	
Quell-Socket (16 Bits)	
Höherschichtige Daten	

Bild 2.66: IPX verwendet 32 Bit lange Netzwerk- und 48 Bit lange Knotenadressen.

Das IPX-Paket beginnt mit einem 16 Bit langen Prüfsummenfeld, das in der Standardeinstellung nur Einsen enthält (also hexadezimal FFFF). NetWare 4.x und 5.x gibt Ihnen die Möglichkeit, die Berechnung der IPX-Prüfsumme zu aktivieren.

Ein 16 Bit langes Paketlängenfeld gibt die Länge des kompletten IPX-Paket in Bytes an (den IPX-Header und gültige Daten eingeschlossen, jedoch ohne aufgefüllte Daten). IPX-Pakete können jede Länge annehmen, bis zur maximalen Transfer-Unit-(MTU-)Größe des Mediums. Im IPX existiert keine Paket-Fragmentierung.

Das 8 Bit lange Transportkontrollfeld zeigt die Anzahl der Router an, die das Paket passiert hat. Dieses Feld wird von IPX vor der Paketübertragung auf 0 gesetzt und es wird von jedem Router um 1 erhöht, der das Paket weiterleitet. Wenn der Wert dieses Feldes 15 erreicht, wird das Paket unter der Annahme verworfen, dass eine Routing-Schleife aufgetreten sein könnte. Dies ist immer ein stilles Verwerfen – für IPX ist kein Benachrichtigungsprozess für das Verwerfen verfügbar.

Das 8 Bit lange Pakettypenfeld kennzeichnet das höherschichtige Protokoll, das die Paketinformationen erhalten soll. Gebräuchliche Werte für dieses Feld sind 0, mit dem ein unbekanntes Paket gekennzeichnet wird, 1 kennzeichnet RIP, 5 kennzeichnet SPX und 17 kennzeichnet NCP.

Die Zielnetzwerk-, Zielknoten- und Ziel-Socket-Felder geben Aufschluss über die Zielinformationen. Die Quellnetzwerk-, Quellknoten und Quell-Socket-Felder enthalten Quellinformationen.

Die Netzwerknummer ist eine 32 Bit lange Nummer, die vom Netzwerkadministrator vergeben wird, und die Knotennummer ist eine 48 Bit lange Nummer, die die LAN-Hardware-Adresse kennzeichnet. Die Socket-Nummer ist eine 16 Bit lange hexadezimale Nummer, die den höherschichtigen Prozess angibt. Die Werte sind wie folgt:

Wert	Beschreibung
0451	NetWare-Kernprotokoll
0452	Service-Advertising-Protokoll
0453	Routing-Information-Protokoll
0455	NetBIOS
0456	Diagnostiken
0457	Serialization
4000-8000	Dynamische Sockets

Das höherschichtige Datenfeld enthält Informationen für höherschichtige Prozesse.

NetWare-Einkapselungstypen

Einkapselung ist der Verpackungsprozess von höherschichtigen Protokollinformationen und Daten in ein Frame. Novell unterstützt mehrere Einkapselungsschemata in Ethernet/802.3-Netzwerken. Ein Cisco-Router unterstützt mehrere Einkapselungsschemata auf einer einzelnen Router-Schnittstelle, vorausgesetzt, dass mehrere Netzwerknummern vergeben wurden.

NetWare unterstützt die Ethernet/IEEE 802.3-Einkapselungsschemata, die in Tabelle 2.5 aufgelistet und in Bild 2.67 gezeigt sind.

Allgemeine Bezeichnung	Novell-Bezeichnung	Cisco-Bezeichnung	Eigenschaften
Ethernet V. 2	ETHERNET_II	arpa	Beinhaltet Ethertype
IEEE 802.3	ETHERNET_802.2	sap	Beinhaltet 802.3-Länge und 802.2-SAPs
Reines Novell 802.3	ETHERNET_802.3	novell-ether	Beinhaltet 802.3-Länge ohne 802.2-SAPs
SNAP	ETHERNET_SNAP	snap	Beinhaltet 802.2-SAPs und SNAP-Header

Tabelle 2.5: Die NetWare-Ethernet-Einkapselungstypen.

ETHERNET_II

| Ethernet | IPX |

ETHERNET_802.2

| 802.3 | 802.2 LLC | IPX |

ETHERNET_802.3 (Cisco-Standard für IPX)

| 802.3 | IPX |

ETHERNET_SNAP

| 802.3 | 802.2 LLC | SNAP | IPX |

Bild 2.67: Für Ethernet-LANs gibt es vier IPX-Einkapselungstypen.

Um Pakete in einem Internetzwerk zu routen, verwendet IPX das dynamische Routing-Protokoll RIP. IPX-RIP ähnelt dem IP-RIP, ist aber nicht identisch. Bild 2.68 zeigt das IPX-RIP-Paketformat.

Bild 2.68: Novell-RIP verwendet Ticks und Hops als Routing-Metrik.

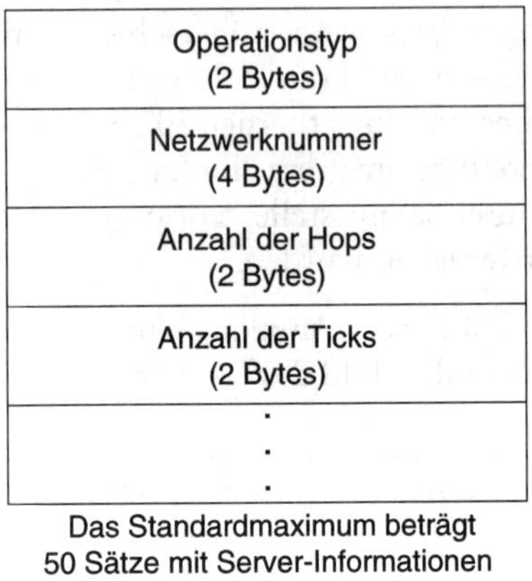

```
Operationstyp
(2 Bytes)

Netzwerknummer
(4 Bytes)

Anzahl der Hops
(2 Bytes)

Anzahl der Ticks
(2 Bytes)
       .
       .
       .
```
Das Standardmaximum beträgt
50 Sätze mit Server-Informationen

Das Operationsfeld kennzeichnet die Paketoperation, wobei der Wert 1 eine RIP-Anfrage anzeigt und eine 2 eine RIP-Antwort.

Die Netzwerknummer ist die 32 Bit lange Adresse des angegebenen Netzwerks.

Das Hops-Feld gibt die Anzahl von Routern an, die passiert werden müssen, um das angegebene Netzwerk zu erreichen.

Das Ticks-Feld ist ein Maß für die benötigte Zeit, um das angegebene Netzwerk zu erreichen (18,21 Ticks pro Sekunde).

Novell verwendet ein anderes Protokoll, um Netzwerkdienste per Broadcast anzuzeigen bzw. diese zu entdecken: das Service-Advertising-Protokoll (SAP). SAP ermöglicht es Knoten, die Dienste anbieten (wie z.B. Dateiserver und Druckserver), ihre Adressen und die angebotenen Dienste anzuzeigen. Beachten Sie, dass dies ein vollständig anderes Konzept ist, wie ein LLC-Service-Access-Point (SAP). Bild 2.69 zeigt das IPX-SAP-Paketformat.

Das Operationsfeld kennzeichnet die Aufgabe, die das Paket ausführen wird:

Wert	Beschreibung
1	Allgemeine Dienstanfrage
2	Allgemeine Dienstantwort
3	Näheste Dienstanfrage
4	Näheste Dienstantwort

Kapitel 2 • Ein Überblick über die Protokolleigenschaften

```
┌─────────────────────────┐
│       Operation         │
│       (2 Bytes)         │
├─────────────────────────┤
│       Servicetyp        │
│       (4 Bytes)         │
├─────────────────────────┤
│       Servername        │
│       (48 Bytes)        │
├─────────────────────────┤
│     Netzwerkadresse     │
│       (4 Bytes)         │
├─────────────────────────┤
│      Knotenadresse      │
│       (6 Bytes)         │
├─────────────────────────┤
│      Socket-Adresse     │
│       (2 Bytes)         │
├─────────────────────────┤
│     Hops zum Server     │
│        (1 Byte)         │
│           .             │
│           .             │
│           .             │
└─────────────────────────┘
    Das Standardmaximum beträgt
sieben Sätze mit Server-Informationen
```

*Bild 2.69:
SAP-Pakete
werden alle 60
Sekunden aus-
gesendet.*

ANMERKUNG

NetWare 5 beinhaltet auch die Fähigkeit zur Aussendung von SAP-Anfragen und schließt Servernamen oder Adressen in der Anfrage (Lookup) ein (statt einfach den gewünschten Diensttyp anzufordern). Diese Technologie mit der Bezeichnung spezifische SAP-Technologie verwendet die SAP-Typen 12, 13, 14 und 15.

Das Diensttypenfeld kennzeichnet den ausgeführten Dienst. Die Werte werden hexadezimal übergeben und Beispiele enthalten die folgenden Werte:

Wert	Beschreibung
0004	Dateiserver
0007	Druckserver
0047	Anmeldung eines Druckservers
0107	NetWare-Remote-Konsole
0278	NDS-Server

Der Servername ist ein 48 Byte langes Feld, das den Servernamen enthält. Wenn der Servername kürzer als 48 Byte ist, wird das Feld mit Nullen aufgefüllt.

Die Netzwerkadresse und die Knotenadresse enthalten jeweils die 32-Bit lange Netzwerk- bzw. die 48 Bit lange Knotennummer des Servers. Das Socket-Adressfeld enthält die 16 Bit lange Socket-

Nummer des Servers, die den Quellprozess identifiziert (ähnlich wie eine TCP/IP-Portnummer).

Das Hops-Feld ist die Anzahl von Routern, die passiert werden müssen, um den angegebenen Server zu erreichen.

NLSP

Das NetWare-Link-Service-Protokoll (NLSP) ist ein Verbindungszustands-Routing-Protokoll von Novell, das konzipiert wurde, um die Beschränkungen zu beheben, die im Zusammenhang mit IPX-RIP und seinem begleitenden Protokoll SAP auftraten. Im Vergleich zu RIP und SAP ermöglicht NLSP ein zuverlässigeres und verbessertes Routing, einen geringeren Netzwerk-Overhead und eine gesteigerte Skalierbarkeit.

NLSP ermöglicht verfeinerte Routing-Entscheidungen durch die Vorgabe, dass ein NLSP-Router eine vollständige Netzwerkkarte speichert und nicht nur Informationen über die nächsten Knoten, wie sie von einem RIP-Router gespeichert werden. Die Routing-Informationen werden nur dann übertragen, wenn sich die Topologie verändert hat (RIP sendet die Routing-Informationen alle 60 Sekunden, ganz gleich, ob sich die Topologie verändert hat). Darüber hinaus senden NLSP-Router ihre Dienstinformations-Updates nur dann, wenn sich Dienste ändern (SAP sendet die Dienstinformationen alle 60 Sekunden, ganz gleich, ob sich etwas verändert hat).

Um die Auswirkungen auf den Netzwerkverkehr weiter zu reduzieren, unterstützt NLSP die Multicast-Adressierung, daher werden die Routing-Informationen nur an andere NLSP-Router gesendet (RIP sendet die Routing-Informationen an alle Geräte).

NLSP unterstützt die Lastverteilung über parallele Pfade. Wenn zwischen zwei Netzwerkknoten zwei oder mehrere (metrisch) gleich teure Pfade vorhanden sind, wird der Verkehr automatisch unter ihnen aufgeteilt, um das Internetzwerk effizient zu nutzen. NLSP überprüft regelmäßig die Verbindungszustände und die Datenintegrität der Routing-Informationen. Wenn eine Verbindung ausfällt, wechselt NLSP auf eine alternative Verbindung und aktualisiert die Datenbanken mit der Netzwerktopologie, die sich in jedem Router innerhalb der Routingarea befinden.

Andere hilfreiche Features des NLSP sind die Unterstützung für bis zu 127 Hops (RIP unterstützt lediglich 15 Hops) und seine Unterstützung der hierarchischen Adressierung von Netzwerkknoten, wodurch Netzwerke Tausende von LANs und Server enthalten können. NLSP basiert auf dem OSI-IS-IS-Protokoll und wurde für den Einsatz in einer hierarchischen Routing-Umgebung entwickelt, in der Routingareas in Routing-Domänen zusammengefasst und diese Domänen in ein globales Internetzwerk eingebunden werden können. Das hierarchische Routing vereinfacht den Prozess der Netzwerkvergrößerung, da die Informationen reduziert werden, die jeder Router speichern und verarbeiten muss, um Pakete innerhalb und zwischen Areas und Domänen zu routen.

NLSP wurde als Ersatz für RIP entwickelt. RIP als ursprüngliches Routing-Protokoll von Novell wurde entwickelt, als die Internetzwerke lokal und relativ klein waren. NLSP ist wesentlich besser geeignet für die modernen, großen und globalen Internetzwerke. Die NLSP-Router sind rückwärts kompatibel zu den RIP-Routern. Es kann jede Kombination aus NLSP- und RIP-Routern im selben Internetzwerk während des Übergangs vom RIP zum NLSP verwendet werden.

Die NetWare-Transportschicht

Das SPX ist ein allgemein verwendetes NetWare-Transport-Protokoll. Novell entwickelte dieses Protokoll aus dem SPP von XNS. Wie das TCP und viele andere Transport-Protokolle, ist auch das SPX ein zuverlässiges, verbindungsorientiertes Protokoll, das den Paketdienst der Protokolle der Schicht 3 ergänzt.

ANMERKUNG

Mit der Ausgabe des NetWare 5 begann Novell damit, das NCP nicht mehr über IPX, sondern über TCP/IP (oder UDP/IP) zu unterstützen, das für die Protokolldienste der Schichten 3 und 4 verwendet wird.

Die höherschichtigen Protokolle von NetWare

NetWare unterstützt eine ganze Reihe von höherschichtigen Protokollen, jedoch sind einige in gewisser Hinsicht populärer als andere. Die NetWare-Clientsoftware läuft auf Clients (die in der NetWare-Gemeinschaft oft auch als *Workstations* bezeichnet werden) und überprüft Applikations-I/O-Aufrufe dahingehend, ob diese einen Netzwerkzugriff erfordern. Wenn dem so ist, verpackt die NetWare-Clientsoftware die Anfragen und sendet diese an tieferschichtige Software zur Verarbeitung und Netzwerkübertragung. Wenn dem nicht so ist, werden sie einfach an die lokalen I/O-Ressourcen weitergegeben. Die Client-Applikationen wissen nicht, ob für den Abschluss eines Applikationsaufrufs ein Netzwerkzugriff erforderlich ist.

NCP besteht aus einer Reihe von Serverroutinen, die entwickelt wurden, um Applikationsanfragen von beispielsweise der NetWare-Clientsoftware zu erfüllen. Die von NCP gelieferten Dienste umfassen Dateizugriff, Namenverwaltung, Accounting, Sicherheit und Dateisynchronisierung.

NetWare unterstützt auch die Sitzungsschicht-Schnittstellenspezifikation mit der Bezeichnung Network-Basic-Input/Output-System (NetBIOS) von IBM und Microsoft. Die NetBIOS-Emulationssoftware von NetWare erlaubt es, dass Programme, die für die standardmäßige NetBIOS-Schnittstelle geschrieben wurden, innerhalb des NetWare-Systems ausgeführt werden können.

Die meisten NetWare-Applikationsschichtdienste werden durch NetWare-Loadable-Module (NLMs) ermöglicht. Die NLMs werden als zusätzliche Module implementiert, die auf dem NetWare-System installiert werden. Die NLMs für wechselnde Protokollstapel, Kommunikationsdienste, Datenbankdienste und viele andere Dienste sind aktuell von Novell und anderen Herstellern erhältlich.

AppleTalk

In den frühen 80er Jahren, als sich Apple Computer, Inc. auf die Einführung des Macintosh-Computers vorbereitete, waren sich die Apple-Entwickler darüber bewusst, dass ein großer Bedarf für Netzwerke entstehen würde. Sie wollten sicherstellen, dass ein Macintosh-Netzwerk eine nahtlose Erweiterung der revolutionären Macintosh-Benutzerschnittstelle ist. Mit diesen zwei Zielvorhaben entschied sich Apple für den Einbau einer Netzwerkschnittstelle in jeden Macintosh und für die Integration der Schnittstelle in die Desktopumgebung. Diese neue Netzwerkarchitektur von Apple erhielt den Namen AppleTalk.

Die ursprüngliche Ausführung des AppleTalk, die für lokale Arbeitsgruppen ausgelegt war, wird heute allgemein als AppleTalk Phase 1 bezeichnet. Durch die Installation von mehr als 1,5 Millionen Macintosh-Computern in den ersten fünf Jahren seit der ersten Ausgabe dieses Geräts stellte sich Apple das Problem, dass einige große Unternehmen an die eingebauten Grenzen des AppleTalk Phase 1 stießen, daher wurden die Protokolle erweitert. Die neuen Protokolle mit der Bezeichnung AppleTalk Phase 2, erweiterten die Routing-Kapazitäten des AppleTalk und erlaubten dem AppleTalk den erfolgreichen Betrieb in größeren Netzwerken.

AppleTalk wurde als verteiltes Client/Server-Netzwerksystem konzipiert. Damit teilen sich Benutzer die Netzwerkressourcen (wie z.B. Dateien und Drucker) mit anderen Benutzern. Die Computer, die diese Netzwerkressourcen anbieten, werden *Server* genannt. Die Computer, die die Netzwerkressourcen eines Servers beanspruchen, nennen sich *Clients*. Die Interaktion mit Servern ist für den Benutzer faktisch transparent, da der Computer selbst die Position des angefragten Materials bestimmt und ohne weitere Informationen vom Benutzer darauf zugreift. Neben der einfachen Nutzung bieten die verteilten Systeme auch einen ökonomischen Vorteil gegenüber den Peer-zu-Peer-Systemen, da sich die wichtigen Materialien nur an einigen wenigen Positionen befinden.

AppleTalk entspricht im Wesentlichen dem OSI-Referenzmodell. In Bild 2.70 werden die AppleTalk-Protokolle den entsprechenden OSI-Schichten zugeordnet.

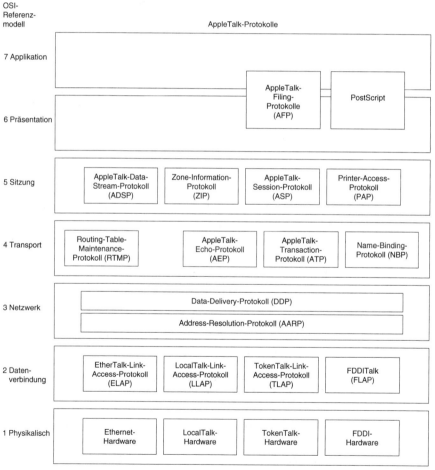

Bild 2.70: Die AppleTalk-Protokoll-Suite passt auf jede Schicht des OSI-Referenzmodells.

Apple konstruierte AppleTalk unabhängig von der Verbindungsschicht. Das bedeutet, dass es rein theoretisch oberhalb von jeder Verbindungsschicht ausgeführt werden kann. Apple unterstützt eine Reihe von Verbindungsschichtprotokollen, wie Ethernet, Token-Ring, FDDI und LocalTalk. Apple bezeichnet AppleTalk über Ethernet als EtherTalk, AppleTalk über Token-Ring als TokenTalk und AppleTalk über FDDI als FDDITalk.

LocalTalk ist das proprietäre Media-Access-System von Apple. Es basiert auf Contention-Access, einer Bustopologie und Basisband-Signalisierung und wird über eine abgeschirmte Twisted-Pair-Verkabelung mit 230,4 Kbps betrieben. Die physikalische Schnittstelle heißt EIA/TIA-422, eine balancierte elektrische Schnittstelle, die durch EIA/TIA-449 unterstützt wird. LocalTalk-Segmente können bis zu 300 Meter überbrücken und unterstützen maximal 32 Knoten.

Die AppleTalk-Netzwerkschicht

Dieser Abschnitt beschreibt die Konzepte und Protokolle der AppleTalk-Netzwerkschicht. Er beinhaltet eine Betrachtung der Protokolladressvergabe, der Netzwerkeinheiten und der AppleTalk-Protokolle, die die Funktionalität der Schicht 3 des OSI-Referenzmodells ermöglichen.

Die AppleTalk-Protokolladressvergabe

Um einen minimierten Netzwerkadministrator-Overhead zu gewährleisten, werden beim AppleTalk die Knotenadressen dynamisch vergeben. Wenn ein Macintosh hochfährt, der das AppleTalk verwendet, wählt er eine Protokoll- (eine Netzwerkschicht-) Adresse aus und prüft, ob die Adresse momentan in Gebrauch ist. Wenn dies nicht der Fall ist, hat sich der neue Knoten erfolgreich selbst eine Adresse vergeben. Wenn die Adresse momentan verwendet wird, sendet der Knoten mit der fehlerauslösenden Adresse eine Problemmeldung und der neue Knoten wählt eine andere Adresse und wiederholt den Prozess. Bild 2.71 zeigt den Prozess der AppleTalk-Adressauswahl.

Die wirklichen Mechanismen der AppleTalk-Adressauswahl sind abhängig vom Medium. Durch das AppleTalk-Address-Resolution-Protokoll (AARP) werden AppleTalk-Adressen bestimmten Medienadressen zugeordnet. Wenn AppleTalk ein Paket an einen anderen Netzwerkknoten senden muss, wird die Protokolladresse an das AARP übergeben. Das AARP überprüft zuerst einen

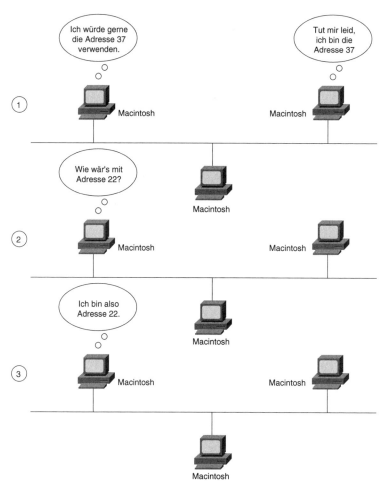

Bild 2.71:
AppleTalk-Clients bestimmen ihre Netzwerk- und Knotenadressen dynamisch.

Adress-Cache, um zu sehen, ob die Beziehung zwischen der Protokoll- und der Hardware-Adresse bereits bekannt ist. Wenn sie bekannt ist, wird die Beziehung an den anfragenden Protokollstapel übergeben. Wenn sie nicht bekannt ist, sendet das AARP eine Broadcast- oder Multicast-Meldung, um die Hardware-Adresse für die gefragte Protokolladresse anzufordern. Wenn der Broadcast einen Knoten mit der entsprechenden Protokolladresse erreicht, antwortet der Knoten mit seiner Hardware-Adresse. Diese Informationen werden daraufhin an den anfragenden Protokollstapel übergeben, der anschließend die Hardware-Adresse für die Kommunikation mit dem Knoten verwendet. Bild 2.72 zeigt das AARP-Paketformat.

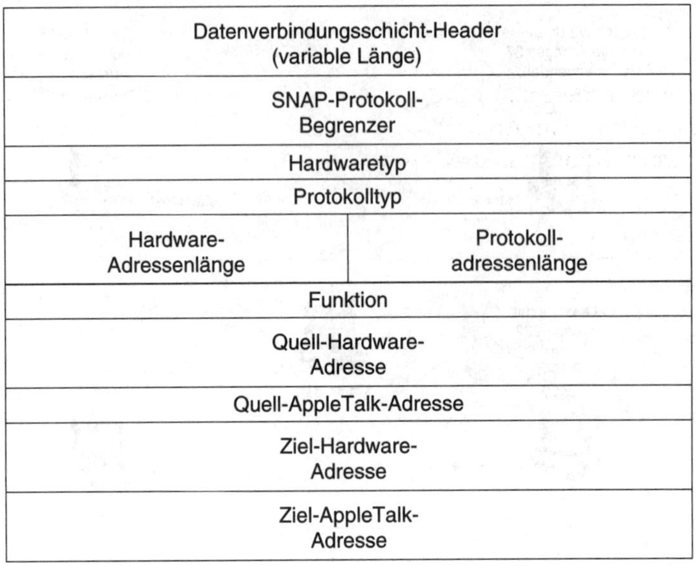

Bild 2.72:
AARP-Pakete
verwenden die
SNAP-Ein-
kapselung.

Datenverbindungsschicht-Header (variable Länge)	
SNAP-Protokoll-Begrenzer	
Hardwaretyp	
Protokolltyp	
Hardware-Adressenlänge	Protokoll-adressenlänge
Funktion	
Quell-Hardware-Adresse	
Quell-AppleTalk-Adresse	
Ziel-Hardware-Adresse	
Ziel-AppleTalk-Adresse	

Das SNAP-Protokollcharakteristikfeld, das für AARP festgelegt ist, enthält den hexadezimalen Wert 80F3.

Das Hardware-Typfeld enthält entweder den Wert 1 für Ethernet oder eine 2 für Token-Ring als Datenverbindung.

Das Protokolltypfeld kennzeichnet die AppleTalk-Protokollfamilie und enthält den Wert 809B.

Die 1 Byte lange Hardware-Adressenlänge mit dem Wert 6 zeigt die Länge des Felds in Bytes an, das die Ethernet- oder Token-Ring-Adresse enthält.

Die 1 Byte lange Protokolladresslänge mit dem Wert 4 kennzeichnet die Länge des Felds in Bytes, das die AppleTalk-Protokolladresse enthält. (Das erste Byte des Adressfelds muss auf 0 gesetzt sein, anschließend folgt die 2 Byte lange Netzwerknummer und dann die 1 Byte lange Knoten-ID).

Das Funktionsfeld kennzeichnet den Typ des AARP-Pakets, bei dem 1 = Anfrage, 2 = Antwort und 3 = Probe.

Der Rest des AARP-Pakets enthält die Quell- und Zielhardware- und die AppleTalk-Adressen, wobei sich die letzte immer in einem 4-Byte-Feld befindet, in dem das erste Byte auf 0 gesetzt ist.

Die AppleTalk-Netzwerkeinheiten

AppleTalk kennt verschiedene Netzwerkeinheiten. Die elementarsten Einheiten sind *Knoten* (nodes), damit sind alle Geräte gemeint, die an ein AppleTalk-Netzwerk angeschlossen sind. Die häufigsten Knoten sind Macintosh-Computer und Laserdrucker, jedoch gibt es auch andere Computertypen, die an der AppleTalk-Kommunikation teilnehmen können, z.B. IBM-PCs, VAX-Computer der Digital-Equipment-Corporation und eine Reihe von Workstations.

Die nächste durch AppleTalk festgelegte Einheit ist das *Netzwerk*. Ein AppleTalk-Netzwerk ist ein einzelnes logisches Kabel. Obwohl das logische Kabel sehr häufig auch ein einzelnes physikalisches Kabel ist, werden in einigen Netzwerken Bridges eingesetzt, um mehrere physikalische Kabel miteinander zu verbinden.

Abschließend ist eine AppleTalk-*Zone* eine logische Gruppe von (möglicherweise nicht zusammenhängenden) Knoten. Bild 2.73 zeigt diese AppleTalk-Einheiten.

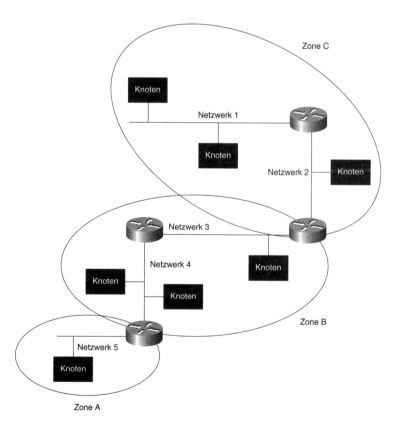

Bild 2.73: Ein AppleTalk-Netzwerk besteht aus einer Hierarchie von Komponenten.

DDP

Das primäre Netzwerkschichtprotokoll von AppleTalk ist das Datagram-Delivery-Protokoll (DDP). DDP bietet einen verbindungslosen Dienst zwischen Netzwerksockets. Die Sockets können entweder statisch oder dynamisch vergeben werden.

Die AppleTalk-Adressen, die durch DDP administriert werden, bestehen aus zwei Komponenten: einer 16 Bit langen Netzwerknummer und einer 8 Bit langen Knotennummer. Die beiden Komponenten werden gewöhnlich als dezimale Zahlen geschrieben, die durch einen Punkt getrennt werden (z.B. kennzeichnet 10.1 das Netzwerk 10 und den Knoten 1). Wenn ein 8 Bit langer Socket für einen bestimmten Prozess an die Netzwerknummer und Knotennummer angefügt wird, ist damit ein eindeutiger Prozess in einem Netzwerk festgelegt.

AppleTalk Phase 2 unterscheidet zwischen unerweiterten und erweiterten Netzwerken. In einem nicht erweiterten Netzwerk, wie z.B. LocalTalk, ist jede AppleTalk-Knotennummer eindeutig. Nicht erweiterte Netzwerke waren der einzige Netzwerktyp, der im AppleTalk Phase 1 festgelegt war. In einem erweiterten Netzwerk, wie z.B. EtherTalk oder TokenTalk, ist jede Kombination aus Netzwerknummer und Knotennummer eindeutig.

Die Zonen werden durch die AppleTalk-Netzwerkmanager während der Routerkonfiguration festgelegt. Jeder Knoten in einem AppleTalk-Netzwerk gehört zu einer einzelnen, vorgegebenen Zone. Einem erweiterten Netzwerk können mehrere Zonen zugeordnet sein. Knoten in erweiterten Netzwerken können zu jeder einzelnen Zone gehören, die dem erweiterten Netzwerk zugeordnet ist.

Bild 2.74 zeigt das Format des kurzen Header-DDP-Pakets und das des erweiterten Header-DDP-Pakets.

Der kurze DDP-Header wird in nicht erweiterten Netzwerken eingesetzt, wenn die Quell- und Zielsockets die selbe Netzwerknummer besitzen. Der erweiterte DDP-Header wird in erweiterten Netzwerken eingesetzt. Ein erweiterter DDP-Header wird auch in nicht erweiterten Netzwerken zwischen Sockets mit verschiedenen Netzwerknummern verwendet.

Die ersten 2 Bytes enthalten das 10 Bit lange Paketlängenfeld (Länge des Headers plus Daten), mit dem signifikantesten Bit innerhalb des ersten Bytes. Im kurzen DDP-Header sind die ersten 6 Bits des ersten Bytes ohne Bedeutung und auf 0 gesetzt. Im erweiterten Header werden 4 dieser Bits für ein Hop-Anzahl-Feld verwendet. Der Quellknoten des Pakets setzt das Hop-Anzahl-

Feld auf 0, bevor er das Paket aussendet. Jeder dazwischen liegende Router erhöht dieses Feld um Eins bis zu einem Maximum von 15.

Die nachfolgenden Felder – DDP-Prüfsumme, Ziel- und Quell-Netzwerknummern und Ziel- und Quellknoten-IDs – gelten nur für den erweiterten Header. Die Berechnung der DDP-Prüfsumme über den Header und die Daten ist optional.

Nach der DDP-Prüfsumme folgen 16 Bit lange Ziel- und Quell-Netzwerknummern und 8 Bit lange Ziel- und Quell-Netzwerkknoten-IDs.

In den kurzen und den erweiterten Headern enthalten die nächsten beiden 8 Bit langen Felder jeweils die Ziel- und Quell-Socket-Nummern. Werte für DDP-Sockets sind 1 = RTMP, 2 = Nameninformationen, 4 = Echos und 6 = Zoneninformationen.

Die 8 Bit langen DDP-Typwerte sind 1 = RTMP-Antwort oder Datenpaket, 2 = NBP-Paket, 3 = ATP-Paket, 4 = AEP-Paket, 5 = RTMP-Anfragepaket, 6 = ZIP-Paket und 7 = ADSP-Paket.

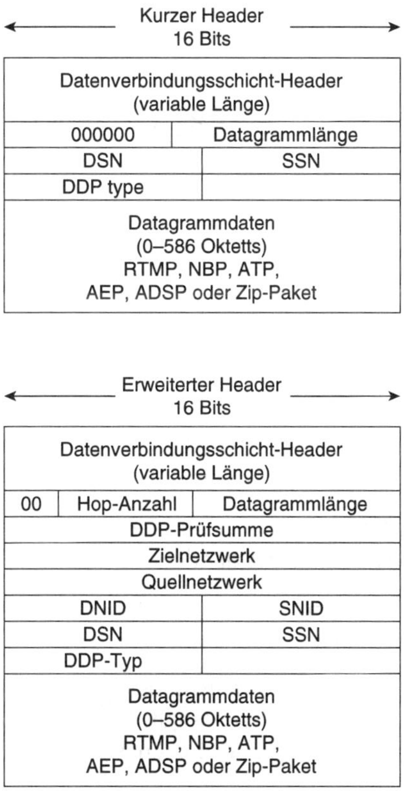

Bild 2.74: *DDP ist das geroutete Schicht-3-Protokoll der AppleTalk-Suite.*

RTMP

Das Protokoll, das die AppleTalk-Routing-Tabellen einrichtet und unterhält, nennt sich RTMP. Eine AppleTalk-Routing-Tabelle enthält für jedes Netzwerk einen Eintrag, das ein Paket erreichen kann. Jeder Eintrag enthält den Routerport, der zum Zielnetzwerk führt, die Knoten-ID des nächsten Routers, der das Paket empfangen wird, die Distanz in Hops zum Zielnetzwerk und den aktuellen Zustand des Eintrags (gut, verdächtig oder fehlerhaft). Durch einen regelmäßigen Austausch der Routing-Tabellen können die Router in einem Internet sicherstellen, dass sie aktuelle und konsistente Informationen besitzen. Bild 2.75 zeigt ein Beispiel einer Routing-Tabelle und die zugehörige Netzwerkarchitektur. Bild 2.76 zeigt das RTMP-Paketformat für nicht erweiterte und erweiterte Netzwerke.

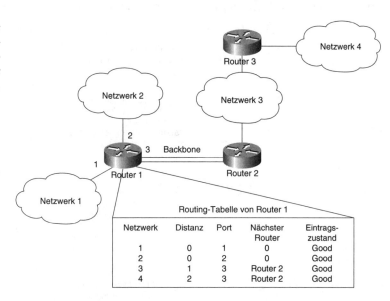

Bild 2.75: RTMP verwendet die Hopanzahl als Routing-Metrik.

Das erste 2 Byte lange Feld enthält die Netzwerknummer des Routers, also die Netzwerknummer des Senders.

Die ID-Länge ist ein 1 Byte langes Feld, das die Länge der Knotenadresse des Senders angibt.

Das 1 Byte lange Knoten-ID-Feld des Routers enthält die Knotenadresse des Senders.

Nach der Knoten-ID des Senders folgt in einem nicht erweiterten Paket ein 3 Byte langes Feld mit der Versionsnummer des Pakets, mit dem hexadezimalen Wert 000082. Die Versionsnummer eines

Pakets, das in einem erweiterten Netzwerk übertragen wird, wird im ersten Tupel angegeben.

Es gibt zwei Arten von Routing-Tupeln. Nicht erweiterte Netzwerktupel besitzen die Form <Netzwerknummer (2-Bytes), Distanz (1-Byte)>, während erweiterte Tupel die Form <Beginn des Netzwerknummernbereichs (2-Bytes), Distanz (1-Byte), Ende des Netzwerknummernbereichs (2-Bytes), ungenutztes Byte (Wert = 82)> besitzen. Ein erweiterter Tupel wird dadurch unterschieden, dass das erste Bit seines Distanzfelds gesetzt ist.

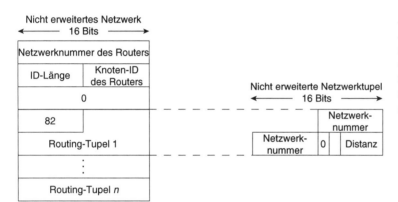

Bild 2.76: Das RTMP verwendet Tupel, um die Netzwerkadressen und Metriken anzumelden.

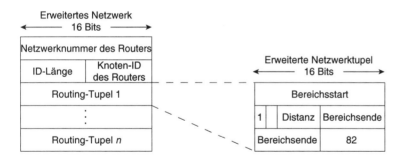

NBP

NBP von Appletalk verbindet AppleTalk-Namen (die als Netzwerk-Visible-Einheiten oder NVEs bezeichnet werden) mit Adressen. Eine NVE ist ein über ein Netzwerk adressierbarer Dienst des AppleTalk, z.B. ein Socket. NVEs werden mit einer oder mehreren Einheitsnamen und Attributlisten verbunden. Einheitsnamen sind Zeichenfolgen wie z.B. printer@net1 und Attributlisten kennzeichnen NVE-Eigenschaften.

Bezeichnete NVEs werden Netzwerkadressen durch den Prozess der Namenbindung zugeordnet. Die Namenbindung kann erfolgen, wenn der Benutzerknoten erstmals gestartet wird oder auch dynamisch, direkt vor der ersten Verwendung. NBP regelt den Prozess der Namenbindung, der die Namenregistrierung, die Namenbestätigung, die Namenlöschung und die Namenprüfung beinhaltet.

Bild 2.77 zeigt das NBP-Paketformat.

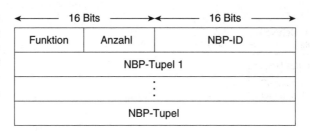

Bild 2.77: NBP-Pakete enthalten Informationen über Netzwerkdienste.

Die ersten 4 Bits des ersten Bytes kennzeichnen die Funktion des NBP-Pakettyps. Die Werte sind 1 = Broadcast-Anfrage (BrRq), 2 = Lookup (LkUp), 3 = Lookup-Antwort (LkUp-Reply) und 4 = Weiterleitungsanfrage (FwdReq).

Die letzten 4 Bits geben die Menge der im Paket enthaltenen NBP-Tupel an.

Die NBP-ID wird verwendet, um die LkUp-Antwortpakete den BrRq- oder LkUp-Paketen zuzuordnen.

Die NBP-Tupel, also die Namen/Adressen-Paare enthalten die Socketadresse, den Zähler und den Namen der Einheit.

Die Zonen ermöglichen eine Namenprüfung in einer Gruppe von logisch miteinander verknüpften Knoten. Um die Namen innerhalb einer Zone zu erfragen, wird eine NBP-Lookup-Anfrage an einen lokalen Router gesendet, der eine Broadcast-Anfrage an alle Netzwerke sendet, die über Knoten in der Zielzone verfügen.

Das ZIP unterhält Zuordnungen zwischen Netzwerknummern und Zonennamen in Zone-Informations-Tabellen (ZITs). Die ZITs werden in Routern gespeichert, die die Hauptnutzer des ZIP sind, jedoch verwenden auch Endknoten während des Startprozesses das ZIP, um ihre Zonen auszuwählen und um Informationen über die Internetzwerkzone zu erlangen. RTMP unterhält über das ZIP eine Zonenliste für bekannte Netzwerke. Wenn

RTMP ein neues Netzwerk kennen lernt, sendet es eine ZIP-Anfrage, um die Zonennamen zu erfahren. Bild 2.78 zeigt ein Beispiel-ZIT.

Netzwerknummer	Zone
1–1	Meine
2–2	Deine
3–3	Marketing
4–4	Dokumentation
5–5	Vertrieb

Bild 2.78: Die Zonen-Informations-Tabelle verknüpft Zonennamen mit Kabelbereichen.

Die AppleTalk-Transportschicht

Die Transportschicht des AppleTalk wird durch zwei primäre Apple-Protokolle implementiert: das ATP und das AppleTalk-Data-Stream-Protokoll (ADSP). ATP ist transaktionsorientiert und ADSP ist datenstromorientiert.

ATP

ATP ist eines der Transportschichtprotokolle des AppleTalk. Es ist für Transaktionsapplikationen geeignet, die z.B. in Banken oder im Einzelhandel eingesetzt werden.

ATP-Transaktionen bestehen aus Anfragen (von Clients) und Antworten (von Servern). Jedes Anfrage/Antwort-Paar besitzt eine bestimmte Transaktions-ID. Transaktionen erfolgen zwischen zwei Socket-Clients. ATP verwendet so genannte Exactly-Once- (XO = genau eine) und At-Least-Once-Transaktionen (ALO = mindestens eine). XO-Transaktionen werden in Situationen benötigt, in denen eine versehentlich mehrfach ausgeführte Transaktion nicht stattfinden darf. Banktransaktionen sind ein Beispiel für solche unzulässigen Situationen (also Situationen, bei denen eine wiederholte Transaktion Probleme verursachen würde, da die an der Transaktion beteiligten Daten ungültig würden).

ATP kann die wichtigsten Transportschicht-Funktionen erfüllen, z.B. die Datenbestätigung und deren Neuübertragung, die Paketsequenzierung, deren Fragmentierung sowie deren Zusammenfügung. ATP beschränkt die Meldungssegmentierung auf acht Pakete und ATP-Pakete können nicht mehr als 578 Datenbytes enthalten.

ADSP

ADSP ist ein weiteres wichtiges Transportschicht-Protokoll des AppleTalk. Wie der Name bereits impliziert, ist ADSP datenstromorientiert und nicht transaktionsorientiert. Es richtet Full-Duplex-Datenströme zwischen zwei Sockets eines AppleTalk-Internetzwerks ein und unterhält sie.

ADSP ist insoweit ein zuverlässiges Protokoll, dass es die Übertragung der Datenbytes in derselben Reihenfolge garantiert, in der sie gesendet wurden und dass sie nicht dupliziert werden. ADSP nummeriert jedes Datenbyte, um die einzelnen Elemente des Datenstroms zu verfolgen.

ADSP besitzt auch einen Mechanismus zur Flusskontrolle. Das Ziel kann faktisch die Quellübertragungen bremsen, indem es die Größe des angezeigten Empfangsfensters verringert.

ADSP ermöglicht auch einen Kontrollmeldungsmechanismus der parallel zum Datenstrom ausgeführt wird. Warnungspakete werden als Träger eingesetzt, um die Kontrollmeldungen zwischen zwei AppleTalk-Einheiten zu übertragen. Diese Pakete nutzen einen separaten Sequenznummernstrom, um sie von den normalen ADSP-Datenpaketen zu unterscheiden.

Die höherschichtigen Protokolle des AppleTalk

AppleTalk unterstützt verschiedene höherschichtige Protokolle. Das AppleTalk-Session-Protokoll (ASP) richtet Sitzungen (logische Konversationen) zwischen einem AppleTalk-Client und einem Server ein und unterhält sie. Das PAP des AppleTalk ist ein verbindungsorientiertes Protokoll, das Verbindungen zwischen Clients und Druckservern einrichtet und unterhält. Das Apple-Talk-Echo-Protokoll (AEP) ist ein besonders einfaches Protokoll, das Pakete erzeugt, die zum Test der Erreichbarkeit von diversen Netzwerkknoten eingesetzt werden können. Abschließend hilft AFP den Clients, die Serverdateien über ein Netzwerk miteinander zu teilen.

2.3 Zusammenfassung

Dieses Kapitel konzentrierte sich auf die meist verwendeten Media-Access-Typen, wie z.B. IEEE 802.3, IEEE 802.5 und FDDI, sowie auf die meist verwendeten Protokollsuiten, wie z.B. TCP/IP, Novells IPX/SPX und AppleTalk. Das Wissen über die grundlegenden technischen Details dieser Kommunikationsmethoden wird Ihnen helfen, wenn Sie verstehen wollen, wie das Netzwerk arbeiten soll, und wenn Sie erkennen wollen, wann die Kommunikations-»Gesetze« gebrochen werden.

Während Sie Ihre systematische Fehlersuchmethode bei Netzwerkproblemen einsetzen, grenzen Sie den Tatsachenbereich ein, indem Sie die Ziele kennen, denen Sie als mögliche Problemursachen die größte Aufmerksamkeit zuwenden.

Wenn das bestehende Problem damit zusammenhängt, dass Ihre Benutzer keine Verbindung aufbauen können, beginnt der erste Abschnitt zur Tatsachensammlung und die Wahrscheinlichkeitsbetrachtung damit, dass Sie die Bedingungen der physikalischen Schicht überprüfen.

Die relevante Hardware und die physikalischen Verbindungen müssen funktionieren, bevor die Überprüfung der Problemursachen von Datenverbindungen Sinn macht. Auch wenn das Problem die Datenübertragung unterbrochen hat, sollten Sie zuerst überprüfen, ob die physikalische Verbindung unterbrochen wurde.

Die Überprüfung der Datenverbindung auf Cisco-Routern konzentriert sich auf die direkt verbindenden Netzwerkgeräte über eine Schnittstelle. Die Cisco-IOS-Software-Befehle **show interface** liefern Fakten, die zur Problemlösung beitragen. Vor allem ist eine einfache Ausgabezeile zu überprüfen, um zu erkennen, ob die Schnittstelle aktiv ist (z.B. »Ethernet 0 is up«) und um zu erkennen, ob die Datenverbindung aktiv ist (z.B. »line protocol is up«). Wir werden den Befehl **show interface** in Kapitel 3, »Die Cisco-Routing- und -switching-Prozesse« näher betrachten.

Wenn die Datenverbindungsschicht arbeitet, können Sie sich bei der Fehlersuche auf die Schichten oberhalb der Datenverbindungsschicht konzentrieren. Beginnen Sie, indem Sie den grundlegenden Verbindungsablauf für die in Frage kommende Protokollsuite überprüfen. Dabei können Ihnen Cisco-IOS-Befehle helfen, die sich an eine bestimmte Protokollsuite richten.

In der Cisco-IOS-Software stehen Ihnen verschiedene **show**-Befehle zur Verfügung, mit denen Sie Informationen über geroutete und Routing-Protokolle sammeln können. Die Ausgaben auf diese Befehle könnten höherschichtige Fakten enthalten, die auf andere Ziele verweisen können, während Sie die wahrscheinlichen Ursachen des Problems eingrenzen. Auch diese Befehle werden in späteren Kapiteln eingeführt.

Sie können Ihre Ressourcen zur Problemlösung vergrößern, wenn Sie die aufgeschlüsselten Erklärungen über die Ausgabefelder bereithalten, sowie über andere verwandte Cisco IOS-Befehle, die Ihnen weitere Informationen liefern können.

Eine einfache Methode besteht für Sie darin, eine Kopie der Cisco-IOS-Dokumentation auf CD-ROM zu besitzen. Überprüfen Sie die Ratgeber zur Fehlersuche, die über Ihre CCO-Sitzung verfügbar sind, oder schlagen Sie in Ihren gedruckten Handbüchern nach. Falls erforderlich, können Sie Ihre Bemühungen auch mit einem Protokoll-Analyzer eines anderen Herstellers fortsetzen.

Das Kapitel 3, »Die Cisco-Routing- und -Switching-Prozesse« konzentriert sich speziell auf die Router-Verarbeitung und deren Funktionalität.

2.4 Test 2: Überblick über die Protokolleigenschaften

Geschätzte Zeit: 15 Minuten

Lösen Sie alle Aufgaben, um Ihr Wissen über die in diesem Kapitel enthaltenen Themen zu überprüfen. Die Antworten finden sich im Anhang A, »Antworten zu den Tests«.

Beantworten Sie die folgenden Fragen anhand der in diesem Kapitel enthaltenen Informationen.

Frage 2.1

Nennen Sie die zwei Protokolltypen, die zur Kommunikation zwischen Geräten eingesetzt werden.

a. _____

b. _____

Frage 2.2

Nennen Sie mindestens zwei verbindungsorientierte Protokolle.

a. _____

b. _____

Frage 2.3

Welche Schicht des OSI-Referenzmodells legt die Funktion der Flusskontrolle fest?

Frage 2.4

Mit welchem Feld beginnen sowohl Ethernet- als auch 802.3-Frame-Typen?

Frage 2.5

Welche Token-Ring-Technologie unterstützt gleichzeitig mehrere Frames auf der Leitung?

Frage 2.6

Welcher andere Media-Access-Typ ähnelt dem FDDI?

Frage 2.7

Geben Sie die Unterschiede zwischen den folgenden Typen des 802.2-Dienstes an:

a. LLC1: _____

b. LLC2: _____

c. LLC3: _____

Frage 2.8

Welche Aufgabe hat ein Frame-Relay-DLCI?

Frage 2.9

Welches TCP/IP-Protokoll wird verwendet, um eine Hardware-Adresse für ein IP-Gerät zu beziehen?

Frage 2.10

Mit welchem TCP/IP-Protokollsatz ist das IPX von Novell am ehesten verwandt?

Frage 2.11

Welche Verbindung-Status-Routing-Protokolle verwendet das TCP/IP und welche IPX/SPX?

_____

Frage 2.12

Welchen Dienstentdeckungsmechanismus verwendet AppleTalk?

_____

Frage 2.13

Was sind die drei typischen Phasen, die bei einer verbindungsorientierten Kommunikation auftreten?

a. _____

b. _____

Frage 2.14

Nennen Sie mindestens zwei Schlüsselvorteile, die verbindungslose Protokolle gegenüber verbindungsorientierten Protokollen aufweisen:

a. _____

b. _____

Frage 2.15

Welche verbindungsorientierten und verbindungslosen Transportschichtprotokolle werden bei der TCP/IP-Kommunikation eingesetzt?

a. Verbindungsorientiert: _____

b. Verbindungslos: _____

Frage 2.16

Ordnen Sie die folgenden Begriffe den passenden Aussagen zu:

a. Ethernet	1. 4- oder 16-Mbps-Bandbreite
b. Token-Ring	2. Ähnlich zu 802.3
c. FDDI	3. Enthält DSAP/SSAP-Felder
d. 802.2	4. Dual-Ring-LAN

Frage 2.17
Welcher Glasfasermodus kann mit höheren Bandbreiten und längeren Kabeln betrieben werden?

a. Single-Modus

b. Multi-Modus

Frage 2.18
Welches TCP/IP-Protokoll meldet bei einer Kommunikation Routing-Fehler zurück zur Quelle?

Frage 2.19
Welche Technologien helfen bei der Verhinderung des Problems Zählen bis unendlich?

Frage 2.20
Ist BGP ein internes oder ein externes Gateway-Protokoll?

Frage 2.21
Nennen und beschreiben Sie kurz zwei Routing-Protokolle von Novell.

a. _____

b. _____

Frage 2.22
Welche drei der folgenden Attribute passen zur Beschreibung eines ATM-Netzwerks?

a. Es werden Zellen mit variablen Längen verwendet.

b. Es wurde konzipiert, um Sprach-, Video- und Datenverkehr zu übertragen.

c. Es ist primär ein verbindungsorientiertes Netzwerk.

d. Es setzt eine effiziente synchrone Kommunikation ein.

e. Es unterstützt virtuelle Pfade und virtuelle Kanäle.

KAPITEL 3

Die Cisco-Routing- und -Switching-Prozesse

In diesem Kapitel werden Sie die technischen Details der IOS-Routing- und -Switching-Architektur von Cisco erlernen. Dieses grundlegende Wissen wird Ihnen dabei helfen, die Cisco-Managementwerkzeuge und die diagnostischen Befehle zu verstehen und zu interpretieren, die im Teil II, »Die Fehlersuche bei Routing- und gerouteten Protokollen«, betrachtet werden.

Es gibt verschiedene Typen von Routing- und Switching-Prozessen. Obwohl Cisco-Geräte einfach *Router* genannt werden, sind sie wesentlich funktioneller als einfache Router, da alle Cisco-IOS-Plattformen sowohl Routing- als auch Switching-Funktionen ausführen. Cisco bezeichnet dieses Modul innerhalb des Routers als Route-Switch-Prozessor (RSP).

Das Funktion des Routings oder der Weiterleitung umfasst zwei gekoppelte Prozesse zur Übertragung von Informationen in das Netzwerk:

– Das Fällen einer Routing-Entscheidung aufgrund von Informationen der Schicht 3

– Die Übertragung von Paketen per Switching an das nächste Hop-Ziel

Zuerst werden wir die Routing- und Switching-Funktionen genauer betrachten.

3.1 Routing

Der Routing-Prozess beurteilt die Quelle und das Ziel des Verkehrs auf der Grundlage von Kenntnissen über Netzwerkzustände. Routing-Protokolle bestimmen den besten Pfad zur Übertragung des Verkehrs zum Ziel über eine oder mehrere der Routerschnittstellen. Routing-Entscheidungen auf der Basis von Verbindungszuständen beruhen auf einer Reihe von Kriterien, wie z.B. Verbindungsgeschwindigkeit, topologische Distanz und Protokoll. Distanz-Vektor-Routing-Entscheidungen beruhen allein auf der topologischen Distanz. Jedes Protokoll unterhält seine eigenen Routing-Informationen, wie Bild 3.1 zeigt.

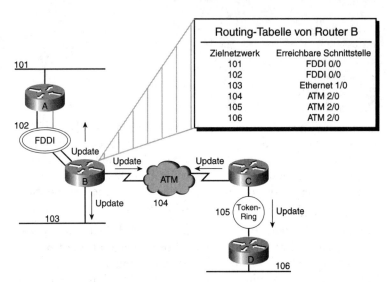

Bild 3.1: Der Router tauscht Routing-Updates mit allen seinen Nachbarn aus.

Routing ist prozessorintensiver und hat eine höhere Latenz als Switching, da es den Pfad und die nächsten Hops bestimmt, indem es in jedem Paket die Schicht-3-Informationen überprüft. Dieser Prozess verlangt auch, dass der Router den alten Media-Access-Control-(MAC-)Header abstreift und vor der Aussendung des Pakets einen neuen erzeugt. Switching nimmt lediglich eine MAC-Adressenprüfung vor, die wesentlich schneller erfolgt. Das erste geroutete Paket erfordert einen Blick in die Routing-Tabelle zur Bestimmung der Route. Nachdem das erste Paket durch die Routen-Tabellenprüfung geroutet wurde, werden die Routing-Informationen in den Route-Cache übernommen. Nachfolgender Verkehr für das gleiche Ziel wird mit Hilfe dieser im Route-Cache gespeicherten Routing-Informationen geswitcht.

Ein Router sendet Routing-Updates aus allen seinen Schnittstellen, die für ein bestimmtes Protokoll konfiguriert sind, wie Bild 3.1 zeigt. Er empfängt auch die Routing-Updates von anderen angeschlossenen Routern. Aus diesen empfangenen Updates und seiner Kenntnis über angeschlossene Netzwerke erzeugt der Router für jedes konfigurierte Protokoll eine Netzwerk-Topologiekarte. Jede Tabelle ist unabhängig von der anderen. Die Unabhängigkeit der Routing-Tabellen wird zuweilen auch als *Ships-in-the-Night-Routing* (Schiffe-in-der-Nacht-Routing) bezeichnet.

3.2 Switching

Durch den Switching-Prozess verkapselt der Router das Paket, um es aus der passenden Schnittstelle in Richtung Zieladresse zu senden. Switching befördert den Verkehr von einer eingehenden Schnittstelle zu einer oder mehreren ausgehenden Schnittstellen. Ein eingehendes Ethernet-Paket wird z.B. zu einer ausgehenden FDDI-Schnittstelle geswitcht.

Das Switching ist optimiert und besitzt eine geringere Latenz als das Routing, da es Pakete, Frames oder Zellen durch eine relativ einfache Quell- und Zielbestimmung des Verkehrs von Puffer zu Puffer übergeben kann. Dies spart Ressourcen, da keine zusätzlichen Überprüfungen benötigt werden. Bild 3.2 zeigt den grundlegenden Switching-Prozess.

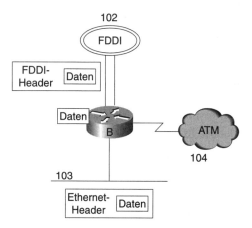

Bild 3.2: Der Switching-Prozess übergibt ein Paket vom Ethernet-Puffer an den FDDI-Puffer.

In Bild 3.2 werden Pakete an der Fast-Ethernet-Schnittstelle empfangen, die für die FDDI-Schnittstelle bestimmt sind. Anhand der Informationen im Paket-Header und der in der Routing-Tabelle gespeicherten Zielinformationen bestimmt der Router die Zielschnittstelle. Er schaut in die Routing-Tabelle des Protokolls, um die Zielschnittstelle zu erkennen, die auf die Zieladresse des Pakets passt.

Die MAC-Adresse des Ziels ist in Tabellen gespeichert, wie z.B. Address-Resolution-Protokoll-(ARP-)Tabellen für IP und Apple-Talk-ARP-(AARP-)Tabellen für AppleTalk. Wenn kein Eintrag für das Ziel vorhanden ist, sucht der Router die Zieladresse mit Hilfe des ARP. Die IP-Adress-Informationen der Schicht 3 werden der MAC-Adresse der Schicht 2 für den nächsten Hop zugeordnet. Bild 3.3 illustriert die Zuordnung, die ausgeführt wird, um den nächsten Hop zu bestimmen.

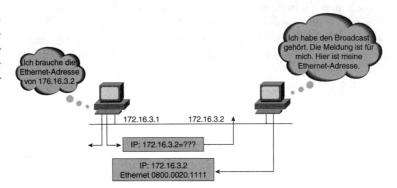

Bild 3.3: ARP verknüpft die Adressen der Schicht 3 mit denen der Schicht 2.

3.2.1 Grundlegende Switching-Pfade

Wenn ein Router einen Frame empfängt, gibt es viele verschiedene Pfade, die er durch die Hardware des Routers nehmen kann. Diese Pfade hängen sowohl von der Hardware als auch von der IOS-Konfiguration ab. Diese Pfade mit der Bezeichnung *Switching-Pfade* bestimmen die Nutzung der Router-Hardware sowie den Router-Durchsatz in Bezug auf geroutete Pakete pro Sekunde. Die grundlegenden Switching-Pfade sind

– Prozess-Switching

– Fast-Switching

– Silikon-Switching/autonomes Switching

– Optimiertes Switching

– Verteiltes (Distributed) Switching

– NetFlow-Switching

Die folgenden Abschnitte erklären und unterscheiden die einzelnen Switching-Pfade.

> **ANMERKUNG**
>
> All diese unterschiedlichen Switching-Typen werden protokoll- und schnittstellenweise mit der folgenden Syntax konfiguriert:
>
> ```
> protocol route-cache switching type
> ```
>
> Der ausgeführte Switching-Typ (z.B. Silikon, autonom, Fast oder Prozess) wird durch die Konfiguration der Zielschnittstelle und die Version der Cisco-IOS-Software vorgegeben. Der verwendete Switching-Modus hängt von der Cisco-IOS-Version, vom Netzwerkprotokoll, vom Schnittstellenprozessor, von der Konfiguration und der Paketverkapselung ab. Daher gibt es zahlreiche Kombinationsmöglichkeiten. Um herauszufinden, welche Protokolle und Konfigurationen das Prozess-Switching verursachen, sollten Sie Ihren technischen Supportbeauftragten für genaue Daten kontaktieren oder Sie beziehen die Informationen, die über Cisco-Connection-Online (www.cisco.com) oder auf der Cisco-Dokumentations-CD-ROM verfügbar sind.

Prozess-Switching

Beim Prozess-Switching wird das erste Paket in den Systempuffer kopiert. Der Router sucht die Schicht-3-Netzwerkadresse in der Routing-Tabelle und initialisiert den Fast-Switching-Cache. Der Frame wird mit der Zieladresse neu erzeugt und an die ausgehende Schnittstelle gesendet, die zum Ziel führt. Nachfolgende Pakete für das Ziel werden über denselben Switching-Pfad gesendet.

Der Route-Prozessor berechnet die Prüfsumme (CRC = Cyclic-Redundancy-Check), die einen Fehlerprüfmechanismus über die Inhalte des Pakets ausführt. Das Prozess-Switching erzeugt Overhead, da hierzu CPU-Unterbrechungen zur Verarbeitung der Pakete nötig sind.

Es folgen einige Werte, die die verarbeiteten Pakete pro Sekunde auf der Basis von 64-Byte-IP-Paketen auf verschiedenen Cisco-Router-Plattformen auflisten:

Plattform	Performance
Cisco 7500/RSP4	18000 pps
Cisco 7500/RSP2	8000 pps
Cisco 7200-150	5000 pps
Cisco 4500 und 4700	3500 und 4600 pps
Cisco 3620 und 3640	2000 und 4000 pps
Cisco 7000/7010 mit SSP	2500 pps
Cisco 7000/7010 mit SP	2000 pps

Plattform	Performance
AGS+/CSC4	2000 pps
Cisco 4000	1800 pps
Cisco 3000/2500	900 pps

Fast-Switching

Wenn Pakete durch Fast-Switching verarbeitet werden, wird das erste Paket in den Arbeitsspeicher kopiert und das Zielnetzwerk oder der Zielhost findet sich im Fast-Switching-Cache. Der Frame wird neu erzeugt und an die ausgehende Schnittstelle gesendet, die zum Ziel führt. Nachfolgende Pakete für das gleiche Ziel verwenden denselben Switching-Pfad. Der Schnittstellenprozessor berechnet die CRC für die ausgehenden Pakete. Das Fast-Switching ist der Standard-Switching-Mechanismus für alle Protokolle außer IP.

Die Cisco-Router der Serien 4000, 3000 und 2500 besitzen einen gemeinsamen Arbeitsspeicherbereich für alle Paketpuffer und den Cache. Der Fast-Switching-Cache befindet sich in diesem gemeinsamen Arbeitsspeicher. Auf diesen Routern ist kein Silikon- oder autonomes Switching möglich. Es folgen einige Werte, die die verarbeiteten Pakete pro Sekunde auf der Basis von 64-Byte-IP-Paketen auf verschiedenen Cisco-Router-Plattformen auflisten:

Plattform	Performance
Cisco 7500/RSP4	320000–350000 pps
Cisco 7500/RSP2	220000–250000 pps
Cisco 7200-150	150000 pps
Cisco 4500 und 4700	45000 und 75000 pps
Cisco 3620 und 3640	16000 und 40000 pps
Cisco 7000/7010 with SSP	30000 pps
Cisco 7000/7010 with SP	28000 pps
AGS+/CSC4	6000-20000 pps
Cisco 4000	14000 pps
Cisco 2500	6000 pps

Silikon-Switching/Autonomes Switching

Ob Sie das Silikon-Switching oder das autonome Switching ausführen, hängt von der Hardware ab. In den Cisco-Routern der 7000er Serie befindet sich der Silikon-Switching-Cache und der autonome Switching-Cache auf der Silicon-Switch-Prozessor-(SSP-)Karte. Wenn der Router nur über eine Switch-Prozessor-

(SP-)Karte, aber keinen SSP verfügt, kann kein Silikon-Switching ausgeführt werden. Der Fast-Switching-Cache befindet sich auf dem Route-Prozessor (RP).

Der SSP (oder der SP) switcht Pakete von der Quelle zum Ziel. Der RP erzeugt die Routing-Tabelle für die gerouteten Protokolle und sendet Routing-Protokoll-Updates.

Der RP ist das Prozessormodul im Cisco-Router der 7000er Serie, das die CPU, die System-Software und die meisten Speicherkomponenten enthält, die innerhalb des Routers verwendet werden. Dieser Prozessor wird gelegentlich auch als *Supervisor-Prozessor* bezeichnet. Der SP ist ein Cisco-Prozessormodul der 7000er Serie, das als Administrator für alle CxBus-Aktivitäten fungiert. Dieses wird gelegentlich auch *ciscoBus-Controller* genannt.

Optimiertes Switching

Das optimierte Switching ist vergleichbar mit dem Fast-Switching, aber schneller. Das erste Paket wird in den Paketspeicher kopiert und das Zielnetzwerk oder der Zielhost findet sich im Optimum-Switching-Cache. Der Frame wird neu erzeugt und an die ausgehende Schnittstelle gesendet, die zum Ziel führt. Nachfolgende Pakete für das gleiche Ziel verwenden den gleichen Switching-Pfad. Der Schnittstellenprozessor berechnet die CRC. Das optimierte Switching ist der standardeingestellte Switching-Mechanismus für TCP/IP-Verkehr.

> **ANMERKUNG**
>
> Das optimierte Switching ist die Standardeinstellung auf Cisco-Routern der 7500er Serie. Während des Debugging wird es deaktiviert. Das Debugging erfordert das Prozess-Switching.

Das verteilte (distributed) Switching

Je näher die Funktion des Switching an der Schnittstelle ausgeführt wird, desto effizienter wird sie. Das *verteilte Switching* bringt den Prozess der Paketbeförderung von einer eingehenden Schnittstelle zu einer anderen ausgehenden Schnittstelle hinunter auf die Schnittstellenebene.

Auf den Cisco-Routern der 7500er Serie werden die Schnittstellen auf Karten mit der Bezeichnung *Blades* installiert, die in die Slots des 7500er Gehäuses eingeschoben werden. Jede Blade besitzt verschiedene Schnittstellen (wie z.B. Ethernet, Fast-Ethernet,

Token-Ring und FDDI). Das verteilte Switching ermöglicht das Switching zwischen einer Blade und einer anderen Schnittstelle auf derselben Blade, ohne dass das Paket an die Hauptplatine übergeben werden muss.

Der Prozessor, der das verteilte Switching ermöglicht, wird Versatile-Interface-Prozessor (VIP) genannt. Der RISC-basierte Prozessor des VIP kann Routing-Informationen vom Route-Server im RSP empfangen und cachen. Durch diese Daten kann der VIP lokale Switching-Entscheidungen fällen, ohne dass der RSP beteiligt ist, und damit den Gesamtdurchsatz beschleunigen. Der Router-Durchsatz steigert sich mit der Anzahl der im Router installierten VIP-Karten.

Das verteilte Switching nutzt dieselbe Technologie, die durch die Cisco-Fusions-Technologie verwendet wird. In der Cisco-Fusions-Architektur können die Route-Server die Routing-Informationen an Multilayer-Switches in Serverschränken verteilen.

Bild 3.4 illustriert die funktionellen Elemente der Cisco-Router der 7500er Serie. Diese Elemente enthalten einen integrierten RSP. Der RSP in den Cisco-Routern der 7500er Serie integriert die Funktionen des RP und des SP.

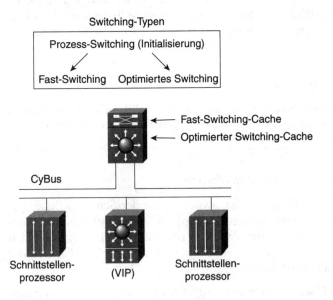

Bild 3.4:
Cisco-Router der 7500er Serie unterstützen mit dem Einsatz von VIP-Karten sowohl das optimierte Switching als auch das verteilte Switching.

NetFlow-Switching

Das NetFlow-Switching gibt Ihnen die Möglichkeit, die Daten zu sammeln, die für ein flexibles und umfassendes Accounting, für Rechnungsstellungen und den Nutzungsnachweis von Netzwerk- und Applikations-Ressourcen verwendet werden können. Die Accounting-Daten können für das Standleitungs-Accounting sowie für das Accounting von Einwahlverbindungen erhoben werden. Das NetFlow-Switching auf der Grundlage von VLAN-Technologien bietet die Vorteile des Switchings und des Routings auf derselben Plattform. Das NetFlow-Switching wird über geswitchte LAN- oder ATM-Backbones unterstützt und erlaubt damit eine skalierbare Inter-VLAN-Weiterleitung. Das NetFlow-Switching kann an jedem Punkt im Netzwerk eingesetzt werden, als eine Erweiterung zu vorhandenen Routing-Infrastrukturen.

Das NetFlow-Switching identifiziert die Verkehrsflüsse zwischen Hosts und switcht die Pakete in diesen Flüssen zum selben Zeitpunkt, wenn es die entsprechenden Dienste anwendet.

Die Verkehrsflüsse sind einseitig gerichtete Paketströme zwischen einer gegebenen Quelle und einem Ziel, das durch die Netzwerkschicht- (also IP-) Adresse und die Portnummer der Transportschicht vorgegeben ist. Beim konventionellen Netzwerkschicht-Switching wird jedes eingehende Paket einzeln verarbeitet.

Der Router führt eine Reihe einzelner Prüfungen für jedes Paket aus und sendet anschließend (d.h. er switcht) jedes Paket zu seinem Ziel. Diese Prüfungen beinhalten auch, ob ein Sicherheits-Access-Filter vorhanden ist, sowie die Aktualisierung der Verkehrs-Accounting-Berichte.

Beim NetFlow-Switching erfolgt der zuvor beschriebene Prüfprozess nur für das erste Paket in einem Fluss. Wenn ein Netzwerkfluss identifiziert wurde und die zugehörigen Dienste bestimmt wurden, werden alle nachfolgenden Pakete auf einer verbindungsorientierten Grundlage als Teil dieses Flusses behandelt.

Durch einen einzelnen Vorgang werden die Pakete geswitcht und gleichzeitig die Dienste auf sie angewendet. Dieses stromlinienförmige Verfahren der Paketverarbeitung steigert die Performance der Netzwerkdienste. Auf Cisco-Routern der 7500er Serie kann beispielsweise das NetFlow-Switching schneller sein als das verteilte Switching und die Dienstmöglichkeiten, die die neuen VIP-Karten bieten.

Durch die Ausführung des NetFlow-Switchings auf jedem VIP kann die System-Performance des Cisco 7513 auf mehr als eine

Million Pakete pro Sekunde gesteigert werden. NetFlow-Switching bietet eine erhöhte Performance für die sicherheitsbezogenen Cisco-IOS-Dienste sowie das Quality-of-Service-(QoS-) und das Verkehrs-Accounting. Gleichzeitig können diese Dienste durch das NetFlow-Switching wirkungsvoller auf einer benutzer- und applikationsabhängigen (also sitzungsabhängigen) Basis angewendet werden.

3.2.2 Ein Beispiel eines Paketflusses

STOPP

Diese Aufgliederung eines Paketflusses wird hier nur zu informellen Zwecken gezeigt, wie auch die Puffer- und Queue-Details in den kommenden Abschnitten. Sie stellt nur eine verständliche Erklärung der Arbeitsweise der Switching-Architektur eines Router dar. Sie ist aber nicht dafür gedacht, Ihnen ein allgemeines Verständnis über den Pfad zu geben, den ein Paket nimmt, wenn es durch den Router und die beteiligten Puffer und Queues geswitcht wird. Für derartige Details sollten Sie das Cisco-Technical-Assistance-Center (TAC) konsultieren.

Betrachten Sie, was passiert, wenn das erste Paket eines bestimmten Protokolls an einer Schnittstelle eines 7000er Routers ankommt, das für eine bestimmte ausgehende Schnittstelle bestimmt ist. In Bild 3.5, Bild 3.6 und Bild 3.7 ist das Paket, das an der Ethernet-Schnittstelle ankommt, für die FDDI-Schnittstelle bestimmt (diese basiert auf der Zieladresse im Paket-Header).

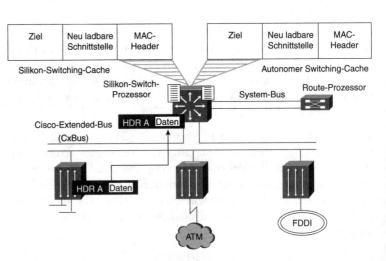

Bild 3.5: Ein Frame wandert durch die internen Puffer und Busse des Routers.

Kapitel 3 • Die Cisco-Routing- und -Switching-Prozesse 203

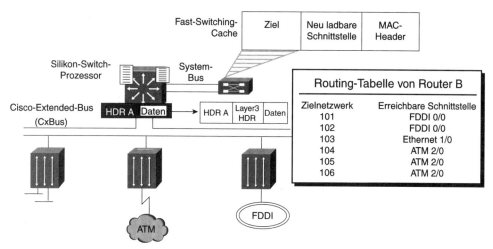

Bild 3.6: Beim Prozess-Switching muss das gesamte Paket über den System-Bus gesendet werden.

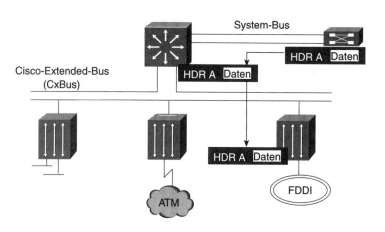

Bild 3.7: Das ausgehende Paket nimmt den gleichen Pfad in entgegengesetzter Richtung.

Der Paket wird daraufhin in den folgenden Schritten verarbeitet:

1. Das Paket kommt am Hardware-Puffer eines Schnittstellenprozessors an (in diesem Fall am Ethernet-Schnittstellenprozessor).

2. Das Paket wird über den CxBus in einen Paket-Puffer auf dem SSP kopiert.

3. Der Silikon-Switching-Cache wird überprüft, um zu sehen, ob ein Eintrag für das Ziel vorhanden ist. Zu diesem Zeitpunkt existiert noch kein Eintrag, da dies das erste Paket ist, das für das bestimmte Ziel empfangen wurde.

4. Der autonome Switching-Cache wird überprüft, um zu sehen, ob ein Eintrag für das Ziel vorhanden ist. Zu diesem Zeitpunkt existiert noch kein Eintrag, da dies das erste Paket ist, das für das bestimmte Ziel empfangen wurde.

5. Da sich keine Einträge in den Switching-Caches befinden, wird der Paket-Header (der Schicht 3) über den System-Bus in den RP-Speicher kopiert.

6. Der optimierte Switching-Cache (der Default-Mechanismus für TCP/IP-Verkehr) oder der Fast-Switching-Cache (die Standardeinstellung für alle anderen Protokolle) wird überprüft, um zu sehen, ob ein Eintrag für das Ziel vorhanden ist. Auch zu diesem Zeitpunkt existiert noch kein Eintrag, da dies das erste Paket ist, das für das bestimmte Ziel empfangen wurde.

7. Das gesamte Paket wird in den RP-Speicher kopiert (zuvor wurde nur der Paketheader kopiert).

8. Der RP sucht nach einem Eintrag für die Zielnetzwerkadresse in der entsprechenden Routing-Tabelle. (Erinnern Sie sich, dass die Routingtabelle durch empfangene Routing-Updates von benachbarten Routern sowie durch die Kenntnisse des RP über direkt angeschlossene Netzwerke erstellt wurde.) Wenn kein Eintrag in der Routing-Tabelle existiert oder wenn der Routeneintrag eine Route im unterdrückten Zustand (Holddown) anzeigt, wird das Paket verworfen und die Quelle wird informiert, dass das Ziel nicht erreichbar ist (wenn das Protokoll diese Funktion ermöglicht).

Diese Prozedur demonstriert, warum Prozess-Switching relativ langsam ist. Der RP muss so lange angehalten werden, bis das Paket vom SP zum RP kopiert wurde.

9. Der RP verwendet die Einkapselung in Abhängigkeit von der Zielschnittstelle. Wenn diese Einkapselung vorgenommen wurde, wird die Konfiguration für die bestimmte Zielschnittstelle überprüft.

10 Wenn die Schnittstelle für das betrachtete Protokoll für das Silikon-Switching konfiguriert wurde, werden die Einkapselungsinformationen in den Silikon-Switching-Cache kopiert.

Wenn die Schnittstelle für das betrachtete Protokoll für das autonome Switching konfiguriert wurde, werden die Einkapselungsinformationen in den autonomen Switching-Cache kopiert. Wenn die Zielschnittstelle weder für das Silikon- noch für das autonome Switching konfiguriert wurde, werden die Einkapselungsinformationen in den Fast-Switching-Cache kopiert, solange die Schnittstelle aus bestimmten Gründen prozess-geswitcht werden muss (zum Beispiel könnte sie mit **no <protocol> route-cache** oder mit einer ungewöhnlichen Protokolleinkapselung konfiguriert sein).

11. Der RP befördert das Paket über den Systembus zu einem Paket-Puffer auf dem SP.
12. Das Paket wird über den CxBus zu einem Hardware-Puffer auf einem Schnittstellenprozessor kopiert (dem FDDI-Schnittstellen-Prozessor).
13. Das Paket wird an die Zielschnittstelle ausgesendet.

Dieser Initialisierungssequenz wird für das erste Paket eines bestimmten Protokolls ausgeführt, das für eine bestimmte Zielschnittstelle bestimmt ist. Die Sequenz wird auch für jedes Paket ausgeführt, das per Prozess-Switching aus einer Schnittstelle ausgesendet wird.

3.2.3 Switching-Features, die die Performance beeinflussen

Die Routerperformance wird durch den eingesetzten Switching-Mechanismus beeinflusst. Einige Cisco-IOS-Features erfordern eine spezielle Verarbeitung und können nicht geswitcht werden, bevor nicht die zusätzlich erforderliche Verarbeitung ausgeführt wurde. Diese spezielle Verarbeitung können die Schnittstellenprozessoren nicht leisten. Da diese Features eine zusätzliche Verarbeitung erfordern, haben sie einen negativen EinFluss auf die Switching-Performance. Diese Features beinhalten

– Queuing

– Random-Early-Detection

– Komprimierung

– Filterung (mittels Access-Listen)

– Verschlüsselung

– Accounting

Die folgenden Abschnitte beschreiben alle diese Features.

Queuing

Queuing (Queue = Warteschlange) tritt bei Netzwerküberlastung auf. Wenn der Verkehr innerhalb des Netzwerk gut fließt, werden die Pakete, sobald sie ankommen, aus der Schnittstelle ausgesendet und es ist kein Queuing notwendig.

Die Cisco-IOS-Software wendet vier verschiedene Queuing-Algorithmen an:

- First-in-First-out-Queuing (FIFO) – Pakete werden in derselben Reihenfolge weitergeleitet, wie sie an der Schnittstelle ankommen.

- Prioritäts-Queuing – Pakete werden aufgrund einer vergebenen Priorität weitergeleitet. Sie können Prioritätslisten und -gruppen erzeugen, um Regeln aufzustellen, nach denen Pakete in Prioritäts-Queues eingereiht werden.

- Angepasstes (Custom) Queuing – Sie können einen Prozentsatz der Schnittstellenbandbreite für bestimmten Verkehr kontrollieren, indem Sie Protokoll-Queue-Listen und Custom-Queue-Listen erzeugen.

- Gewichtetes Parallel-(Weighted-Fair-)Queuing – Das gewichtete Parallel-Queuing ermöglicht eine automatische Verkehrsprioritätsregelung. Sitzungen mit geringer Bandbreite besitzen Priorität gegenüber Sitzungen mit hoher Bandbreite, wobei Sitzungen mit hoher Bandbreite gewichtet werden. Das gewichtete Parallel-Queuing ist für Schnittstellen unterhalb von 2.048 Mbps standardeingestellt.

Die Queuing-Mechanismen und -Konfigurationen werden detailliert in *Advanced Cisco Router Configuration* beschrieben.

Random-Early-Detection (Zufällige Früherkennung)

Random-Early-Detection wurde für die Vermeidung von Stauungen entwickelt. Der Verkehr wird anhand des Type-of-Service (ToS) oder der Precedence bevorzugt. Dieses Feature ist auf T3-, OC-3- und ATM-Schnittstellen einsetzbar.

Komprimierung

Je nach verwendetem Protokoll stehen Ihnen in der Cisco-IOS-Software verschiedene Komprimierungsoptionen zur Verfügung. Im Cisco IOS-Configuration-Guide können Sie nachlesen, welche Komprimierungsoptionen für welches Protokoll verwendbar sind.

Filterung

Sie können Access-Listen erzeugen, um den Zugriff auf oder von einem Router für eine Reihe von Diensten zu kontrollieren. Sie könnten z.B. eine Access-Liste erstellen, um zu verhindern, dass Pakete mit einer bestimmten IP-Adresse eine bestimmte Schnittstelle auf einem Router verlassen. Die Verwendungsart der Access-Listen hängt vom einzelnen Protokoll ab. Informationen über Access-Listen finden Sie in *Advanced Cisco Router Configuration*.

Verschlüsselung

Sie können Verschlüsselungsalgorithmen auf die Daten anwenden, um ihre Erscheinung zu verändern und für nicht autorisierte Personen nicht lesbar zu machen.

Accounting

Sie können Accounting-Features konfigurieren, um Netzwerkdaten in Bezug auf deren Ressourcennutzung zu sammeln. Die derart gesammelten Informationen (in Form von Statistiken) können Sie zur Rechnungsstellung, zum Nutzungsnachweis und zur Planung der Ressourcenbeanspruchung einsetzen. Lesen Sie den entsprechenden Cisco-IOS-Konfigurationsratgeber für das von Ihnen verwendete Protokoll, um Informationen über die einsetzbaren Accounting-Features zu erhalten.

3.2.4 Prozess-Switching

Dieses Kapitel konzentrierte sich auf die grundlegende Router-Funktionalität. Sie sollten mit dem Konzept des Paketflusses vertraut sein, mit dem die Routing-Performance gesteigert wird. Der nächste Abschnitt dieses Kapitels betrachtet die verfügbaren IOS-Werkzeuge, mit denen eine Fehlersuche bei diversen Router-Problemen ausgeführt werden kann, die in Zusammenhang mit der internen Pufferung von Paketen bzw. der Übertragung über Busse auftreten.

Bild 3.8: Der Route-Prozessor verarbeitet Broadcasts und Overhead-Verkehr.

Mit jeder neuen Cisco-IOS-Software-Version werden mehr Aktivitäten vom Prozess-Switching hin zu schnelleren Switching-Modi übertragen. Je nach der von Ihnen eingesetzten Cisco-IOS-Software-Version können die folgenden Prozesse immer noch vom Prozess-Switching verarbeitet werden:

- Die FFFF.FFFF.FFFF-MAC-Schicht-Broadcasts und Frames, die zur Unterhaltung der Routing-Tabellen gehören
- Die Debug-Paketfilterung und verwandte Prozesse
- Das Error-Logging (beinhaltet Sendefehler an den Syslog-Server)
- Die Verarbeitung des Simple-Network-Management-Protokolls (SNMP)
- Protokollübersetzungen, wie z.B. die Folgenden:
  - Source-Route-Translational-Bridging (SR/TLB)
  - DEC-Adressübersetzung und die Umwandlung von LAT zu Telnet
  - SDLLC-Umwandlung
- Das Tunneling, einschließlich dem Folgenden:
  - X.25-Remote-Switching
  - Generische Routing-Einkapselung (GRE)
- Andere Overhead-Aktivitäten, einschließlich der Folgenden:
  - Custom- und Prioritäts-Queuing
  - Senden und Nachverfolgen von Keepalives
- Verbindungskomprimierung

3.2.5 Systempufferung und -Queuing

Die Systempuffer auf dem RP sind Teil des reservierten Systemspeichers, in dem Pakete aufbewahrt werden, und sie werden für Prozess-Switching verwendet. Obwohl bei diesen Puffern die manuelle Puffereinstellung möglich ist, wird dies nur sehr selten vorgenommen und es hat keine Wirkung auf Fast-, autonomes oder Silikon-Switching. Die beste Methode zur Steigerung der Performance ist der Einsatz des Fast-, autonomen oder Silikon-Switching als Ersatz für Prozess-Switching.

Prozess-Switching hat einen Vorteil gegenüber den schnelleren Switching-Methoden: Es kann einen großen Pufferpool aus dem verfügbaren System-RAM reserviert werden. Wenn ein Paket in einer eingehenden oder einer ausgehenden Prozessor-Queue hängen bleibt, übergibt das System das Paket an einen bestimmten Pufferpool, je nach der Größe des Pakets oder des Protokolls, das geswitcht wird. Die Puffertypen und ihre Größen sind Folgende:

Puffer	Größe
Kleine Puffer (small)	104 Byte
Mittlere Puffer (middle)	600 Byte
Große Puffer (big)	1524 Byte
Sehr große Puffer (very big)	4520 Byte
Umfangreiche Puffer (large)	5024 Byte
Riesige Puffer (huge)	18024 Byte

Während des Startvorgangs reserviert das System den Arbeitsspeicher für diese Puffer aufgrund der Hardware-Konfiguration. Jeder Pufferpool erhält eine bestimmte Anzahl von Puffern. Die auf jeden Pool angewendeten Parameter sind Folgende:

- *Permanent* – Die Anzahl von permanenten Puffern, die das System zu reservieren versucht. Die Reservierung der permanenten Puffer wird vom System gewöhnlich nicht aufgehoben.

- *Max-free* – Die maximale Anzahl von freien oder nicht reservierten Puffern in einem Pufferpool.

- *Min-free* – Die minimale Anzahl von freien oder nicht reservierten Puffern in einem Pufferpool.

- *Initial* – Die Anzahl von zusätzlichen temporären Puffern, die reserviert werden sollen, wenn das System neu geladen wird. Dieser Parameter kann verwendet werden, um zu gewährleisten, dass das System in einer Umgebung mit hohem Verkehrsaufkommen bei einem Neuladen sofort über die notwendigen Puffer verfügen kann.

Die ursprünglichen Einstellungen der Pufferpools und die der Grenzwerte, an denen temporäre Puffer erzeugt und vernichtet werden, können geändert werden. Falls nötig, kann der RP mehr Puffer aus dem Prozessor-RAM reservieren, wenn der Arbeitsspeicher dies zulässt. Das System erzeugt mehr Puffer, wenn die Anzahl der Puffer in der freien Liste unter den *Min-free*-Wert fällt. Das System hebt die Reservierung für Puffer auf, wenn die Anzahl der Puffer in der freien Liste den *Max-free*-Wert übersteigt.

Wenn ein prozess-geswitchtes Protokoll eine mangelhafte Performance aufweist, können Sie den Befehl **show buffers** ausführen, um die Performance zu überprüfen, ein Beispiel ist in Bild 3.9 gezeigt. Es wird ein *buffer miss* angezeigt, wenn sich keine freien Puffer in der freien Liste (free list) befinden. Ein *miss* veranlasst das System zum Versuch, mehr Puffer zu reservieren, sodass beim nächsten Versuch eines Pufferzugriffs diese verfügbar sind. Wenn der Versuch der weiteren Pufferreservierung nicht erfolgreich ist, wird ein *failure* erzeugt. Wenn sehr viele Puffer einer bestimmten Größe fehlen, lässt sich daran ablesen, dass die minimale Pufferanzahl und die permanente Pufferanzahl erhöht werden sollten. Sprechen Sie mit Ihrem technischen Supportpersonal, bevor sie die Puffereinstellungen verändern.

Bild 3.9: Cisco-Router verwenden sechs verschiedene Puffergrößen für die Verarbeitung von prozess-geswitchten Paketen.

```
Router# show buffers
buffer elements:
     398 in free list (500 max allowed)
     1266 hits, 0 misses, 0 created

Public buffer pools:
Small buffers, 104 bytes (total 50, permanent 50):
     50 in free list (20 min, 150 max allowed)
     551 hits, 0 misses, 0 trims, 0 created
Middle buffers, 600 bytes (total 25, permanent 25):
     25 in free list (10 min, 150 max allowed)
     39 hits, 0 misses, 0 trims, 0 created
Big buffers, 1524 bytes (total 50, permanent 50):
     49 in free list (5 min, 150 max allowed)
     27 hits, 0 misses, 0 trims, 0 created
VeryBig buffers, 4520 bytes (total 10, permanent 10):
     10 in free list (0 min, 100 max allowed)
     0 hits, 0 misses, 0 trims, 0 created
Large buffers, 5024 bytes (total 0, permanent 0):
     0 in free list (0 min, 10 max allowed)
     0 hits, 0 misses, 0 trims, 0 created
Huge buffers, 18024 bytes (total 0, permanent 0):
     0 in free list (0 min, 4 max allowed)
     0 hits, 0 misses, 0 trims, 0 created

Interface buffer pools:
Ethernet0 buffers, 1524 bytes (total 64, permanent 64):
```

Die Systempuffer werden auch zur Speicherung von Paketen verwendet, die der Router selbst erzeugt, wie z.B. Routing-Tabellen. Die Systempuffer werden auch verwendet, wenn der Router die Quelle oder das Ziel von Paketen ist, wie in den folgenden Beispielen:

- ICMP-Umleitungen (Redirects)
- Routing-Protokoll-Updates
- ICMP-Antworten (**ping**-Antworten)
- Antworten auf SNMP-Abfragen
- Novell-IPX-SAP-Updates

3.2.6 Eingehende und ausgehende Queues

Jede Schnittstelle besitzt eine eingehende und eine ausgehende Queue, die verknüpfte Listen von Prozessorpuffern sind, wie Bild 3.10 zeigt.

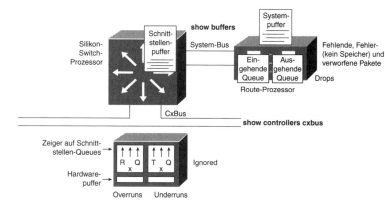

Bild 3.10: Die Queues jeder Schnittstelle zeigen auf die Systempuffer.

Eine Queue kann bis zu einer konfigurierten Grenze anwachsen oder bis auf Null schrumpfen, je nach Bedarf. Sie kann aus verschieden großen Puffern zusammengesetzt sein. Die Puffer mit der passenden Größe werden aus dem freien Pufferpool entnommen, wenn ein Paket in eine Queue gesetzt wird. Wenn die eingehende Queue-Grenze überschritten wird (wenn mehr Pakete ankommen, als durch den Prozessor verarbeitet werden können), werden diese Pakete verworfen und das Ergebnis ist ein *input queue drop*. Ein input queue drop zeigt an, dass die CPU diese Pakete im Pufferspeicher nicht verarbeiten kann, und Sie sollten sich Gedanken machen, wenn dies häufiger auftritt. Input queue drops werden oft von Stoßverkehr (bursty traffic) begleitet, der an einer Schnittstelle ankommt. Entsprechend zeigen *output queue drops*, dass die ausgehende Queue-Grenze überschritten wurde. Dies ist gleichbedeutend mit einem Busy-Signal des Routers. Ein Drop innerhalb der Schicht-3-Protokolle ist normal und kennzeichnet eine gewöhnliche Verlangsamung eines Protokolls.

Die Holdqueues (Warteschlangen) einer Schnittstelle sind dem Prozess-Switching zugeordnet. Holdqueues haben nichts mit dem Fast-, autonomen oder Silikon-Switching zu tun.

Die Standardeinstellung für die eingehende Holdqueue der Schnittstelle ist 40 Pakete und für die ausgehende Holdqueue der Schnittstelle 75 Pakete.

3.2.7 Schnittstellenpuffer

Die Schnittstellenpuffer auf dem SP werden zur Pufferung der Pakete verwendet, die von den Schnittstellenprozessoren kopiert werden. Die SP- und SSP-Controller besitzen 512 Kbyte für die Paketpufferung. Ein Teil dieses Speichers wird auch durch den autonomen Switching-Cache beansprucht. In der Standardeinstellung sind Paketpuffer mit den folgenden Größen für Schnittstellenprozessoren reserviert:

Puffertyp	Größe
FIP	44709 Byte
HSSI	4470 Byte
FSIP	4470 Byte
EIP	1524 Byte
TRIP	4470 Byte
AIP	4470 Byte

Der Befehl **show controllers cxbus** zeigt die Reservierung dieser Puffer während des Startvorgangs des Routers. Die reservierte Anzahl hängt von der Anzahl der auf dem Router installierten Schnittstellen ab.

Eine Änderung dieser Standardeinstellungen kann sich negativ auf die Switching-Performance auswirken.

Wenn die Hardware-Puffer der Schnittstelle voll sind, wird ein *ignore* aufgezeichnet und die Schnittstelle wird sehr langsam gedrosselt. Ein *ignore* tritt auf, wenn eine Hochgeschwindigkeitsschnittstelle Frames am oberen Rand der Übertragungsgeschwindigkeit akzeptiert und der SP die Frames nicht schnell genug aus dem Hardware-Puffer entnehmen kann oder wenn der Schnittstellenprozessor nicht auf den CxBus zugreifen kann, weil er für andere Übertragungen verwendet wird. *Ignores* sollten sehr selten auftreten.

Ein *overrun* tritt auf, wenn die Empfänger-Hardware die empfangenen Daten nicht an einen Hardware-Puffer übergeben kann, weil die Input-Rate die Fähigkeit des Empfängers zur Datenverarbeitung übersteigt.

Ein *underrun* tritt auf, wenn der Sender schneller lief, als der Router arbeiten konnte.

Aufgrund einer unterschiedlichen Hardware-Architektur werden Pakete auf Cisco-Routern der 4000er und 2500er Serien unterschiedlich gepuffert. Bei den Cisco-Routern der 4000er und 2500er Serien befinden sich alle Pakete, Puffer und Tabellen an einer Stelle – im gemeinsamen Arbeitsspeicher.

Alle Pakete werden direkt aus den Hardware-Puffern der Schnittstelle in den gemeinsamen Arbeitsspeicher ausgelesen und der Prozessor wird auf die Pakete im gemeinsamen Arbeitsspeicher angewendet.

Da nur ein Puffersatz vorhanden ist, wird das Paket nicht zwischen Puffern hin und her kopiert. Der Prozessor setzt das Paket einfach in eine Prozess-Queue. Wenn die Zielschnittstelle bestimmt wurde, wird der Puffer für die Ausgabe eingereiht.

3.3 Zusammenfassung

Dieses Kapitel untersuchte die interne Arbeit von Cisco-Routern und die verschiedenen Wege, wie sie mit Paketen umgehen, sowohl aus der Sicht der Verarbeitung als auch aus der der Pufferung. Sie haben verschiedene Fast-Switching-Typen kennen gelernt, die die Router je nach ihrer Hardware-Konfiguration und IOS-Version einsetzen können. Zudem haben Sie ein Paket durch die verschiedenen Switching-Engines und Puffer innerhalb des Routers verfolgt. Dies wird Sie besser darauf vorbereiten, die Ausgabe auf die diversen **show**- und **debug**-Befehle zu verstehen, die in den folgenden Kapiteln aufgezeigt werden.

3.4 Test 3: Die Cisco-Routing- und -Switching-Prozesse

Geschätzte Zeit: 20 Minuten

Lösen Sie alle Aufgaben, um Ihr Wissen bezüglich der in diesem Kapitel enthaltenen Themen zu überprüfen. Die Antworten finden sich im Anhang A, »Antworten zu den Tests«.

Beantworten Sie die folgenden Fragen anhand der in diesem Kapitel enthaltenen Informationen.

Frage 3.1

Welche Technologie wird im Cisco-Router eingesetzt, um ein Paket von einer eingehenden Schnittstelle zu einer ausgehenden Schnittstelle zu befördern?

Frage 3.2

Mit welcher Technologie wird die Richtung des Zielnetzwerks bestimmt, die durch ein eingehendes Paket vorgegeben wird?

Frage 3.3

Ein Router besitzt zwei Ethernet-Schnittstellen und zwei FDDI-Schnittstellen. An welchen Schnittstellen werden Routing-Updates gesendet?

Frage 3.4

Nennen Sie mindestens drei Switching-Pfadtypen:

Frage 3.5

Welcher Switching-Mechanismus ist die Standardeinstellung für IP-Verkehr?

Frage 3.6

Bei welchem Switching-Mechanismus muss der RSP nicht einbezogen werden und es werden VIPs verwendet?

Frage 3.7

Nennen Sie mindestens vier spezielle Features, die die Performance negativ beeinflussen.

KAPITEL 4
Werkzeuge zur allgemeinen Fehlersuche

Dieses Kapitel bietet einen Überblick über die verschiedenen Werkzeuge, die Sie für die Fehlersuche in Netzwerken einsetzen können, einschließlich der Cisco-Internetzwerkgeräte. Diese Werkzeuge umfassen Netzwerkmanagement-Applikationen, Hardware-Produkte von anderen Anbietern, wie z.B. digitale Testgeräte, Time-Domänen-Reflektometer (TDRs) und digitale Schnittstellentestgeräte, sowie Software-Werkzeuge, wie z.B. Netzwerkmonitore, Protokoll-Analyzer und Simulations-/Modellier-Werkzeuge.

Jedes dieser Werkzeuge erfüllt einen bestimmten Zweck und arbeitet auf bestimmten OSI-Referenzmodell-Schichten. Wenn Sie wissen, was die einzelnen Werkzeuge leisten können und welches Werkzeug für die einzelnen Fehlersuchaufgaben das richtige ist, werden Sie als Netzwerktechniker wesentlich effektiver arbeiten können.

Wenn Sie eine Fehlersuche ausführen, sollten Sie auf der physikalischen Schicht beginnen. Setzen Sie Kabeltester und andere einfache Tester ein, um sicherzustellen, dass keine Probleme mit dem Medium bestehen, wie z.B. Rauschen, zu große Dämpfung, falsche Kabellängen, falsche Anschlüsse usw. Wenn die physikalische Schicht funktionsfähig erscheint, wechseln Sie in die darüber liegende Datenverbindungsschicht. Sie können einen Protokoll-Analyzer einsetzen, um exzessive Kollisionen auf dem Ethernet zu erkennen, ein Beaconing auf Token-Ring- oder FDDI-Netzwerken, exzessive Soft-Errors auf dem Token-Ring sowie für andere Tests auf der Verbindungsschicht. Wenn die Datenverbindungsschicht funktionsfähig erscheint, suchen Sie anschließend nach Routing-Fehlern oder fehlerhaften Konfigurationen auf der Netzwerkschicht, indem Sie einen Protokoll-Analyzer und Cisco-IOS-

Befehle verwenden. Abschließend können Sie nach höherschichtigen Problemen suchen, wie z.B. fehlerhafte Konfigurationen, Software-Bugs und Benutzerfehler.

4.1 Einfache Kabeltestgeräte

Die einfachsten Testgeräte im gesamten Spektrum sind Volt-Ohm-Meter und digitale Multimeter. Diese Geräte messen Parameter wie z.B. Gleich- und Wechselspannung, Strom, Widerstand, Kapazität und Kabelbrüche. Mit ihnen können physikalische Verbindungen überprüft werden.

Auch Kabeltester (also Scanner) können zur Prüfung der physikalischen Verbindung verwendet werden. Kabeltester liefern dem Benutzer Informationen über die physikalische Schicht von geschirmten Twisted-Pair- (STP-), ungeschirmten Twisted-Pair- (UTP-), 10BaseT- und koaxialen und einfachen Kabeln. Diese Tester können Kabelzustände testen und anzeigen, z.B. Near-End-Crosstalk (NEXT), Dämpfung und Rauschen. Einige bieten auch TDR-, Verkehrsmonitoring- und Kabelbelegungsfunktionen. Zusätzlich zeigen einige tragbare Netzwerktester Media-Access-Control-(MAC-)Schichtinformationen über LAN-Verkehr an und liefern Statistiken wie z.B. Netzwerkauslastung und Paketfehlerraten und führen eingeschränkte Protokolltests aus (z.B. TCP/IP-Tests wie **ping**).

Für Glasfaserkabel sind ähnliche Testgeräte verfügbar. Aufgrund der relativ hohen Kosten für Glasfaserkabel und deren Installation sollten diese Kabel vor der Installation (Test auf der Kabeltrommel) und nach der Installation getestet werden. Für einen Kabelbruchtest bei Glasfasern wird entweder eine sichtbare Lichtquelle oder ein Reflektometer benötigt. Es werden Lichtquellen verwendet, die die drei vorherrschenden Wellenlängen liefern können – 850 nm, 1300 nm und 1550 nm – sowie Meßgeräte, die dieselben Wellenlängen messen und die Dämpfung und den Verlust durch Reflektionen in der Glasfaser testen können.

Bild 4.1 zeigt einen Kabelscanner von Microtest: den OMNI-Scanner. Der OMNI-Scanner besitzt die Fähigkeit Kabel zu testen, die mit den aktuellen und zukünftigen Standards einhergehen, mit einem extrem weiten dynamischen Bereich von 100 dB, und er kann Bandbreiten bis zu 300 MHz unterstützen. Der OMNI-Scanner kann Kabel der Kategorie 7 bis hinauf zu 300 MHz durchtesten.

Kapitel 4 • Werkzeuge zur allgemeinen Fehlersuche **219**

> **ANMERKUNG**
>
> Die Firmenadresse von Microtest, Inc. ist 4747 N. 22nd St., Phoenix, AZ 85016-4708, Telefonnummer 602-952-6400.

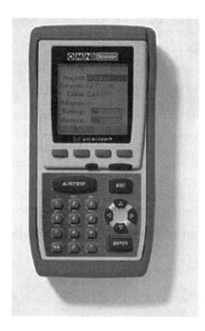

*Bild 4.1:
Der tragbare Kabelscanner OMNI-Scanner von Microtest kann ein großes Sortiment von Kabeln testen.*

4.2 High-End-Kabeltester

Am oberen Ende des technologischen Spektrums der Kabeltestgeräte befinden sich TDRs. Diese Geräte können sehr schnell Unterbrechungen, Kurzschlüsse, Faltungen, Knicke, scharfe Biegungen, falsche Impedanzen und andere Defekte in metallischen Kabeln lokalisieren.

Ein TDR arbeitet mit der Reflektion eines Signals am anderen Ende des Kabels, das mit Radar vergleichbar ist. Unterbrechungen, Kurzschlüsse und andere Probleme reflektieren das Signal mit unterschiedlichen Amplituden zurück, je nach dem vorliegenden Problem. Ein TDR misst die Zeit, die das Signal für die Reflektion benötigt (für Hin- und Rückweg) und verwendet die mittlere

>   Distanz = Ausbreitungsgeschwindigkeit x Zeit zur Berechnung der Entfernung zu einem Kabelfehler

Wenn ein Signal das Kabelende erreicht, wird es mit einer sehr kleinen Amplitude reflektiert, daher können TDRs auch zur Längenmessung eines Kabels verwendet werden. Einige TDRs können auch die Ausbreitungsgeschwindigkeit anhand einer konfigurierten Kabellänge berechnen.

Messungen an Glasfasern werden mit einem optischen TDR (OTDR) ausgeführt. Diese Geräte können durch die gemessenen Reflektionen die Länge der Faser exakt ausmessen, Kabelbrüche lokalisieren, die Faserdämpfung bestimmen und Spliss oder fehlerhafte Kontakte erkennen. An den Brüchen oder Verbindungsstellen werden pulsierende Reflektionen erzeugt, während im ganzen Kabel gleichmäßig verteilte Streureflektionen erzeugt werden. Diese werden gemeinsam zur Messung der Faserdämpfung verwendet. Eine sehr gute Anwendung des OTDR besteht darin, das Muster einer bestimmten Installation zu bestimmen und die Dämpfungs- und Splissverluste aufzuzeichnen. Diese grundlegende Messung kann daraufhin mit zukünftigen Mustern verglichen werden, wenn ein Problem im System vermutet wird.

Bild 4.2 zeigt ein TDR von Biddle.

ANMERKUNG

Weitere Informationen über dieses Produkt können Sie von AVO International unter www.avointl.com/contact/index.html erhalten.

Bild 4.2: Der Biddle 510B ist ein tragbarer TDR, mit dem Sie Probleme auf Twisted-Pair-, koaxialen und Stromkabeln bestimmen können.

4.3 Werkzeuge zum Test von digitalen Schnittstellen

Sie können diverse Testwerkzeuge einsetzen, um die diskreten digitalen Signale auf PCs, Modems, Druckern und anderen peripheren Schnittstellen zu messen. Diese Art von Testequipment beinhaltet Breakout-Boxen, Fox-Boxen und Bit/Block-Error-Rate-Tester (BERTs/BLERTs). Diese Geräte können Datenverbindungszustände überwachen, Daten analysieren und nachverfolgen sowie Probleme identifizieren, die häufig in Datenkommunikationssystemen auftreten. Verkehr, der von Daten-Terminal-Equipment (DTE) durch Daten-Kommunikations-Equipment (DCE) fließt, kann überwacht werden, um Probleme auszuschließen, Bitmuster zu erkennen und sicherzustellen, dass die Verkabelung korrekt installiert ist.

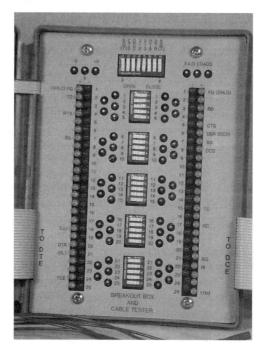

Bild 4.3: Die Breakout-Box Blue Box 100 ist ein hilfreiches Werkzeug für die Fehlersuche bei seriellen Kabeln und Verbindungen.

Bild 4.3 zeigt die über die Datenleitung mit Strom versorgte Breakout-Box Blue Box 100 von IDS, Inc. Die Blue Box 100 ist eine kompakte, tragbare Breakout-Box und ein Kabeltester aus reinen LEDs. Er kann auf alle 25 Anschlüsse einer RS-232-C-, EIA-232-D-, CCITT-V.24- und auf jede andere Schnittstelle mit Einzelanschluss zugreifen und diese überwachen, wie z.B. die parallele Centronics-Druckerschnittstelle. 100 rote und grüne LEDs überwachen und zeigen hohe, tiefe, Aus- und Signalaktivitätszustände für jeden der 25 Anschlüsse auf der DTE- und der DCE-Seite der Schnittstelle.

> **ANMERKUNG**
>
> Weitere Informationen über die Blue Box 100 können Sie von IDS, Inc. unter 800-IDS-DATA oder 401-737-9900 erhalten, e-mail `sales@ idsdata.com`.

4.4 Netzwerkmonitore

Netzwerkmonitore verfolgen ständig Pakete, die durch ein Netzwerk fließen und liefern damit zu jedem Moment ein genaues Abbild der Netzwerkaktivität oder einen historischen Bericht über die Netzwerkaktivität über eine Zeitperiode. Monitore sammeln Informationen, wie z.B. Paketgrößen, die Paketanzahl, Fehlerpakete, Gesamtbelastung einer Verbindung, die Anzahl der Hosts und deren MAC-Adressen sowie Details über die Kommunikation zwischen Hosts und anderen Geräten. Durch die Korrelation dieser Daten können Netzwerkadministratoren Profile des LAN-Verkehrs erzeugen und Verkehrsüberlastungen erkennen, Netzwerkerweiterungen planen, Eindringlinge entdecken, eine Grundlinie der Performance erstellen und den Verkehr effizienter verteilen.

Der Monitor muss nicht nur Informationen über Frames sammeln, er muss auch Benutzer warnen können, wenn Frames verworfen werden, oder Benutzern signalisieren, dass bestimmte Ereignisse wie z.B. fehlerhafte Frames, Protokollfehler oder illegale Adressen auftreten. Es kann ein visueller und ein akustischer Alarm für das gesamte Netzwerk oder für einzelne Stationen gesetzt werden, um den Netzwerkmanager zu benachrichtigen, wenn bestimmte Parameter voreingestellte Grenzwerte überschreiten.

Das Konzept der Erstellung einer Grundlinie (engl. baseline) wird für Netzwerkmanager immer wichtiger. Um eine Grundlinie zu erstellen, wird die Aktivität in einem Netzwerk über eine Zeitperiode aufgezeichnet. Mit Hilfe der Mittelwerte und anderen statistischen Berechnungen wird ein normales Performance-Profil bzw. eine Grundlinie berechnet. Diese Grundlinie kann daraufhin zu Vergleichszwecken herangezogen werden, wenn eine abnormale Performance im Netzwerk beobachtet wird oder sie kann zur Planung von Erweiterungsoptionen verwendet werden.

Netzwerkmonitore steigern auch das Netzwerkmanagement durch die Aufnahme von Informationen von externen Stellen und durch deren Übersendung an eine zentrale Managementstation.

Neben der Aufnahme der Standard-Verkehrsinformationen führen viele Monitore das Simple-Network-Management-Protokoll (SNMP), das Remote-Monitoring (RMON) und Management-Informationen-Bases (MIBs) aus, um Informationen für zentrale Managementstationen zu sammeln. Mit CiscoWorks können Sie auch Netzwerkmonitorfunktionen ausführen.

Bild 4.4 zeigt einige der Monitoranzeigen eines Sniffer-Pro-Produkts. Mit diesen Karten und Grafiken können Sie sehr einfach grafische Grundlinienberichte über Ihr Netzwerk erstellen.

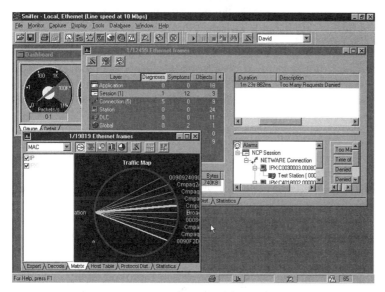

Bild 4.4:
Mit dem Sniffer Pro können Sie Netzwerkmonitordienste ausführen.

4.5 Protokoll-Analyzer

Ein Protokoll-Analyzer verzeichnet, interpretiert und analysiert, wie ein Kommunikationsprotokoll in einer bestimmten Netzwerkarchitektur arbeitet. Er fängt Frames auf, die durch das Netzwerk wandern. Er dekodiert daraufhin die verschiedenen Protokollschichten in den aufgenommenen Frame-Inhalten und präsentiert sie als lesbare Abkürzungen oder Zusammenfassungen, wobei aufgeschlüsselt wird, welche Schicht beteiligt war (physikalische, Datenverbindungs- und bei einigen Protokoll-Analyzern sogar die Applikationsschicht) und welche Funktion jedes Byte oder der Byteinhalt besitzt. Bei LAN/WAN-Netzwerken mit mehreren Protokollen ist es wichtig, dass ein Protokoll-Analyzer alle in der Netzwerkumgebung verwendeten Protokolle entdecken und dekodieren kann.

Im Auffang-(Capture-)Modus können Filter gesetzt werden, um nur den Verkehr aufzunehmen, der mit bestimmten Kriterien übereinstimmt. Wenn Sie zum Beispiel vermuten, dass eine bestimmte Einheit ein widersprüchliches Protokollverhalten aufweist, kann ein Filter konfiguriert werden, der den gesamten Verkehr zu und von der Einheit aufnimmt. Der Analyzer sollte dazu fähig sein, alle aufgenommenen Daten mit einem Zeitstempel zu versehen. Dies kann extrem wichtig sein, wenn die Effekte von Perioden mit Spitzenverkehr zu bestimmen sind und wenn die Netzwerk-Performance analysiert werden soll – zum Beispiel zur Bestimmung der Protokollantwortzeiten durch die Messung der mittleren Zeitabstände zwischen Frames.

Im Anzeigemodus interpretiert ein Analyzer den aufgenommenen Verkehr und präsentiert die Protokollschichten in einer einfach zu lesenden Form. Es können Filter gesetzt werden, um nur die aufgenommenen Frames anzuzeigen, die bestimmten Kriterien entsprechen.

Es ist auch wichtig, dass der Analyzer Frames erzeugen und diese in das Netzwerk übertragen kann, um damit eine Kapazitätsplanung auszuführen oder um bestimmte Geräte einem Belastungstest zu unterziehen, wie z.B. Server, Bridges, Router und Switches. Der Analyzer sollte mehrere aufgenommene Frames in Folge senden können, außerdem sollte der Netzwerkmanager die Frames anpassen können, indem er die Frames vor der Erzeugung editieren kann.

Bild 4.5 zeigt ein Paket, das durch den Protokoll-Analyzer Sniffer Pro dekodiert wurde. Ein Sniffer Pro-Analyzer beinhaltet das Expert-System, das Fehlersymptome erkennt und eine Diagnose der Netzwerkprobleme ermöglicht. Der Sniffer Pro kann mehr als 250 Protokolle dekodieren.

ANMERKUNG

Weitere Informationen über Sniffer Pro finden Sie auf der Website von Network Associates unter www.nai.com.

```
DLC: ----- DLC Header -----
DLC:
DLC: Frame 1 arrived at 15:05:33.389; frame size is 62 (003E hex) bytes.
DLC:  AC: Frame priority 0, Reservation priority 0, Monitor count 0
DLC:  FC: LLC frame, PCF attention code: None
DLC:  FS:   Addr recognized indicators: 00, Frame copied indicators: 00
DLC: Destination = Station cisco      A05903
DLC: Source      = Station IBM 0AE59
DLC:

LLC: ----- LLC Header -----
LLC:
LLC: DSAP = AA, SNAP = AA, C
LLC:

SNAP: ----- SNAP Header -----
SNAP:
SNAP: Type = 0800 (IP)
SNAP:
```

Summary	Delta	T	DST	SRC				
1			DCE	DTE	HDLC	SABM		P/F=1
2	0.0412		DTE	DCE	HDLC	UA		P/F=1
3	0.0492		DCE	DTE	HDLC	I	NR=0 NS=0	P/F=0
4	0.0408		DTE	DCE	HDLC	RR	NR=1	P/F=0
5	0.0438		DTE	DCE	HDLC	I	NR=1 NS=0	P/F=0
6	0.0287		DCE	DTE	HDLC	RR	NR=1	P/F=0
7	9.8700		DCE	DTE	HDLC	I	NR=1 NS=1	P/F=0
8	0.0379		DTE	DCE	HDLC	RR	NR=2	P/F=0
9	0.3000		DTE	DCE	HDLC	I	NR=2 NS=1	P/F=0

Bild 4.5: Der Sniffer Pro kann Frame- und Paketinformationen dekodieren.

Auch die (Über-)Tragbarkeit eines Analyzers ist ein wichtiger Faktor, da sich Netzwerke physikalisch nicht an einem Ort befinden und der Analyzer bei auftretenden Problemen von einem Segment zum anderen übertragen werden muss. Mehrere Hersteller bieten Werkzeuge, mit denen eine externe Aufnahme (und in einigen Fällen auch eine Analyse) der Daten ausgeführt und diese zurück an eine zentrale Konsole oder Masterstation gesendet werden kann.

In der Fähigkeit des Analyzers, eine Reihe von Regeln und Kenntnissen über die Netzwerkoperation zur Diagnose von Netzwerkproblemen einzusetzen, besteht die überlegene Funktion eines Expertensystems. Das Expertensystem bezieht sein Wissen aus theoretischen Datenbanken (d.h. von Informationen aus Standards), aus netzwerkspezifischen Datenbanken (d.h. topologische Informationen über das Netzwerk) und aus früheren Ergebnissen und Erfahrungen des Benutzers. Mit Hilfe dieser Quellen stellt das Expertensystem eine Vermutung über das entdeckte Problem auf und bietet einen Aktionsplan zur Lösung an.

Protokoll-Analyzer lassen sich generell in drei Kategorien einteilen:

- Softwarebasierte Analyzer sind Software-Pakete, die auf PCs installiert werden (gewöhnlich auf Notebooks), die über passende LAN-Schnittstellenadapter verfügen.

- Analyzer für allgemeine Zwecke bieten einen weiten Einsatzbereich, wie z.B. die Verkehrsüberwachung, eine sehr weitgehende Protokollaufnahme- und Dekodierunterstützung und ein wenig Netzwerkverkehrsmodellierung während der Phase des Netzwerkdesigns.

- High-End-Analyzer bieten eine Reihe von hochentwickelten Funktionen und können gewöhnlich Verkehr mit höheren Geschwindigkeiten aufnehmen und bieten eine verständlichere Protokolldekodierung als die anderen Analyzer. Sie unterstützen auch die Möglichkeit der Erzeugung und Aufnahme, d.h., Sie können sie einsetzen, um Teile des Netzwerks einem Stresstest zu unterziehen.

4.6 Netzwerkmanagementsysteme

Je mehr die Netzwerke wachsen und komplexer werden, desto größer ist die Wahrscheinlichkeit, dass Netzwerkfehler auftreten, die das gesamte Netzwerk deaktivieren können oder die Performance auf einen inakzeptablen Grad abschwächen. Die Komplexität solch großer Netzwerke macht den Einsatz von automatisierten Netzwerkmanagement-Werkzeugen zu einem kritischen Faktor in einem effizienten Management. Es ist sehr wichtig, dass das fortgesetzte Hinzufügen von Benutzern, Schnittstellen, Protokollen und Geräten in das Netzwerk nicht darin mündet, dass der Netzwerkmanager die Kontrolle über diese Ressourcen und deren Nutzung verliert. Von Bedeutung ist auch, dass je kritischer die Netzwerkressourcen in der Arbeit einer Organisation werden, desto kürzere Ausfallzeit auftreten dürfen. Um eine maximale Verfügbarkeit des Netzwerks zu gewährleisten, sollten Netzwerkmanager das Netzwerkmanagement im Design des Internetzwerks integrieren.

Die Internationale Organisation für Standardisierung (ISO) hat fünf funktionale Schlüsselbereiche des Netzwerkmanagements bestimmt: Fehlermanagement, Accounting-Management, Konfigurationsmanagement, Performance-Management und Sicherheitsmanagement.

Die Funktionen des Fehler-, Performance- und Konfigurationsmanagements eignen sich am ehesten für eine Fehlersuchumgebung. Um eine maximale Netzwerkverfügbarkeit zu erreichen, müssen alle individuellen Komponenten eines Netzwerks in Betrieb gehalten werden. Eine Schlüsselmethode besteht hier im Einsatz eines Mechanismus, der einen Fehlzustand meldet, sobald dieser eintritt. Ein Fehlzustand kann als ein abnormales Netzwerkereignis definiert werden, das gewöhnlich dadurch erkannt wird, dass Netzwerkkomponenten nicht mehr korrekt arbeiten oder excessive Fehler verursachen. Daher ist es wichtig, folgende Dinge ausführen zu können:

- Die genaue Bestimmung, wo der Fehler aufgetreten ist.
- Die Isolierung des ausgefallenen Bereichs vom Rest des Netzwerks, damit der Rest des Netzwerks weiterarbeiten kann.
- Die Rekonfiguration oder Änderung des Netzwerks oder dessen Konfiguration zur Minimierung der Auswirkungen durch die ausgefallene Komponente oder durch die betroffenen Netzwerkbereiche.
- Die Reparatur oder Ersetzung der ausgefallenen Komponenten zur Wiederherstellung des normalen Netzwerkbetriebs.

Das Konfigurationsmanagement beinhaltet mehrere Funktionen. Der Netzwerkmanager sollte in der Lage sein, das Netzwerk durch die Erstkonfiguration der Netzwerkkomponenten zu starten und diese Komponenten interaktiv zu kontrollieren, indem er die Konfiguration als Reaktion auf die Performance-Bewertung ändert oder auch als Reaktion auf Netzwerk-Upgrades oder zur Fehlerbehebung.

Das SNMP ist ein Applikationsschichtprotokoll, das zum Austausch von Managementinformationen zwischen Netzwerkgeräten dient. Es ist Teil der TCP/IP-Protokollsuite. Mit dem SNMP können Netzwerkadministratoren die Netzwerk-Performance verwalten, Netzwerkprobleme entdecken und lösen sowie das Wachstum eines Netzwerks planen. Ein SNMP-Netzwerk besteht aus SNMP-Agenten (verwaltete Geräte) und einer SNMP-Managementstation (Manager).

Bild 4.6 zeigt ein typisches SNMP-Design, bei dem ein SNMP-Manager einen SNMP-Agent auf einem Router abfragt, um Betriebsstatistiken vom Agenten zu erhalten.

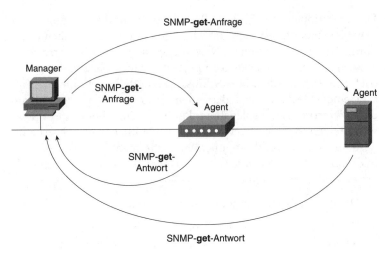

Bild 4.6:
Der SNMP-
Manager sendet
Abfragen an den
SNMP-Agenten,
um Manage-
mentstatistiken
zu erhalten.

4.7 Simulations- und Modellierungswerkzeuge

Simulations-/Modellierungs-Software kann sehr nützlich sein, zum Beispiel für ein erstes Netzwerkdesign, für die Analyse einer Netzwerkneukonfiguration oder ein Neudesign oder um ein Netzwerk einem Stresstest zu unterziehen.

Diese Art von Software verwendet in der Regel ein objektorientiertes Design, um die Performance von Netzwerken vorherzusagen, wobei sich der Bereich von Abteilungs-LANs bis hin zu komplexen, unternehmensweiten Internetzwerken und WANs erstreckt.

Durch die Auswahl zahlreicher Objekte, die die Netzwerktopologie, die eingesetzten Protokolle, den Verkehr und die Routing-Algorithmen versucht Netsys Baseliner den Betrieb des Netzwerks zu simulieren. Mit diesen Werkzeugen können die meisten Arten der LAN-, MAN- und WAN-Technologien modelliert werden. Die Ausgabe liefert Zahlen über die Netzwerk-Performance, wie z.B. Antwortzeiten, Netzwerkdurchsatz, Knoten-, Verbindungs- und LAN-Nutzung, verworfene Pakete und andere Performance-Daten.

Viele Hersteller von Analyzern bieten die Möglichkeit des Datenexports aus ihren Analyzern in die Simulations-/Modellierungs-Werkzeuge und stellen damit eine Quelle für reale Netzwerkdaten dar.

Durch diese Simulations-/Modellierungs-Werkzeuge kann der Netzwerkmanager die Netzwerk-Performance überprüfen und testen, bevor er die vorgeschlagenen Designs oder Änderungen übernimmt.

4.8 Zusammenfassung

In diesem Kapitel haben Sie mehrere unterschiedliche Fehlersuchwerkzeuge kennen gelernt, die Sie zu verschiedenen Gelegenheiten zur Fehlersuche und zur Verwaltung von Internetzwerken einsetzen können.

Mit den Werkzeugen zur Netzwerkmodellierung und zur Simulation können Sie ein neues Design oder eine Umgestaltung planen. Wenn Sie das Design realisieren, können Sie Kabeltester und andere einfache Tester einsetzen, um Verkabelungen zu überprüfen. Sie können Netzwerkmanagementwerkzeuge verwenden, um die Konfiguration von Routern, Switches und anderen Geräten zu vereinfachen.

Wenn ein Netzwerk in Betrieb ist, können Sie Netzwerkmonitore und Netzwerkmanagementwerkzeuge einsetzen, einschließlich RMON-basierte Applikationen, um das Netzwerk auf Fehler und Performance-Probleme hin zu überwachen. Wenn ernsthafte Performance-Probleme auftreten oder wenn das Netzwerk ausfällt, benötigen Sie sowohl einfache Testgeräte als auch einen Protokoll-Analyzer oder ein RMON-Werkzeug, mit dem Sie Frames auffangen und sich anzeigen lassen können. Viele Probleme können auch durch die Werkzeuge und Befehle erkannt werden, die in der Cisco-Internetwork-Operating-System-(IOS-)Software enthalten sind. Diese Werkzeuge werden wir in Kapitel 5, »Die Cisco-Management- und -Diagnose-Werkzeuge« näher betrachten.

4.9 Test 4: Werkzeuge zur allgemeinen Fehlersuche

Geschätzte Zeit: 15 Minuten

Lösen Sie alle Aufgaben, um Ihr Wissen bezüglich der in diesem Kapitel enthaltenen Themen zu überprüfen. Die Antworten finden sich im Anhang A, »Antworten zu den Tests«.

Beantworten Sie die folgenden Fragen anhand der in diesem Kapitel enthaltenen Informationen.

Frage 4.1

Welches Werkzeug passt zur gestellten Aufgabe.

Antwort	Aufgabe	Werkzeug
_____	1. Analyse des Netzwerkdesigns.	a. Kabeltester
_____	2. Überprüfung der DTE-zu-DCE-Kommunikation.	b. BERT/BLERT-Tester
_____	3. Aufnahme und Dekodierung der Pakete.	c. Netzwerkmonitore
_____	4. Lokalisieren von Übersprechen (Crosstalk).	d. Modellierungswerkzeuge
_____	5. Reflektion des Signals am Ende des Kabels, um die Distanz zum Fehler zu bestimmen.	e. TDRs
_____	6. Profilerstellung des LAN-Verkehrs.	f. Protokoll-Analyzer

Frage 4.2

Auf welcher Schicht des OSI-Referenzmodells sollte die Fehlersuche beginnen?

Frage 4.3

Sie sind über den Broadcast-Overhead im Netzwerk besorgt. Welches Werkzeug sollten Sie einsetzen, um die aktuelle Broadcast-Rate zu bestimmen?

Frage 4.4

Sie vermuten, dass zeitweilige Unterbrechungen durch ein Kabelproblem in Ihrem Netzwerk verursacht werden. Welches Werkzeug wird Ihnen am ehesten helfen, den Fehler zu bestimmen?

Frage 4.5

Sie konzipieren ein neues Unternehmens-LAN für einen Client. Welches Werkzeug können Sie einsetzen, um Ihr Design vor der Realisierung zu überprüfen?

KAPITEL 5
Die Cisco-Management- und -Diagnose-Werkzeuge

Dieses Kapitel enthält eine Einführung in die Managementwerkzeuge und Befehle von Cisco. Es zeigt die Ausgaben auf Diagnosebefehle von Routern aus realen Umgebungen, in denen Netzwerkprobleme auftreten.

Sie werden Statistiken kennen lernen, die auf mögliche Probleme und Beziehungen hinweisen. Die in diesem Kapitel betrachteten Cisco-Managementwerkzeuge beinhalten CiscoWorks, CiscoView, TrafficDirector und VlanDirector.

Dieses Kapitel präsentiert auch Befehle und Funktionen, wie z.B. Core-Dumps, mit denen Sie Informationen ermitteln können, die Sie an das Cisco- oder an anderes Supportpersonal melden, die dann bei Problemen eine Fehlersuche ausführen.

5.1   Die Cisco-Management-Werkzeuge

Cisco hat eine Reihe von Werkzeugen entwickelt, um Verkehrsflüsse in Netzwerken zu verwalten und zu lenken. Alle diese Cisco-Management-Werkzeuge erfüllen einen eigenen Zweck. Die folgenden Abschnitte betrachten jedes der folgenden Werkzeuge und deren Fähigkeiten:

- CiscoWorks
- Netsys-Network-Management-Suites
- TrafficDirector-Remote-Monitoring-Software
- Die VlanDirector-Switch-Management-Applikation
- WAN-Manager

Beginnen wir mit der großen Familie der Management-Werkzeuge mit der Bezeichnung CiscoWorks.

5.1.1 CiscoWorks

CiscoWorks ist das Flaggschiff der Netzwerk-Management-Produktreihe von Cisco. Es ermöglicht die Überwachung auf Geräteebene, Konfigurations- und Ausfallmanagement-Werkzeugen. Mit der Netzwerk-Management-Software von CiscoWorks können Sie komplexe Internetzwerke überwachen, in denen Cisco-Routinggeräte eingesetzt werden, und sie hilft Ihnen bei der Planung, der Fehlersuche und der Analyse Ihres Netzwerks. Cisco-Works verwendet das Simple-Network-Management-Protokoll (SNMP) zur Überwachung und Steuerung jedes SNMP-Geräts im Netzwerk.

CiscoWorks arbeitet direkt mit SNMP-Netzwerk-Management-Plattformen anderer Hersteller zusammen und erlaubt somit die Integration der CiscoWorks-Applikationen mit den Funktionen und Applikationen dieser Plattformen. Die unterstützten Management-Plattformen umfassen:

- Hewlett-Packard-OpenView auf HP-UX

- SunNet-Manager, Sun-Solstice-Site-Manager, Domain-Manager und Enterprise-Manager auf Solaris

- Tivoli-TME/10-NetView auf AIX

Die folgende Liste gibt einen Überblick über die Werkzeuge von CiscoWorks:

- **show**-Befehle – Sie können detaillierte Routersystem- und Protokollinformationen aufrufen, ohne komplexe Befehlszeilensprachen oder deren Syntax zu kennen.

- **Konfigurationsmanagement** – Sie können Konfigurationsdateien von lokalen und externen Cisco-Systemgeräten in Ihrem Netzwerk analysieren oder editieren. Sie können die Inhalte zweier Konfigurationsdateien in der Datenbank vergleichen oder die aktuell auf dem Gerät laufende Konfiguration mit der letzten Konfiguration vergleichen, seit Sie einen Datenbank-zu-Gerät-Befehl ausführten.

- **Konfigurations-Snap-in-Manager** – Mit der Global-Command-Scheduler-Applikation können Sie Systembefehle jederzeit auf einem Gerät oder einer Gerätegruppe erzeugen und ausführen.

- Gerätemanagement – Sie können eine Datenbank erzeugen und unterhalten, die eine vollständige Inhaltsangabe Ihres Netzwerks enthält, einschließlich der Hardware, der Software, den Versionen der Betriebskomponenten, den für den Betrieb der Geräte verantwortlichen Personen und zugehörigen Orten. Sie können Daten in den Datenbanktabellen für Netzwerkgeräte, Netzwerke, Schnittstellen, Kontakte, Hersteller usw. eingeben oder ändern.

- Gerätemonitor – Sie können Ihre Netzwerkgeräte in Hinsicht auf Informationen über Umgebungs- und Schnittstellenstatistiken überwachen. Sie können festlegen, wie oft CiscoWorks diese Informationen abrufen soll und ob diese in der Log-Manager-Applikation aufgezeichnet werden sollen.

- Pfadwerkzeug – Sie können den Pfad zwischen zwei Geräten betrachten und analysieren. Sie können den Pfad analysieren, um Auslastungs- und Fehlerdaten zu sammeln.

- Sicherheitsmanager – Sie können Prozeduren zur Autoritätsprüfung erstellen, um einzelne CiscoWorks-Applikationen und Ihre Netzwerkgeräte vor nicht autorisierten Personen zu schützen, indem Sie für Ihre CiscoWorks-Umgebung ein Login erforderlich machen, um auf die Applikationen zuzugreifen.

- Software-Inventory-Manager – Sie können die Sybase-Datenbank aktualisieren, um den Status der aktuellen Gerätesoftware und Hardware aufzunehmen. Die Geräteinformationen werden nach Plattform und Betriebssystem sortiert, daher können Sie mit dem Gerätesoftware-Manager einzelne Geräte aktualisieren.

Es existieren vier Versionen der CiscoWorks-Produkte:

- CiscoWorks Blue – Wurde speziell für die ausgedehnten und komplexen Netzwerkbedürfnisse in integrierten IBM-SNA- und IP-Umgebungen entwickelt.

- CiscoWorks Windows – Ein integriertes PC-basiertes Netzwerkkonfigurations- und Diagnosewerkzeug für kleine bis mittlere Netzwerke oder externe Workgroups, die 5 bis 50 Cisco-Geräte einsetzen.

- CiscoWorks Switched Internetwork Solutions (CWSI) – Liefert ein Managementsystem, das speziell für wachsende geswitchte Internetzwerke entwickelt wurde.

- CiscoWorks2000 – Eine neue Familie der web-basierten und plattformunabhängigen Managementprodukte zur Verwaltung von Cisco-Unternehmensnetzwerken und -geräten.

CiscoWorks Windows erzeugt eine mehrschichtige, hierarchische Karte, die den Status einzelner Router, Switches, Hubs und Access-Server in Echtzeit durch verschiedenfarbige Icons anzeigt.

CiscoView ist die grafische Gerätemanagement-Technologie, die den Standard für die Verwaltung der Cisco-Geräte setzt. Es zeigt Abbildungen der Vorder- und Rückseite des Geräts. Diese dynamischen, farbkodierten grafischen Abbildungen vereinfachen die Überwachung des Gerätestatus, die Diagnose von gerätespezifischen Komponenten und den Start von Applikationen. CiscoView bietet auch zusätzliche Applets, die das Management der Cisco-Geräte vereinfacht. Es ist zusammen mit der CiscoWorks-Software erhältlich, kann aber auch als Einzelprodukt bezogen werden.

Die CiscoView-Software zeigt graphisch einen physikalischen Blick auf Cisco-Geräte, wodurch einem Netzwerkmanager ein vollständiger Blick auf Cisco-Produkte ermöglicht wird, ohne jedes Gerät an entfernten Orten physikalisch überprüfen zu müssen. Zudem ermöglicht dieses Netzwerk-Management-Werkzeug Überwachungsfunktionen und eine einfache Fehlersuche.

CiscoView und die anderen Teile von CiscoWorks werden durch den Cisco-Resource-Manager (CRM) ergänzt, eine neue Suite von web-basierten Netzwerkmanagement-Applikationen, die die Bestands- und Software-Verteilungsmöglichkeiten erweitern. Die CRM-Suite besteht aus einem Web-Server und vier Schlüsselmanagement-Applikationen: Inventory-Manager, Availability-Manager, Syslog-Analyzer und Software-Image-Manager.

Zusammen gesehen beschleunigen diese Applikationen die Verteilung der Cisco-Internetzwerk-Operating-System-(IOS-)Software und liefern Netzwerkmanagern eine Reihe von Managementfunktionen für Mehrfachgeräte, einschließlich einem Blick auf den Status von Netzwerkänderungen, der Möglichkeit zur Überwachung der Geräteverfügbarkeit und der Fähigkeit, Syslog-Meldungen zu überwachen, sie zu bewerten und zu analysieren. Der Cisco Resource Manager verfolgt dynamisch die Cisco- und SNMP-MIB II-Geräteinformationen sowie die Cisco-Software-Versionen und die Informationen über die Cisco-Gerätekonfiguration und erkennt Veränderungen automatisch.

Das CWSI kann in die vielfach verwendeten SNMP-Managementplattformen integriert werden, z.B. in die GUI-Umgebungen des SunNet Managers, des HP-OpenViews und NetViews.

Das CWSI beinhaltet eine leicht verständliche SNMP-Verwaltung, das Cisco-Discovery-Protokoll (CDP), zur Entdeckung von Nachbarn, das Virtual-Trunk-Protokoll (VTP) für die automatisierte VLAN-Einrichtung und das RMON zur Verkehrsanalyse.

Das CWSI ist eine Suite von Campus-LAN-Management-Applikationen, die den VlanDirector, den TrafficDirector und das CiscoView beinhaltet. Diese Applikationen bieten Dienste, wie z.B. eine Topologieübersicht, das VLAN-Management, das Gerätekonfigurations-Management und das Performance-Management von gesammelten RMON-Verkehrsdaten.

Durch eine Autoentdeckungs- und Topologieübersichtsfunktion liefert das CWSI einen unternehmensweiten Überblick über zwischengeschaltete Cisco-Switches und -Router, über die die Administratoren die Beziehungen zwischen Verbindungen erkennen und die logische VLAN-Topologie anzeigen können, die über das darunter befindliche physikalische Netzwerk gelegt wurde.

5.1.2 Die Netsys-Netzwerk-Management-Suites

Die Cisco-Netsys-Verbindungswerkzeuge sind eine Reihe von simulationsbasierten Planungs- und Problemlösungsprodukten für Netzwerkmanager, Analysten und Designer. Die Verbindungswerkzeuge helfen den Netzwerkplanern bei der Problemlösung, beim Design und der Planung von Aktivitäten in Hinsicht auf Netzwerkverbindungen sowie bei Routen- und Flussanalysen.

Mit den Netsys-Management-Suites werden Netzwerkdesigns im Vorfeld der Realisierung überprüft, um Ihre Netzwerkkonfiguration anzuzeigen, um Fehler zu beseitigen und um sie zu validieren. Mit Netsys können Sie Konfigurationen und Änderungen offline testen, bevor Sie diese in das laufende Netzwerk übergeben.

Es existieren zwei Netsys-Versionen: den Cisco Netsys Baseliner 4.0 für Windows NT und die Cisco Netsys Service-Level Management-(SLM-)Suite.

Cisco Netsys Baseliner 4.0 für Windows NT

Der Cisco Netsys Baseliner 4.0 für Windows NT erzeugt ein Modell Ihres Netzwerks und überprüft mehr als 100 allgemeine und schwer zu isolierende Konfigurationsprobleme. Sie erhalten eine grafische Übersicht über Ihr Netzwerk entsprechend Ihrer Konfiguration und nicht wie es geplant oder entdeckt wurde. Der Baseliner liefert Ihnen sofort einen groben Überblick, wodurch Sie visuell durch Ihr Netzwerk navigieren und die Funktionsweise vollständig verstehen können. Sie können Konfigurationsänderungen im Vorfeld überwachen. Wenn Probleme auftreten, werden sie sehr oft durch vorherige Konfigurationsänderungen verursacht.

Auf der Basis der Karte, die durch den Connectivity Baseliner erstellt wurde, können Planer die Analyseumgebung des Connectivity Solvers einsetzen, um die Auswirkungen von ausgefallenen Geräten und Verbindungen zu testen und Access-Listenkonfigurationen und andere Konfigurationsänderungen zu variieren, bevor sie im Produktionsnetzwerk implementiert werden.

Netsys sammelt echte Konfigurationsdateien von Cisco-Routern aus dem laufenden Produktionsnetzwerk und wendet die Cisco-IOS-Befehle an, um ein genaues Offline-Modell des Netzwerks zu erzeugen. Netsys analysiert daraufhin das Offline-Modell in Hinsicht auf Fehler und erzeugt grafische Topologieübersichten und Berichte. An diesem Punkt können die Benutzer geplante Konfigurationsänderungen oder Korrekturen an dem Offline-Modell vornehmen und eine erneute Analyse ausführen. Dies ist oft ein iterativer Prozess, in dem der Benutzer die Netzwerkkonfiguration verfeinert. Benutzer können so vollständig durchgetestete Änderungen in das Online-Netzwerk integrieren.

Die meisten Netzwerk-Management-Werkzeuge liefern lediglich einen Topologieüberblick auf Basis von manuell eingegebenen Informationen oder durch Informationen, die durch einen SNMP-Prozess entdeckt wurden. Obwohl diese Übersicht für einige Applikationen ausreicht, fehlt Ihnen die Tiefe und es sind kritische Elemente wie z.B. Routing-Protokolle nicht enthalten. Durch die Verwendung der echten Routerkonfigurationsdateien kann der Baseliner alle physikalischen und logischen Beziehungen zwischen den Routern des Netzwerks anzeigen. Die Topologien werden automatisch gezeichnet, daher müssen Sie nicht Stunden damit verbringen, manuell Schnittstellen miteinander zu verbinden und Objekte zu gruppieren. Sie können auch in kürzester Zeit Ansichten erzeugen, wie z.B. Campus-, virtuelle Ringgruppen- und Open-Shortest-Path-First-(OSPF-)Bereiche.

Die Cisco Netsys SLM-Suite

Mit der Cisco Netsys SLM-Suite veröffentlicht Cisco-Systems die erste kommerzielle verfahrensgebundene Managementlösung auf Dienstebene, mit der Netzwerkmanager Netzwerkverbindungs-, Sicherheits- und Performance-Verfahren festlegen, überwachen und auf sie zugreifen und auftretende Probleme einfach und schnell beseitigen können.

Netsys SLM besteht aus folgenden vier Modulen:

- Der Netsys Connectivity Service Manager – Der Netsys Connectivity Service Manager überwacht Ihre laufenden Netzwerkkonfigurationsdaten und verwendet eine integrierte Intelligenz, um die Verfügbarkeit von Schlüssel-Netzwerkdiensten zu überprüfen. Mit ihm können Sie auf Dienstebene Verfahren für Verbindungs-, Zuverlässigkeits- und Sicherheitsdienste einrichten. Zudem setzt er das einzigartige Fehlersuchverfahren VISTA (View, Isoliate, Solve, Test, Apply) ein, um die Problemdiagnose und deren Reparatur zu automatisieren.

- Der Netsys Performance Service Manager – Der Netsys Performance Service Manager ergänzt die Fähigkeiten des Connectivity Service Managers, da Sie mit ihm die Performance-Dienstebenen festlegen, überwachen und optimieren können. Nutzen Sie Ihre vorhandenen Netzwerkressourcen voll aus. Erkennen und lösen Sie Netzwerk-Performance-Probleme. Nehmen Sie eine Feinabstimmung in Ihren Netzwerken vor und planen Sie Netzwerkänderungen. Durch eine genaue Modellierung des Routings und der Flussübertragung über Cisco-Geräte können Sie Beziehungen zwischen Verkehrsflüssen, Topologien, Routingparametern, Routerkonfigurationen und Cisco-IOS-Softwarefeatures analysieren.

- Der Netsys LAN Service Manager – Der Netsys LAN Service Manager ergänzt den Connectivity Service Manager durch eine zusätzliche Übersicht über die LAN-Switching-Topologie und zugehörige Diagnosefähigkeiten. Er liefert Ihnen einen integrierten Plan über Ihr Router/LAN-Switching-Netzwerk und dessen Verkehrspfade, er überprüft die Integrität Ihrer LAN-Switch-Domäne und verbessert Ihre Spanning-Tree-Konfiguration.

- Der Netsys WAN Service Manager – Mit dem Netsys WAN Service Manager werden der SLM-Suite integrierte WAN-Switching-Analyse- und Fehlerbestimmungsfähigkeiten hinzugefügt. Er liefert integrierte Schicht 2/Schicht 3-Topologien, eine automatisierte Integritätsprüfung und eine Pfadverfolgung durch die Simulation des AutoRoute-Schicht 2-Routings. Er gliedert den überwachten Schicht 3-Verkehr ein, um zu bestimmen, wie Ihr WAN im Vergleich zur ursprünglich abgeschätzten Belastung tatsächlich beansprucht wird. Wie beim Connectivity Service Manager können Sie Szenarien durchspielen und analysieren, um das Verhalten Ihres WANs unter Ausfallbedingungen oder nach Konfigurationsänderungen zu bestimmen, bevor Sie diese online implementieren.

5.1.3 Die TrafficDirector-Remote-Monitoring-Software

Die Remote-Monitoring-(RMON-)Konsolenapplikation Traffic-Director analysiert den Verkehr und ermöglicht die Verwaltung von geswitchten Internetzwerken im Vorfeld. Der TrafficDirector arbeitet sowohl mit dem RMON als auch mit RMON2-Erweiterungen. Der TrafficDirector bietet eine allgemeine Verkehrsanalyse- und Performance-Applikation für die Verwaltung der eingebetteten RMON-Agenten innerhalb der Catalyst-Switches und der alleinstehenden Cisco-SwitchProbe-Produkte. Die mächtigen grafischen Fähigkeiten innerhalb dieser Applikation ermöglichen Ihnen die Analyse von Verkehrsaufkommen und Netzwerkbelastungsinformationen in Echtzeit sowie die Bestimmung von Datentrends für Netzwerkplaner und Manager im Vorfeld von Netzwerkumstellungen oder Neuinstallationen.

Die TrafficDirector-Software wird gemeinsam mit den in den Catalyst-Switches eingebetteten RMON-Agenten betrieben und kann kurzfristig das Verkehrsaufkommen, die Broadcastlevel, die Fehlerraten und die Anzahl der Kollisionen auf jedem ausgewählten Port oder jeder Portgruppe bestimmen. Zusätzlich können Netzwerkmanager Grenzwerte auf Catalyst-Switchports setzen und Traps an die TrafficDirector-Software senden, wenn diese Grenzwerte überschritten wurden.

Mit seinen ausführlichen Ansichten über den Netzwerkverkehr bietet der TrafficDirector eine gesteigerte Überwachungs- und Fehlerbestimmungsfähigkeit durch die RMON-Daten der Switch-Probe-Produkte. Mit diesen Verkehrsdaten lassen sich Profile über die Netzwerkbelastung der einzelnen Verbindungs-, Netzwerk-, Transport- und Applikationsschichten erstellen.

Das Performance- und Ausfallmanagement wird durch die mehrschichtige Verkehrsanalyse, durch frühzeitige Alarmmeldungen und Remote-Paketaufnahmefeatures des TrafficDirectors vereinfacht. Mit dem TrafficDirector können Sie Unternehmensnetzwerke von einem zentralen Ort fernüberwachen. Die Hauptanwendungen des TrafficDirector sind die Folgenden:

- Analyse von Netzwerkverkehrsmustern
- Fehlerbeseitigung von protokollbezogenen Problemen
- Berichte über Langzeittrends
- Einrichtung von vorsorglichen Alarmzuständen, um Probleme zu erkennen, bevor sie sich auf Benutzer auswirken

Die TrafficDirector-Software kann unter Microsoft Windows/NT, SunOS, Solaris, HP/UX und IBM-AIX betrieben werden.

Der TrafficDirector ist eine echte switcherkennende Verkehrsmanagement-Applikation, die die volle Unterstützung für Catalyst-LAN-Switches mit Cisco-IOS-eingebetteten RMON-Agenten beinhaltet. Der TrafficDirector erkennt einen Catalyst-Switch als ein speziell verwaltetes Gerät mit eingebettetem Mini-RMON (Statistiken, History, Alarms und Ereignisse) und einem geswitchten Port-Analyzer-(SPAN-)Port. Wenn ein SwitchProbe-Gerät an den SPAN-Port angeschlossen wird, kann der TrafficDirector nahtlos die vollständige RMON- und RMON2-Unterstützung für jeden Switchport erfüllen. Die TrafficDirector-Software kann auch bis zu vier SwitchProbes auf Fast-Ethernet-Trunk- oder Server-Verbindungen erkennen und diese Informationen in Verkehrsanzeigen über den Switch integrieren.

Die erweiterte Analysefunktion eines SwitchProbe-Geräts kann auf jeden Switchport angewendet werden, indem die gewünschte Funktion einfach aus einem einzelnen Menü ausgewählt wird. Die TrafficDirector-Software konfiguriert daraufhin automatisch den SPAN-Port so, dass er den Verkehr des ausgewählten Ports hin zur externen SwitchProbe spiegelt, und beginnt damit, den wesentlich mächtigeren SwitchProbe-Agenten für die angeforderte erweiterte Analyse zu nutzen. Benutzer müssen sich mit dieser Hintergrundaktivität nicht befassen und können die Systeme einfach auf dieselbe Weise nutzen, wie wenn jede Switchport- und Trunk-Verbindung über einen Agenten verfügt, der alle RMON- und RMON2-Gruppen unterstützt.

> **ANMERKUNG**
>
> Der erste RMON-Standard in RFC 1271 legt zwei ethernetspezifische Gruppen fest und sieben andere Gruppen, die gleichermaßen für den Token-Ring und das Ethernet gelten. Der zweite Standard in RFC 1513 bestimmt die Token-Ring-Erweiterungen des RMON.

Der TrafficDirector ermöglicht auch die virtuelle LAN-(VLAN-)Überwachung, SQL-basierte Trendberichte, eine siebenschichtige Verkehrsanalyse, ein verteiltes Abfragen, die Grenzwertüberwachung, eine Protokollanalyse und frühzeitige Managementfähigkeiten.

Die VLAN-Überwachung

Die Analysemöglichkeiten des TrafficDirectors können zur Analyse der Netzwerkaktivität auf VLANs und Trunk-Verbindungen sowie auf allen Switchports, LAN-Segmenten und Ringen eingesetzt werden. Der TrafficDirector liefert Verkehrsstatistiken auf VLAN-Basis, um eine Überwachung der Belastung, der Broadcast-, Multicast- und Fehlerraten für jedes VLAN auf kritischen Trunk-Verbindungen zu ermöglichen. Die VLANs werden in Kapitel 10, »Die Diagnose und Behebung von Catalyst-Problemen«, und in Kapitel 11, »Die Fehlersuche bei VLANs auf Routern und Switches«, besprochen.

Die SQL-basierte Trendbericht-Engine

Der TrafficDirector enthält eine erweiterte SQL-basierte Bericht-Engine, die Berichte zur Analyse von Langzeittrends in Netzwerkverkehrsmustern, zur Bestimmung des allgemeinen Netzwerkzustands und zur Erkennung potenzieller Problembereiche innerhalb des Unternehmensnetzwerks liefert. Die Daten werden von mehreren RMON-Agenten in benutzerdefinierten Intervallen abgefragt und in einer SQL-Datenbank aufgezeichnet. Mit diesen Berichten können daraufhin wichtige Netzwerkstatistiken, Hostinformationen (auf Netzwerkgeräteebene) und Profile über Kommunikationsverkehr zwischen Geräten erstellt werden. Die Daten können für individuelle Berichtzwecke als komma- oder tab-getrennte Variablen (CSV oder TSV) exportiert werden. Die Unix-Versionen der TrafficDirector-Applikation enthalten eine eingebettete SQL-Datenbank. Die Windows-Versionen erfordern einen SQL-Server von Microsoft.

Die vollständige siebenschichtige Verkehrsanalyse

Durch die fortschrittlichen Paketfilter des TrafficDirectors können Benutzer alle sieben Schichten des Netzwerkverkehrs überwachen. Durch die eingebetteten RMON-Agenten der Cisco IOS und die alleinstehenden Probes der SwitchProbe können Manager den unternehmensweiten Netzwerkverkehr der Verbindungs-, Netzwerk-, Transport- und Applikationsschichten überwachen. Die mehrschichtige Verkehrsübersicht des TrafficDirectors bietet einen schnellen, hochgradigen Zugriff auf die Netzwerkbelastung und Protokollverteilungen. Manager können daraufhin ein bestimmtes Segment, einen Ring, einen Switchport oder eine Trunkverbindung fokussieren und Werkzeuge zur Analyse und Diagnose in Echtzeit anwenden, um Hosts, Verbindungen und Paketsammlungen zu analysieren.

Die verteilte Abfrage und die Überwachung der Grenzwerte

Der TrafficDirector verfügt auch über das mächtige Ressourcen-Monitor-Werkzeug. Wenn dieses gemeinsam mit einem Switch-

Probe-Gerät mit der Resource-Monitor-Option betrieben wird, ermöglicht es die verteilte Abfrage und die SNMP-Grenzwertüberwachung an entfernten Orten und/oder in Abteilungen von großen Unternehmensnetzwerken. Mit diesen verteilten Managementwerkzeugen können Benutzer den Zustand jedes externen Geräts durch einen **ping** überwachen oder durch die Ausführung eines SNMP-Get überprüfen, ob ein Wert eines bestimmten MIB-Objekts über einem zuvor gesetzten Grenzwert liegt.

Die Protokollanalyse

Das Protokollanalyse-Werkzeug des TrafficDirector ermöglicht eine schnelle, zentralisierte Fehlersuche für die meisten protokollbezogenen Netzwerkprobleme. Diese Pakete können auch in einer Datei im Sniffer-Format gespeichert werden, um sie mit einem vorhandenen Protokoll-Analyzer weiter zu analysieren. Auf diese Weise können bereits vorhandene Netzwerkmanagement-Werkzeuge geschont und dennoch weiter eingesetzt werden. Die TrafficDirector-Software unterstützt die volle siebenschichtige Dekodierung der AppleTalk-, DECnet-, IP-, ISO-, Novell-, SNA-, Sun-NFS-, Banyan-VINES- und XNS-Protokoll-Suites.

Das Vorsorge-Management

Mit der Grenzwertüberwachung des TrafficDirectors können Benutzer eine Umgebung des Vorsoge-Managements einrichten. Zuerst werden Grenzwerte für kritische MIB-Variablen innerhalb des RMON-Agenten gesetzt. Wenn diese Grenzwerte überschritten werden, werden Traps an die zuständige Managementstation gesendet, um den Netzwerkadministrator über ein drohendes Problem zu informieren.

5.1.4 Die Switch-Management-Applikation VlanDirector

Der VlanDirector ist eine grafische VLAN-Management-Applikation auf Systemebene zur Konfiguration, Verwaltung und Überwachung von untereinander verbundenen Cisco-Switches und Routern. Die integralen Bestandteile des VlanDirectors sind:

- Grafische Zuordnungsfunktionen zur Betrachtung und Konfiguration logisch festgelegter Arbeitsgruppen

- »Drag-and-Drop«-Konfigurationsoptionen auf Port-Ebene, um VLANs einzelne Benutzer zuzuweisen

- Automatisierte Einstellungen der Verbindungsvergabe zur unternehmensweiten Verwaltung der VLANs
- Integration von allgemeinen SNMP-Managementplattformen zur Konsolidierung der Systemressourcen und für detaillierte Berichtsfunktionen zur Unterhaltung von Aufzeichnungsspuren

Diese fortschrittlichen VLAN-Managementfunktionen sind die Schlüssel für die logische Konfiguration und Verwaltung der Netzwerke, um die Art und Weise zu reflektieren, in denen die Arbeitsgruppen typischerweise miteinander kommunizieren. Die VLANs steigern den gesamten Kommunikationsfluss beträchtlich, sie erzeugen eine erhöhte Sicherheit und eine bessere Netzwerksegmentierung und sie reduzieren den administrativen Aufwand, der gewöhnlich bei der Verwaltung gemeinsam genutzter LAN-Segmente anfällt.

Diese VlanDirector-Eigenschaften reduzieren die Komplexität der VLAN-Konfiguration deutlich und sie minimieren die administrativen Details, die gewöhnlich mit Entfernungen, Hinzufügungen und Änderungen einhergehen.

Durch die Implementierung der VLANs in einem Netzwerk können die Administratoren die Benutzer logisch anhand der Arbeitsflüsse einteilen und nicht anhand ihres physikalischen Arbeitsplatzes. Diese Möglichkeit steigert die Netzwerk-Performance, da der Broadcast-Verkehr auf logische Arbeitsgruppen beschränkt wird, und sie verbessert die Sicherheit, da vertraulicher Verkehr innerhalb eines VLAN bleibt.

Der VlanDirector vereinfacht die Konfigurations-, Überwachungs- und Verwaltungsaufgaben eines im Netzwerk konfigurierten VLAN. Administratoren können VLANs mit einer einfachen Drag-and-Drop-Aktion konfigurieren. VLAN-Verbindungen zwischen Switches werden automatisch konfiguriert, wodurch die Wahrscheinlichkeit einer fehlerhaften Konfiguration verringert wird.

5.1.5 Der WAN-Manager

Der WAN-Manager ist ein Mehrfachprotokoll-Management-Software-Paket auf SNMP-Basis, das speziell für Wide-Area-Multiservice-Netzwerke entwickelt wurde. Es bietet eine integrierte Dienstverwaltung und eine Prozessautomatisierung, um die Verwaltung selbst der komplexesten Netzwerke zu vereinfachen. Durch den WAN-Manager können Sie auf einfache Weise die

Belastung überwachen, Verbindungen regeln, Ausfälle entdecken, Geräte konfigurieren und Netzwerkstatistiken aufzeichnen.

Der WAN-Manager wurde konzipiert, um die wesentlichen Anforderungen zur Verwaltung und zum Betrieb von Wan-Netzwerken mit mehrfachen Diensten der nächsten Generation erfüllen zu können. Die Umgebung mit mehrfachen Diensten ist komplex und besitzt eine große Anzahl von Verbindungen und ein großes Sortiment von Diensten, wodurch die Administration eines solchen Netzwerks eine möglicherweise unerfüllbare Aufgabe ist, falls Ihnen nicht die richtigen Werkzeuge zur Verfügung stehen.

Auf der Grundlage einer robusten und skalierbaren Architektur erfüllt der WAN-Manager nicht nur die Kontroll- und Betriebsanforderungen heutiger Unternehmen, er arbeitet auch mit anderen Cisco-Netzwerk-Managementprodukten zusammen, um eine umfassende Diensteverwaltung der Wide-Area-Multiservice-Netzwerke zu ermöglichen.

ANMERKUNG

Weitere Informationen über die Cisco-Management-Werkzeuge können Sie unter www.cisco.com beziehen. Dort sind Datenblätter über die Produkte, Kundenprofile und Systemanforderungen für jede aufgezeigte Lösung direkt abrufbar. Die CCO wird im Anhang B, »Die Cisco-Supportfunktionen« näher beschrieben.

5.2 Die Cisco-Diagnosebefehle

Dieser Abschnitt listet die Cisco-Diagnosebefehle auf. Mit diesen Befehlen können Sie die laufenden Konfigurationseigenschaften und Betriebsstatistiken eines Routers einsehen.

Dieser Abschnitt betrachtet die folgenden Befehle:

- **show**-Befehle
- **debug**-Befehle
- **ping**-Befehle
- **trace**-Befehle
- **cdp**-Befehle
- **core dump**-Befehle

In diesem Kapitel werden Sie die Cisco-eigenen Werkzeuge zur Netzwerkfehlersuche kennen und anwenden lernen, die in der Cisco IOS und in anderer Betriebssoftware enthalten sind.

Auch wenn diese Fehlersuchwerkzeuge direkt von derselben Befehlszeilenschnittstelle ausführbar sind, die Sie auch für Ihre Konfigurationsaufgaben einsetzen, müssen Sie mit diesen Werkzeugen richtig umgehen können – speziell mit den **debug**-Befehlen. Ein richtiger Umgang mit Werkzeugen ist sehr wichtig, da es einen Unterschied ausmacht, ob Sie einen **debug**-Befehl zur Fehlersuche in einem Planungsnetzwerk ausführen, auf dem kein Applikationsverkehr von Endbenutzern stattfindet, oder ob Sie den **debug**-Befehl in einem Produktionsnetzwerk ausführen, in dem die Benutzer auf Datenflüsse angewiesen sind.

Wie auch immer, durch den richtigen, selektiven und zeitweiligen Einsatz dieser Werkzeuge können Sie sehr leicht potenziell hilfreiche Informationen sammeln, während Sie Tatsachen zusammentragen und Möglichkeiten betrachten. Sie können diese Werkzeuge einsetzen, um die Menge der möglichen Gründe einzugrenzen. Gleichzeitig können Sie die negativen Auswirkungen des Werkzeugs auf den vom Router verwendeten Switching-Typ und auf den Datenfluss minimieren, den der Router dem Endbenutzer zur Verfügung stellt

Damit Sie die Ausgabe dieser mächtigen Fehlersuchwerkzeuge besser interpretieren können, enthält dieses Kapitel eine Beschreibung der wichtigsten Strukturelemente und der betrieblichen Prozesse, die in einem Router ausgeführt werden.

Sie werden auch eine Beschreibung darüber finden, wie die angezeigten Fehlerarten selektiv geordnet werden, wohin die **debug**- und Fehlermeldungsausgabe gelenkt werden kann und wie die Ausgabe zu interpretieren ist. Sie werden einige Details der Befehlausgabe sehen, die Ihnen bei einer technischen Support-Fehlersuche bei einem Problem helfen können.

> **ANMERKUNG**
>
> Ausführlichere Informationen über protokolltechnische Eigenschaften finden Sie in Kapitel 2, »Ein Überblick über die Protokolleigenschaften«.

Da Ihre Reaktion auf ein Problem in einem Produktionsnetzwerk umgehend und wirkungsvoll ausgeführt werden muss, sollten Sie jedes mögliche Werkzeug einsetzen können, das Ihnen bei der Diagnose des Protokollverhaltens helfen wird. Die von Ihnen eingesetzten Werkzeuge müssen eine Ausgabe über das Netzwerk in einer Form liefern, die Sie interpretieren können.

Während Sie die Ausgabe interpretieren, ordnen Sie die Symptome einzelnen Router-Zuständen zu. Diese Zuordnung setzt voraus, dass Sie die Router-Architektur und die Prozesse verstehen und auch die Protokolle, die den technischen Zusammenhang für die Ausgabe der Diagnose liefern. Diese Vorgänge werden in Kapitel 2, »Ein Überblick über die Protokolleigenschaften«, in Kapitel 3, »Die Cisco-Routing- und -Switching-Prozesse«, und in Kapitel 4, »Werkzeuge zur allgemeinen Fehlersuche«, betrachtet.

Es ist jedoch zu bedenken, dass die meisten Diagnose- oder Kontrollwerkzeuge andere Prozesse im Router oder Switch beeinträchtigen. Um den Paketfluss zu filtern und anzuzeigen, muss das Fehlersuchwerkzeug u.U. den Betrieb des Paketswitchings abbremsen.

Da der Problemzustand eine abnormale Situation darstellt, kann es erforderlich sein, ein weniger gutes Switching zu akzeptieren, um das Problem schnell zu erkennen und korrigieren zu können:

- Sie müssen die Einzelheiten über den Einfluss Ihres Fehlersuchwerkzeugs auf die Routerperformance kennen.
- Sie müssen die selektivste und am genauesten fokussierte Anwendung des Diagnosewerkzeugs kennen.
- Sie müssen wissen, wie Sie die negativen Auswirkungen Ihrer Fehlersuche auf andere Prozesse minimieren, die gleichzeitig auf die Ressourcen des Netzwerkgeräts zugreifen.
- Sie müssen wissen, wie Sie das Fehlersuchwerkzeug stoppen, wenn Sie die Diagnose beendet haben, damit der Router wieder zum effektivsten Switching übergehen kann.

Die **show**-Befehle sind wohl die wichtigsten Werkzeuge, um den Zustand eines Routers zu erkennen, um benachbarte Router zu entdecken, um das Netzwerk allgemein zu überwachen und um Probleme in einem Internetzwerk zu isolieren. Die **show**-Befehle sind bei praktisch jeder Fehlersuch- und Überwachungssituation von größter Bedeutung.

Die privilegierten **debug**-Befehle des EXEC-Modus können reichhaltige Informationen liefern, über den an einer Schnittstelle auftretenden (oder nicht auftretenden) Verkehr, über Fehlermeldungen, die an Netzwerkknoten erzeugt werden, über protokollspezifische Diagnosepakete und andere hilfreiche Fehlersuchdaten.

> **STOPP**
>
> Sie riskieren eine Router- und Netzwerkunterbrechung, wenn **debug**-Befehle auf einem Router aktiviert werden, der sich in einem hoch belasteten Internetzwerk befindet. Die **debug**-Befehle verursachen hohen Overhead-Verkehr. Wenn Sie die **debug**-Befehle einsetzen, sollten Sie die Schlüsselworte des Befehls so genau wie möglich verwenden, um dieses Problem klein zu halten. Wenn Sie die Ausgabe puffern, anstatt sie sich an der Konsole anzeigen zu lassen, wird das Problem zusätzlich verringert.

Mit dem **ping**-Befehl (ICMP-Echo-Anfrage/Antwort) können Sie die Verbindungsmöglichkeit über TCP/IP testen. Ein **ping**-ähnlicher Test ist auch für andere Protokolle möglich, wie z.B. ISO-CLNS, AppleTalk, Novell NetWare, XNS und Banyan-VINES.

Abschließend liefert dieser Abschnitt eine Anleitung zu den Diagnoseschritten, die erforderlich sein können, wenn Sie den technischen Support von Cisco kontaktieren.

5.2.1 Die show-Befehle

Der Befehlssatz der **show**-Befehle wird bei einer Fehlersuche in einer gerouteten Cisco-Umgebung am ehesten eingesetzt. Die in diesem Abschnitt betrachteten **show**-Befehle sind Folgende:

- show buffers
- show interfaces
- show interfaces ethernet
- show interfaces tokenring
- show interfaces serial
- show interfaces fddi
- show interfaces atm
- show controllers
- show memory
- show processes

Der Befehl show buffers

Mit dem EXEC-Befehl **show buffers** können Sie Statistiken über die Pufferpools auf dem Router aufrufen. Bild 5.1 zeigt die Ausgabe auf den Befehl **show buffers**.

```
Router# show buffers
Buffer elements:
     398 in free list (500 max allowed)
     1266 hits, 0 misses, 0 created
Public buffer pools:
Small buffers, 104 bytes (total 50, permanent 50):
     50 in free list (20 min, 150 max allowed)
     551 hits, 0 misses, 0 trims, 0 created
Middle buffers, 600 bytes (total 25, permanent 25):
     25 in free list (10 min, 150 max allowed)
     39 hits, 0 misses, 0 trims, 0 created
Big buffers, 1524 bytes (total 50, permanent 50):
     49 in free list (5 min, 150 max allowed)
     27 hits, 0 misses, 0 trims, 0 created
Very Big buffers, 4520 bytes (total 10, permanent 10):
     10 in free list (0 min, 100 max allowed)
     0 hits, 0 misses, 0 trims, 0 created
Large buffers, 5024 bytes (total 0, permanent 0):
     0 in free list (0 min, 10 max allowed)
     0 hits, 0 misses, 0 trims, 0 created
Huge buffers, 18024 bytes (total 0, permanent 0):
     0 in free list (0 min, 4 max allowed)
     0 hits, 0 misses, 0 trims, 0 created

Interface buffer pools:
Ethernet0 buffers, 1524 bytes (total 64, permanent 64):
```

Bild 5.1: Der Befehl show buffers listet Hits, Misses und Puffergrößen auf.

Ein Router besitzt einen Pool mit Queuing-Elementen und eine Reihe von Pools mit Paketpuffern verschiedener Größe. Für jeden Pool speichert der Router Zahlen über die unerledigte Puffermenge, die Puffermenge in der freien Liste und die maximal erlaubte Puffermenge in der freien Liste.

Die folgenden in Bild 5.1 gezeigten signifikanten Felder sind bei einer Fehlersuche hilfreich:

Feld	Beschreibung
Buffer elements	Es werden kleine Strukturen als Platzhalter für Puffer in intern arbeitenden Systemqueues verwendet. Die Pufferelemente werden verwendet, wenn ein Puffer in mehr als einer Queue benötigt wird.
Free list	Gesamtzahl der momentan unreservierten Pufferelemente.
Max allowed	Maximal zur Reservierung erlaubte Puffermenge.
Hits	Menge der erfolgreichen versuchten Reservierung eines Puffers.
Misses	Menge der Pufferreservierungsversuche, durch die der Pufferpool für die Pufferreservierung vergrößert wurde.
Created	Menge der neu erzeugten Puffer, um Pufferreservierungsversuche zu erfüllen, nachdem die verfügbaren Puffer im Pool bereits reserviert waren.
Small buffers	Puffer mit 104 Byte Länge.
Middle buffers	Puffer mit 600 Byte Länge.
Big buffers	Puffer mit 1524 Byte Länge.
Very Big buffers	Puffer mit 4520 Byte Länge.
Large buffers	Puffer mit 5024 Byte Länge.
Huge buffers	Puffer mit 18024 Byte Länge.
Total	Gesamtmenge dieses Puffertyps.
Permanent	Anzahl der permanenten Puffer.
Free list	Anzahl der verfügbaren oder unreservierten Puffer im Pufferpool.
Min	Minimale Anzahl der freien oder unreservierten Puffer im Pufferpool.
Max allowed	Maximale Anzahl der freien oder unreservierten Puffer im Pufferpool.
Hits	Menge der erfolgreichen Pufferreservierungsversuche.
Misses	Menge der Pufferreservierungsversuche, durch die der Pufferpool für die Pufferreservierung vergrößert wurde.
Trims	Menge der Puffer, die an das System zurückgegeben wurden, da sie nicht genutzt wurden. Dieses Feld wird nur für dynamische Pufferpools angezeigt und nicht für die statischen Schnittstellen-Pufferpools.
Created	Menge der neu erzeugten Puffer als Reaktion auf Misses. Dieses Feld wird nur für dynamische Pufferpools angezeigt und nicht für die statischen Schnittstellen-Pufferpools.

Das Netzwerk überträgt Daten über die Kommunikationsverbindung zwischen Computern, Routern, Switches und anderen Geräten. Wenn Probleme auftreten (wenn z.B. ein Verbindung nicht möglich ist oder wenn die Datenübertragung zu langsam wird oder wenn die Daten an sich beschädigt wurden), müssen Sie wissen, welche Fehlersuchziele auf der Datenverbindung zu berücksichtigen sind.

Der Kontrollbetrieb auf Datenverbindungen beschränkt sich auf eine einzelne Verbindung zu einem benachbarten System auf der Datenverbindung. Eine der Aufgaben der Datenverbindung besteht darin, den Systemen auf jeder Seite der Verbindung mitzuteilen, dass die Daten ohne Fehler übertragen wurden.

Die grundlegende physikalische und die Datenverbindung in Cisco-Routern verwendet die Routerschnittstellen und bei einigen Schnittstellen den Controller.

Wenn Netzwerkprobleme auftreten, ist die Datenverbindung gewöhnlich nur einer der zu prüfenden Indikatoren. Die Fehlerkontrolle und die Neuübertragung kann auch durch andere höherschichtige Prozesse ausgeführt werden.

Diese Indikatoren können geroutete und Routing-Protokolle und andere Prozesse beinhalten. Jedoch ist zu bedenken, dass genau wie die Datenverbindungsschicht von einer funktionierenden physikalischen Schicht abhängt, diese höherschichtigen Prozesse von einer korrekt funktionierenden Datenverbindungsschicht abhängen.

Die Ziele einer Fehlersuche auf der Datenverbindung sind die Schnittstellen. In diesem Kapitel umfassen die zu überprüfenden Router-Schnittstellen Ethernet-, Token-Ring-, serielle, FDDI- und ATM-Verbindungen.

Sie können direkt zur physikalischen Schnittstelle gehen und die Kabelverbindung des Routers oder Switches überprüfen, die zum nächsten benachbarten Router oder Switch auf dem Pfad führt. Die Verbindung besteht aus zwei Teilen – dem physikalischen oder Hardware-Teil und dem logischen oder Software-Teil.

Der Hardware-Teil besteht aus Anschlüssen, Hardware-Signalen und Kabeln. Wenn das Kabel zwischen den Geräten nicht angeschlossen ist, kann keine Kommunikation stattfinden. Eine Voraussetzung, bevor Sie eine Fehlersuche auf der Datenverbindung ausführen, besteht darin, zuerst zu überprüfen, ob die Verbindung der physikalischen Schicht korrekt funktioniert. Um diese Voraussetzung zu überprüfen, sollten Sie die Cisco-IOS-Befehle einsetzen sowie eine manuelle Prüfung vornehmen und je nach Bedarf auch zusätzliche physikalische Medientestwerkzeuge verwenden.

Der Software-Teil beinhaltet die Meldungen, die zwischen den benachbarten Geräten ausgetauscht werden. Diese Meldungen können Keepalive-Meldungen sein, die dem Gerät auf der anderen Seite mitteilen, dass am anderen Ende der Verbindung immer noch jemand am Leben ist.

Der Befehl show interfaces

Der Befehl **show interfaces** zeigt Statistiken über die Netzwerkschnittstellen an, wie in Bild 5.2 gezeigt.

Bild 5.2: Der Befehl show interfaces zeigt die Schnittstellenzähler für die Fehlersuche auf der Schicht 2 an.

```
Router> show interfaces s 1
Serial1 is up, line protocol is up
    Hardware is cxBus Serial
    Beschreibung: 56Kb Line San Jose - MP
    Internet address is 150.136.190.203, subnet mask is 255.255.255.0
    MTU 1500 bytes, BW 56 Kbit, DLY 20000 usec, rely 255/255, load 1/255
    Encapsulation HDLC, loopback not set, keepalive set (10 sec)
    Last input 0:00:07, output 0:00:00, output hang never
    Last clearing of »show interface« counters 2w4d
    Output queue 0/40, 0 drops; input queue 0/75, 0 drops
    Five minute input rate 0 bits/sec, 0 packets/sec
    Five minute output rate 0 bits/sec, 0 packets/sec
        16263 packets input, 1347238 bytes, 0 no buffer
        Received 13983 broadcasts, 0 runts, 0 giants
        2 input errors, 0 CRC, 0 frame, 0 overrun, 0 ignored, 2 abort
        0 input packets with dribble condition detected
        22146 packets output, 2383680 bytes, 0 underruns
        0 output errors, 0 collisions, 2 interface resets, 0 restarts
        1 carrier transitions
```

Die resultierende Anzeige auf der Cisco-7000er-Serie zeigt die Schnittstellenprozessoren in der Reihenfolge der Slots. Wenn Sie den Befehl **show interfaces** auf der Cisco-7000er-Serie ohne die Argumente *slot/port* ausführen, werden die Informationen für alle Schnittstellentypen angezeigt. Wenn Sie z.B. **show interfaces ethernet** eingeben, werden Sie Informationen für alle Ethernet-, seriellen, Token-Ring-, ATM- und FDDI-Schnittstellen erhalten.

Nur wenn Sie das Argument *type slot/port* eingeben, können Sie eine bestimmte Schnittstelle angeben.

Wenn Sie einen Befehl **show interfaces** für einen Schnittstellentyp eingeben, der aus dem Router entfernt wurde, werden die Schnittstellenstatistiken zusammen mit dem Text »Hardware has been removed.« angezeigt.

Wenn Sie eine Schnittstelle deaktivieren, werden die Keepalives, die die Meldung »line protocol is up« verursachen, nicht auf der Schnittstelle empfangen.

Sie werden den Befehl **show interfaces** häufig einsetzen, wenn Sie den Router konfigurieren und überwachen. Laufende Informationen sind bei der Fehlersuche in einem Netzwerk sehr wichtig. Wenn Sie ein Schnittstellenproblem vermuten (also im physikalischen oder Hardware-Teil und im logischen oder Software-Teil), müssen Sie Tatsachen sammeln, um genauere Informationen zu erhalten, was auf der Schnittstelle vor sich geht. Der Router verwendet statistische Zähler, um Probleme belegen zu können. Diese Zähler werden angezeigt, wenn Sie den Befehl **show interfaces** eingeben.

In Bild 5.2 wurden mehr als 22000 Pakete übertragen. Solange Sie die Dauer der Sammelperiode nicht kennen, können Sie nicht erkennen, ob dies der gewünschten Performance entspricht. Beachten Sie in der ersten grau unterlegten Zeile, dass die Zähler vor zwei Wochen und vier Tagen das letzte Mal zurückgesetzt wurden. Die Informationen in diesen Statistiken stammen von vielen vergangenen Tagen.

- Um ein neues Problem erkennen zu können, sollten Sie den Befehl **clear counters** ausführen, um diese Zähler auf Null zu setzen.

- Um zu erkennen, wie viel Zeit vergangen ist, seit die Zähler zurückgesetzt wurden, müssen Sie eine Zeile in der Ausgabe auf den Befehl **show interfaces** ausführen.

Der Befehl show interfaces ethernet

Mit dem Befehl **show interfaces ethernet** zeigen Sie Informationen über eine Ethernet-Schnittstelle auf dem Router an, wie Bild 5.3 zeigt.

*Bild 5.3:
Sie sollten besonders auf die Error-Zähler achten, die durch den Befehl show interfaces ethernet angezeigt werden.*

```
Router# show interfaces ethernet 0
Ethernet 0 is up, line protocol is up
    Hardware is MCI Ethernet, address is aa00.0400.0134 (bia 0000.0c00.4369)
    Internet address is 131.108.1.1, subnet mask is 255.255.255.0
    MTU 1500 bytes, BW 10000 Kbit, DLY 1000 usec, rely 255/255, load 1/255
    Encapsulation ARPA, loopback not set, keepalive set (10 sec)
    ARP type: ARPA, PROBE, ARP Timeout 4:00:00
    Last input 0:00:00, output 0:00:00, output hang never
    Last clearing of »show interface« counters 0:56:40
    Output queue 0/40, 0 drops; input queue 0/75, 2 drops
    Five minute input rate 6100 bits/sec, 4 packets/sec
    Five minute output rate 1000 bits/sec, 2 packets/sec
        2295197 packets input, 305539992 bytes, 0 no buffer
        Received 1925500 broadcasts, 0 runts, 0 giants
        3 input errors, 3 CRC, 0 frame, 0 overrun, 0 ignored, 0 abort
        0 input packets with dribble condition detected
        3594664 packets output, 436549843 bytes, 0 underruns
        8 output errors, 1790 collisions, 10 interface resets, 0 restarts
```

Es folgen einige wichtige Felder aus Bild 5.3, die bei einer Fehlersuche sehr hilfreich sind:

Feld	Beschreibung
Ethernet...is {up | down | administratively down}	Dieses Feld zeigt an, ob die Hardware-Schnittstelle momentan aktiv ist und sie von einem Administrator deaktiviert wurde.
line protocol is {up | down}	Dieses Feld zeigt an, ob die Software-Prozesse, die das Verbindungsprotokoll betreiben, die Schnittstelle als betriebsbereit ansehen (d.h. ob Keepalives erfolgreich sind). Wenn die Schnittstellenempfänger drei aufeinanderfolgende Keepalives nicht empfangen, wird das Verbindungsprotokoll als down markiert. Auf den AGS+-Routern und denen der 7000er Serie kann die Ausgabe *deactivated* anzeigen, wenn der Router mehr als 5000 Fehler innerhalb eines Keepalive-Intervalls empfangen hat. Auf dem 7000er beinhalten die Fehler input buffer drops und giants. Auf dem AGS+ sind andere Fehlertypen enthalten.

Feld	Beschreibung
MTU	Maximale-Transmission-Unit der Schnittstelle.
BW	Bandbreite der Schnittstelle in Kilobit pro Sekunde. Der Bandbreitenparameter wird nur zur Berechnung der IGRP-Metriken verwendet.
DLY	Verzögerung der Schnittstelle in Mikrosekunden.
Rely	Zuverlässigkeit der Schnittstelle als Bruchteil von 255 (255/255 ist 100% Zuverlässigkeit), berechnet als exponentielles Mittel über 5 Minuten.
Load	Last auf der Schnittstelle als Bruchteil von 255 (255/255 ist vollständig gesättigt), berechnet als exponentielles Mittel über 5 Minuten.
Keepalive	Zeigt an, ob Keepalives gesetzt sind.
Last input	Anzahl von Stunden, Minuten und Sekunden, seit das letzte Paket erfolgreich von einer Schnittstelle empfangen wurde. Hilfreich, um zu erkennen, wann ein tote Schnittstelle ausgefallen ist.
Output	Anzahl von Stunden, Minuten und Sekunden, seit das letzte Paket erfolgreich aus einer Schnittstelle ausgesendet wurde. Hilfreich, um zu erkennen, wann eine tote Schnittstelle ausgefallen ist.
Last clearing	Vergangene Zeit, seit der die kumulativen Statistikzähler in diesem Bericht (wie z.B. Anzahl der ausgesendeten und empfangenen Bytes) das letzte Mal zurückgesetzt wurden. Beachten Sie, dass die Variablen, die das Routing beeinflussen (z.B. Last und Zuverlässigkeit), nicht auf Null gesetzt werden, wenn die Zähler zurückgesetzt werden. *** zeigt an, dass die vergangene Zeit zu groß für die Anzeige ist.
Output queue, input queue, drops	Anzahl von Paketen in den ausgehenden und eingehenden Queues. Nach jeder Zahl folgt ein Schrägstrich, die maximale Queue-Größe und die Anzahl der durch eine volle Queue verworfenen Pakete.
packets input	Gesamtzahl der fehlerfrei durch das System empfangenen Pakete.
bytes input	Gesamtzahl von Bytes, einschließlich der Daten- und MAC-Verkapselung, in den fehlerfrei durch das System empfangenen Paketen.
no buffers	Anzahl der empfangenen und verworfenen Pakete, weil kein Pufferbereich im Hauptsystem verfügbar war. Vergleichen Sie diese mit dem ignored-Wert. Auf Ethernets sind oft Broadcast-Stürme für no-input-buffer-Ereignisse verantwortlich.

Feld	Beschreibung
Received... broadcasts	Gesamtzahl der durch die Schnittstelle empfangenen Broadcast- oder Multicast-Pakete. Die Anzahl der Broadcasts sollte so gering wie möglich gehalten werden. Ein mittlerer Grenzwert liegt unter 20% der Gesamtzahl der empfangenen Pakete.
Runts	Anzahl der verworfenen Pakete, weil sie kleiner waren als die minimal mögliche Paketgröße des Mediums. Jedes Ethernetpaket, das kleiner als 64 Byte ist, wird als ein Runt betrachtet. Runts werden gewöhnlich durch Kollisionen verursacht. Wenn mehr als ein Runt pro 1 Million Bytes empfangen wird, sollte dies untersucht werden.
Giants	Anzahl der verworfenen Pakete, weil sie größer waren als die maximal mögliche Paketgröße des Mediums. Jedes Ethernetpaket, das größer als 1518 Byte ist, wird als ein Giant betrachtet.
input error	Enthält alle Zähler von Runts, Giants, no buffers, Cyclic-Redundancy-Check (CRC), Frame, Overrun und ignored. Andere eingehende Fehler können auch den input-errors-Zähler erhöhen und einige Datagramme können mehr als einen Fehler aufweisen. Daher kann es sein, dass diese Summe nicht mit den einzeln aufsummierten Fehlerzählern übereinstimmt.
CRC	Die CRC (Prüfsumme), die von der aussendenden LAN-Station erzeugt wurde, stimmt nicht mit der Prüfsumme überein, die aus den empfangenen Daten berechnet wurde. In einem LAN zeugt dies gewöhnlich von Rauschen oder Übertragungsproblemen an der LAN-Schnittstelle oder am LAN-Bus selbst. Eine große Menge von CRCs ist gewöhnlich das Ergebnis von Kollisionen oder von einer Station, die fehlerhafte Daten überträgt. Wenn mehr als ein CRC pro 1 Million Bytes empfangen wird, sollte dies untersucht werden.
Frame	Anzahl der fehlerhaft empfangenen Pakete mit einem CRC-Fehler und einer nicht ganzen Anzahl von Oktetten. In einem LAN ist dies gewöhnlich das Ergebnis von Kollisionen oder einem fehlerhaft arbeitenden Ethernetgerät.
Overrun	Anzahl der Ereignisse, zu denen die Empfänger-Hardware nicht imstande war, die empfangenen Daten an einen Hardware-Puffer zu übergeben, weil die eingehende Datenmenge die Fähigkeit des Empfängers überstieg, die Daten zu übergeben.

Feld	Beschreibung
Ignored	Anzahl der empfangenen Pakete, die von der Schnittstelle ignoriert wurden, weil die Schnittstellen-Hardware keine internen Puffer mehr zur Verfügung hatte. Diese Puffer unterscheiden sich von den Systempuffern, die zuvor in der Pufferbeschreibung angesprochen wurden. Broadcast-Stürme und Rauschausbrüche (bursts of noise) können den Ignored-Zähler erhöhen.
Collisions	Anzahl von erneut übertragenen Meldungen aufgrund einer Ethernetkollision. Kollisionen sind ein normaler Teil der Carrier-Sense-Multiple-Access-Collision-Detection (CSMA/CD) des Ethernet. Exzessive Kollisionen werden gewöhnlich durch eine fehlerhaft arbeitende Netzwerkschnittstellenkarte irgendwo im Ethernet oder in einem zu groß dimensionierten LAN verursacht (z.B. durch ein zu langes Ethernet- oder Übertragungskabel, durch mehr als zwei Repeater zwischen Stationen oder viele kaskadierte Multiport-Sender/Empfänger). Die Gesamtzahl von Kollisionen in Bezug auf die Gesamtzahl der ausgesendeten Pakete sollte etwa 0,1% oder weniger betragen. Ein kollidiertes Paket wird nur einmal in ausgehenden Paketen gezählt.
interface resets	Anzahl der Ereignisse, bei denen eine Schnittstelle vollständig zurückgesetzt wurde. Dies kann auftreten, wenn zu übertragende Pakete in einer Queue nicht innerhalb von einigen Sekunden übertragen werden. Das Zurücksetzen einer Schnittstelle kann auch auftreten, wenn eine Schnittstelle in eine Schleife (Loopback) gesetzt oder wenn sie deaktiviert wurde.
Restarts	Anzahl der Ereignisse, bei denen ein Ethernet-Controller des Typs 2 wegen Fehlern neu gestartet wurde. Die hier angezeigte Zahl kann mit der Zeile »Restarts: ...« in der Ausgabe auf den Befehl **show controllers** verglichen werden.

Der Befehl show interfaces tokenring

Mit dem Befehl **show interfaces tokenring** können Sie Informationen über eine Token-Ring-Schnittstelle und den Zustand des Source-Route-Bridging anzeigen, wie Bild 5.4 zeigt.

*Bild 5.4:
Mit dem Befehl
**show interfaces
tokenring** kön-
nen Sie Token-
Ring-Fehler und
den Betriebszu-
stand anzeigen.*

```
Router# show interfaces tokenring
TokenRing 0 is up, line protocol is up
    Hardware is 16/4 Token Ring, address is 5500.2000.dc27
(bia 0000.3000.072b)
    Internet address is 150.136.230.203, subnet mask is 255.255.255.0
    MTU 8136 bytes, BW 16000 Kbit, DLY 630 usec, rely 255/255, load 1/255
    Encapsulation SNAP, loopback not set, keepalive set (10 sec)
    ARP type: SNAP, ARP Timeout 4:00:00
    Ring speed: 16 Mbps
    Single ring node, Source Route Bridge capable
    Group address: 0x00000000, Funktional address: 0x60840000
    Last input 0:00:01, output 0:00:01, output hang never
    Output queue 0/40, 0 drops; input queue 0/75, 0 drops
    Five minute input rate 0 bits/sec, 0 packets/sec
    Five minute output rate 0 bits/sec, 0 packets/sec
        16339 packets input, 1496515 bytes, 0 no buffer
        Received 9895 broadcasts, 0 runts, 0 giants
        0 input errors, 0 CRC, 0 frame, 0 overrun, 0 ignored, 0 abort
        32648 packets output, 9738303 bytes, 0 underruns
        0 output errors, 0 collisions, 2 interface resets, 0 restarts
        5 transitions
```

Es folgen einige wichtige Felder aus Bild 5.4, die bei einer Fehlersuche sehr hilfreich sind:

Feld	Beschreibung
Token Ring...is {up | down | administratively down}	Die Schnittstelle ist momentan entweder aktiv und in den Ring eingefügt (up) oder sie ist inaktiv und nicht eingefügt (down). Wenn sie administrativ down ist, wurde die Hardware durch einen Administrator deaktiviert.
Token Ring is Reset	Ein Hardware-Fehler ist aufgetreten.
Token Ring is initializing	Die Hardware ist aktiv und gerade dabei, sich in den Ring einzufügen.

Feld	Beschreibung
line protocol is {up | down}	Zeigt an, ob die Software-Prozesse, die das Verbindungsprotokoll betreiben, die Schnittstelle als betriebsbereit ansehen (d.h. ob Keepalives erfolgreich sind).
Ring speed:	Die Geschwindigkeit des Token-Rings = 4 oder 16 Mbps.
{Single ring/multiring node}	Zeigt an, ob ein Knoten aktiviert wurde, um Source-Routing-Informationen (RIF) für routfähige Token-Ring-Protokolle zu sammeln und zu verwenden.
Group address:	Die Gruppenadresse der Schnittstelle, falls vorhanden. Die Gruppenadresse ist eine Multicast-Adresse. Eine beliebige Anzahl von Schnittstellen auf dem Ring kann dieselbe Gruppenadresse verwenden. Jede Schnittstelle kann höchstens eine Gruppenadresse besitzen.
Interface resets	Anzahl der Ereignisse, bei denen eine Schnittstelle zurückgesetzt wurde. Die Schnittstelle kann durch den Administrator zurückgesetzt werden oder auch automatisch, wenn ein interner Fehler auftritt. Wenn dieser Wert ansteigt, liegt es wahrscheinlich an einem lockeren Kabel.
transitions	Anzahl der Ereignisse, bei denen der Ring von up zu down wechselte oder auch von down zu up. Sehr viele transitions zeugen von einem Problem mit dem Ring oder der Schnittstelle.

Der Befehl show interfaces serial

Mit dem Befehl **show interfaces serial** können Sie Informationen über eine serielle Schnittstelle anzeigen und er gibt Ihnen gewöhnlich gute Hinweise über Probleme auf seriellen Verbindungen, wie Bild 5.5 zeigt.

Bild 5.5:
Der Befehl show interfaces serial zeigt Wechsel des Verbindungszustands, Alarmzustände und andere Informationen der Schicht 1 an.

```
Router# show interfaces serial 2/3
Serial2/3 is up, line protocol is up
  Hardware is cxBus Serial
  Internet address is 150.136.190.203, subnet mask is 255.255.255.0
  MTU 1500 bytes, BW 1544 Kbit, DLY 20000 usec, rely 255/255, ↵
load 1/255
  Encapsulation HDLC, loopback not set, keepalive not set
  Last input 0:00:21, output 0:00:21, output hang never
  Last clearing of »show interface« counters 2w4d
  Output queue 0/40, 0 drops; input queue 0/75, 0 drops
  Five minute input rate 0 bits/sec, 0 packets/sec
  Five minute output rate 0 bits/sec, 0 packets/sec
     16263 packets input, 1347238 bytes, 0 no buffer
     Received 13983 broadcasts, 0 runts, 0 giants
     2 input errors, 2 CRC, 0 frame, 0 overrun, 0 ignored, 2 abort
     22146 packets output, 2383680 bytes, 0 underruns
     0 output errors, 0 collisions, 2 interface resets, 0 restarts
     1 carrier transitions
     2 alarm indications, 333 remote alarms, 332 rx LOF, 0 rx LOS
     RTS up, CTS up, DTR up, DCD up, DSR up
     BER inactive, NELR inactive, FELR inactive
```

Die Anzeige in Bild 5.5 zeigt eine Beispielausgabe auf den Befehl **show interfaces serial** für eine synchrone serielle Schnittstelle. Es folgen einige signifikante Felder aus dieser Anzeige, die bei einer Fehlersuche sehr hilfreich sind:

Feld	Beschreibung
Serial…is {up | down | administratively down}	Zeigt an, ob die Schnittstellen-Hardware aktiv (Carrier Detect [CD] ist vorhanden), down (CD ist nicht vorhanden) oder ob die Schnittstellen-Hardware durch einen Administrator deaktiviert wurde.
line protocol is {up | down}	Dieses Feld zeigt an, ob die Software-Prozesse, die das Verbindungsprotokoll betreiben, die Schnittstelle als betriebsbereit ansehen (d.h. ob Keepalives erfolgreich sind). Auf den AGS+-Routern und den Routern der 7000er Serie, kann die Ausgabe *deactivated* anzeigen, wenn der Router mehr als 5000 Fehler innerhalb eines Keepalive-Intervalls empfangen hat. Auf dem 7000er beinhalten die Fehler input buffer drops und giants. Auf dem AGS+ sind andere Fehlertypen enthalten.

Feld	Beschreibung
BW 1544 Kbit	Zeigt den Wert des Bandbreitenparameters, der für die Schnittstelle konfiguriert wurde (in Kilobit pro Sekunde). Der Bandbreitenparameter wird nur zur Berechnung der IGRP-Metriken verwendet. Wenn die Schnittstelle mit einer seriellen Leitung verbunden ist, deren Geschwindigkeit nicht der Standardeinstellung entspricht (1536 oder 1544 für T1 und 56 für eine synchrone serielle Standardleitung), sollten Sie den Befehl **bandwidth** ausführen, um die korrekte Verbindungsgeschwindigkeit für diese serielle Leitung festzulegen.
keepalive	Zeigt an, ob Keepalives gesetzt sind.
packets input	Gesamtzahl der fehlerfrei durch das System empfangenen Pakete. Bei einer seriellen Verbindung ist dieser Eintrag sehr wichtig. Er wird gemeinsam mit der Anzahl der input errors verwendet. Wenn z.B. kein Netzwerktakt oder Netzwerkmaster vorhanden ist oder wenn zwei Master existieren, wird die Gesamtzahl der empfangenen Pakete, wenn überhaupt, sehr klein sein, und der input error-Zähler wird steigen.
bytes input	Gesamtzahl von Bytes, einschließlich der Daten- und MAC-Verkapselung, in den fehlerfrei durch das System empfangenen Paketen.
no buffers	Anzahl der empfangenen und verworfenen Pakete, weil kein Pufferbereich im Hauptsystem verfügbar war. Vergleichen Sie diese mit dem ignored-Wert. Auf seriellen Verbindungen ist oft ein stoßweises Rauschen (bursts of noise) für no input buffer-Ereignisse verantwortlich.
input error	Enthält die Summe aller Zähler von Runts, Giants, no buffers, CRC, Frame, Overrun und abort. Es können auch andere eingehende Fehler den input-errors-Zähler erhöhen. Daher kann es sein, dass diese Summe nicht mit den einzeln aufsummierten Fehlerzählern übereinstimmt.

Feld	Beschreibung
ignored	Anzahl der empfangenen Pakete, die von der Schnittstelle ignoriert wurden, weil die Schnittstellen-Hardware keine internen Puffer mehr zur Verfügung hatte. Broadcast-Stürme und stoßweises Rauschen (bursts of noise) können den ignored-Zähler erhöhen.
carrier transitions	Anzahl der Ereignisse, bei denen das CD-Signal einer seriellen Schnittstelle den Zustand gewechselt hat. Wenn z.B. der Data-Carrier-Detect (DCD) ausfällt und wieder einsetzt, zählt der Carrier-Transition-Zähler zweimal hoch. Wenn die CD-Verbindung den Zustand häufig wechselt, zeugt dies von Modem- oder Leitungsproblemen.
Interface resets	Anzahl der Ereignisse, bei denen eine Schnittstelle vollständig zurückgesetzt wurde. Dies kann auftreten, wenn zu übertragende Pakete in einer Queue nicht innerhalb von einigen Sekunden übertragen werden. Auf einer seriellen Verbindung kann dies durch ein fehlerhaft arbeitendes Modem verursacht werden, das kein Taktsignal überträgt oder durch ein Kabelproblem. Wenn das System bemerkt, das die CD-Verbindung einer seriellen Schnittstelle aktiv ist, aber das Verbindungsprotokoll nicht vorhanden ist, setzt es die Schnittstelle periodisch zurück, um sie neu zu starten. Das Zurücksetzen einer Schnittstelle kann auch auftreten, wenn eine Schnittstelle in eine Schleife (Loopback) gesetzt oder wenn sie deaktiviert wurde.
alarm indications, remote alarms, rx LOF, rx LOS	Anzahl der Channel-Service-Unit/Data-Service-Unit-(CSU/DSU-)Alarmzustände und Anzahl der aufgetretenen Receive-Loss-of-Frame (Frame-Verlust während des Empfangs) und Receive-Loss-of-Signal (Signalverlust während des Empfangs).
BER inactive, NELR inactive, FELR inactive	Status der G.703-E1-Zähler für den Bit-Error-Rate-(BER-)Alarm, Near-End-Loop-Remote (NELR) und Far-End-Loop-Remote (FELR). Sie können den NELR oder FELR nicht setzen.

Der Befehl show interfaces fddi

Mit dem Befehl **show interfaces fddi** können Sie Informationen über eine FDDI-Schnittstelle anzeigen, wie Bild 5.6 zeigt.

```
Router> show interfaces fddi 3/0
Fddi3/0 is up, line protocol is up
  Hardware is cxBus Fddi, address is 0000.0c02.adf1 (bia 0000.0c02.adf1)
  Internet address is 131.108.33.14, subnet mask is 255.255.255.0
  MTU 4470 bytes, BW 100000 Kbit, DLY 100 usec, rely 255/255, load 1/255
  Encapsulation SNAP, loopback not set, keepalive not set
  ARP type: SNAP, ARP Timeout 4:00:00
  Phy-A state is  active, neighbor is   B, cmt signal bits 008/20C, status ILS
  Phy-B state is  active, neighbor is   A, cmt signal bits 20C/008, status ILS
  ECM is in, CFM is thru, RMT is ring_op
  Token rotation 5000 usec, ring operational 21:32:34
  Upstream neighbor 0000.0c02.ba83, downstream neighbor 0000.0c02.ba83
  Last input 0:00:05, output 0:00:00, output hang never
  Last clearing of »show interface« counters 0:59:10
  Output queue 0/40, 0 drops; input queue 0/75, 0 drops
  Five minute input rate 69000 bits/sec, 44 packets/sec
  Five minute output rate 0 bits/sec, 1 packets/sec
     113157 packets input, 21622582 bytes, 0 no buffer
     Received 276 broadcasts, 0 runts, 0 giants
     0 input errors, 0 CRC, 0 frame, 0 overrun, 0 ignored, 0 abort
     4740 packets output, 487346 bytes, 0 underruns
     0 output errors, 0 collisions, 0 interface resets, 0 restarts
     0 transitions, 2 traces, 3 claims, 2 beacons
```

*Bild 5.6: Der Befehl **show interfaces fddi** zeigt den physikalischen A-Status und den physikalischen B-Status sowie die Token-Rotationszeit.*

Es folgen einige wichtige Felder aus Bild 5.6, die bei einer Fehlersuche sehr hilfreich sind:

Feld	Beschreibung
Phy-{A | B}	Zeigt den Zustand, in dem sich die physikalische A- oder physikalische B-Verbindung befindet. Der Status kann off, active, trace, connect, next, signal, join, verify oder break anzeigen. Die folgenden Zustände sind durch den FDDI-Standard festgelegt:
Off	Zeigt an, dass das CMT (Konfigurationsmanagement) auf der physikalischen Unterschicht nicht läuft. Der Zustand ist off, wenn die Schnittstelle deaktiviert wurde oder wenn der Befehl **cmt disconnect** für die physikalische A- oder die physikalische B-Verbindung ausgeführt wurde.
Brk	Der Break-(Warte-)Status ist der Eingangspunkt für den Start einer PCM-Verbindung.
Tra	Der Trace-(Such-)Status lokalisiert einen stockenden Beacon-Zustand.
Con	Der Connect-(Verbindungs-)Status wird verwendet, um die Enden der Verbindung für die Signalisierungssequenz zu synchronisieren.
Nxt	Der Next-Status trennt die ausgesendeten Signale des Signal-Status voneinander und überträgt PDUs, während eine lokale MAC-Schleife ausgeführt wird.
Sig	Der Signal-Status wird aus dem Next-Status betreten, wenn ein Bit bereit zur Übertragung ist.
Join	Der Join-(Zusammenfügen-)Status ist der erste von drei Zuständen in einer Einzelsequenz von übertragenen Symbolströmen, die als Verbindungszustände empfangen werden – den Halt-Line-Status, den Master-Line-Status und deb Idle-Line-Status oder auch HLS-MLS-ILS – der zu einer aktiven Verbindung führt.
Vfy	Der Verify-(Prüf-)Status ist der zweite Status auf dem Weg zum Active-Status und wird durch keine Verbindung erreicht, die nicht synchronisiert wurde.
Act	Der Active-Status zeigt an, dass der CMT-Prozess die Kommunikation mit seinem physikalischen Nachbarn eingerichtet hat.

Feld	Beschreibung	
neighbor	Status des Nachbarn. Folgende Zustände sind möglich:	
	A	Zeigt an, dass der CMT-Prozess eine Verbindung mit seinem physikalischen Nachbarn eingerichtet hat. Die während des CMT-Signal-Prozesses empfangenen Bits zeigen an, dass der Nachbar eine Dual-Attachment-Station (DAS) oder ein Konzentrator des physikalischen A-Typs ist, dessen Eingang an den primären Ring IN und dessen Ausgang an den sekundären Ring angeschlossen ist, wenn er mit dem Doppelring verbunden ist.
	S	Zeigt an, dass der CMT-Prozess eine Verbindung mit seinem Nachbarn eingerichtet hat und dass die während des CMT-Signal-Prozesses empfangenen Bits zeigen, dass der Nachbar ein physikalischer Typ in einer Single-Attachment-Station (SAS) ist.
	B	Zeigt an, dass der CMT-Prozess eine Verbindung mit seinem physikalischen Nachbarn eingerichtet hat. Die während des CMT-Signal-Prozesses empfangenen Bits zeigen an, dass der Nachbar eine Dual-Attachment-Station (DAS) oder ein Konzentrator des physikalischen B-Typs ist, dessen Eingang an den sekundären Ring und dessen Ausgang an den primären Ring angeschlossen ist, wenn er mit dem Doppelring verbunden ist
	M	Zeigt an, dass der CMT-Prozess eine Verbindung mit seinem Nachbarn eingerichtet hat und dass die während des CMT-Signal-Prozesses empfangenen Bits zeigen, dass der Nachbar des Routers ein physikalische M-Typ-Konzentrator ist, als Master für eine angeschlossene Station oder einen Konzentrator dient.
	Unk	Zeigt an, dass der Router den CMT-Prozess noch nicht abgeschlossen hat und daher noch nichts über seinen Nachbarn weiß.

Feld	Beschreibung
cmt signal bits	Zeigt die übertragenen/empfangenen CMT-Bits. Die übertragenen Bits sind 0x008 für einen physikalischen A-Typ und 0x20C für einen physikalischen B-Typ. Die Zahl nach dem Schrägstrich (/) zeigt die empfangenen Signalbits. Wenn die Verbindung nicht aktiv ist, zeigen die empfangenen Bits null (0). Beachten Sie die Zeile am Anfang der Anzeige, die mit Phy-B beginnt.
status	Der angezeigte Statuswert ist der aktuelle Status auf der Faser. Der FDDI-Standard legt die folgenden Werte fest:
LSU	Line-Status unbekannt – Das Kriterium für den Eintritt oder den Verbleib in einem anderen Line-Status ist nicht vorhanden.
NLS	Der Noise-Line-Status tritt ein, wenn 16 potenzielle Rauschereignisse auftreten, ohne dass ein Kriterium für den Eintritt in einen anderen Line-Status aufgetreten ist.
MLS	Der Master-Line-Status tritt ein, wenn acht oder neun aufeinanderfolgende HQ- oder QH-Symbolpaare empfangen werden.
ILS	Der Idle-Line-Status tritt ein, wenn vier oder fünf Idle-(Leerlauf-)Symbole empfangen werden.
HLS	Der Halt-Line-Status tritt ein, wenn 16 oder 17 aufeinanderfolgende H-Symbole empfangen werden.
QLS	Der Quiet-(Ruhe-)Line-Status tritt ein, wenn 16 oder 17 aufeinanderfolgende Q-Symbole empfangen werden oder wenn der CD schwächer wird.
ALS	Der Active-Line-Status tritt ein, wenn ein JK-Symbolpaar bei vorhandenem CD empfangen wird.
OVUF	Elastizitäts-Puffer Überlauf/Unterlauf. Die normalen Zustände für einen verbundenen physikalischen Typ sind ILS und ALS. Wenn der Bericht den QLS-Status anzeigt, kennzeichnet dieser, dass die Faser vom physikalischen B getrennt ist oder dass sie mit keinem anderen physikalischen Typ verbunden ist oder dass die andere Station nicht läuft.

Feld	Beschreibung
ECM is…	Das ECM ist das SMT-Einheits-Koordinations-Management, das den Betrieb des CFM und des PCM überwacht. Der ECM-Status kann einer der Folgenden sein:
	Out — Der Router ist vom Netzwerk isoliert.
	In — Der Router ist aktiv in das Netzwerk eingefügt. Dies ist der normale Zustand für einen angeschlossenen Router.
	Trace — Der Router versucht einen stockenden Beacon-Zustand zu lokalisieren.
	Leave — Der Router wartet darauf, dass alle Verbindungen unterbrochen werden, bevor er das Netzwerk verlässt.
	path_test — Der Router testet seine internen Pfade.
	Insert — Der Router wartet darauf, dass der optische Bypass eingefügt wird.
	Check — Der Router überprüft, ob die optischen Bypässe korrekt geswitcht sind.
	Deinsert — Der Router wartet darauf, dass der optische Bypass entfernt wird.
CFM is…	Enthält Informationen über den laufenden Zustand der MAC-Verbindung. Der Konfigurations-Management-(CFM-)Status kann einer der Folgenden sein:
	Isolated — Der MAC ist mit keinem physikalischen Typ verbunden.
	wrap_a — Der MAC ist mit einem physikalischen A verbunden. Es werden Daten auf dem physikalischen A empfangen und ausgesendet.
	wrap_b — Der MAC ist mit einem physikalischen B verbunden. Es werden Daten auf dem physikalischen B empfangen und ausgesendet.
	wrap_s — Der MAC ist mit einem physikalischen S verbunden. Es werden Daten auf dem physikalischen S empfangen und ausgesendet. Dies ist der normale Modus für eine SAS.
	Thru — Der MAC ist mit einem physikalischen A und B verbunden. Es werden Daten auf dem physikalischen A empfangen und auf dem physikalischen B ausgesendet. Dies ist der normale Modus für eine DAS mit einem MAC.

Feld	Beschreibung
RMT is...	Das RMT (Ring-Management) ist die SMT-MAC-bezogene Statusmaschine. Der RMT-Status kann einer der Folgenden sein:
	Isolated — Der MAC versucht nicht, am Ring teilzunehmen. Dies ist der Ausgangszustand.
	non_op — Der MAC nimmt an der Wiederherstellung des Rings teil und der Ring ist nicht einsatzbereit.
	ring_op — Der MAC nimmt an einem funktionsfähigen Ring teil. Dies ist der normale Zustand, während der MAC mit dem Ring verbunden ist.
	Detect — Der Ring war länger als normal nicht einsatzbereit. Es wird überprüft, ob doppelte Adressen vorhanden sind.
	non_op_dup — Es wurden Anzeichen entdeckt, dass die Adresse des MAC mit der eines anderen MAC auf dem Ring übereinstimmt. Der Ring ist nicht betriebsbereit.
	ring_op_dup — Es wurden Anzeichen entdeckt, dass die Adresse des MAC mit der eines anderen MAC auf dem Ring übereinstimmt. In diesem Zustand ist der Ring betriebsbereit.
	Directed — Der MAC sendet Beacon-Frames mit der Nachricht, dass sich der Ring in einem hängenden Zustand befindet.
	Trace — Dieser MAC hat eine Suche eingeleitet und die RMT-Statusmaschine wartet auf deren Abschluss, bevor sie mit einen internen Pfadtest startet.
token rotation	Der Token-Rotationswert zeigt die Standardeinstellung oder den konfigurierten Rotationswert, der durch den Befehl **fddi token-rotation-time** festgelegt wurde. Die Standardeinstellung beträgt 5000 Mikrosekunden. Wenn der Ring in Betrieb ist, zeigt der Wert die Token-Rotationzeit, die von allen Stationen auf dem Ring ausgehandelt wurde.
ring operational	Die Betriebszeit wird durch die Anzahl von Stunden, Minuten und Sekunden angezeigt, die der Ring aktiv war. Wenn der Ring nicht in Betrieb ist, wird die Meldung »ring not operational« angezeigt.
upstream | downstream neighbor	Zeigt die kanonische MAC-Adresse des ausgehenden Upstream- und Downstream-Nachbarn an. Wenn die Adresse unbekannt ist, zeigt der Wert die FDDI-Unbekannt-Adresse an (0x00 00 f8 00 00 00).

Der Befehl show interfaces atm

Mit dem Befehl **show interfaces atm** können Sie Informationen über die ATM-Schnittstelle anzeigen, wie Bild 5.7 zeigt.

```
Router# show interfaces atm 4/0
ATM4/0 is up, line protocol is up
  Hardware is cxBus ATM
  Internet address is 131.108.97.165, subnet mask is 255.255.255.0
  MTU 4470 bytes, BW 100000 Kbit, DLY 100 usec, rely 255/255, ↵
load 1/255
  Encapsulation ATM, loopback not set, keepalive set (10 sec)
  Encapsulation(s): AAL5, PVC mode
  256 TX buffers, 256 RX buffers, 1024 Maximum VCs, 1 Current VCs
  Signalling vc = 1, vpi = 0, vci = 5
  ATM NSAP address: BC.CDEF.01.234567.890A.BCDE.F012.3456.7890.1234.13
  Last input 0:00:05, output 0:00:05, output hang never
  Last clearing of »show interface« counters never
  Output queue 0/40, 0 drops; input queue 0/75, 0 drops
  Five minute input rate 0 bits/sec, 0 packets/sec
  Five minute output rate 0 bits/sec, 0 packets/sec
     144 packets input, 3148 bytes, 0 no buffer
     Received 0 broadcasts, 0 runts, 0 giants
     0 input errors, 0 CRC, 0 frame, 0 overrun, 0 ignored, 0 abort
     154 packets output, 4228 bytes, 0 underruns
     0 output errors, 0 collisions, 1 interface resets, 0 restarts
```

*Bild 5.7:
Der Befehl **show
interfaces atm**
zeigt laufende
und maximale
virtuelle Circuits
(VCs) an.*

Es folgen einige wichtige Felder aus Bild 5.7, die bei einer Fehlersuche sehr hilfreich sind:

Feld	Beschreibung
ATM...is {up | down | administratively down}	Dieses Feld zeigt an, ob die Schnittstellen-Hardware momentan aktiv ist und sie von einem Administrator deaktiviert wurde.
line protocol is {up | down}	Dieses Feld zeigt an, ob die Software-Prozesse, die das Verbindungsprotokoll betreiben, die Schnittstelle als betriebsbereit ansehen (d.h. ob Keepalives erfolgreich sind).

Feld	Beschreibung
Encapsulation(s)	AAL5-, permanenter virtueller Circuit-(PVC-) oder geswitchter virtueller Circuit-(SVC-) Modus.
TX buffers	Anzahl der Puffer, die durch den Befehl **atm txbuff** konfiguriert wurden.
RX buffers	Anzahl der Puffer, die durch den Befehl **atm rxbuff** konfiguriert wurden.
Maximum VCs	Maximale Anzahl der virtuellen Circuits.
Current VCs	Aktuelle Anzahl der virtuellen Circuits.
Signaling vc, vpi, vci	Anzahl der signalisierenden PVCs, der virtuellen Pfad-IDs, der virtuellen Kanal-IDs.
Last input/output	Anzahl der Stunden, Minuten und Sekunden, seit das letzte Paket erfolgreich durch eine Schnittstelle empfangen/ausgesendet wurde.
output hang	Anzahl der Stunden, Minuten und Sekunden (oder niemals), seit die Schnittstelle das letzte Mal zurückgesetzt wurde, weil eine Übertragung zu lange dauerte.

Der Befehl show controllers

Mit dem Befehl **show controllers** {bri | e1 | ethernet | fddi | lex | mci | pcbus | serial | token} können Sie Informationen über die Speicherverwaltung und die Fehlerzähler der Schnittstellenkarten anzeigen. Die Ausgabe variiert je nach der angefragten Karte. Ein Teil der Ausgabe ist proprietär und nur durch technisches Supportpersonal zu entziffern.

Bild 5.8 zeigt die Ausgabe auf den Befehl **show controllers token**. Es werden Informationen anzeigt, die für eine Fehlersuche relevant sind. Die Ausgabe zeigt die Anzahl der Token-Ring-Soft- und Hard-Fehler sowie Berichte über die Anzahl der Ereignisse, bei denen die folgenden Zustände auftraten:

– Die Station war die einzige auf dem Ring.

– Die Station wurde durch eine Fernwartungsapplikation entfernt.

– Die Station sendete einen Beacon-Frame aus, um andere Stationen zu alarmieren, dass der Ring down ist.

```
Router> show controllers token
TR Unit 0 is board 0 - ring 0
  state 3, dev blk: 0x1D2EBC, mailbox: 0x2100010, sca: 0x2010000
  current address: 0000.3080.6f40, burned in address: 000.3080.6f40
  current TX ptr: 0xBA8, current RX ptr: 0x800
  Last Ring Status: none
  Stats: soft:0/0, hard:0/0, sig loss:0/0
        tx beacon: 0/0, wire fault 0/0, recovery: 0/0
        only station: 0/0, remote removal: 0/0
  Bridge: local 3330, bnum 1, target 3583
    max_hops 7, target idb: 0x0, not local
  interface failures: 0 -- Bkgnd Ints: 0
  TX shorts 0, TX giants 0
  Monitor state: (active)
     flags 0xC0, state 0x0, test 0x0, code 0x0, reason 0x0
f/w ver: 1.0, chip f/w: '000000.ME31100', [bridge capable]
  SMT versions: 1.01 kernel, 4.02 fastmac
  ring mode: F00, internal enables: SRB REM RPS CRS/NetMgr
  internal funktional: 0000011A (0000011A), group: 00000000
(00000000)
  if_state: 1, ints: 0/0, ghosts: 0/0, bad_states: 0/0
  t2m fifo purges: 0
  t2m fifo current: 0, t2m fifo max: 0/0, proto_errs: 0/0
  ring: 3330, bridge num: 1, target: 3583, max hops: 7
Packet counts:
     receive total: 298/6197, small: 298/6197, large 0/0
        runts: 0/0, giants: 0/0
        local: 298/6197, bridged: 0/0, promis: 0/0
        bad rif: 0/0, multiframe: 0/0
     ring num mismatch 0/0, spanning violations 0
     übertragen total: 1/25, small: 1/25, large 0/0
        runts: 0/0, giants 0/0, errors 0/0
bad fs: 0/0, bad ac: 0
congested: 0/0, not present: 0/0
     Unexpected interrupts: 0/0, last unexp. int: 0
     Internal controller counts:
  line errors: 0/0, internal errors: 0/0
  burst errors: 0/0, ari/fci errors: 0/0
  abort errors: 0/0, lost frame: 0/0
  copy errors: 0/0, rcvr congestion: 0/0
  token errors: 0/0, frequency errors: 0/0
  dma bus errors: -/-, dma parity errors: -/-
```

Bild 5.8:
Mit dem Befehl **show controllers token** *können Sie Verwaltungs- und Fehlerstatistiken für eine Schnittstelle aufrufen.*

```
                        Internal controller smt state:
Adapter MAC:         0000.3080.6f40,   Physikalische drop:   00000000
NAUN address:        0000.a6e0.11a6,   NAUN drop:            00000000
Last source:         0000.a6e0.11a6,   Last poll:            0000.3080.6f40
Last MVID:           0006,             Last attn code:       0006
Txmit priotity:      0006,             Auth Class:           7FFF
Monitor Error:       0000,             interface Errors:     FFFF
Correlator:          0000,             Soft Error Timer:     00C8
Local Ring:          0000,             Ring Status:          0000
Beacon rcv type:     0000,             Beacon txmit type:    0000
Beacon type:         0000,             Beacon NAUN:          000.a6e0.11a6
```

Ein Token-Ring-Algorithmus namens *Beaconing* entdeckt bestimmte Netzwerkfehler und versucht sie zu beheben. Immer wenn eine Station ein ernstes Problem mit dem Netzwerk entdeckt (z.B. einen Kabelfehler oder einen Signalverlust), sendet sie einen Beacon-Frame.

In dem Beispiel bedeutet soft: 0/0, dass keine Soft-Fehler auftraten, seit der Befehl das letzte Mal ausgeführt wurde, sowie seit dem letzten Neustart. Die erste Zahl zeigt die Anzahl der aufgetretenen Fehler oder Zustände, seitdem die Daten zuletzt aufgerufen wurden. Die zweite Zahl zeigt die Gesamtzahl der aufgetretenen Fehler oder Zustände seit dem letzten Neustart (die laufende Zahl nicht mitgerechnet).

Für die folgende Zeile der Ausgabe folgt eine Erklärung für jeden Eintrag:

```
f/w ver: 1.0 expr 0, chip f/w: '000000.ME31100', [bridge
capable]
```

Feld	Beschreibung
f/w ver: 1.0	Version der Cisco-Firmware auf dem Board.
chip f/w: '000000.ME31100'	Firmware auf dem Chipsatz.
[bridge capable]	Die Schnittstelle wurde nicht für das Bridging konfiguriert, aber sie ist dazu fähig.

ring num mismatch 0/0 sind empängerspezifische Informationen, die anzeigen, ob der Controller eine unpassende Ringnummer entdeckt hat.

Die folgenden Ausgabezeilen werden durch den Controller-Chipsatz geliefert. Sie zeigen die Anzahl der Soft-Fehler, die auf der Station aufgetreten sind. Die erste Zahl zeigt die Fehleranzahl seit der letzten Ausführung des Befehls. Die zweite Zahl zeigt die Gesamtanzahl (minus die aktuelle Zahl).

Diese Statistiken können für eine Fehlersuche bei Token-Ring-Problemen sehr hilfreich sein. Zum Beispiel zeigt die Zeile `errors: 0/0` in der Befehlsausgabe, dass keine CRC-Fehler auftraten.

`indicator burst error: 0/0` bedeutet, dass der Router kein Signal-Problem auf der Schnittstellenkarte bemerkte (wird gewöhnlich durch Rauschen oder Übersprechen verursacht).

Ein Receive-Congested-Fehler (`rcvrcongestion: 0/0`) bedeutet, dass die Station kein Problem damit hatte, den für sie bestimmten Verkehr zu empfangen.

Line-Fehler, Burst-Fehler und Receive-Congested-Fehler sind die am häufigsten auftretenden Probleme, die in Token-Ring-Netzwerken vorkommen.

Sie können sowohl die Ausgabe auf den Befehl **show controllers token** als auch einen Protokoll-Analyzer verwenden, um die Ursache übermäßiger Line-Fehler, Burst-Fehler und Receive-Congested-Fehler zu isolieren. Der Befehl **show controllers token** zeigt Fehler an, die auf dieser Station auftraten, wie Bild 5.8 zeigt. Die Ausgabe auf den Befehl **show controllers token** enthält die Adresse des nähesten aktiven Upstream-Nachbarn (NAUN). Dies ist die MAC-Adresse des nächsten Upstream-Netzwerkgeräts dieser Station, die noch aktiv ist. Dies wird Ihnen dabei helfen, die Ringreihenfolge zu verstehen und eine ausgefallene Domäne zu isolieren, wenn Probleme auftreten.

Token-Ring-Geräte verfolgen zwei Arten von Soft-Fehlern – isolierbare Soft-Fehler und nicht isolierbare Soft-Fehler. Bei isolierbaren Soft-Fehlern ist der NAUN im Meldungsframe des Soft-Fehlers von Bedeutung. Das Problem liegt irgendwo zwischen der Station, die das Problem meldet und dem NAUN (oder in der Station oder dem NAUN). Bei nicht isolierbaren Soft-Fehlern kann die Problemursache nicht auf eine Station und den NAUN der Station oder das dazwischen liegende Kabel beschränkt werden.

Die folgenden isolierbaren Soft-Fehler können auftreten:

- Line-Fehler – Ungültiges Bit in einem Frame oder Token (d.h. ein CRC-Fehler).

- Interner Fehler – Die Station, die den Fehler erzeugte, hatte einen behebbaren internen Fehler. Hiermit können Sie eine Station entdecken, die sich am Rande eines möglichen Ausfallzustands befindet.

- Burst-Fehler – Das eingehende Signal ist nicht korrekt kodiert, gewöhnlich aufgrund eines Problems der physikalischen Schicht wie z.B. Übersprechen oder Rauschen. Dieser Zähler wird hochgezählt, wenn eine Station keine Transitionen für die Zeit von fünf halben Bits bemerkt (Burst-Fünf-Fehler). Beachten Sie, dass nur eine Station einen Burst-Fünf-Fehler entdeckt, da die erste Station, die ihn entdeckt, ihn in einen Burst-Vier umwandelt.

- ARI/FCI-Fehler – Die Station, die den Fehler erzeugt, hat mehr als einen Active-Monitor-Present- oder Standby-Monitor-Present-Frame empfangen, bei dem die erkannten Adress- und die kopierten Frame-Bits auf Null gesetzt waren, wodurch ein Problem mit der Nachbarbenachrichtigung gemeldet wird (Ring-Poll). Der NAUN könnte dieses Problem verursachen.

- Abort-Fehler – Die Station, die den Fehler erzeugt, hatte ein Problem während der Übertragung.

Die folgenden nicht isolierbaren Soft-Fehler können auftreten:

- Lost-Frame – Der Sender konnte sein eigenes Frame nicht wieder empfangen.

- Copy-Fehler – Die Station sah einen Frame, der an sie adressiert war, bei dem die Adresse-Erkannt-Bits aber bereits gesetzt waren. Auch wenn es unwahrscheinlich ist, ist es doch möglich, dass eine Station mit der Adresse dieser Station den Ring betreten hat. Wenn z.B. zwei gebridgete Ringe in einen Ring zusammengeführt werden, während Stationen aktiv sind, können sich plötzlich zwei Stationen mit derselben Adresse auf demselben Ring befinden.

- Receive-Congested – Die Station, die den Fehler erzeugt, konnte nicht alle an sie gesendeten Daten kopieren. Es mag Sie verwundern, dass der Receive-Congested-Fehler nicht isolierbar ist. Er ist von dem Standpunkt her isolierbar, dass Sie diese Informationen verwenden können, um zu bestimmen, welche Station überlastet ist. Jedoch ist es möglich, dass der NAUN innerhalb des Frames bedeutungslos ist. Die Station könnte überlastet sein, weil eine andere Station zu viele Daten sendet.

- Token-Fehler – Der aktive Monitor erzeugt diese Fehler immer dann, wenn er den Token neu erzeugen muss. Dies kann vollkommen normal sein, wenn es nicht zu oft passiert. Der Token kann beschädigt werden, wenn eine neue Station den Ring betritt.

- Frequency-Fehler – Die Frequenz von eingehenden Signalen ist nicht korrekt. Der aktive Monitor sollte dies kompensieren. Wenn dieses Problem oft auftritt, sollte die Station, die als aktiver Monitor agiert, zeitweilig aus dem Ring genommen werden, damit eine andere Station die Rolle des aktiven Monitors übernimmt.

Der Befehl show memory

Mit dem Befehl **show memory** können Sie Statistiken über den Arbeitsspeicher des Routers anzeigen, einschließlich freier Pool-Statistiken, wie Bild 5.9 zeigt.

```
Router# show memory
              HeadFree    Start     Total bytes   Used bytes   Free bytes
SRAM          1000        7AE0      65538         27360        38178
Processor     20CFC4      23E178    2043964       282372       1761592
IO Memory     6000000     6132DA0   4194656       1471412      2723244
Address   Bytes   Prev.   Next    Ref   PrevF   NextF   Alloc PC   What
1000      2032    0       17F0    1                     3E73E      *Init*
17F0      2032    1000    1FE0    1                     3E73E      *Init*
1FE0      544     17F0    2200    1                     3276A      *Init*
2200      52      1FE0    2234    1                     31D68      *Init*
2234      52      2200    2268    1                     31DAA      *Init*
2268      52      2234    229C    1                     31DF2      *Init*
72F0      2032    6E5C    7AE0    1                     3E73E      Init
7AE0      38178   72F0    0       0     0       0       0
```

Bild 5.9: *Der Befehl* **show memory** *zeigt Reservierungsstatistiken des Systemspeichers.*

Der erste Abschnitt der Anzeige enthält zusammenfassende Statistiken über die Aktivitäten der Systemspeicherreservierung. Die Feldbeschreibungen auf den Befehl **show memory** sind Folgende:

Feld	Beschreibung
Head	Die hexadezimale Adresse des Beginns der Speicherreservierungskette
Free Start	Die hexadezimale Adresse des Endes der freien Liste
Total Bytes	Die Gesamtmenge des Systemspeichers
Verwendete Bytes	Die Menge des verwendeten Speichers
Free Bytes	Die Menge des freien Speichers

> **ANMERKUNG**
>
> Der Befehl **show memory** zeigt auf den Cisco-Routern der 4000er Serie Informationen über den SRAM und den I/O-Speicher sowie Informationen über die Speicherreservierung des Prozessors. Der Befehl **show memory** auf der Cisco-2500-Serie zeigt Informationen über den Prozessor- und den I/O-Speicher.

Der zweite Abschnitt der Anzeige ist eine blockweise Liste der Speichernutzung. Die Eigenschaften von jedem Speicherblock sind Folgende:

Feld	Beschreibung
Address	Die hexadezimale Adresse des Blocks
Bytes	Die Größe des Blocks in Bytes
Prev	Die Adresse des vorherigen Blocks (sollte mit der Adresse der vorherigen Zeile übereinstimmen)
Next	Adresse des nächsten Blocks (sollte mit der Adresse der nächsten Zeile übereinstimmen)
Free?	Wird angezeigt, wenn der Block frei ist
Alloc PC	Adresse des Systemaufrufs, der den Block reservierte
What	Name des Prozesses, der über den Block verfügt

Wenn Sie diese Ausgabe ansehen, sollten Sie den größten freien Block suchen. Zudem sollten Sie prüfen, ob die Menge der freien Blöcke rapide abnimmt oder ob eine sehr kleine Zahl im Vergleich zur freien Speichermenge Ihrer normalen Grundlinie angezeigt wird.

Einige der normalerweise zufälligen Router-Fehler können mit einem Zustand zusammenhängen, in dem nicht genügend Speicher verfügbar ist und bei dem in der Folge Prozesse erweitert werden, da ihr Bedarf nach Speicher sich erhöht.

Die Anzeige auf den Befehl **show memory free** enthält dieselben Informationstypen wie die **show memory**-Anzeige, jedoch wird nur der freie Speicher angezeigt und die Informationen werden listenweise für jede freie Liste angezeigt.

Andere **show memory**-Befehle, die bei der Untersuchung von Speicherproblemen hilfreich sind, sind Folgende:

- Der Befehl **show memory io** zeigt die freien I/O-Speicherblöcke. Auf dem Cisco 4000 zeigt dieser Befehl sehr schnell, wie viel unverwendeter I/O-Speicher verfügbar ist.
- Der Befehl **show memory sram** zeigt die freien SRAM-Blöcke an. Auf dem Cisco 4000 unterstützt dieser Befehl den statischen Hochgeschwindigkeits-RAM-Pool, um das Debuggen oder die Untersuchung der Probleme mit der Reservierung oder der Freisetzung von solchem Speicher zu vereinfachen.

Der Befehl show processes

Mit dem Befehl **show processes** können Sie Informationen über die aktiven Prozesse anzeigen, wie Bild 5.10 zeigt.

```
Router# show processes
CPU utilization for five seconds: 0%/0%; one minute: 0%; five minutes: 0%
 PID Q T  PC     Runtime(ms)  Invoked  uSecs  Stacks     TTY  Process
  1  M T  40FD4  1736         58       29931  910/1000   0    Check heaps
  2  H E  9B49C  68           585      116    790/900    0    IP Input
  3  M E  AD4E6  0            737      0      662/1000   0    TCP Timer
  4  L E  AEBB2  0            2        0      896/1000   0    TCP protocols
  5  M E  A2F9A  0            1        0      852/1000   0    BOOTP Server
  6  L E  4D2A0  16           127      125    876/1000   0    ARP Input
  7  L E  50C76  0            1        0      936/1000   0    Probe Input
  8  M E  63DA0  0            7        0      888/1000   0    MOP protocols
  9  M E  86802  0            2        0      1468/1500  0    Timers
 10  M E  7EBCC  692          64       10812  794/1000   0    Net Background
 11  L E  83BSS  0            5        0      870/1000   0    Logger
 12  M T  11C454 0            38       0      574/1000   0    BGP Open
 13  H E  7F0E0  0            1        0      446/500    0    Net Input
 14  M T  436EA  540          3435     157    737/1000   0    TTY Background
 15  M E  11BA9C 0            1        0      960/1000   0    BGP I/O
 16  M E  11553A 5100         1367     3730   1250/1500  0    IGRP Router
 17  M E  11B76C 88           4200     20     1394/1500  0    BGP Router
 18  L T  11BA64 152          14650    10     942/1000   0    BGP Scanner
 19  M *  0      192          80       2400   1714/2000  0    Exec
```

Bild 5.10: Der fünfminütige Belastungslevel ist das wichtigste Feld in der Ausgabe des **show processes**-*Befehls.*

Die erste Zeile der Ausgabe zeigt die CPU-Belastung der letzten 5 Sekunden, der letzten Minute und der letzten 5 Minuten. Der zweite Teil des fünfsekündigen Bildes (0%/0%) zeigt die prozentuale CPU-Nutzung durch Interrupt-Routinen.

> **ANMERKUNG**
>
> Da der Router eine Taktauflösung von 4 Millisekunden hat, sind die Laufzeiten erst nach einer größeren Anzahl von Aufrufen oder nach einer vernünftig bemessenen Laufzeit verlässlich.

Führen Sie diesen Befehl mehrmals aus, mit einem zeitlichen Abstand von etwa einer Minute und vergleichen Sie die Ausgabe zeilenweise, um zu erkennen, welche Prozesse oft aufgerufen werden. Derjenige, der am häufigsten aufgerufen wird, ist vermutlich für die CPU-Belastung verantwortlich.

Andere Parameter beinhalten Folgendes:

Parameter	Beschreibung
Runtime (ms)	CPU-Zeit in Millisekunden, die der Prozess beansprucht hat.
Invoked	Zeigt an, wie oft der Prozess aufgerufen wurde.
Usecs	Mikrosekunden der CPU-Zeit für jeden Prozessaufruf.

Eine hohe, aber kurzzeitige CPU-Nutzung kann anzeigen, dass ein Prozess (oder mehrere Prozesse) eine Überlastung verursacht.

Sie können das optionale Schlüsselwort **cpu** verwenden, wenn Sie den Befehl **show processes** ausführen, um die CPU-Nutzung für jeden Prozess zu betrachten. Wenn das optionale Schlüsselwort **cpu** verwendet wird, enthält die Ausgabe die folgenden Spalten:

Spalte	Beschreibung
five seconds	CPU-Nutzung nach Anwendung in den letzten 5 Sekunden (in Hundertstelsekunden).
one minute	CPU-Nutzung nach Anwendung in der letzten Minute (in Hundertstelsekunden).
five minutes	CPU-Nutzung nach Anwendung in den letzten 5 Minuten (in Hundertstelsekunden).

Um Platz für die zusätzlichen Spalten zu schaffen, werden die folgenden Spalten *nicht* angezeigt, wenn das optionale Schlüsselwort **cpu** verwendet wird:

- Q – Prozess-Queue-Priorität

    H (hoch)

    M (mittel)

    L (tief)

- T – Zeitplantest

    * (momentan laufend)

    E (auf ein Ereignis wartend)

    S (bereit zur Ausführung, freiwillig abgegebener Prozessor)

    T (Zeit, veraltet, ab 11.0 nicht mehr angezeigt)

    rd (bereit zur Ausführung, Aufrufzustand ist eingetreten)

    we (auf ein Ereignis wartend)

    sa (schlafend bis zu einem bestimmten Zeitpunkt)

    si (schlafend für ein bestimmtes Zeitintervall)

    sp (schlafend für ein bestimmtes Zeitintervall [wechselnder Aufruf])

    st (schlafend, bis ein Zeitgeber abläuft)

    hg (hängt; der Prozess wird nicht neu ausgeführt)

    xx (tot; der Prozess ist beendet, wurde aber noch nicht entfernt)

- PC – Programmzähler
- Stacks – unterer/gesamter verfügbarer Stapelbereich in Bytes

Mit dem Befehl **show processes memory** können Sie die Speichernutzung anzeigen, wie Bild 5.11 zeigt.

*Bild 5.11:
Der Befehl show
processes me-
mory zeigt den
momentan durch
jeden aktiven
Prozess belegten
Speicher an.*

```
Router# show processes memory
Total: 2416588, Used: 530908, Free: 1885680
 PID  TTY   Allocated         Freed    Holding Process
  0    0      461708           2048      460660  *Init*
  0    0          76           4328        4252  *Sched*
  0    0       82732          33696       49036  *Dead*
  1    0        2616              0        2616  Net Background
  2    0           0              0           0  Logger
 21    0       20156             40       20116  IGRP Router
  4    0         104              0         104  BOOTP Server
  5    0           0              0           0  IP Input
  6    0           0              0           0  TCP Timer
  7    0         360              0         360  TCP protocols
  8    0           0              0           0  ARP Input
  9    0           0              0           0  Probe Input
 10    0           0              0           0  MOP protocols
 11    0           0              0           0  Timers
 12    0           0              0           0  Net Input
```

Die Allocated-Spalte zeigt die Summe des Speichers, den der Prozess vom System angefordert hat.

5.2.2 Die debug-Befehle

Die **debug**-Befehle des privilegierten EXEC-Modus können Ihnen reichhaltige Informationen über den an einer Schnittstelle (evtl. auch nicht) ankommenden Verkehr liefern, über Fehlermeldungen, die auf den Netzwerkknoten erzeugt werden, über protokollspezifische Diagnosepakete und andere hilfreiche Daten zur Fehlerbestimmung, die in Bild 5.12 gezeigt werden. Seien Sie sich jedoch bewusst, dass diese Befehle oft Daten erzeugen, die Ihnen bei einem bestimmten Problem wenig nützen.

*Bild 5.12:
Der Befehl de-
bug broadcast
liefert Informa-
tionen über den
Broadcast-Ver-
kehr von allen
Protokollen.*

```
Router# debug broadcast
Ethernet0: Broadcast ARPA, src 0000.0c00.6fa4, dst ⏎
ffff.ffff.ffff, type 0x0800,
Daten 4500002800000000FF11EA7B, len 60
Serial3: Broadcast HDLC, size 64, type 0x800, flags 0x8F00
Serial2: Broadcast PPP, size 128
Serial7: Broadcast FRAME-RELAY, size 174, type 0x800, DLCI 7a
```

Sie sollten die **debug**-Befehle einsetzen, um Probleme zu isolieren und nicht, um den normalen Netzwerkbetrieb zu überwachen. Da die **debug**-Befehle einen großen Overhead verursachen, kann der Router-Betrieb unterbrochen werden, daher sollten Sie sie nur dann verwenden, wenn Sie nach bestimmten Verkehrstypen oder

Problemen suchen und Ihre Probleme auf eine wahrscheinliche Teilmenge von Ursachen eingegrenzt haben.

STOPP

Die **debug**-Befehle sollten nur eingesetzt werden, um Informationen über den Netzwerkverkehr und den Router-Zustand zu erhalten. Verwenden Sie diese Befehle mit großer Vorsicht. Generell sollten diese Befehle nur unter der Aufsicht des technischen Supportbeauftragten für Ihren Router ausgeführt werden und wenn Sie nach den Ursachen von bestimmten Problemen suchen. Die Aktivierung des Debuggings kann den Router-Betrieb unterbrechen, wenn Internetzwerke unter hoher Belastung stehen. Da der CPU-Prozess der Debugging-Ausgabe eine hohe Priorität verleiht, kann das System in einen unbrauchbaren Zustand geraten. Daher ist es besser, die **debug**-Befehle während Perioden einzusetzen, in denen der Netzwerkverkehr gering ist und nur wenige Benutzer anwesend sind. Das Debugging während dieser Perioden verringert die negativen Auswirkungen, die diese Befehle auf andere Benutzer des Systems haben. Wenn Sie einen **debug**-Befehl beenden, sollten Sie ihn mit dem entsprechenden **no debug**-Befehl oder mit dem Befehl **no debug all** deaktivieren.

Wenn ein Router damit beginnt, Pakete an seine Schnittstellen zu switchen, dann initialisiert das im Speicher ausgeführte Prozess-Switching die anderen Caches, die ein schnelleres Switching verursachen. Nach der Initialisierung und der Bestimmung der Zielschnittstelle können Pakete (z.B. Applikationsdatenflüsse für Endbenutzer) geswitcht werden, ohne dass der Route-Prozessor beteiligt ist.

Wenn jedoch ein Problem entdeckt wird, muss ein Netzwerkadministrator oder ein Techniker die Pakete und Routerereignisse filtern, aufzeichnen und anzeigen können, um die Fehlersituation zu beheben. Wie bereits erwähnt, wird der Route-Prozessor benötigt, um das Debugging, die Access-Listen, die Syslog-Aufzeichnung und andere speziell paketbezogene Prozesse zu verarbeiten.

Ein **debug**-Befehl, der auf einen Paketdatenfluss wirkt, verwendet das Prozess-Switching und unterbricht die schnelleren Switching-Typen für diese Datenflüsse.

Bei einigen **debug**-Befehlen (die im weiteren Verlauf dieses Kapitels betrachtet werden), müssen Sie vor dem **debug**-Befehl sogar einen Konfigurationsbefehl eingeben, um das schnellere Switching zu deaktivieren. Das bedeutet, dass Sie während der Ausführung dieser Befehle die schnellsten Switching-Typen unterbrechen. Zusätzlich verleiht die Router-CPU der Verarbeitung eines **debug**-Befehls eine höhere Priorität und die Verarbeitung von anderen Paketdatenflüssen erhält eine geringere Priorität.

Sie müssen die genauen Bedürfnisse und Belastungsfaktoren Ihres Netzwerks kennen, wenn Sie diese negativen Auswirkungen betrachten – ein zeitweilig langsameres Switching während der Fehlersuche im Netzwerk – und Sie müssen abschätzen können, ob diese Situation es erforderlich macht.

Die Ausführung eines **debug**-Befehls im privilegierten EXEC-Modus kann katastrophal sein, wenn er beispielsweise in einer Umgebung ausgeführt wird, die einer sehr hohen Verkehrsbelastung ausgesetzt ist, es kann sogar dazu kommen, dass das System unbrauchbar wird.

Wenn Sie sich dieses Risikos bewusst sind, dann können die **debug**-Werkzeuge sehr hilfreich sein, wenn Sie sie richtig einsetzen. Auf den folgenden Seiten werden Sie sehen, dass ein korrekter Umgang mit dem Debugging die negativen Auswirkungen gering (oder minimal) halten wird.

Wenn Sie die Informationen interpretieren, die Sie durch den **debug**-Befehl erhalten haben und den **debug**-Befehl wieder aufheben (und jede andere zugehörige Konfigurationseinstellung), kann der Router das schnellere Switching wieder aufnehmen. Sie können mit der Lösung Ihres Problems fortfahren, einen präziseren Aktionsplan erstellen und geignetere Maßnahmen ergreifen, um das Netzwerkproblem zu beheben.

Die Cisco-Ingenieure empfehlen, dass Sie bei der Fehlersuche den Cisco-IOS-Befehl **service timestamps** [*Typ*][*Zeitformat*] verwenden. Dieser Befehl setzt einen Zeitstempel auf jede **debug**- oder Log-Meldung. So können Sie wertvolle Informationen darüber erhalten, wann die Debug-Elemente auftraten und wieviel Zeit zwischen den Ereignissen verging.

Der *Typ* des Zeitstempels legt den Meldungstyp fest (entweder **debug** oder **log**). In der Standardeinstellung zeigt der Befehl das Datums- und Zeitformat an. Sie können aber auch das Argument *Zeitformat* verwenden, um die Zeit in Form der Betriebszeit seit dem letzten Systemneustart (Schlüsselwort **uptime**) anzuzeigen, oder um neben dem Datum und der Zeit auch die Millisekunden (Schlüsselwort **msec**) und die lokale Zeitzone (Schlüsselwort **localtime**) anzuzeigen.

Sie sollten den Befehl **debug all** nicht verwenden, da er so viel Ausgabedaten verursacht, dass die Router-Performance sehr stark beeinträchtigt werden kann oder der Router möglicherweise sogar in einen unbrauchbaren Zustand gerät. Stattdessen sollten Sie ein oder mehrere Argumente mit dem Befehl verwenden, um dieses mächtige Werkzeug auf ein bestimmtes Problem zu fokussieren.

Sie können den privilegierten EXEC-Befehl **terminal monitor** verwenden, um die Ausgabe des **debug**-Befehls und die Systemfehlermeldungen auf Ihre laufende Terminalanzeige zu kopieren – parallel zum Konsolenterminal.

Durch den Befehl **terminal monitor** können Sie eine Telnetverbindung mit dem Router aufbauen und die Ausgabe des **debug**-Befehls aus der Ferne beobachten, ohne über den Konsolenport verbunden zu sein.

Die Ausgabeformate variieren mit jedem **debug**-Befehl:

- Einige erzeugen eine einzelne Ausgabezeile pro Paket. Andere erzeugen mehrere Ausgabezeilen pro Paket.
- Einige erzeugen eine große Datenmenge. Andere erzeugen nur hin und wieder eine Ausgabe.
- Einige erzeugen eine Textzeile. Andere erzeugen Informationen in Feldform.

In den folgenden Kapiteln werden Sie mehr über die Ausgabe von bestimmten **debug**-Befehlen für diverse Schicht-2- und Schicht-3-Protokolle sehen.

Wenn Sie den Befehl **debug ?** in der Befehlszeile des privilegierten EXEC-Modus ausführen, erhalten Sie eine Liste und eine kurze Beschreibung aller Debug-Befehlsoptionen.

Bevor Sie einen **debug**-Befehl ausführen, sollten Sie den Befehl **show processes** mit dem optionalen Schlüsselwort **cpu** ausführen. Dieser Befehl zeigt die CPU-Beanspruchung für jeden Prozess an. Wenn die Werte der CPU-Auslastung 50% oder höher ist, sollten Sie eher ein Ereignis-Debugging ausführen und kein Paket-Debugging.

Auf die gleiche Weise, wie Sie mit einer Access-Liste den Paketverkehr filtern können, können Sie mit einer Access-Liste auch den Fokus eines IP-**debug**-Befehls eingrenzen. Diese Debug-Eingrenzung zeigt einige vorteilhafte Resultate:

- Durch den eingegrenzten Fokus werden weniger Paketinformationen erzeugt, die der Router an Ihr Terminalgerät senden muss.

- Sie können Tatsachen für die Fehlersuche einfacher in der Ausgabe erkennen, da keine nebensächlichen Informationen angezeigt werden.

> **ANMERKUNG**
>
> Verwenden Sie die **debug**-Befehle sehr vorsichtig. Wenn Sie sich nicht über die negativen Auswirkungen eines **debug**-Befehls im Klaren sind, sollten Sie die CCO für nähere Details kontaktieren, einen technischen Supportmitarbeiter konsultieren oder Sie sollten in der CCO nachschlagen, wenn Sie bestimmte Probleme untersuchen. Vergessen Sie nie, alle Debugging-Werkzeuge wieder zu entfernen, wenn Sie die Fehlersuche beendet haben.

> **ANMERKUNG**
>
> Kein einzelnes Werkzeug kann für alle Aufgaben geeignet sein. In einigen Fällen können Diagnosewerkzeuge von anderen Herstellern mehr ausrichten als integrierte Werkzeuge. Zum Beispiel kann die Wirkung eines **debug**-Befehls im privilegierten EXEC-Modus in einer Umgebung mit exzessivem Verkehrsaufkommen katastrophal sein. Der Anschluss eines Netzwerk-Analyzer an das verdächtige Netzwerk hat eine wesentlich geringere Wirkung und wird vermutlich bessere Informationen liefern, ohne dass die Belastungsprobleme eines Routers noch verschlimmert werden.

Wenn Sie die Ausgabe auf den **debug**-Befehl aufzeichnen wollen, sollten Sie die Ausgabe in eine Datei auf einem Syslog-Server spoolen.

Die Logging-Prioritäten von Fehlermeldungen

In der Standardeinstellung sendet der Router die Ausgabe von **debug**-Befehlen und Systemfehlermeldungen an das Konsolenterminal. Diese Meldungen können auch an andere Ziele umgeleitet werden. Die Befehle für eine Umleitung der Fehler- und Debug-Meldungen sind

- **logging console**
- **logging buffered**
- **logging monitor**
- **logging trap**
- **show logging**
- **terminal monitor**

Alle Debug- und Systemfehlermeldungen werden in acht verschiedene Meldungslogginglevel eingeteilt, je nach Schwere der Meldung. Für den entsprechenden Meldungslevel werden die unter dem Levelnamen aufgelisteten Schlüsselworte aus Bild 5.13 verwendet.

Levelname	Level	Beschreibung	Syslogdefinition
emergencies	0	System unbrauchbar	LOG_EMERG
alerts	1	Sofortige Aktion erforderlich	LOG_ALERT
critical	2	Kritische Zustände	LOG_CRIT
errors	3	Fehlzustände	LOG_ERR
warnings	4	Warnzustände	LOG_WARNUNG
notifications	5	Normaler aber bedeutungsvoller Zustand	LOG_NOTICE
informational	6	Rein informelle Meldung	LOG_INFO
debugging	7	Debug-Meldungen	LOG_DEBUG

Bild 5.13: *Es gibt acht verschiedene Fehlerstufen.*

Das Format der Fehlermeldungen

Die Fehlermeldungen beginnen mit einem Prozentzeichen und sind folgendermaßen strukturiert:

%EINRICHTUNG-SCHWERE-MNEMONIC: Meldungstext

Es folgt eine Beschreibung der Felder in der Fehlermeldung:

Feld	Beschreibung
EINRICHTUNG	Ein Code aus zwei oder mehr Großbuchstaben, die die Einrichtung kennzeichnen, auf die sich die Meldung bezieht. Eine Einrichtung kann ein Hardware-Gerät, ein Protokoll oder ein Modul der Systemsoftware sein.
SCHWERE	Eine einzelne Zahl von 0 bis 7, die die Schwere des Zustands reflektiert. Je kleiner die Zahl, desto ernster die Situation.
MNEMONIC	Ein Code aus Großbuchstaben, der die Fehlermeldung eindeutig kennzeichnet.

Feld	Beschreibung
Meldungstext	Eine Zeichenfolge, die den Zustand beschreibt. Dieser Meldungsteil enthält manchmal detaillierte Informationen über das gemeldete Ereignis, wobei die Terminalportnummern, die Netzwerkadressen oder auch die Adressen enthalten sind, die der Stelle im Speicheradressbereich des Systems entsprechen. Da sich die Informationen in diesen variablen Feldern von Meldung zu Meldung ändern, werden sie hier durch kurze Zeichenfolgen in eckigen Klammern ([ ]) gezeigt. Eine dezimale Zahl wird z.B. durch [dec] repräsentiert.

In der folgenden Zeile meldet die Token-Ring-Hardware einen fehlerhaften Kabel-(Wire-)Zustand. Dieser ist ein Fehlzustand (Level 3):

```
%TR-3-WIREFAULT: Unit [0], wire fault: check die lobe cable ↵
MAU connection.
```

Überprüfen Sie die Kabel, die den Router mit der Token-Ring-MAU verbinden.

Die folgenden Meldungen sind nur Benachrichtigungen (Level 5):

```
%SYS-5-RELOAD Reload requested
%SYS-5-RESTART System restarted
```

Es ist keine Reaktion erforderlich.

Bei der folgenden Meldung wurden keine anderen AppleTalk-Router in dem Netzwerk gefunden, das an den Port angeschlossen ist. Dies ist eine informelle Meldung (Level 6):

```
%AT-6-ONLYROUTER: [Ethernet 0]: AppleTalk port enabled; no ↵
neighbors found
```

Es ist keine Reaktion erforderlich.

Die Systemlogging-Befehle

Bild 5.14 zeigt die Befehle, mit denen das Meldungslogging an andere Ziele aktiviert wird.

Kapitel 5 • Die Cisco-Management- und -Diagnose-Werkzeuge

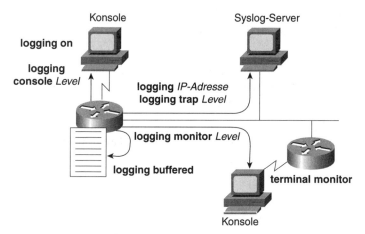

Bild 5.14:
Die Fehlermeldungen können an die Konsole, einen Puffer, eine Telnetsitzung oder einen Syslog-Server gesendet werden.

Um das Logging der Fehlermeldungen zu kontrollieren, geben Sie den globalen Konfigurationsbefehl **logging on** ein. Dieser Befehl aktiviert oder deaktiviert das Meldungslogging an alle Ziele, nur nicht an das Konsolenterminal. Der Befehl **no logging on** aktiviert nur das Logging an das Konsolenterminal.

ANMERKUNG

Bedenken Sie, dass das von Ihnen verwendete Logging-Ziel sich auf den System-Overhead auswirkt. Das Logging an die Konsole verursacht einen sehr hohen Overhead, während das Logging an einen virtuellen Terminal weniger Overhead erzeugt. Das Logging an einen Syslog-Server verursacht noch weniger Overhead und das Logging an einen internen Puffer erzeugt den geringsten Overhead von allen Methoden.

Um die an die Konsole gesendeten Meldungen auf eine Mindestschwere zu beschränken, geben Sie diesen globalen Konfigurationsbefehl ein:

```
logging console level
```

Wenn Sie einen Levelnamen angeben, werden die Meldungen des Levels und die numerisch tieferen Level am Konsolenterminal angezeigt. Der Befehl **no logging console** deaktiviert das Logging an das Konsolenterminal.

Dieser Befehl kopiert die Logging-Meldungen in einen internen Puffer, anstatt sie an das Konsolenterminal zu senden:

```
logging buffered
```

Der Puffer ist kreisförmig angelegt, daher werden ältere Meldungen durch die neueren Meldungen überschrieben. Der Befehl **no**

logging buffered stoppt die Verwendung des Puffers und schreibt die Meldungen an das Konsolenterminal, das der Standardeinstellung entspricht.

Um die im Puffer aufgezeichneten Meldungen anzuzeigen, geben Sie den EXEC-Befehl **show logging** ein. Die erste angezeigte Meldung ist die älteste Meldung im Puffer.

Um die an die Terminalverbindungen (Monitore) gesendeten Meldungen auf eine Mindestschwere zu beschränken, geben Sie diesen globalen Konfigurationsbefehl ein:

```
logging monitor level
```

Dieser Befehl beschränkt die an den Terminalverbindungen angezeigten Logging-Meldungen im Gegensatz zu den an die Konsolenverbindung gesendeten auf die Meldungen des angegebenen Levels und der numerisch tieferen Level. Um Logging-Meldungen an einem Terminal anzuzeigen, führen Sie den privilegierten EXEC-Befehl **terminal monitor** aus. Der Befehl **no logging monitor** deaktiviert das Logging an alle Terminalverbindungen außer an die Konsolenverbindung.

Dieser Befehl legt einen Syslog-Server-Host fest, der die Logging-Meldungen empfangen soll:

```
logging ip-address
```

Das Argument *IP-Adresse* ist die IP-Adresse des Hosts. Wenn Sie diesen Befehl mehr als einmal ausführen, erzeugen Sie eine Liste von Syslog-Servern, die die Logging-Meldungen erhalten. Der Befehl **no logging** *IP-Adresse* entfernt den Syslog-Server mit der angegebenen Adresse aus der Syslog-Liste.

Dieser Befehl beschränkt die an die Syslog-Server gesendeten Meldungen auf den angegebenen Level und die numerisch tieferen Level:

```
logging trap level
```

Der standardeingestellte Level ist »informell«. Der Befehl **no logging trap** deaktiviert das Logging an die Syslog-Server.

Die IOS-Software erzeugt vier Arten von Syslog-Meldungen:

- Fehlermeldungen über Software- oder Hardware-Fehlfunktionen, die auf dem error-Level angezeigt werden.

- Meldungen über up/down-Schnittstellenwechsel und Systemneustarts, die auf dem notification-Level angezeigt werden.

- Anforderungen zum Neuladen und geringe Prozess-Stapel-Meldungen werden auf dem informational-Level angezeigt.
- Die Ausgabe auf die **debug**-Befehle wird auf dem debugging-Level angezeigt.

Der Befehl **show logging** zeigt den Zustand der Syslog-Fehler und des Ereignis-Logging an, einschließlich der Host-Adressen und ob das Konsolen-Logging aktiviert ist, wie Bild 5.15 zeigt.

```
Router# show logging
Syslog logging: enabled
    Console logging: disabled
    Monitor logging: level debugging, 266 messages logged.
    Trap logging: level informational, 266 messages logged.
    Logging to 131.108.2.238
SNMP logging: disabled, retransmission after 30 seconds
    0 messages logged
```

Bild 5.15: Mit dem Befehl show logging können Sie den laufenden Logging-Status einsehen.

Dieser Befehl zeigt auch die SNMP-Konfigurationsparameter und die Protokollaktivität. Die wichtigen Felder in dieser Anzeige sind Folgende:

Feld	Beschreibung
Syslog logging	Wenn es aktiviert ist, werden System-Logging-Meldungen an einen Unix-Host gesendet, der als ein Syslog-Server fungiert. Das heißt, er nimmt die Meldungen auf und speichert sie.
Console logging	Wenn es aktiviert ist, zeigt es den Level an. Wenn nicht, zeigt dieses Feld disabled an.
Monitor logging	Der minimale Schwerelevel einer Log-Meldung, die an ein Monitorterminal gesendet wird (nicht an die Konsole).
Trap logging	Der minimale Schwerelevel einer Log-Meldung, die an einen Syslog-Server gesendet wird.
SNMP logging	Zeigt an, ob das SNMP-Logging aktiviert ist, und die Anzahl der aufgezeichneten Meldungen und das Intervall zur Neuübertragung.

5.2.3 Die Befehle ping und trace

Während Sie Ihre Problemlösungsmethode anwenden, sollten Sie die Erreichbarkeit einiger Netzwerkziele testen (zum Beispiel eine Schnittstellenadresse eines anderen Routers über eine Datenverbindung oder über ein Internetzwerk). Es kann notwendig sein, die Erreichbarkeit während des Prozesses mehrere Male zu testen – während Sie erste Tatsachen sammeln und Möglichkeiten in Betracht ziehen – und anschließend erneut, um die Ergebnisse Ihres Aktionsplans zur Problemlösung zu testen und wenn Sie den Prozess neu starten. Die Befehle **ping** und **trace** sind äußerst hilfreich bei der Bestimmung, ob ein Host erreichbar ist und ob Netzwerkverbindungen möglich sind.

Der Befehl **ping** (der für Packet-Internet-Groper steht) entstand in der TCP/IP-Gemeinde als eine Applikation der ICMP-Echo-Meldungs- und Antwortfunktion. Es stellte sich jedoch heraus, dass dieselben Eigenschaften auch bei anderen Protokollen neben dem IP von Vorteil sind, daher übernahmen Entwicklungsingenieure diese **ping**-Funktionalität. Im privilegierten Modus des Cisco IOS wurde die **ping**-Funktionalität als Fehlersuchwerkzeug in mehrfacher Weise erweitert (und sie kann zudem die Router-Leistung beeinträchtigen, wenn sie nicht richtig eingesetzt wird).

Der Befehl **trace** überprüft die Pfade schrittweise, denen die Pakete folgen, wenn sie von einer Router-Schnittstelle zu ihrem Ziel wandern. Auch diese Applikation entstammt der TCP/IP-Gemeinde und sie wurde im privilegierten Modus des Cisco IOS als Werkzeug für andere Protokolle übernommen.

Der IP-Benutzerbefehl ping

Mit dem EXEC-Befehl **ping** können Sie die Erreichbarkeit eines Hosts und die Möglichkeit einer Netzwerkverbindung überprüfen, wie Bild 5.16 zeigt. Dieser Befehl kann verwendet werden, um die grundsätzliche Möglichkeit einer Netzwerkverbindung in AppleTalk-, CLNS-, IP-, Novell-, Apollo-, VINES-, DECnet- oder XNS-Netzwerken zu überprüfen.

*Bild 5.16: Der IP-Befehl **ping** verwendet ICMP-Echo-Meldungen, um die Verbindungsmöglichkeit und die Round-Trip-Zeit zu überprüfen.*

```
Router> ping fred
    Type escape sequence to abort.
    Sending 5, 100-Byte ICMP Echos to 192.31.7.27, timeout is 2 seconds:
    !!!!!
    Success rate is 100 percent, round-trip min/avg/max = 1/3/4 ms
Router> ping 192.45.3.1
    Type escape sequence to abort.
    Sending 5, 100-Byte ICMP Echos to 192.45.3.1, timeout is 2 seconds:
    .U.U.
    Success rate is 0 percent (0/5)
```

Beim IP sendet der **ping**-Befehl ICMP-Echo-Meldungen. Wenn eine Station eine ICMP-Echomeldung empfängt, sendet sie eine ICMP-Echo-Antwortmeldung an die Quelle der ICMP-Echomeldung.

Die **ping**-Funktion auf EXEC-Ebene bietet eine einfache **ping**-Fähigkeit für IP-Benutzer, die über keine Systemprivilegien verfügen. Diese Funktion lässt den Router die einfache standardeingestellte **ping**-Funktionalität des IP-Protokolls ausführen. Bei normalen EXEC-**ping**s wird nur die Nicht-Verbose-Form des **ping**-Befehls unterstützt.

Bild 5.16 zeigt eine echte Ausgabe, die angezeigt wurde, als der **ping**-Befehl ausgeführt wurde, um die Erreichbarkeit des Hosts fred und des Hosts 192.45.3.1 zu testen.

Der einfache **ping** sendet fünf Mal 100-Byte-Pakete mit einem Timeout von zwei Sekunden:

Ausgabe	Beschreibung
!!!!!	Jedes Ausrufezeichen (!) zeigt den Empfang einer Antwort an. Ein Punkt (.) zeigt an, dass der Timeout des Routers abgelaufen ist, während er auf eine Antwort wartete. Es können auch andere Zeichen in der Ausgabe auf den **ping**-Befehl erscheinen, je nach verwendetem Protokolltyp.
Success rate is100 percent	Prozentsatz der erfolgreich zurück an den Router gesendeten Pakete. Jeder Wert unter 80% wird gewöhnlich als problematisch angesehen.
round-trip min/avg/max = 1/3/4 ms	minimale/mittlere/maximale Round-Trip-Zeiten (hin und zurück) der Protokoll-Echo-Pakete in Millisekunden.

In Bild 5.16 war die erste **ping**-Folge zu 100% erfolgreich. Die zweite Folge von **ping**s war zu 0% erfolgreich. Das Ziel 192.45.3.1 ist unerreichbar (U). Während der Router auf den ersten **ping** wartete, lief sein Timeout ab und er zeigte einen Punkt an. Beim zweiten **ping** empfing der Router eine ICMP-Ziel-Unerreichbar-Meldung.

Beim ersten **ping** läuft der Timeout häufig ab. Wenn eine empfangende Station oder ein Router einen ARP-Frame aussenden muss, bevor er antworten kann, vergeht zu viel Zeit und der Timeout des sendenden Routers läuft ab.

Einige Router, darunter auch Cisco-Router, setzen eine ICMP-Bremse ein, die festlegt, dass der Router nicht zu viele ICMP-Meldungen innerhalb einer Zeitperiode aussenden soll. Dies könnte erklären, dass der Timeout für den dritten und den fünften **ping** in Bild 5.16 ablief.

Wenn das System einem Host-Namen keine Adresse zuordnen kann, sendet er die Fehlermeldung »%Unrecognized host or address« zurück.

Um eine **ping**-Sitzung zu beenden, müssen Sie die Escape-Kombination [Strg]-[⇧]-[6] (drücken Sie gleichzeitig die Tasten [Strg], [⇧] und [6]) oder [Strg]-[C] eingeben.

Die Testzeichen, die in IP-**ping**-Antworten angezeigt werden, sind Folgende:

Zeichen	Beschreibung
!	Jedes Ausrufezeichen kennzeichnet den Empfang einer Antwort.
.	Jeder Punkt zeigt an, dass der Timeout des Routers abgelaufen ist, während er auf eine Antwort wartete.
U	Das Ziel ist unerreichbar.
N	Das Netzwerk ist unerreichbar.
P	Das Protokoll ist unerreichbar.
Q	Source-Quench.
M	Keine Fragmentierung möglich.
?	Unbekannter Pakettyp.

Ein anderer nützlicher Befehl in Zusammenhang mit dem Befehl **ping** unter IP ist der Befehl **debug ip icmp**. Nachdem Sie den **debug**-Befehl ausgeführt haben, lassen Sie die andere Seite Ihr lokales Ziel an**ping**en und beobachten Sie dann die **debug**-Ausgabe.

Eine nützliche Sequenz der **ping**-Befehle kann Ihnen dabei helfen, mögliche Punkte mit Erreichbarkeitsproblemen zu isolieren. Während Sie die Zeichen empfangen, die vom **ping** stammen, sollten Sie sich die Frage stellen: »Welcher Teil des Netzwerks sendet diese Meldung?«

Der Benutzerbefehl ping für AppleTalk und IPX

Der Befehl **ping appletalk** sendet Apple-Echo-Protokoll-(AEP-) Datagramme an andere AppleTalk-Knoten, um die Verbindung zu überprüfen und um die Round-Trip-Zeiten zu messen, wie Bild 5.17 zeigt.

```
Router> ping appletalk 1024.128
Type escape sequence to abort.
Sending 5, 100-byte AppleTalk Echoes to 1024.128, timeout is 2 seconds:
!!!!!
Success rate is 100 percent, round-trip min/avg/max = 4/4/8 ms

Router> ping ipx 211.0000.0c01.f4cf
Type escape sequence to abort.
Sending 5, 100-byte Novell Echoes to 211.0000.0c01.f4cf, timeout is 2 seconds:
.....
Success rate is 0 percent (0/5)
```

*Bild 5.17: Cisco unterstützt die **ping**-Prozesse von AppleTalk und IPX.*

Nur eine Schnittstelle, die auf sich selbst hören kann, kann auf Pakete antworten, die an einer lokalen Konsole erzeugt und an eine Schnittstelle auf demselben Router gerichtet werden. Cisco-Router unterstützen dies nur auf dem Ethernet.

Die Testzeichen, die in den AppleTalk-Antworten auf einen **ping** gesendet werden, sind Folgende:

Zeichen	Beschreibung
!	Jedes Ausrufezeichen kennzeichnet den Empfang einer Antwort.
.	Jeder Punkt zeigt an, dass der Timeout des Routers abgelaufen ist, während er auf eine Antwort wartete.
B	Von der Zieladresse wurde eine falsche oder fehlerhaft geformte Antwort empfangen.
C	Es wurde ein Echo mit einer falschen DDP-Prüfsumme empfangen.
E	Die Übertragung eines Echo-Pakets an die Zieladresse ist fehlgeschlagen.
R	Die Übertragung des Echo-Pakets an die Zieladresse schlug fehl, weil keine Route zur Zieladresse vorhanden war.

Der **ping**-Befehl (für *ipx*) funktioniert nur auf Cisco-Routern, die die IOS-Version 8.2 oder neuer betreiben. In der Standardeinstellung sendet der **ping**-Befehl (*ipx*) Cisco-proprietäre **ping**s aus (Cisco entwickelte einen **ping**, bevor ihn Novell entwickelte). Auf diesen Befehl werden keine Novell-IPX-Geräte antworten.

Um den neuen Novell-**ping** zu verwenden, müssen Sie den Befehl **ipx ping-default novell** ausführen. Novell **ping**t in Übereinstimmung mit der Spezifikation des Novell-NetWare-Link-Services-Protokolls (NLSP). Sie müssen das NLSP aber nicht betreiben, um den Novell-**ping** auszuführen. Die Datei IPXPING.NLM ist in der NetWare-IPXRTR-Datei enthalten.

Sie können mit **ping** (*ipx*) nicht den eigenen Router anpingen, außer einen 7000er Cisco-Router.

Die Testzeichen, die in den IPX-Antworten auf einen **ping** gesendet werden, sind Folgende:

Zeichen	Beschreibung
!	Jedes Ausrufezeichen kennzeichnet den Empfang einer Antwort.
.	Jeder Punkt zeigt an, dass der Timeout des Routers abgelaufen ist, während er auf eine Antwort wartete.
U	Es wurde ein Ziel-Unerreichbar-Fehler-PDU empfangen.
C	Es wurde ein Verkehrsüberlastungspaket empfangen.
I	Ein Benutzer hat den Test abgebrochen.
?	Unbekannter Pakettyp.
&	Die Lebenszeit des Pakets ist abgelaufen.

Der privilegierte IP-Befehl ping

Mit dem erweiterten Befehlsmodus des **ping** können Sie die unterstützten IP-Header-Optionen festlegen, die in Bild 5.18 gezeigt werden. Dieses Feature ermöglicht dem Router die Ausführung eines erweiterten Bereichs von Testoptionen. Um in den erweiterten Modus des **ping**-Befehls zu wechseln, geben Sie bei der Eingabeaufforderung *extended commands* des **ping**-Befehls ein **yes** ein.

```
Router# ping
Protocol [ip]:
Target IP address: fred
Repeat count [5]:
Datagram size [100]:
Timeout in seconds [2]
Extended Befehle [n]: y
Source address:
Type of service [0]:
Set DF bit in IP header? [no]:
Daten pattern [0xABCD]:
Loose, Strict, Record, Timestamp, Verbose[none]: r
Number of hops [9]:
Loose, Strict, Record, Timestamp, Verbose[RV]:
Sweep range of sizes [n]:
Type escape sequence to abort.
Sending 5, 100-byte ICMP Echos to 131.108.1.115, timeout is 2 seconds:
Packet has IP options: Total option bytes=39, padded length=40
Record route: <*> 0.0.0.0 0.0.0.0 0.0.0.0 0.0.0.0
     0.0.0.0 0.0.0.0 0.0.0.0 0.0.0.0 0.0.0.0
The following display is a detail of die Echo packet section:
0 in 4 ms. Received packet has options
  Total option bytes= 40, padded length=40
  Record route: 160.89.80.31 131.108.6.10 131.108.1.7 131.108.1.115
      131.108.1.115 131.108.6.7 160.89.80.240 160.89.80.31 <*> 0.0.0.0
  End of list
1 in 8 ms. Received packet has options
  Total option bytes= 40, padded length=40
  Record route: 160.89.80.31 131.108.6.10 131.108.1.6 131.108.1.115
      131.108.1.115 131.108.6.7 160.89.80.240 160.89.80.31 <*> 0.0.0.0
End of list
              :
              :
2 in 4 ms. Received packet has options
  Total option bytes= 40, padded length=40
  Record route: 160.89.80.31 131.108.6.10 131.108.1.7 131.108.1.115
      131.108.1.115 131.108.6.7 160.89.80.240 160.89.80.31 <*> 0.0.0.0
End of list

Success rate is 100 percent, round-trip min/avg/max = 4/5/8 ms
```

*Bild 5.18: Mit dem **ping**-Befehl im privilegierten Modus stehen Ihnen weitere Optionen für erweiterte Tests zur Verfügung.*

Die in den **ping**-Antworten gezeigten Testzeichen sind die gleichen, wie die der **ping**-Funktion des zuvor beschriebenen EXEC-Levels.

Die wichtiger Felder aus Bild 5.18 werden im folgenden beschrieben:

Feld	Beschreibung
protocol [ip]:	Die Standardeinstellung ist IP.
Target IP address:	Fragt nach der IP-Adresse oder dem Host-Namen des Zielknotens, den Sie an**pingen** wollen.
Repeat count [5]:	Anzahl der **ping**-Pakete, die an die Zieladresse gesendet werden. Die Standardeinstellung ist 5.
Datagram size [100]:	Größe des **ping**-Pakets (in Bytes). Die Standardeinstellung ist 100 Bytes.
Timeout in seconds [2]:	Timeout-Intervall. Die Standardeinstellung ist 2 (Sekunden).
Extended commands [n]:	Legt fest, ob eine Reihe zusätzlicher Befehle erscheint oder nicht. Viele der folgenden Anzeigen und Tabellen zeigen und beschreiben diese Befehle. Die Standardeinstellung ist no.
Source Adresse:	IP-Adresse, die im **ping**-Paket als Quelladresse erscheint.
Type of service [0]:	IP-Quality-of-Service-Auswahl. Lesen Sie RFC 791 für weitere Informationen. Die Standardeinstellung ist 0.
Set DF bit in IP header?	Nicht fragmentieren. Hiermit wird festgelegt, dass, wenn das Paket einen Knoten auf seinem Pfad erreicht, dessen konfigurierte MTU kleiner ist als die MTU des Pakets, dass das Paket daraufhin verworfen wird und eine Fehlermeldung an den Router gesendet wird, der die Quelladresse des Pakets trägt. Wenn Performance-Probleme auf dem Netzwerk auftreten, könnte ein Knoten mit einer zu klein konfigurierten MTU einer der verursachenden Faktoren sein. Dieses Feature kann verwendet werden, um die kleinste MTU auf dem Pfad zu bestimmen. Die Standardeinstellung ist no.
Data pattern [0xABCD]:	Setzt 16 Bit lange hexazimale Datenmuster. Die Standardeinstellung ist 0xABCD. Eine Variierung des Datenmusters in diesem Feld (zum Beispiel reine Nullen oder Einsen) kann sehr nützlich sein, wenn Sie Datensensitivitätsprobleme auf CSUs/DSUs debuggen oder Kabelprobleme wie z.B. Übersprechen.

Kapitel 5 • Die Cisco-Management- und -Diagnose-Werkzeuge **295**

Feld	Beschreibung
Loose, Strict, Record, Timestamp, Verbose [none]:	Unterstützte IP-Header-Optionen. Der Router überprüft die Header-Optionen von jedem empfangenen Paket. Wenn ein Paket mit einer ungültigen Option entdeckt, sendet der Router eine ICMP-Parameter-Problemmeldung an die Quelle des Pakets und er verwirft das Paket. Sie IP-Header-Optionen sind Folgende: – Loose – Strict – Record – Timestamp – Verbose Die Standardeinstellung ist keine. Weitere Informationen über diesen Header finden Sie in RFC 791.
Sweep range of sizes [n]:	Hiermit können Sie die Größen der ausgesendeten Echopakete variieren. Diese Möglichkeit ist sehr nützlich, um die minimalen Größen der konfigurierten MTUs auf den Knoten entlang des Pfades zur Zieladresse zu bestimmen. Daraufhin kann die Paketfragmentierung reduziert werden, die zu Performance-Problemen beiträgt.
!!!!!	Jedes Ausrufezeichen (!) zeigt den Empfang einer Antwort an. Ein Punkt (.) zeigt an, dass der Timeout des Routers abgelaufen ist, während er auf eine Antwort wartete. Es können auch andere Zeichen in der Ausgabe auf den **ping**-Befehl erscheinen, je nach verwendetem Protokolltyp.
Success rate is 100 percent	Prozentsatz der erfolgreich zurück an den Router gesendeten Pakete. Jeder Wert unter 80% wird gewöhnlich als problematisch angesehen.
round-trip min/avg/max = 1/3/4 ms	Minimale/mittlere/maximale Round-Trip-Zeiten (hin und zurück) der Protokollechopakete in Millisekunden.

In Bild 5.18 wurden erweiterte Befehle verwendet und die Record-Route-Option wurde angegeben. Die Zeilen der **ping**-Ausgabe, die eindeutig sind, wenn die Record-Route-Option festgelegt wird, sind folgendermaßen zu beschreiben:

- In der folgenden Ausgabezeile können Sie die Anzahl der Hops festlegen, die in der Route angegeben werden. Der Bereich reicht von 1 bis 9. Die Standardeinstellung ist 9.

```
Number of hops [9]:
```

- Die folgenden Ausgabezeilen zeigen an, dass die Felder, die die IP-Adressen der Knoten in den Routen enthalten, in den ausgehenden Paketen durch Nullen ersetzt wurden:

```
Record route: <*> 0.0.0.0 0.0.0.0 0.0.0.0 0.0.0.0
       0.0.0.0 0.0.0.0 0.0.0.0 0.0.0.0 0.0.0.0
```

- Es folgt ein Detail über die Antworten in Bild 5.18, die durch die Echopakete erhalten wurden. Es wurden fünf **ping**-Echopakete an die Zieladresse 131.108.1.115 gesendet. Die folgenden Ausgabezeilen zeigen Statistiken über das erste der fünf gesendeten Echopakete, wobei 0 die Nummer dieses Pakets ist, also war es das erste in der Serie. 4 ms zeigt die Round-Trip-Zeit des Pakets:

```
0 in 4 ms. Received packet has options
Total option bytes = 40, padded length = 40
Record route: 160.89.80.31 131.108.6.10 131.108.1.7
131.108.1.115
       131.108.1.115 131.108.6.7 160.89.80.240 160.89.80.31 ↵
<*> 0.0.0.0
```

- Die folgende Ausgabezeile zeigt die vier Knoten, die sich auf der Route des Pakets befanden. Zuerst die des Routers mit der Quelladresse 160.89.80.31, zwei dazwischen liegende Knoten mit den Adressen 131.108.6.10 und 131.108.1.7 und der Zielknoten mit der Adresse 131.108.1.115:

```
Record route: 160.89.80.31 131.108.6.10 131.108.1.7 ↵
131.108.1.115
```

- Die folgende Ausgabezeile enthält die Adressen der vier Knoten des Rückwegs des Echopakets. Die Rückroute unterscheidet sich von der ursprünglichen Route, die in der vorherigen Ausgabezeile gezeigt wurde:

```
131.108.1.115 131.108.6.7 160.89.80.240 160.89.80.31 <*> ↵
0.0.0.0
```

Der privilegierte ping-Befehl des IPX

Der privilegierte (IPX-Echo-)Befehl **ping** liefert eine vollständige **ping**-Funktionalität für Benutzer mit Systemprivilegien, wie Bild 5.19 zeigt.

```
Router# ping
protocol [ip]: ipx
Target Novell address: 211.0000.0c01.f4cf
Repeat count [5]:
Datagram Size [100]:
Timeout in seconds [2]:
Verbose [n]:
Novell Standard Echo [n]:
Type escape sequence to abort.
Sending 5 100-byte Novell echoes to 211.0000.0c01.f4cf, timeout is 2 seconds.
!!!!!
Success rate is 100%, round trip min/avg/max = 1/2/4 ms.
```

*Bild 5.19:
Mit dem IPX-ping im privilegierten Modus stehen Ihnen weitere ping-Optionen zur Verfügung.*

Der **ping**-Befehl funktioniert nur auf Cisco-Routern mit einer IOS-Software-Version ab 8.2.

Die Novell-IPX-Geräte, die die Echo-Funktion unterstützen, die in der Version 1.0 der NLSP-Spezifikation festgelegt ist, werden auf diesen Befehl antworten, wenn Sie bei der Eingabeaufforderung »Novell Standard Echo« des **ping**-Befehls ein y eingeben. Wenn Sie diese Aufforderung mit n beantworten, werden die Novell-IPX-Geräte nicht antworten.

Der privilegierte ping-Befehl des AppleTalk

Bild 5.20 zeigt ein Beispiel einer AppleTalk-**ping**-Sitzung, bei der der Verbose-Modus aktiviert wurde.

```
Router# ping
protocol [ip]: appletalk
Target AppleTalk address: 4.129
Repeat count [5]:
Datagram size [100]:
Timeout in seconds [2]:
Verbose [n]: y
Sweep range of sizes [n]:
Type escape sequence to abort.
Sending 5, 100-byte AppleTalk Echos to 4.129, timeout is 2 seconds:
0 in 4 ms from 4.129 via 1 hop
1 in 8 ms from 4.129 via 1 hop
2 in 4 ms from 4.129 via 1 hop
3 in 8 ms from 4.129 via 1 hop
4 in 8 ms from 4.129 via 1 hop
Success rate is 100 percent, round trip min/avg/max = 4/6/8 ms
```

*Bild 5.20:
Mit dem ping-Befehl des AppleTalk im privilegierten Modus stehen Ihnen weitere ping-Optionen zur Verfügung.*

Die Felder im Verbose-Modusteil der Anzeige sind Folgende:

Feld	Bedeutung
0	Nummerierung, mit der die relative Position des Pakets in der Gruppe der gesendeten **ping**-Pakete gekennzeichnet wird.
in 4 ms	Round-Trip-Zeit des **ping**-Pakets in Millisekunden.
from 4.129	Quelladresse des **ping**-Pakets.
via 1 hop	Anzahl der Hops des **ping**-Pakets, das bis zum Ziel gewandert ist.

Der EXEC-Befehl trace des IP

Der EXEC-Befehl **trace** entdeckt die Routen, denen die Pakete des Routers folgen, wenn sie zu ihren Zielen wandern, wie Bild 5.21 zeigt. Dieser Befehl arbeitet mit Hilfe der Fehlermeldungen, die von Routern erzeugt werden, wenn ein Datagramm seinen Time-To-Live-(TTL-)Wert überschreitet.

Bild 5.21: Der trace-Befehl fragt alle Router entlang des Pfades zu einem Gerät ab.

```
Router# trace ip ABA.NYC.mil
Type escape sequence to abort.
Tracing die route to ABA.NYC.mil (26.0.0.73)
1 DEBRIS.CISCO.COM (131.108.1.6) 1000 msec 8 msec 4 msec
2 BARRNET-GW.CISCO.COM (131.108.16.2) 8 msec 8 msec 8 msec
3 EXTERNAL-A-GATEWAY.STANFORD.EDU (192.42.110.225) 8 msec 4 msec 4 msec
4 BB2.SU.BARRNET.NET (131.119.254.6) 8 msec 8 msec 8 msec
5 SU.ARC.BARRNET.NET (131.119.3.8) 12 msec 12 msec 8 msec
6 MOFFETT-FLD-MB.in.MIL (192.52.195.1) 216 msec 120 msec 132 msec
7 ABA.NYC.mil (26.0.0.73) 412 msec 628 msec 664 msec
```

Der **trace**-Befehl beginnt mit der Sendung von Probe-Paketen mit einem TTL-Wert von 1. Dies veranlasst den ersten Router, die Probe-Pakete zu verwerfen und Fehlermeldungen »time exceeded« (Zeit abgelaufen) zurückzusenden. Der **trace**-Befehl sendet daraufhin mehrere Proben und zeigt die Round-Trip-Zeit für jede an. Nach jeder dritten Probe wird die TTL um eins erhöht.

Jedes ausgehende Paket kann eine von zwei Fehlermeldungen verursachen. Eine Fehlermeldung »time exceeded« zeigt an, dass ein dazwischen liegender Router die Probe gesehen und verworfen hat. Eine Fehlermeldung »port unreachable« zeigt an, dass der Zielknoten die Probe empfangen und verworfen hat, weil er das Paket nicht an eine Applikation übergeben konnte. Wenn der Zeitgeber abläuft, bevor eine Antwort eingeht, zeigt die **trace**-Anwendung einen Stern (*).

Der **trace**-Befehl endet, wenn das Ziel antwortet, wenn die maximale TTL überschritten wird oder wenn der Benutzer den trace mit der Escape-Kombination unterbricht.

Allgemeine Trace-Probleme

Wegen Fehlern in der IP-Implementierung diverser Hosts und Router kann der **trace**-Befehl des IP sich merkwürdig verhalten.

Nicht alle Ziele antworten korrekt auf eine Probemeldung, auf die Sie eigentlich eine ICMP-Port-Unerreichbar-Meldung zurücksenden sollten. Eine lange Folge von TTL-Blöcken mit reinen Sternen, die erst dann endet, wenn die maximale TTL erreicht wurde, könnte anzeigen, dass das Ziel keine ICMP-Port-Unerreichbar-Meldungen zurücksendet.

ANMERKUNG

Ein bekanntes Problem ist die Art und Weise, wie einige Hosts mit einer ICMP-TTL-exceeded-Meldung umgehen. Einige Hosts erzeugen eine ICMP-Meldung, wobei sie jedoch die TTL des eingehenden Pakets wieder einsetzen. Weil diese Null ist, schaffen es die ICMP-Pakete nicht zurück. Wenn Sie den Pfad zu solch einem Host tracen, kann es sein, dass Sie eine Reihe von TTL-Werten mit Sternen sehen (*), bevor Sie schließlich die Antwort vom Zielhost erhalten.

Die in Bild 5.21 gezeigten Felder bedeuten Folgendes:

Feld	Beschreibung
1	Zeigt die Nummer des Routers auf dem Pfad zum Host
DEBRIS.CISCO.COM	Hostname dieses Routers
131.108.1.61	IP-Adresse dieses Routers
1000 msec 8 msec 4 msec	Round-Trip-Zeit für jede der drei gesendeten Proben

Die folgenden Felder beschreiben die Zeichen, die in **trace**-Ausgaben erscheinen können:

Feld	Beschreibung
nn msec	Die Round-Trip-Zeit in Millisekunden für jeden Knoten und für die festgelegte Anzahl von Proben
*	Die TTL der Probe ist abgelaufen
?	Unbekannter Pakettyp
Q	SourceQuench

Feld	Beschreibung
P	Protokoll unerreichbar
N	Netzwerk unerreichbar
U	Port unerreichbar
H	Host unerreichbar

Der privilegierte trace-Befehl des IP

Die folgende Tabelle beschreibt die Felder, die nur für den erweiterten **trace**-Befehl gelten, der in Bild 5.22 gezeigt wird:

```
Router# trace
protocol [ip]:
Target IP address: mit.edu
Source address:
Numeric display [n]:
Timeout in seconds [3]:
Probe count [3]:
Minimum Time to Live [1]:
Maximum Time to Live [30]:
Port number[33434]:
Loose, Strict, Record, Timestamp, Verbose[none]:
Type escape sequence to abort.
Tracing die route to MIT.EDU (18.72.2.1)
  1 ICM-DC-2-V1.ICP.NET (192.108.209.17) 72 msec 72 msec 88 msec
  2 ICM-FIX-E-H0-T3.ICP.NET (192.157.65.122) 80 msec 128 msec 80 msec
  3 192.203.229.246 540 msec 88 msec 84 msec
  4 T3-2.WASHINGTON-DC-CNSS58.T3.ANS.NET (140.222.58.3) 84 msec 116 msec 88 msec
  5 T3-3.WASHINGTON-DC-CNSS56.T3.ANS.NET (140.222.56.4) 80 msec 132 msec 88 msec
  6 T3-0.NEW-YORK-CNSS32.T3.ANS.NET (140.222.32.1) 92 msec 132 msec 88 msec
  7 T3-0.HARTFORD-CNSS48.T3.ANS.NET (140.222.48.1) 88 msec 88 msec 88 msec
  8 T3-0.ENSS134.T3.ANS.NET (140.222.134.1) 92 msec 128 msec 92 msec
  9 W91-CISCO-EXTERNAL-FDDI.MIT.EDU (192.233.33.1) 92 msec 92 msec 112 msec
 10 E40-RTR-FDDI.MIT.EDU (18.168.0.2) 92 msec 120 msec 96 msec
 11 MIT.EDU (18.72.2.1) 96 msec 92 msec 96 msec
```

Bild 5.22: Mit dem trace-Befehl im privilegierten Modus können Sie die trace-Tests abändern.

Feld	Beschreibung
Target IP address	Sie müssen einen Host-Namen oder eine IP-Adresse eingeben. Es gibt keine Standardeinstellung.
Source address	Eine der Schnittstellenadressen des Routers, die als Quelladresse für die Proben verwendet wird. Wenn keine Adresse eingegeben wird, wählt der Router die beste Quelladresse.
Numeric display	Die Standardeinstellung zeigt die IP-Adressen mit Namen und mit Zahlen, Sie können aber die Namensanzeige unterdrücken, indem Sie bei der Frage nach numeric display (numerische Anzeige) ein **yes** eingeben. Daraufhin werden die IP-Adressen nur numerisch angezeigt.
Timeout in seconds	Die Wartezeit auf die Antwort auf ein Probe-Paket in Sekunden. Die Standardeinstellung ist 3 Sekunden.
Probe count	Der Anzahl der zu sendenden Proben pro TTL-Stufe. Die Standardeinstellung ist 3.
Minimum Time to Live [1]	Der TTL-Wert für die ersten Proben. Die Standardeinstellung ist 1, aber sie kann auch auf einen höheren Wert gesetzt werden, um die Anzeige von bekannten Hops zu übergehen.
Maximum Time to Live [30]	Der höchste TTL-Wert, der verwendet werden kann. Die Standardeinstellung ist 30. Der **trace**-Befehl endet, wenn das Ziel erreicht oder dieser Wert erreicht wurde.
Port Number	Der Zielport, der von den UDP-Probemeldungen verwendet wird. Die Standardeinstellung ist 33434.
Loose, Strict, Record, Timestamp, Verbose	Die IP-Header-Optionen. Sie können jede Kombination eingeben. Der **trace**-Befehl fordert Sie zur Eingabe für die angeforderten Felder auf. Ein **trace** setzt die angeforderten Optionen in jede Probe, aber es ist nicht sicher, dass alle Router (oder Endknoten) die Optionen verarbeiten werden.
Loose Source Routing	Hier können Sie eine Knotenliste eingeben, die auf dem Weg zum Ziel durchlaufen werden muss.
Strict Source Routing	Hier können Sie eine Knotenliste eingeben, die auf dem Weg zum Ziel genau durchlaufen werden muss (es dürfen nur diese Knoten durchlaufen werden).
Record	Hier können Sie die Anzahl von Hops festlegen, für die Platz vorhanden sein soll.

Feld	Beschreibung
Timestamp	Hier können Sie die Anzahl von Zeitstempeln festlegen, für die Platz vorhanden sein soll.
Verbose	Wenn Sie eine Option auswählen, ist der Verbose-Modus automatisch ausgewählt und ein **trace** zeigt die Inhalte des Optionsfelds in allen eingehenden Paketen an. Sie können den Verbose-Modus verhindern, indem Sie verbose erneut auswählen und damit die laufende Einstellung abschalten.

5.2.4 Der cdp-Befehl

Das CDP ist ein medien- und protokoll-unabhängiges Protokoll, das auf allen Cisco-Geräten betrieben werden kann, einschließlich Routern, Bridges, Access-Servern und Switches. Durch das CDP können Netzwerk-Management-Applikationen den Gerätetyp und die SNMP-Agenten-Adresse von benachbarten Geräten erkennen. Auf diese Weise können Applikationen SNMP-Abfragen an benachbarte Geräte senden.

Das CDP läuft auf allen Medien, die das SNMP unterstützen, LANs, Frame-Relay und ATM-Netzwerke eingeschlossen. Das CDP läuft nur auf der Datenverbindungsschicht. Daher können sich zwei Systeme, die unterschiedliche Netzwerkschichtprotokolle verwenden, einander dennoch erkennen.

Das CDP verwendet ein kleines Multicast-Paket mit der allgemeinen Zieladresse 01-00-0C-CC-CC, um regelmäßige Meldungen zu senden und zu empfangen.

Jedes Gerät meldet mindestens eine Adresse, an der es SNMP-Meldungen und eine TTL empfangen kann. Diese TTL legt die Zeitdauer fest, die ein empfangendes Gerät die CDP-Informationen aufbewahren soll, bevor es sie verwirft. In der Standardeinstellung beträgt die TTL 180 Sekunden.

Die CDP-Pakete werden mit einem TTL-Wert größer Null ausgesendet, nachdem eine Schnittstelle aktiviert wurde und mit einem TTL-Wert gleich Null direkt bevor eine Schnittstelle deaktiviert wird, wodurch eine schnelle Zustandsbestimmung ermöglicht wird.

Alle Cisco-Geräte empfangen CDP-Pakete und speichern die Informationen des Pakets zwischen. Die gespeicherten Informationen sind für das Netzwerk-Management durch MIBs verfügbar. Die Cisco-Geräte leiten ein CDP-Paket niemals weiter.

Wenn sich Informationen durch das letzte empfangene Paket ändern, werden die neuen Informationen gespeichert und die älteren Informationen werden verworfen und zwar auch dann, wenn sein TTL-Wert noch nicht abgelaufen ist. Das CDP besitzt den Cisco-HDLC-Protokolltypwert 0x2000.

Cisco-Geräte leiten CDP-Pakete niemals über die Geräte hinaus, die mit ihnen über eine Datenleitung verbunden sind. In Bild 5.23 können Sie nur CDP-Informationen über Nachbarn aufrufen, die direkt mit dem Switch verbunden sind, an den das Management-Terminal angeschlossen ist.

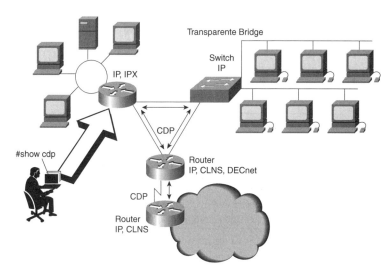

Bild 5.23:
Ein einzelner Befehl kann die gesammelten Protokolle und Adressen von verschiedenen Cisco-Geräten aufrufen.

Der Administrator kann jedoch das CDP einsetzen, um die IP-Adresse des benachbarten Routers zu erhalten, eine Telnetsitzung mit dem Router aufnehmen und den Befehl **show cdp** erneut ausführen, um die direkten Nachbarn des Routers anzusehen.

In der Standardeinstellung ist das CDP auf der globalen Ebene und auf allen unterstützten Schnittstellen aktiviert. Es kann jedoch auch für spezielle Aufgaben konfiguriert werden.

Führen Sie die folgenden Schritte durch, um das CDP zu konfigurieren. Die einzelnen Schritte werden in den folgenden Abschnitten beschrieben:

1. Setzen des CDP-Übertragungstimers und der Holdtime.
2. Die Deaktivierung und die Aktivierung des CDP.

3. Die Deaktivierung und die Aktivierung des CDP auf einer Schnittstelle.

4. Überwachung und Betrieb des CDP.

> **ANMERKUNG**
>
> Die Befehle **cdp enable**, **cdp timer** und **cdp run** beeinträchtigen den Betrieb des IP-On-Demand-Routings (also den globalen Konfigurationsbefehl **router odr**). Weitere Informationen über den Befehl **router odr** finden Sie in den Büchern *Grundlagen der Cisco-Routerkonfiguration* und *Fortgeschrittene Cisco-Routerkonfiguration* von Cisco Press.

Das Setzen des CDP-Übertragungstimers und der Hold-Time

Verwenden Sie die folgenden Befehle im globalen Konfigurationsmodus, um die Frequenz der CDP-Übertragungen und die Hold-Time für CDP-Pakete zu setzen:

Befehl	Aufgabe
cdp timer *Sekunden*	Legt die Frequenz für die Aussendung der CDP-Updates fest. Die Standardeinstellung ist 60 Sekunden.
cdp holdtime *Sekunden*	Legt die Zeitdauer fest, die ein empfangendes Gerät die von Ihrem Gerät gesendeten Informationen aufbewahren soll, bevor es sie verwirft. Die standardeingestellte Hold-Time ist 180 Sekunden.

> **STOPP**
>
> Vergewissern Sie sich, dass Ihre **cdp timer**-Einstellung keinen übermäßigen Netzwerkverkehr erzeugt, weil sie zu kurz ist. Die Standardeinstellung von 60 Sekunden sollte für die meisten Netzwerke genügen.

Die CDP-Pakete werden mit einer Time-to-Live- oder Hold-Time gesendet, die nicht Null ist, wenn eine Schnittstelle aktiviert ist und mit einer Hold-Time von 0 direkt bevor eine Schnittstelle deaktiviert wird. Die Sekundenzahl der CDP-Hold-Time muss höher sein als die Zeit zwischen einzelnen CDP-Sendungen, die Sie mit dem Befehl **cdp timer** setzen.

Die globale Deaktivierung und Aktivierung des CDP

Das CDP ist in der Standardeinstellung aktiviert. Um das CDP zu deaktivieren und später wieder neu zu aktivieren, geben Sie die folgenden Befehle im globalen Konfigurationsmodus ein:

no cdp run

cdp run

Die Deaktivierung und die Aktivierung des CDP auf einer Schnittstelle

Das CDP ist in der Standardeinstellung auf dem Router aktiviert und ebenfalls in der Standardeinstellung auf allen unterstützten Schnittstellen zur Aussendung und zum Empfang von CDP-Informationen. Um das CDP auf einer Schnittstelle zu deaktivieren und später neu zu aktivieren, führen Sie die folgenden Befehle im Interface-Konfigurationsmodus aus:

Befehl	Beschreibung
no cdp enable	Deaktivierung des CDP auf einer Schnittstelle.
cdp enable	Aktivierung des CDP auf einer Schnittstelle.

Die Überwachung und die Wartung des CDP

Um das CDP auf Ihrem Gerät zu überwachen und zu warten, können Sie die folgenden Befehle im privilegierten EXEC-Modus ausführen:

Befehl	Beschreibung
clear cdp counters	Setzen Sie die Verkehrszähler auf Null.
clear cdp table	Löschen Sie die CDP-Tabelle mit den Informationen über Nachbarn.
show cdp	Zeigen Sie globale Informationen an, wie z.B. die Frequenz der Übertragungen und die Hold-Time für die übertragenen Pakete.
show cdp entry *Eintragsname* [protocol | version]	Rufen Sie Informationen über einen bestimmten Nachbarn auf. Die Anzeige kann auf Protokoll- oder Versionsinformationen beschränkt werden.
show cdp interface	Rufen Sie Informationen über Schnittstellen auf, auf denen das CDP aktiviert ist.

Mit dem Befehl **show cdp neighbors** rufen Sie Informationen über die direkt mit dem Router verbundenen Netzwerke auf, wie Bild 5.24 zeigt.

Bild 5.24:
Mit den Befehlen ***show cdp neighbors*** *können Sie die Verbindungsmöglichkeiten der Schicht 2 zwischen Cisco-Geräten testen.*

```
RouterA#show cdp neighbors
Capability Codes: R - Router, T - Trans Bridge,
                  B - Source Route Bridge,
                  S - Switch, H - Host, I - IGMP
Device ID       Local Intrfce  Holdtme  Capability  Platform  Port ID
routerB.cisco.com  Eth 0         151       R T         AGS       Eth 0
routerB.cisco.com  Ser 0         165       R T         AGS       Ser 3
RouterA#show cdp neighbors detail
-------------------------
Device ID: routerB.cisco.com
Entry address(es):
  IP address: 198.92.68.18
  CLNS address: 490001.1111.1111.1111.00
  Appletalk address: 10.1
Platform: AGS, Capabilities: Router Trans-Bridge
Interface: Ethernet0, Port ID (outgoing port): Ethernet0
Holdtime : 143 sec
```

Der letzte Router in Bild 5.22 ist nicht direkt mit dem Router verbunden, an dessen Konsole der Administrator sitzt. Um CDP-Informationen über dieses Gerät zu erhalten, müsste der Administrator eine Telnetsitzung mit einem Router aufnehmen, der direkt mit diesem Ziel verbunden ist.

Die Frames des CDP liefern Informationen über jedes benachbarte CDP-Gerät. Beachten Sie, dass die Anzeige für jeden lokalen Port die folgenden Daten zeigt:

– Die Geräte-ID des Nachbarn

– Den Typ und die Nummer des lokalen Ports

– Die abnehmende Hold-Time in Sekunden

– Den Gerätekapazitätscode

– Die Hardware-Plattform des Nachbarn

– Den Typ und die Nummer des Nachbarn

Wenn Sie zusätzlich die Protokollinformationen der Netzwerkschicht anzeigen wollen, geben Sie den optionalen Befehl **show cdp neighbors detail** ein. Dieser Befehl kann Ihnen bei der Sammlung erster Fakten helfen, um mögliche Fehlersuchziele zu bestimmen.

Bild 5.25 zeigt eine Beispielausgabe auf den Befehl **show cdp entry** ohne Einschränkungen. Es werden Informationen über den Nachbarn device.cisco.com angezeigt: die Geräte-ID, die Adresse und das Protokoll, die Plattform, die Schnittstelle, die Hold-Time und die Version.

```
Router# show cdp entry device.cisco.com
-------------------------
Device ID: Device.cisco.com
Entry address(es):
  IP address: 192.168.68.18
  CLNS address: 490001.1111.1111.1111.00
  DECnet address: 10.1
Platform: cisco 4500, Capabilities: Router
Interface: Ethernet0/1, Port ID (outgoing port): Ethernet0
Holdtime : 125 sec
Version :
Cisco Internetwork Operating System Software
IOS (tm) 4500 Software (C4500-J-M), Version 11.2
Copyright  1986-1999 by cisco Systems, Inc.
Compiled Mon 07-Apr-98 19:51 by mregion
```

Bild 5.25:
Wenn Sie den Hostnamen eines Nachbarn kennen, können Sie speziell dessen Informationen anzeigen.

In Bild 5.26 wird die CDP-Tabelle entleert. Die Ausgabe des Befehls **show cdp neighbors** zeigt, dass alle Informationen aus der Tabelle entfernt wurden.

```
Router# clear cdp table
CDP-AD: Deleted table entry for neon.cisco.com, interface Ethernet0
CDP-AD: Deleted table entry for neon.cisco.com, interface Serial0
Router# show cdp neighbors
Capability Codes: R - Router, T - Trans Bridge, B - Source Route Bridge
                  S - Switch, H - Host, I - IGMP
Device ID    Local Intrfce   Holdtme  Capability Platform Port ID
```

Bild 5.26:
Es kann sinnvoll sein, die CDP-Tabelle zu entleeren, wenn Sie die Änderungen testen wollen, die Sie im Netzwerk vorgenommen haben.

Der Befehl **show cdp**, der in Bild 5.27 gezeigt wird, zeigt die laufenden CDP-Einstellungen.

```
Router# show cdp
Global CDP information:
    Sending CDP packets every 60 seconds
    Sending a holdtime value of 180 seconds
```

Bild 5.27:
*Sie können den Befehl **show cdp** einsetzen, um die CDP-Timerwerte anzusehen.*

Es lohnt sich auszuprobieren, wie viele Informationen Sie mit dem CDP in einem Live-Netzwerk über die Cisco-Router im Internetzwerk sammeln können.

Die Zusammenarbeit mit dem technischen Support von Cisco

Wenn ein Problem auftaucht, das Sie nicht lösen können, dann kontaktieren Sie den technischen Support für Ihren Router. Damit der technische Support ein Problem analysieren kann, benötigt er bestimmte Informationen über die Situation und die Symptome. Der Prozess zur Isolierung des Problems wird beschleunigt, wenn Sie diese Daten bereit halten, bevor Sie Ihren Supportspezialisten kontaktieren.

Bevor Sie irgendwelche spezifische Daten sammeln, sollten Sie eine Liste mit allen Symptomen zusammentragen, die von Benutzern des Internetzwerks gemeldet wurden (wie z.B. Verbindungsausfälle oder sehr langsame Rückmeldungen von Hosts).

Sammeln Sie als Nächstes spezifische Informationen. Die Informationen, die zur Bestimmung von Internetzwerkproblemen typischerweise benötigt werden, lassen sich in zwei allgemeine Bereiche einteilen: Informationen, die für jede Situation erforderlich sind, und Informationen, die speziell die Topologie und das Problem betreffen.

Die folgenden Informationen benötigt der technische Support immer:

- Die Konfigurationsliste aller beteiligten Router (die durch den Befehl **show running-config** bezogen wird, früher mit dem Befehl **write term**)

- Die vollständigen Angaben über alle beteiligten Router

- Die Versionsnummern der Software (durch den Befehl **show version**) und die Firmware (durch den Befehl **show controllers**) von allen Routern

- Eine Karte mit der Netzwerktopologie mit allen verdächtigten Hintertüren

- Eine Liste mit den Hosts und Servern (Host- und Server-Typ, die Nummer im Netzwerk, eine Beschreibung der implementierten Host-Betriebssysteme)

- Eine Liste mit den Protokollen der Netzwerkschicht, den Versionen und den Herstellern

Kapitel 5 • Die Cisco-Management- und -Diagnose-Werkzeuge **309**

Die speziellen Anforderungen hängen von der Situation ab:

– Falls der Router ausgefallen ist oder wenn er sich aufgehängt hat, kann der Cisco-Support-Engineer (CSE) Sie nach der Ausgabe auf den Befehl **show stacks** fragen. In einigen Situationen ist es auch angebracht, einen Core-Dump bereit zu halten – eine Kopie der Ausgabe auf den Befehl **write core** oder **exception dump** – der eine vollständige Kopie des abgebildeten Routerspeichers von dem Zeitpunkt enthält, als der Router ausfiel oder sich aufhängte.

– Wenn das Problem verlorene Daten sind oder Performance-Probleme auf dem Router, kann der CSE nach einer Ausgabe auf die **show**-Befehle fragen, die in Bild 5.28 aufgelistet sind. Mehrere dieser Befehle wurden bereits in diesem Kapitel behandelt. Die restlichen Befehle werden auf den nächsten Seiten beispielhaft erklärt.

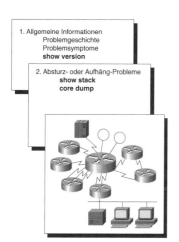
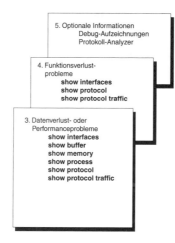

*Bild 5.28: Die CSEs verwenden eine Reihe von **show**-Befehlen, wenn diese Sie bei der Fehlersuche in Ihrem Netzwerk unterstützen.*

ANMERKUNG

Es wurden mehrere Befehle zusammengefasst, die für das Technical-Assistance-Center (TAC) von Cisco von Interesse sind. Diese können Sie aufrufen, wenn Sie den einzelnen privilegierten Befehl **show tech-support** ausführen.

- Wenn das Problem ein Funktionsausfall ist – wenn zum Beispiel eine Schnittstelle, ein Protokoll oder eine Verbindungseinrichtung in einem Protokoll nicht korrekt arbeitet – kann der CSE Sie nach der Ausgabe auf **show**-Befehle fragen, die in Bild 5.28 gezeigt sind.

- Bei jeder bisher aufgezeigten Situation, kann der CSE Sie nach der Ausgabe fragen, die Sie mit einem **debug**-Befehl der Cisco IOS aufgezeichnet haben, oder nach der Aufzeichnung, die durch einen Protokoll-Analyzer vorgenommen wurde.

Die weiteren Seiten dieses Kapitels enthalten Beschreibungen und Beispiele von vielen dieser Fehlersuchmöglichkeiten.

Sie können Ihre IOS-Befehlsausgaben auf verschiedene Weise an das TAC senden:

1. Senden Sie die Daten mittels E-Mail. Bevor Sie diese Methode versuchen, sollten Sie den technischen Support für Ihren Router kontaktieren, vor allem, wenn Sie binäre Core-Dump-Dateien senden.

2. Übertragen Sie die Informationen über den File-Transfer-Protokoll-(FTP-)Dienst über das Internet. Wenn Ihre Umgebung das FTP unterstützt, können Sie Ihre Datei in das Verzeichnis »incoming« kopieren, das sich auf dem Host `ftp.cisco.com` befindet.

3. Übertragen Sie die Daten über ein PC-basiertes Kommunikationsprotokoll, wie z.B. Kermit. Kontaktieren Sie auch hierbei Ihren technischen Support, bevor Sie einen Übertragungsversuch ausführen.

4. Übertragen Sie die Daten mittels Diskette oder Tape.

5. Senden Sie die Informationen per Post oder Fax.

Der Befehl show version

Mit dem EXEC-Befehl **show version** können Sie die Konfiguration der Systemhardware, die Softwareversion, die Namen und Quellen der Konfigurationsdateien und die Bootsysteme anzeigen, wie Bild 5.29 zeigt.

```
Router> show version
GS Software (GS7), Version 10.2
Copyright 1986-1994 by Cisco Systems, Inc.
Compiled Mon 11-Jan-94 14:44
System Bootstrap, Version 4.6(1)
Current date und time is Fri 8-26-1994 2:18:52
Boot date und time is Fri 9-22-1994 11:42:38
Router uptime is 3 weeks, 6 days, 14 hours, 36 minutes
System restarted by power-on
Running Default Software
Network configuration file is »Router«, booted via tftp from 131.108.2.33
RP1 (68040) processor with 16384K bytes of memory.
X.25 Software.
Bridging software.
1 Switch processor.
1 TRIP controller (4 Token Ring).
4 Token Ring/IEEE 802.5 interface.
1 AIP controller (1(ATM))
1 ATM network interface
4096K bytes of flash memory on embedded flash (in RP1).
Configuration register is 0x0
```

Bild 5.29: Der Befehl show version liefert eine Übersicht über die IOS- und die Hardware-Konfiguration des Routers.

Die Ausgabe auf den EXEC-Befehl **show version** kann auch bestimmte Fehlermeldungen, wie z.B. Bus-Fehlermeldungen, anzeigen. Wenn solche Fehlermeldungen erscheinen, sollten Sie den vollständigen Text dieser Meldung an Ihren technischen Supportspezialisten senden.

Die folgenden in der Anzeige gezeigten signifikanten Felder sind bei einer Fehlersuche hilfreich:

Feld	Beschreibung
Software version	Diese Informationen kennzeichnen den Namen und die Versionsnummer der Software sowie das Datum und die Zeit, zu der sie kompiliert wurde. Geben Sie immer die vollständige Versionsnummer an, wenn Sie über ein mögliches Software-Problem berichten. In der Beispielausgabe wird die Versionsnummer 10.2 angezeigt.
System Bootstrap, Version	Bootstrap-Version.

Feld	Beschreibung
Current date und time Boot date und time Router uptime is	Aktuelles Datum und Uhrzeit, das Datum und die Uhrzeit des letzten Systemboots und seitherige Betriebszeit (die Zeitdauer, die das System aktiv und in Betrieb war).
System restarted by power-on	Es wird auch eine Meldung darüber angezeigt, wie das System das letzte Mal gebootet wurde, entweder aufgrund eines normalen Systemstarts oder wegen eines Systemfehlers. Zum Beispiel können Informationen über einen Busfehler angezeigt werden, der generell durch einen Zugriffsversuch auf eine nicht vorhandene Adresse verursacht wird: System restarted by bus error at PC 0xC4CA, address 0x210C0C0.
Running default software	Wenn die Software über das Netzwerk gebootet wurde, wird die IP-Adresse des Boot-Hosts gezeigt. Wenn die Software aus dem bordeigenen ROM gebootet wurde, zeigt diese Zeile »Running default software«. Zusätzlich werden die Namen und Quellen der Host- und Netzwerkkonfigurationsdateien angezeigt.
RP1...	Die restliche Ausgabe zeigt die Hardware-Konfiguration und alle nicht standardmäßigen Software-Optionen. Die Inhalte des Konfigurationsregisters werden hexadezimal angezeigt.

Der Befehl show controllers cxbus

Mit dem EXEC-Befehl **show controllers cxbus** können Sie Informationen über den CxBus-Controller des Switch-Prozessors (SP) auf den Cisco-Routern der 7000er Serie aufrufen, wie Bild 5.30 zeigt. Dieser Befehl zeigt spezielle Informationen über die Schnittstellenhardware und ist in der Regel nur für die Diagnose durch das technische Supportpersonal von Nutzen.

```
Router# show controllers cxbus
Switch processor  5, Hardware version 11.1, microcode version 172.6
  Microcode loaded from system
  512 Kbytes of main memory, 128 Kbytes cache memory
  75 1520 Byte buffers, 86 4484 Byte buffers
  Restarts: 0 line down, 0 hung output, 0 controller error
CIP 3, Hardware version 1.1, microcode version 170.1
  Microcode loaded from system
  CPU utilization 7%, sram 145600/512K, dram 86688/2M
  interface 24 - Channel 3/0
    43 buffer RX queue threshold, 61 buffer TX queue limit, buffer ↵
size 4484
    ift 0007, rql 32, tq 0000 0468, tql 61
    Transmitter delay is 0 microseconds
  interface 25 - Channel 3/1
    43 buffer RX queue threshold, 61 buffer TX queue limit, buffer ↵
size 4484
    ift 0007, rql 34, tq 0000 0000, tql 61
    Transmitter delay is 0 microseconds
      •
      •
      •
```

*Bild 5.30:
Sie können den Befehl **show controllers cxbus** ausführen, um Informationen über den Switch-Prozessor aufzurufen.*

Die folgenden in der Anzeige in Bild 5.30 gezeigten signifikanten Felder sind bei einer Fehlersuche hilfreich:

Feld	Beschreibung
Hardware version	Versionsnummer des Controllers.
microcode version	Versionsnummer der internen Software des Controllers (im Read-Only-Memory).
CPU utilization	Messwert über die CPU-Belastung innerhalb eines gegebenen Zeitintervalls.
Sram	Der erste Wert zeigt die Anzahl von freien Bytes im SRAM (also nicht durch den Code oder durch Daten belegte). Der zweite Wert zeigt die Anzahl der gesamten verfügbaren SRAM-Bytes und wird in Kilobyte oder Megabyte angezeigt. Der SRAM ist der statische Hochgeschwindigkeits-RAM, der für die Ausführung des Betriebscodes verwendet wird.
Dram	Der erste Wert zeigt die Anzahl von freien Bytes im DRAM (also nicht durch den Code oder durch Daten belegte). Der zweite Wert zeigt die Anzahl der gesamten verfügbaren DRAM-Bytes und wird in Kilobyte oder Megabyte angezeigt. Der DRAM ist der normale dynamische RAM, der für Paketpuffer, Daten usw. verwendet wird.

Wenn Sie den Befehl **show controllers cxbus** auf einem AGS+ ausführen, werden Informationen über den ciscoBus-Controller angezeigt. Der Befehl zeigt die Kapazitäten der Karten und meldet controllerbezogene Fehler.

Der Befehl show stacks

Der EXEC-Befehl **show stacks** ist der wichtigste, mit dem Sie Fakten aufnehmen und an das TAC weitergeben können. Wenn ein Cisco-Router in eine Reihe von Zuständen gerät, für deren Verarbeitung er nicht programmiert wurde (zum Beispiel während eines Hardware-Fehlers), dann erzeugt er eine Stapelspur. Stapelspuren können durch den privilegierten Befehl **show stacks** angezeigt werden. Der Stapel ist eine Momentaufnahme des Routers, die Sie aufzeichnen können, bevor ein Routerneustart die Stapelinhalte überschreibt.

Der Befehl **show stacks** überwacht die Stapelnutzung von Prozessen und Interrupt-Routinen. Seine Anzeige enthält die Ursache für den letzten Bootvorgang des Systems. Wenn das System neu geladen wurde, weil ein Systemfehler auftrat, wird eine gespeicherte System-Stapelspur angezeigt. Mit Hilfe dieser Informationen können Ingenieure Systemausfälle analysieren.

Wir möchten Sie auch darauf hinweisen, dass der Stapel-Decoder eines der Werkzeuge bei CCO ist, mit denen Sie eine Problemverfolgung und Problemauflösung ausführen können. Der Stapel-Decoder dekodiert die Stapelspur und erzeugt eine Symboldatei und andere Informationen aus der Spur: Diese Informationen reichen gewöhnlich aus, um die Ursache zu isolieren.

Bevor der Stapel-Decoder zur Verfügung stand, mussten Sie den **trace** an das TAC senden. Das TAC musste daraufhin den **trace** dekodieren, die zugehörigen Daten analysieren und die Ergebnisse mit der Fehlerverfolgungsdatenbank von Cisco, den Diagnoseregeln und den Hardware-Adressinformationen vergleichen.

Bild 5.31 zeigt die Ausgabe des **show stacks**-Befehls.

Kapitel 5 • Die Cisco-Management- und -Diagnose-Werkzeuge

```
Router# show stacks
Minimum process stacks:
Free/Size  Name
 652/1000  Router Init
 726/1000  Init
 744/1000  BGP Open
 686/1200  Virtual Exec
Interrupt level stacks:
Level    Called  Free/Size  Name
  1           0  1000/1000  env-flash
  3         738   900/1000  Multiport Communications interfaces
  5         178   970/1000  Console UART
System was restarted by bus error at PC 0xAD1F4, address 0xD0D0D1A
GS Software (GS3), Version 9.1(0.16), BETA TEST SOFTWARE
Compiled Tue 11-Aug-92 13:27 by jthomas
Stack trace from system failure:
FP: 0x29C158, RA: 0xACFD4
FP: 0x29C184, RA: 0xAD20C
FP: 0x29C1B0, RA: 0xACFD4
FP: 0x29C1DC, RA: 0xAD304
FP: 0x29C1F8, RA: 0xAF774
FP: 0x29C214, RA: 0xAF83E
FP: 0x29C228, RA: 0x3E0CA
FP: 0x29C244, RA: 0x3BD3C
```

Bild 5.31:
*Der Befehl **show stacks** eignet sich sehr für die Fehlersuche bei IOS-Abstürzen.*

Die folgenden in der Anzeige gezeigten signifikanten Felder sind bei einer Fehlersuche hilfreich:

Feld	Beschreibung
System was restarted by...	Zeigt die Ursache für den letzten Neuboot des Systems.
PC 0xAD1F4	Adresse, an der der Fehler auftrat. Diese Adresse wird auch Program-Counter (PC) genannt.
FP: 0x29C158	Stapelframezeiger (Frame-Pointer).
RA: 0xACFD4	Programmzähler der aufrufenden Funktion, der im Stapel-Frame gespeichert wurde. Mit diesem Wert wird der Fluss der Software-Funktionsaufrufe verfolgt, die zum Fehler führten.

Nachdem Sie die Stapelspur erhalten haben, geben Sie den Befehl **show version** ein (wenn möglich), um die Software-Ausgabe und die Versionsnummer zu bestimmen, um sie dem technischen Personal zu melden.

5.3 Core-Dumps

Wenn der Router abstürzt, kann es sehr sinnvoll sein, eine vollständige Abbildung des Speichers zu kopieren (einen Core-Dump), um die Ursache des Absturzes zu analysieren. Core-Dumps sind meist nur durch das technische Supportpersonal Ihres Routers auswertbar.

> **ANMERKUNG**
>
> Um einen Core-Dump ausführen zu können, muss der Router mindestens die IOS-Version 9.0 verwenden.

Der globale Konfigurationsbefehl **exception dump** und der EXEC-Befehl **write core** sind die unverständlichsten (und dennoch hilfreiche) Diagnosebefehle, die im Werkzeugsatz Ihres Routers existieren. Wenn die Systemsoftware eines Routers ausfällt, dann ist der Befehl **exception dump** zur Ausführung eines Core-Dumps oft die einzige Möglichkeit, um zu bestimmen, was passierte. Der Befehl **write core** ist von Nutzen, wenn der Router eine Fehlfunktion hat, aber nicht abgestürzt ist. Der Befehl **exception dump** bringt den Router dazu, einen Core-Dump auszuführen, wenn der nächste Absturz auftritt.

> **STOPP**
>
> Setzen Sie die hier diskutierten Befehle nur in Absprache mit einem qualifizierten technischen Supportspezialisten ein. Die erzeugte binäre Datei muss auf einen bestimmten TFTP-Server geleitet werden und anschließend durch qualifiziertes technisches Personal interpretiert werden.

Der Core-Dump wird in eine Datei mit dem Namen *hostname-core* auf Ihrem TFTP-Server geschrieben, bei dem der *hostname* der Name des Routers ist, der mit dem globalen Konfigurationsbefehl **hostname** vergeben wurde.

Um einen Core-Dump zu erzeugen, führen Sie den globalen Konfigurationsbefehl **exception dump** *IP-Adresse* aus. Die *IP-Adresse* ist die Adresse Ihres TFTP-Servers.

Es ist möglich, dass diese Prozedur nicht funktioniert. Sie kann fehlschlagen, wenn das System zu fehlerhaft arbeitet, um den Core-Dump auszuführen oder wenn der Absturz zu schwer ist.

Wenn der Core-Dump erfolgreich ist, wird die Core-Dump-Datei die Größe des Speichers haben, der dem Prozessor zur Verfügung steht (zum Beispiel 16 MB für einen CSC/4). Bei sehr großen Core-Dumps kann es sinnvoller sein, statt des TFTP das FTP einzusetzen, um einen Core-Dump des Speicherbildes vorzunehmen.

Es hängt von Ihrem TFTP-Server ab, ob Sie eine Zieldatei erzeugen müssen, bevor der Router Daten in sie schreiben kann. Sie können diese Voraussetzung testen, indem sie versuchen, den TFTP-Befehl **put** von einer Workstation auszuführen.

5.4 Zusammenfassung

In diesem Kapitel wurden die Managementprodukte und Diagnosewerkzeuge von Cisco eingeführt. Sie müssen wissen, wie Sie diese Werkzeuge einsetzen und wie Sie die Testergebnisse interpretieren können, um eine wirkungsvolle Fehlersuche ausführen zu können. Im Kapitel 6, »Beispielaufgaben zur Fehlersuche« erhalten Sie die Möglichkeit, Ihre Fehlersuchinterpretation von Befehlsausgaben zu testen.

5.5 Test 5: Cisco-Management- und -Diagnosewerkzeuge

Geschätzte Zeit: 15 Minuten

Lösen Sie alle Aufgaben, um Ihr Wissen über die in diesem Kapitel enthaltenen Themen zu überprüfen. Die Antworten finden sich im Anhang A, »Antworten zu den Tests«.

Beantworten Sie die folgenden Fragen anhand der in diesem Kapitel enthaltenen Informationen.

Frage 5.1

Ordnen Sie das Cisco-Management-Werkzeug den Management-Aufgaben zu:

_____	1 TrafficDirector	A Protokollanalyse und Aufzeichnung der Nutzungstrends.
_____	2 VlanDirector	B Verwaltung von virtuellen Netzwerkgruppen, um die Bandbreite so effizient wie möglich einzusetzen.
_____	3 CiscoWorks	C Erstellung einer automatisch erkannten Übersicht des Netzwerk-Layouts.
_____	4 Netsys	D Eine grafische Darstellung, wie Ihr Netzwerk aussehen wird, wenn Sie die neuen Router-Konfigurationen in Kraft setzen.

Frage 5.2

Mit welchem Diagnosebefehl können Sie die Anzahl der Ereignisse ansehen, bei denen ein Router-Puffer verfügbar war, als er benötigt wurde?

Frage 5.3

Mit welchem Befehl können Sie bestimmen, ob eine serielle Schnittstelle momentan aktiv ist?

Frage 5.4

Mit welchem Befehl können Sie die Speicherverwaltung und die Fehlerzähler für Schnittstellenkarten anzeigen?

Frage 5.5

Wohin sendet der Router automatisch die Ausgabe auf **debug**-Befehle?

Frage 5.6

Nennen Sie mindestens vier Befehle, zu deren Ausführung Sie durch den technischen Support von Cisco aufgefordert werden können.

KAPITEL 6
Beispielaufgaben zur Fehlersuche

Dieses Kapitel präsentiert drei eindeutige Probleme. Die Probleme sind von Beginn an nicht vollkommen umrissen. Sie sollten jeden möglichen Fehler in diesen Konfigurationen überprüfen. In jedem dieser Fälle erhalten Sie Ausgaben auf verschiedene Routerbefehle, wobei jeder typische Probleme veranschaulicht, auf die Cisco-Ingenieure in der Praxis stoßen.

Betrachten Sie die Listen und suchen Sie nach Werten, die potenzielle Netzwerk- oder Router-Probleme kennzeichnen. Die Antworten zu diesem Abschnitt können im Anhang A, »Antworten zu den Tests« nachgelesen werden.

6.1 Aufgabe 1: Ein Token-Ring-Netzwerk

Betrachten Sie die Ausgaben auf die Befehle **show interfaces tokenring 0/0** und **show interfaces tokenring 0/1** für den Chicago-Router und suchen Sie nach Anzeichen für Netzwerk- oder Verbindungsprobleme. Überlegen Sie, welche möglichen Ursachen bestehen können. Es wird auch die Ausgabe auf den Befehl **show buffers** gezeigt.

```
Chicago# show interfaces tokenring 0/0
TokenRing0/0 is up, line protocol is up
  Hardware is cxBus Token Ring, address is 4000.0279.59f1 (bia 0000.30c0.95c3)
  MTU 4464 bytes, BW 16000 Kbit, DLY 630 usec, rely 255/255, load 1/255
  Encapsulation SNAP, loopback not set, keepalive set (10 sec)
  ARP type: SNAP, ARP Timeout 4:00:00
  Ring speed: 16 Mbps
  Multiring node, Source Route Transparent Bridge capable
  Source bridging enabled, srn 405 bn 1 trn 415 (ring group)
   proxy explorers disabled, spanning explorer enabled, NetBIOS cache disabled
  Group Address: 0x00000000, Functional Address: 0x0080011A
  Ethernet Transit OUI: 0x0000F8
  Last input 0:00:00, output 0:00:00, output hang never
```

      Last clearing of "show interface" counters 1d02
      Output queue 0/40, 0 drops; input queue 0/120, 1323 drops
      Five minute input rate 11000 bits/sec, 7 packets/sec
      Five minute output rate 8000 bits/sec, 9 packets/sec
         1196542 packets input, 281524050 bytes, 1323 no buffer
         Received 194383 broadcasts, 0 runts, 0 giants
         0 input errors, 0 CRC, 0 frame, 0 overrun, 0 ignored, 0 abor
      1093796 packets output, 183872185 bytes, 0 underruns
         0 output errors, 0 collisions, 0 interface resets, 0 restarts
         1 transitions

Chicago# **show interfaces tokenring 0/1**
TokenRing0/1 is up, line protocol is up
   Hardware is cxBus Token Ring, address is 4000.0279.69f1 (bia 0000.30c0.9523)
   MTU 4464 bytes, BW 16000 Kbit, DLY 630 usec, rely 255/255, load 1/255
   Encapsulation SNAP, loopback not set, keepalive set (10 sec)
   ARP type: SNAP, ARP Timeout 4:00:00
   Ring speed: 16 Mbps
   Multiring node, Source Route Transparent Bridge capable
   Source bridging enabled, srn 406 bn 1 trn 415 (ring group)
    proxy explorers disabled, spanning explorer enabled, NetBIOS cache disabled
   Group Address: 0x00000000, Functional Address: 0x0080011A
   Ethernet Transit OUI: 0x0000F8
   Last input 0:00:00, output 0:00:00, output hang never
   Last clearing of "show interface" counters 1d02
   Output queue 0/40, 0 drops; input queue 0/120, 1416 drops
   Five minute input rate 139000 bits/sec, 58 packets/sec
   Five minute output rate 65000 bits/sec, 57 packets/sec
      5391858 packets input, 1599029492 bytes, 1416 no buffer
      Received 208215 broadcasts, 0 runts, 0 giants
      0 input errors, 0 CRC, 0 frame, 0 overrun, 0 ignored, 0 abort
      5455949 packets output, 982243684 bytes, 0 underruns
      0 output errors, 0 collisions, 0 interface resets, 0 restarts
      1 transitions

Chicago# **show buffers**
Buffer elements:
    500 in free list (500 max allowed)
    18414674 hits, 0 misses, 0 created
Small buffers, 104 bytes (total 189, permanent 120):
    187 in free list (20 min, 250 max allowed)
    8417034 hits, 253 misses, 20 trims, 89 created
Middle buffers, 600 bytes (total 201, permanent 200):
    200 in free list (10 min, 200 max allowed)
    2518690 hits, 8695 misses, 8608 trims, 8609 created
Big buffers, 1524 bytes (total 90, permanent 90):
    90 in free list (5 min, 300 max allowed)
    336741 hits, 0 misses, 0 trims, 0 created
Large buffers, 5024 bytes (total 5, permanent 5):
    5 in free list (0 min, 30 max allowed)
    0 hits, 0 misses, 0 trims, 0 created
Huge buffers, 18024 bytes (total 0, permanent 0):
    0 in free list (0 min, 4 max allowed)
    0 hits, 0 misses, 0 trims, 0 created
8895 failures (0 no memory)

Schreiben Sie Ihre Beobachtungen auf:

_____
_____
_____
_____
_____
_____
_____

Schreiben Sie Ihre vorgeschlagenen Lösungen auf:

_____
_____
_____
_____
_____
_____
_____
_____

6.2 Aufgabe 2: Der Router Sydney

Betrachten Sie die Ausgabe auf die **show processes**-Befehle für den Router Sydney und suchen Sie nach Anzeichen für Netzwerk- oder Verbindungsprobleme. Überlegen Sie, welche möglichen Ursachen bestehen können.

```
Sydney> show processes
CPU utilization for five seconds: 21%; one minute: 55%; five minutes: 63%
 PID  Q  T   PC      Runtime (ms)  Invoked    uSecs   Stacks      TTY  Process
   1  M  E   56E30   4940          52197      94      862/1000    0    BOOTP Server
   2  H  E   4E76E   5259256       19741964   0       1622/2000   0    IPInput
   3  M  E   60E38   17468         656008     26      672/1000    0    TCPTimer
   4  L  E   62082   7688          262        29343   756/1000    0    TCP Protocols
   5  L  E   17FDA   449000        1207462    371     832/1000    0    ARP Input
   6  L  E   1B3F8   0             1          0       936/1000    0    Probe Input
   7  M  E   2C90C   4008          5592       716     840/1000    0    MOP Protocols
   8  M  E   2F0DE   37787184      47630985   0       410/1000    0    Timers
   9  M  E   129FC   2154856       108105     19000   620/1000    0    Net Background
  10  L  E   26406   208           156        1333    644/1000    0    Logger
 240  M  *   0       288           91         3164    1490/2000   2    Virtual Exec
  12  L  E   49EE    33884124      365760     92000   910/1000    0    Check heaps
  13  H  E   12EE0   364552        5212991    69      410/500     0    Net Input
  14  M  T   5216    8934368       3244124    2000    614/1000    0    TTY Background
  15  M  E   4B6CA   0             1          0       874/1000    0    Crash writer
  16  H  E   FCC4A   17333832      53039445   0       800/1000    0    Novell Input
  17  L  E   101816  267340528     15771771   16000   786/1000    0    Novell Router
  18  L  E   1016A6  110780        43660      771     806/1000    0    Novell Response
  19  L  E   1001B2  585201324     28847787   20000   794/1000    0    Novell SAP
  20  H  E   146722  21826772      47976525   0       1236/1500   0    CLNS Input
  21  L  E   14AEC2  3060904       3912386    0       1516/2000   0    ES-IS Routing
  27  M  E   D54C0   4186608       11358133   0       578/1000    0    OSPF Hello
  23  M  E   158B2E  18733152      20115491   0       2314/3000   0    IS-IS Adjacency
  24  M  E   15CB20  267922764     193611901  1000    2142/3000   0    IS-IS Update
  25  L  E   10E29A  1133544       543497     2000    680/1000    0    IP SNMP
  26  M  E   D5250   17722436      2414901    7000    1050/1500   0    OSPF Router
```

```
Sydney> show processes
CPU utilization for five seconds: 24%; one minute: 53%; five minutes: 63%
 PID Q T  PC     Runtime(ms)  Invoked    uSecs  Stacks     TTY  Process
   1 M E  56E30  4940         52197      94     862/1000   0    BOOTP Server
   2 H E  4E76E  5259280      19742060   0      1622/2000  0    IP Input
   3 M E  60E38  17468        656012     26     672/1000   0    TCP Timer
   4 L E  62082  7688         262        29343  756/1000   0    TCP Protocols
   5 L E  17FDA  449000       1207466    371    832/1000   0    ARP Input
   6 L E  1B3F8  0            1          0      936/1000   0    Probe Input
   7 M E  2C90C  4008         5592       716    840/1000   0    MOP Protocols
   8 M E  2F0DE  37787340     47631166   0      410/1000   0    Timers
   9 M E  129FC  2154856      108105     19000  620/1000   0    Net Background
  10 L E  26406  208          156        1333   644/1000   0    Logger
 240 M *  0      348          102        3411   1490/2000  2    Virtual Exec
  12 L E  49EE   33884124     365760     92000  910/1000   0    Check heaps
  13 H E  12EE0  364552       5213010    69     410/500    0    Net Input
  14 M T  5216   8934396      3244135    2000   614/1000   0    TTY Background
  15 M E  4B6CA  0            1          0      874/1000   0    Crash writer
  16 H E  FCC4A  17333896     53039638   0      800/1000   0    Novell Input
  17 L E  101816 267340720    15771810   16000  786/1000   0    Novell Router
  18 L E  1016A6 110780       143660     771    806/1000   0    Novell Response
  19 L S  2960   585203692    28847955   20000  794/1000   0    Novell SAP
  20 H E  146722 21826992     47976928   0      1236/1500  0    CLNS Input
  21 L E  14AEC2 3060908      3912403    0      1516/2000  0    ES-IS Routing
  27 M E  D54C0  4186628      11358172   0      578/1000   0    OSPF Hello
  23 M E  158B2E 18733228     20115583   0      2314/3000  0    IS-IS Adjacency
  24 M E  15CB20 267923420    193611946  1000   2142/3000  0    IS-IS Update
  25 L E  10E29A 1133620      543532     2000   680/1000   0    IP SNMP
  26 M E  D5250  17722448     2414905    7000   1050/1500  0    OSPF Router
```

```
Sydney> show processes
CPU utilization for five seconds: 84%; one minute: 54%; five minutes: 63%
  PID Q T PC     Runtime(ms)  Invoked    uSecs  Stacks     TTY Process
    1 M E 56E30  4940         52197      94     862/1000   0   BOOTP Server
    2 H E 4E76E  5259296      19742120   0      1622/2000  0   IP Input
    3 M E 60E38  17468        656016     26     672/1000   0   TCP Timer
    4 L E 62082  7688         262        29343  756/1000   0   TCP Protocols
    5 L E 17FDA  449004       1207470    371    832/1000   0   ARP Input
    6 L E 1B3F8  0            1          0      936/1000   0   Probe Input
    7 M E 2C90C  4008         5592       716    840/1000   0   MOP Protocols
    8 M E 2F0DE  37787536     47631338   0      410/1000   0   Timers
    9 M E 129FC  2154888      108107     19000  620/1000   0   Net Background
   10 L E 26406  208          156        1333   644/1000   0   Logger
  240 M * 0      408          113        3610   1490/2000  2   Virtual Exec
   12 L E 49EE   33884124     365760     92000  910/1000   0   Check heaps
   13 H E 12EE0  364552       5213029    69     410/500    0   Net Input
   14 M T 5216   8934424      3244146    2000   614/1000   0   TTY Background
   15 M E 4B6CA  0            1          0      874/1000   0   Crash writer
   16 H E FCC4A  17333988     53039913   0      800/1000   0   Novell Input
   17 L E 101816 267341536    15771891   16000  786/1000   0   Novell Router
   18 L E 1016A6 110780       143660     771    806/1000   0   Novell Response
   19 L E 1001B2 585208784    28848275   20000  794/1000   0   Novell SAP
   20 H E 146722 21827152     47977247   0      1236/1500  0   CLNS Input
   21 L E 14AEC2 3060928      3912429    0      1516/2000  0   ES-IS Routing
   27 M E D54C0  4186632      11358214   0      578/1000   0   OSPF Hello
   23 M E 158B2E 18733296     20115673   0      2314/3000  0   IS-IS Adjacency
   24 M E 15CB20 267924124    193611978  1000   2142/3000  0   IS-IS Update
   25 L E 10E29A 1133620      543532     2000   680/1000   0   IP SNMP
   26 M E D5250  17722448     2414905    7000   1050/1500  0   OSPF Router
```

```
Sydney> show processes
CPU utilization for five seconds: 100%; one minute: 66%; five minutes: 73%
  PID Q T  PC     Runtime(ms)  Invoked    uSecs  Stacks     TTY  Process
    1 M E  56E30  4944         52203      94     862/1000   0    BOOTP Server
    2 H E  4E76E  5259892      19743976   0      1622/2000  0    IP Input
    3 M E  60E38  17472        656088     26     672/1000   0    TCP Timer
    4 L E  62082  7688         262        29343  756/1000   0    TCP Protocols
    5 L E  17FDA  449044       1207596    371    832/1000   0    ARP Input
    6 L E  1B3F8  0            1          0      936/1000   0    Probe Input
    7 M E  2C90C  4008         5593       716    840/1000   0    MOP Protocols
    8 M E  2F0DE  37793392     47636210   0      410/1000   0    Timers
    9 M E  129FC  2155096      108119     19000  620/1000   0    Net Background
   10 L E  26406  208          156        1333   644/1000   0    Logger
  240 M *  0      472          123        3837   1490/2000  2    Virtual Exec
   12 L E  49EE   33888616     365808     92000  910/1000   0    Check heaps
   13 H E  12EE0  364612       5213580    69     410/500    0    Net Input
   14 M T  5216   8935448      3244507    2000   614/1000   0    TTY Background
   15 M E  4B6CA  0            1          0      874/1000   0    Crash writer
   16 H E  FCC4A  17336000     53046263   0      800/1000   0    Novell Input
   17 L E  101816 267413128    15776213   16000  786/1000   0    Novell Router
   18 L E  1016A6 110784       143668     771    806/1000   0    Novell Response
   19 L E  1001B2 585276184    28852139   20000  794/1000   0    Novell SAP
   20 H E  146722 21834784     47986866   0      1236/1500  0    CLNS Input
   21 L E  14AEC2 3061680      3912937    0      1516/2000  0    ES-IS Routing
   27 M E  D54C0  4187112      11359382   0      578/1000   0    OSPF Hello
   23 M E  158B2E 18735328     20117775   0      2314/3000  0    IS-IS Adjacency
   24 M E  15CB20 267982552    193633767  1000   2142/3000  0    IS-IS Update
   25 L E  10E29A 1133620      543532     2000   680/1000   0    IP SNMP
   26 M E  D5250  17727576     2415165    7000   1050/1500  0    OSPF Router
```

Schreiben Sie Ihre Beobachtungen auf:

_____

_____

_____

_____

_____

Schreiben Sie Ihre vorgeschlagenen Lösungen auf:

_____

_____

_____

_____

_____

ANMERKUNG

Dieser Router wurde mit einem drei Seiten langen Ausgabe-Sap-Filter konfiguriert, der auf 16 langsame (64-Kbps) serielle Leitungen angewendet wurde. Da hierdurch mehr als 1000 SAPs mit diesem sehr großen Sap-Filter für 16 Schnittstellenverbindungen verglichen werden mussten, war dies eine sehr CPU-intensive Prozedur.

6.3 Aufgabe 3: Der Router Brussels

Betrachten Sie die Ausgabe auf die **show interfaces ethernet** 0-Befehle für den Router Brussels und suchen Sie nach Anzeichen für Netzwerk- oder Verbindungsprobleme. Die über diesen Router betriebenen Protokolle sind TCP/IP, Novell-NetWare und Banyan-VINES.

```
Brussels# show interfaces ethernet 0
Ethernet 0 is up, line protocol is up
 Hardware is cBus Ethernet, address is 0000.0c06.3342 (bia ↵
0000.0c06.3342)
 Description: Brussels - San-Francisco
 Internet address is 156.144.204.36, subnet mask is 255.255.255.224
 MTU 1500 bytes, BW 10000 Kbit, DLY 1000 usec, rely 255/255, load 1/255
 Encapsulation ARPA, loopback not set, keepalive set (10 sec)
 ARP type: ARPA, ARP Timeout 4:00:00
 Last input 0:00:00, output 0:00:00, output hang never
 Last clearing of "show interface" counters 0:00:19
 Output queue 0/75, 0 drops; input queue 17/150, 22 drops
 Five minute input rate 97000 bits/sec, 39 packets/sec
 Five minute output rate 17000 bits/sec, 13 packets/sec
    790 packets input, 268110 bytes, 0 no buffer
    Received 365 broadcasts, 0 runts, 0 giants
    0 input errors, 0 CRC, 0 frame, 0 overrun, 0 ignored, 0 abort
    254 packets output, 40303 bytes, 0 underruns
    0 output errors, 3 collisions, 0 interface resets, 0 restarts

Brussels# show interfaces ethernet 0
Ethernet 0 is up, line protocol is up
 Hardware is cBus Ethernet, address is 0000.0c06.3342 (bia ↵
0000.0c06.3342)
 Description: Brussels - San-Francisco
 Internet address is 156.144.204.36, subnet mask is 255.255.255.224
 MTU 1500 bytes, BW 10000 Kbit, DLY 1000 usec, rely 255/255, load 1/255
 Encapsulation ARPA, loopback not set, keepalive set (10 sec)
 ARP type: ARPA, ARP Timeout 4:00:00
 Last input 0:00:00, output 0:00:00, output hang never
 Last clearing of "show interface" counters 0:00:29
 Output queue 0/75, 0 drops; input queue 19/150, 22 drops
 Five minute input rate 97000 bits/sec, 37 packets/sec
 Five minute output rate 17000 bits/sec, 13 packets/sec
    1157 packets input, 371851 bytes, 0 no buffer
    Received 496 broadcasts, 0 runts, 0 giants
    0 input errors, 0 CRC, 0 frame, 0 overrun, 0 ignored, 0 abort
    394 packets output, 67669 bytes, 0 underruns
    0 output errors, 5 collisions, 0 interface resets, 0 restarts
```

```
Brussels# show interfaces ethernet 0
Ethernet 0 is up, line protocol is up
 Hardware is cBus Ethernet, address is 0000.0c06.3342 (bia ↵
0000.0c06.3342)
 Description: Brussels - San-Francisco
 Internet address is 156.144.204.36, subnet mask is 255.255.255.224
 MTU 1500 bytes, BW 10000 Kbit, DLY 1000 usec, rely 255/255, load 1/255
 Encapsulation ARPA, loopback not set, keepalive set (10 sec)
 ARP type: ARPA, ARP Timeout 4:00:00
 Last input 0:00:00, output 0:00:00, output hang never
 Last clearing of "show interface" counters 0:00:39
 Output queue 0/75, 0 drops; input queue 2/150, 22 drops
 Five minute input rate 95000 bits/sec, 37 packets/sec
 Five minute output rate 19000 bits/sec, 15 packets/sec
    1540 packets input, 464209 bytes, 0 no buffer
    Received 614 broadcasts, 0 runts, 0 giants
    0 input errors, 0 CRC, 0 frame, 0 overrun, 0 ignored, 0 abort
    545 packets output, 99222 bytes, 0 underruns
    0 output errors, 5 collisions, 0 interface resets, 0 restarts

Brussels# show interfaces ethernet 0
Ethernet 0 is up, line protocol is up
 Hardware is cBus Ethernet, address is 0000.0c06.3342 (bia ↵
0000.0c06.3342)
 Description: Brussels - San-Francisco
 Internet address is 156.144.204.36, subnet mask is 255.255.255.224
 MTU 1500 bytes, BW 10000 Kbit, DLY 1000 usec, rely 255/255, load 1/255
 Encapsulation ARPA, loopback not set, keepalive set (10 sec)
 ARP type: ARPA, ARP Timeout 4:00:00
 Last input 0:00:00, output 0:00:00, output hang never
 Last clearing of "show interface" counters 0:00:49
 Output queue 0/75, 0 drops; input queue 14/150, 46 drops
 Five minute input rate 97000 bits/sec, 39 packets/sec
 Five minute output rate 19000 bits/sec, 14 packets/sec
    2020 packets input, 658112 bytes, 0 no buffer
    Received 906 broadcasts, 0 runts, 0 giants
    0 input errors, 0 CRC, 0 frame, 0 overrun, 0 ignored, 0 abort
    687 packets output, 111868 bytes, 0 underruns
    0 output errors, 5 collisions, 0 interface resets, 0 restarts
```

```
Brussels# show interfaces ethernet 0
Ethernet 0 is up, line protocol is up
 Hardware is cBus Ethernet, address is 0000.0c06.3342 (bia ↵
0000.0c06.3342)
 Description: Brussels - San-Francisco
 Internet address is 156.144.204.36, subnet mask is 255.255.255.224
 MTU 1500 bytes, BW 10000 Kbit, DLY 1000 usec, rely 255/255, load 1/255
 Encapsulation ARPA, loopback not set, keepalive set (10 sec)
 ARP type: ARPA, ARP Timeout 4:00:00
 Last input 0:00:00, output 0:00:00, output hang never
 Last clearing of "show interface" counters 0:00:59
 Output queue 0/75, 0 drops; input queue 0/150, 46 drops
 Five minute input rate 95000 bits/sec, 39 packets/sec
 Five minute output rate 19000 bits/sec, 16 packets/sec
   2343 packets input, 738939 bytes, 0 no buffer
   Received 1009 broadcasts, 0 runts, 0 giants
   0 input errors, 0 CRC, 0 frame, 0 overrun, 0 ignored, 0 abort
   829 packets output, 137889 bytes, 0 underruns
   0 output errors, 5 collisions, 0 interface resets, 0 restarts

Brussels# show interfaces ethernet 0
Ethernet 0 is up, line protocol is up
 Hardware is cBus Ethernet, address is 0000.0c06.3342 (bia ↵
0000.0c06.3342)
 Description: Brussels - San-Francisco
 Internet address is 156.144.204.36, subnet mask is 255.255.255.224
 MTU 1500 bytes, BW 10000 Kbit, DLY 1000 usec, rely 255/255, load 1/255
 Encapsulation ARPA, loopback not set, keepalive set (10 sec)
 ARP type: ARPA, ARP Timeout 4:00:00
 Last input 0:00:00, output 0:00:01, output hang never
 Last clearing of "show interface" counters 0:01:09
 Output queue 0/75, 0 drops; input queue 15/150, 46 drops
 Five minute input rate 92000 bits/sec, 37 packets/sec
 Five minute output rate 21000 bits/sec, 16 packets/sec
   2695 packets input, 822049 bytes, 0 no buffer
   Received 1105 broadcasts, 0 runts, 0 giants
   0 input errors, 0 CRC, 0 frame, 0 overrun, 0 ignored, 0 abort
   991 packets output, 170540 bytes, 0 underruns
   0 output errors, 5 collisions, 0 interface resets, 0 restarts
```

```
Brussels# show interfaces ethernet 0
Ethernet 0 is up, line protocol is up
 Hardware is cBus Ethernet, address is 0000.0c06.3342 (bia
0000.0c06.3342)
 Description: Brussels - San-Francisco
 Internet address is 156.144.204.36, subnet mask is 255.255.255.224
 MTU 1500 bytes, BW 10000 Kbit, DLY 1000 usec, rely 255/255, load 1/255
 Encapsulation ARPA, loopback not set, keepalive set (10 sec)
 ARP type: ARPA, ARP Timeout 4:00:00
 Last input 0:00:00, output 0:00:00, output hang never
 Last clearing of "show interface" counters 0:01:19
 Output queue 0/75, 0 drops; input queue 25/150, 46 drops
 Five minute input rate 94000 bits/sec, 37 packets/sec
 Five minute output rate 19000 bits/sec, 14 packets/sec
    3199 packets input, 1018909 bytes, 0 no buffer
    Received 1392 broadcasts, 0 runts, 0 giants
    0 input errors, 0 CRC, 0 frame, 0 overrun, 0 ignored, 0 abort
    1125 packets output, 183119 bytes, 0 underruns
    0 output errors, 7 collisions, 0 interface resets, 0 restarts

Brussels# show interfaces ethernet 0
Ethernet 0 is up, line protocol is up
 Hardware is cBus Ethernet, address is 0000.0c06.3342 (bia ⤴
0000.0c06.3342)
 Description: Brussels - San-Francisco
 Internet address is 156.144.204.36, subnet mask is 255.255.255.224
 MTU 1500 bytes, BW 10000 Kbit, DLY 1000 usec, rely 255/255, load 1/255
 Encapsulation ARPA, loopback not set, keepalive set (10 sec)
 ARP type: ARPA, ARP Timeout 4:00:00
 Last input 0:00:00, output 0:00:00, output hang never
 Last clearing of "show interface" counters 0:01:30
 Output queue 0/75, 0 drops; input queue 147/150, 48 drops
 Five minute input rate 92000 bits/sec, 36 packets/sec
 Five minute output rate 19000 bits/sec, 15 packets/sec
    3676 packets input, 1124803 bytes, 0 no buffer
    Received 1663 broadcasts, 0 runts, 0 giants, throttled
    0 input errors, 0 CRC, 0 frame, 0 overrun, 0 ignored, 0 abort
    1286 packets output, 211034 bytes, 0 underruns
    0 output errors, 7 collisions, 0 interface resets, 0 restarts
```

```
Brussels# show interfaces ethernet 0
Ethernet 0 is up, line protocol is up
 Hardware is cBus Ethernet, address is 0000.0c06.3342 (bia ↵
0000.0c06.3342)
 Description: Brussels - San-Francisco
 Internet address is 156.144.204.36, subnet mask is 255.255.255.224
 MTU 1500 bytes, BW 10000 Kbit, DLY 1000 usec, rely 255/255, load 1/255
 Encapsulation ARPA, loopback not set, keepalive set (10 sec)
 ARP type: ARPA, ARP Timeout 4:00:00
 Last input 0:00:00, output 0:00:00, output hang never
 Last clearing of "show interface" counters 0:01:42
 Output queue 0/75, 0 drops; input queue 79/150, 50 drops
 Five minute input rate 91000 bits/sec, 38 packets/sec
 Five minute output rate 22000 bits/sec, 14 packets/sec
    4110 packets input, 1246502 bytes, 0 no buffer
    Received 1950 broadcasts, 0 runts, 0 giants
    0 input errors, 0 CRC, 0 frame, 0 overrun, 0 ignored, 0 abort
    1449 packets output, 251003 bytes, 0 underruns
    0 output errors, 7 collisions, 0 interface resets, 0 restarts

Brussels# show interfaces ethernet 0
Ethernet 0 is up, line protocol is up
 Hardware is cBus Ethernet, address is 0000.0c06.3342 (bia ↵
0000.0c06.3342)
 Description: Brussels - San-Francisco
 Internet address is 156.144.204.36, subnet mask is 255.255.255.224
 MTU 1500 bytes, BW 10000 Kbit, DLY 1000 usec, rely 255/255, load 1/255
 Encapsulation ARPA, loopback not set, keepalive set (10 sec)
 ARP type: ARPA, ARP Timeout 4:00:00
 Last input 0:00:00, output 0:00:00, output hang never
 Last clearing of "show interface" counters 0:01:49
 Output queue 0/75, 0 drops; input queue 84/150, 94 drops
 Five minute input rate 90000 bits/sec, 37 packets/sec
 Five minute output rate 21000 bits/sec, 13 packets/sec
    4308 packets input, 1311511 bytes, 0 no buffer
    Received 2065 broadcasts, 0 runts, 0 giants
    0 input errors, 0 CRC, 0 frame, 0 overrun, 0 ignored, 0 abort
    1526 packets output, 264900 bytes, 0 underruns
    0 output errors, 9 collisions, 0 interface resets, 0 restarts
```

```
Brussels# show interfaces ethernet 0
Ethernet 0 is up, line protocol is up
 Hardware is cBus Ethernet, address is 0000.0c06.3342 (bia ↵
0000.0c06.3342)
 Description: Brussels - San-Francisco
 Internet address is 156.144.204.36, subnet mask is 255.255.255.224
 MTU 1500 bytes, BW 10000 Kbit, DLY 1000 usec, rely 255/255, load 1/255
 Encapsulation ARPA, loopback not set, keepalive set (10 sec)
 ARP type: ARPA, ARP Timeout 4:00:00
 Last input 0:00:00, output 0:00:00, output hang never
 Last clearing of "show interface" counters 0:01:59
 Output queue 0/75, 0 drops; input queue 69/150, 94 drops
 Five minute input rate 88000 bits/sec, 35 packets/sec
 Five minute output rate 19000 bits/sec, 13 packets/sec
    4580 packets input, 1421235 bytes, 0 no buffer
    Received 2151 broadcasts, 0 runts, 0 giants
    0 input errors, 0 CRC, 0 frame, 0 overrun, 0 ignored, 0 abort
    1650 packets output, 277728 bytes, 0 underruns
    0 output errors, 14 collisions, 0 interface resets, 0 restarts

Brussels# show interfaces ethernet 0
Ethernet 0 is up, line protocol is up
 Hardware is cBus Ethernet, address is 0000.0c06.3342 (bia ↵
0000.0c06.3342)
 Description: Brussels - San-Francisco
 Internet address is 156.144.204.36, subnet mask is 255.255.255.224
 MTU 1500 bytes, BW 10000 Kbit, DLY 1000 usec, rely 255/255, load 1/255
 Encapsulation ARPA, loopback not set, keepalive set (10 sec)
 ARP type: ARPA, ARP Timeout 4:00:00
 Last input 0:00:00, output 0:00:01, output hang never
 Last clearing of "show interface" counters 0:02:09
 Output queue 0/75, 0 drops; input queue 18/150, 94 drops
 Five minute input rate 88000 bits/sec, 35 packets/sec
 Five minute output rate 19000 bits/sec, 13 packets/sec
    4930 packets input, 1543839 bytes, 0 no buffer
    Received 2296 broadcasts, 0 runts, 0 giants
    0 input errors, 0 CRC, 0 frame, 0 overrun, 0 ignored, 0 abort
    1789 packets output, 302572 bytes, 0 underruns
    0 output errors, 17 collisions, 0 interface resets, 0 restarts
```

```
Brussels# show interfaces ethernet 0
Ethernet 0 is up, line protocol is up
 Hardware is cBus Ethernet, address is 0000.0c06.3342 (bia ↵
0000.0c06.3342)
 Description: Brussels  - San-Francisco
 Internet address is 156.144.204.36, subnet mask is 255.255.255.224
 MTU 1500 bytes, BW 10000 Kbit, DLY 1000 usec, rely 255/255, load 1/255
 Encapsulation ARPA, loopback not set, keepalive set (10 sec)
 ARP type: ARPA, ARP Timeout 4:00:00
 Last input 0:00:00, output 0:00:01, output hang never
 Last clearing of "show interface" counters 0:02:19
 Output queue 0/75, 0 drops; input queue 24/150, 94 drops
 Five minute input rate 89000 bits/sec, 37 packets/sec
 Five minute output rate 21000 bits/sec, 15 packets/sec
    5472 packets input, 1701308 bytes, 0 no buffer
    Received 2587 broadcasts, 0 runts, 0 giants
    0 input errors, 0 CRC, 0 frame, 0 overrun, 0 ignored, 0 abort
    1961 packets output, 337388 bytes, 0 underruns
    0 output errors, 17 collisions, 0 interface resets, 0 restarts

Brussels# show interfaces ethernet 0
Ethernet 0 is up, line protocol is up
 Hardware is cBus Ethernet, address is 0000.0c06.3342 (bia ↵
0000.0c06.3342)
 Description: Brussels  - San-Francisco
 Internet address is 156.144.204.36, subnet mask is 255.255.255.224
 MTU 1500 bytes, BW 10000 Kbit, DLY 1000 usec, rely 255/255, load 1/255
 Encapsulation ARPA, loopback not set, keepalive set (10 sec)
 ARP type: ARPA, ARP Timeout 4:00:00
 Last input 0:00:00, output 0:00:00, output hang never
 Last clearing of "show interface" counters 0:02:32
 Output queue 0/75, 0 drops; input queue 24/150, 94 drops
 Five minute input rate 89000 bits/sec, 35 packets/sec
 Five minute output rate 19000 bits/sec, 13 packets/sec
    5940 packets input, 1872552 bytes, 0 no buffer
    Received 2762 broadcasts, 0 runts, 0 giants
    0 input errors, 0 CRC, 0 frame, 0 overrun, 0 ignored, 0 abort
    2150 packets output, 359783 bytes, 0 underruns
    0 output errors, 17 collisions, 0 interface resets, 0 restarts
```

```
Brussels# show interfaces ethernet 0
Ethernet 0 is up, line protocol is up
 Hardware is cBus Ethernet, address is 0000.0c06.3342 (bia ↵
0000.0c06.3342)
 Description: Brussels - San-Francisco
 Internet address is 156.144.204.36, subnet mask is 255.255.255.224
 MTU 1500 bytes, BW 10000 Kbit, DLY 1000 usec, rely 255/255, load 1/255
 Encapsulation ARPA, loopback not set, keepalive set (10 sec)
 ARP type: ARPA, ARP Timeout 4:00:00
 Last input 0:00:00, output 0:00:01, output hang never
 Last clearing of "show interface" counters 0:02:40
 Output queue 0/75, 0 drops; input queue 10/150, 94 drops
 Five minute input rate 89000 bits/sec, 35 packets/sec
 Five minute output rate 19000 bits/sec, 13 packets/sec
    6215 packets input, 1956056 bytes, 0 no buffer
    Received 2891 broadcasts, 0 runts, 0 giants
    0 input errors, 0 CRC, 0 frame, 0 overrun, 0 ignored, 0 abort
    2247 packets output, 384565 bytes, 0 underruns
    0 output errors, 18 collisions, 0 interface resets, 0 restarts

Brussels# show interfaces ethernet 0
Ethernet 0 is up, line protocol is up
 Hardware is cBus Ethernet, address is 0000.0c06.3342 (bia ↵
0000.0c06.3342)
 Description: Brussels - San-Francisco
 Internet address is 156.144.204.36, subnet mask is 255.255.255.224
 MTU 1500 bytes, BW 10000 Kbit, DLY 1000 usec, rely 255/255, load 1/255
 Encapsulation ARPA, loopback not set, keepalive set (10 sec)
 ARP type: ARPA, ARP Timeout 4:00:00
 Last input 0:00:00, output 0:00:00, output hang never
 Last clearing of "show interface" counters 0:02:49
 Output queue 0/75, 0 drops; input queue 9/150, 108 drops
 Five minute input rate 91000 bits/sec, 37 packets/sec
 Five minute output rate 21000 bits/sec, 11 packets/sec
    6754 packets input, 2114110 bytes, 0 no buffer
    Received 3213 broadcasts, 0 runts, 0 giants
    0 input errors, 0 CRC, 0 frame, 0 overrun, 0 ignored, 0 abort
    2367 packets output, 414671 bytes, 0 underruns
    0 output errors, 18 collisions, 0 interface resets, 0 restarts
```

Kapitel 6 • Beispielaufgaben zur Fehlersuche

```
Brussels# show interfaces ethernet 0
Ethernet 0 is up, line protocol is up
 Hardware is cBus Ethernet, address is 0000.0c06.3342 (bia
0000.0c06.3342)
 Description: Brussels - San-Francisco
 Internet address is 156.144.204.36, subnet mask is 255.255.255.224
 MTU 1500 bytes, BW 10000 Kbit, DLY 1000 usec, rely 255/255, load 1/255
 Encapsulation ARPA, loopback not set, keepalive set (10 sec)
 ARP type: ARPA, ARP Timeout 4:00:00
 Last input 0:00:00, output 0:00:01, output hang never
 Last clearing of "show interface" counters 0:02:59
 Output queue 0/75, 0 drops; input queue 1/150, 108 drops
 Five minute input rate 91000 bits/sec, 37 packets/sec
 Five minute output rate 20000 bits/sec, 11 packets/sec
    7107 packets input, 2229593 bytes, 0 no buffer
    Received 3320 broadcasts, 0 runts, 0 giants
    0 input errors, 0 CRC, 0 frame, 0 overrun, 0 ignored, 0 abort
    2511 packets output, 430238 bytes, 0 underruns
    0 output errors, 20 collisions, 0 interface resets, 0 restarts

Brussels# show interfaces ethernet 0
Ethernet 0 is up, line protocol is up
 Hardware is cBus Ethernet, address is 0000.0c06.3342 (bia
0000.0c06.3342)
 Description: Brussels - San-Francisco
 Internet address is 156.144.204.36, subnet mask is 255.255.255.224
 MTU 1500 bytes, BW 10000 Kbit, DLY 1000 usec, rely 255/255, load 1/255
 Encapsulation ARPA, loopback not set, keepalive set (10 sec)
 ARP type: ARPA, ARP Timeout 4:00:00
 Last input 0:00:00, output 0:00:01, output hang never
 Last clearing of "show interface" counters 0:03:09
 Output queue 0/75, 0 drops; input queue 0/150, 108 drops
 Five minute input rate 91000 bits/sec, 37 packets/sec
 Five minute output rate 20000 bits/sec, 13 packets/sec
    7473 packets input, 2325272 bytes, 0 no buffer
    Received 3396 broadcasts, 0 runts, 0 giants
    0 input errors, 0 CRC, 0 frame, 0 overrun, 0 ignored, 0 abort
    2678 packets output, 457850 bytes, 0 underruns
    0 output errors, 20 collisions, 0 interface resets, 0 restarts
```

```
Brussels# show interfaces ethernet 0
Ethernet 0 is up, line protocol is up
 Hardware is cBus Ethernet, address is 0000.0c06.3342 (bia ↵
0000.0c06.3342)
 Description: Brussels  - San-Francisco
 Internet address is 156.144.204.36, subnet mask is 255.255.255.224
 MTU 1500 bytes, BW 10000 Kbit, DLY 1000 usec, rely 255/255, load 1/255
 Encapsulation ARPA, loopback not set, keepalive set (10 sec)
 ARP type: ARPA, ARP Timeout 4:00:00
 Last input 0:00:00, output 0:00:00, output hang never
 Last clearing of "show interface" counters 0:03:19
 Output queue 0/75, 0 drops; input queue 0/150, 114 drops
 Five minute input rate 92000 bits/sec, 39 packets/sec
 Five minute output rate 22000 bits/sec, 13 packets/sec
    7997 packets input, 2477386 bytes, 0 no buffer
    Received 3699 broadcasts, 0 runts, 0 giants
    0 input errors, 0 CRC, 0 frame, 0 overrun, 0 ignored, 0 abort
    2809 packets output, 488524 bytes, 0 underruns
    0 output errors, 20 collisions, 0 interface resets, 0 restarts

Brussels# show interfaces ethernet 0
Ethernet 0 is up, line protocol is up
 Hardware is cBus Ethernet, address is 0000.0c06.3342 (bia ↵
0000.0c06.3342)
 Description: Brussels  - San-Francisco
 Internet address is 156.144.204.36, subnet mask is 255.255.255.224
 MTU 1500 bytes, BW 10000 Kbit, DLY 1000 usec, rely 255/255, load 1/255
 Encapsulation ARPA, loopback not set, keepalive set (10 sec)
 ARP type: ARPA, ARP Timeout 4:00:00
 Last input 0:00:00, output 0:00:00, output hang never
 Last clearing of "show interface" counters 0:03:30
 Output queue 0/75, 0 drops; input queue 13/150, 114 drops
 Five minute input rate 90000 bits/sec, 37 packets/sec
 Five minute output rate 22000 bits/sec, 13 packets/sec
    8348 packets input, 2595028 bytes, 0 no buffer
    Received 3814 broadcasts, 0 runts, 0 giants
    0 input errors, 0 CRC, 0 frame, 0 overrun, 0 ignored, 0 abort
    2989 packets output, 513535 bytes, 0 underruns
    0 output errors, 21 collisions, 0 interface resets, 0 restarts
```

Kapitel 6 • Beispielaufgaben zur Fehlersuche 337

```
Brussels# show interfaces ethernet 0
Ethernet 0 is up, line protocol is up
 Hardware is cBus Ethernet, address is 0000.0c06.3342 (bia ↵
0000.0c06.3342)
 Description: Brussels  - San-Francisco
 Internet address is 156.144.204.36, subnet mask is 255.255.255.224
 MTU 1500 bytes, BW 10000 Kbit, DLY 1000 usec, rely 255/255, load 1/255
 Encapsulation ARPA, loopback not set, keepalive set (10 sec)
 ARP type: ARPA, ARP Timeout 4:00:00
 Last input 0:00:00, output 0:00:00, output hang never
 Last clearing of "show interface" counters 0:03:39
 Output queue 0/75, 0 drops; input queue 1/150, 114 drops
 Five minute input rate 92000 bits/sec, 35 packets/sec
 Five minute output rate 21000 bits/sec, 15 packets/sec
   8681 packets input, 2714096 bytes, 0 no buffer
   Received 3950 broadcasts, 0 runts, 0 giants
   0 input errors, 0 CRC, 0 frame, 0 overrun, 0 ignored, 0 abort
   3129 packets output, 535835 bytes, 0 underruns
   0 output errors, 21 collisions, 0 interface resets, 0 restarts
```

Schreiben Sie Ihre Beobachtungen auf:

_____
_____
_____
_____
_____
_____
_____
_____
_____
_____
_____
_____
_____
_____
_____
_____

Schreiben Sie Ihre vorgeschlagenen Lösungen auf:

_____

_____

_____

_____

_____

_____

6.4 Zusammenfassung

Diese drei Beispiele sollen Ihnen die Möglichkeit geben, eher ungewöhnliche Ausgaben von einem Router zu untersuchen. Lassen Sie sich Zeit und arbeiten Sie jede Aufgabe sorgfältig durch. Wenn Sie sich nicht sicher sind, welches Problem am wahrscheinlichsten ist, stellen Sie einfach einige Vermutungen an und schreiben Sie diese auf. Wenn Sie anschließend die Antworten überprüfen, können Sie feststellen, wie weit Sie mit Ihrer Fehlersuche gelangten. Die Antworten finden Sie im Anhang A.

Teil 2
Fehleranaylse Routing und geroutete Protokolle

7 Die Fehlersuche bei TCP/IP-Verbindungen
8 Die Fehlersuche bei Novell-Verbindungen
9 Die Fehlersuche bei AppleTalk-Verbindungen

KAPITEL 7

Die Fehlersuche bei TCP/IP-Verbindungen

Dieses Kapitel beschäftigt sich mit speziellen Fehlersuchtipps und -techniken für die TCP/IP-Protokoll-Suite. Diese sollen Sie auf eine echte Fehlersuche in der beruflichen Praxis vorbereiten.

Die Fehlersuche in Netzwerken, in denen Windows NT/95/98 betrieben wird, betrifft eine ganze Reihe von Protokollen, die alle miteinander interagieren müssen. Je besser Sie diese Internetzwerke kennen, desto einfacher wird Ihnen die Behebung von Fehlern fallen.

Dieses Kapitel konzentriert sich auf die TCP/IP-Prozesse auf den Cisco-Routern. Die Microsoft-Protokolle stehen außerhalb des Rahmens dieses Kurses. Sie werden in Microsoft-Resource-Kits, MCSE-Trainingsangeboten und in Büchern verschiedener Verlage angeboten.

7.1 Die TCP/IP-Diagnose-Werkzeuge eines Routers

Auf Cisco-Routern werden vier Hauptwerkzeuge für die Fehlersuche in TCP/IP-Netzwerken eingesetzt:

- ping
- trace
- show
- debug

Wir beginnen mit einer kurzen Betrachtung über die Anwendung der einzelnen Befehle, mit denen die Quellen von TCP/IP-Netzwerkproblemen identifiziert werden können.

7.1.1 Der TCP/IP-Befehl ping

Mit der **ping**-Funktion können Sie Verbindungsmöglichkeiten testen. Ein IP-**ping**-Paket ist in Wahrheit ein Internet-Control-Message-Protokoll-(ICMP-)Echo-Test-Paket. Wenn ein IP-Gerät ein ICMP-Echo-Test-Paket empfängt, das an es selbst adressiert ist, dann antwortet es mit einem Echo-Antwort-Paket an die Quelle.

> **ANMERKUNG**
>
> Einer der ersten **ping**-Tests, die Sie ausführen sollten, wenn Sie eine bestimmte Verbindungsmöglichkeit überprüfen wollen, ist ein **ping**-Loopback-Test. Ein Loopback-**ping** besitzt die Adresse 127.0.0.1 (die Loopback-Adresse), mit dem die lokale Integrität des TCP/IP-Stapels getestet werden kann.

> **ANMERKUNG**
>
> Wenn Sie eine **ping**-Sitzung abbrechen wollen, müssen Sie die Escape-Kombination drücken. Die Escape-Kombination ist [Strg]-[⇧]-[6], d.h., Sie drücken gleichzeitig die Tasten [Strg], [⇧] und [6].

Der **ping**-Befehl hat zwei Versionen: den EXEC-Befehl **ping** und den privilegierten EXEC-Befehl **ping**. In den folgenden Abschnitten werden Sie die Unterschiede zwischen den beiden Versionen kennen lernen.

Der EXEC-Befehl ping

Mit dem EXEC-Befehl **ping** können Sie einen einfachen Test der Host-Erreichbarkeit und der Netzwerk-Verbindungsmöglichkeit ausführen. Dieser Befehl hat die folgende Syntax:

```
ping [protocol] {host    address }
```

Es folgen die Einzelheiten dieser Syntax:

Parameter	Beschreibung
Protokoll (Optional)	Gibt das einzusetzende **ping**-Protokoll an. Die Standardeinstellung ist IP. Andere unterstützte Protokolle sind IPX, AppleTalk, CLNS, DECnet, VINES und XNS.
Host	Der Hostname des zu **ping**enden Systems – es wird eine Domain-Name-System-(DNS-)Anfrage eingesetzt, um die IP-Adresse zu bestimmen.
Adresse	Die IP-Adresse des zu **ping**enden Systems.

Wie bereits erwähnt, sendet ein **ping**-Befehl ICMP-Echo-Meldungen. Wenn der Kommunikationsserver eine ICMP-Echo-Meldung empfängt, sendet er eine ICMP-Echo-Antwort-Meldung zurück an die Quelle der ICMP-Echo-Meldung.

Die **ping**-Funktion auf EXEC-Ebene bietet eine einfache **ping**-Fähigkeit für IP-Benutzer, die über keine Systemprivilegien verfügen. Diese Funktion lässt den Router die einfache standardeingestellte **ping**-Funktionalität des IP-Protokolls ausführen. Bei normalen EXEC-**ping**s wird nur die Nicht-Verbose-Form des **ping**-Befehls unterstützt.

Wenn das System einem Hostnamen keine Adresse zuordnen kann, sendet er die Fehlermeldung »%Unrecognized host or address« zurück.

Tabelle 7.1 beschreibt die Testzeichen, die die **ping**-Funktion sendet.

Zeichen	Beschreibung
!	Empfang einer Antwort.
.	Der Timeout des Servers ist abgelaufen, während er auf eine Antwort wartete.
U	Das Ziel ist unerreichbar.
N	Das Netzwerk ist unerreichbar.
P	Das Protokoll ist unerreichbar.
Q	Source-Quench.
M	Keine Fragmentierung möglich.
?	Unbekannter Pakettyp.

*Tabelle 7.1: Die Testzeichen des **ping**-Befehls.*

Bild 7.1 zeigt eine Beispielausgabe auf den Befehl **ping**, bei dem ein Host mit dem Namen fred ange**ping**t wurde. Beachten Sie, dass der Router den Namen fred mit der IP-Adresse 192.31.7.27 auflöst.

*Bild 7.1:
Ein erfolgreicher
ping bestätigt die
Verbindungs-
möglichkeit auf
der Schicht 3.*

```
cs> ping fred
Type escape sequence to abort.
Sending 5, 100-byte ICMP Echos to 192.31.7.27, timeout is 2 seconds:
!!!!!
Success rate is 100 percent, round-trip min/avg/max = 1/3/4 ms
```

Bild 7.2 zeigt die Ausgabe, die Sie auf den Befehl **ping** erhalten, wenn Sie die Broadcast-Adresse 255.255.255.255 an**ping**en.

*Bild 7.2:
Ein lokaler
Broadcast-**ping**
empfängt Ant-
worten von allen
direkt ange-
schlossenen IP-
Geräten.*

```
cs> ping 255.255.255.255
Type escape sequence to abort.
Sending 5, 100-byte ICMP Echos to 255.255.255.255, timeout is 2 ⏎
seconds:
Reply to request 0 from 160.89.48.15 (4 ms)
Reply to request 0 from 160.89.48.10 (4 ms)
Reply to request 0 from 160.89.48.19 (4 ms)
Reply to request 0 from 160.89.49.15 (4 ms)
Reply to request 1 from 160.89.48.15 (4 ms)
Reply to request 1 from 160.89.48.10 (4 ms)
Reply to request 1 from 160.89.48.19 (4 ms)
Reply to request 1 from 160.89.49.15 (4 ms)
Reply to request 2 from 160.89.48.15 (4 ms)
Reply to request 2 from 160.89.48.10 (4 ms)
Reply to request 2 from 160.89.48.19 (4 ms)
Reply to request 2 from 160.89.49.15 (4 ms)
Reply to request 3 from 160.89.48.15 (4 ms)
Reply to request 3 from 160.89.48.10 (4 ms)
Reply to request 3 from 160.89.48.19 (4 ms)
Reply to request 3 from 160.89.49.15 (4 ms)
Reply to request 4 from 160.89.48.15 (4 ms)
Reply to request 4 from 160.89.48.10 (4 ms)
Reply to request 4 from 160.89.48.19 (4 ms)
Reply to request 4 from 160.89.49.15 (4 ms)
```

Der privilegierte EXEC-Befehl ping

Mit dem privilegierte EXEC-Befehl **ping** können Sie eine erweiterte Überprüfung der Host-Erreichbarkeit und Netzwerkverbindungsmöglichkeiten ausführen. Wenn Sie diese Funktion ausführen wollen, geben Sie an der Befehlszeile **ping** ein. Daraufhin werden Sie zur Eingabe der folgenden Felder aufgefordert:

Feld	Beschreibung
protocol [ip]:	Die Standardeinstellung ist IP.
Target IP address:	Fragt nach der IP-Adresse oder dem Hostname des Zielknotens, den Sie an**ping**en wollen.
Repeat count [5]:	Anzahl der **ping**-Pakete, die an die Zieladresse gesendet werden. Die Standardeinstellung ist 5.
Datagram size [100]:	Größe des **ping**-Pakets (in Byte). Die Standardeinstellung ist 100 Byte.
Timeout in seconds [2]:	Timeout-Intervall. Die Standardeinstellung ist 2 (Sekunden).
Extended commands [n]:	Legt fest, ob eine Reihe zusätzlicher Befehle erscheinen oder nicht. Viele der folgenden Anzeigen und Tabellen zeigen und beschreiben diese Befehle. Die Standardeinstellung ist no.
Source Adresse:	IP-Adresse, die im **ping**-Paket als Quelladresse erscheint.
Type of service [0]:	IP-Quality-of-Service-Auswahl. Lesen Sie RFC 791 für weitere Informationen. Die Standardeinstellung ist 0.
Set DF bit in IP header?	Nicht Fragmentieren (Don't Fragment). Hiermit wird festgelegt, dass, wenn das Paket einen Knoten auf seinem Pfad erreicht, dessen konfigurierte MTU kleiner ist als die MTU des Pakets, dass das Paket daraufhin verworfen wird und eine Fehlermeldung an den Router gesendet wird, der die Quelladresse des Pakets trägt. Wenn Performance-Probleme auf dem Netzwerk auftreten, könnte ein Knoten mit einer zu klein konfigurierten MTU einer der verursachenden Faktoren sein. Dieses Feature kann verwendet werden, um die kleinste MTU auf dem Pfad zu bestimmen. Die Standardeinstellung ist no.
Data pattern [0xABCD]:	Setzt 16 Bit lange hexadezimale Datenmuster. Die Standardeinstellung ist 0xABCD. Eine Variierung des Datenmusters in diesem Feld (zum Beispiel reine Nullen oder Einsen) kann sehr nützlich sein, wenn Sie Datensensitivitätsprobleme auf CSUs/DSUs debuggen oder Kabelprobleme wie z.B. Übersprechen.

Feld	Beschreibung
Loose, Strict, Record, Timestamp, Verbose [none]:	Unterstützte IP-Header-Optionen. Der Router überprüft die Header-Optionen von jedem empfangenen Paket. Wenn ein Paket mit einer ungültigen Option entdeckt, sendet der Router eine ICMP-Parameter-Problemmeldung an die Quelle des Pakets und er verwirft das Paket. Die IP-Header-Optionen sind Folgende: – Loose – Strict – Record – Timestamp – Verbose Die Standardeinstellung ist keine. Weitere Informationen über diesen Header finden Sie in RFC 791.
Sweep range of sizes [n]:	Hiermit können Sie die Größen der ausgesendeten Echo-Pakete variieren. Diese Möglichkeit ist sehr nützlich, um die minimalen Größen der konfigurierten MTUs auf den Knoten entlang des Pfades zur Zieladresse zu bestimmen. Daraufhin kann die Paketfragmentierung reduziert werden, die zu Performance-Problemen beiträgt.
!!!!!	Jedes Ausrufezeichen (!) zeigt den Empfang einer Antwort an. Ein Punkt (.) zeigt an, dass der Timeout des Routers abgelaufen ist, während er auf eine Antwort wartete. Es können auch andere Zeichen in der Ausgabe auf den **ping**-Befehl erscheinen, je nach verwendetem Protokolltyp.
Success rate is 100 percent	Prozentsatz der erfolgreich zurück an den Router gesendeten Pakete. Jeder Wert unter 80% wird gewöhnlich als problematisch angesehen.
round-trip min/avg/max = 1/3/4 ms	Minimale/mittlere/maximale Round-Trip-Zeiten (hin und zurück) der Protokoll-Echo-Pakete in Millisekunden.

Im erweiterten Befehlsmodus des **ping**-Befehls können Sie die unterstützten Internet-Header-Optionen verwenden, wie Bild 7.3 zeigt.

Um in den erweiterten Modus des **ping**-Befehls zu wechseln, geben Sie bei der Eingabeaufforderung *extended commands* des **ping**-Befehls ein **yes** ein. Bild 7.3 zeigt eine Beispielausgabe auf einen erweiterten **ping**-Befehl.

```
cs# ping
protocol [ip]:
Target IP address : 192.31.7.27
Repeat count [5]:
Datagram size [100]:
Timeout in seconds [2]:
Extended commands [n]: y
Source address : 131.108.1.1
Type of service [0]:
Set DF bit in IP header? [no]:
Data pattern [0xABCD]:
Loose, Strict, Record, Timestamp, Verbose[none]:
Sweep range of sizes [n]:
Type escape sequence to abort.
Sending 5, 100-byte ICMP Echos to 192.31.7.27, timeout is 2 seconds:
!!!!!
Success rate is 100 percent, round-trip min/avg/max = 1/3/4 ms
```

Bild 7.3:
Mit dem ping-Befehl im privilegierten Modus stehen einem Netzwerkadministrator mehr Fehlersuchoptionen zur Verfügung.

7.1.2 Der TCP/IP-Befehl trace

Ein weiterer Befehl des privilegierten Modus zum Test von IP-Verbindungsmöglichkeiten ist der Befehl **trace**. Mit dem Befehl **trace** wird der Pfad zwischen zwei Geräten bestimmt, indem zu Beginn ein Paket mit einem Time-To-Live-(TTL-)Wert von 1 ausgesendet wird. Ein Host kann damit den lokalen Router identifizieren, der dieses »alte« Paket verwerfen und eine ICMP-Time-Exceeded-Meldung (Zeit abgelaufen) zurück an die Quelle senden muss. Die Quelle sendet weitere Pakete mit einem immer größeren TTL-Wert. Dies sollte mit der Zeit eine Liste mit Routern liefern, die sich entlang des Pfades befinden, sowie die Round-Trip-Zeit von allen diesen Routern (die benötigte Zeit für Hin- und Rückweg).

Die Syntax für den **trace**-Befehl ist einfach:

trace [Ziel]

Feld	Beschreibung
Ziel	Der Zieladresse oder der Hostname an der Befehlszeile. Es werden die standardeingestellten Parameter für das entsprechende Protokoll vorausgesetzt und die Trace-Aktion beginnt.

Der **trace**-Befehl arbeitet mit Hilfe der Fehlermeldungen, die von Kommunikations-Servern erzeugt werden, wenn ein Datagramm seinen Time-To-Live-(TTL-)Wert überschreitet. Der **trace**-Befehl sendet immer nur ein Probe-Paket aus. Jedes ausgehende Paket kann eine von zwei Fehlermeldungen verursachen. Eine Fehlermeldung »time exceeded« zeigt an, dass ein dazwischen liegender Router die Probe gesehen und verworfen hat. Eine Fehlermeldung »destination unreachable« zeigt an, dass der Zielknoten die Probe empfangen und verworfen hat, weil er das Paket nicht übergeben konnte. Wenn der Zeitgeber abläuft, bevor eine Antwort eingeht, zeigt die **trace**-Anwendung einen Stern (*).

Der **trace**-Befehl endet, wenn das Ziel antwortet, wenn die maximale TTL überschritten wird oder wenn der Benutzer den trace mit der Escape-Kombination unterbricht. In der Standardeinstellung ist die Escape-Kombination [Strg]-[⇧]-[6], d.h., Sie drücken gleichzeitig die Tasten [Strg], [⇧] und [6].

Mit dem privilegierten EXEC-Befehl **trace** können Sie die Routen aufspüren, die die Pakete des Routers verfolgen, während sie zu ihren Zielen wandern.

ANMERKUNG

Ein bekanntes Problem ist die Art und Weise, wie einige Hosts mit einer ICMP-TTL-exceeded-Meldung umgehen. Einige Hosts erzeugen eine ICMP-Meldung, wobei sie jedoch die TTL des eingehenden Pakets wieder einsetzen. Weil diese Null ist, schaffen es die ICMP-Pakete nicht zurück. Wenn Sie den Pfad zu solch einem Host tracen, kann es sein, dass Sie eine Reihe von TTL-Werten mit Sternen sehen (*). Nach einiger Zeit wird die TTL hoch genug, sodass die ICMP-Meldung zurück gelangen können. Wenn der Host z.B. sechs Hops entfernt ist, werden bei einem **trace** die Timeouts der Antworten 6 bis 11 ablaufen.

Bild 7.4 zeigt eine Beispielausgabe auf den Befehl **trace**, wenn ein Zielhostname angegeben wurde.

Bild 7.4: Die Ausgabe auf den Befehl trace zeigt den schrittweise eingeschlagenen Pfad durch das Netzwerk zu einem bestimmten Ziel.

```
cs# trace ip ABA.NYC.mil
Type escape sequence to abort.
Tracing the route to ABA.NYC.mil (26.0.0.73)
    1 DEBRIS.CISCO.COM (131.108.1.6) 1000 msec 8 msec 4 msec
    2 BARRNET-GW.CISCO.COM (131.108.16.2) 8 msec 8 msec 8 msec
    3 EXTERNAL-A-GATEWAY.STANFORD.EDU (192.42.110.225) 8 msec 4 msec 4 msec
    4 BB2.SU.BARRNET.NET (131.119.254.6) 8 msec 8 msec 8 msec
    5 SU.ARC.BARRNET.NET (131.119.3.8) 12 msec 12 msec 8 msec
    6 MOFFETT-FLD-MB.in.MIL (192.52.195.1) 216 msec 120 msec 132 msec
    7 ABA.NYC.mil (26.0.0.73) 412 msec 628 msec 664 msec
```

Die folgenden Felder sind in Bild 7.4 gezeigt:

Feld	Beschreibung
1	Die Nummer des Kommunikations-Servers auf dem Pfad zum Host.
DEBRIS.CISCO.COM	Der Hostname dieses Kommunikations-Servers.
131.108.1.61	Die Internet-Adresse dieses Kommunikations-Servers.
1000 msec 8 msec 4 msec	Die Round-Trip-Zeit (für Hin- und Rückweg) für jedes der drei gesendeten Proben.

7.1.3 Die show-Befehle des TCP/IP

Die **show**-Befehle liefern wichtige Informationen über Schnittstellenzustände, den Protokollstatus, die Erreichbarkeit von Nachbarn und den Verkehr.

Die folgenden Abschnitte beschreiben einige Möglichkeiten, wie diese **show**-Befehle für eine Fehlersuche in einem TCP/IP-Netzwerk eingesetzt werden können:

- show ip access-list
- show ip arp
- show ip interface
- show ip ospf database
- show ip ospf interface
- show ip protocols
- show ip route
- show ip traffic

Der Befehl show ip access-list

Der Befehl **show ip access-list** zeigt die Inhalte aller aktuellen IP-Access-Listen an. Mit diesen können Sie Probleme beseitigen, die aufgrund von Zugangs- oder Sicherheitseinstellungen auftreten. Der Befehl zeigt die Nummer oder den Namen der Access-Liste, die Quell- und Zieladressen der permit- und deny-Argumente und die Platzhaltermasken, die Port- oder Protokollargumente und die Pakete, die der Router, der alle Access-Listeneinträge zuordnete, in der Ausgabe auf den Befehl **show access-lists** anzeigte. Bild 7.5 zeigt eine Beispielausgabe auf den Befehl **show ip access-list**.

Bild 7.5:
Die Access-Liste 101 lässt TFTP-, DNS- und jeden anderen Nicht-UDP-Verkehr zu.

```
Router# show ip access-list
Extended IP access list 101
    deny udp any any eq ntp
    permit tcp any any
    permit udp any any eq tftp
    permit icmp any any
    permit udp any any eq domain
```

Der Befehl show ip arp

Der Befehl **show ip arp** zeigt die Einträge im ARP-Cache des Routers. Manchmal können Sie periodisch auftretende Probleme lösen, wenn Sie den ARP-Cache entleeren (mit dem Befehl **clear arp-cache**). Bild 7.6 zeigt eine Beispielausgabe auf den Befehl **show ip arp**.

Bild 7.6:
Die ARP-Tabelle verknüpft die IP-Adressen mit den zugehörigen MAC-Adressen.

```
Router# show ip arp
protocol   address         Age(min)   Hardware Addr    Type   Interface
Internet   171.69.233.22   9          0000.0c59.f892   ARPA   Ethernet0/0
Internet   171.69.233.21   8          0000.0c07.ac00   ARPA   Ethernet0/0
Internet   171.69.233.19   -          0000.0c63.1300   ARPA   Ethernet0/0
Internet   171.69.233.30   9          0000.0c36.6965   ARPA   Ethernet0/0
Internet   172.19.168.11   -          0000.0c63.1300   ARPA   Ethernet0/0
Internet   172.19.168.25   9          0000.0c36.6965   ARPA   Ethernet0/0
```

Es folgen Beschreibungen zu den wichtigsten, in Bild 7.6 gezeigten Feldern:

Feld	Beschreibung
protocol	Protokoll für die Netzwerkadresse im Adressenfeld.
address	Die Netzwerkadresse, die zur Hardware-Adresse gehört.
Age (min)	Alter des Cache-Eintrags in Minuten. Ein Minus (-) zeigt an, dass die Adresse lokal ist.
Hardware Addr	Die LAN-Hardware-Adresse, die zu einer Netzwerkadresse gehört.
Type	Einkapselungstyp: – ARPA – Ethernet – SNAP – RFC 1042 – SAP – IEEE 802.3
Interface	Schnittstelle, auf der diese Adressenzuordnung erfolgte.

Der Befehl show ip interface

Der Befehl **show ip interface** zeigt den Betriebszustand der Schnittstellen. Mit diesem Befehl können Sie unter anderem überprüfen, ob die Router-Schnittstelle oder Subschnittstelle aktiv ist und ob sie mit der richtigen Adresse und Subnetzmaske konfiguriert ist und ob Routen evtl. durch die falsche Schnittstelle oder ein falsches Protokoll erlernt wurden (zum Beispiel durch einen deaktivierten Split-Horizon auf einem LAN). Bild 7.7 zeigt eine Beispielausgabe auf den Befehl **show ip interface**.

```
Router# show ip interface
Ethernet0 is up, line protocol is up
  Internet address  is 192.195.78.24, subnet mask is 255.255.255.240
  Broadcast address  is 255.255.255.255
  Address  determined by non-volatile memory
  MTU is 1500 Bytes
  Helper address  is not set
  Secondary address  131.192.115.2, subnet mask 255.255.255.0
  Directed broadcast forwarding is enabled
  Multicast groups joined: 224.0.0.1 224.0.0.2
  Outgoing access list is not set
  Inbound access list is not set
  Proxy ARP is enabled
  Security level is default
  Split horizon is enabled
  ICMP redirects are always sent
  ICMP unreachables are always sent
  ICMP mask replies are never sent
  IP fast switching is enabled
  IP fast switching on the same Interface is disabled
  IP SSE switching is disabled
  Router Discovery is disabled
  IP output packet accounting is disabled
  IP access violation accounting is disabled
  TCP/IP header compression is disabled
  Probe proxy name replies are disabled
```

Bild 7.7: Der Befehl show ip interface liefert detaillierte Informationen über die IP-Konfiguration von jeder Schnittstelle.

Die folgenden Felder sind in Bild 7.7 gezeigt:

Feld	Beschreibung
Ethernet0 is up	Wenn die Schnittstellen-Hardware funktionsfähig ist, wird die Schnittstelle mit *up* markiert. Damit eine Schnittstelle funktionsfähig ist, muss die Schnittstellen-Hardware und das Line-Protokoll up sein.

Feld	Beschreibung
line protocol is up	Wenn die Schnittstelle eine beidseitige Kommunikation ermöglicht, wird das Leitungsprotokoll mit *up* markiert. Damit eine Schnittstelle funktionsfähig ist, müssen die Schnittstellen-Hardware und das Line-Protokoll up sein.
Internet address und Subnet mask	Die IP-Internet-Adresse und die Subnetzmaske der Schnittstelle.
Broadcast address	Zeigt die Broadcast-Adresse.
Address determined by ...	Zeigt an, wie die IP-Adresse der Schnittstelle bestimmt wurde.
MTU	Zeigt den MTU-Wert, der auf der Schnittstelle gesetzt ist.
Helper address	Zeigt eine Helfer-Adresse, wenn eine gesetzt wurde.
Secondary address	Zeigt eine zweite Adresse, wenn eine gesetzt wurde.
Directed broadcast forwarding	Zeigt an, ob eine gerichtete Broadcast-Weiterleitung aktiviert ist.
Multicast groups joined	Zeigt die Multicast-Gruppen, zu denen diese Schnittstelle gehört.
Outgoing access list	Zeigt an, ob auf der Schnittstelle eine ausgehende Access-Liste gesetzt ist.
Inbound access list	Zeigt an, ob auf der Schnittstelle eine eingehende Access-Liste gesetzt ist.
Proxy ARP	Zeigt an, ob das Proxy-ARP für die Schnittstelle aktiviert ist.
Security level	Gibt den IPSO-Sicherheitslevel an, der für diese Schnittstelle gesetzt ist.
Split horizon	Zeigt an, ob der Split-Horizon aktiviert ist.
ICMP redirects	Zeigt an, ob aus dieser Schnittstelle Umleitungen (redirects) ausgesendet werden.
ICMP unreachables	Zeigt an, ob aus dieser Schnittstelle Unerreichbarkeitsmeldungen ausgesendet werden.
ICMP mask replies	Zeigt an, ob aus dieser Schnittstelle Maskenantworten ausgesendet werden.
IP fast switching	Zeigt an, ob das Fast-Switching für diese Schnittstelle aktiviert ist. Auf seriellen Schnittstellen wie dieser ist es generell aktiviert.
IP SSE switching	Zeigt an, ob das IP-SSE-Switching für diese Schnittstelle aktiviert ist.
Router Discovery	Zeigt an, ob der Entdeckungs-(Discovery-)Prozess für diese Schnittstelle aktiviert ist. Auf seriellen Schnittstellen ist er generell aktiviert.
IP output packet accounting	Zeigt an, ob das IP-Accounting für diese Schnittstelle aktiviert ist, und liefert den Grenzwert (die maximale Anzahl der Einträge).

Feld	Beschreibung
TCP/IP header compression	Zeigt an, ob die Komprimierung aktiviert oder deaktiviert ist.
Probe proxy name	Zeigt an, ob HP-Probe-Proxy-Name-Antworten erzeugt werden.

Der Befehl show ip ospf database

Der Befehl **show ip ospf database** zeigt detaillierte Informationen über das Open Shortest Path First (OSPF) in Abhängigkeit von den optionalen Schlüsselworten. Zum Beispiel zeigt das Schlüsselwort **router** Informationen über Router-Verbindungszustände. Das Schlüsselwort **network** zeigt Informationen über Netzwerk-Verbindungszustände. Das Schlüsselwort **asbr-summary** zeigt Informationen über Verbindungszustände von Autonomous-System-Boundary-Routern (autonome Grenzrouter). Es folgen einige nützliche Schlüsselwortvarianten:

```
show ip ospf [Prozess-ID Area-ID] database [asbr-summary] [Verbindungszustands-ID]
show ip ospf [Prozess-ID Area-ID] database [database-summary]
show ip ospf [Prozess-ID] database [external] [Verbindungszustands-ID]
show ip ospf [Prozess-ID Area-ID] database [network][Verbindungszustands-ID]
show ip ospf [Prozess-ID Area-ID] database [router] [Verbindungszustands-ID]
show ip ospf [Prozess-ID Area-ID] database [summary] [Verbindungszustands-ID]
```

Bild 7.8 zeigt eine Beispielausgabe auf den Befehl **show ip ospf database**.

```
Router# show ip ospf database
OSPF Router with id(190.20.239.66) (Process ID 300)
            Displaying Router Link States(Area 0.0.0.0)
Link ID        ADV Router     Age    Seq#         Checksum   Link count
155.187.21.6   155.187.21.6   1731   0x80002CFB   0x69BC     8
155.187.21.5   155.187.21.5   1112   0x800009D2   0xA2B8     5
155.187.1.2    155.187.1.2    1662   0x80000A98   0x4CB6     9
155.187.1.1    155.187.1.1    1115   0x800009B6   0x5F2C     1
155.187.1.5    155.187.1.5    1691   0x80002BC    0x2A1A     5
155.187.65.6   155.187.65.6   1395   0x80001947   0xEEE1     4
155.187.241.5  155.187.241.5  1161   0x8000007C   0x7C70     1
155.187.27.6   155.187.27.6   1723   0x80000548   0x8641     4
155.187.70.6   155.187.70.6   1485   0x80000B97   0xEB84     6
            Displaying Net Link States(Area 0.0.0.0)
Link ID        ADV Router     Age    Seq#         Checksum
155.187.1.3    192.20.239.66  1245   0x800000EC   0x82E
            Displaying Summary Net Link States(Area 0.0.0.0)
Link ID        ADV Router     Age    Seq#         Checksum
155.187.240.0  155.187.241.5  1152   0x80000077   0x7A05
155.187.241.0  155.187.241.5  1152   0x80000070   0xAEB7
155.187.244.0  155.187.241.5  1152   0x80000071   0x95CB
```

Bild 7.8: Mit dem Befehl show ip ospf database können Sie die empfangenen Verbindungszustands-(Link-State-) Updates überprüfen.

Die folgenden Felder sind in Bild 7.8 gezeigt:

Feld	Beschreibung
Ethernet0 is up	Wenn die Schnittstellen-Hardware funktionsfähig ist, wird die Schnittstelle mit *up* markiert. Damit eine Schnittstelle funktionsfähig ist, muss die Schnittstellen-Hardware und das Line-Protokoll up sein.
line protocol is up	Wenn die Schnittstelle eine beidseitige Kommunikation ermöglicht, wird das Leitungsprotokoll mit *up* markiert. Damit eine Schnittstelle funktionsfähig ist, muss die Schnittstellen-Hardware und das Line-Protokoll up sein.
Internet address und Subnet mask	Die IP-Internet-Adresse und die Subnetzmaske der Schnittstelle.
Broadcast address	Zeigt die Broadcast-Adresse.
Address determined by ...	Zeigt an, wie die IP-Adresse der Schnittstelle bestimmt wurde.
MTU	Zeigt den MTU-Wert, der auf der Schnittstelle gesetzt ist.
Helper address	Zeigt eine Helfer-Adresse, wenn eine gesetzt wurde.
Secondary address	Zeigt eine zweite Adresse, wenn eine gesetzt wurde.
Directed broadcast forwarding	Zeigt an, ob eine gerichtete Broadcast-Weiterleitung aktiviert ist.
Multicast groups joined	Zeigt die Multicast-Gruppen, zu denen diese Schnittstelle gehört.
Outgoing access list	Zeigt an, ob auf der Schnittstelle eine ausgehende Access-Liste gesetzt ist.
Inbound access list	Zeigt an, ob auf der Schnittstelle eine eingehende Access-Liste gesetzt ist.
Proxy ARP	Zeigt an, ob das Proxy-ARP für die Schnittstelle aktiviert ist.
Security level	Gibt den IPSO-Sicherheitslevel an, der für diese Schnittstelle gesetzt ist.
Split horizon	Zeigt an, ob der Split-Horizon aktiviert ist.
ICMP redirects	Zeigt an, ob aus dieser Schnittstelle Umleitungen (redirects) ausgesendet werden.
ICMP unreachables	Zeigt an, ob aus dieser Schnittstelle Unerreichbarkeitsmeldungen ausgesendet werden.
ICMP mask replies	Zeigt an, ob aus dieser Schnittstelle Maskenantworten ausgesendet werden.

Feld	Beschreibung
IP fast switching	Zeigt an, ob das Fast-Switching für diese Schnittstelle aktiviert ist. Auf seriellen Schnittstellen wie dieser ist es generell aktiviert.
IP SSE switching	Zeigt an, ob das IP-SSE-Switching für diese Schnittstelle aktiviert ist.
Router Discovery	Zeigt an, ob der Entdeckungs-(Discovery-)Prozess für diese Schnittstelle aktiviert ist. Auf seriellen Schnittstellen ist er generell aktiviert.
IP output packet accounting	Zeigt an, ob das IP-Accounting für diese Schnittstelle aktiviert ist, und liefert den Grenzwert (die maximale Anzahl der Einträge).
TCP/IP header compression	Zeigt an, ob die Komprimierung aktiviert oder deaktiviert ist.
Probe proxy name	Zeigt an, ob HP-Probe-Proxy-Name-Antworten erzeugt werden.

Der Befehl show ip ospf interface

Der Befehl **show ip ospf interface** zeigt zusammenfassende OSPF-Schnittstelleninformationen an. Bild 7.9 zeigt eine Beispielausgabe auf den Befehl **show ip ospf interface**.

```
Router# show ip ospf interface ethernet 0
Ethernet 0 is up, line protocol is up
Internet address  131.119.254.202, Mask 255.255.255.0, Area
0.0.0.0
AS 201, Router ID 192.77.99.1, Network Type BROADCAST, Cost: 10
Transmit Delay is 1 sec, State OTHER, Priority 1
Designated Router id 131.119.254.10, Interface address
131.119.254.10
Backup Designated Router id 131.119.254.28, Interface addr
131.119.254.28
Timer intervals configured, Hello 10, Dead 60, Wait 40,
Retransmit 5
Hello due in 0:00:05
Neighbor Count is 8, Adjacent neighbor count is 2
    Adjacent with neighbor 131.119.254.28  (Backup Designated
Router)
    Adjacent with neighbor 131.119.254.10  (Designated Router)
```

*Bild 7.9:
Nachbarinformationen sollten mit dem direkt angeschlossenen Router übereinstimmen.*

Die folgenden Felder sind in Bild 7.9 gezeigt:

Feld	Beschreibung
Ethernet	Zustand der physikalischen Verbindung und funktioneller Zustand des Protokolls.
Internet Adresse	IP-Adresse, Subnetzmaske und Area-Adresse der Schnittstelle.
AS	Nummer des autonomen Systems (OSPF-Prozess-ID), Router-ID, Netzwerktyp und Verbindungszustandskosten.
Transmit Delay	Übertragungsverzögerung, Schnittstellenstatus und Routerpriorität.
Designated Router	Designated-Router-ID und jeweilige IP-Adresse der Schnittstelle.
Backup Designated Router	Backup-Designated-Router-ID und jeweilige IP-Adresse der Schnittstelle.
Timer intervals configured	Konfiguration der Zeitgeberintervalle.
Hello	Dauer in Sekunden, bis das nächste Hello-Paket aus dieser Schnittstelle gesendet wird.
Neighbor Count	Anzahl der Netzwerknachbarn und Liste mit den Nachbarbeziehungen (adjacent neighbors).

Der Befehl show ip protocols

Der Befehl **show ip protocols** zeigt die Parameter und den aktuellen Status des aktiven Routing-Protokoll-Prozesses an. Mit diesem Befehl können Sie Probleme mit vielen IP-Protokollen beseitigen (auch für das Interior-Gateway-Routing-Protokoll [IGRP] und das Erweiterte IGRP), Updates und administrative Distanzen überprüfen. Des Weiteren können Sie bestimmen, ob die Access-Listen oder die Routing-Verteilung in Kraft sind und welche Routing-Informationsquellen vom Router verwendet werden. Bild 7.10 zeigt eine Beispielausgabe auf den Befehl **show ip protocols**.

```
Router# show ip protocols
Routing protocol is »igrp 109«
  Sending updates every 90 seconds, next due in 44 seconds
  Invalid after 270 seconds, hold down 280, flushed after 630
  Outgoing update filter list for all interfaces is not set
  Incoming update filter list for all interfaces is not set
  Default Networks flagged in outgoing updates
  Default Networks accepted from incoming updates
  IGRP metric weight K1=1, K2=0, K3=1, K4=0, K5=0
  IGRP maximum hopcount 100
  IGRP maximum metric variance 1
  Redistributing: igrp 109
  Routing for Networks:
    198.92.72.0
  Routing Information Sources:
    Gateway           Distance        Last Update
    198.92.72.18      100             0:56:41
    198.92.72.19      100             6d19
    198.92.72.22      100             0:55:41
    198.92.72.20      100             0:01:04
    198.92.72.30      100             0:01:29
  Distance: (default is 100)
Routing protocol is »bgp 1878«
  Sending updates every 60 seconds, next due in 0 seconds
  Outgoing update filter list for all interfaces is 1
  Incoming update filter list for all interfaces is not set
  Redistributing: igrp 109
  IGP synchronization is disabled
  Automatic route summarization is enabled
  Neighbor(s):
    Address          FiltIn FiltOut DistIn DistOut Weight
RouteMap
    192.108.211.17            1
    192.108.213.89            1
    198.6.255.13              1
    198.92.72.18              1
    198.92.72.19
    198.92.84.17              1
  Routing for Networks:
    192.108.209.0
    192.108.211.0
    198.6.254.0
  Routing Information Sources:
    Gateway           Distance        Last Update
    198.92.72.19      20              0:05:28
  Distance: external 20 internal 200 local 200
```

Bild 7.10:
Mit dem Befehl **show ip protocols** können Sie die Routing-Protokoll-Konfiguration überprüfen.

Die folgenden wichtigen Felder sind in Bild 7.10 gezeigt:

Feld	Beschreibung
Routing protocol is »igrp 109«	Gibt das verwendete Routing-Protokoll an.
Sending updates every 90 seconds	Gibt die Zeitdauer zwischen der Sendung von Updates an.
next due in 44 seconds	Gibt präzise an, wann das nächste Update gesendet wird.
Invalid after 270 seconds	Gibt den Wert des Ungültigkeitsparameters an.
hold down for 280	Zeigt den aktuellen Wert des Hold-Down-(Unterdrückungs-)Parameters.
flushed after 630	Zeigt die Zeitdauer in Sekunden an, nach der die einzelnen Routing-Informationen verworfen (weggespült) werden.
Outgoing update...	Zeigt an, ob die ausgehende Filterliste gesetzt ist.
Incoming update...	Zeigt an, ob die eingehende Filterliste gesetzt ist.
Default Networks	Zeigt an, wie diese Netzwerke in ein- und ausgehenden Updates verarbeitet werden.
IGRP metric	Zeigt den Wert der K0–K5-Metriken sowie die maximale Hop-Anzahl.
Redistributing	Zeigt das umverteilte Protokoll an.
Routing	Gibt die Netzwerke an, für die der Routing-Prozess momentan Routen einführt (injiziert).
Routing Information Sources	Listet alle Routing-Quellen auf, die die Cisco-IOS-Software für die Erstellung der Routing-Tabelle verwendet. Für jede Quelle werden die folgenden Parameter angezeigt: – IP-Adresse – Administrative Distanz – Zeitdauer, seitdem das letzte Update von dieser Quelle empfangen wurde

Der Befehl show ip route

Der Befehl **show ip route** zeigt die Einträge in der Routing-Tabelle. Mit diesem Befehl können Sie feststellen, ob Routen in der Routing-Tabelle vorhanden sind. Auf diese Weise können Sie bestimmen, ob das IP-Routing aktiv ist (und Einträge in die Routing-Tabelle vornehmen kann) und ob das Routing-Protokoll auf einem oder mehreren Routern im Netzwerk fehlerhaft konfiguriert ist. Dies könnte die Ursache von Host-Zugangsproblemen sein (wenn Sie z.B. die Meldung »host or destination unreachable« erhalten).

Sie können das optionale Schlüsselwort **address** angeben, um nur Informationen über die spezielle Adresse zu erhalten. Sie können auch ein Protokoll-Schlüsselwort angeben (**bgp, egp, eigrp, igrp, isis, ospf, rip, static** oder **connected**), um nur Informationen über dieses Routing-Protokoll zu erhalten. Mit dem Schlüsselwort **summary** beschränken Sie die Ausgabe lediglich auf die Anzahl der Netzwerke und es wird nicht die gesamte Tabelle angezeigt. Bild 7.11 zeigt eine Beispielausgabe auf den Befehl **show ip route**.

```
Router# show ip route
Codes: I - IGRP derived, R - RIP derived, O - OSPF derived
       C - connected, S - static, E - EGP derived, B - BGP derived
       * - candidate default route, IA - OSPF inter area route
       E1 - OSPF external type 1 route, E2 - OSPF external type 2 route
Gateway of last resort is 131.119.254.240 to Network 129.140.0.0
O E2 150.150.0.0 [160/5] via 131.119.254.6, 0:01:00, Ethernet2
E    192.67.131.0 [200/128] via 131.119.254.244, 0:02:22, Ethernet2
O E2 192.68.132.0 [160/5] via 131.119.254.6, 0:00:59, Ethernet2
O E2 130.130.0.0 [160/5] via 131.119.254.6, 0:00:59, Ethernet2
E    128.128.0.0 [200/128] via 131.119.254.244, 0:02:22, Ethernet2
E    129.129.0.0 [200/129] via 131.119.254.240, 0:02:22, Ethernet2
E    192.65.129.0 [200/128] via 131.119.254.244, 0:02:22, Ethernet2
E    131.131.0.0 [200/128] via 131.119.254.244, 0:02:22, Ethernet2
E    192.75.139.0 [200/129] via 131.119.254.240, 0:02:23, Ethernet2
E    192.16.208.0 [200/128] via 131.119.254.244, 0:02:22, Ethernet2
E    192.84.148.0 [200/129] via 131.119.254.240, 0:02:23, Ethernet2
E    192.31.223.0 [200/128] via 131.119.254.244, 0:02:22, Ethernet2
E    192.44.236.0 [200/129] via 131.119.254.240, 0:02:23, Ethernet2
E    140.141.0.0 [200/129] via 131.119.254.240, 0:02:22, Ethernet2
E    141.140.0.0 [200/129] via 131.119.254.240, 0:02:23, Ethernet2
```

Bild 7.11:
In der Routing-Tabelle sollten alle bekannten Routen im Netzwerk aufgelistet werden.

Die folgenden wichtigen Felder sind in Bild 7.11 gezeigt:

Feld	Beschreibung
O	Kennzeichnet das Protokoll, durch das die Route erhalten wurde. Folgende Werte sind möglich: – I – Durch IGRP erhalten – R – Durch RIP erhalten – O – Durch OSPF erhalten – C – Angeschlossen (Connected) – S – Statisch – E – Durch EGP erhalten – B – Durch BGP erhalten – i – Durch IS-IS erhalten
E2	Nicht fast-geswitchte Pakete. Jedoch wird damit nicht angezeigt, auf welchem Pfad das nächste nicht fast-geswitchte Paket weitergeleitet wird, es sei denn, die Pfade besitzen die gleichen Kosten: – IA – OSPF-Inter-Area-Route – E1 – OSPF: externer Routentyp 1 – E2 – OSPF: externer Routentyp 2 – L1 – IS-IS-Route Level 1 – L2 – IS-IS-Route Level 2
150.150.0.0	Zeigt die Adresse des externen Netzwerks.
[160/5]	Die erste Zahl in den Klammern zeigt die Administrative Distanz der Informationsquelle. Die zweite Zahl zeigt die Metrik für die Route.
via 131.119.254.6	Zeigt die Adresse des nächsten Routers zum externen Netzwerk.
0:01:00	Zeigt die Zeitdauer in Stunden:Minuten:Sekunden an, vor der die Route das letzte Mal aktualisiert wurde.
Ethernet2	Zeigt die Schnittstelle, durch die das angegebene Netzwerk erreicht werden kann.

Der Befehl show ip traffic

Der Befehl **show ip traffic** zeigt die Statistiken an, die der Router über seine IP-Protokoll-Prozesse gesammelt hat. Diese enthalten die empfangenen und gesendeten Pakete und in einigen Fällen auch die Broadcasts und Fehlerzähler. In den Fehlerstatistiken sind folgende Dinge enthalten, mit denen Sie Probleme bestimmen können: Formatfehler, falsche Hop-Zahlen, fehlerhafte Einkapselungen und verworfene Pakete wegen fehlender Route.

Bild 7.12 zeigt eine Beispielausgabe auf den Befehl **show ip traffic**.

```
Router# show ip traffic
IP statistics:
    Rcvd:    98 total, 98 local destination
             0 format errors, 0 checksum errors, 0 bad hop count
             0 unknown protocol, 0 not a gateway
             0 Security failures, 0 bad options
    Frags:   0 reassembled, 0 timeouts, 0 too big
             0 fragmented, 0 couldn't fragment
    Bcast:   38 received, 52 sent
    Sent:    44 generated, 0 forwarded
             0 encapsulation failed, 0 no route
ICMP statistics:
    Rcvd:    0 format errors, 0 checksum errors, 0 redirects, 0 unreachable
             0 echo, 0 echo reply, 0 mask requests, 0 mask replies, ↵
0 quench
             0 parameter, 0 timestamp, 0 info request, 0 andere
    Sent:    0 redirects, 3 unreachable, 0 echo, 0 echo reply
             0 mask requests, 0 mask replies, 0 quench, 0 timestamp
             0 info reply, 0 time exceeded, 0 parameter problem
UDP statistics:
    Rcvd:    56 total, 0 checksum errors, 55 no port
    Sent:    18 total, 0 forwarded broadcasts
TCP statistics:
    Rcvd:       0 total, 0 checksum errors, 0 no port
    Sent:    0 total
EGP statistics:
    Rcvd:    0 total, 0 format errors, 0 checksum errors, 0 no listener
       Sent:    0 total
IGRP statistics:
    Rcvd:    73 total, 0 checksum errors
       Sent:    26 total
HELLO statistics:
    Rcvd:    0 total, 0 checksum errors
    Sent:    0 total
ARP statistics:
    Rcvd:    20 requests, 17 replies, 0 reverse, 0 andere
    Sent:    0 requests, 9 replies (0 proxy), 0 reverse
Probe statistics:
    Rcvd:    6 address requests, 0 address replies
0 proxy name requests, 0 andere
    Sent:    0 address requests, 4 address replies (0 proxy)
             0 proxy name replies
```

Bild 7.12: Der Befehl show ip traffic liefert eine Zusammenfassung über den IP-Overhead-Verkehr auf dem Router.

Die folgenden wichtigen Felder sind in Bild 7.12 gezeigt:

Feld	Beschreibung
format errors	Ein grober Fehler im Paketformat, wie z.B. eine unmögliche Internet-Header-Länge.
bad hop count	Tritt auf, wenn ein Paket verworfen wird, weil sein TTL-Feld auf Null erniedrigt wurde.
encapsulation failed	Zeigt gewöhnlich an, dass der Router über keinen ARP-Anfrage-Eintrag verfügte und daher kein Datagramm sendete.
no route	Wird hochgezählt, wenn die Cisco-IOS-Software ein Datagramm verwirft, das sie nicht routen konnte.
proxy name reply	Wird hochgezählt, wenn die Cisco-IOS-Software eine ARP- oder Probenantwort im Auftrag eines anderen Hosts sendet. Die Anzeige zeigt die Anzahl der empfangenen Probe-Proxy-Anfragen und die Anzahl der gesendeten Antworten.

7.1.4 Die debug-Befehle des TCP/IP

Die **debug**-Befehle sollten sehr vorsichtig eingesetzt werden, da einige von ihnen sehr viel Ausgabe für jedes verarbeitete IP-Paket erzeugen. In Produktionsnetzwerken ist daher besondere Vorsicht geboten.

Die folgenden Abschnitte beschreiben diese **debug**-Befehle, mit denen eine Fehlersuche in TCP/IP-Netzwerken ausgeführt werden kann:

- debug ip eigrp
- debug ip icmp
- debug ip igrp events
- debug ip ospf events
- debug ip packet
- debug ip rip
- debug arp

Der Befehl debug ip eigrp

Mit dem Befehl **debug ip eigrp** können Sie erweiterte IGRP-Pakete analysieren, die auf einer Schnittstelle ausgesendet und empfangen werden. Bild 7.13 zeigt eine Beispielausgabe auf den Befehl **debug ip eigrp**.

```
Router# debug ip eigrp
IP-EIGRP: Prozessing incoming UPDATE packet
IP-EIGRP: Ext 192.168.3.0 255.255.255.0 M 386560 - 256000 130560 SM 360960 ↵
- 256000
104960
IP-EIGRP: Ext 192.168.0.0 255.255.255.0 M 386560 - 256000 130560 SM 360960 ↵
- 256000
104960
IP-EIGRP: Ext 192.168.3.0 255.255.255.0 M 386560 - 256000 130560 SM 360960 ↵
- 256000
104960
IP-EIGRP: 172.24.43.0 255.255.255.0, - do advertise out Ethernet0/1
IP-EIGRP: Ext 172.24.43.0 255.255.255.0 metric 371200 - 256000 115200
IP-EIGRP: 192.135.246.0 255.255.255.0, - do advertise out Ethernet0/1
IP-EIGRP: Ext 192.135.246.0 255.255.255.0 metric 46310656 - 45714176 596480
IP-EIGRP: 172.24.40.0 255.255.255.0, - do advertise out Ethernet0/1
IP-EIGRP: Ext 172.24.40.0 255.255.255.0 metric 2272256 - 1657856 614400
IP-EIGRP: 192.135.245.0 255.255.255.0, - do advertise out Ethernet0/1
IP-EIGRP: Ext 192.135.245.0 255.255.255.0 metric 40622080 - 40000000 622080
IP-EIGRP: 192.135.244.0 255.255.255.0, - do advertise out Ethernet0/1
```

Bild 7.13: Die Routing-Updates werden in Echtzeit angezeigt.

Die folgenden wichtigen Felder sind in Bild 7.13 gezeigt:

Feld	Beschreibung
IP-EIGRP:	Zeigt an, dass dies ein erweitertes IGRP-Paket des IP ist.
Ext	Zeigt an, dass die folgende Adresse ein externes Ziel ist und kein internes Ziel, das mit Int gekennzeichnet wäre.
M	Zeigt die berechnete Metrik, die die SM und die Kosten zwischen diesem Router und dem Nachbarn enthält. Die erste Zahl ist die gemischte Metrik. Die nächsten beiden Zahlen zeigen die inverse Bandbreite und die Verzögerung.
SM	Zeigt die Metrik, die vom Nachbarn gemeldet wurde.

Der Befehl debug ip icmp

Mit dem Befehl **debug ip icmp** können Sie erkennen, ob der Router ICMP-Meldungen sendet oder empfängt, also beispielsweise Umleitungs-(Redirect-) oder Netzwerk-Unerreichbarkeits-Meldungen. Sie können diesen Befehl verwenden, wenn Sie eine Fehlersuche bei einer End-zu-End-Verbindung ausführen. Bild 7.14 zeigt eine Beispielausgabe auf den Befehl **debug ip icmp**.

*Bild 7.14: Mit dem Befehl **debug ip icmp** steht Ihnen ein nützliches Werkzeug zur Verfügung, um Probleme mit fehlerhaften pings zu verfolgen.*

```
Router# debug ip icmp
ICMP: rcvd type 3, code 1, from 10.95.192.4
ICMP: src 10.56.0.202, dst 172.16.16.1, echo reply
ICMP: dst (10.120.1.0) port unreachable rcv from 10.120.1.15
ICMP: src 172.16.12.35, dst 172.16.20.7, echo reply
ICMP: dst (255.255.255.255) protocol unreachable rcv from 10.31.7.21
ICMP: dst (10.120.1.0) port unreachable rcv from 10.120.1.15
ICMP: dst (255.255.255.255) protocol unreachable rcv from 10.31.7.21
ICMP: dst (10.120.1.0) port unreachable rcv from 10.120.1.15
ICMP: src 10.56.0.202, dst 172.16.16.1, echo reply
ICMP: dst (10.120.1.0) port unreachable rcv from 10.120.1.15
ICMP: dst (255.255.255.255) protocol unreachable rcv from 10.31.7.21
ICMP: dst (10.120.1.0) port unreachable rcv from 10.120.1.15
```

Die folgenden wichtigen Felder sind in Bild 7.14 gezeigt:

Feld	Beschreibung
ICMP:	Zeigt an, dass diese Meldung ein ICMP-Paket beschreibt.
rcvd type 3	Das Typenfeld kann folgende Werte anzeigen: 0 – Echo-Antwort 3 – Ziel unerreichbar 4 – Source-Quench 5 – Umleitung 8 – Echo 9 – Router-Discovery-Protokoll-Anzeige 10 – Router-Discovery-Protokoll-Aufrufe 11 – Zeit überschritten 12 – Parameterproblem 13 – Zeitstempel 14 – Zeitstempel-Antwort 15 – Informationsanfrage 16 – Informationsantwort 17 – Maskenanfrage 18 – Maskenantwort

Feld	Beschreibung
code 1	Dieses Feld enthält einen Code. Die Bedeutung des Codes hängt vom Wert des Typenfelds ab: Echo und Echo-Antwort – Das Codefeld ist immer Null. Ziel unerreichbar – Das Codefeld kann die folgenden Werte besitzen: – 0 – Netzwerk unerreichbar – 1 – Host unerreichbar – 2 – Protokoll unerreichbar – 3 – Port unerreichbar – 4 – Fragmentierung erforderlich und DF-Bit gesetzt – 5 – Quellroute ausgefallen Source-Quench – Das Codefeld ist immer Null. Umleitung – Das Codefeld kann die folgenden Werte besitzen: – 0 – Leite die Datagramme für das Netzwerk um – 1 – Leite die Datagramme für den Host um – 2 – Leite die Datagramme für den Befehlsmodus des Dienstes und für das Netzwerk um – 3 – Leite die Datagramme für den Befehlsmodus des Dienstes und für den Host um Router-Discovery-Protokoll-Anzeigen und Aufrufe – das Codefeld ist immer Null. Zeit überschritten – das Codefeld kann die folgenden Werte besitzen: – 0 – Time-to-Live während der Übertragung überschritten – 1 – Zeit zur Fragmentzusammenfügung überschritten Parameterproblem – das Codefeld kann die folgenden Werte besitzen: – 0 – Allgemeines Problem – 1 – Option fehlt – 2 – Option fehlt, kein weiterer Platz verfügbar Zeitstempel und Zeitstempel-Antwort – das Codefeld ist immer Null. Informationsanfrage und Informationsantwort – das Codefeld ist immer Null. Maskenanfrage und Maskenantwort – das Codefeld ist immer Null.
from 10.95.192.4	Quelladresse des ICMP-Pakets.
ICMP:	Zeigt an, dass diese Meldung ein ICMP-Paket beschreibt.

Feld	Beschreibung
src 10.5610.120.0.202	Die Adresse des Echosenders.
dst 172.16.16.1	Die Adresse des empfangenden Routers.
echo reply	Zeigt an, dass der Router eine Echoantwort empfing.

Der Befehl debug ip igrp events

Der Befehl **debug ip igrp events** zeigt zusammenfassende Informationen über IGRP-Routing-Meldungen an, wie z.B. die Quelle und das Ziel von jedem Update und die Anzahl der Routen in jedem Update. Dieser Befehl ist hilfreich, wenn sich in Ihrer Routing-Tabelle viele Netzwerke befinden und der Router sehr beschäftigt ist. Um eine Überflutung der Konsole zu verhindern, sollten Sie diesen Befehl an Stelle des Befehls **debug ip igrp transactions** einsetzen. Bild 7.15 zeigt eine Beispielausgabe auf den Befehl **debug ip igrp transactions**.

Bild 7.15: Mit dem Befehl debug ip igrp transactions können Sie die Inhalte der Routing-Updates anzeigen.

```
Router# debug ip igrp transactions
IGRP: received update from 160.89.80.240 on Ethernet
  subnet 160.89.66.0, metric 1300 (neighbor 1200)
  subnet 160.89.56.0, metric 8676 (neighbor 8576)
  subnet 160.89.48.0, metric 1200 (neighbor 1100)
  subnet 160.89.50.0, metric 1300 (neighbor 1200)
  subnet 160.89.40.0, metric 8676 (neighbor 8576)
  network 192.82.152.0, metric 158550 (neighbor 158450)
  network 192.68.151.0, metric 1115511 (neighbor 1115411)
  network 150.136.0.0, metric 16777215 (inaccessible)
  exterior network 129.140.0.0, metric 9676 (neighbor 9576)
  exterior network 140.222.0.0, metric 9676 (neighbor 9576)
IGRP: received update from 160.89.80.28 on Ethernet
  subnet 160.89.95.0, metric 180671 (neighbor 180571)
  subnet 160.89.81.0, metric 1200 (neighbor 1100)
  subnet 160.89.15.0, metric 16777215 (inaccessible)
IGRP: Sending update to 255.255.255.255 via Ethernet0
       (160.89.64.31)
  subnet 160.89.94.0, metric=847
IGRP: Sending update to 255.255.255.255 via Serial1
       (160.89.94.31)
  subnet 160.89.80.0, metric=16777215
  subnet 160.89.64.0, metric=1100
```

Die Ausgabe zeigt, dass der Router Updates von zwei anderen Router im Netzwerk empfangen hat. Der Router mit der Quelladresse 160.89.80.240 sendete in seinem Update Informationen über zehn Ziele. Der Router mit der Quelladresse 160.89.80.28 sendete in seinem Update Informationen über drei Ziele. Der Router, auf dem das Debugging ausgeführt wurde, sendete Updates – in beiden Fällen an die Broadcast-Adresse 255.255.255.255 als Zieladresse. In der zweiten Zeile kennzeichnet das erste Feld den Typ der Zielinformationen: subnet (intern), Netzwerk (System) oder exterior (extern). Das zweite Feld zeigt die Internet-Adresse des Zielnetzwerks. Das dritte Feld zeigt die in der Routing-Tabelle gespeicherte Metrik und die von dem Nachbarn gemeldete Metrik, der die Informationen sendete. Eine *inaccessible* (unerreichbare) Metrik bedeutet gewöhnlich, dass der Nachbar-Router das Ziel in den Holddown (Unterdrückung) gesetzt hat. Die Einträge zeigen, dass der Router gleiche Updates sendet, mit der einzigen Ausnahme, dass die Nummern in den Klammern die Quelladressen sind, die im IP-Header verwendet werden. Eine Metrik von 16777215 ist unerreichbar.

Der Befehl debug ip ospf events

Der Befehl **debug ip ospf events** zeigt Informationen über OSPF-bezogene Ereignisse, wie z.B. Nachbarverbindungen (adjacencies), Flutinformationen, ausgewählte Designated-Router und Shortest-Path-First-(SPF-)Berechnungen. Wenn ein für das OSPF-Routing konfigurierter Router keinen OSPF-Nachbarn auf einem angeschlossenen Netzwerk findet, können Sie mit diesem Befehl überprüfen, ob die OSPF-Hello- und Tot-Intervalle dieses Routers und seine IP-Subnetzmaske mit denen übereinstimmen, die auf dem Nachbarn konfiguriert sind. Bild 7.16 zeigt eine Beispielausgabe auf den Befehl **debug ip ospf events**.

```
Router# debug ip ospf events
OSPF:hello with invalid timers on interface Ethernet0
hello interval received 10 configured 10
net mask received 255.255.255.0 configured 255.255.255.0
dead interval received 40 configured 30
```

Bild 7.16: Durch die Überprüfung der empfangenen Hello-Pakete können Sie Nachbarprobleme zwischen direkt miteinander verbundenen Routern lösen.

Der Befehl debug ip packet

Der Befehl **debug ip packet** zeigt allgemeine Debugging-Informationen über das IP sowie die Transaktion von IP-Sicherheitsoptionen an. Mit diesem Befehl können Sie Meldungen analysieren, die zwischen lokalen und externen Hosts ausgetauscht werden, wenn Sie eine Fehlersuche auf einer End-zu-End-Verbindung ausführen. Die IP-Debugging-Informationen zeigen empfangene, erzeugte und weitergeleitete Pakete an. Fast-geswitchte Pakete verursachen keine Meldungen. Durch ein optionales *Access-Listen-Nummer*-Argument können Sie den Bereich dieses Debug-Befehls (und damit auch die Belastung des Routers) eingrenzen. Bild 7.17 zeigt eine Beispielausgabe auf den Befehl **debug ip packet**.

```
Router# debug ip packet
IP: s=172.16.13.44 (Fddi0), d=10.125.254.1 (Serial2), g=172.16.16.2, forward
IP: s=172.16.1.57 (Ethernet4), d=10.36.125.2 (Serial2), g=172.16.16.2, forward
IP: s=172.16.1.6 (Ethernet4), d=255.255.255.255, rcvd 2
IP: s=172.16.1.55 (Ethernet4), d=172.16.2.42 (Fddi0), g=172.16.13.6, forward
IP: s=172.16.89.33 (Ethernet2), d=10.130.2.156 (Serial2), g=172.16.16.2, forward
IP: s=172.16.1.27 (Ethernet4), d=172.16.43.126 (Fddi1), g=172.16.23.5, forward
IP: s=172.16.1.27 (Ethernet4), d=172.16.43.126 (Fddi0), g=172.16.13.6, forward
IP: s=172.16.20.32 (Ethernet2), d=255.255.255.255, rcvd 2
IP: s=172.16.1.57 (Ethernet4), d=10.36.125.2 (Serial2), g=172.16.16.2, access denied
```

Bild 7.17: Die Ausgabe zeigt zwei Meldungstypen, die der Befehl debug ip packet verursachen kann.

Die erste Zeile der Ausgabe beschreibt ein IP-Paket, das der Router weiterleitet und die dritte Zeile der Ausgabe beschreibt ein Paket, das für den Router bestimmt ist. In der dritten Zeile der Ausgabe zeigt rcvd 2 an, dass der Router sich entschieden hat, das Paket zu empfangen.

Die folgenden Felder sind in Bild 7.17 gezeigt:

Feld	Beschreibung
IP:	Zeigt an, dass diese ein IP-Paket ist.
s = 172.16.13.44 (Fddi0)	Zeigt die Quelladresse des Pakets und den Namen der Schnittstelle, die das Paket empfangen hat.
d = 10.125.254.1 (Serial2)	Zeigt die Zieladresse des Pakets und den Namen der Schnittstelle (in diesem Fall S2), durch die das Paket in das Netzwerk ausgesendet wurde.
g = 172.16.16.2	Zeigt die Adresse des nächsten Gateways.
forward	Zeigt an, dass der Router das Paket weiterleitet. Wenn ein Filter ein Paket ablehnt, ersetzt ein *access denied* das *forward*, wie es die letzte Zeile der Ausgabe zeigt.

Der Befehl debug ip rip

Der Befehl **debug ip rip** zeigt Informationen über Routing-Transaktionen des Routing-Information-Protokolls (RIP) an, wie z.B. Routing-Tabelle-Updates, die auf einer Schnittstelle ausgesendet und empfangen wurden. Bild 7.18 zeigt eine Beispielausgabe auf den Befehl **debug ip rip**.

```
Router# debug ip rip
RIP: received update from 160.89.80.28 on Ethernet0
   160.89.95.0 in 1 hops
   160.89.81.0 in 1 hops
   160.89.66.0 in 2 hops
   131.108.0.0 in 16 hops (inaccessible)
   0.0.0.0 in 7 hop
RIP: sending update to 255.255.255.255 via Ethernet0 (160.89.64.31)
   subnet 160.89.94.0, metric 1
   131.108.0.0 in 16 hops (inaccessible)
RIP: sending update to 255.255.255.255 via Serial1 (160.89.94.31)
   subnet 160.89.64.0, metric 1
   subnet 160.89.66.0, metric 3
   131.108.0.0 in 16 hops (inaccessible)
   default 0.0.0.0, metric 8
```

Bild 7.18: Der Befehl debug ip rip zeigt die Inhalte der Routing-Updates, die vom Router gesendet und empfangen werden.

Die Ausgabe zeigt, dass der Router, auf dem das Debugging ausgeführt wird, Updates von einem Router mit der Quelladresse 160.89.80.28 empfangen hat. Dieser Router sendete Informationen über fünf Ziele im Routing-Tabellen-Update. Beachten Sie, dass die vierte Zieladresse im Update – 131.108.0.0 – nicht erreichbar (inaccessible) ist, weil sie mehr als 15 Hops von dem Router entfernt ist, der das Update sendete. Der Router, auf dem das Debugging ausgeführt wird, hat auch Updates gesendet, wobei er in beiden Fällen die Broadcast-Adresse 255.255.255.255 als Zieladresse verwendete. Die zweite Zeile zeigt ein Beispiel eines Routing-Tabellen-Updates. Es zeigt, wie viele Hops eine gegebene Internet-Adresse von dem Router entfernt ist.

Der Befehl debug arp

Mit dem Befehl **debug arp** können Sie den Informationsfluss überprüfen, der beim Austausch von Address-Resolution-Protokoll-(ARP-)Paketen erfolgt. Sie sollten ihn verwenden, wenn die Probleme darin bestehen, dass einige Knoten in einem TCP/IP-Netzwerk antworten und andere nicht. Der Befehl **debug arp** überprüft, ob der Router ARP-Anfragen und ARP-Antworten sendet und empfängt.

Bild 7.19 zeigt eine Ausgabe auf den Befehl **debug arp**. Jede Zeile der Ausgabe repräsentiert ein ARP-Paket, das der Router gesendet oder empfangen hat.

```
Router# debug arp
IP ARP: sent req src 131.108.22.7 0000.0c01.e117, dst 131.108.22.96 0000.0000.0000
IP ARP: rcvd rep src 131.108.22.96 0800.2010.b908, dst 131.108.22.7
IP ARP: rcvd req src 131.108.6.10 0000.0c00.6fa2, dst 131.108.6.62
IP ARP: rep filtered src 131.108.22.7 080.5a36.a4 56, dst 255.255.255.255
ffff.ffff.ffff
```

Bild 7.19: Die vierte Zeile in der Ausgabe lässt ein Problem erkennen – der Router empfängt eine ARP-Antwort mit seiner eigenen Adresse!

Die erste Zeile der Ausgabe zeigt, dass der Router mit der IP-Adresse 131.108.22.7 und der MAC-Adresse 0000.0c01.e117 eine ARP-Anfrage nach der MAC-Adresse des Hosts mit der IP-Adresse 131.108.22.96 gesendet hat. Die Nullfolge (0000.0000.0000) nach dieser Adresse zeigt an, dass der Router momentan die MAC-Adresse nicht kennt.

Die zweite Zeile der Ausgabe zeigt, dass der Router mit der IP-Adresse 131.108.22.7 eine Antwort vom Host mit der IP-Adresse 131.108.22.96 empfangen hat und dass er die MAC-Adresse 0800.2010.b908 besitzt.

Die dritte Zeile der Ausgabe zeigt, dass der Router eine ARP-Anfrage vom Host mit der IP-Adresse 131.108.6.10 empfangen hat, der nach der MAC-Adresse des Hosts mit der IP-Adresse 131.108.6.62 fragt.

Die vierte Zeile der Ausgabe zeigt, dass ein anderer Host im Netzwerk versuchte, dem Router eine ARP-Antwort mit der Adresse des Routers zu senden. Der Router filtert bedeutungslose Antworten aus. Bedeutungslose Antworten werden gewöhnlich durch ein Konfigurationsproblem verursacht. Es ist möglich, dass eine andere Station versehentlich mit der IP-Adresse des Routers konfiguriert wurde. Dies kann ernsthafte Internetzwerkprobleme hervorrufen und sollte untersucht werden.

Mit Hilfe dieser Ausgabe haben Sie gelernt, dass der Router fehlerhafte Antworten ausfiltert. Er zeigt sie aber an, wenn der Befehl **debug arp** ausgeführt wird. Somit können Sie diese angezeigten Informationen bei einer Fehlersuche ausnutzen.

Wie bereits erwähnt, ist es sehr wichtig, dass Sie die **debug**-Befehle richtig anwenden, da einige von ihnen sehr viel Ausgabe für jedes verarbeitete IP-Paket verursachen können. In einem Produktionsnetzwerk sollten Sie zum Beispiel einen **debug**-Befehl nur dann einsetzen, wenn der Verkehr im IP-Netzwerk gering ist, damit andere Aktivitäten im System nicht negativ beeinflusst werden.

Um Probleme zu vermeiden, sollten Sie nur Befehle einsetzen, die zusammenfassende Informationen erzeugen, z.B. **debug ip igrp events**. Vergessen Sie nicht, die **debug**-Befehle wieder zu deaktivieren, wenn Sie Ihre Fehlersuche beendet haben. Mit dem Befehl **no debug all** können Sie das gesamte Debugging auf einem Router sicher deaktivieren.

7.2 Die Isolierung von Problemen in TCP/IP-Netzwerken

Gewöhnlich bricht nicht alles auf einmal zusammen. Daher erfolgt eine typische Fehlersuche dadurch, sich von einem äußeren betriebsfähigen Knoten an die Ursache des Ausfalls heranzuarbeiten.

Bild 7.20 veranschaulicht die Schritte, mit denen Sie die Quelle eines Verbindungsproblems zwischen einem lokalen Host und einem externen Host isolieren können.

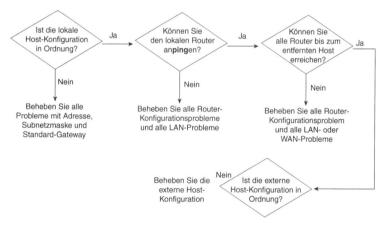

Bild 7.20: Schritte einer Fehlersuche zur Isolierung eines Verbindungsproblems zwischen einem lokalen und einem externen Host.

Die folgende Liste erklärt diese Schritte im Detail:

1. Überprüfen Sie die Konfiguration des lokalen Hosts.

   Besitzt er die korrekten Parameter für Adresse, Subnetzmaske und Standard-Gateway?

2. Setzen Sie einen ping oder trace ein, um den Kommunikationspfad zum externen Host zu testen:
   - Starten Sie mit dem lokalsten Router und »pingen« Sie schrittweise das Internetzwerk durch.
   - Verwenden Sie IP-Adressen und keine Namen, um Probleme mit dem DNS auszuschließen.
3. Wenn Sie einen Router entdecken, der nicht auf pings reagiert:
   - Überprüfen Sie die Router-Konfiguration (bestimmen Sie mit den show-Befehlen den Router-Zustand).
   - Überprüfen Sie die Routing-Tabelle des Routers (mit dem Befehl **show ip route**, um sicherzustellen, dass sich in der Tabelle ein Pfad zum externen Host befindet).
   - Überprüfen Sie die ARP-Tabellen (mit dem Befehl **show ip arp**, um sicherzustellen, dass sich ein Knoten in der Tabelle befindet, der den externen Host erreichen kann).
   - Überprüfen Sie den Fast-Switching-Route-Cache des Routers (mit dem Befehl **show ip cache**, um nach Anomalien zu suchen).
   - Überprüfen Sie die Schnittstellen des Routers nach irgendwelchen Anzeichen von Fehlzuständen des LANs oder des WANs.
   - Setzen Sie Protokoll-Analyzer, Time-Domain-Reflektometer (TDRs) und Bit-Error-Rate-Tester (BERTs) ein, um die Ursache von Fehlern zu isolieren.
4. Überprüfen Sie die Konfiguration des externen Hosts, den Sie versuchen zu erreichen. Überprüfen Sie die Adresse, die Subnetzmaske, das Standard-Gateway und den DNS-Namen.

Die folgenden Abschnitte beschreiben einige echte IP-Fehlersuchbeispiele aus der Praxis.

7.2.1 Symptom: Benutzer können nur auf einige Hosts zugreifen, aber nicht auf andere

Viele Probleme in IP-Umgebungen werden durch Adress- und Subnetzmaskenfehler verursacht. In diesem Beispiel, das in Bild 7.21 veranschaulicht wird, bestehen die Symptome darin, dass Benutzer nur auf einige Hosts zugreifen können, während andere nicht erreichbar sind. Zudem können der Router und die Hosts bestimmte Teile ihrer eigenen Netzwerke nicht erreichen.

Kapitel 7 • Die Fehlersuche bei TCP/IP-Verbindungen   **373**

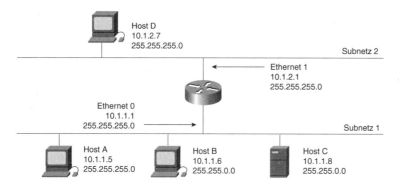

Bild 7.21:
Im Netzwerk
treten Verbindungsprobleme
auf.

Ein unerfahrener Netzwerkadministrator hat den Host C aus dem Subnetz 2 in das Subnetz 1 gesetzt und dabei statt der Adresse die Subnetzmaske geändert. Der Netzwerkadministrator testete die Änderung, indem er einen **ping** von Host B an Host C sendete. Dieser funktionierte; wird sich damit aber auch Host A mit Host C verbinden können?

Dies ist ein reales Beispiel eines IP-Adressierungsfehlers, das in einem IP-Netzwerk eines Cisco-Kunden auftrat. Der Cisco-Router war korrekt konfiguriert, aber einige Hosts nicht. Das Hauptsymptom bestand darin, dass Benutzer auf einige Hosts zugreifen konnten, aber nicht auf andere. Zudem konnten Router und Hosts nur bestimmte Teile ihres eigenen Netzwerks erreichen. (Diese Symptome sind in der Tabelle 7.3 im weiteren Verlauf dieses Kapitels enthalten.)

Ein unerfahrener Netzwerkadministrator setzte Host C aus dem oberen Netzwerk der Zeichnung in das untere Netzwerk und änderte aber statt der IP-Adresse die Subnetzmaske. Der Netzwerkadministrator testete die Änderung durch einen **ping** vom Host B zum Host C. Dieser funktionierte, da Host B bereits eine fehlerhaft konfigurierte Subnetzmaske besaß. Die Probleme mit dem Host B waren nie aufgefallen, weil die Benutzer auf Host B auf keine Hosts außerhalb des eigenen Netzes zugreifen mussten.

Der Netzwerkadministrator konnte erfolgreich einen **ping** vom Host B zum Host C senden, weil Host B annahm, dass sich Host C auf demselben Subnetz befand. Die signifikanten Bits in der Adresse von Host B stimmen mit denen in der Adresse des Host C überein (die Subnetzmaske kennzeichnet die signifikanten Bits). Host B sendet einen ARP-Frame aus, empfängt eine Antwort und sendet daraufhin den **ping**-Frame (ein ICMP-Echo) direkt an den Host C (nicht über den Router).

Jedoch kann sich Host A vermutlich nicht mit Host C verbinden. Host A geht davon aus, dass sich Host C auf einem anderen Netzwerksegment befindet, da sich die signifikanten Bits in ihren Adressen unterscheiden. Host A sendet die Frames, die für den Host C bestimmt sind, an den Router. Der Router ist korrekt konfiguriert und sendet Frames für den Host C ins Subnetz 2. Leider befindet sich Host C physikalisch nicht mehr im Subnetz 2. (Einige Hosts senden für externe Hosts ARP-Frames. Wenn Host A einen ARP-Frame für den Host C sendet und Host C vor dem Router antwortet, wird Host A mit Host C kommunizieren können.)

Host A kann sich mit Host B verbinden und umgekehrt, auch wenn Host B eine falsche Subnetzmaske besitzt. Die falsche Maske stört in diesem Falle nicht, weil das dritte Oktett von beiden Adressen übereinstimmt.

Host D kann sich nicht mit Host C verbinden. Host D nimmt an, dass Host C lokal ist und sendet einen ARP-Frame, er empfängt aber keine Antwort.

Stellen Sie sich selbst folgende Fragen:

- Kann Host C Host A erreichen?

    Die Antwort ist ja, wenn Sie mit *erreichen* meinen, dass er eine ARP-Anfrage senden und eine ARP-Antwort empfangen kann. Wegen des Fehlers in der Subnetzmaske wird Host C eine ARP-Anfrage nach Host A senden. Host A wird die ARP-Anfrage sehen, weil er sich auf demselben Netzwerksegment befindet, und antworten.

    Kann aber Host C Host A mit dem Befehl **ping** erreichen? Host C kann einen **ping**-Frame erfolgreich an Host A senden, aber die Antwort von Host A wird an den Router gehen, also lautet die Antwort nein (es besteht jedoch das Problem, dass einige Implementierungen einfach die Quell- und Zieladressen vertauschen, ohne die IP-Routing-Tabellen zu beachten oder die IP-Adressen zu vergleichen. Wenn dies der Fall wäre, würde Host A auf die Anfrage von Host C antworten, was die Fehlersuche weiter erschweren würde, da die Ergebnisse verwirrend wären!).

- Kann Host D Host B erreichen und umgekehrt?

    Obwohl Host D Host B erreichen kann, kann Host B nicht antworten (mit dem gerade angesprochenen Problem).

7.2.2 Symptom: Benutzer können sich nicht verbinden, wenn ein redundanter Pfad ausgefallen ist

Betrachten wir ein anderes Problemszenario. Wenn in Bild 7.22 die serielle Verbindung Z ausfällt, kann der Verkehr nicht vom Netz C1 zum Netz C2 durch den Router B1 fließen. Das Hauptnetzwerk Netz C wird ein unzusammenhängendes Netzwerk, weil der Router B1 die beiden Subnetze des C-Netzes trennt (Netz C1 und Netz C2). Der Verkehr zwischen Router C1 und Router C2 wird nicht durch den Router B1 übertragen, weil der Router B1 annimmt, dass die Netze C1 und C2 direkt miteinander verbunden sind.

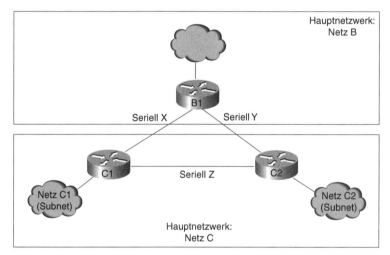

Bild 7.22: Es erscheint, als ob der redundante Pfad direkt die allgemeine Kommunikation behindert.

Als Alternative können Sie eine sekundäre IP-Adresskonfiguration einsetzen, um sicherzustellen, dass alle Schnittstellen im selben Hauptnetzwerk enthalten sind. Eine andere Alternative besteht in der Konfiguration eines klassenlosen (classless) Routing-Protokolls wie z.B. dem OSPF oder dem Erweiterten IGRP.

7.3 Die Fehlersuche in IP-Internetzwerken mit Windows NT

Wenn Sie Ihren Router mit der Cisco-IOS-Software konfigurieren, hängen die von Ihnen verwendeten Befehle davon ab, welche Verkehrsarten in den Windows-NT-Servern und NT-Clients konfiguriert sind und damit durch Ihren Cisco-Router übertragen werden sollen. Die Tabelle 7.2 zeigt fünf verschiedene Anforderungen.

Tabelle 7.2: Die Netzwerkoptionen unter Windows NT.

Verkehrsanforderungen	Router Setup
NetBEUI-Verkehr	Transparentes Bridging oder Source-Route-Bridging (SRB)
Transparentes Bridging oder SRB	Data-Link-Switching (DLSw = Datenverbindungs-Switching) oder Remote-Source-Route-Bridging (RSRB)
NetBIOS-Verkehr vom Novelltyp 20	**ipx type-20-propagation**
Auf dem Segment ist ein Microsoft-WINS-Server konfiguriert	Automatisches IP. Auf dem Router ist keine spezielle Konfiguration nötig.
UDP-verkapselte NetBIOS-Broadcasts über IP	**ip helper-address** und **ip forward-protocol udp**

Die grundlegende Fehlersuche beim TCP/IP unter Windows NT/95/98 vereint die Fakten, die aus der Perspektive eines Cisco-Routers (oder Switches) gesammelt wurden und die Fakten, die aus der Perspektive eines Windows-Clients und eines Servers gesammelt wurden.

Viele Cisco-IOS-Werkzeuge, die Sie für die Erkennung und Beseitigung von TCP/IP-Problemen einsetzen, können Sie auf die gleiche Weise in einem Netzwerk verwenden, das Microsoft-Windows-NT/95/98-Systeme enthält.

Dasselbe System, das Sie als Router-Konsole verwenden, können Sie auch für eine Telnet-Sitzung einsetzen. Somit können Sie die TCP/IP-Werkzeuge auf der Basis von Befehlszeilen ausführen, die auf Windows NT/95/98-Clients und Servern zur Verfügung stehen. Wie werden nun einige dieser Werkzeuge und deren Einsatzmöglichkeit betrachten.

Überprüfen Sie die lokale Host-Konfiguration. Öffnen Sie ein DOS-Fenster auf dem Host und geben Sie den Befehl **ipconfig /all** ein. Daraufhin wird Ihre TCP/IP-Adresskonfiguration mit der Adresse des DNS-Servers angezeigt. Bild 7.23 zeigt eine Beispielanzeige, wenn dieser Befehl auf einer Windows-NT-Workstation ausgeführt wird.

```
C:\TEMP>ipconfig /all
Windows NT IP Configuration
        Host Name . . . . . . . . . : test.rtr.net.test.com.au
        DNS Servers . . . . . . . . : 11.209.24.250
                                      11.209.24.99
        Node Type . . . . . . . . . : Hybrid
        NetBIOS Scope ID. . . . . . :
        IP Routing Enabled. . . . . : No
        WINS Proxy Enabled. . . . . : No
        NetBIOS Resolution Uses DNS : Yes
Ethernet adapter IBMC1:
        Physical address. . . . . . : 00-04-AC-90-52-D2
        DHCP Enabled. . . . . . . . : No
        IP address. . . . . . . . . : 10.72.128.45
        Subnet mask . . . . . . . . : 255.255.255.0
        Default Gateway . . . . . . : 10.72.128.1
        Primary WINS Server . . . . : 110.2.130.15
        Secondary WINS Server . . . : 110.72.1.4
```

Bild 7.23: Windows-NT-Server können für das IP-RIP-Routing konfiguriert werden.

Wenn eine der IP-Adressen falsch ist oder wenn keine IP-Adresse angezeigt wird, müssen Sie die richtige IP-Adresse für den lokalen Host bestimmen und sie abändern bzw. neu eingeben.

Die meisten IP-Adress- oder Subnetzmaskenfehler werden in der Ereignisanzeige (Event Viewer) vermerkt. Überprüfen Sie das Ereignisprotokoll und durchsuchen Sie jeden Quelleintrag, der TCP/IP oder Dynamic-Host-Configuration-Protokoll (DHCP) anzeigt.

Lesen Sie die entsprechenden Einträge, indem Sie sie doppelt anklicken. Da das DHCP das TCP/IP extern konfiguriert, können DHCP-Fehler nicht vom lokalen Computer aus korrigiert werden.

Überprüfen Sie die Router-Konfiguration. Die Cisco-IOS-Software-Befehle, mit denen Sie die Router-Konfiguration einsehen können, sind an anderer Stelle in diesem Kapitel und in den Kapiteln 4, »Werkzeuge zur allgemeinen Fehlersuche« und 5, »Cisco-Management- und -Diagnose-Werkzeuge« behandelt.

Testen Sie, ob Sie sich mit IP-Adressen verbinden können. Verwenden Sie eine IP-Adresse als Ziel für die Standardbefehle des TCP/IP wie z.B. **ping, trace** (und **tracert**) sowie **telnet**.

Überprüfen Sie die Konfigurationen auf dem NT-Server. Wenn Sie sich mit einer IP-Adresse verbinden können, aber nicht mit einer der Microsoft-spezifischen Netzwerkzieleinheiten, dann sollten Sie versuchen, das Problem in der Konfiguration des Windows-NT-Servers suchen.

Andere Problembereiche sind die NetBIOS-Unterstützung und eine Reihe von Mechanismen zur Zuordnung von Nicht-IP-Einheiten zu IP-Adressen. Sie können diese Nicht-IP-Probleme mit dem Befehl **nbstat** überprüfen.

7.3.1 Browsing-Probleme

Um auf andere Geräte innerhalb des Netzwerks zuzugreifen, verwendet Microsoft einen Prozess mit der Bezeichnung *browsing*. Wenn Sie in einem Microsoft NT/95/98-Netzwerk browsen, suchen Sie nach Icon-Vertretern der im Netzwerk verfügbaren Ressourcen. Um die Browsing-Funktionen auf dem Desktop der NT-Version 4.0 oder in einer Windows-95/98-Umgebung auszuführen, doppelklicken Sie die Netzwerkumgebung auf dem Desktop an. Dies öffnet ein grafisches Fenster einer Benutzerschnittstelle (GUI), in der eine Baumstruktur die Icons mit den verfügbaren Domänen oder Arbeitsgruppen anzeigt.

Die Benutzer können diese anklicken, um die untergeordnete Liste mit allen Netzwerkressourcen anzuzeigen, auf die sie zugreifen können. Diese Ressourcen zeigen netzwerkverbundene Server und bestimmte Ressourcen auf den Servern wie z.B. Laufwerke, Unterverzeichnisse, Drucker und andere freigegebene Ressourcen.

In NT-Netzwerken treten Browsing-Probleme am häufigsten auf. Die Browsing-Probleme betreffen gewöhnlich Ressourcen, die hinzugefügt, entfernt oder geändert wurden. Diese Veränderung der Netzwerkressourcen wird nicht richtig angezeigt, wenn der Benutzer browst, um die Liste dessen anzusehen, was (oder wer) sich momentan im Netzwerk befindet.

Auch wenn der Benutzer eine NT-Ressource nicht browsen kann, kann er oder sie sich evtl. dennoch mit ihr durch einen anderen Prozess oder eine Netzwerkapplikation verbinden.

Auch wenn Microsoft das automatische Browsing in NT-Netzwerken vorsieht und dass sich die Ressourcen selbst in einer »Plug-and-Play-«Weise selbst hinzufügen, konzentrieren sich Administratoren bei der Fehlersuche sehr oft auf das Browsing.

Einige der möglichen Ursachen für Browsing-Probleme sind:

- Fehlerhafte Konfigurationen im Zuge eines Netzwerkwachstums über ein einfaches LAN hinaus. Eine Organisation könnte feststellen, dass die Sicherheit der Domäne oder eine andere Eigenschaft eines Unternehmensnetzwerkmodells eine Neukonfiguration im LAN erforderlich macht.

- Ungenaue oder unvollständige Zuordnung von Nicht-IP-Einheiten zu IP-Adressen. Die Namenauflösung unter Windows NT/95/98 erfordert die korrekte Funktion der LMHOSTS- und HOSTS-Dateien sowie der WINS- und DNS-Server.

- Fehlerhafte Quellen zur Aktualisierung der Informationen des Browsers im Netzwerk. Es kann ein Konflikt auftreten, wenn mehrere NT-Systeme als Master-Browser eingerichtet sind und gegensätzliche Aktualisierungsinformationen senden, die eine Konvergenz verhindern.

Lesen Sie die Microsoft-Webseite (`www.microsoft.com`) für weitere Informationen und technische Unterstützung bei der Fehlersuche unter Windows.

7.4 Symptome und Probleme beim TCP/IP

Die Tabelle 7.3 zeigt allgemeine TCP/IP-Symptome und mögliche Probleme. Anhand dieser Tabelle können Sie mögliche Probleme identifizieren und einen Plan erstellen, um die Problemursachen zu überprüfen und sie zu beheben. Beachten Sie die Aussage »Fehlerhaft konfigurierte Access-Liste« in der Problemliste. Bedenken Sie, dass die Access-Liste doch korrekt konfiguriert sein könnte. Es könnte Absicht sein, dass Benutzer nur auf einige Hosts oder Netzwerke zugreifen können und auf andere nicht. Wenn Sie mögliche fehlerhaft konfigurierte Access-Listen oder andere Filter betrachten, sollten Sie mit dem Befehl **show ip route** die Routing-Tabellen überprüfen. Setzen Sie die passenden **debug**-Befehle oder einen Protokoll-Analyzer ein, um den Protokollaustausch zu überprüfen. Suchen Sie nach Informationen in Hinsicht auf das Netzwerk, mit dem Sie nicht kommunizieren können.

Tabelle 7.3: Allgemeine TCP/IP-Symptome und mögliche Probleme.

Symptom	Mögliches Problem
Ein Host kann nicht durch den Router auf Hosts außerhalb des Netzes zugreifen.	– Auf dem lokalen Host ist kein Standard-Gateway eingerichtet. – Der lokale Host besitzt eine fehlerhaft konfigurierte Subnetzmaske. – Der Router zwischen den Hosts ist ausgefallen.
Ein Host kann nicht durch den Router auf bestimmte Netzwerke zugreifen.	– Auf dem lokalen Host ist kein Standard-Gateway eingerichtet. – Eine fehlerhaft konfigurierte Access-Liste. – Ein unzusammenhängendes Netzwerk aufgrund einer schlechten Konstruktion oder eines Verbindungsausfalls.
Benutzer können auf einige Hosts zugreifen und auf andere nicht.	– Fehlerhaft konfigurierte Subnetzmaske oder Adresse auf Hosts oder Router. – Fehlerhaft konfigurierte Access-Liste. – Auf dem externen Host ist kein Standard-Gateway eingerichtet.
Einige Dienste sind verfügbar, andere nicht. Ein Benutzer kann sich nicht verbinden, wenn ein redundanter Pfad ausgefallen ist.	– Fehlerhaft konfigurierte erweiterte Access-Liste. – Ein unzusammenhängendes Netzwerk aufgrund eines Verbindungsausfalls. – Das Routing konvergierte nicht. – Fehlerhaft konfigurierte Access-Liste oder andere fehlerhafte Routing-Filter.
Der Router sieht doppelte Routing-Updates und Pakete.	– Eine Bridge oder ein Repeater ist parallel zum Router geschaltet.
Bestimmte Protokolle werden geroutet, andere nicht.	– Fehlerhaft konfigurierte Access-Liste.
Der Router oder Host kann bestimmte Teile seines eigenen Netzwerks nicht erreichen.	– Unterschiedlich konfigurierte Subnetzmasken auf Router und Host. – Fehlerhaft konfigurierte Access-Liste. – Es ist kein Standard-Gateway eingerichtet.
Das Routing funktioniert nicht, wenn die Neuverteilung (Redistribution) verwendet wird.	– Der Befehl **redistribute** oder **default-metric** fehlt. – Es besteht ein Problem mit der standardeingestellten administrativen Distanz.

7.5 Probleme und Aktionspläne beim TCP/IP

Die Tabelle 7.4 zeigt eine Liste mit möglichen Problemen und einige empfohlene Aktionspläne, mit denen die Problemquellen isoliert werden können.

Problem	Aktionsplan
Auf dem lokalen oder externen Host ist kein Standard-Gateway eingerichtet.	– Überprüfen Sie die Routing-Tabelle des Hosts mit dem Befehl **netstat -rn**. – Wenn keine Standard-Gateway vorhanden ist, führen Sie den Befehl **route add default** *Adresse* 1 aus, bei dem *Adresse* die IP-Adresse des Standard-Gateways ist. – Um mit dem bereits konfigurierten Standard-Gateway zu booten, legen Sie die IP-Adresse des Standard-Gateways in der (Unix-) Hostdatei .../etc/defaultrouter fest.
Fehlerhaft konfigurierte Subnetzmaske auf einem lokalen oder externen Host oder auf dem Router.	– Überprüfen Sie die (Unix-)Host-Dateien .../etc/netmasks und .../etc/rc.local. – Überprüfen Sie die (Unix-)Host-Konfiguration mit dem Befehl **ifconfig -a**. – Überprüfen Sie die Router-Konfiguration mit dem Befehl **show ip interface**.
Der Router zwischen den Hosts ist ausgefallen.	– **ping**en Sie das Netzwerk durch, bis der Problembereich isoliert ist. – Überprüfen und beheben Sie die Router-Konfigurationen. – Überprüfen und beheben Sie dazwischen liegende LAN- oder WAN-Probleme.
Fehlerhaft konfigurierte Access-Liste oder andere Filter.	– **ping**en und **trace**n Sie das Netzwerk durch, um den Router mit der fehlerhaft konfigurierten Liste zu isolieren. – Überprüfen Sie die Routing-Tabelle mit dem Befehl **show ip route**. – Überprüfen Sie den Protokollaustausch (z.B. mit dem Befehl **dcbug ip rip**). – Deaktivieren Sie die Access-Listen zeitweilig mit dem Befehl **no ip access-group**. – Debuggen Sie die Access-Listen, die die Probleme verursachen.

Tabelle 7.4: Empfohlene Aktionspläne.

*Tabelle 7.4:
Empfohlene
Aktionspläne
(Fortsetzung).*

Problem	Aktionsplan
Ein unzusammen-hängendes Netzwerk aufgrund einer schlechten Konstruktion oder eines Verbindungsausfalls.	– Überprüfen Sie mit dem Befehl **show ip route** die Routen und wie sie erlernt wurden. – **tracen** oder **pingen** Sie, um zu bestimmen, wo der Verkehr gestoppt wird. – Beheben Sie die Topologie oder vergeben Sie andere Adressen (vergeben Sie Segmente an dasselbe Hauptnetzwerk). – Wenn ein Ausweich-(Backup-)Pfad existiert, vergeben Sie sekundäre Adressen. – Wenn das Netzwerk aufgrund eines Verbindungsausfalls nicht mehr zusammenhängt, beheben Sie den Verbindungsausfall.
Das Routing ist nicht konvergiert.	– Überprüfen Sie die Probleme mit dem Befehl **show ip route**.

Um zu bestimmen, ob ein Standard-Gateway in der Routing-Tabelle eines UNIX-Hosts enthalten ist, können Sie den UNIX-Befehl **netstat –rn** ausführen. Suchen Sie in der Ausgabe auf diesen Befehl nach einem Standard-Gateway. Wenn das angegebene Standard-Gateway falsch oder nicht vorhanden ist, können Sie das Standard-Gateway mit dem Befehl **route add default** *Adresse* **1** auf dem lokalen Host festlegen oder ändern. (Die *Adresse* ist die IP-Adresse des Standard-Gateways. Der Wert **1** zeigt an, dass der angegebene Knoten einen Hop entfernt ist.) Es ist möglich, dass Sie den Host neu booten müssen, um diese Änderung in Kraft zu setzen.

Um dies als Teil des Boot-Prozesses zu automatisieren, müssen Sie die Standard-IP-Adresse des Gateways in der UNIX-Host-Datei /etc/defaultrouter festlegen. Dieser Dateiname kann bei Ihrer speziellen UNIX-Version anders lauten. Wenn Sie mit einem PC oder einem Macintosh arbeiten, konsultieren Sie die entsprechende Dokumentation, um zu bestimmen, wie das Standard-Gateway eingerichtet wird.

Wenn Sie möglicherweise fehlerhaft konfigurierte Access-Listen oder andere Filter untersuchen, überprüfen Sie mit dem Befehl **show ip route** die Routing-Tabellen. Setzen Sie die entsprechenden **debug**-Befehle oder einen Protokoll-Analyzer ein, um den Protokollaustausch zu überprüfen. Suchen Sie nach Informationen in Hinsicht auf das Netzwerk, mit dem Sie nicht kommunizieren können. Überprüfen Sie die Access-Listen, die auf den Routern entlang des Pfades eingesetzt werden und stellen Sie sicher, dass keiner der Router-Konfigurationsbefehle **distribute-list** oder **distance** die Route ausfiltert. Entfernen Sie die Schnittstellen-Konfigurationsbefehle **ip access-group** zeitweilig, um Access-Listen zu deaktivieren, und setzen Sie den Befehl **trace** oder **ping** mit der Record-Route-Option ein, um zu bestimmen, ob der Verkehr durchkommt, wenn die Access-Liste entfernt ist. Nachdem Sie erkannt haben, welche Access-Listen die Probleme verursachen, beheben Sie diese. Setzen Sie sie daraufhin in Kraft und testen Sie sie, um sicherzustellen, dass die Probleme gelöst sind.

Wenn Sie vermuten, dass Ihre Routing-Probleme temporär sind, als Folge einer zu langsamen Router-Konvergenz, dann sollten Sie die Routing-Tabellen nach Routen durchsuchen, die mit »possibly down« (vermutlich ausgefallen) anzeigen, dass das Routing-Protokoll nicht konvergiert ist. Einige Routing-Protokolle benötigen für die Konvergenz einen längeren Zeitraum. Zum Beispiel konvergiert das IGRP generell schneller als das RIP.

Wenn ein Router doppelte Routing-Updates auf verschiedenen Schnittstellen sieht und Netzwerkbenutzer Verbindungsverluste und eine sehr schlechte Performance bemerken, dann besteht die Möglichkeit, dass eine Bridge oder ein Repeater parallel zum Router installiert wurde, sodass der Router andere Router an mehreren Schnittstellen sieht. Mit dem Befehl **show ip route** können Sie die Routen für jede Schnittstelle überprüfen. Suchen Sie nach Pfaden in dasselbe Netzwerke mit denselben Kosten auf mehreren Schnittstellen. Setzen Sie **debug**-Befehle wie z.B. **debug ip igrp events** ein, um die Routing-Updates zu überprüfen, die die Quelle der Routing-Updates und die eingehende Schnittstelle anzeigt. Wenn Sie erkennen, dass eine parallele Bridge vorhanden ist, deaktivieren Sie die Bridge oder konfigurieren Sie Bridge-Filter, um die Routing-Updates zu blockieren.

Wenn Sie Routen aus einem Routing-Protokoll einer Domäne in ein Routing-Protokoll einer anderen Domäne umverteilen (redistributieren), können Probleme auftreten, weil die Metriken des einen Routing-Protokoll nicht immer in die Metriken des anderen zu übersetzen sind. Zum Beispiel ist die RIP-Metrik ein Hop-Count (Hop-Anzahl) und die IGRP-Metrik besteht aus einer Kombination von fünf Größen. Mit dem Router-Konfigurationsbefehl **default-metric** oder **redistribute** *Protokoll* **metric** können Sie eine IGRP-Metrik (oder die Metrik eines anderen Routing-Protokolls) auf alle durch das RIP erhaltenen Routen vergeben (oder auf Routen, die durch andere Protokolle erhalten wurden).

Wegen diesem unvermeidbaren Umgang mit dynamischen Informationen kann ein unbedachter Austausch von Routing-Informationen zwischen verschiedenen Routing-Protokollen Routing-Schleifen verursachen, die einen Netzwerkbetrieb ernsthaft gefährden können. Zudem können Probleme auftreten, wenn eine bestimmte Route in der Standardeinstellung als weniger zuverlässig betrachtet wird als eine andere, sie in der Folge aber dennoch bevorzugt wird. Sie sollten das Verfahren überprüfen, mit dem bestimmt wird, wie sehr Sie den Routen vertrauen, die aus verschiedenen Domänen stammen, und den Router-Konfigurationsbefehl **distance** einsetzen, um die Zuverlässigkeit von bestimmten Routing-Informationen nach Bedarf abzustufen.

Wenn NT-Hosts keine Hosts außerhalb des Netzes durch einen Router browsen können, kann das Problem darin bestehen, dass das Nicht-IP-Ziel nicht der richtigen (oder keiner) IP-Adresse zugeordnet wird.

Zum Beispiel kann eine fehlerhafte Einrichtung der Netzwerkdomänen ein nicht geroutetes Protokoll behindern wie z.B. das NetBEUI, wenn das NetBEUI keine Broadcasts verwenden kann, die es auf dem gesamten Netzwerk benötigt.

In der Standardeinstellung erlaubt ein Router im Netzwerk keine Broadcasts von Browse-Listen und anderen Informationen. Das gleiche Problem kann auftreten, wenn das Internet einzelne Windows-NT/95/98-Domänen-Controller in einem gebridgeten Netzwerk trennt.

Microsoft bietet mehrere Auflösungsfunktionen für diese Probleme. Diese Funktionen müssen korrekt eingesetzt werden und können abhängig von der Reihenfolge sein. Eine bessere Gesamtlösung kann darin bestehen, Ihr Unternehmensnetzwerk auf das TCP/IP umzustellen, wenn dies in Ihrem Internetzwerk praktisch durchführbar erscheint.

> **ANMERKUNG**
>
> Viele der Fehlersuchinformationen im Rest dieses Kapitels stammen aus Prozeduren von der Technischen-Support-Webseite von Microsoft. Aktuelle Neuigkeiten und andere Details finden Sie unter www.microsoft.com/support/.

Wenn Sie sich mit Windows-NT-Hosts nicht mit einem bestimmten IP-Ziel in einem Netzwerk verbinden können, sollten Sie versuchen, das Problem mit **ping**-Tests zu isolieren. Bestimmen Sie auf dem anderen Computer mit dem DOS-Befehl **ipconfig /all** die aktuellen IP-Adress-Einstellungen.

7.5.1 Das Pingen Ihrer Loopback- und lokalen IP-Adresse

Der Loopback-**ping**-Test überprüft, ob das TCP/IP an sich korrekt funktioniert:

`C:\>ping 127.0.0.1`

Ein Fehler an diesem Punkt zeigt an, dass das TCP/IP nicht richtig installiert ist.

Wenn der Loopback-**ping** erfolgreiche Echos liefert, versuchen Sie, Ihre eigene Host-Adresse zu **ping**en. Verwenden Sie die lokale IP-Adresse, die Sie aus den Systemeinstellungen des NT-Hosts oder mit dem Befehl **ipconfig** bestimmt haben. Ein Fehler an diesem Punkt zeigt an, dass ein mögliches Problem mit dem Netzwerkadapter besteht.

7.5.2 Das Pingen Ihres Cisco-Routers

Sie müssen überprüfen, ob Sie einen Router erreichen können. Sie können eine Konsolenverbindung oder eine Telnetsitzung einrichten, um die IP-Schnittstelleadressen des Routers zu erhalten. Verwenden Sie die Adresse des Cisco-Routers im selben Subnetz, in dem sich der NT-Host befindet. Überprüfen Sie anschließend das Routing, indem Sie eine andere IP-Adresse an**ping**en (z.B die IP-Adresse auf einer anderen Router-Schnittstelle).

7.5.3 Das Pingen des DNS-Servers, des Standard-Gateways und des WINS-Servers

Sie testen die Kommunikation mit dem Server, indem Sie die Adresse des DNS-Server an**ping**en, die auf den Befehl **ipconfig** angezeigt wird. Der Befehl **ipconfig** liefert auch das Standard-Gateway und den evtl. verwendeten WINS-Server. Überprüfen Sie diese Informationen und testen Sie, ob die angezeigte Adresse für jeden Server korrekt ist.

Wenn Sie die Adresse Ihres Servers oder Gateways nicht **ping**en können, ist der Server oder das Gateway entweder nicht vorhanden oder es wurde die falsche Adresse eingegeben.

Wenn Sie sich mit einem Server nicht über den Gerätenamen verbinden können, besteht u.U. ein Problem mit Ihrer WINS-Serververbindung, der die Namensauflösung des NetBIOS ermöglicht, oder der WINS-Server löst die Namen nicht auf. Um zu erkennen, ob Sie mit dem WINS-Server kommunizieren können, **ping**en Sie die Adresse des Servers.

Um eine gültige IP-Adresse festzulegen oder eine IP-Adresse zu ändern, können Sie die TCP/IP-Eigenschaften in den Netzwerkeigenschaften auf folgende Weise ändern:

1. Klicken Sie in der Systemsteuerung das Netzwerk doppelt an.
2. Klicken Sie im Protokoll-Menü das TCP/IP-Protokoll und dann Eigenschaften an.
3. Klicken Sie das Menü für den entsprechenden Server an.
4. Wenn Sie einen Server oder ein Gateway hinzufügen wollen, klicken Sie *Hinzufügen* an. Wenn Sie eine existiererende Server- oder Gateway-Adresse ändern wollen, klicken Sie die entsprechende Server- oder Gateway-Adresse an und klicken Sie dann *Bearbeiten* an.
5. Geben Sie die neue IP-Adresse des Servers oder Gateways ein und klicken Sie auf OK.
6. Klicken Sie erneut auf OK und klicken Sie auf *Schließen*. Es kann erforderlich sein, den Computer nach diesem Schritt neu zu starten.
7. Testen Sie die Verbindungsmöglichkeit mit der IP-Adresse des Servers oder Gateways erneut mit dem Befehl **ping**.

7.5.4 Das Pingen der externen Ziel-IP-Adresse

Sie sollten versuchen, den Computer zu **ping**en, mit dem Sie Verbindungsprobleme haben. Wenn Sie den Computer nicht an**ping**en können, könnte das Problem durch eine falsche Zieladresse oder Subnetzmaske verursacht werden. Sie sollten den Netzwerkadministrator des Zielsystems oder den Besitzer des Computers kontaktieren, mit dem Sie sich verbinden wollen, um die korrekte IP-Adresse zu erhalten.

Entsprechend kann es notwendig sein, die anderen zugehörigen Dienste zu überprüfen, die auf dem Zielcomputer ausgeführt werden. Wenn Sie zum Beispiel versuchen, sich per Telnet mit dem externen Computer zu verbinden, sollten Sie sicherstellen, dass der Telnet-Serverdienst auf dem Zielcomputer aktiv ist. Versuchen Sie hierzu, sich mit dem externen Computer über einen anderen Host zu verbinden, am besten mit einem, der sich im selben Subnetz befindet wie der Zielcomputer.

7.5.5 Das Werkzeug tracert

Mit dem Werkzeug **tracert** eines NT-Hosts können Sie jede Verbindung überprüfen, die ein TCP/IP-Paket auf seinem Weg zu einem Ziel durchläuft. Die Syntax des Befehls **tracert** ist

tracert [-d] [-h *maximale-Hopzahl*] [-j *Hostliste*] [-w *Timeout*] *Zielname*

Seine Parameter sind folgende:

Parameter	Beschreibung
-d	Gibt an, dass die Adressen nicht nach Hostnamen aufgelöst werden sollen.
-h *maximale-Hopzahl*	Legt die maximal erlaubte Hopanzahl bei der Suche nach dem Ziel fest.
-j *Hostliste*	Legt eine lockere Quellroute (loose Source-Route) entlang der Host-Liste fest.
-w *Timeout*	Wartet die durch den *Timeout* angegebene Anzahl von Millisekunden auf jede Antwort.
Zielname	Der Name oder die IP-Adresse des Zielhosts.

Mögliche Fehlermeldungen sind der Stern (*) und die Meldung request timed out (Wartezeit abgelaufen). Diese Meldung kennzeichnet ein Problem mit dem Router (entweder den Router, den das Paket passierte, oder der erste, der mit einem Timeout antwortete) oder anderswo im Netzwerk.

Ein anderer häufiger Fehler ist die Meldung, dass ein Zielnetzwerk nicht erreichbar ist. Dieser Fehler kann anzeigen, dass sich ein Proxy oder eine Firewall zwischen Ihrem Computer und dem durch den **tracert**-Befehl anvisierten Computer befindet.

7.5.6 Die Überprüfung der Routing-Tabelle auf einem Windows-NT-System

Um die Routing-Tabelle auf einem Windows-NT-System zu überprüfen, geben Sie den Befehl **route print** an einer Befehlseingabe ein. In diesem Beispiel ist die lokale IP-Adresse 192.1.1.3 und das Standard-Gateway ist 192.1.1.254. Die Ausgabe sollte der Tabelle 7.5 ähneln.

Netzwerkadresse (network destination)	Netzmaske (Netmask)	Gateway-Adresse (Gateway)	Schnittstelle (Interface)	Metrik (Metric)
0.0.0.0	0.0.0.0	192.1.1.254	192.1.1.3	1
192.1.0.0	255.255.0.0	192.1.1.3	192.1.1.3	1
192.1.1.3	255.255.255.255	127.0.0.1	127.0.0.1	1
192.255.255.255	255.255.255.255	192.1.1.3	192.1.1.3	1
127.0.0.1	255.0.0.0	127.0.0.1	127.0.0.1	1
224.0.0.0	224.0.0.0	192.1.1.3	192.1.1.3	1
255.255.255.255	255.255.255.255	192.1.1.3	192.1.1.3	1

Tabelle 7.5: Eine Windows NT-Routing-Tabelle.

Die Einträge in der Tabelle 7.5 sind von oben nach unten

- Standard-Gateway
- Lokales Netzwerk
- Lokaler Host
- Netzwerk-Broadcast
- Loopback
- Multicast-Adresse
- Begrenzter Broadcast

Beachten Sie, dass die Reihenfolge der Routing-Tabelleneinträge variieren kann. Wenn das TCP/IP an mehr als eine Netzwerkkarte in Ihrem Computer gebunden ist, werden Sie zusätzliche Einträge in Ihrer Tabelle finden.

Stellen Sie sicher, dass hier kein Tabelleneintrag für den gesuchten Computer auf ein falsches Gateway zeigt. Um einen Eintrag in der Routing-Tabelle zu entfernen, geben Sie Folgendes ein:

`route delete [Ziel-IP] mask [Subnetzmaske] [Gateway]`

wobei *Ziel-IP* die IP-Adresse des Eintrags, *Subnetzmaske* die Subnetzmaske und *Gateway* das Gateway ist.

7.5.7 Die Entleerung des ARP-Cache eines Windows-NT-Systems

Sie sollten versuchen, ein Adressenproblem mit der Entleerung des ARP-Cache zu lösen. Der ARP-Cache ist eine Liste mit unlängst aufgelösten Zuordnungen von IP-Adressen und MAC-

Adressen. Wenn ein Eintrag im ARP-Cache falsch ist, wird das TCP/IP-Paket an den falschen Computer gesendet. Bild 7.24 zeigt eine Ausgabe auf den Befehl **arp -a**, der den Cache zeigt.

```
C:\>arp -a
Interface: 192.1.1.3 on Interface 2
Internet address      Physical address      Type
192.1.1.1             08-00-02-06-ed-20     dynamic
192.1.1.2             08-00-02-0a-a3-10     dynamic
```

*Bild 7.24:
Der Befehl arp –a zeigt alle Einträge aus einem Windows-NT-ARP-Cache.*

Mit dem Befehl **arp -d** [*IP-Adresse*] können Sie Einträge entfernen, wobei *IP-Adresse* die IP-Adresse des falschen Eintrags kennzeichnet.

Wenn Sie das TCP/IP in Ihrem Netzwerk verwenden und die korrekten IP-Einstellungen überprüft haben, beginnt der Abschnitt der Auflösung von Nicht-IP-Einheiten mit NBT – NetBEUI über TCP/IP. Diese Herangehensweise beinhaltet die Prüfung der DNS-Konfiguration sowie der HOSTS- und LMHOSTS-Dateien.

7.5.8 Die DNS-Konfiguration

Wenn Sie sich mit dem Server nur über die IP-Adresse verbinden können, kann das Problem mit Ihrem DNS-Dienst zusammenhängen. Wenn Sie keine DNS-Serveradresse konfiguriert haben, können Sie im Netzwerk nicht über Domänennamen kommunizieren. Sie müssen Ihren Netzwerkadministrator kontaktieren, um eine gültige DNS-Serveradresse zu erhalten. Wenn Sie eine gültige DNS-Adresse besitzen, müssen Sie Ihre TCP/IP-Einstellungen oder den Eintrag für die Netzwerkeinwahl aktualisieren.

7.5.9 Die HOSTS-Datei

Sie sollten die HOSTS-Datei auf einen falschen Eintrag überprüfen. Die HOSTS-Datei befindet sich gewöhnlich im Verzeichnis Winnt\System32\Drivers\Etc. Die HOSTS-Datei ist eine Textdatei, die Sie mit jedem Texteditor bearbeiten können (z.B. Notepad).

Durchsuchen Sie die Datei nach dem Host-Namen, mit dem Sie sich verbinden wollen und überprüfen Sie, ob alle Einträge korrekt sind. Entfernen oder korrigieren Sie alle falschen Einträge.

7.5.10 Die LMHOSTS-Datei

Die LMHOSTS-Datei befindet sich gewöhnlich im Verzeichnis Winnt\System32\Drivers\Etc. Die LMHOSTS-Datei ist eine Textdatei, die Sie mit jedem Texteditor bearbeiten können (z.B. Notepad). Überprüfen Sie die LMHOSTS-Datei nach einem falschen Eintrag. Durchsuchen Sie die Datei nach dem Host-Namen, mit dem Sie sich verbinden wollen, und überprüfen Sie, ob alle Einträge korrekt sind.

Microsoft empfiehlt, dass Sie, wenn irgendwelche #include-Einträge vorhanden sind, diese zeitweilig entfernen sollten. Entfernen Sie auch alle Blöcke mit #BEGIN_ALTERNATE bis #END_ALTERNATE.

Wenn die Entfernung der Zeilen in der LMHOSTS-Datei das Problem beseitigt, fügen Sie eine Zeile nach der anderen wieder ein, bis das Problem wieder auftaucht. Suchen Sie daraufhin die zugehörigen LMHOSTS-Dateien, auf die die gerade hinzugefügte Zeile verweist. Dieser Prozess der Eliminierung könnte die Ursache des Problems isolieren.

7.5.11 Winsock-Proxy-Probleme

Das NT-System könnte zur Verwendung eines Proxy-Agenten für Verbindungen zu externen Hosts konfiguriert sein. Dieser Proxy kann Probleme verursachen, wenn das NT-System versucht, sich mit Hosts zu verbinden, die nicht über den Proxy laufen sollten.

Um eine Winsock-Proxy-Einstellung zu überprüfen, müssen Sie in der Systemeinstellung ein WSP-Icon suchen. Wenn ein Icon vorhanden ist, versuchen Sie es zu deaktivieren, indem Sie den Enable Winsock Proxy entleeren. Überprüfen Sie die Client-Checkbox. Versuchen Sie nach einem Neustart des NT-Systems die Verbindung erneut.

Wenn die Checkbox bereits entleert wurde, klicken Sie sie an, um sie auszuwählen. Es könnte nötig sein, Ihren Systemadministrator nach dem Namen des Proxy-Servers zu fragen, oder Sie suchen auf einem Computer, mit dem Sie sich verbinden können, nach den WSP-Informationen und kopieren diese.

Viele Webbrowser verfügen über eine eingebaute Proxy-Unterstützung. Wenn Sie versuchen, sich per HTTP mit einer externen Webseite zu verbinden, müssen Sie evtl. die Proxy-Unterstützung auf dem NT-System deaktivieren oder auch aktivieren.

Lesen Sie die Dokumentation Ihrer Webbrowser-Software in Hinsicht auf Informationen über Proxies. Wenn Sie zum Beispiel den Browser von Netscape an Stelle des Internet Explorers von Microsoft verwenden, sollten Sie die Webseite home.netscape.com aufrufen.

> **ANMERKUNG**
>
> Wenn Sie eine NetBEUI-Umgebung verwenden müssen, ist der Suchabschnitt zur Auflösung einer Einheit anders als in einer TCP/IP-Umgebung. Das NetBEUI-Verfahren enthält die folgenden Suchabschnitte zur Auflösung von Quellen: die lokale HOSTS-Datei, dann WINS, dann die LMHOSTS-Datei und schließlich jedes DNS.

7.6 Zusammenfassung

Wenn etwas in Ihrem TCP/IP-Netzwerk nicht stimmt, müssen Sie eine systematische Methode einsetzen, um zu bestimmen, ob das Problem mit der Software, der Hardware oder dem Netzwerk zusammenhängt.

Die Cisco-Router verfügen über ein sehr großes Sortiment von eingebauten Werkzeugen, die Ihnen helfen können. Versuchen Sie zuerst den erweiterten **ping**-Befehl, den **trace**-Befehl, die **show**-Befehle und die **debug**-Befehle. Sie werden es bei Ihren Anstrengungen zur Fehlerbestimmung vermutlich einfacher haben, wenn Sie den Bereich Ihrer Aktionspläne einteilen.

Überprüfen Sie bei Bedarf, ob die TCP/IP-Konfigurationen auf den Windows-NT/95/98-Hosts korrekt funktionieren. Es gibt ergänzende Werkzeuge, um das Netzwerk aus der Sicht des Hosts zu überprüfen.

Wenn die TCP/IP-Konfigurationen korrekt sind, überprüfen Sie anschließend die verschiedenen Auflösungsfunktionen wie z.B. die Einträge in der HOSTS- und der LMHOSTS-Datei. Überprüfen Sie auch die Server wie z.B. die WINS- und die DNS-Server.

Während Sie die Fakten sammeln, sollten Sie auch die Probleme berücksichtigen, die durch die Verbindung des nicht routbaren NetBEUI von Microsoft mit den TCP/IP-Routing-Protokolle entstehen können.

Oft treten diese Probleme (wie z.B. ungenaue Browsing-Listen) auf, wenn ein Windows-NT/95/98-Netzwerk wächst und komplexere Sicherheits- oder Domänenkonfigurationen nötig werden.

Ein zusätzliches Problem kann durch Endbenutzer verursacht werden, die ihre Workstations derart fehlkonfigurieren, dass Konflikte mit der Adressierung, den Subnetzmasken und den Serverrollen auftreten, die durch den Netzwerkadministrator festgelegt wurden.

Wenn Sie mehr über Windows-NT/95/98-Netzwerkprobleme herausfinden wollen, können einige Bücher und Kurse, die zum Teil von Microsoft selbst angeboten werden, die Informationen in diesem Kapitel ergänzen. Details können Sie unter www.microsoft.com finden.

7.7 Test 7: Die Fehlersuche bei TCP/IP-Verbindungen

Geschätzte Zeit: 15 Minuten

Lösen Sie alle Aufgaben, um Ihr Wissen bezüglich der in diesem Kapitel enthaltenen Themen zu überprüfen. Die Antworten finden sich im Anhang A, »Antworten zu den Tests«.

Beantworten Sie die folgenden Fragen anhand der in diesem Kapitel enthaltenen Informationen.

Frage 7.1

Mit welchen vier Befehlen werden die meisten TCP/IP-Probleme erkannt?

1. _____
2. _____
3. _____
4. _____

Frage 7.2

Geben Sie die erforderliche Befehlssyntax für die folgenden Aufgaben an:

1. Anzeige von OSPF-Informationen

_____

2. Anzeige der Funktionsfähigkeit einer Schnittstelle

_____

3. Anzeige der Netzwerkanzahl in den IP-Routing-Tabellen

4. Bestimmung, ob der Router Netzwerk-Unerreichbarkeits-Meldungen aussendet

5. Anzeige der Einstellung des OSPF-Hello-Intervalls auf dem Router

Frage 7.3

Geben Sie vier Möglichkeiten an, wie Windows-Netzwerkverkehr über einen Cisco-Router übertragen werden kann.

Frage 7.4

Geben Sie auf einem Windows-NT-System die Befehle an, um

1. die Routing-Tabelle anzuzeigen.

2. alle Einträge aus dem ARP-Cache zu entleeren.

KAPITEL 8

Die Fehlersuche bei Novell-Verbindungen

Dieses Kapitel beschäftigt sich mit speziellen Fehlersuchtipps und -techniken für die NetWare-Protokollsuite von Novell. Diese sollen Sie auf eine echte Fehlersuche in der beruflichen Praxis vorbereiten.

> **ANMERKUNG**
>
> Dieses Kapitel konzentriert sich speziell auf Novell-Netzwerke, die auf der Kommunikation des Protokolls Internetwork-Packet-Exchange (IPX)/Sequenced-Packet-Exchange (SPX) basiert. Wenn Sie mit einem NetWare 5-Netzwerk arbeiten, das das reine IP unterstützt (d.h., die NetWare-Befehle setzen auf dem Transmission-Control-Protokoll/Internet-Protokoll [TCP/IP] auf und nicht auf IPX), sollten Sie das Kapitel 7, »Die Fehlersuche bei TCP/IP-Verbindungen« heranziehen.

8.1 Die Diagnose-Werkzeuge eines Routers für NetWare von Novell

Auf Cisco-Routern werden vor allem drei Werkzeuge für die Fehlersuche in Novell-Netzwerken eingesetzt:

- ping
- show
- debug

Die folgenden Abschnitte konzentrieren sich auf die Novell-spezifischen Parameter, die mit diesen Befehlen verwendet werden können.

8.1.1 Der IPX-Befehl ping

Der IPX-Befehl **ping** funktioniert nur auf Cisco-Routern, die die IOS-Version 8.2 oder neuer betreiben. In der Standardeinstellung sendet der IPX-Befehl **ping** Cisco-proprietäre **pings** aus. Auf diesen Befehl werden keine Novell-IPX-Geräte antworten. Um den neuen Novell-**ping** zu verwenden, müssen Sie den Befehl **ipx ping-default novell** ausführen. Novell **pingt** in Übereinstimmung mit der Spezifikation des Novell-NetWare-Link-Services-Protokolls (NLSP). Sie müssen das NLSP aber nicht betreiben, um den Novell-**ping** auszuführen. Die Datei IPXPING.NLM ist in der NetWare-IPXRTR-Datei enthalten. Bild 8.1 zeigt eine Beispielausgabe auf den Novell-Befehl **ping**.

Bild 8.1: Novell-pings sind nützliche Werkzeuge, um die Schicht 3 zu testen.

```
Router# ping
Protocol [ip]: ipx
Target IPX address: 211.0000.0c01.f4cf
Repeat count [5]:
Datagram size [100]:
Timeout in seconds [2]:
Verbose [n]:
Novell Standard Echo [n]:y
Type escape sequence to abort.
Sending 5 100-byte IPX echoes to 211.0000.0c01.f4cf, timeout is 2 seconds.
!!!!!
Success rate is 100 percent (0/5)
```

8.1.2 Die show-Befehle des IPX

Einige der meistverwendeten **show**-Befehle, um Probleme in IPX-Netzwerken mit einem Cisco-Router zu bestimmen, sind folgende

- **show ipx eigrp topology**
- **show ipx interface**
- **show ipx nlsp database**
- **show ipx route**
- **show ipx servers**
- **show ipx traffic**

Die **show**-Befehle liefern wichtige Informationen über Schnittstellenzustände, den Protokollstatus, die Erreichbarkeit von Nachbarn und den Verkehr. Die folgenden Abschnitte beschreiben einige Möglichkeiten, wie diese Befehle für eine Fehlersuche in IPX-Netzwerken eingesetzt werden können

> **ANMERKUNG**
>
> Weitere Details über diese Befehle finden Sie in der *Cisco-IOS-Befehlsreferenz*.

Der Befehl show ipx eigrp topology

Der Befehl **show ipx eigrp topology** zeigt die Topologie-Tabelle des IPX-Erweiterten-Interior-Gateway-Routing-Protokolls (Enhanced IGRP). Ein verwandter Befehl lautet **show ipx eigrp neighbors**, der die Nachbarn anzeigt, die durch das Erweiterte IGRP entdeckt wurden. Bild 8.2 zeigt eine Beispielausgabe auf den Befehl **show ipx eigrp topology**.

```
Router# show ipx eigrp topology
IPX EIGRP Topology Table for process 109
Codes: P - Passive, ein - Active, U - Update, Q - Query, R - Reply,
r - Reply status
P 42, 1 successors, FD is 0
    via 160.0000.0c00.8ea9 (345088/319488), Ethernet0
P 160, 1 successor via Connected, Ethernet
    via 160.0000.0c00.8ea9 (307200/281600), Ethernet0
P 165, 1 successors, FD is 307200
    via Redistributed (287744/0)
    via 160.0000.0c00.8ea9 (313344/287744), Ethernet0
P 164, 1 successors, flags: U, FD is 200
    via 160.0000.0c00.8ea9 (307200/281600), Ethernet1
    via 160.0000.0c01.2b71 (332800/307200), Ethernet1
P A112, 1 successors, FD is 0
    via Connected, Ethernet2
    via 160.0000.0c00.8ea9 (332800/307200), Ethernet0
P AAABBB, 1 successors, FD is 10003
    via Redistributed (287744/0),
    via 160.0000.0c00.8ea9 (313344/287744), Ethernet0
A A112, 0 successors, 1 replies, state: 0, FD is 0
    via 160.0000.0c01.2b71 (307200/281600), Ethernet1
    via 160.0000.0c00.8ea9 (332800/307200), r, Ethernet1
```

Bild 8.2:
Die EIGRP-Topologie-Tabelle zeigt Informationen über Nachfolger (Successors), die durch die Feasible-Distanz (mögliche Distanz) bestimmt werden.

Die folgenden Felder sind in Bild 8.2 gezeigt:

Feld	Beschreibung
Codes	Status dieses Topologie-Tabelleneintrags. Passive und Active beziehen sich auf den Status des Erweiterten IGRPs in Hinsicht auf dieses Ziel. Update (Aktualisierung), Query (Anfrage) und Reply (Antwort) beziehen sich auf den gesendeten Pakettyp:
	P – Passive Für dieses Ziel werden keine Erweiterten IGRP-Berechnungen ausgeführt.
	A – Active Für dieses Ziel werden Erweiterte IGRP-Berechnungen ausgeführt.
	U – Update Zeigt an, dass ein Update-Paket an dieses Ziel gesendet wurde.
	Q – Query Zeigt an, dass ein Anfrage-Paket an dieses Ziel gesendet wurde.
	R – Reply Zeigt an, dass ein Antwort-Paket an dieses Ziel gesendet wurde.
	r – Reply status Markierung, die gesetzt wird, nachdem die Cisco-IOS-Software eine Anfrage gesendet hat und auf eine Antwort wartet.
42, 160 usw.	Zielnetzwerknummer des IPX.
successors	Anzahl der Nachfolger. Diese Zahl entspricht der Anzahl von nächsten Hops in der IPX-Routing-Tabelle.
FD	Feasible-Distanz. Dieser Wert wird bei der Überprüfung des Feasibility-(Durchführbarkeits-)Zustands verwendet. Wenn die gemeldete Distanz des Nachbarn (die Metrik nach dem Schrägstrich) kleiner als die Feasible-Distanz ist, ist der Feasibility-Zustand erfüllt und der Pfad wird zu einem möglichen Nachfolger (Feasible-Successor). Wenn der Router erkennt, dass er einen möglichen Nachfolger hat, muss er keine Anfrage nach diesem Ziel senden.
replies	Anzahl der noch ausstehenden Antworten (die noch nicht empfangen wurden) in Bezug auf dieses Ziel. Diese Informationen erscheinen nur dann, wenn sich das Ziel im Zustand Active befindet.
state	Der exakte Erweiterte IGRP-Zustand, in dem sich dieses Ziel befindet. Die Zahlen 0, 1, 2 oder 3 sind möglich. Sie erscheinen nur dann, wenn sich das Ziel im Zustand Active befindet.

Feld	Beschreibung
via	IPX-Adresse der gegenüberliegenden Station (des Peers), die die Cisco-IOS-Software über dieses Ziel unterrichtete. Die ersten *n* dieser Einträge, wobei *n* die Anzahl der Nachfolger ist, sind die aktuellen Nachfolger. Die restlichen Einträge in der Liste sind mögliche Nachfolger.
(345088/319 488)	Die erste Zahl ist die Erweiterte IGRP-Metrik, die die Kosten zum Ziel widerspiegeln. Die zweite Zahl ist die Erweiterte IGRP-Metrik, die diese Station (dieser Peer) anmeldete.
Ethernet0	Die Schnittstelle, von der diese Informationen erlernt wurden.

Der Befehl show ipx interface

Der Befehl **show ipx interface** zeigt die konfigurierten Parameter und den Zustand der IPX-Schnittstellen. Bild 8.3 zeigt eine Beispielausgabe auf den Befehl **show ipx interface**.

```
Router# show ipx interface ethernet 1
Ethernet1 is up, line protocol is up
  IPX address is C03.0000.0c05.6030, NOVELL-ETHER [up] line-up,
RIPPQ: 0, SAPPQ : 0
  Delay of this Novell network, in ticks is 1
  IPXWAN processing not enabled on this interface.
  IPX SAP update interval is 1 minute(s)
  IPX type 20 propagation packet forwarding is disabled
  Outgoing access list is not set
  IPX Helper access list is not set
  SAP Input filter list is not set
  SAP Output filter list is not set
  SAP Router filter list is not set
  SAP GNS output filter list is not set
  Input filter list is not set
  Output filter list is not set
  Router filter list is not set
  Netbios Input host access list is not set
  Netbios Input bytes access list is not set
  Netbios Output host access list is not set
  Netbios Output bytes access list is not set
  Update time is 60 seconds
  IPX accounting is enabled
  IPX fast switching is configured(enabled)
  IPX SSE switching is disabled
```

Bild 8.3:
Der Befehl show ipx interface liefert hilfreiche Informationen zur Überprüfung und zur Problembehebung von Schnittstellenkonfigurationen.

Die folgenden Felder sind in Bild 8.3 gezeigt:

Feld	Beschreibung
Ethernet1 is..., line protocol is...	Schnittstellentyp und ob sie momentan aktiv und im Netzwerk eingefügt ist (up) oder inaktiv und nicht eingefügt (down).
IPX address is...	Netzwerk- und Knotenadresse der lokalen Router-Schnittstelle, gefolgt vom auf der Schnittstelle konfigurierten Einkapselungstyp und dem Schnittstellenzustand.
NOVELL-ETHER	Auf der Schnittstelle verwendeter Einkapselungstyp, wenn überhaupt.
[up] line-up	Zeigt an, ob das IPX-Routing auf der Schnittstelle aktiviert oder deaktiviert ist. *line-up* zeigt an, dass das IPX-Routing mit dem Befehl **ipx routing** aktiviert wurde. *line-down* zeigt an, dass es nicht aktiviert wurde. Das Wort in eckigen Klammern liefert weitere Einzelheiten über den Status des IPX-Routings, wenn er sich gerade im Aktivierungs- oder Deaktivierungsprozess befindet.
RIPPQ	Anzahl der Pakete in der RIP-Queue (Warteschlange).
SAPPQ	Anzahl der Pakete in der SAP-Queue.
Secondary Adresse is ...	Eventuelle Adresse eines zweiten Netzwerks, das auf dieser Schnittstelle konfiguriert wurde, gefolgt vom auf der Schnittstelle konfigurierten Einkapselungstyp und dem Schnittstellenzustand. Diese Zeile wird nur dann angezeigt, wenn Sie eine zweite Adresse konfiguriert haben.
Delay of this IPX Netzwerk, in ticks, ...	Wert des Ticks-Felds (das mit dem Befehl **ipx delay** konfiguriert wird).
Throughput	Durchsatz der Schnittstelle (konfiguriert mit dem Interface-Konfigurationsbefehl **ipx spx-idle-time**).
link delay	Verbindungsverzögerung der Schnittstelle (konfiguriert mit dem Interface-Konfigurationsbefehl **ipx link-delay**).

Feld	Beschreibung
IPXWAN processing...	Zeigt an, ob die IPXWAN-Verarbeitung auf dieser Schnittstelle mit dem Befehl **ipx ipxwan** aktiviert ist.
IPX SAP update interval	Zeigt die Frequenz der ausgehenden SAP-Updates an (konfiguriert mit dem Befehl **ipx update interval**).
IPX type 20 propagation packet forwarding...	Zeigt an, ob die Weiterleitung von Verbreitungspaketen des IPX-Typs 20 (vom NetBIOS verwendet) auf dieser Schnittstelle aktiviert oder deaktiviert ist, je nachdem. Dies wird mit dem Befehl **ipx type-20-propagation** konfiguriert.
Outgoing access list	Zeigt an, ob eine Access-Liste mit dem Befehl **ipx access-group** aktiviert wurde.
IPX Helper access list	Nummer der Broadcast-Helper-Liste, die der Schnittstelle mit dem Befehl **ipx helper-list** zugeordnet wurde.
SAP Input filter list	Nummer des SAP-Eingangsfilters, der der Schnittstelle mit dem Befehl **ipx input-sap-filter** zugeordnet wurde.
SAP Output filter list	Nummer des SAP-Ausgabefilters, der der Schnittstelle mit dem Befehl **ipx output-sap-filter** zugeordnet wurde.
SAP Router filter list	Nummer des SAP-Routerfilters, der der Schnittstelle mit dem Befehl **ipx router-sap-filter** zugeordnet wurde.
SAP GNS output filter list	Nummer des Get-Nearest-Server-(GNS-)Antwortfilters, der der Schnittstelle mit dem Befehl **ipx output-gns-filter** zugeordnet wurde.
Input filter list	Nummer des Eingangsfilters, der der Schnittstelle mit dem Befehl **ipx input-network-filter** zugeordnet wurde.
Output filter list	Nummer des Ausgabefilters, der der Schnittstelle mit dem Befehl **ipx output-network-filter** zugeordnet wurde.
Router filter list	Nummer des Routereintragfilters, der der Schnittstelle mit dem Befehl **ipx router-filter** zugeordnet wurde.
Netbios Input Host access list	Name des IPX-NetBIOS-Eingabe-Host-Filters, der der Schnittstelle mit dem Befehl **ipx netbios input-access-filter host** zugeordnet wurde.

Feld	Beschreibung
Netbios Input Bytes access list	Name des IPX-NetBIOS-Eingabe-Bytes-Filters, der der Schnittstelle mit dem Befehl **ipx netbios input-access-filter bytes** zugeordnet wurde.
Netbios Output Host access list	Name des IPX-NetBIOS-Ausgabe-Host-Filters, der der Schnittstelle mit dem Befehl **ipx netbios input-access-filter host** zugeordnet wurde.
Netbios Output Bytes access list	Name des IPX-NetBIOS-Ausgabe-Bytes-Filters, der der Schnittstelle mit dem Befehl **ipx netbios input-access-filter Bytes** zugeordnet wurde.
Update time	Das Zeitintervall, in dem Cisco-IOS-Software RIP-Updates aussendet, das mit dem Befehl **ipx update sap-after-rip** konfiguriert wird.
Watchdog spoofing ...	Zeigt an, ob das Watchdog-Spoofing, das mit dem Befehl **ipx watchdog-spoof** konfiguriert wird, für diese Schnittstelle aktiviert oder deaktiviert ist. Diese Information wird nur bei seriellen Schnittstellen angezeigt.
IPX accounting	Zeigt an, ob das IPX-Accounting mit dem Befehl **ipx accounting** aktiviert wurde.
IPX SSE switching	Zeigt an, ob das IPX-SSE-Switching, das mit dem Befehl **ipx route-cache sse** konfiguriert wird, für diese Schnittstelle aktiviert wurde.

Der Befehl show ipx nlsp database

DerBefehl **show ipx nlsp database** zeigt die Einträge in der Verbindungszustandsdatenbank. Ein verwandter Befehl lautet **show ipx nlsp neighbors**. Dieser zeigt die NLSP-Nachbarn des Routers und deren Zustände. Bild 8.4 zeigt eine Beispielausgabe auf den Befehl **show ipx nlsp database**.

```
LSPID                    LSP Seq Num   LSP Checksum   LSP Holdtime   ATT/P/OL
0000.0C00.3097.00-00*    0x00000042    0xC512         699            0/0/0
0000.0C00.3097.06-00*    0x00000027    0x0C27         698            0/0/0
0000.0C02.7471.00-00     0x0000003A    0x4A0F         702            0/0/0
0000.0C02.7471.08-00     0x00000027    0x0AF0         702            0/0/0
0000.0C02.747D.00-00     0x0000002E    0xC489         715            0/0/0
0000.0C02.747D.06-00     0x00000027    0xEEFE         716            0/0/0
0000.0C02.747D.0A-00     0x00000027    0xFE38         716            0/0/0
0000.0C02.74AB.00-00     0x00000035    0xE4AF         1059           0/0/0
0000.0C02.74AB.0A-00     0x00000027    0x34A4         705            0/0/0
0000.0C06.FBEE.00-00     0x00000038    0x3838         1056           0/0/0
0000.0C06.FBEE.0D-00     0x0000002C    0xD248         1056           0/0/0
0000.0C06.FBEE.0E-00     0x0000002D    0x7DD2         1056           0/0/0
0000.0C06.FBEE.17-00     0x00000029    0x32FB         1056           0/0/0
0000.0C00.AECC.00-00*    0x000000B6    0x62A8         7497           0/0/0
  IPX Area address: 00000000 00000000
  IPX Mgmt Info 87.0000.0000.0001  Ver 1  Name oscar
  Metric: 45  Lnk 0000.0C00.AECC.06  MTU 1500  Dly 8000  Thru 64K    PPP
  Metric: 20  Lnk 0000.0C00.AECC.02  MTU 1500  Dly 1000  Thru 10000K 802.3 Raw
  Metric: 20  Lnk 0000.0C01.EF90.0C  MTU 1500  Dly 1000  Thru 10000K 802.3 Raw
0000.0C00.AECC.02-00*    0x00000002    0xDA74         3118           0/0/0
  IPX Mgmt Info E0.0000.0c00.aecc  Ver 1  Name Ethernet0
  Metric: 0   Lnk 0000.0C00.AECC.00  MTU 0     Dly 0     Thru 0K     802.3 Raw
0000.0C00.AECC.06-00*    0x00000002    0x5DB9         7494           0/0/0
  IPX Mgmt Info 0.0000.0000.0000  Ver 1  Name Serial0
  Metric: 0   Lnk 0000.0C00.AECC.00  MTU 0     Dly 0     Thru 0K     PPP
  Metric: 1   IPX Ext D001  Ticks 0
  Metric: 1   IPX SVC Second-floor-printer  D001.0000.0000.0001  Sock 1  Type 4
```

*Bild 8.4: Mit dem Befehl **show ipx nlsp database** können Sie den NLSP-Betrieb überprüfen.*

Die folgenden Felder sind in Bild 8.4 gezeigt:

Feld	Beschreibung
LSPID	System-ID (Netzwerknummer), Pseudoknoten-Circuit-ID und Fragmentnummer.
LSP Seq Num	Sequenznummer dieses Verbindungszustandspakets (LSP = Link-State-Packet).
LSP Checksum	Prüfsumme dieses LSP.
LSP Holdtime	Zeit, bis dieses LSP ungültig wird, in Stunden oder Sekunden.

Feld	Beschreibung
ATT/P/OL	Zeigt an, welche der 3 Bits gesetzt sind. 1 bedeutet, dass das Bit gesetzt ist, und 0 bedeutet, dass es nicht gesetzt ist. ATT ist das L2-Angeschlossen-Bit. OL ist das Überlastungs-Bit. P ist das Partitions-Reparatur-Bit. Dieses Bit wird im NLSP nicht verwendet.
IPX Area Address:	Area-Adresse des Routers, der das LSP anzeigt.
IPX Mgmt Info	Management-Informationen. Für Nicht-Pseudoknoten-LSPs wird in diesem Feld die interne Netzwerknummer angezeigt. Für Pseudoknoten-LSPs wird hiermit die Netzwerknummer der zugehörigen Schnittstelle angezeigt.
Ver	Die NLSP-Version auf dem anzeigenden Router.
Name	Bei Nicht-Pseudoknoten-LSPs der Name des Routers. Bei Pseudoknoten-LSPs der Name (oder die konfigurierte Beschreibung) der zugehörigen Schnittstelle.
Link Information	Informationen über die Verbindung.
Metric:	NLSP-Metrik (Kosten) für die Verbindung. Verbindungen von einem Pseudoknoten zu echten Knoten haben Kosten von 0, daher werden diese Verbindungskosten nicht doppelt gezählt.
Lnk	System-ID des benachbarten Knotens.
MTU	MTU der Verbindung in Bytes. Bei Pseudoknoten-LSPs zeigt der Wert in diesem Feld immer 0.
Dly	Verzögerung der Verbindung in Mikrosekunden. Bei Pseudoknoten-LSPs zeigt der Wert in diesem Feld immer 0.
Thru	Durchsatz der Verbindung in Bits pro Sekunde. Bei Pseudoknoten-LSPs zeigt der Wert in diesem Feld immer 0.
802.3 Raw, Generic LAN	Medientyp der Verbindung.
External (RIP) Networks	Informationen über ein externes (RIP-)Netzwerk.
Metric:	Empfangene RIP-Hop-Zahl.
IPX Ext	IPX-Netzwerknummer.
Ticks	Empfangene RIP-Tick-Zahl.
SAP Services	Informationen über SAP-Dienste.
Metric:	Empfangene SAP-Hop-Zahl.
IPX SVC	Name des IPX-Dienstes.
D001.000.0000.0001	IPX-Adresse des Servers, der diesen Dienst anzeigt.
Sock	Socket-Nummer des Dienstes.
Type	Type-of-Service (Diensttyp).

Der Befehl show ipx route

Der Befehl **show ipx route** zeigt die Inhalte der IPX-Routing-Tabelle an. Sie können zusätzlich eine Netzwerknummer eingeben, um nur den Routing-Tabelleneintrag für das Netzwerk anzuzeigen. Bild 8.5 zeigt eine Beispielausgabe auf den Befehl **show ipx route**.

```
Router# show ipx route
Codes: C - Connected primary network,    c - Connected secondary network
       S - Static, F - Floating static, L - Local (internal), W - IPXWAN
       R - RIP, E - EIGRP, N - NLSP, X - External, ein - Aggregate
       s - seconds, u - uses
8 Total IPX routes. Up to 1 parallel paths und 16 hops allowed.
No default route known.
     L       D40 is die internal network
     C       100 (NOVELL-ETHER), Et1
     C       7000 (TUNNEL),      Tu1
     S       200 via     7000.0000.0c05.6023,       Tu1
     R       300 [02/01] via     100.0260.8c8d.e748,     19s, Et1
     S       2008 via    7000.0000.0c05.6023,       Tu1
     R       CC0001 [02/01] via  100.0260.8c8d.e748,     19s, Et1
```

*Bild 8.5:
In der IPX-Routing-Tabelle sollten alle bekannten Netzwerke angezeigt werden.*

Die folgenden Felder sind in Bild 8.5 gezeigt:

Feld	Beschreibung	
Codes	Codes, die anzeigen, wie die Route erlernt wurde:	
	L – Local	Interne Netzwerknummer.
	C – Connected primary network	Direkt angeschlossenes primäres Netzwerk.
	c – connected secondary network	Direkt angeschlossenes sekundäres Netzwerk.
	S – Static	Statisch durch den Befehl **ipx route** festgelegte Route.
	R – RIP	Durch ein RIP-Update erlernte Route.
	E – EIGRP	Durch ein Erweitertes IGRP-Update erlernte Route.
	W – IPXWAN	Direkt angeschlossene Route, mittels IPXWAN erkannt.

Feld	Beschreibung
8 Total IPX routes	Routenanzahl in der IPX-Routing-Tabelle.
No parallel paths allowed	Maximale Anzahl paralleler Pfade, für die die Cisco-IOS-Software mit dem Befehl **ipx maximum-paths** konfiguriert wurde.
Novell routing algorithm variant in use	Zeigt an, ob die Cisco-IOS-Software die IPX-entsprechenden Routing-Algorithmen verwendet (die Standardeinstellung).
Net 1	Netzwerk, zu dem die Route führt.
[3/2]	Verzögerung/Metrik. Die Verzögerung ist die Menge IBM-Takt-Ticks (jedes Tick ist 1/18 Sekunde), die bis zum Zielnetzwerk gemeldet wurden. Die Metrik ist die Hop-Anzahl, die bis zum selben Netzwerk gemeldet wurden. Die Verzögerung wird als Haupt-Routing-Metrik verwendet und die Metrik (die Hop-Zahl) wird bei gleichen Verzögerungen für eine Entscheidung verwendet.
via Netzwerk. Knoten	Adresse eines Routers, der der nächste Hop zum entfernten Netzwerk ist.
Age	Vergangene Zeitdauer (in Stunden, Minuten und Sekunden), seit Informationen über dieses Netzwerk zuletzt empfangen wurden.
Uses	Die Anzahl, wie oft dieses Netzwerk in der Routentabelle gesucht wurde. Dieses Feld wird hochgezählt, wenn ein Paket prozess-geswitcht wird, auch wenn das Paket schließlich ausgefiltert und nicht gesendet wird. Als solches zeigt dieses Feld eine ungefähre Abschätzung der Routennutzung.
Ethernet0	Schnittstelle, durch die Pakete an das entfernte Netzwerk gesendet werden.
(NOVELL-ETHER)	Einkapselungs-(Frame-)Typ. Dieser wird nur für direkt angeschlossene Netzwerke angezeigt.
is directly connected	Zeigt an, dass das Netzwerk direkt mit dem Router verbunden ist.

Der Befehl show ipx servers

Der Befehl **show ipx servers** zeigt die IPX-Server, die durch Service-Advertising-Protokoll-(SAP-)Anzeigen (Advertisements) entdeckt wurden. Bild 8.6 zeigt eine Beispielausgabe auf den Befehl **show ipx servers**, wenn das NLSP aktiviert ist.

```
Router# show ipx servers
Codes: S - Static, P - Periodic, E - EIGRP, N - NLSP, H - Holddown, ↵
+ = detail
9 Total IPX Servers
Table ordering is based on routing und server info
   Type Name                  Net address              Port  Route Hops  Itf
   N+   4 MERLIN1-VIA-E03     E03E03.0002.0004.0006:0451  4/03    4     Et0
   N+   4 merlin              E03E03.0002.0004.0006:0451  4/03    3     Et0
   N+   4 merlin 123456789012345 E03E03.0002.0004.0006:0451 4/03  3     Et0
   S    4 WIZARD1--VIA-E0     E0.0002.0004.0006:0451     none     2     Eto
   N+   4 dtp-15-AB           E002.0002.0004.0006:0451   none     4     Et0
   N+   4 dtp-15-ABC          E002.0002.0004.0006:0451   none     4     Et0
   N+   4 dtp-15-ABCD         E002.0002.0004.0006:0451   none     4     Et0
   N+   4 merlin              E03E03.0002.0004.0006:0451  4/03    3     Et0
   N+   4 dtp-15-ABC          E002.0002.0004.0006:0451   none     4     Et0
```

*Bild 8.6:
In der SAP-Tabelle sollten alle ungefilterten SAPs angezeigt werden.*

Die folgenden Felder sind in Bild 8.6 gezeigt:

Feld	Beschreibung	
Codes:	Codes, die den erlernten Dienst anzeigen:	
	S – Static	Statisch durch den Befehl **ipx sap** festgelegter Dienst.
	P – Periodic	Der Dienst wurde durch ein SAP-Update erlernt.
	E – EIGRP	Der Dienst wurde durch das Erweiterte IGRP erlernt.
	N – NLSP	Der Dienst wurde durch das NLSP erlernt.
	H – Holddown	Zeigt an, dass der Eintrag sich im Unterdrückungsmodus befindet und nicht erreichbar ist.
	+ – detail	Zeigt an, dass mehrere Pfade zum Server existieren. Mit dem EXEC-Befehl **show ipx servers** können Sie genauere Informationen über die Pfade erhalten.
Type	Enthält die Codes des Code-Felds, um anzuzeigen, wie die Dienste erlernt wurden.	
Name	Name des Servers.	
Net Address	Netzwerk, auf dem sich der Server befindet. Netzwerkadresse des Servers.	
Port	Socket-Nummer der Quelle.	
Route	Ticks/Hops (aus der Routing-Tabelle).	
Hops	Hops (aus dem SAP-Protokoll).	
Itf	Schnittstelle, durch die der Server erreichbar ist.	

Der Befehl show ipx traffic

Der Befehl **show ipx traffic** zeigt Informationen über die Anzahl und den Typ der IPX-Pakete, die der Router ausgesendet und empfangen hat. Bild 8.7 zeigt eine Beispielausgabe auf den Befehl **show ipx traffic**.

Bild 8.7: Der Befehl show ipx traffic liefert eine Zusammenfassung des Overhead-Verkehrs auf dem Router.

```
Router> show ipx traffic
Rcvd:   593135 total, 38792 format errors, 0 checksum errors, 0 bad hop count,
        21542 packets pitched, 295493 local destination, 0 multicast
Bcast:  295465 received, 346725 sent
Sent:   429393 generated, 276100 forwarded
        0 encapsulation failed, 0 no route
SAP:    124 Total SAP requests, 124 Total SAP replies, 4 servers
        5 SAP general requests, 5 replies
        110 SAP Get Nearest Server requests, 110 replies
           5 SAP Nearest Name requests, 5 replies
        4 SAP General Name requests, 4 replies
        27 SAP advertisements received, 103 sent
        4 SAP flash updates sent, 0 SAP format errors
RIP:    4676 RIP requests, 336 RIP replies, 18 routes
        87274 RIP advertisements received, 69438 sent
        74 RIP flash updates sent, 0 RIP format errors
Echo:   Rcvd 0 requests, 0 replies
        Sent 0 requests, 0 replies
        7648 unknown: 0 no socket, 0 filtered, 7648 no helper
        0 SAPs throttled, freed NDB len 0
Watchdog:
        0 packete received, 0 replies spoofed
Queue lengths:
        IPX input: 0, SAP 0, RIP 0, GNS 0
        SAP throttling length: 0/(no limit), 0 nets pending lost route reply
        Delayed process creation: 0
EIGRP:  Total received 0, sent 0
        Updates received 0, sent 0
        Queries received 0, sent 0
        Replies received 0, sent 0
        SAPs received 0, sent 0
NLSP:   Level-1 Hellos received 0, sent 0
        PTP Hello received 0, sent 0
        Level-1 LSPs received 0, sent 0
             LSP Retransmissions: 0
        LSP checksum errors received: 0
        LSP HT=0 checksum errors received: 0
        Level-1 CSNPs received 0, sent 0
        Level-1 PSNPs received 0, sent 0
        Level-1 DR Elections: 0
        Level-1 SPF Calculations: 0
        Level-1 Partial Route Calculations: 0
```

Die folgenden Felder sind in Bild 8.7 gezeigt:

Feld	Beschreibung
593135 total	Gesamtzahl der empfangenen Pakete.
38792 format errors	Anzahl der verworfenen fehlerhaften Pakete (z.B. Pakete mit einem beschädigten Header). Beinhaltet IPX-Pakete, die in einer Einkapselung empfangen wurden, für die diese Schnittstelle nicht konfiguriert ist.
0 checksum errors	Anzahl der Pakete mit einem Prüfsummenfehler. Diese Zahl sollte immer 0 zeigen, weil das IPX nur selten eine Prüfsumme verwendet.
0 bad hop count	Anzahl der verworfenen Pakete, deren Hop-Zahl über 16 war.
21542 packets pitched	Anzahl der empfangenen Broadcast-Pakete, die vom eigenen Gerät stammen.
295493 local destination	Anzahl der Pakete, die an die lokale Broadcast-Adresse oder gesondert an den Router gesendet wurden.
0 multicast	Anzahl der empfangenen Pakete, die an eine IPX-Multicast-Adresse gerichtet waren.
Bcast:	Beschreibung der Broadcast-Pakete, die der Router empfangen und gesendet hat.
295465 received	Anzahl der empfangenen Broadcast-Pakete.
346725 sent	Anzahl der gesendeten Broadcast-Pakete. Sie beinhaltet auch Broadcast-Pakete, die der Router entweder weiterleitet oder erzeugt hat.
Sent:	Beschreibung der Pakete, die die Software erzeugt und dann gesendet hat, und auch diejenigen, die die Software empfangen und dann zu anderen Zielen geroutet hat.
429393 generated	Anzahl der ausgesendeten Pakete, die sie selbst erzeugt hat.
276100 forwarded	Anzahl der ausgesendeten Pakete, die sie von anderen Quellen weitergeleitet hat.
0 encapsulation failed	Anzahl der Pakete, die die Software nicht einkapseln konnte.
0 no route	Anzahl der Ereignisse, bei denen die Software keine Route zum Ziel in der Routing-Tabelle fand.
SAP:	Beschreibung der gesendeten und empfangenen SAP-Pakete.
124 SAP requests	Summe der empfangenen SAP-Anfragen – generelle SAP-Anfragen und SAP-Get-Nearest-Server-Anfragen.

Feld	Beschreibung
124 SAP replies	Summe der empfangenen SAP-Antworten – generelle SAP-Antworten, SAP-GNS-Antworten, SAP-Nearest-Name-Antworten und generelle SAP-Name-Antworten.
4 servers	Anzahl der Server in der SAP-Tabelle.
5 SAP general requests 5 replies	Anzahl der generellen SAP-Anfragen und -Antworten. Dieses Feld erscheint in der Cisco-IOS-Version 11.2.
110 SAP Get Nearest Server requests 110 replies	Anzahl der GNS-Anfragen und -Antworten. Dieses Feld erscheint in der Cisco-IOS-Version 11.2.
5 SAP Nearest Name requests 5 replies	Anzahl der SAP-Nearest-Name-Anfragen und -Antworten. Dieses Feld erscheint in der Cisco-IOS-Version 11.2.
4 SAP General Name requests 4 replies	Anzahl der SAP-General-Name-Anfragen und -Antworten. Dieses Feld erscheint in der Cisco-IOS-Version 11.2.
27 SAP advertisements received 103 sent	Anzahl der erzeugten und anschließend gesendeten SAP-Anzeigen (Advertisements), als Folge einer Änderung in den Routing- oder Dienst-Tabellen.
4 SAP flash updates sent	Anzahl der erzeugten und anschließend gesendeten SAP-Flash-Updates als Folge einer Änderung in den Routing- oder Diensttabellen.
0 SAP format errors	Anzahl der empfangenen SAP-Anzeigen, die fehlerhaft formatiert waren.
RIP:	Beschreibung der gesendeten und empfangenen RIP-Pakete.
4676 RIP requests	Anzahl der empfangenen RIP-Anfragen.
336 RIP replies	Anzahl der RIP-Antworten, die auf RIP-Anfragen gesendet wurden.
18 routes	Anzahl der RIP-Routen in der laufenden Routing-Tabelle.
87274 RIP advertisements received	Anzahl der RIP-Anzeigen, die von einem anderen Router empfangen wurden.
69438 sent	Anzahl der erzeugten und dann gesendeten RIP-Anzeigen.
74 RIP flash updates sent	Anzahl der erzeugten und anschließend gesendeten RIP-Anzeigen, als Folge einer Änderung in seiner Routing-Tabelle.

Feld	Beschreibung
0 RIP format errors	Anzahl der empfangenen RIP-Pakete, die fehlerhaft formatiert waren.
freed NDB length	Anzahl der Netzwerk-Descriptor-Blocks (NDBs), die bereits aus dem Netzwerk entfernt wurden, aber noch aus der Routing-Tabelle des Routers entfernt werden müssen.
Echo:	Beschreibung der gesendeten und empfangenen **ping**-Antworten und -Anfragen.
Rcvd 55 requests, 0 replies	Anzahl der empfangenen **ping**-Anfragen und -Antworten.
Sent 0 requests, 0 replies	Anzahl der gesendeten **ping**-Anfragen und -Antworten.
7648 unknown	Anzahl der Pakete, die auf einem Socket empfangen wurden, der nicht unterstützt wurde.
0 SAPs throttled	Anzahl der verworfenen SAP-Pakete, weil die Pufferkapazität überschritten wurde.
Watchdog:	Beschreibung der Watchdog-Pakete, die die Software verarbeitet hat.
0 packets received	Anzahl der Watchdog-Pakete, die von IPX-Servern des lokalen Netzwerks empfangen wurden.
0 replies spoofed	Anzahl der Ereignisse, bei denen die Software auf ein Watchdog-Paket im Namen des externen Clients geantwortet hat.
Queue lengths	Beschreibung der ausgehenden Pakete, die momentan in Puffern auf die Verarbeitung warten.
IPX input	Anzahl der eingehenden Pakete, die auf die Verarbeitung warten.
SAP	Anzahl der ausgehenden SAP-Pakete, die auf die Verarbeitung warten.
RIP	Anzahl der ausgehenden RIP-Pakete, die auf die Verarbeitung warten.
GNS	Anzahl der ausgehenden GNS-Pakete, die auf die Verarbeitung warten.
SAP throttling length	Maximal im Puffer erlaubte Anzahl von ausgehenden SAP-Paketen. Jedes zusätzlich empfangene Paket wird verworfen.
EIGRP totals:	Beschreibung der Erweiterten IGRP-Pakete, die der Router gesendet und empfangen hat.
Updates received	Anzahl der gesendeten und empfangenen Erweiterten IGRP-Updates.
Queries received	Anzahl der gesendeten und empfangenen Erweiterten IGRP-Abfragen.

Feld	Beschreibung
Replies received	Anzahl der gesendeten und empfangenen Erweiterten IGRP-Antworten.
SAPs received	Anzahl der SAP-Pakete, die an Erweiterte IGRP-Nachbarn gesendet und von ihnen empfangen wurden.
0 unknown: 0 socket, 0 filtered, 0 no helper	Anzahl der Pakete, die die Software nicht weiterleiten konnte, weil zum Beispiel eine fehlerhaft konfigurierte Helper-Adresse vorhanden war oder weil keine Route verfügbar war.
NLSP:	Beschreibung der NLSP-Pakete, die der Router gesendet und empfangen hat.
Level-1 Hellos	Anzahl der gesendeten und empfangenen LAN-Hello-Pakete.
PTP Hello	Anzahl der gesendeten und empfangenen Point-to-Point-Pakete.
Level-1 LSPs	Anzahl der gesendeten und empfangenen LSPs.
Level-1 CSNPs	Anzahl der gesendeten und empfangenen Complete-Sequence-Number-PDU-(CSNP-)Pakete.
Level-1 PSNPs	Anzahl der gesendeten und empfangenen Partial-Sequence-Number-PDU-(PSNP-)Pakete.
Level-1 DR Elections	Anzahl der Berechnungen, die die Software zur Prioritätsbestimmung ihres Designated-Routers ausgeführt hat.
Level-1 SPF Calculations	Anzahl der Shortest-Path-First- (SPF-) Berechnungen, die die Software ausgeführt hat.
Level-1 Partial Route Calculations	Anzahl der Routen-Neuberechnungen, die die Software ohne eine SPF-Berechnung ausgeführt hat.

8.1.3 Die debug-Befehle für das IPX

Sie sollten die **debug**-Befehle mit Bedacht einsetzen, weil einige von ihnen große Ausgabemengen für jedes verarbeitete IPX-Paket erzeugen. (Weitere Informationen darüber, welche Befehle sehr viel Ausgabe erzeugen, finden Sie in der *Debug-Befehlsreferenz*.) Zudem sollten Sie die **debug**-Befehle auch nur dann einsetzen, wenn der Verkehr im IPX-Netzwerk gering ist, damit andere Aktivitäten des Systems nicht negativ beeinflusst werden. Zum Beispiel sollten Sie bei einem großen IPX-Netzwerk mit vielen SAPs auf einer langsamen WAN-Verbindung den Befehl **debug ipx sap activity | events** einsetzen und nicht die IPX-SAP-Anzeigen debuggen.

Kapitel 8 • Die Fehlersuche bei Novell-Verbindungen

Um Novell-Probleme zu isolieren, können Sie die **debug**-Befehle verwenden, die in den folgenden Abschnitten beschrieben werden:

- debug ipx ipxwan
- debug ipx packet
- debug ipx routing
- debug ipx sap

Der Befehl debug ipx ipxwan

Der Befehl **debug ipx ipxwan** zeigt Debug-Informationen für Schnittstellen an, die für die Verwendung des IPXWAN konfiguriert sind. Mit diesem Befehl können Sie die ersten Verhandlungen zwischen zwei Routern überprüfen, die das IPX-Protokoll über ein WAN betreiben. Er erzeugt nur Daten über Zustandsänderungen oder den Start einer Verbindung. Während des normalen Betriebs wird keine Ausgabe produziert. Bild 8.8 zeigt eine Beispielausgabe auf den Befehl **debug ipx ipxwan** während des Verbindungsaufbaus.

```
Router# debug ipx ipxwan
%LINEPROTO-5-UPDOWN: Line protocol on interface Serial1, changed state to up
IPXWAN: state (Disconnect -> Sending Timer Requests) [Serial1/6666:200 (IPX line
  state brought up)]
IPXWAN: state (Sending Timer Requests -> Disconnect) [Serial1/6666:200 (IPX line
  state brought down)]
IPXWAN: state (Disconnect -> Sending Timer Requests) [Serial1/6666:200 (IPX line
  state brought up)]
IPXWAN: Send TIMER_REQ [seq 0] out Serial1/6666:200
IPXWAN: Send TIMER_REQ [seq 1] out Serial1/6666:200
IPXWAN: Send TIMER_REQ [seq 2] out Serial1/6666:200
IPXWAN: Send TIMER_REQ [seq 0] out Serial1/6666:200
IPXWAN: Rcv TIMER_REQ on Serial1/6666:200, NodeID 1234, Seq 1
IPXWAN: Send TIMER_REQ [seq 1] out Serial1/6666:200
IPXWAN: Rcv TIMER_RSP on Serial1/6666:200, NodeID 1234, Seq 1, Del 6
IPXWAN: state (Sending Timer Requests -> Master: Sent RIP/SAP) [Serial1/6666:200
  (Received Timer Response as master)]
IPXWAN: Send RIPSAP_INFO_REQ [seq 0] out Serial1/6666:200
IPXWAN: Rcv RIPSAP_INFO_RSP from Serial1/6666:200, NodeID 1234, Seq 0
IPXWAN: state (Master: Sent RIP/SAP -> Master: Connect) [Serial1/6666:200 (Received
Router Info Rsp as Master)]
```

*Bild 8.8: Mit dem Befehl **debug ipxwan** können Sie den Betrieb des IPXWAN während des Aufbaus von seriellen Verbindungen testen.*

Die folgende Zeile zeigt an, dass die Schnittstelle initialisiert wurde:

```
%LINEPROTO-5-UPDOWN: Line Protocol on interface Serial1,
changed state to up
```

Die folgenden Zeilen zeigen an, dass der Startprozess keine Timer-Antwort erhielt, die Verbindung aussetzte und dann die Verbindung wieder aufnahm und es erneut mit einem neu gesetzten Timer versuchte:

```
IPXWAN: state (Sending Timer Requests -> Disconnect)
[Serial1/6666:200 (IPX line state brought down)]
IPXWAN: state (Disconnect -> Sending Timer Requests)
[Serial1/6666:200 (IPX line state brought up)]
```

Die folgenden Zeilen zeigen an, dass die Schnittstelle Timer-Anfragen sendet und auf eine Timer-Antwort wartet:

```
IPXWAN: Send TIMER_REQ [seq 0] out Serial1/6666:200
IPXWAN: Send TIMER_REQ [seq 1] out Serial1/6666:200
```

Die folgenden Zeilen zeigen an, dass die Schnittstelle eine Timeranfrage vom anderen Ende der Verbindung empfangen hat und eine Timer-Antwort gesendet hat. Die vierte Zeile zeigt, dass die Schnittstelle als Master auf der Verbindung aktiv wurde:

```
IPXWAN: Rcv TIMER_REQ on Serial1/6666:200, NodeID 1234, Seq 1
IPXWAN: Send TIMER_REQ [seq 1] out Serial1/6666:200
IPXWAN: Rcv TIMER_RSP on Serial1/6666:200, NodeID 1234, Seq 1, ↵
Del 6
IPXWAN: state (Sending Timer Requests -> Master: Sent RIP/SAP) ↵
[Serial1/6666:200
(Received Timer Response as master)]
```

Die folgenden Zeilen zeigen an, dass die Schnittstelle RIP/SAP-Anfragen sendet:

```
IPXWAN: Send RIPSAP_INFO_REQ [seq 0] out Serial1/6666:200
IPXWAN: Rcv RIPSAP_INFO_RSP from Serial1/6666:200, NodeID 1234, ↵
Seq 0
IPXWAN: state (Master: Sent RIP/SAP -> Master: Connect) ↵
[Serial1/6666:200
(Received Router Info Rsp as Master)]
```

Der Befehl debug ipx packet

Der Befehl **debug ipx packet** zeigt Informationen über empfangene, ausgesendete und weitergeleitete Pakete. Um **debug ipx packet**-Informationen für jeden IPX-Verkehr zu erzeugen, der durch den Router wandert, müssen Sie den Router erst derart konfigurieren, dass das Fast-Switching deaktiviert ist. Führen Sie den Befehl **no ipx route-cache** auf allen Schnittstellen aus, auf denen Sie den Verkehr überwachen wollen. Wenn der Router für das IPX-Fast-Switching konfiguriert ist, werden nur durch nicht fast-geswitchte Pakete Daten erzeugt. Wenn der IPX-Cache außer Kraft gesetzt oder entleert wurde, wird ein Paket für jedes Ziel angezeigt, wenn der Cache nach und nach wieder gefüllt wird. Bild 8.9 zeigt eine Beispielausgabe auf den Befehl **debug ipx packet**.

```
Router# debug ipx packet
IPX: src=160.0260.8c4c.4f22, dst=1.0000.0000.0001, packet received
IPX: src=160.0260.8c4c.4f22,
dst=1.0000.0000.0001,gw=183.0000.0c01.5d85,
Sending packet
```

Bild 8.9: Das Paket-Debugging liefert Einzelheiten über alle Pakete, die durch den Router fließen.

Die erste Zeile zeigt an, daß der Router ein Paket von einer Novell-Station empfängt (Adresse 160.0260.8c4c.4f 22). Diese Spur zeigt nicht die Adresse des unmittelbar benachbarten Routers, der das Paket an diesen Router sendete. In der zweiten Zeile leitet der Router das Paket an den Novell-Server (Adresse 1.0000.0000.0001) durch einen unmittelbar benachbarten Router (183.0000.0c01.5d85) weiter.

Die folgenden Felder sind in Bild 8.9 gezeigt:

Feld	Beschreibung
IPX	Läßt erkennen, daß dies ein IPX-Paket ist.
src = 160.0260.8c4c.4f22	Quelladresse des IPX-Pakets. Die Novell-Netzwerknummer ist 160. Seine Media-Access-Control-(MAC-)Adresse ist 0260.8c4c.4f22.
dst = 1.0000.0000.0001	Zieladresse für das IPX-Paket. Die Adresse 0000.0000.0001 ist eine interne MAC-Adresse und die Netzwerknummer 1 ist die interne Netzwerknummer eines Novell-3.11-Servers.
packet received	Zeigt an, daß der Router dieses Paket von einer Novell-Station empfangen hat, vermutlich durch einen unmittelbar angrenzenden Router.
gw = 183.0000.0c01.5d85	Zeigt an, daß der Router das Paket über den nächsten Hop-Router sendet. Dessen Adresse 183.0000.0c01.5d85 wurde durch die IPX-Routing-Tabelle erlernt.
Sending packet	Zeigt an, daß der Router versucht, dieses Paket zu senden.

Der Befehl debug ipx routing

Der Befehl **debug ipx routing** zeigt Informationen über IPX-Routing-Pakete, die der Router sendet und empfängt. Bild 8.10 zeigt eine Beispielausgabe auf den Befehl **debug ipx routing**.

Bild 8.10: Routing-Updates werden alle 60 Sekunden gesendet und empfangen.

```
Router# debug ipx routing
IPXRIP: update from 9999.0260.8c6a.1733
        110801 in 1 hops, delay 2
IPXRIP: Sending update to 12FF02:ffff.ffff.ffff via Ethernet 1
        network 555, metric 2, delay 3
        network 1234, metric 3, delay 4
```

Die folgenden Felder sind in Bild 8.10 gezeigt:

Feld	Beschreibung
IPXRIP	Dies ist ein IPX-RIP-Paket.
update from 9999.0260.8c6a.1733	Dieses Paket ist ein Routing-Update von einem IPX-Server mit der Adresse 9999.0260.8c6a.1733.
110801 in 1 hops	Das Netzwerk 110801 ist einen Hop vom Router mit der Adresse 9999.0260.8c6a.1733 entfernt.
delay 2	Die Verzögerung ist ein Zeitmaß (1/18 Sekunde), mit dem die NetWare-Shell abschätzt, wie lange eine Antwort von einem Dateiserver dauern wird. Auch unter Ticks bekannt.
Sendung update to 12FF02:ffff.ffff.ffff via Ethernet 1	Der Router sendet dieses IPX-Routing-Update-Paket an die Adresse 12FF02:ffff.ffff.ffff durch seine Schnittstelle Ethernet 1.
Netzwerk 555	Das Paket enthält Routing-Update-Informationen für das Netzwerk 555.
Metrik 2	Das Netzwerk 555 ist metrisch 2 (oder auch zwei Hops) vom Router entfernt.
delay 3	Das Netzwerk 555 hat eine Verzögerung von 3 in Bezug auf den Router. Die Verzögerung ist ein Maß, mit dem die NetWare-Shell abschätzt, wie lange eine Antwort von einem Dateiserver dauern wird. Auch unter Ticks bekannt.

Der Befehl debug ipx sap

Der Befehl **debug ipx sap** zeigt Informationen über IPX-SAP-Pakete, die der Router sendet und empfängt. Um weitere Einzelheiten über die SAP-Pakete zu erhalten, z.B. die Dienste in den SAP-Paketen, können Sie das Schlüsselwort **activity** verwenden. Um die Ausgabemenge auf den Befehl **debug ipx sap** zu begrenzen, können Sie das Schlüsselwort **events** verwenden. Bild 8.11 zeigt eine Beispielausgabe auf den Befehl **debug ipx sap**.

```
Router# debug ipx sap
IPXSAP: at 0023F778:
I SAP Response type 0x2 len 160 src:160.0000.0c00.070d ↵
dest:160.ffff.ffff.ffff(452)
   type 0x4, »Hello2«, 199.0002.0004.0006 (451), 2 hops
   type 0x4, »Hello1«, 199.0002.0004.0008 (451), 2 hops
IPXSAP: Sending update to 160
IPXSAP: at 00169080:
   O SAP Update type 0x2 len 96 ssoc:0x452 ↵
dest:160.ffff.ffff.ffff(452)
IPX: type 0x4, »Magnolia«, 42.0000.0000.0001 (451), 2hops
```

Bild 8.11: Die SAP-Updates werden alle 60 Sekunden gesendet und empfangen.

Der Befehl **debug ipx sap** erzeugt mehrere Ausgabezeilen für jedes SAP-Paket – eine zusammenfassende Paket-Meldung und eine Dienstdetail-Meldung.

Die erste Zeile zeigt die interne Router-Speicheradresse des Pakets. Das technische Supportpersonal kann diese Informationen bei der Problembehebung verwenden:

```
IPXSAP: at 0023F778:
```

Die folgenden Felder sind in Bild 8.11 gezeigt:

Feld	Beschreibung
I	Zeigt an, ob der Router das SAP-Paket als Input (I) empfangen hat oder es als Output (O) aussendet.
SAP Response type 0x2	Pakettyp. Das Format ist 0x*n*; mögliche Werte für *n* sind 1 – Generelle Anfrage 2 – Generelle Antwort 3 – GNS-Anfrage 4 – GNS-Antwort
len 160	Länge dieses Pakets (in Byte).
src: 160.000.0c00.070d	Quelladresse des Pakets.

Feld	Beschreibung
dest:160.ffff.ffff.ffff	Die IPX-Netzwerknummer und die Broadcast-Adresse des Ziel-IPX-Netzwerks, für die die Meldung bestimmt ist.
(452)	IPX-Socket-Nummer des Prozesses, der das Paket an die Quelladresse sendet. Diese Nummer ist immer 452, da dies die Socket-Nummer für den SAP-Prozess ist.
type 0x4	Zeigt den Type-of-Service (Diensttyp) an, den der Server bietet, der das Paket sendet. Das Format ist 0x*n*. Einige der Werte für *n* sind Novell-proprietär. Die Werte für *n*, die veröffentlicht wurden, sind 0 – Unbekannt 1 – Benutzer 2 – Benutzergruppe 3 – Druckerwarteschlange 4 – Dateiserver 5 – Jobserver 6 – Gateway 7 – Druckerserver 8 – Archivwarteschlange 9 – Archivserver A – Job-Warteschlange B – Administration 21 – NAS-SNA-Gateway 24 – Externer Bridgeserver 2D – Zeitsynchronisierung VAP 2E – Dynamisches SAP 47 – Anzeige des Druckservers 4B – Btrieve VAP 5.0 4C – SQL-VAP 7A – TES – NetWare für VMS 98 – NetWare-Zugangsserver 9A – Bezeichneter Pipesserver 9E – Portable NetWare – UNIX
type 0x4	111 – Testserver 166 – NetWare-Management 233 – NetWare-Managementagent 237 – NetExplorer-NLM 239 – HMI-Hub 23A – NetWare-Lanalyzer-Agent 26A – NMS-Management FFFF – Platzhalter (jeder SAP-Dienst) Kontaktieren Sie Novell für weitere Informationen.

Feld	Beschreibung
»HELLO2«	Name des angezeigten Servers.
199.0002.0004.0006 (451)	Zeigt die Netzwerknummer und die Adresse (und den Socket) des Servers, der das SAP-Paket erzeugt.
2 hops	Hop-Anzahl zum Server vom Router.
ssoc:0x452	Zeigt die IPX-Socket-Nummer des Prozesses, der das Paket an die Quelladresse sendet. Mögliche Werte sind
	451 – Network-Core-Protokoll
	452 – Service-Advertising-Protokoll
	453 – Routing-Information-Protokoll
	455 – NetBIOS
	456 – Diagnosen
	4000 to 6000 – Kurzlebige Sockets, die für die Interaktion mit Dateiservern und für andere Netzwerkkommunikation verwendet werden.

Die fünfte Zeile der Ausgabe zeigt an, dass der Router ein SAP-Update in das Netzwerk 160 sendete:

```
IPXSAP: Sending update to 160
```

Das **debug ipx sap**-Ausgabeformat für ein vom Router gesendetes SAP-Update gleicht dem SAP-Update, das der Router empfängt, mit der Ausnahme des Feldes ssoc:, das das Feld src: ersetzt und in der folgenden Zeile zu sehen ist:

```
O SAP Update type 0x2 len 96 ssoc:0x452
dest:160.ffff.ffff.ffff(452)
```

8.2 Die Isolierung von Problemen in NetWare-Netzwerken

Sie können Verbindungsprobleme zwischen NetWare-Clients und -Servern isolieren. Bild 8.12 veranschaulicht die nötigen Schritte.

Die folgende Liste erklärt diese Schritte im Einzelnen:

1. Überprüfen Sie die Konfiguration des Clients:
   - Verwendet er die richtige Frame-Einkapselung?
   - Wurde der Client für NetWare installiert und hat sich der Benutzer eingeloggt?
   - Gibt es Probleme mit den Parametern der Netzwerkkarte (NIC)?

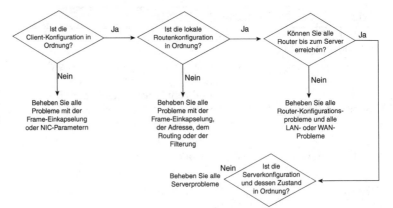

Bild 8.12:
Wenn Sie diesen Schritten folgen, können Sie Verbindungsprobleme zwischen NetWare-Clients und -Servern isolieren.

2. Überprüfen Sie die lokalen Router-Konfiguration:

   - Bestimmen Sie mit **show**-Befehlen die Konfiguration und den Zustand des Routers.

3. »**Ping**en« Sie sich vom lokalen Router aus durch das Internetzwerk. Wenn Sie einen Router entdecken, der nicht auf **IPX-pings** antwortet:

   - Betrachten Sie die Routing-Tabelle mit dem Befehl **show ipx route**, um sicherzustellen, dass sich ein Pfad zum Server in der Tabelle befindet.

   - Überprüfen Sie die Netzwerknummern auf doppelte oder andere fehlerhafte Konfigurationen.

   - Vergewissern Sie sich, dass das IPX-Routing läuft und die SAP- und RIP-Pakete gesendet werden.

4. Überprüfen Sie die Konfiguration und den Zustand des Servers, den Sie versuchen zu erreichen, nach folgenden Gesichtspunkten:

   - Interne und externe Adressen

   - Name

   - Einkapselung

   - Die Anzahl der eingetragenen Benutzer und die Anzahl der erlaubten Benutzer

   - CPU-Auslastung

   - Verfügbarer Festplattenplatz

   - Speicherauslastung

- Anzahl der Anfragen, die aus dem Speicher-Cache bedient werden, im Vergleich zu denen, die von der Festplatte bedient werden

Dieses Buch konzentriert sich auf Probleme mit Router-Konfigurationen. Es ist jedoch möglich, dass Sie Novell-Netzwerkprobleme lösen müssen, die andere Symptome zeigen. Sie sollten daher auch die folgenden NetWare-Serverprobleme betrachten:

- Die Vergabe einer externen Netzwerknummer, die nicht mit anderen Servern und Routern auf dem Netzwerksegment vereinbar ist.
- Die Vergabe derselben internen Netzwerknummer an zwei Server.
- Die Vergabe desselben Namens an zwei Server.
- Es wurde vergessen, ein Protokoll an eine NIC zu binden.
- Es wurden Interrupt- oder direkte Speicherzugriffskonflikte mit NICs nicht behoben.
- Es wird der falsche Frame-Einkapselungstyp verwendet.
- Der Arbeitsspeicher des Servers ist überlastet (was ein abnormales Ende verursachen kann).
- Die Festplatte des Servers ist voll.
- Die CPU-Auslastung des Servers ist sehr hoch – die CPU-Auslastung des Servers sollte im Schnitt unter 65% liegen.
- Der Speicher-Cache des Servers kann nicht genügend Speicher reservieren – die erfolgreichen Server-Cache-Reservierungen sollten bei mindestens 90% liegen.
- Es stehen nicht genügend Verbindungen zur Verfügung (es werden mehr beansprucht, als die Benutzerlizenz erlaubt).
- Das Login-Verzeichnis wurde gelöscht.
- Der Rechner wurde ausgeschaltet, ohne dass zuvor der korrekte **shutdown**-Befehl an der Konsole eingegeben wurde – wenn der korrekte Befehl eingegeben wird, werden die Dateizuordnungstabellen aufgefrischt, der Cache entleert und alle Applikationen benachrichtigt, damit sie die Datenbanken oder andere Dateien bereinigen können.

Um die Novell-Spezifikationen zu erfüllen, hat Cisco das Verhalten der GNS-Antworten geändert. Der Router antwortet nur dann, wenn sich keine Server im lokalen Segment befinden.

In der Cisco-IOS-Version 9.1(13) erhielt der Befehl **ipx gns-response-delay** den Standardwert von 0 Millisekunden (ms). Frühere Software-Versionen hatten eine standardeingestellte Verzögerung von 500 ms (eine halbe Sekunde). Der Wert von 500 ms wurde eingestellt, um ein Problem in NetWare 2.x in Zusammenhang mit doppelt verbundenen Servern zu beheben, die parallel mit einem Cisco-Router betrieben werden. Die implementierte Verzögerung verhinderte, dass parallel geschaltete Cisco-Router vor dem Server auf eine GNS-Anfrage antworteten.

Wenn Sie noch immer eine ältere Software als die Version 9.1(13) betreiben und Sie keine 2.x-Server einsetzen, können Sie die GNS-Antwortverzögerung je nach Ihrer Netzwerktopologie manuell verringern, um die Antwortzeit beim Startvorgang eines Novell-Client zu verbessern. Auf der anderen Seite können Sie, wenn Sie die Software-Version 9.1(13) oder neuer verwenden, die GNS-Antwortverzögerung erhöhen, damit ein Client mit einem sehr langsamen Prozessor und entsprechender Netzwerkkarte die schnelle Antwort vom Router nicht verpasst.

Ab der Cisco-IOS-Software-Version 9.21 können die Router so konfiguriert werden, dass sie auf GNS-Anfragen in einem Rotationsverfahren antworten, wenn sich mehrere gleich entfernte Server in der SAP-Tabelle befinden. Mit dem Befehl **ipx gns-round-robin** aktivieren Sie das Rotationsverfahren, bei dem GNS-Anfragen reihum mit gleichberechtigten Servern beantwortet werden. Wenn dieses Rotationsverfahren nicht konfiguriert ist, antwortet der Router in der Standardeinstellung mit dem ersten Server in seiner SAP-Tabelle. Diese können einige Server überlasten.

Sie können auch Access-Listen einsetzen, um festzulegen, welche Server von welchen Clients erreicht werden können. Die Cisco-IOS-Software unterstützt sowohl die Filterung von SAP-Anzeigen zwischen Routern als auch die Filterung von GNS-Antworten an Novell-Clients. Sie können statische SAP-Einträge mit dem Befehl **ipx sap** erzeugen, damit der Router die Benutzer immer an einen bestimmten Server sendet. Lesen Sie *Advanced Cisco Router Configuration* (Chappell, 1999) für weitere Details über das IPX-Verkehrs-Management.

8.3 Symptome und Probleme unter NetWare

Die Tabelle 8.1 zeigt häufig auftretende NetWare-Symptome und mögliche Probleme. Anhand dieser Tabelle können Sie mögliche Probleme identifizieren und einen Plan erstellen, um die Ursachen des Problems zu überprüfen und zu beheben.

Symptom	Mögliches Problem
Der Client kann nicht mit dem lokalen Server kommunizieren.	– Der Client oder der Server befindet sich nicht im Netzwerk. – Auf dem Client ist die korrekte Frame-Einkapselung nicht konfiguriert.
Der Client kann nicht mit dem externen Server kommunizieren.	– Die Router-Schnittstelle ist nicht in Betrieb. – Unpassende Konfiguration. – Doppelte Netzwerknummern. – Fehlerhaft konfigurierte Access-Liste oder fehlerhafter anderer Filter. – Es existiert eine zusätzliche Bridge zwischen den Segmenten. – Auf dem Client oder Router ist die korrekte Frame-Einkapselung nicht konfiguriert. – Die GNS-Antwort vom Router ist zu schnell für den langsamen Client.
SAP-Updates werden nicht durch den Router verteilt.	– Der Server sendet keine SAP-Updates. – Fehlerhaft konfigurierte Access-Liste oder fehlerhafter anderer Filter. – Unpassende Konfiguration. – Doppelte Netzwerknummern. – Der Server kann nicht alle SAPs vom Router annehmen. – Fehlerhafte SAP- oder RIP-Timer.

Tabelle 8.1: NetWare-Symptome und mögliche Probleme.

Unpassende Konfiguration bezieht sich auf einen häufig begangenen Fehler in NetWare-Netzwerken, bei denen die externe Netzwerknummer, die an einen Server oder Router vergeben wird, nicht mit der externen Netzwerknummer für andere Server oder Router auf demselben Segment vereinbar ist. Ein ähnlicher Fehler ist die Verwendung einer doppelten Netzwerknummer für eine interne oder externe Netzwerknummer. In diesem Fall wird dieselbe Netzwerknummer verwendet, um verschiedene Teile eines Internetzwerks zu identifizieren. Diese Fehler resultieren aus einer fehlenden Kontrolle der Router- und Server-Konfigurationen und einer mangelnden Aktualisierung der Dokumentationen und Netzwerkübersichten.

8.3.1 Die Fehlersuche bei unpassenden Einkapselungen

Wenn ein Client und ein Server (oder Router) auf demselben Netzwerksegment miteinander kommunizieren sollen, müssen sie denselben IPX-Einkapselungstyp verwenden. Weil für Ethernet-Netzwerke sehr viele Einkapselungen existieren, ist dies ein typischer Problembereich. Ein Cisco-Router verwendet in der Standardeinstellung für das IPX die Einkapselung novell-ether. Die in der Tabelle 8.2 gezeigten Einkapselungen können konfiguriert werden.

Tabelle 8.2: Die Ethernet-Einkapselungstypen für IPX-Netzwerke.

Allgemeiner Begriff	Novell-Begriff	Cisco-Begriff	Eigenschaften
Ethernet V. 2	ETHERNET_II	arpa	Beinhaltet Ethertype
IEEE 802.3	ETHERNET_802.2	sap oder iso1	Beinhaltet die 802.3-Länge und 802.2-SAPs
Novell 802.3 raw	ETHERNET_802.3	novell-ether	Beinhaltet die 802.3-Länge ohne 802.2-SAPs
SNAP	ETHERNET_SNAP	snap	Beinhaltet 802.2-SAPs und SNAP-Header

Der Befehl **ipx internal-network** richtet die von Ihnen angegebene Nummer als eine primäre Netzwerknummer für den Router ein. Für diesen Eintrag müssen Sie eine Nummer verwenden, die in Ihrem gesamten Internetzwerk eindeutig ist. Das NLSP und das IPXWAN akzeptieren Pakete für diese interne Netzwerknummer an allen Router-Schnittstellen und melden sie auch aus ihnen weiter. Der NLSP-Prozess fügt die Host-Adresse 01 hinzu. Dies bedeutet, dass Sie bei einer Fehlersuche die kombinierte Adresse *Netzwerknummer*.01 als Ziel für einen **ping** einsetzen können.

Wenn Sie das NLSP als Routing-Protokoll gewählt haben, sollten Sie den globalen Konfigurationsbefehl **ipx router nlsp** ausführen. Beachten Sie, dass in der Standardeinstellung auch das Routing-Protokoll RIP aktiv ist, solange Sie nicht den Befehl **no ipx router rip** ausführen.

Starten Sie den NLSP-Routing-Prozess auf jeder Schnittstelle oder Subschnittstelle durch den Interface-Konfigurationsbefehl **ipx nlsp enable**.

8.4 NetWare-Probleme und Aktionspläne

Die Tabelle 8.3 zeigt eine Liste mit Problemen und einige empfohlene Aktionspläne, mit denen die Quelle der Probleme isoliert werden kann.

Tabelle 8.3: NetWare-Probleme und Aktionspläne.

Problem	Empfohlener Aktionsplan
Der Client oder Server befindet sich nicht im Netzwerk.	– Schließen Sie einen Protokoll-Analyzer an das Netzwerk an, mit dem der Client und der Server verbunden sind. Suchen Sie nach den beiden Quelladressen. – Suchen Sie nach übermäßigen Kollisionen oder anderen tieferschichtigen Fehlern. – Überprüfen Sie die NIC-Konfigurationsparameter.
Der Client oder der Router ist nicht für die richtige Frame-Einkapselung konfiguriert.	– Überprüfen Sie die Konfigurationsdateien des Clients. – Führen Sie auf dem Router den Befehl **show running-config** aus, um die IPX-Einkapselung zu überprüfen.
Die Router-Schnittstelle ist nicht in Betrieb.	– Überprüfen Sie die Funktion des Routers mit dem Befehl **show interfaces**. – Überprüfen Sie die Kabelverbindungen des Routers.
Unpassende Konfiguration.	– Überprüfen Sie die Router-Konfiguration. Stellen Sie mit dem Befehl **show ipx interface** sicher, dass die Netzwerknummer mit denen der anderen Router oder Server auf diesem Segment vereinbar ist.
Doppelte Netzwerknummern.	– Suchen Sie mit den Befehlen **show ipx servers** und **show ipx interface** nach doppelten Netzwerknummern. Ändern Sie die Server- oder Router-Konfiguration, wenn Duplikate vorhanden sind.

Tabelle 8.3: NetWare-Probleme und Aktionspläne (Fortsetzung).

Problem	Empfohlener Aktionsplan
Fehlerhaft konfigurierte Access-Liste oder andere fehlerhafte Filter.	– Suchen Sie mit dem Befehl **ping** nach einem Router mit einer fehlerhaft konfigurierten Liste. – Überprüfen Sie die Routing-Tabelle mit dem Befehl **show ipx route**. – Überprüfen Sie den Protokollaustausch (z.B. mit dem Befehl **debug ipx sap**). – Deaktivieren Sie zeitweilig nacheinander die einzelnen Access-Listen und testen Sie sie. Beheben Sie die Fehler in den Access-Listen, die die Verbindungsprobleme verursachen.
Eine zusätzliche Bridge zwischen Segmenten.	– Suchen Sie nach der Meldung »bad hop count« mit dem Befehl **show ipx traffic**. – Verwenden Sie einen Protokoll-Analyzer, um nach Paketschleifen zu suchen. – Suchen Sie nach bekannten externen Netzwerkgeräten, die im lokalen Netzwerk mit ihren externen MAC-Adressen auftauchen.
Der Server sendet keine SAP-Updates.	– Suchen Sie mit einem Protokoll-Analyzer nach SAP-Updates. – Überprüfen Sie die Frame-Einkapselung für SAP-Updates.
Der Server kann nicht alle SAPs vom Router annehmen.	– Suchen Sie mit dem Befehl **show ipx servers** auf dem Router und mit dem Befehl **slist** auf Clients nach fehlenden Diensten. – Legen Sie mit dem Befehl **ipx output-sap-delay** die Verzögerung zwischen Paketen in einem Mehrfachpaket-SAP-Update fest.
Unpassende SAP- oder RIP-Timer.	– Bringen Sie die Timer-Werte auf Servern und Routern in einen gemeinsamen Bereich von maximal 3 Minuten Unterschied.

Wenn ein Client einen Server auf der andere Seite eines Routers nicht erreichen kann, können Sie mit dem Befehl **show interfaces** den Betriebszustand des Routers überprüfen. Die Statuszeile muss anzeigen, dass die Schnittstelle und das Line-Protokoll aktiv (up) sind. Wenn die Schnittstelle administrativ down ist, geben Sie den Interface-Konfigurationsbefehl **no shutdown** bei der Konfiguration der Schnittstelle ein. Wenn die Schnittstelle oder das Line-Protokoll down ist, sollten Sie die Kabelverbindungen des Routers überprüfen. Bei seriellen Schnittstellen sollten Sie die korrekte WAN-Einkapselungskonfiguration überprüfen.

Wenn die Schnittstelle und das Line-Protokoll up sind, sollten Sie überprüfen, ob die Schnittstelle mit dem richtigen Frame-Einkapselungstyp konfiguriert ist. Die Standardeinstellung des Routers auf dem Ethernet ist novell-ether (ETHERNET_802.3). Wenn Sie das NLSP verwenden, sollte dies mit dem Befehl **ipx nlsp enable** auf jeder Schnittstelle aktiviert sein.

Nachdem die Schnittstelle überprüft wurde, sollten Sie in der Router-Konfiguration nachsehen, ob das Novell-IPX-Routing aktiviert ist. Wenn dies nicht der Fall ist, fügen Sie den globalen Konfigurationsbefehl **ipx routing** und die zugehörigen notwendigen Befehle ein.

Wenn Sie den Verdacht hegen, dass doppelte Netzwerknummern vorhanden sind, können Sie mit dem Befehl **show ipx servers** nach Duplikaten suchen. Dieser Befehl erzeugt eine Server-Liste mit den Rubriken Typ, Name, Netzwerknummer, MAC-Adresse, Hop-Zahl und Schnittstelle. Wenn Sie doppelte Netzwerknummern sehen, ändern Sie die Server- oder Router-Konfigurationen, um doppelte Netzwerknummern in Ihrem Internetzwerk auszuschließen.

Wenn Sie nach fehlerhaft konfigurierten Filtern suchen, sollten Sie mit dem Befehl **no ipx access-group** alle Filter zeitweilig deaktivieren. Sie sollten auch alle SAP-eigenen Access-Listen mit den passenden Befehlen **no ipx input-sap-filter** und **no ipx output-sap-filter** deaktivieren.

Mit dem Befehl **show ipx servers** auf dem Server oder dem Befehl **slist** auf dem Client können Sie überprüfen, ob der Server die Dienste anzeigt. Suchen Sie mit dem Router-Befehl **debug ipx sap activity** nach dem Namen, der Netzwerknummer und der MAC-Adresse des Servers. Überprüfen Sie erneut die notwendigen Access-Listen- oder Filteraussagen und setzen Sie sie nacheinander in Kraft, um sicherzustellen, dass die Updates korrekt verteilt werden.

Wenn Sie vermuten, dass ein Server keine SAP-Updates sendet, sollten Sie mit einem Protokoll-Analyzer nach SAP-Updates von diesem Server suchen. Wenn der Server keine SAP-Updates sendet, überprüfen Sie den Anschluss des Servers an das Netzwerk. Wenn der Server die SAP-Updates in Ethernet-Umgebungen sendet, sollten Sie den Einkapselungstyp überprüfen. Eine Kommunikation mit dem Server ist nur dann möglich, wenn dieser denselben Einkapselungstyp verwendet wie der Router und die Clients, die sich auf dem gleichen Segment befinden.

Es gibt bestimmte NLMs von anderen Anbietern, mit denen SAP-Updates vollständig deaktiviert werden können. Wenn Sie eine solche Software auf Ihren Servern betreiben, sollten Sie sicherstellen, dass die erforderlichen SAP-Updates ausgesendet werden. Lesen Sie die Dokumentation über dieses Produkt für weitere Informationen.

Die SAP- und RIP-Timerwerte können auf Servern mit der NetWare-Version 4.x oder höher eingestellt werden. Überprüfen Sie in den Konfigurationen des Servers und der Router, ob die Timerwerte übereinstimmen. Wenn der auf dem Server konfigurierte Timer-Wert über drei Minuten größer ist, als der auf dem Router konfigurierte, wird der Router den Server aus der IPX-Server-Tabelle entfernen. Auf diese Weise können die Clients die auf dem Server verfügbaren Dienste nicht sehen. Sie sollten alle Timer-Werte in einen gemeinsamen 3-Minutenbereich bringen, um sicherzustellen, dass der Router den Server nicht aus seiner IPX-Server-Tabelle entfernt.

Wenn Novell-NetBIOS-Clients einen Server nicht durch einen Router erreichen können, sollten Sie mit dem Befehl **debug ipx packet** oder mit einem Protokoll-Analyzer nach Novell-Paketen des Typs 20 suchen. Überprüfen Sie mit dem Befehl **show running-config**, ob für die eingehende und ausgehende Schnittstelle der Befehl **ipx type-20-propagation** konfiguriert ist. Wenn der Befehl nicht vorhanden ist, fügen Sie ihn hinzu.

> **ANMERKUNG**
>
> Ab der Cisco-IOS-Version 12.0 wurde der Befehl **show running-config** durch den Befehl **more system:running-config** ersetzt.

Wenn sich Novell-Clients nicht mit externen Novell-Servern über ein Frame-Relay-Netzwerk mit einer Hub-and-Spoke-Topologie verbinden können, könnte das Problem mit dem standardeingestellten Split-Horizon-Verhalten des RIP und des SAP zusammenhängen. Wenn Sie die Cisco-IOS-Version 9.21 oder höher betreiben, sollten Sie auf der Frame-Relay-Schnittstelle des Hub-Routers Subschnittstellen konfigurieren. Vergeben Sie eine Subschnittstelle an jede Spoke-Seite. Der Hub-Router behandelt jede Subschnittstelle als eine physikalische Schnittstelle, wodurch RIPs und SAPs angezeigt werden, ohne den Split-Horizon zu verletzen. Spezielle Informationen über die Konfiguration von Subschnittstellen finden Sie in den Cisco-IOS-Konfigurationsratgebern und in Befehlsreferenzen. Ein anderes mögliches Problem in Frame-Relay-Netzwerken besteht darin, dass das Frame-Relay ein Nicht-Broadcast-Medium für den Mehrfachzugang ist. Der Router muss so konfiguriert sein, dass er die Vortäuschung des Broadcast-Verkehrs unterstützt. Dies wird durch das Schlüsselwort **broadcast** im Befehl **frame-relay map** erreicht, z.B **frame-relay map ipx 10.1234.5678.abcd 100 broadcast**. Dieser Befehl verknüpft die IPX-Adresse 10.1234.5678.abcd des nächsten Hops mit der Frame-Relay-DLCI-Nummer 100 und das Vortäuschen eines Broadcasts ist aktiviert.

In Frame-Relay-Netzwerken sollten Sie sicherstellen, dass der Router und der Switch mit dem Typ der lokalen Management-Schnittstelle (LMI) übereinstimmen, die entweder ansi, cisco (Standardeinstellung) oder q933a sein kann.

In WAN-Umgebungen müssen Sie sicherstellen, dass SAP-Updates nicht wegen einer langsamen seriellen Verbindung verworfen werden. Mit dem Befehl **show interfaces serial** können Sie in der *Output queue* den Wert des Feldes »drops« überprüfen. Eine hohe Anzahl verworfener Pakete kann anzeigen, dass SAP-Updates nicht über die serielle Verbindung zu den Clients gelangen. Überprüfen Sie erneut die implementierte SAP-Filterung. Verhindern Sie die Weiterleitung von allen SAP-Updates, die nicht unbedingt notwendig sind, und erhöhen Sie nach Möglichkeit die verfügbare Bandbreite.

Bei WAN-Point-to-Point-Verbindungen sollten Sie sicherstellen, dass die Router den gleichen Einkapselungstyp verwenden. Wenn in der Konfiguration kein Einkapselungsbefehl vorhanden ist, wird die standardeingestellte High-Level-Data-Link-Control-(HDLC-)Einkapselung verwendet. Beim IPXWAN sollte die Einkapselung des Point-to-Point-Protokolls (PPP) verwendet werden.

8.5 Zusammenfassung

Dieses Kapitel konzentrierte sich auf die Diagnosebefehle, die in einem NetWare-IPX/SPX-Netzwerk eingesetzt werden können. Bedenken Sie, dass NetWare 5 das NetWare über TCP/IP unterstützt. Im Kapitel 9, »Die Fehlersuche bei AppleTalk-Verbindungen«, werden Sie Techniken erlernen, mit denen Sie eine Fehlersuche bei einer AppleTalk-Kommunikation ausführen können.

8.6 Test 8: Die Fehlersuche bei Novell-Verbindungen

Geschätzte Zeit: 15 Minuten

Lösen Sie alle Aufgaben, um Ihr Wissen bezüglich der in diesem Kapitel enthaltenen Themen zu überprüfen. Die Antworten finden sich im Anhang A, »Antworten zu den Tests«.

Beantworten Sie die folgenden Fragen anhand der in diesem Kapitel enthaltenen Informationen.

Frage 8.1

Mit welchen drei allgemeinen Befehlen können Sie eine effektive Fehlersuche in einem NetWare-IPX/SPX-Netzwerk ausführen?

1. _____

2. _____

3. _____

Frage 8.2

Mit welchen Befehlen können Sie die folgenden Aufgaben ausführen:

1. Anzeige der IPX-Schnittstellenstatistiken

2. Anzeige der entdeckten IPX-Server

3. Anzeige der Einträge in der Verbindungzustandsdatenbank

4. Überprüfung der IPX-WAN-Router-Verhandlungen

5. Sendung eines ping-Pakets an einen Novell-4.x-Server

Frage 8.3

Was ist die Hauptursache für übermäßigen Overhead in Novell-Netzwerken? Nennen Sie drei Möglichkeiten, wie Sie auf Cisco-Routern mit diesem Problem umgehen können.

1. _____
2. _____
3. _____

Frage 8.4

Welche drei Dinge müssen in den Konfigurationen zweier Router übereinstimmen, damit diese gegenseitig Novell-Updates austauschen können?

1. _____
2. _____
3. _____

Frage 8.5

Beim Erweiterten IGRP müssen benachbarte Router dieselbe autonome Systemnummer verwenden.

– Wahr

– Falsch

Frage 8.6

Beim NLSP müssen benachbarte Router dieselbe interne Netzwerknummer verwenden.

– Wahr

– Falsch

KAPITEL 9
Die Fehlersuche bei AppleTalk-Verbindungen

Dieses Kapitel beschäftigt sich mit speziellen Fehlersuchtipps und zugehörigen Techniken für die AppleTalk-Protokollsuite. Diese sollen Sie auf eine echte Fehlersuche in der beruflichen Praxis vorbereiten. AppleTalk-Netzwerke sind in den heutigen Netzwerken immer noch weit verbreitet. Die einfache Implementierung auf der Client-Seite hat zur Folge, dass die Fehlersuche auf der Netzwerkseite etwas schwieriger ist.

9.1 Die Diagnosewerkzeuge eines Routers für das AppleTalk

Mit den folgenden drei Befehlen können Probleme in einem AppleTalk-Netzwerk isoliert werden:

- show
- test appletalk
- debug

Die folgenden Abschnitte liefern Einzelheiten über die AppleTalk-spezifischen Parameter, die mit diesen Befehlen verwendet werden können.

9.1.1 Die show-Befehle des AppleTalk

Mit den folgenden **show**-Befehlen können Sie eine Fehlersuche in AppleTalk-Netzwerken ausführen:

- show appletalk access-lists
- show appletalk adjacent-routes

- show appletalk arp
- show appletalk globals
- show appletalk interface
- show appletalk name-cache
- show appletalk route
- show appletalk traffic
- show appletalk zone

Diese Befehle werden in den folgenden Abschnitten im Einzelnen erklärt.

Der Befehl show appletalk access-lists

Der Befehl **show appletalk access-lists** zeigt die Inhalte von allen aktuellen AppleTalk-Access-Listen an. Bild 9.1 zeigt eine Beispielausgabe auf den Befehl **show appletalk access-lists**.

Bild 9.1: Fehlerhaft konfigurierte Access-Listen können eine Ursache von Problemen in AppleTalk-Netzwerken sein.

```
router> show appletalk access-lists
AppleTalk access list 601:
        permit zone ZoneA
        permit zone ZoneB
        deny additional-zones
        permit network 55
        permit network 500
        permit cable-range 900-950
        deny includes 970-990
        permit within 991-995
        deny other-access
```

Die folgenden Felder sind in Bild 9.1 gezeigt:

Feld	Beschreibung
AppleTalk access-list 601:	Nummer der AppleTalk-Access-Liste.
permit zone deny zone	Zeigt an, ob der Zugriff auf eine AppleTalk-Zone mit dem Befehl **access-list zone** ausdrücklich erlaubt (permit) oder verboten (deny) wurde.

Feld	Beschreibung
permit additional-zones deny additional-zones	Zeigt an, ob zusätzliche Zonen mit dem Befehl **access-list additional-zones** erlaubt oder verboten wurden.
permit network deny network	Zeigt an, ob der Zugriff auf ein AppleTalk-Netzwerk mit dem Befehl **access-list network** ausdrücklich erlaubt oder verboten wurde.
permit cable-range deny cable-range	Zeigt die Kabelbereiche, zu denen der Zugriff mit dem Befehl **access-list cable-range** erlaubt oder verboten wurde.
permit includes deny includes	Zeigt die Kabelbereiche, zu denen der Zugriff mit dem Befehl **access-list includes** erlaubt oder verboten wurde.
permit within deny within	Zeigt die zusätzlichen Kabelbereiche, zu denen der Zugriff mit dem Befehl **access-list within** erlaubt oder verboten wurde.
permit other-access deny other-access	Zeigt an, ob zusätzliche Netzwerke oder Kabelbereiche mit dem Befehl **access-list other-access** erlaubt oder verboten wurden.

Der Befehl show appletalk adjacent-routes

Der Befehl **show appletalk adjacent-routes** zeigt Routen zu Netzwerken, die direkt angeschlossen oder nur einen Hop entfernt sind. Bild 9.2 zeigt eine Beispielausgabe auf den Befehl **show appletalk adjacent-routes**.

```
router# show appletalk adjacent-routes
Codes: R - RTMP derived, E - EIGRP derived, C - connected,
       S - static, P - proxy, 67 routes in internet
R Net 29-29 [1/G] via gatekeeper, 0 sec, Ethernet0, zone Engineering
C Net 2501-2501 directly connected, Ethernet1, no zone set
C Net 4160-4160 directly connected, Ethernet0, zone Low End SW Lab
C Net 4172-4172 directly connected, TokenRing0, zone Low End SW Lab
R Net 6160 [1/G] via urk, 0 sec, TokenRing0, zone Low End SW Lab
```

Bild 9.2:
Mit dem Befehl show appletalk adjacent-routes können Sie direkt angeschlossene Netzwerke überprüfen.

Die folgenden Felder sind in Bild 9.2 gezeigt:

Feld	Beschreibung	
Codes:	Code, mit dem die Quelle der Route beschrieben wird:	
	R – RTMP derived	Die Route wurde aus einem RTMP-Update abgeleitet.
	E – Enhanced IGRP derived	Die Route wurde aus dem Erweiterten IGRP abgeleitet.
	C – Connected	Direkt verbundenes Netzwerk.
	S – Static	Statische Route.
	P – Proxy	Proxy-Route.
67 routes in internet	Gesamtzahl der bekannten Routen im AppleTalk-Netzwerk.	
Net 29-29	Kabelbereich oder Netzwerk, zu dem die Route führt.	
[1/G]	Hop-Zahl, gefolgt vom Zustand der Route. Mögliche Zustandswerte sind Folgende: G – Gut (das Update wurde in den letzten 10 Sekunden empfangen) S – Suspekt (das Update wurde vor mehr als 10 Sekunden, aber weniger als 20 Sekunden empfangen) B – Schlecht (Bad) (das Update wurde vor mehr als 20 Sekunden empfangen)	
via	Durch das NBP registrierter Name oder Adresse des Routers, der die Routing-Informationen sendete.	
0 sec	Zeitdauer in Sekunden, seit zuletzt Informationen über diesen Netzwerkkabelbereich empfangen wurden.	
direkt verbunden	Zeigt an, dass das Netzwerk oder der Kabelbereich direkt mit dem Router verbunden ist.	
Ethernet0	Mögliche Schnittstelle durch die Updates an diesen NBP-registrierten Namen oder Adresse gesendet werden.	
zone	Zonenname des Netzwerks oder Kabelbereichs, der dieses Update sendet.	

Der Befehl show appletalk arp

Der Befehl **show appletalk arp** zeigt die Inhalte des AppleTalk-Adress-Resolution-Protokoll-(ARP-)Cache an. Bild 9.3 zeigt eine Beispielausgabe auf den Befehl **show appletalk arp**.

```
router# show appletalk arp
Address    Age (min)   Type       Hardware Addr    Encap   Interface
2000.1         -       Hardware   0000.0c04.1111   SNAP    Ethernet1
2000.2         0       Dynamic    0000.0c04.2222   SNAP    Ethernet1
2000.3         0       Dynamic    0000.0c04.3333   SNAP    Ethernet3
2000.4         -       Hardware   0000.0c04.4444   SNAP    Ethernet3
```

Bild 9.3:
Alle direkt verbundenen AppleTalk-Geräte können in der Ausgabe auf den Befehl **show appletalk arp** *gefunden werden.*

Die folgenden Felder sind in Bild 9.3 gezeigt:

Feld	Beschreibung
Address	AppleTalk-Netzwerkadresse der Schnittstelle.
Age	Zeitdauer in Minuten, seit der sich dieser Eintrag in der ARP-Tabelle befindet. Die Einträge werden entfernt, wenn sie sich für 240 Minuten (4 Stunden) in der Tabelle befanden. Ein Bindestrich zeigt an, dass dies ein neuer Eintrag ist.
Type	– Dynamisch – der Eintrag wurde durch das AARP erlernt. – Hardware – der Eintrag wurde von einem Adapter im Router erlernt. – Pending – ein Eintrag für ein Ziel, dessen Adresse der Router noch nicht kennt. Wenn ein Paket an eine Adresse gesendet werden will, für die der Router noch keine MAC-Adresse besitzt, erzeugt die Cisco-IOS-Software einen AARP-Eintrag für die AppleTalk-Adresse und sendet dann ein AARP-Auflösungs-(Resolution-)Paket, um die MAC-Adresse für den Knoten zu erhalten. Wenn die Software die Antwort erhält, wird der Eintrag als dynamisch markiert. Ein Pending-AARP-Eintrag wird nach einer Minute ungültig.
Hardware Addr	Die MAC-Adresse dieser Schnittstelle.
Encap	Einkapselungstyp. Die folgenden Typen sind möglich: – ARPA – Ethernet-artige Einkapselung – Subnetwork-Access-Protokoll (SNAP) – IEEE 802.3-Einkapselung
Interface	Typ und Nummer der Schnittstelle.

Der Befehl show appletalk globals

Der Befehl **show appletalk globals** zeigt Informationen über Einstellungen und Parameter der AppleTalk-Konfiguration des Routers an. Bild 9.4 zeigt eine Beispielausgabe auf den Befehl **show appletalk globals**.

Bild 9.4: Der Befehl show appletalk globals liefert eine Übersicht über den AppleTalk-Overhead-Verkehr auf dem Router.

```
router# show appletalk globals
AppleTalk global information:
    The router is a domain router.
    Internet is compatible with older, AT Phase1, routers.
    There are 67 routes in the internet.
    There are 25 zones defined.
    All significant events will be logged.
    ZIP resends queries every 10 seconds.
    RTMP updates are sent every 10 seconds.
    RTMP entries are considered BAD after 20 seconds.
    RTMP entries are discarded after 60 seconds.
    AARP probe retransmit count: 10, interval: 200.
    AARP request retransmit count: 5, interval: 1000.
    DDP datagrams will be checksummed.
    RTMP datagrams will be strictly checked.
    RTMP routes may not be propagated without zones.
    Alternate node address format will not be displayed.
```

Die folgenden Felder sind in Bild 9.4 gezeigt:

Feld	Beschreibung
AppleTalk global information:	Kopf der Befehlsausgabe.
The router is a domain router.	Zeigt an, ob dieser Router ein Domänenrouter ist.
Internet is compatible with older, AT Phase1 router.	Zeigt an, ob das AppleTalk-Internetzwerk mit einem Phase-1-Router zusammenarbeiten kann.
There are 67 routes in the internet.	Gesamtzahl der Routen im AppleTalk-Internetzwerk, die dieser Router durch Routing-Updates kennen gelernt hat.
There are 25 zones defined.	Gesamtzahl der gültigen Zonen in der aktuellen AppleTalk-Internetzwerkkonfiguration.
All significant events will be logged.	Zeigt an, ob der Router mit dem Befehl **appletalk event-logging** konfiguriert wurde.
ZIP resends queries every 10 seconds.	Zeitintervall in Sekunden, nach dem Zonennamenanfragen erneut ausgesendet werden.

Feld	Beschreibung
RTMP updates are sent every 10 seconds.	Zeitintervall in Sekunden, nach dem die Cisco-IOS-Software Routing-Updates sendet.
RTMP entries are considered BAD after 20 seconds.	Zeitdauer, nach der die Routen, für die die Software kein Update empfangen hat, als zu löschende Kandidaten in der Routing-Tabelle markiert werden.
RTMP entries are discarded after 60 seconds.	Zeitdauer, nach der die Routen, für die die Software kein Update empfangen hat, aus der Routing-Tabelle gelöscht werden.
AARP probe retransmit count: 10, interval: 200	Die Anzahl der ausgeführten AARP-Probe-Neuübertragungen, bevor die Adressverhandlungen aufgegeben werden und stattdessen die ausgewählte AppleTalk-Adresse verwendet wird, gefolgt vom Zeitintervall in Millisekunden zwischen den Neuübertragungen von ARP-Probe-Paketen. Sie setzen diese Werte mit dem Befehl **appletalk arp retransmit-count** bzw. **appletalk arp interval**.
AARP request retransmit count: 5, interval: 1000.	Die Anzahl der ausgeführten AARP-Anfrage-Neuübertragungen, bevor die Adressverhandlungen aufgegeben werden und stattdessen die ausgewählte AppleTalk-Adresse verwendet wird, gefolgt vom Zeitintervall in Millisekunden zwischen den Neuübertragungen von ARP-Anfrage-Paketen. Sie setzen diese Werte mit den Befehlen **appletalk arp retransmit-count** bzw. **appletalk arp interval**.
DDP datagrams will be checksummed.	Zeigt an, ob der Konfigurationsbefehl **appletalk checksum** aktiviert ist. Wenn er aktiviert ist, verwirft die Software die DDP-Pakete, wenn deren Prüfsumme falsch ist und wenn der Router das schlussendliche Ziel für das Paket ist.
RTMP datagrams will be strictly checked.	Zeigt an, ob der Konfigurationsbefehl **appletalk strict-rtmp-checking** aktiviert ist. Wenn er aktiviert ist, werden die RTMP-Pakete verworfen, die von Routern stammen, die nicht direkt mit dem Router verbunden sind, der diese Prüfung vornimmt.
RTMP routes may not be propagated without zones.	Zeigt an, ob der Konfigurationsbefehl **appletalk require-route-zones** aktiviert ist. Wenn er aktiviert ist, meldet die Cisco-IOS-Software keine Route an die benachbarten Router, bis sie eine Netzwerk/Zonen-Assoziation für die Route erhalten hat.

Feld	Beschreibung
Alternate node address format will not be displayed.	Zeigt an, ob die AppleTalk-Adressen in numerischer oder in Namenform angezeigt wird. Sie konfigurieren dies mit den Befehlen **appletalk lookup-type** und **appletalk name-lookup-interval**.

Der Befehl show appletalk interface

Der Befehl **show appletalk interface** zeigt den Status der im Router konfigurierten AppleTalk-Schnittstellen an sowie die auf jeder Schnittstelle konfigurierten Parameter. Bild 9.5 zeigt eine Beispielausgabe auf den Befehl **show appletalk interface**.

Bild 9.5: Mit dem Befehl show appletalk interface können Sie nach Fehlern in der Schnittstellenkonfiguration suchen

```
router# show appletalk interface fddi 0
Fddi0 is up, line protocol is up
    AppleTalk cable range is 4199-4199
    AppleTalk address is 4199.82, Valid
    AppleTalk zone is »Low End SW Lab«
    AppleTalk address gleaning is disabled
    AppleTalk route cache is enabled
    Interface will not perform pre-FDDITalk compatibility
```

> **ANMERKUNG**
>
> Der Befehl **show appletalk interface** kann zusätzlich zur Adresse einen Knotennamen anzeigen, je nachdem, wie die Software mit den Befehlen **appletalk lookup-type** und **appletalk name-lookup-interval** konfiguriert wurde.

Die folgenden Felder sind im Bild 9.5 gezeigt. Zusätzlich werden einige Felder gezeigt, die ebenso in der Ausgabe auftauchen können:

Feld	Beschreibung
FDDI is...	Schnittstellentyp und ob die Schnittstelle momentan aktiv und in das Netzwerk eingefügt ist (up) oder momentan inaktiv und nicht eingefügt ist (down).
line protocol	Zeigt an, ob die Software-Prozesse, die das Line-Protokoll verarbeiten, davon ausgehen, dass die Schnittstelle verwendbar ist (d.h., ob Keepalives erfolgreich sind).

Feld	Beschreibung
AppleTalk node	Zeigt an, ob der Knoten im Netzwerk aktiv (up) oder inaktiv (down) ist.
AppleTalk cable range	Kabelbereich der Schnittstelle.
AppleTalk address is ..., Valid	Die Adresse der Schnittstelle und ob die Adresse in Konflikt mit einer anderen Adresse im Netzwerk steht (»Valid« bedeutet keinen Konflikt).
AppleTalk zone	Name der Zone, in der sich diese Schnittstelle befindet.
AppleTalk port configuration verified...	Wenn die Access-Server-Anwendung auf einer Schnittstelle aktiviert wird, andere Router entdeckt werden und sich die aktivierte Schnittstelle nicht im Entdeckungsmodus befindet, bestätigt unser Access-Server die Konfiguration mittels der Router, die sich bereits auf dem Kabel befinden. Die in diesem Feld gezeigte Adresse ist die des Routers, durch den der lokale Router überprüft hat, ob die Schnittstellenkonfiguration mit der des laufenden Netzwerks übereinstimmt.
AppleTalk discarded...packets due to input errors	Die Anzahl der Pakete, die die Schnittstelle wegen Eingangsfehlern verworfen hat. Diese Fehler sind gewöhnlich falsche Einkapselungen (d.h., das Paket besitzt eine falsche Header-Form).
AppleTalk address gleaning	Zeigt an, ob die Schnittstelle ARP-Tabelleneinträge automatisch aus eingehenden Paketen bezieht (dies nennt sich gleaning).
AppleTalk route cache	Zeigt an, ob das Fast-Switching auf der Schnittstelle aktiviert ist.
Interface will...	Zeigt an, dass die AppleTalk-Schnittstelle überprüfen wird, ob die über den FDDI-Ring gesendeten AppleTalk-Pakete beachtet werden, die von Routern mit den Cisco-Software-Versionen vor 9.0(3) oder 9.1(2) stammen.
AppleTalk domain	Die AppleTalk-Domäne, in der diese Schnittstelle Mitglied ist.

Der Befehl show appletalk name-cache

Der Befehl **show appletalk name-cache** zeigt den Cache mit den lokalen Namen und Diensten des Routers an. Sie können mit den Befehlen **appletalk lookup-type** und **appletalk name-lookup-interval** die Diensttypen konfigurieren, nach denen der Router fragen und deren Namen er aufbewahren soll. Bild 9.6 zeigt eine Beispielausgabe auf den Befehl **show appletalk name-cache**.

Bild 9.6: Mit dem Befehl show appletalk name-cache können Sie den NBP-Betrieb überprüfen.

```
router# show appletalk name-cache
AppleTalk Name Cache:
Net     Adr  Skt  Name                Type          Zone
4160    19   8    gatekeeper          SNMP Agent    Underworld
4160    19   254  gatekeeper.Ether4   ciscoRouter   Underworld
4160    86   8    bones               SNMP Agent    Underworld
4160    86   72   131.108.160.78      IPADDRESS     Underworld
4160    86   254  bones.Ethernet0     IPGATEWAY     Underworld
```

Die folgenden Felder sind in Bild 9.6 gezeigt:

Feld	Beschreibung
Net	AppleTalk-Netzwerknummer oder Kabelbereich.
Adr	Knotenadresse.
Skt	DDP-Socket-Nummer.
Name	Name des Dienstes.
Type	Gerätetyp. Die möglichen Typen variieren je nach Diensttyp. Die Folgenden sind die Cisco-Server-Typen: Cisco-Router – Der Server ist ein Cisco-Router. SNMP Agent – Der Server ist ein SNMP-Agent. IPGATEWAY – Die aktiven MacIP-Server-Namen. IPADRESSE – Die aktiven MacIP-Server-Adressen.
Zone	Der Name der AppleTalk-Zone, zu der diese Adresse gehört.

Der Befehl show appletalk route

Der Befehl **show appletalk route** zeigt entweder alle Einträge oder bestimmte Einträge in der AppleTalk-Routing-Tabelle. Bild 9.7 zeigt eine Beispielausgabe auf den Befehl **show appletalk route**.

```
router# show appletalk route
Codes: R - RTMP derived, E - EIGRP derived, C - connected,
       a - AURP
       P - proxy, S - static
5 routes in internet
E Net 10000 -10000 [1/G] via 300.199, 275 sec, Ethernet2, zone
France
R Net 890 [2/G] via 4.129, 1 sec, Ethernet0, zone release lab
R Net 901 [2/G] via 4.129, 1 sec, Ethernet0, zone Dave's House
C Net 999-999 directly connected, Serial3, zone Magnolia Estates
R Net 2003 [4/G] via 80.129, 6 sec, Ethernet4, zone Bldg-13
```

*Bild 9.7:
In der Apple-Talk-Routing-Tabelle sollten alle bekannten Netzwerke angezeigt werden.*

> **ANMERKUNG**
>
> Je nach der Konfiguration der globalen Konfigurationsbefehle **appletalk lookup-type** und **appletalk name-lookup-interval** kann in dieser Anzeige statt einer Knotenadresse ein Knotenname erscheinen.

Die folgenden Felder sind im Bild gezeigt. Zusätzlich werden einige Felder gezeigt, die ebenso in der Ausgabe auftauchen können:

Feld	Beschreibung	
Codes:	Codes, die anzeigen, wie die Route erlernt wurde:	
	R – RTMP derived	Die Route wurde aus einem RTMP-Update abgeleitet.
	E – Enhanced IGRP derived	Die Route wurde aus dem Erweiterten IGRP abgeleitet.
	C – Connected	Direkt verbundenes Netzwerk.
	A – AURP	Die Route wurde aus einem AURP-Update abgeleitet.
	S – Static	Statische Route.

Feld	Beschreibung	
Codes (Fortsetzung)	P – Proxy	Proxy-Route. Proxy-Routen werden in ausgehenden RTMP-Updates eingefügt, als ob Sie direkt verbundene Routen wären (obwohl sie nicht wirklich direkt verbunden wären), da sie zu keiner Schnittstelle gehören. Immer wenn von irgendjemandem irgendwo im Internetzwerk ein NBQ-BrRq für die betreffende Zone erzeugt wird, wird ein NBP-FwdReq an jeden Router gerichtet, der mit der Proxy-Route verbunden ist. Der Phase-2-Router (der der einzige direkt verbundene Router ist) wandelt die FwdReq in LkUps um, die von Phase-1-Routern verstanden werden, und sendet sie in jedes Netzwerk in der Zone.
routes	Anzahl der Routen in der Tabelle.	
Net	Netzwerk, zu dem die Route führt.	
Net 999-999	Kabelbereich, zu dem die Route führt.	
directly connected	Zeigt an, dass das Netzwerk direkt mit dem Router verbunden ist.	
uses	Ungefähre Abschätzung der Anzahl, wie oft eine Route verwendet wurde. Sie zeigt in Wahrheit die Anzahl an, wie oft die Route ausgewählt wurde, bevor andere Schritte wie z.B. die Access-Listen-Filterung ausgeführt wurden.	
Ethernet	Mögliche Schnittstelle, durch die Updates in das externe Netzwerk gesendet werden.	
zone	Name der Zone, in der das Zielnetzwerk Mitglied ist.	

Feld	Beschreibung
[1/G]	Hop-Zahl, gefolgt vom Zustand der Route in dieses Netzwerk. Mögliche Zustandswerte sind Folgende: G – Gut S – Suspekt B – Schlecht (Bad) Der Zustand wird durch die Routing-Updates bestimmt, die in 10-Sekunden-Intervallen auftreten. Ein separates und nicht synchronisiertes Ereignis, das einzelne nicht aktualisierte Routen bewertet oder entfernt, tritt in 20-Sekunden-Intervallen auf. Nach jeder 20-Sekunden-Periode ohne neue Routing-Informationen wird durch eine Neubewertung aus einem G ein S und dann aus einem S ein B. Nach 1 Minute ohne Updates wird die Route entfernt. Jedes Mal, wenn die Cisco-IOS-Software ein verwertbares Update empfängt, wird der Zustand der betreffenden Route auf G zurückgesetzt. Verwertbare Updates sind solche, die eine Route melden, die genauso gut oder besser ist als die aktuell in der Tabelle vorhandene. Wenn eine AppleTalk-Route durch einen anderen Router blockiert (poisoned) wird, ändert sich ihre Metrik auf poisoned (d.h. 31 Hops). Die Software wird daraufhin diese Route ganz normal während einer Holddown-Periode überaltern lassen, während die Route weiterhin in der Routing-Tabelle zu sehen sein wird.
via 258.179	Die Adresse eines Routers, der den nächsten Hop zum externen Netzwerk bildet.
via gatekeeper	Knotenname eines Routers, der den nächsten Hop zum externen Netzwerk bildet.
sec	Anzahl der vergangenen Sekunden, seit ein RMTP-Update über dieses Netzwerk zuletzt empfangen wurde.

Der Befehl show appletalk traffic

Der Befehl **show appletalk traffic** zeigt Statistiken über den Apple-Talk-Verkehr an. Bild 9.8 zeigt eine Beispielausgabe auf den Befehl **show appletalk traffic**.

Bild 9.8: Mit dem Befehl show appletalk traffic können Sie zusammenfassende Informationen über den AppleTalk-Overhead abrufen.

```
router# show appletalk traffic
AppleTalk statistics:
   Rcvd: 357471 total, 0 checksum errors, 264 bad hop count
         321006 local destination, 0 access denied
         0 for MacIP, 0 bad MacIP, 0 no Client
         13510 port disabled, 2437 no listener
         0 ignored, 0 martians
   Bcast: 191881 received, 270406 sent
   Sent: 550293 generated, 66495 forwarded, 1840 fast forwarded, 0 loopback
         0 forwarded from MacIP, 0 MacIP failures
         436 encapsulation failed, 0 no route, 0 no source
   DDP:  387265 long, 0 short, 0 macip, 0 bad size
   NBP:  302779 received, 0 invalid, 0 proxies
         57875 replies sent, 59947 forwards, 418674 lookups, 432 failures
   RTMP: 108454 received, 0 requests, 0 invalid, 40189 ignored
         90170 sent, 0 replies
   EIGRP: 0 received, 0 hellos, 0 updates, 0 replies, 0 queries
         0 sent,    0 hellos, 0 updates, 0 replies, 0 queries
         0 invalid, 0 ignored
   AURP: 0 Open Requests, 0 router Downs
         0 Routing information sent, 0 Routing information received
         0 Zone information sent, 0 Zone information received
         0 Get Zone Nets sent, 0 Get Zone Nets received
         0 Get Domain Zone List sent, 0 Get Domain Zone List received
AppleTalk statistics:
         0 bad sequence
   ATP:  0 received
   ZIP:  13619 received, 33633 sent, 32 netinfo
   Echo: 0 received, 0 discarded, 0 illegal
         0 generated, 0 replies sent
   Responder: 0 received, 0 illegal, 0 unknown
         0 replies sent, 0 failures
   AARP: 85 requests, 149 replies, 100 probes
         84 martians, 0 bad encapsulation, 0 unknown
         278 sent, 0 failures, 29 delays, 315 drops
   Lost: 0 no buffers
   Unknown: 0 packets
   Discarded: 130475 wrong encapsulation, 0 bad SNAP discriminator
```

Kapitel 9 • Die Fehlersuche bei AppleTalk-Verbindungen **447**

Die folgenden Felder sind in Bild 9.8 gezeigt:

Feld	Beschreibung
Rcvd:	Dieser Abschnitt beschreibt die empfangenen Pakete.
357741 total	Gesamtzahl der empfangenen Pakete.
0 checksum errors	Anzahl der verworfenen Pakete, deren DDP-Prüfsumme falsch war. Die DDP-Prüfsumme wird für Pakete überprüft, die an den Router gerichtet sind. Für weitergeleitete Pakete wird sie nicht überprüft.
264 bad hop count	Anzahl der verworfenen Pakete, die durch zu viele Hops gewandert waren.
321006 local destination	Anzahl der an den lokalen Router adressierten Pakete.
0 access denied	Anzahl der verworfenen Pakete, die durch eine Access-Liste abgelehnt wurden.
0 for MacIP	Anzahl der von der Cisco-IOS-Software empfangenen AppleTalk-Pakete, die in einem IP-Paket eingekapselt waren.
0 bad MacIP	Anzahl der fehlerhaften MacIP-Pakete, die die Software empfangen und verworfen hat. Diese Pakete können eine falsche Form oder keine Zieladresse besitzen.
0 no Client	Anzahl der verworfenen Pakete, die an einen nicht vorhandenen MacIP-Client gerichtet waren.
13510 port disabled	Anzahl der verworfenen Pakete, für deren Port das Routing deaktiviert war (nur bei erweitertem AppleTalk). Dies resultiert aus einem Konfigurationsfehler oder dem Empfang eines Pakets, während sich die Software im Prüf-/Entdeckungsmodus befand.
2437 no listener	Anzahl der verworfenen Pakete, die an einen Socket gerichtet waren, dem kein Dienst zugeordnet war.
0 ignored	Anzahl der ignorierten Routing-Update-Pakete, die von einem fehlerhaft konfigurierten Nachbarn stammten oder bei deren Empfang das Routing deaktiviert war.
0 martians	Anzahl der verworfenen Pakete, die unsinnige Informationen im DDP-Header hatten. Dieser Fehler unterscheidet sich von den anderen dadurch, dass die Daten im Header niemals gültig waren, während andere zu einem bestimmten früheren Zeitpunkt einmal gültig waren.

Feld	Beschreibung
Bcast:	Anzahl der gesendeten und empfangenen Broadcast-Pakete.
191881 received	Anzahl der empfangenen Broadcast-Pakete.
270406 sent	Anzahl der gesendeten Broadcast-Pakete.
Sent:	Anzahl der übertragenen Pakete.
550293 generated	Anzahl der erzeugten Pakete.
66495 forwarded	Anzahl der Pakete, die über Routen weitergeleitet wurden, die durch das Prozess-Switching abgeleitet wurden.
1840 fast forwarded	Anzahl der Pakete, die über Routen aus dem Fast-Switching-Cache gesendet wurden.
0 loopback	Anzahl der Pakete, die per Broadcast aus einer Schnittstelle des Routers ausgesendet wurden, für die das Gerät den Empfang des Pakets simulierte, weil die Schnittstelle selbst die Sendung eines Broadcast-Pakets nicht unterstützt. Die Zahl wird für alle Schnittstellen des Geräts aufsummiert.
0 forwarded from MacIP	Anzahl der weitergeleiteten IP-Pakete, die in einem AppleTalk-DDP-Paket eingekapselt waren.
0 MacIP failures	Anzahl der gesendeten MacIP-Pakete, die während des MacIP-Einkapselungsprozesses beschädigt wurden.
436 encapsulation failed	Anzahl der Pakete, die der Router nicht senden konnte, weil die Einkapselung fehlschlug. Dies kann vorkommen, weil die Einkapselung des DDP-Pakets oder aber die AARP-Adressauflösung fehlschlug.
0 no route	Anzahl der Pakete, die der Router nicht senden konnte, weil er keine Route zum Ziel kannte.
0 no source	Anzahl der Pakete, die der Router sendete, während er seine eigene Adresse nicht kannte. Dies sollte nur dann passieren, wenn in der Router- oder der Netzwerkkonfiguration ein ernster Fehler vorliegt.
DDP:	Dieser Abschnitt beschreibt die gesehenen DDP-Pakete.
387265 long	Anzahl der langen DDP-Pakete.
0 short	Anzahl der kurzen DDP-Pakete.
0 macip	Anzahl der in einem AppleTalk-DDP-Paket eingekapselten IP-Pakete, die der Router sendete.
0 bad size	Anzahl der Pakete, bei denen sich die physikalische Paketlänge von der angeblichen Länge unterschied.
NBP:	Dieser Abschnitt beschreibt NBP-Pakete.

Feld	Beschreibung
302779 received	Gesamtzahl der empfangenen NBP-Pakete.
0 invalid	Anzahl der ungültigen empfangenen NBP-Pakete. Ursachen sind ungültiger Op-Code und ungültiger Pakettyp.
0 proxies	Anzahl der NBP-Proxy-Prüfanfragen, die der Router empfing, als er für die NBP-Proxy-Übergangsnutzung konfiguriert war.
57875 replies sent	Anzahl der gesendeten NBP-Antworten.
59947 forwards	Anzahl der empfangenen oder gesendeten NBP-Weiterleitungsanfragen.
418674 lookups	Anzahl der empfangenen NBP-Prüfungen.
432 failures	Allgemeiner Zähler, der erhöht wird, wenn der NBP-Prozess ein Problem hat.
RTMP:	Dieser Abschnitt beschreibt RTMP-Pakete.
108454 received	Gesamtzahl der empfangenen RTMP-Pakete.
0 requests	Anzahl der empfangenen RTMP-Anfragen.
0 invalid	Anzahl der ungültigen empfangenen RTMP-Pakete. Ursachen sind ungültiger Op-Code und ungültiger Pakettyp.
40189 ignored	Anzahl der ignorierten RTMP-Pakete. Eine Ursache für dieses Ereignis ist, dass die Schnittstelle sich noch im Entdeckungsmodus befindet und noch nicht initialisiert ist.
90170 sent	Anzahl der gesendeten RTMP-Pakete.
0 replies	Anzahl der gesendeten RTMP-Antworten.
Enhanced IGRP:	Dieser Abschnitt beschreibt Erweiterte IGRP-Pakete.
0 received	Anzahl der empfangenen Erweiterten IGRP-Pakete.
0 hellos	Anzahl der empfangenen Erweiterten IGRP-Hello-Pakete.
0 updates	Anzahl der empfangenen Erweiterten IGRP-Update-Pakete.
0 replies	Anzahl der empfangenen Erweiterten IGRP-Antwort-Pakete.
0 queries	Anzahl der empfangenen Erweiterten IGRP-Anfrage-Pakete.
0 sent	Anzahl der gesendeten Erweiterten IGRP-Pakete.
0 hellos	Anzahl der gesendeten Erweiterten IGRP-Hello-Pakete.
0 updates	Anzahl der gesendeten Erweiterten IGRP-Update-Pakete.
0 replies	Anzahl der gesendeten Erweiterten IGRP-Antwort-Pakete.
0 queries	Anzahl der gesendeten Erweiterten IGRP-Anfrage-Pakete.

Feld	Beschreibung
0 invalid	Anzahl der ungültigen gesendeten Erweiterten IGRP-Pakete.
0 ignored	Anzahl der ignorierten Pakete als Folge von empfangenen ungültigen IEGRP-Paketen.
ATP:	Dieser Abschnitt beschreibt ATP-Pakete.
0 received	Anzahl der vom Router empfangenen ATP-Pakete.
ZIP:	Dieser Abschnitt beschreibt ZIP-Pakete.
13619 received	Anzahl der vom Router empfangenen ZIP-Pakete.
33633 sent	Anzahl der vom Router gesendeten ZIP-Pakete.
32 netinfo	Anzahl der Pakete, die die Port-Konfiguration über ZIP-GetNetInfo-Anfragen anforderten. Diese werden häufig während Knoten-Startvorgängen verwendet und gelegentlich durch einige AppleTalk-Netzwerk-Management-Software-Pakete verwendet.
Echo:	Eine Beschreibung der AEP-Pakete.
0 received	Anzahl der vom Router empfangenen AEP-Pakete.
0 discarded	Anzahl der vom Router verworfenen AEP-Pakete.
0 illegal	Anzahl der illegalen AEP-Pakete, die vom Router empfangen wurden.
0 generated	Anzahl der vom Router erzeugten AEP-Pakete.
0 replies sent	Anzahl der AEP-Antworten, die der Router sendete.
Responder:	Dieser Abschnitt beschreibt Responder-Request-Pakete.
0 received	Anzahl der vom Router empfangenen Responder-Request-Pakete.
0 illegal	Anzahl der illegalen Responder-Request-Pakete, die der Router empfing.
0 unknown	Anzahl der vom Router empfangenen Responder-Request-Pakete, die er nicht beachtete.
0 replies sent	Anzahl der Responder-Request-Antworten, die der Router sendete.
0 failures	Anzahl der Responder-Request-Antworten, die der Router nicht senden konnte.
AARP:	Dieser Abschnitt beschreibt AARP-Pakete.
85 requests	Anzahl der vom Router empfangenen AARP-Anfragen.
149 replies	Anzahl der vom Router empfangenen AARP-Antworten.
100 probes	Anzahl der vom Router empfangenen AARP-Probe-Pakete.

Feld	Beschreibung
84 martians	Anzahl der AARP-Pakete, die der Router nicht beachtete. Wenn Sie ein übermäßige Anzahl von martians auf einer Schnittstelle entdecken, sollten Sie prüfen, ob eine Bridge in das Netzwerk eingefügt wurde. Wenn eine Bridge hochfährt, überflutet sie das Netzwerk mit AARP-Paketen.
0 bad encapsulation	Anzahl der empfangenen AARP-Pakete mit einer nicht erkennbaren Einkapselung.
0 unknown	Anzahl der AARP-Pakete, die der Router nicht beachtete.
278 sent	Anzahl der AARP-Pakete, die der Router sendete.
0 failures	Anzahl der AARP-Pakete, die der Router nicht senden konnte.
29 delays	Anzahl der AppleTalk-Pakete, die verzögert wurden, weil auf die Ergebnisse einer AARP-Anfrage gewartet wurde.
315 drops	Anzahl der verworfenen AppleTalk-Pakete, weil eine AARP-Anfrage fehlschlug.
Lost: 0 no buffers	Anzahl der verlorenen Pakete aufgrund von fehlenden Puffern.
Unknown: 0 packets	Anzahl der Pakete, deren Protokoll nicht bestimmt werden konnte.
Discarded:	Dieser Abschnitt beschreibt die Anzahl der verworfenen Pakete.
130475 wrong encapsulation	Anzahl der verworfenen Pakete, die die falsche Einkapselung aufwiesen. Das heißt, dass nicht erweiterte AppleTalk-Pakete in einem erweiterten AppleTalk-Netzwerk auftraten oder umgekehrt.
0 bad SNAP discrimination	Anzahl der verworfenen Pakete, die den falschen SNAP-Unterscheider besaßen. Dies tritt auf, wenn ein anderes AppleTalk-Gerät ein veraltetes oder fehlerhaftes Paketformat verwendet.
AURP:	Dieser Abschnitt beschreibt AppleTalk-Update-Routing-Protokollpakete.
0 open requests	Gesamtzahl der Open-Anfragen.
0 Router downs	Anzahl der empfangenen Router-Down-Pakete.
0 routing information sent	Anzahl der gesendeten Routing-Informationspakete.
0 routing information received	Anzahl der empfangenen Routing-Informationspakete.
0 zone information sent	Anzahl der gesendeten ZIP-Pakete.
0 zone information received	Anzahl der empfangenen ZIP-Pakete.

Feld	Beschreibung
0 get zone nets sent	Anzahl der gesendeten Get-Zone-Network-Pakete, mit denen Zoneninformationen angefragt wurden.
0 get zone nets received	Anzahl der empfangenen Get-Zone-Network-Pakete, mit denen Zoneninformationen angefragt wurden.
0 get domain zone list sent	Anzahl der gesendeten Get-Domain-Zone-List-Pakete, mit denen Informationen über Domänen-Zonenlisten angefragt wurden.
0 get domain zone list received	Anzahl der empfangenen Get-Domain-Zone-List-Pakete, mit denen Informationen über Domänen-Zonenlisten angefragt wurden.
0 bad sequence	Anzahl der AURP-Pakete, die nicht in der richtigen Reihenfolge empfangen wurden.

Der Befehl show appletalk zone

Der Befehl **show appletalk zone** zeigt entweder alle Einträge oder bestimmte Einträge in der Zoneninformationstabelle. Bild 9.9 zeigt eine Beispielausgabe auf den Befehl **show appletalk zone**.

Bild 9.9: In der Apple-Talk-Zonentabelle sollten alle ungefilterten Zonen aufgelistet werden.

```
router# show appletalk zone
Name                network(s)
Gates of Hell       666-666
Engineering         3 29-29 4042-4042
customer eng        19-19
CISCO IP            4140-4140
Dave's House        3876 3924 5007
Narrow Beam         4013-4013 4023-4023 4037-4037 4038-4038
Low End SW Lab      6160 4172-4172 9555-9555 4160-4160
Tir'n na'Og         199-199
Mt. View 1          7010-7010 7122 7142 7020-7020 7040-7040 7060-7060
Mt. View 2          7152 7050-7050
UDP                 1112-12
Empty Guf           69-69
Light               80
europe              2010 3010 3034 5004
Bldg-13             4032 5026 61669 3012 3025 3032 5025 5027
Bldg-17             3004 3024 5002 5006
```

Die folgenden Felder sind in Bild 9.9 gezeigt:

Feld	Beschreibung
AppleTalk Zone Information	Name der Zone.
Valid for nets: 4140-4140	Kabelbereich(e) oder Netzwerknummern dieser Zone.
Not associated with any interface.	Schnittstellen, die dieser Zone zugeordnet wurden.
Not associated with any access list.	Access-Listen, die für diese Zone erstellt wurden.

9.1.2 Die NBP-Untersuchung

Der Befehl **show appletalk nbp** zeigt die Name-Binding-Protokoll-(NBP-)Dienste an, die durch den Router registriert wurden. Wenn Sie den Router so konfigurieren, dass er den Dienstnamen anzeigt, ist dies bei einer Fehlersuche hilfreich. Netzwerkadministratoren erkennen eher AppleTalk-Namen als Adressen, vor allem weil AppleTalk-Adressen dynamisch sind.

Der privilegierte **ping**-Befehl mit der **nbp**-Option ist als **nbptest** bekannt, der eine interaktive, menügesteuerte Funktion ermöglicht. Dieses Fehlersuchwerkzeug ist bis zur Cisco-IOS-Version 11.0 verfügbar. Mit der **nbptest**-Funktion können Sie nach NBP-Einheiten in einer bestimmten Zone suchen, die aktuelle Zonenliste des Routers anzeigen und alle Geräte in allen Zonen abfragen.

Die folgenden Schlüsselworte zur **nbp**-Option geben eine Übersicht über die Tests, die Sie mit dem Befehl **nbptest** ausführen können:

- **lookup** – Sucht nach NBP-Einheiten in einer bestimmten Zone.

- **parms** – Setzt die Parameter für die nachfolgenden Prüf- und Abfragetests.

- **zones** – Zeigt die aktuelle Zonenliste des Routers an (vergleichbar mit dem Befehl **show appletalk zone**).

- **poll** – Sucht nach allen Geräten in allen Zonen (mit Vorsicht einzusetzen).

- **help** oder **?** – Zeigt die Optionsliste des Befehls **nbptest**.

- **quit** – Beendet die **nbptest**-Funktion.

Ab der Cisco-IOS-Version 11.1 ersetzt der neue Befehl **test appletalk** die **nbptest**-Funktion. Mit dem Befehl **test appletalk** und den **nbp**-Optionen können Sie informelle Überprüfungen von NBP-registrierten Einheiten vornehmen. Sie können die **nbp**-Optionen einsetzen, wenn in der Auswahl AppleTalk-Zonen angezeigt werden, die Dienste in diesen Zonen aber nicht verfügbar sind.

Viele der Optionen des Befehls **test appletalk** sind nicht dokumentierte Funktionen, die von Cisco-Ingenieuren verwendet werden. Die **nbp**-Optionen sind jedoch bei einer Fehlersuche sehr nützlich. Die folgenden Optionen sind einsetzbar:

- **confirm** – Sendet ein NBP-Bestätigungspaket an die angegebene Einheit.

- **lookup** – Fragt nach dem Namen, dem Typ und der Zone und sucht dann eine sichtbare Netzwerkeinheit (NVE = network visible entity).

- **parameters** – Setzt die Parameter, die in nachfolgenden Lookup- und Poll-Tests verwendet werden.

- **poll** – Sucht nach allen Geräten in allen Zonen.

- **?** – Zeigt die Liste der Tests an.

- **end** – Beendet die Testfunktion.

AppleTalk-Namen unterscheiden nicht zwischen Groß- und Kleinschreibung und haben die Form *Objekt:Typ@Zone*. Zum Beispiel wird der Router Sydney in der Zone Australien als Sydney:CiscoRouter@Australien geschrieben. Für die Objekt- und Typenfelder können Sie ein Gleichheitszeichen (=) verwenden, um alle möglichen Werte anzudeuten. Sie können ein verstecktes Zeichen verwenden, indem Sie eine Folge aus drei Zeichen eingeben, die die hexadezimale Entsprechung des Zeichens darstellt. Sie können zum Beispiel **:c5** eingeben, um einen Platzhalter für ein Trennzeichen festzulegen.

Wenn Sie die **test appletalk**-Funktion ausführen, überprüfen Sie mit der Option *confirm*, ob ein Name eines angegebenen Typs auf einem Gerät registriert ist. Zum Beispiel bestätigt **nbp confirm 24279.173 my-mac:AFPServer@engineering**, dass der Name my-mac auf dem Gerät 24279.173 in der Zone engineering registriert ist. Der Objekttyp ist AFPServer.

Mit den Optionen **lookup** und **poll** können Sie nach Objekten suchen. Zum Beispiel sucht der Befehl **nbp lookup =:CiscoRouter@engineering** nach allen Objekten des Typs CiscoRouter in der Zone engineering. Der Befehl **nbp lookup =:Macintosh: c5@engineering** sucht in der Zone engineering nach allen Objekten, deren Typ mit **Macintosh** beginnt. Dieser würde alle Macintosh-Rechner finden, also alle Macintosh II, Macintosh SE usw.

9.1.3 Die debug-Befehle des AppleTalk

Sie sollten die **debug**-Befehle nur einsetzen, wenn der Verkehr auf dem AppleTalk-Netzwerk gering ist, damit andere Aktivitäten auf dem System nicht beeinträchtigt werden.

Einige der **debug**-Befehle können ein große Datenmenge für jedes verarbeitete AppleTalk-Paket verursachen. Um Probleme zu vermeiden, sollten Sie Befehle einsetzen, die zusammenfassende Informationen erzeugen, wie z.B. **debug apple events**.

Sie finden weitere Informationen über die Befehle, die sehr große Ausgabemengen erzeugen, in der *Debug-Befehlsreferenz*. Unter den Schlüssel-**debug**-Befehlen sind

– debug apple arp

– debug apple errors

– debug apple events

– debug apple nbp

– debug apple packet

– debug apple routing

– debug apple zip

Diese Befehle werden in den folgenden Abschnitten detaillierter erklärt.

Der Befehl debug apple arp

Der Befehl **debug apple arp** ist sehr hilfreich, wenn Sie Kommunikationsprobleme mit einem Knoten in einem lokalen Netzwerk haben. Wenn die Ausgabe anzeigt, dass der Router AppleTalk-Adress-Resolution-Protokoll-(AARP-)Antworten empfängt, können Sie davon ausgehen, dass sich das Problem nicht auf der physikalischen Schicht befindet. Bild 9.10 zeigt eine Beispielausgabe auf den Befehl **debug apple arp**.

```
router# debug apple arp
Ether0: AARP: Sent resolve for 4160.26
Ether0: AARP: Reply from 4160.26(0000.0c00.0453) for 4160.154(0000.0c00.8ea9)
Ether0: AARP: Resolved waiting request for 4160.26(0000.0c00.0453)
Ether0: AARP: Reply from 4160.19(0000.0c00.0082) for 4160.154(0000.0c00.8ea9)
Ether0: AARP: Resolved waiting request for 4160.19(0000.0c00.0082)
Ether0: AARP: Reply from 4160.19(0000.0c00.0082) for 4160.154(0000.0c00.8ea9)
```

Bild 9.10: Mit dem Befehl **debug apple arp** können Sie die dynamische Adressbestimmung des AppleTalk überprüfen.

Es folgen Erklärungen für repräsentative Ausgabezeilen aus Bild 9.10.

Die folgende Zeile zeigt an, dass der Router die Hardware-MAC-Adresse des Hosts mit der Netzwerkadresse 4160.26 angefordert hat:

`Ether0: AARP: Sent resolve for 4160.26`

Die folgende Zeile zeigt an, dass der Host mit der Netzwerkadresse 4160.26 geantwortet hat und seine MAC-Adresse sendet (0000.0c00.0453). Zur Vervollständigung zeigt die Meldung auch die Netzwerkadresse, an die die Antwort gesendet wurde, und deren Hardware-MAC-Adresse (auch in Klammern).

`Ether0: AARP: Reply from 4160.26(0000.0c00.0453) for 4160.154(0000.0c00.8ea9)`

Die folgende Zeile zeigt an, dass die MAC-Adressanfrage abgeschlossen ist:

`Ether0: AARP: Resolved waiting request for 4160.26(0000.0c00.0453)`

Der Befehl debug apple errors

Der Befehl **debug apple errors** zeigt Fehler an, wie z.B. Probleme durch nicht zueinander passende Konfigurationen, eine falsche Einkapselung, ein ungültiges Echo-Paket, nicht angeforderte Echo-Antworten, eine unbekannte Echo-Funktion, ein ungültiges **ping**-Paket, eine unbekannte **ping**-Funktion, einen falschen Responder-Pakettyp und NetInfo-Antwortfehler. Bild 9.11 zeigt eine Beispielausgabe auf den Befehl **debug apple errors**.

```
router# debug apple errors
%AT-3-ZONEDISAGREES: Ethernet0: AppleTalk port disabled; zone list
incompatible with 4160.19
%AT-3-ZONEDISAGREES: Ethernet0: AppleTalk port disabled; zone list
incompatible with 4160.19
%AT-3-ZONEDISAGREES: Ethernet0: AppleTalk port disabled; zone list
incompatible with 4160.19
```

*Bild 9.11:
Der Befehl debug apple errors liefert nützliche Informationen für eine Suche bei fehlerhaften Schnittstellenkonfigurationen.*

In Bild 9.11 lässt sich vermuten, dass eine einzelne Fehlermeldung eine inkompatible Zonenliste anzeigt. Diese Meldung wird regelmäßig ausgesendet, bis der Zustand behoben wird oder der Befehl **debug apple errors** abgeschaltet wird.

Die meisten anderen Meldungen, die der Befehl **debug apple errors** erzeugen kann, sind unverständlich oder zeigen ein schweres Problem mit dem AppleTalk-Netzwerk an. Einige dieser anderen Meldungen folgen.

In der folgenden Meldung könnte der Begriff NBP auch durch den Begriff RTMPRsp, RTMPReq, ATP, AEP, ZIP, ADSP oder SNMP ersetzt werden und die Meldung wrong encapsulation durch *llap dest not for us*:

```
packet discarded, src 4160.12-254,dst 4160.19-254,NBP,wrong ↵
encapsulation
```

In der folgenden Meldung können neben dem ungültigen Echo-Paket auch andere mögliche Fehler angezeigt werden, z.B. nicht angeforderte AEP-Echo-Antwort, unbekannte Echo-Funktion, ungültiges **ping**-Paket, unbekannte **ping**-Funktion und falscher Responder-Pakettyp:

```
Ethernet0: AppleTalk packet error; no source address available
AT: pak_reply: dubious reply creation, dst 4160.19
AT: Unable to get a buffer for reply to 4160.19
Processing error, src 4160.12-254,dst 4160.19-254,AEP, ↵
invalid echo packet
```

Durch den Befehl **debug apple errors** können zusätzliche Meldungen angezeigt werden, wenn gleichzeitig andere Debug-Befehle aktiviert sind. Wenn Sie die beiden Befehle **debug apple errors** und **debug apple events** aktivieren, kann die folgende Meldung erzeugt werden:

```
Proc err, src 4160.12-254,dst 4160.19-254,ZIP,NetInfo Reply ↵
format is invalid
```

In dieser Meldung können neben der Meldung NetInfo Reply format is invalid (NetInfo-Antwortformat ist ungültig) auch andere mögliche Fehlermeldungen gezeigt werden, z.B. NetInfoReply not for me (NetInfo-Antwort ist nicht für mich), NetInfoReply ignored (NetInfo-Antwort wurde ignoriert), NetInfoReply for operational net ignored (die NetInfo-Antwort wurde für das funktionsfähige Netz ignoriert), NetInfoReply from invalid port (NetInfo-Antwort von ungültigem Port), unexpected NetInfoReply ignored (unerwartete NetInfo-Antwort wurde ignoriert), cannot establish primary zone (kann keine primäre Zone einrichten), no primary has been set up (es wurde keine primäre eingerichtet), primary zone invalid (primäre Zone ist ungültig), net information mismatch (nicht zueinander passende Netzinformationen), multicast mismatch (unpassender Multicast) und zones disagree (nicht übereinstimmende Zonen).

Wenn Sie die Befehle **debug apple errors** und **debug apple nbp** aktivieren, kann die folgende Meldung erzeugt werden:

`Processing error,...,NBP,NBP name invalid`

In dieser Meldung können neben NBP name invalid (NBP-Name ungültig) auch andere mögliche Fehler angezeigt werden, wie NBP type invalid (NBP-Typ ungültig), NBP zone invalid (NBP-Zone ungültig), not operational (nicht in Betrieb), error handling brrq (Fehler mit brrq), error handling proxy (Fehler mit Proxy), NBP fwdreq unexpected (unerwartete NRP-Weiterleitungsanfrage), No route to srcnet (keine Route zum Quellnetz), Proxy to * zone (Proxy zur *-Zone), Zone * from extended net (Zone * aus erweitertem Netz), No zone info for * (Keine Zoneninfo von *) und NBP zone unknown (NBP-Zone unbekannt).

Wenn Sie die Befehle **debug apple errors** und **debug apple routing** aktivieren, kann die folgende Meldung erzeugt werden:

`Processing error,...,RTMPReq, unknown RTMP request`

In dieser Meldung können neben der unbekannten RTMP-Anfrage auch andere mögliche Fehler angezeigt werden, wie RTMP packet header bad (falscher RTMP-Paket-Header), RTMP cable mismatch (unpassendes RTMP-Kabel), routed RTMP data (geroutete RTMP-Daten), RTMP bad tuple (falsches RTMP-Tupel) und Not Req (nicht angefordert) oder Not Rsp (keine Antwort).

Der Befehl debug apple events

Der Befehl **debug apple events** zeigt Informationen über besondere AppleTalk-Ereignisse, über Nachbarn, die erreichbar oder nicht mehr erreichbar werden, und über aktivierte oder deaktivierte Schnittstellen. Es werden nur bedeutsame Ereignisse aufgezeichnet. Wenn Sie konfigurieren oder Änderungen vornehmen, können Sie den Befehl **debug apple events** aktivieren, um die Zustandsänderungen zu verfolgen oder auch jeden auftretenden Fehler zu bemerken. Sie können diesen Befehl auch periodisch einsetzen, wenn Sie Probleme vermuten.

In einem stabilen Netzwerk liefert der Befehl **debug apple events** keinerlei Informationen. Wenn Sie das Internetzwerk bei Konfigurations- und Zustandsänderungen überwachen wollen, können Sie die Ausgabe mit dem Befehl **appletalk event-logging** fortwährend mit einem Syslog-Daemon auf einem UNIX-Host aufzeichnen.

Mit dem Befehl **debug apple events** können Sie die Zustandsänderungen verfolgen, wenn eine neue Schnittstelle aktiviert wird. Wenn keine Probleme auftreten, ist der Verlauf der Zustandsänderungen folgendermaßen:

1. Line down
2. Restarting
3. Probing (für seine eigene Adresse mittels AARP)
4. Acquiring (Aussendung von GetNetInfo-Anfragen)
5. Requesting zones (Anfrage der Zonenliste für das eigene Kabel)
6. Verifying (Überprüfung, ob die Router-Konfiguration korrekt ist. Wenn nicht, wird eine unpassende Port-Konfiguration erklärt.)
7. Checking zones (Überprüfung, ob die Zonenliste korrekt ist)
8. Operational (nimmt aktiv am Routing teil)

Bild 9.12 zeigt eine Beispielausgabe auf den Befehl **debug apple events**.

Bild 9.12: Der Befehl debug apple events berichtet über alle empfangenen oder gesendeten AppleTalk-Pakete.

```
router# debug apple events
Ether0: AT: Resetting interface address filters
%AT-5-INTRESTART: Ether0: AppleTalk port restarting; protocol restarted
Ether0: AppleTalk state changed; unknown -> restarting
Ether0: AppleTalk state changed; restarting -> probing
%AT-6-ADDRUSED: Ether0: AppleTalk node up; using address 65401.148
Ether0: AppleTalk state changed; probing -> acquiring
AT: Sent GetNetInfo request broadcast on Ether0
AT: Sent GetNetInfo request broadcast on Ether0
AT: Sent GetNetInfo request broadcast on Ether0
AT: Sent GetNetInfo request broadcast on Ether0
AT: Sent GetNetInfo request broadcast on Ether0
```

Wenn Sie versuchen, einen Nicht-Seed-(Kern-)Router zu aktivieren, ohne dass auf der Leitung ein Seed-Router vorhanden ist, wird er niemals in einen betriebsfähigen Zustand geraten. Statt dessen bleibt er im Acquiring-Modus hängen und sendet weiterhin periodische GetNetInfo-Anfragen aus.

Der Befehl debug apple nbp

Der Befehl **debug apple nbp** zeigt eine Debugging-Ausgabe der NBP-Routinen. Wenn Sie bestimmen wollen, ob der Router NBP-Prüfungen (Lookups) von einem Knoten im AppleTalk-Netzwerk empfängt, können Sie den Befehl **debug apple nbp** an jedem Knoten zwischen dem Router und dem betreffenden Knoten aktivieren, um zu bestimmen, wo das Problem auftritt. Bild 9.13 zeigt eine Beispielausgabe auf den Befehl **debug apple nbp**.

Die ersten drei Zeilen in Bild 9.13 beschreiben eine NBP-Lookup-Anfrage:

```
AT: NBP ctrl = LkUp, ntuples = 1, id = 77
AT: 4160.19, skt 2, enum 0, name: =:ciscoRouter@Low End SW Lab
AT: LkUp =:ciscoRouter@Low End SW Lab
```

```
router# debug apple nbp
AT: NBP ctrl = LkUp, ntuples = 1, id = 77
AT: 4160.19, skt 2, enum 0, name: =:ciscoRouter@Low End SW Lab
AT: LkUp =:ciscoRouter@Low End SW Lab
AT: NBP ctrl = LkUp-Reply, ntuples = 1, id = 77
AT: 4160.154, skt 254, enum 1, name: lestat.Ether0:ciscoRouter@Low End SW Lab
AT: NBP ctrl = LkUp, ntuples = 1, id = 78
AT: 4160.19, skt 2, enum 0, name: =:IPADDRESS@Low End SW Lab
AT: NBP ctrl = LkUp, ntuples = 1, id = 79
AT: 4160.19, skt 2, enum 0, name: =:IPGATEWAY@Low End SW Lab
AT: NBP ctrl = LkUp, ntuples = 1, id = 83
AT: 4160.19, skt 2, enum 0, name: =:ciscoRouter@Low End SW Lab
AT: LkUp =:ciscoRouter@Low End SW Lab
AT: NBP ctrl = LkUp, ntuples = 1, id = 84
AT: 4160.19, skt 2, enum 0, name: =:IPADDRESS@Low End SW Lab
AT: NBP ctrl = LkUp, ntuples = 1, id = 85
AT: 4160.19, skt 2, enum 0, name: =:IPGATEWAY@Low End SW Lab
AT: NBP ctrl = LkUp, ntuples = 1, id = 85
AT: 4160.19, skt 2, enum 0, name: =:IPGATEWAY@Low End SW Lab
```

*Bild 9.13:
Mit dem Befehl **debug apple nbp** können Sie NBP-Lookups betrachten.*

Die folgenden Felder sind in Bild 9.13 gezeigt:

Feld	Beschreibung
AT: NBP	Zeigt an, dass diese Meldung ein AppleTalk-NBP-Paket beschreibt.
ctrl = LkUp	Kennzeichnet den Typ des NBP-Pakets. Mögliche Werte sind: LkUp – NBP-Lookup-Anfrage. LkUp-Reply – NBP-Lookup-Antwort.
ntuples = 1	Zeigt die Anzahl der Name-Adresse-Paare im Lookup-Anfragepaket. Der Bereich ist 1–31 Tupel.
id = 77	Zeigt den Wert einer NBP-Lookup-Anfrage.
AT:	Zeigt an, dass diese Meldung ein AppleTalk-Paket beschreibt.
4160.19	Zeigt die Netzwerkadresse des Anfragenden.
skt 2	Zeigt die Internet-Socket-Adresse des Anfragenden. Der Antwortende wird die NBP-Lookup-Antwort an diese Socket-Adresse senden.
enum 0	Zeigt das Zählerfeld. Mit diesem werden mehrere Namen identifiziert, die auf einem einzelnen Socket registriert sind. Jeder Tupel erhält seinen eigenen Zähler, wobei der erste Tupel eine 0 erhält und dann hochgezählt wird.

Feld	Beschreibung
name: =:cisco-Router@Low End SW Lab	Zeigt den Namen der Einheit, für die eine Netzwerkadresse angefordert wurde. Der Name der AppleTalk-Einheit besteht aus drei Komponenten: – Objekt (in diesem Fall ein Platzhalterzeichen [=], das anzeigt, dass der Anfragende Name/Adresse-Paare für alle Objekte des angegebenen Typs in der angegebenen Zone anfragt) – Typ (in diesem Fall ciscoRouter) – Zone (in diesem Fall Low End SW Lab)

Die dritte Zeile in Bild 9.13 wiederholt im Wesentlichen die Informationen aus den beiden vorherigen Zeilen. Sie zeigt an, dass eine Lookup-Anfrage ausgeführt wurde, die Name/Adresse-Paare für alle Objekte des Typs ciscoRouter in der Zone Low End SW Lab anforderte.

Weil der Router als ein Objekt des Typs ciscoRouter in der Zone Low End SW Lab festgelegt ist, sendet der Router eine NBP-Lookup-Antwort auf diese NBP-Lookup-Anfrage. Die folgenden zwei Ausgabezeilen aus Bild 9.13 zeigen die Antwort des Routers:

```
AT: NBP ctrl = LkUp-Reply, ntuples = 1, id = 77
AT: 4160.154, skt 254, enum 1, name: ↵
lestat.Ether0:ciscoRouter@Low End SW Lab
```

In der ersten Zeile kennzeichnet die Zeichenfolge ctrl = LkUp-Reply dieses NBP-Paket als eine NBP-Lookup-Antwort. Derselbe Wert im ID-Feld (id = 77) ordnet diese Lookup-Antwort der vorherigen Lookup-Anfrage zu. Die zweite Zeile zeigt, dass die Netzwerkadresse für den zugehörigen Namen der Routereinheit (lestat.Ether0:ciscoRouter@Low End SW Lab) die 4160.154 ist. Da keine weitere Paarung aus Einheitenname/Netzwerkadresse aufgelistet wird, zeugt dies davon, dass der Antwortende nur sich selbst als Objekt vom Typ ciscoRouter in der Zone Low End SW Lab kennt.

Der Befehl debug apple packet

Der Befehl **debug apple packet** liefert mindestens eine Ausgabezeile pro verarbeitetem AppleTalk-Paket. Auch wenn er nur eingesetzt werden sollte, wenn die CPU-Belastung des Routers unter 50% liegt, leistet er bei einer Fehlersuche gute Dienste, wenn er zusammen mit anderen Befehlen verwendet wird, wie in den folgenden Beispielen:

– Wenn er zusammen mit den Befehlen **debug apple routing**, **debug apple zip** und **debug apple nbp** verwendet wird, liefert der

Befehl **debug apple packet** neben allgemeinen Paketdetails zusätzliche Protokoll-Verarbeitungsinformationen.

– Wenn er mit dem Befehl **debug apple errors** verwendet wird, berichtet der Befehl **debug apple packet** über Probleme auf Paketebene, z.B. in Hinsicht auf die Einkapselung.

Bild 9.14 zeigt eine Beispielausgabe auf den Befehl **debug apple packet**.

```
router# debug apple packet
Ether0: AppleTalk packet: enctype SNAP, size 60, encaps000000000000000000000000
AT: src=Ethernet0:4160.47, dst=4160-4160, size=10, 2 rtes, RTMP pkt sent
AT: ZIP Extended reply rcvd from 4160.19
AT: ZIP Extended reply rcvd from 4160.19
AT: src=Ethernet0:4160.47, dst=4160-4160, size=10, 2 rtes, RTMP pkt sent
Ether0: AppleTalk packet: enctype SNAP, size 60, encaps000000000000000000000000
Ether0: AppleTalk packet: enctype SNAP, size 60, encaps000000000000000000000000
```

Bild 9.14: *Der Befehl* **debug apple packet** *liefert Details über jedes AppleTalk-Paket.*

Die folgenden Felder sind in Bild 9.14 gezeigt:

Feld	Beschreibung
Ether0:	Name der Schnittstelle, durch die der Router das Paket empfangen hat.
AppleTalk Paket	Zeigt an, daß dies ein AppleTalk-Paket ist.
Enctype SNAP	Einkapselungstyp des Pakets.
size 60	Größe des Pakets (in Byte).
encaps000000000 00000000000000	Einkapselung.
AT:	Zeigt an, daß dies ein AppleTalk-Paket ist.
Src = Ethernet0:4160.47	Name der Schnittstelle, die das Paket sendet, und ihre AppleTalk-Adresse.
dst = 4160-4160	Kabelbereich des Paketziels.
size = 10	Größe des Pakets (in Byte).
2 rtes	Zeigt an, daß zwei Routen in der Routing-Tabelle diese beiden Adressen verbinden.
RTMP pkt sent	Der Typ des gesendeten Pakets.

Die dritte Zeile in Bild 9.14 zeigt den Typ des empfangenen Pakets und seine AppleTalk-Quelladresse an. Diese Meldung wird in der vierten Zeile wiederholt, weil AppleTalk-Hosts mehrere Antworten auf eine einzelne GetNetInfo-Anfrage senden können.

Der Befehl debug apple routing

Der Befehl **debug apple routing** zeigt Ausgaben von Routinen des Routing-Table-Maintenance-Protokolls (RTMP) an. Mit diesem Befehl können Sie den Erwerb von Routen, die Alterung der Routing-Tabelleneinträge und die Anzeige von bekannten Routen überwachen. Er kann auch widersprüchliche Netzwerknummern auf demselben Netzwerk melden, wenn das Netzwerk fehlerhaft konfiguriert ist. Bild 9.15 zeigt eine Beispielausgabe auf den Befehl **debug apple routing**.

Bild 9.15: Der Router sendet und empfängt alle 10 Sekunden RTMP-Updates.

```
router# debug apple routing
AT: src=Ethernet0:4160.41, dst=4160-4160, size=19, 2 rtes, RTMP pkt sent
AT: src=Ethernet1:41069.25, dst=41069, size=427, 96 rtes, RTMP pkt sent
AT: src=Ethernet2:4161.23, dst=4161-4161, size=427, 96 rtes, RTMP pkt sent
AT: Route ager starting (97 routes)
AT: Route ager finished (97 routes)
AT: RTMP from 4160.19 (new 0,old 94,bad 0,ign 0, dwn 0)
AT: RTMP from 4160.250 (new 0,old 0,bad 0,ign 2, dwn 0)
AT: RTMP from 4161.236 (new 0,old 94,bad 0,ign 1, dwn 0)
AT: src=Ethernet0:4160.41, dst=4160-4160, size=19, 2 rtes, RTMP pkt sent
```

> **ANMERKUNG**
>
> Der Befehl **debug apple routing** kann ein große Menge von Meldungen erzeugen. Daher sollten Sie ihn nur dann einsetzen, wenn die CPU-Belastung des Routers unter 50% liegt.

Die folgenden Felder werden in der ersten Zeile der Beispielausgabe auf den Befehl **debug apple routing** angezeigt:

Feld	Beschreibung
AT:	Zeigt an, dass dies eine AppleTalk-Debug-Ausgabe ist.
src = Ethernet0:4160.41	Zeigt die Schnittstelle des Quell-Routers und deren Netzwerkadresse für das RTMP-Update-Paket.
dst = 4160-4160	Zeigt die Zielnetzwerkadresse des RTMP-Update-Pakets.
size = 19	Zeigt die Größe dieses RTMP-Pakets (in Byte).
2 rtes	Zeigt an, dass dieses RTMP-Update-Paket Informationen über zwei Routen enthält.
RTMP pkt sent	Zeigt an, dass dieser Meldungstyp ein RTMP-Update-Paket beschreibt, das der Router gesendet hat (im Gegensatz zu einem empfangenen).

Die folgenden zwei Meldungen zeigen an, dass die Alterung (ager) den Alterungsprozess für die Routing-Tabelle gestartet und beendet hat und dass diese Tabelle 97 Einträge enthält:

```
AT: Route ager starting (97 routes)
AT: Route ager finished (97 routes)
```

Die folgenden Felder sind in der folgenden Zeile der **debug apple routing**-Ausgabe enthalten:

```
AT: RTMP from 4160.19 (new 0,old 94,bad 0,ign 0, dwn 0)
```

Feld	Beschreibung
AT:	Zeigt an, dass dies eine AppleTalk-Debug-Ausgabe ist.
RTMP from 4160	Zeigt die Quelladresse des RTMP-Update-Pakets, das der Router empfangen hat.
new 0	Zeigt die Anzahl der Routen in diesem RTMP-Update-Paket, die der Router bisher noch nicht kannte.
old 94	Zeigt die Anzahl der Routen in diesem RTMP-Update-Paket, die der Router bereits kannte.
bad 0	Zeigt die Anzahl der Routen, die der andere Router als ausgefallen anzeigt.
ign 0	Zeigt die Anzahl der Routen, die der andere Router ignoriert.
dwn 0	Zeigt die Anzahl der blockierten Tupel, die in diesem Paket enthalten sind.

Der Befehl debug apple zip

Der Befehl **debug apple zip** berichtet über bedeutsame Ereignisse des Zone-Information-Protokolls (ZIP), wie z.B. die Entdeckung von neuen Zonen und Zonenlistenanfragen. Bild 9.16 zeigt eine Beispielausgabe auf den Befehl **debug apple zip**.

```
router# debug apple zip
AT: Sent GetNetInfo request broadcast on Ether0
AT: Recvd ZIP cmd 6 from 4160.19-6
AT: 3 query packets sent to neighbor 4160.19
AT: 1 zones for 31902, ZIP XReply, src 4160.19
AT: net 31902, zonelen 10, name US-Florida
```

*Bild 9.16:
Mit dem Befehl debug apple zip können Sie den Austausch von Zoneninformationen überwachen.*

Erklärungen zu den in Bild 9.16 gezeigten Ausgabezeilen folgen.

Die erste Zeile zeigt an, dass der Router ein RTMP-Update empfangen hat, das eine neue Netzwerknummer enthält und nun Zoneninformationen anfordert:

```
AT: Sent GetNetInfo request broadcast on Ether0
```

Die zweite Zeile zeigt an, dass der Nachbar mit der Adresse 4160.19 auf die Zonenanfrage mit einer Standardzone antwortet:

```
AT: Recvd ZIP cmd 6 from 4160.19-6
```

Die dritte Zeile zeigt an, dass der Router mit drei Anfragen an den Nachbarn mit der Netzwerkadresse 4160.19 reagiert, um andere Zonen im Netzwerk kennen zu lernen:

```
AT: 3 query packets sent to neighbor 4160.19
```

Die vierte Zeile zeigt an, dass der Nachbar mit der Netzwerkadresse 4160.19 eine erweiterte ZIP-Antwort sendet und damit anzeigt, dass eine Zone dem Netzwerk 31902 zugeordnet wurde:

```
AT: 1 zones for 31902, ZIP XReply, src 4160.19
```

Die fünfte Zeile zeigt die Antwort des Routers, dass der Zonenname des Netzwerks 31902 US-Florida ist und die Zonenlänge des Zonennamens 10 ist:

```
AT: net 31902, zonelen 10, name US-Florida
```

9.2 Die Isolierung von Problemen in AppleTalk-Netzwerken

Die in Bild 9.17 veranschaulichten Schritte können Ihnen helfen, die Quelle eines Problems zu isolieren, bei dem keine Zonen im Chooser-(Auswahl-)Fenster eines Macintoshs angezeigt werden.

Kapitel 9 • Die Fehlersuche bei AppleTalk-Verbindungen   467

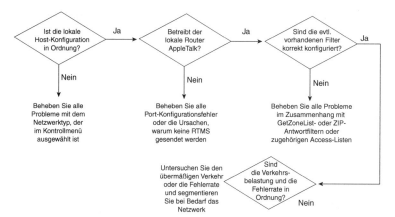

Bild 9.17: Durch diese Schritte können Sie Verbindungsprobleme zwischen AppleTalk-Clients und -Servern isolieren.

Betrachten wir diese Schritte etwas genauer:

1. Überprüfen Sie die Konfiguration des lokalen Macintosh-Rechners. Wählen Sie das Netzwerkkontrollmenü aus und überprüfen Sie, ob das EtherTalk ausgewählt ist, wenn dies ein Ethernet-Netzwerk ist. Wenn dies dagegen ein LocalTalk-Netzwerk, ein Token-Ring-Netzwerk oder eine AppleTalk-Remote-Access-(ARA-)Verbindung ist, müssen Sie entsprechend LocalTalk, TokenTalk oder Remote Only auswählen.

2. Überprüfen Sie die Konfiguration des lokalen Routers. Stellen Sie sicher, dass das AppleTalk betrieben wird und dass der Schnittstellen-Port nicht durch einen Konfigurationsfehler deaktiviert wurde. Ein solcher Fehler wird dadurch verursacht, dass der Router nicht mit einem anderen Router auf dem Segment in der Hinsicht übereinstimmt, welche Netzwerkkabelbereiche oder Zonennamen zu verwenden sind. Wenn nur lokale Zonen sichtbar sind, aber keine externen Zonen, sollten Sie nach doppelten oder überlappenden Kabelbereichen im Internetzwerk suchen.

3. Suchen Sie nach Filtern, die möglicherweise verhindern, dass der Macintosh die Zonennamen sieht. Überprüfen Sie die Folgenden:

   - Die AppleTalk-Access-Listen (mit den Nummern 600 bis 699)
   - Die GetZoneList-Filter, die bestimmte Zonen vor Benutzern in bestimmten Netzwerken verbergen, aber nicht vor Routern
   - Die ZIP-Reply-Filter, die verhindern, dass bestimmte Zonen in ZIP-Antworten an den Router gesendet werden

4. Überprüfen Sie die Verkehrslast und die Fehlerrate für das Netzwerk. Verwenden Sie Routerwerkzeuge und einen Protokoll-Analyzer, um nach übermäßigem ZIP-Verkehr, Broadcast-Verkehr, Ethernet-Kollisionen, Neuübertragungen und anderen Fehlern zu fahnden.

Wenn Sie ein Problem betrachten, in dem Zonen nicht in einem Auswahlfenster eines Benutzers erscheinen, sollten Sie bedenken, dass der Macintosh die Zonenliste von einem lokalen Router bezieht.

Ein Fehler könnte darin liegen, dass der Macintosh die Zonennamen nicht beziehen kann. Der Fehler ist wahrscheinlich ein Benutzerfehler oder aber ein Problem mit dem Netzwerk oder dem Router. Der häufigste Fehler von Benutzern ist die Auswahl des falschen Netzwerktyps im Netzwerkkontrollmenü.

Netzwerkprobleme können auf der physikalischen Schicht oder der Verbindungsschicht ihre Ursache haben. Einige AppleTalk-Netzwerkgeräte sind anfällig bei übermäßigem Verkehr in einem Netzwerk, vor allem LocalTalk/EtherTalk-Router von anderen Anbietern mit langsamen CPUs und sehr wenig Arbeitsspeicher.

> **ANMERKUNG**
> EtherTalk ist die Terminologie des AppleTalk für das Ethernet.

9.3 Symptome und Probleme unter AppleTalk

Die Tabelle 9.1 zeigt häufig auftretende AppleTalk-Symptome und mögliche Probleme. Anhand dieser Tabelle können Sie mögliche Probleme identifizieren und einen Plan erstellen, um die Ursachen des Problems zu überprüfen und zu beheben.

Kapitel 9 • Die Fehlersuche bei AppleTalk-Verbindungen   469

Symptome	Mögliche Probleme
Benutzer können Zonen und Dienste von externen Netzwerken nicht sehen.	– Unpassende Konfiguration – Inkompatibilität zwischen Phase 1 und Phase 2
Die Dienste in einem Netzwerk sind außerhalb des Netzwerks nicht sichtbar.	– Doppelte Netzwerknummern – Inkompatibilität zwischen Phase 1 und Phase 2 – Unpassende Konfiguration – Fehlerhaft konfigurierte Access-Liste oder andere fehlerhafte Filter
In der Auswahl fehlen Zonen.	– Der Macintosh des Benutzers ist für LocalTalk und nicht für EtherTalk eingestellt – Fehlerhaft konfigurierte Access-Liste oder andere fehlerhafte Filter – Unpassende Konfiguration – ZIP-Sturm – Instabile Routen – Das Routing ist nicht konvergiert
Die Dienste sind nicht immer verfügbar.	– Doppelte Netzwerknummern – ZIP-Sturm – Instabile Routen – Überlastetes Netzwerk
Die Dienste sind sichtbar, aber Benutzer können sich nicht verbinden.	– Doppelte Netzwerknummern – ZIP-Sturm – Fehlerhaft konfigurierte Access-Liste
Die Zonenliste ändert sich jedes Mal, wenn die Auswahl geöffnet wird.	– Instabile Routen – Unpassende Konfiguration
Die Verbindung zu Diensten wird unterbrochen.	– Instabile Routen – ZIP-Sturm
Die Ports scheinen im Neustart- oder Acquiring-Modus hängen zu bleiben.	– Unpassende Konfiguration – Kein Kern-(Seed-)Router
In der Auswahl erscheinen alte Zonennamen.	– Zwischen Routern wurden mehrere serielle Verbindungen aus Versehen gekreuzt – Es wurde ein falscher Prozess verwendet, um die Zonennamen zu ändern

Tabelle 9.1: AppleTalk-Symptome und Probleme.

In einem AppleTalk-Netzwerk treten zwei Probleme sehr häufig auf:

- Unpassende Konfiguration – Die Router auf einem Segment stimmen im Kabelbereich und in der Zonenliste nicht überein.

- Doppelte Netzwerknummern – Netzwerksegmente in verschiedenen Teilen des Internetzwerks besitzen denselben oder einen überlappenden Kabelbereich.

Apple Computer, Inc. begann den Vertrieb der AppleTalk-Phase 2 im Jahre 1989. Die meisten installierten Internetzwerke wurden auf die AppleTalk-Phase 2 umgerüstet, jedoch sind immer noch einige wenige Netzwerke der Phase 1 in Betrieb. Die Verschmelzung eines Netzwerks der Phase 1 mit einem Netzwerk der Phase 2 ist möglich, wenn das Netzwerk der Phase 2 nur unitäre Kabelbereiche und eine Zone pro Netzwerk unterstützt. Ein unitärer Kabelbereich (ein Kabelbereich der Länge 1) ist ein Bereich, in dem beide Nummern gleich sind, z.B. 5–5. Dies hat den Vorteil, dass der Adressbereich konserviert wird, da der Verbindung nur eine Netzwerkadresse zugeordnet wird.

Da das AppleTalk »plug und play« ist, können unerfahrene Benutzer die Router konfigurieren. Zum Beispiel ist es sehr einfach, einen AppleTalk-Internet-Router (AIR) zu konfigurieren. Leider ist es aber auch sehr einfach, einen AIR falsch zu konfigurieren.

Da die AppleTalk-Netzwerkverwaltung oft durch Benutzer übernommen wird und nicht durch erfahrene Netzwerkadministratoren, werden einige Installationen nicht richtig dokumentiert, wodurch eine Fehlersuche oft zeitraubend und kompliziert ist.

Zum Beispiel könnten Benutzer in der Marketingabteilung dieselben Netzwerknummern verwenden wie die Benutzer in der Vertriebsabteilung, ohne dass ein übergreifender Konfigurationsplan berücksichtigt wird.

Ein ZIP-Sturm ist ein pathologisches Problem in AppleTalk-Netzwerken, in denen die ZIP-Anfragen, die zur Entdeckung der Zonennamen von neuen Netzwerken ausgesendet werden, so zahlreich werden, dass der AppleTalk-Router sie nicht mehr verarbeiten kann. Zuweilen verursachen die ZIP-Stürme soviel Verkehr, dass sogar die Nichtrouter- und Nicht-AppleTalk-Geräte beeinträchtigt werden. Glücklicherweise treten solche ZIP-Stürrme nicht sehr häufig auf. Die Tabelle 9.2 liefert weitere Details über ZIP-Stürme.

Eine andere Ursache für übermäßigen Verkehr in AppleTalk-Netzwerken sind zu viele AARP-Broadcast-Pakete. Das AARP erfüllt zwei Aufgaben:

- AppleTalk-Geräte verwenden das AARP, um andere Geräte zu finden (ähnlich wie das IP-ARP).
- Ein neues AppleTalk-Gerät verwendet das AARP, um eine eindeutige Adresse auszuwählen.

Wenn ein neues AppleTalk-Gerät in das Netzwerk eintritt, sendet es AARP-Probe-Pakete, um sicherzustellen, dass seine Adresse eindeutig ist. Eine AppleTalk-Workstation sendet 10 AARP-Broadcasts auf dem Ethernet und dem Token-Ring und 640 Broadcasts auf LocalTalk. Wenn die Workstation eine Antwort empfängt, muss sie es erneut versuchen. Wenn Sie unitäre Kabelbereiche verwenden und bereits annähernd 254 Knoten auf einem Segment betreiben, dann muss ein AppleTalk-Gerät möglicherweise sehr viele Versuche ausführen. Um übermäßige AARP-Proben zu verhindern, sollten Sie nach Möglichkeit vielfache Kabelbereiche einsetzen und die Anzahl der Stationen auf jedem Segment beschränken.

9.4 AppleTalk-Probleme und Aktionspläne

Die Tabelle 9.2 zeigt eine Liste mit Problemen und einige empfohlene Aktionspläne, mit denen die Quelle der AppleTalk-Probleme isoliert werden kann.

Problem	Aktionspläne
Unpassende Konfiguration	– Überprüfen Sie die Konfigurationen (mit **show running-config**) und verwenden Sie den Befehl **show appletalk interface**. – Setzen Sie die Schnittstelle mit **clear interface** zurück. – Setzen Sie den AppleTalk-Discovery-Modus ein.
Inkompatibilität zwischen Phase 1 und Phase 2	– Überprüfen Sie mit **show appletalk globals** den Kompatibilitätsmodus. – Bestimmen Sie mit **show appletalk neighbors**, welche Nachbarn sichtbar sind. – Verwenden Sie unitäre Kabelbereiche und nur eine Zone pro Netzwerk.

Tabelle 9.2: AppleTalk-Probleme und Aktionspläne.

Problem	Aktionspläne
Doppelte Netzwerknummern	– Deaktivieren Sie das AppleTalk auf der verdächtigen Schnittstelle und führen Sie den Befehl **show appletalk route** auf einem anderen Router aus, um zu bestimmen, ob die Netzwerknummer weiterhin existiert. – Überprüfen und beheben Sie die Router-Konfiguration.
Der Macintosh des Benutzers ist für LocalTalk und nicht für EtherTalk eingestellt	– Überprüfen Sie die Benutzerkonfiguration im Kontrollmenü.
ZIP-Sturm	– Suchen Sie mit **show appletalk traffic** nach vermehrten ZIP-Anfragen.
Instabile Routen	– Suchen Sie mit **show appletalk route** nach fehlenden Netzwerken. – Überprüfen Sie mit **debug apple events**, ob Routen korrekt hinzugefügt und gealtert werden. – Verwenden Sie den Befehl **appletalk timers**, um sicherzustellen, dass die Timer-Werte im ganzen Internetzwerk konsistent sind.
Das Routing ist nicht konvergiert	– Suchen Sie die Probleme mit **show appletalk route**.
Überlastetes Netzwerk	– Verwenden Sie den Befehl **show interfaces** *und* einen Protokoll-Analyzer, um die Belastung zu prüfen. – Segmentieren Sie das Netzwerk.
Zwischen Routern wurden mehrere serielle Verbindungen aus Versehen gekreuzt	– Überprüfen Sie die physikalische Verkabelung und suchen Sie mit dem Befehl **show interfaces** nach Fehlern.
Kein Kern-(Seed-) Router	– Verwenden Sie den Befehl **no appletalk discovery**, um den Port zu einem Seed-Port zu machen.
Es wurde ein falscher Prozess verwendet, um die Zonennamen zu ändern	– Wenn Sie Zonen ändern, sollten Sie alle betroffenen Router ändern und 10 Minuten warten, bevor Sie die Router neu aktivieren.

Ein häufiger Benutzerfehler in AppleTalk-Netzwerken ist die Verwendung von unterschiedlichen Kabelbereichen und Zonenlisten auf Routern, die mit demselben Netzwerksegment verbunden sind. Mit dem Befehl **show appletalk interface** können Sie die Port-Konfigurationen überprüfen, um zu bestimmen, ob ein Problem mit unpassenden Konfigurationswerten vorliegt. Zudem können Sie mit dem Befehl **clear interface** die temporären Probleme beheben, die durch unpassende Konfigurationen verursacht wurden. Die Schnittstellen sollten zurückgesetzt werden, wenn die Konfigurationsfehler behoben sind. AppleTalk-Schnittstellen benötigen etwa eine Minute, um die Verbindung zu testen und voll funktionsfähig zu werden.

Um Probleme mit unpassenden Konfigurationen zu verhindern, kann ein Router als ein Nicht-Seed- oder Soft-Seed-Router konfiguriert werden. Ein *Nicht-Seed-Router* besitzt den Kabelbereich 0–0 (**appletalk cable-range 0-0**). Die Router müssen daraufhin den Kabelbereich von einem anderen Router erlernen. Eine Soft-Seed-Konfiguration enthält einen Kabelbereich, aber wenn der Router einen anderen Router findet, der einen anderen Kabelbereich anmeldet, deaktiviert der Router die AppleTalk-Schnittstelle. Soft-Seed ist die empfohlene Konfiguration. Eine Soft-Seed-Konfiguration kann die Aussage **appletalk discovery** mit dem Kabelbereich enthalten. Wenn in diesem Fall der Router einen unterschiedlichen Kabelbereich für das Netzwerk angezeigt bekommt, behält der Router das AppleTalk aktiviert und ändert seine Konfiguration so, dass sie mit dem angezeigten Kabelbereich übereinstimmt. Die Entdeckung (Discovery) ist während der ersten Einrichtung und für eine Fehlersuche sehr hilfreich. Wenn ein Router stabil ist, ist Soft-Seed ohne den Entdeckungsmodus die empfohlene Konfiguration.

Ein *Hard-Seed*-Router ist mit einem Kabelbereich und mit der Aussage **appletalk ignore-verify-errors** konfiguriert. Wenn Sie einen Hard-Seed-Router betreiben, gehen Sie das Risiko von ungemeldeten Konfigurationsfehlern ein, jedoch kann dies notwendig sein, um eine letzte Möglichkeit bei der Fehlersuche aufrecht zu erhalten. In bestimmten Situationen kann es nötig sein, eine Schnittstelle trotz der Tatsache aktivieren zu müssen, dass die Zonenliste in Konflikt mit der eines anderen Routers im Netzwerk gerät.

Wenn Sie immer noch Netzwerke mit der AppleTalk-Phase 1 betreiben, sollten Sie darüber nachdenken, diese umzurüsten, um potenzielle Probleme zu verhindern und die Anzahl der möglichen Knoten und Clients pro physikalischem Kabel zu erhöhen. Wenn diese nicht möglich ist, dürfen Kabelbereiche nur eine Netzwerknummer besitzen und Sie können nur eine Zone pro Netzwerknummer vergeben. Mit dem Befehl **show appletalk globals** können Sie bestimmen, ob Ihr Router die beiden AppleTalk-Phasen 1 und 2 unterstützen kann.

Ein anderer häufiger Fehler in AppleTalk-Netzwerken ist die Verwendung desselben Kabelbereichs oder überlappender Kabelbereiche für unterschiedliche Netzwerksegmente in verschiedenen Internetzwerkbereichen. AppleTalk erholt sich von diesem Fehler nicht sehr leicht. Wenn Sie überprüfen wollen, ob dieses Problem vorliegt, müssen Sie die Schnittstelle zeitweilig deaktivieren, bei der Sie eine doppelte Netzwerknummer vermuten. Überprüfen Sie daraufhin die AppleTalk-Routen und sehen Sie nach, ob die Netzwerknummer weiterhin existiert (weil sie ein anderer Router anmeldet). Wenn dies der Fall ist, geben Sie auf der verdächtigen Schnittstelle erneut die Zonen und eine neue Netzwerknummer ein.

Wenn Sie eine Schnittstelle auf einem existierenden Kabel aktivieren, auf dem ein lange Zonenliste festgelegt ist, werden Ihnen die folgenden Schritte dabei helfen, Fehler und unnötige Anstrengungen zu vermeiden.

1. Aktivieren Sie die Schnittstelle im Entdeckungsmodus (mit dem Interface-Konfigurationsbefehl **appletalk discovery**). Durch den Befehl **debug apple events** können Sie verfolgen, wann der Prozess abgeschlossen ist, wenn die Meldung »operational« angezeigt wird.

2. Nachdem die Entdeckung abgeschlossen ist, geben Sie im Interface-Konfigurationsmodus den Interface-Konfigurationsbefehl **no appletalk discovery** für die spezifische AppleTalk-Schnittstelle ein, die initialisiert werden soll. Diese Aktion ermöglicht die Sicherung der erhaltenen Informationen und erfordert, dass die Konfiguration beim Startvorgang des Ports bestätigt wird.

3. Der Router verlässt den Entdeckungsmodus für den Normalbetrieb und er wird zu einem Soft-Seed-, Nicht-Entdeckungs-Router. (Sie sollten den Entdeckungsmodus nur dann verwenden, wenn Sie Netzwerke erstmals konfigurieren oder wenn Sie Probleme untersuchen.)

4. Geben Sie den Befehl **copy running-config startup-config** ein, um die erhaltenen Informationen im nonvolatilen RAM zu speichern.

5. Überprüfen Sie die Konfiguration mit dem Befehl **show startup-config**.

ZIP-Stürme sind ein ernstes Problem in AppleTalk-Netzwerken, weil sie übermäßigen Verkehr erzeugen. Es werden viele ZIP-Pakete ausgesendet, wenn ein Router eine neue Netzwerknummer anmeldet, und alle anderen Router reagieren mit der Sendung einer ZIP-Anfrage, um die Zonennamen für das neue Netzwerk zu erhalten. Wenn dies hin und wieder auftritt, ist es kein Problem. Es kann aber passieren, dass ein Router wegen einer fehlerhaften Konfiguration oder wegen Software-Fehlern ständig neue Netzwerknummern anzeigt. ZIP-Stürme können sich sehr schnell ausdehnen, wenn jeder Router von den neuen Netzwerken hört und sie in das nächste Routing-Tabellen-Update aufnimmt (das in AppleTalk-Netzwerken alle 10 Sekunden erfolgt). Cisco-Router reduzieren die Verbreitung von ZIP-Stürmen, indem sie kein neues Netzwerk aufnehmen, bis für sie ein Zonenname vorhanden ist. Um einen ZIP-Sturm in Ihrem Internetzwerk zu entdecken, geben Sie den Befehl **show appletalk traffic** ein. Warten Sie 30 Sekunden und geben Sie den Befehl erneut ein. Wenn sich ZIP-Anfragen rasant vermehren, könnte ein Sturm einsetzen. Verwenden Sie einen Protokoll-Analyzer zur Bestätigung.

Instabile Routen können auftreten, wenn Router nicht darin übereinstimmen, wie oft Routing-Tabellen gesendet werden sollen (in der Standardeinstellung 10 Sekunden), wie lang ein Routing-Eintrag als gültig betrachtet werden soll (in der Standardeinstellung 20 Sekunden) und wie schnell ein ungültiger Routing-Eintrag aus der Routing-Tabelle entfernt werden soll (in der Standardeinstellung 60 Sekunden). Mit dem Befehl **appletalk timers** können Sie diese Werte ändern.

Eine sehr hohe Belastung in Internetzwerken mit vielen Routern kann verhindern, dass einige Router alle 10 Sekunden RTMP-Updates senden können. Weil die Routen mit der Zeit ausaltern, wenn zwei aufeinander folgende RTMP-Updates nicht empfangen werden, führen nicht empfangene RTMP-Updates zu unnötigen Routenänderungen.

Zonen können in der Auswahl (im Chooser) erscheinen oder aus ihr verschwinden oder ein anderes unvorhersehbares Verhalten zeigen. Existierende Verbindungen können unterbrochen werden. Die Routeninstabilität in Zusammenhang mit Lastproblemen wird als *Routenflattern (route flapping)* bezeichnet. Mit dem Befehl **debug apple events** können Sie das Routenflattern überprüfen. In einem stabilen Netzwerk ohne Routenflattern wird **debug apple events** nichts anzeigen. In einem instabilen Netzwerk zeigt er Informationen über tote (bad), verworfene und hinzugefügte Routen an.

Das Problem der flatternden Routen können Sie durch eine Veränderung der AppleTalk-Zeitgeber erreichen, die Sie mit dem Befehl **appletalk timers** einstellen. Dies kann notwendig sein, um die Kompatibilität mit AppleTalk-Routern zu erreichen, die nicht von Cisco stammen.

Setzen Sie die Timer im gesamten Internetzwerk auf die gleichen Werte oder zumindest im gesamten Backbone des Internetzwerks. Bevor Sie die Werte der AppleTalk-Zeitgeber verändern, sollten Sie dies zusammen mit einem qualifizierten technischen Supportmitarbeiter überprüfen.

AppleTalk bietet keine Möglichkeit, die ZIP-Tabellen zu aktualisieren, wenn die Zuordnung der Zonennamen zu Kabelbereichen geändert wird. Wenn zum Beispiel der Zonenname für das Netzwerk 200–201 Twilight Zone lautet, Sie sich aber für die Änderung des Zonennamens auf No Parking Zone entscheiden, kann der Zonenname auf der Schnittstelle geändert werden und der neue Zonenname tritt lokal in Kraft. Wenn Sie aber das Netzwerk 200–201 nicht ausreichend lange aus dem Internetzwerk herausnehmen, bis es vollständig aus den Routing-Tabellen ausgealtert ist, können einige Router weiterhin den alten Zonennamen verwenden (sog. »Geister-«Zonen). Es dauert etwa 10 Minuten, bis die alten Zonen ausaltern.

9.5 Konfigurationstipps für AppleTalk-Internetzwerke

Sie sollten die folgenden Tipps berücksichtigen, wenn Sie Ihr AppleTalk-Netzwerk konzipieren:

- In den meisten Fällen werden Sie nicht die Zonennamen für alle Backbone- oder WAN-Verbindungen in der Auswahl (im Chooser) angezeigt bekommen. Diese Zonen enthalten gewöhnlich keine Dienste. Wenn Sie allen WAN-Verbindungen denselben Zonennamen geben, wird nur dieser Eintrag in der Auswahl erscheinen. Wenn Sie den Zonennamen mit Z beginnen lassen und ihn nicht sehr benutzerfreundlich aussehen lassen, wird dies die Benutzer davon abhalten, Dienste auf dem Backbone und auf WAN-Verbindungen zu suchen, da sonst der NBP-Verkehr durch das ganze Internetzwerk verteilt werden würde.

- Konzipieren Sie Ihr Netzwerk mit besonderem Augenmerk auf die Richtung, in die der Verkehr fließen wird, um den NBP-Verkehr zu minimieren. Dies ist vor allem bei seriellen Verbindungen wichtig, deren gebührenpflichtiger Betrieb vom Verkehr abhängig ist. Setzen Sie das Erweiterte-Interne-Gateway-Routing-Protokoll (Erweiterte IGRP) oder das AppleTalk-Update-Based-Routing-Protokoll (AURP) ein, wenn Sie befürchten, dass auf Ihren WAN-Verbindungen zu viel Routing-Overhead auftritt. Diese Protokolle sparen Bandbreite, da sie nur dann Routing-Updates senden, wenn Änderungen auftreten. Bedenken Sie, dass das Erweiterte IGRP für AppleTalk nur in Umgebungen ohne Clients funktioniert.

- Begrenzen Sie die Anzahl der verwendeten Zonen, damit das Auswahlfenster der Benutzer nicht überfüllt wird. Zudem ist bei vielen Routern die Anzahl der verwaltbaren Routen und Zonen begrenzt. Diese Einschränkungen werden gewöhnlich durch fehlenden Speicher verursacht. Wenn Sie so ein Limit auf einem dieser Geräte überschreiten, können Zonen unvorhersagbar auftauchen und verschwinden. Bei Cisco-Routern gibt es keine festen Beschränkungen. Jedoch sollten Sie aus Gründen der Kompatibilität mit anderen Routern die Anzahl der Zonen begrenzen.

- Bezeichnen Sie die Zonen in Hinsicht auf die Benutzerfreundlichkeit und nicht aus diagnostischen Zwecken. Verwenden Sie keine Zonen als Kabelbezeichnungen. Kennzeichnen Sie keine Zone anhand des Kabels mit Namen wie z.B. Geb2 S/W Seriell E1. Im Allgemeinen ist eine gemischte Bezeichnung aus Standort und Abteilung am besten – zum Beispiel Geb 13 Forschung. In einigen Fällen ist der physikalische Standort von Bedeutung – damit die Benutzer beispielsweise die Drucker anhand des Drucker- und des Zonennamens finden können.

- Netzwerke sollten für eine vereinfachte Problembehebung nummeriert sein und nicht aus Benutzerfreundlichkeit. Zum Beispiel können Gebäudenummern und Etagennummern im Kabelbereich kodiert werden. Zum Beispiel könnte das Gebäude 3, Etage 4 in die Nummer 3410–3420 übersetzt werden. Verwenden Sie solche übergreifenden Kabelbereiche, um übermäßige AARP-Proben zu vermeiden.

9.6 Zusammenfassung

Dieses Kapitel konzentrierte sich auf die Diagnosebefehle, die in AppleTalk-Netzwerken verwendet werden können.

9.7 Test 9: Die Fehlersuche bei AppleTalk-Verbindungen

Geschätzte Zeit: 15 Minuten

Lösen Sie alle Aufgaben, um Ihr Wissen über die in diesem Kapitel enthaltenen Themen zu überprüfen. Die Antworten finden sich im Anhang A, »Antworten zu den Tests«.

Beantworten Sie die folgenden Fragen anhand der in diesem Kapitel enthaltenen Informationen:

Frage 9.1

Mit welchen drei Befehlen/Schritten können Sie eine wirkungsvolle Fehlersuche in einem AppleTalk-Netzwerk ausführen?

1. _____
2. _____
3. _____

Frage 9.2

Mit welchen Befehlen können Sie die folgenden Aufgaben ausführen:

1. Anzeige des Router-Cache mit den lokalen Namen und Diensten

   _____

2. Anzeige der AppleTalk-Routing-Tabellen

   _____

3. Ausführung von informellen Prüfungen der NBP-registrierten Einheiten

   _____

4. Überprüfung, ob ein Name eines bestimmten Typs registriert ist

   _____

5. Anzeige der Anfrageereignisse von Zonenlisten

   _____

Frage 9.3

Wenn Sie das Erweiterte IGRP für AppleTalk konfigurieren, müssen alle Router dieselbe ID-Nummer verwenden.

- Wahr
- Falsch

Frage 9.4

Das Erweiterte IGRP kann nur für WAN-Verbindungen oder Umgebungen ohne Clients eingesetzt werden.

- Wahr
- Falsch

Frage 9.5

In welchen drei Konfigurationsparametern müssen zwei Router übereinstimmen, um AppleTalk-Routing-Informationen auszutauschen?

_____

_____

Teil 3
Fehleranalyse Campus Switching und VLAN

10 Die Diagnose und Behebung von Catalyst-Problemen
11 Die Fehlersuche in VLANs auf Routern und Switches

KAPITEL 10
Die Diagnose und Behebung von Catalyst-Problemen

In LANs wird eine steigende Anzahl von Applikationen betrieben, die eine größere Bandbreite erforderlich machen sowie eine bessere Latenz-Performance zwischen den Workstations auf Campus-LANs erfordern.

Ein Teil des Bedarfs nach größerer Netzwerkbandbreite resultiert aus der wellenartig ansteigenden Anzahl von installierten Workstations: Viele Organisationen besitzen für jeden Mitarbeiter einen eigenen PC und viele der früheren Kopierprozesse von transportablen Datenträgern zum Betrieb des Unternehmens haben sich hin zu Online-Kopierprozessen über Netzwerke entwickelt.

Ein anderer Teil des Bedarfs nach größerer Netzwerkbandbreite kommt von den Applikationen selbst: Viele Applikationen erfordern umfangreiche Datenübertragungen und sehr viele der Interaktionen zwischen vernetzten Mitarbeitern, die sich früher auf den reinen ASCII-Text beschränkten, verwenden nun Multimedia über interaktivere Formen. Betrachten Sie zum Beispiel Multimedia-Whiteboard-Applikationen, die eine ungeheures Maß an Bandbreite beanspruchen.

Dieses Kapitel betrachtet die Arbeitsweisen der am häufigsten eingesetzten Catalyst-LAN-Switches. Die Technologiebetrachtung liefert den Zusammenhang und die Bedeutung, um die Symptome der Probleme verstehen zu können.

Die in diesem Kapitel betrachteten Probleme werden nicht durch Routing-Aufgaben verursacht. Das schnelle, auf der Schicht 2 geswitchte Ethernet, das ein Backbone mit hoher Bandbreite und geringer Latenz für Campus-LANs ermöglicht, verwendet einen Switching-Prozess, der nahe verwandt zum Bridging ist. Das Schicht-3-Switching ist jedoch eher vergleichbar mit dem Routing, weil Routing-Tabellen auf Hardware-Ebene berechnet werden. Einige Punkte in diesem Kapitel beschäftigen sich mit der Berechnung solcher Routing-Tabellen.

Die Anordnung der Benutzer-PCs und deren Applikationen auf dem Backbone segmentiert das Netzwerk in virtuelle LANs (VLANs). Die VLANs errichten eine Broadcast-Domäne zwischen örtlich festen Switch-Geräten in den verschiedene Arbeitsgruppen auf dem Backbone.

10.1 Ein Überblick über die Catalyst-Reihe

Die Catalyst-Switch-Reihe beinhaltet (nicht nur) die vier in Bild 10.1 gezeigten Hauptprodukte.

Bild 10.1: Catalyst-Switches unterscheiden sich durch die Slots, die modulare Bauweise, die Fähigkeit zur Weiterleitung und mehr.

Produkt	Slots	SV Feste SV	Mpps (Max.)	Modulare Schnittstellen	Sups	LS1010 RSM
2900	2	1 Y	4	N	1	N N
5002	2	2 Y	4	Y	1	N N
5000	5	2 N	15	Y	1	N Y
5500/5505	13	2 N	36	Y	2	Y Y

Beschreibung

SV = Stromversorgung

Mpps = Millionen Pakete pro Sekunde über alle Switching-Module

Sups = Anzahl der Supervisor-Module

LS1010 = Integrierte LightStream-ATM

RSM = Integriertes Route-Switch-Modul (Catalyst 2902)

Am unteren Ende rangiert der Catalyst-Switch 2900, der den Benutzern einen fest konfigurierten Fast-Ethernet-Switch für 10/100BaseTX (Catalyst 2901) oder 100BaseFX (Catalyst 2902) bietet.

Am oberen Ende steht der Catalyst 5500, eine modulare Switching-Plattform mit 13 Slots, die vorhandene Schnittstellenmodule des Typs Catalyst 5000 und LightStream 1010 integriert. Mit dem Catalyst 5500 kann das Unternehmen sein LAN skalieren, mittels Fast-Ethernet-, FDDI- oder ATM-Switching und in Zukunft auch mit Gigabit-Switching.

Dieses Buch konzentriert sich auf die Mitte der Catalyst-Switch-Reihe: den Catalyst 5002 und den Catalyst 5000.

Der Catalyst-Switch 5002 ist ein Catalyst 5000 in einem kompakten Gehäuse. Der Catalyst 5002 ist ein modularer Switch mit zwei Slots und für die Netzwerkperipherie vorgesehen. Der Catalyst 5002 kann mit allen aktuellen oder zukünftigen Modulen der Catalyst-5000-Familie ausgerüstet werden.

Der modulare Catalyst-Switch 5000 besitzt ein größeres Gehäuse als der 5002 und verfügt über fünf Modul-Slots. Der Catalyst 5000 ist für Netzwerkschränke und zentralisierte Datenapplikationen gedacht.

Die Catalyst-Reihe 5000 ermöglicht eine virtuelle LAN-Vernetzung und ein optionales Switching auf mehreren Schichten mit der Cisco-IOS-Software-Funktionalität.

Durch das modulare Design der Catalyst-Switches der 5000er-Reihe können Benutzer mit ungeschirmten Twisted-Pair-(UTP-), geschirmten Twisted-Pair-(STP-) und Glasfaserkabeln dedizierte 10-Mbps-Ethernet- und 100-Mbps-Fast-Ethernet-Verbindungen zu LAN-Segmenten oder Workstations und Servern mit sehr hoher Performance einrichten.

Die Switch-Architektur enthält ein einzelnes integriertes 1.2 Gbps-Daten-Switching-Backbone, das geswitchte Ethernet- und Fast-Ethernet-Benutzer mit der entsprechenden Leitungsgeschwindigkeit über eine ganze Reihe von Backbone-Schnittstellen unterstützt, z.B. Fast-Ethernet, Fiber-Distributed-Data-Interface (FDDI), Copper-Distributed-Data-Interface (CDDI) und Asynchronous-Transfer-Mode (ATM).

10.2 Die interne Architektur des Catalyst 5000

Damit Sie besser verstehen können, was als Ausgabe auf die Fehlersuchwerkzeuge eines Catalyst angezeigt wird, liefern die nächsten Seiten eine Beschreibung von einigen Hauptelementen der Architektur und der ausgeführten Operationsprotokolle des Switch.

Wenn Sie einige der fundamentalen Aspekte der Catalyst-Switching-Prozesse kennen, werden Sie die Ausgaben auf die Diagnosebefehle besser interpretieren können, die Ihnen bei einer Fehlersuche helfen können.

Der grundlegende Switching-Prozess befördert den empfangenen Verkehr von einem Eingangsport eines Leitungsswitch-Moduls auf einen Switch-Bus, wie Bild 10.2 zeigt, um den Verkehr aus einem oder mehreren Ausgabeports eines Leitungsswitch-Moduls wieder aussenden zu können.

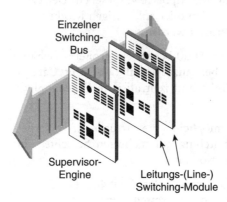

Bild 10.2: Switching-Prozesse befördern Daten von einem Eingangsport eines Leitungs-Switch-Moduls zum Ausgangsport eines anderen Leitungs-Switch-Moduls.

Das Switching ist weniger prozessorintensiv und hat eine geringere Latenz als das Routing, da ein Switch die Quelle und das Ziel des Verkehrs einfacher bestimmen kann.

Der Catalyst 5000 verwendet eine Architektur mit einem einzelnen Switchbus, dem einfachsten Bustyp für das Switching von bis zu 10 Gbps. Applikationsspezifische, integrierte Schaltkreise (ASICs) auf dem Bus und den Ports entscheiden, wie auf die Hauptplatine zugegriffen wird und wie das Ziel der Paketübertragungen kontrolliert wird.

Wenn der Bus überbeansprucht wird, wird der Zugang zum Bus blockiert. Im Gegensatz zum Catalyst 5000 verwendet der Catalyst-Switch 5500 ein Kreuz-Switching. Das Kreuz-Switching verwendet keine Busentscheidung und verfügt über einen komplexeren Prozess zur Blockadekontrolle.

Das vom Catalyst 5000 ausgeführte Switching des Speicherns und Weiterleitens speichert den gesamten Frame, bevor eine Switchentscheidung vorgenommen wird. Dies ist bei Applikationen auf einem Backbone eines Campus-LANs sinnvoll, in dem eine Pufferung und eine Fehlerkontrolle stattfindet. Andere Techniken der Weiterleitung sind das Cut-Through-Switching (in dem die Weiterleitung des Frames direkt einsetzt, sobald die Zielinformationen am Anfang des Frame empfangen wurden) und das fragmentfreie Switching (in dem die Weiterleitung erst dann einsetzt, wenn der Switch 64 Byte des Frame empfangen hat und damit sicherstellt, dass das Paket kein Fragment ist).

Der Catalyst 5000 verwendet Eingabe/Ausgabe-(I/O-)Queues (Warteschlangen) und gemeinsame Puffer, wodurch das Blockade-

Kapitel 10 • Die Diagnose und Behebung von Catalyst-Problemen   **487**

problem des Queue-Anfangs vermieden wird, das auftreten kann, wenn Pakete in Queues gespeichert werden, die eingehenden Ports zugeordnet sind.

Ein Paket wird übertragen, wenn alle Pakete vor ihm in der Queue erfolgreich übertragen wurden. Somit kann ein einzelnes Paket, das wegen eines beschäftigten Ziel-Ports nicht übertragen werden kann, alle nachfolgenden Pakete in der Queue blockieren, auch wenn andere Ziel-Ports frei sind.

Durch die Eingabe/Ausgabe-Queues und die gemeinsamen Puffer des Catalyst 5000 ermöglicht der Switch den höchsten Durchsatz mit der geringsten Pufferzahl und er verhindert gleichzeitig das Blockadeproblem des Queue-Anfangs.

Bild 10.3 zeigt den zentralen Bus-Entscheider (Arbiter), der mit dem einfachen Datenbus des Switch verbunden ist. Dieser zentrale Bus-Entscheider arbeitet mit dem lokalen Entscheider auf jeder Leitungskarte zusammen, um das Queuing für jeden Port zu erfüllen.

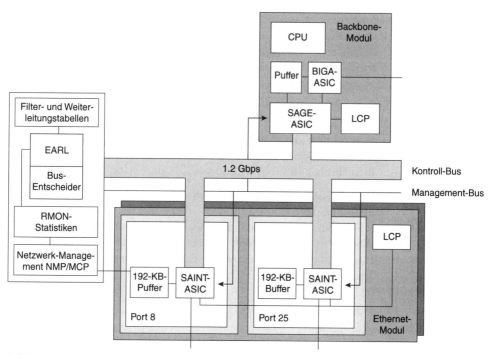

Bild 10.3: Die interne Architektur des Catalyst 5000/5002 unterstützt die Pufferung auf dem Backbone-Modul.

Die Eingabe/Ausgabe-Pufferung erfolgt auf dem Backbone-Modul und im 192-Kbyte-Puffer, der jedem Port zugeordnet ist. Diese Architektur unterstützt mehrere Prioritätsstufen für Daten, wobei jede Schnittstelle getrennt nach hoher oder niedriger Priorität konfiguriert werden kann. Der 192-Kbyte-Puffer für jeden Port ermöglicht 160 Kbyte für den ausgehenden Verkehr und 24 Kbyte für den eingehenden Verkehr. Die Ports werden durch ASICs kontrolliert, die über schnelle Algorithmen für Tabelleneinträge und Tabellenprüfungen verfügen. Jede Ethernetport-Schnittstelle besitzt einen angepassten ASIC mit der Bezeichnung SAINT (Synergy-Advanced-Interface-and-Network-Termination), mit einem integrierten 10/100-Ethernet-Media-Access-Control-(MAC-)Controller und einer Direct-Memory-Access-(DMA-)Engine, die den 192-Kbyte-Puffer mit dem Datenbus verbindet.

Die Ports der anderen Medien besitzen einen zweiten speziellen ASIC mit der Bezeichnung SAGE (Synergy-Advanced-Gate-Array-Engine), einen ASIC ohne eine integrierte Ethernet-MAC.

Der Speicher des Catalyst 5000 enthält eine zentrale Adresstabelle im DRAM, die die Filtertabellen und die Tabellen zur Weiterleitung enthält. Ein ASIC mit der Bezeichnung Enhanced-Address-Recognition-Logic (EARL) arbeitet mit dem Busentscheidungsverfahren zusammen, um den Zugriff auf den Daten-Switch-Bus zu überwachen und das Ziel der Paketübertragungen zu kontrollieren.

Der Network-Management-Prozessor/Master-Control-Prozessor (NMP/MCP) ist der Sammelpunkt für die Management-Informationen über den Switch und dessen Rolle im Netzwerk. Diese Informationen beinhalten Daten vom Simple-Network-Management-Protokoll (SNMP) und vom Remote-Monitoring (RMON).

Der NMP enthält auch Informationen über Einzelheiten der Spanning-Tree-Konfiguration, über Cisco-Discovery-Protokoll-(CDP-)Nachbarn und das VLAN-Trunking-Protokoll (VTP). (Diese Protokolle werden im weiteren Verlauf dieses Kapitels betrachtet.) Der NMP verwendet den Managementbus, der mit 761 Kbps betrieben wird.

Der BIGA (Built-in-Gate-Array) verbindet den NMP mit dem 1.2-Gbps-Bus. Der LCP ist der Kommunikationsprozessor des Leitungsmoduls.

Bei einem Kaltstart werden während des Selbsttests auch spezielle Tests ausgeführt, mit denen die internen Hardware-Komponenten des Switch überprüft werden.

Die Ausgabe eines Selbsttests bei einem Kaltstart sollte der in Bild 10.4 gezeigten ähneln.

```
ROM Power Up Diagnostics of January 27, 1999
Init NVRAM Log
LED Test ................. done
ROM Checksum ............. passed
Dual Port RAM r/w Test ... passed
ID PROM .................. passed
System DRAM Size (Mb) .... 16
DRAM Data Bus Test ....... passed
DRAM Address Test ........ passed
DRAM Byte/Word Access Test .. passed
EARL Test ................ passed
BOOTROM, Dated January 27, 1999 11:46:24
```

*Bild 10.4:
Der Selbsttest bei einem Kaltstart überprüft die LEDs, den Speicher und die logische Adresserkennung.*

ANMERKUNG

Während der Catalyst-Switch in Betrieb ist, können Sie Details über diese (und andere) Informationen erhalten, indem Sie die Catalyst-Befehle **show system** und **show test** ausführen. Diese und andere show-Befehle werden im weiteren Verlauf dieses Kapitels näher beschrieben.

10.3 Die Catalyst-Switching-Technologie

Zuerst ist es wichtig, den Unterschied zwischen Bridging und Switching zu kennen.

Eine *Bridge* ist ein verbindendes und Pakete übertragendes Gerät zwischen zwei Netzwerksegmenten, die dasselbe Kommunikationsprotokoll verwenden. Bridges arbeiten auf der Datenverbindungsschicht (der Schicht 2) des OSI-Referenzmodells. Allgemein gesehen wird eine Bridge einen eingehenden Frame anhand seiner MAC-Adresse filtern, weiterleiten oder fluten.

Eine Bridge verwendet einen Software-Prozess, um eine filternde Datenbank aus statischen Einträgen einzurichten und zu unterhalten. Jeder statische Eintrag verknüpft eine MAC-Zieladresse mit einem Port, der Frames mit dieser MAC-Zieladresse empfangen kann, und einer Reihe von Ports, an die die Frames übertragen werden können.

Um Schleifen zu vermeiden, verwendet eine Bridge den Spanning-Tree-Algorithmus mit einer Spanning-Tree-Instanz pro physikalischem Port und maximal acht Spanning-Trees auf einer mikrosegmentierten Bridge, die gewöhnlich bis zu 16 Ports besitzt. Die Bridge reagiert auf den Zustand einer LAN-Überlastung gewöhnlich durch eine Trennung des LAN-Verkehrs in einzelne Segmente.

Obwohl ein Switch im Wesentlichen die Funktion einer Bridge erfüllt (die Catalyst-5000-Reihe verwendet das IEEE 802.1D-Spanning-Tree-Protokoll), basiert diese vor allem auf der Hardware, mit ASICs und einem Switchbus mit hoher Kapazität. Switches sind wesentlich schneller als Bridges.

Pro Port können viele Spanning-Tree-Instanzen existieren, besonders dann, wenn der Port als Trunk (Baumstamm) fungiert, der mehrere VLANs unterstützt. Für jedes VLAN sollte ein Spanning-Tree existieren, wobei auf einem Catalyst 5000 bis zu 1024 VLANs erlaubt sind.

Die Ports sind direkt mit Endbenutzern verbunden und bieten ein geswitchtes statt eines geteilten Ethernet, um einen besseren Zugriff auf die Bandbreite zu gewährleisten. Switches sind auch mit anderen Switches verbunden und verwenden fortschrittliche Protokolle, um den Fluss der Konfigurations- und Konvergenzinformationen durch das Netzwerk zu beschleunigen. Ein Catalyst 5000 kann über 100 Ports besitzen, je nach den verwendeten Leitungskarten.

Trotz ihrer größeren Funktionalität, Geschwindigkeit und Kapazität sind Switching-Probleme einfacher zu beheben als die der veralteten Bridges. Die Bridges sollten in der Regel ohne jede Verwaltung funktionieren und die Ursachen der Probleme waren oft nicht erkennbar (im Gegensatz zu den eigentlichen Problemen). Dagegen kann man beim Switch-Debugging eine ganze Reihe von Fehlersuchwerkzeugen einsetzen, die in diesem Kapitel beschrieben werden.

Die Tabelle 10.1 zeigt einen Vergleich zwischen dem Bridging und dem Switching.

Tabelle 10.1: Das veraltete Bridging gegenüber dem LAN-Switching.

Veraltetes Bridging	LAN-Switching
Softwarebasiert (langsam)	Hauptsächlich hardwarebasiert (schneller)
Ein bis acht Spanning-Trees auf einer segmentierten Bridge	Unterstützt so viele Spanning-Trees, wie VLANs vorhanden sind
Verbindet überlastete LAN-Segmente	Ist direkt mit anderen Switches oder Endbenutzern verbunden
Gewöhnlich bis zu 16 Ports	100 oder mehr Ports pro Switch

10.4 Ein Überblick über Spanning-Tree

Das Spanning-Tree-Protokoll versorgt gebridgete Netzwerke mit mehreren Verbindungspfaden, die die Verbindung zwischen allen gebridgeten Knoten und schleifenfreien Pfaden innerhalb des gesamten Netzwerks gewährleistet:

- Wenn Schleifen auftreten, wandern Pakete von der Quelle in Richtung Ziel (wenn es bekannt ist) und geraten dann in eine Endlosschleife.

- Wenn das Segment, das die Zieladresse enthält, noch nicht bekannt ist, werden Pakete als Broadcasts oder Multicasts gesendet. Diese Pakete können dann in der Schleife in beiden Richtungen einer Bridge rotieren.

- Wenn sich mehrere Bridges im Netzwerk befinden, kombinieren die Bridges die Ports untereinander zu vielen möglichen Pfaden mit mehreren Schleifen. Jede nachfolgende Bridge kann die Pakete aus allen eigenen Ports replizieren und somit kann eine exponentiell ansteigende Zahl von Paketen in den Schleifen rotieren.

Bild 10.5 zeigt beispielsweise ein Netzwerk mit zwei Schleifen. Ohne eine Funktion auf der Netzwerkschicht fehlt einem gebridgeten Netzwerk ein Time-To-Live-(TTL-)Mechanismus. Ohne dieses herunterzählende Schema auf der Schicht 2, mit dem rotierende Pakete schließlich gestoppt werden, sind selbst temporäre Übergangsschleifen gefährlich. Daher liegt der Hauptvorteil des Spanning-Tree-Protokolls in der Schleifenvermeidung.

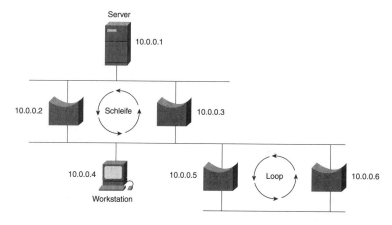

Bild 10.5:
Netzwerkschleifen werden oft erzeugt, wenn redundante Pfade eingerichtet werden.

Ein Broadcast-Sturm aus rotierenden Paketen kann das Netzwerk sehr schnell mit unnötigem Verkehr verstopfen und das erforderliche Paket-Switching verhindern. Wenn die Spanning-Tree-Mechanismen versagen, können Sie eine gleichmäßig hohe Switch-Belastung auf der LED des Supervisor-Engine-Moduls beobachten, während der Durchsatz bei Ihnen oder Ihren Benutzern extrem langsam oder stockend ist.

Um Schleifen zu vermeiden, müssen Bridges und Switches einen Spanning-Tree bilden, der Mechanismen zur Schleifenentdeckung und Schleifenvermeidung enthält. Diese Bridges und Switches stellen bestimmte (designierte) Kontinuitätspunkte dar und senden sich ständig gegenseitig Mitglieds-(Peer-)IDs per Multicast. Es gibt zwei Bridge-Typen:

- Eine Root-Bridge, d.h. ein eindeutiger Referenzpunkt des Spanning-Trees, der durch drei Tree-Mitglieder gewählt werden kann. Eine Root-Bridge berechnet die kürzeste Pfaddistanz von anderen Mitgliedern zu sich selbst. Dieser Prozess wird ausgeführt, indem die Kosten zu jedem anderen Mitglied hinzugefügt werden und die möglichen Pfade in der Reihenfolge von den geringsten bis zu den höchsten Kosten geordnet werden. Die Root-Bridge wird der Zeit-Master für die Slave-Mitglieder des Trees und bewertet Topologieänderungen auf dem Tree.

- Eine oder mehrere designierte Bridges, die die Root-Bridge wählen und anschließend ihre hierarchischen Kostenpfade zur Root anhand eines »Kosten-« Parameters bestimmen. Die Kosten sind eine Funktion der Bandbreite über jeden Pfad, sie können durch einen Switchport geändert werden und entsprechen den aufsummierten Pfadkosten zur Root-Bridge.

Die in diesen Bridges enthaltenen Ports können sich in einem von mehreren Zuständen befinden und können von einem in den anderen Zustand wechseln, wenn sie von der Nicht-Weiterleitung zur Weiterleitung übergehen. Diese Port-Zustände sind:

- Blockade (Blocking) – Der Port ist in einem nicht weiterleitenden Zustand, weil eine Schleife entdeckt wurde. Dieser ist kein designierter Port.

- Lauschend (Listening) – Der Port befindet sich in einem Vorzustand der Weiterleitung und kann die Bridge-Protokoll-Daten-Units (BPDUs) über den Spanning-Tree überprüfen.

- Lernend (Learning) – Der Port befindet sich in einem Vorzustand der Weiterleitung und kann die Topologiedetails bestimmen, die einen Pfad zur Root-Bridge kennzeichnen.

- Weiterleitung (Forwarding) – Der Port lässt ausgehende Pakete durch. Dies ist ein designierter Port, der Pakete empfängt und sendet.

- Deaktiviert (Disabled) – Der Port ist nicht für das Spanning-Tree-Protokoll aktiviert oder er wurde administrativ deaktiviert.

- Cisco-eigene Port-Fast- und Uplink-Fast-Modi – Der Port unterliegt keinen Zeittaktbeschränkungen und der Wechsel in einen Weiterleitungszustand ist wesentlich schneller als bei einem normalen Spanning-Tree-Protokollübergang. Der Port-Fast-Modus dient dem LAN-Verkehr wie z.B. Novell IPX; der Uplink-Fast-Modus ist für Einwählverkehr konzipiert.

Diese schnelleren Modi sind sehr hilfreich für Benutzerverkehr, der den typischen Spanning-Tree-Protokollübergang nicht tolerieren kann, da dieser 20 Sekunden vom Blockade- zum lauschenden Zustand, plus 15 Sekunden vom lauschenden zum lernenden Zustand, plus 15 Sekunden vom lernenden zum weiterleitenden Zustand benötigen kann.

Bild 10.6 zeigt ein Netzwerk, das seine Schleifen durch das Spanning-Tree-Protokoll aufgelöst hat. Durch die Blockade der redundanten Ports wurden zwei Schleifen aufgehoben.

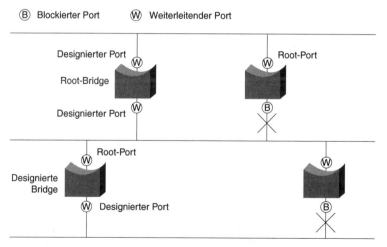

Bild 10.6: Es werden Ports blockiert, um Schleifen aufzulösen.

> **TIPP**
>
> Jedes Catalyst-5000-VLAN besitzt eine eigene Bridge-ID. Ein physikalischer Port kann als Trunk-Port Teil von mehr als einem Spanning-Tree sein. Schleifen auf einem Spanning-Tree können sich auf andere Spanning-Trees auswirken, wenn sie sich eine Topologie miteinander teilen.

Um die Last auf parallele VLAN-Verbindungen zwischen Switches (ISL = VLAN-Inter-Switch-Link) zu verteilen, können Sie die Port-Priorität von VLAN zu VLAN ändern. Um die Wahrscheinlichkeit, zum Root-Port gewählt zu werden, zu erhöhen, müssen Sie die Bridge-Priorität verringern, um die Bridge-ID zur numerisch kleinsten zu machen.

> **ANMERKUNG**
>
> Wenn Sie Fast-Mode-Geräte installieren, umgeht der Setup-Prozess einen Teil der Lernübergänge des Spanning-Tree. Vergewissern Sie sich, dass Sie keine Spanning-Tree-Schleifen verursachen.

10.4.1 Die VLAN-Frame-Markierung bei einer ISL

Die ISL wird über Point-to-Point-Verbindungen ausgeführt, um zwei VLAN-fähige Cisco-Produkte miteinander zu verbinden, wie z.B. die Catalyst-Switche der Serien 5000 und 3000 und die Cisco-Router der Serien 4000 und 7000.

Die ISL wird gewöhnlich auf dem Fast-Ethernet über Full- oder Half-Duplex-100-Mbps-Verbindungen verwendet. Die ISL kann auch auf 10-Mbps-Verbindungen betrieben werden, jedoch ist dies eher selten. Die ISL-Spezifikation lässt es auch zu, dass das ISL-Frame Token-Ring-Frames enthält.

Das 802.10-ISL-Protokoll besteht aus einem Paketmarkierungs-(Tagging-)Protokoll, das einen Standard-Ethernet-Frame enthält sowie die zu diesem Frame gehörenden VLAN-Informationen. Stellen Sie sich hierbei eine virtuelle Topologie vor, die über eine physikalische Topologie betrieben wird.

Das ISL-Paket besitzt drei Hauptfelder: den Header, das ursprüngliche Paket und die Frame-Prüfsequenz (FCS = Frame-Check-Sequence) am Ende. Der Header ist weiter in einzelne Felder unterteilt, die in Bild 10.7 gezeigt sind.

Kapitel 10 • Die Diagnose und Behebung von Catalyst-Problemen **495**

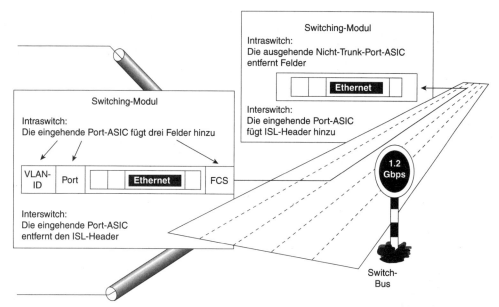

Bild 10.7: Die ISL-Frame-Einkapselung wird durch die VLAN-Switches am Beginn und am Ende des ISL-Pfads hinzugefügt bzw. entfernt.

Wenn ein Frame das Switching-Modul betritt, wird er im Frame-Puffer des Ports gespeichert. In Bild 10.7 wird der Frame von den SAINT-ASICs auf jedem Port ver- bzw. entkapselt.

Wenn sich ein Catalyst-Port in einem Switch-Trunk befindet, wird der Port den Interswitch-Verkehr zwischen den Switches verarbeiten. Wenn ein ASIC auf dem Switch-Modul Frames vom Trunk empfängt, entkapselt er die ISL-Frames.

Der ASIC entfernt die 30 Byte mit Informationen, die von der ISL verwendet werden: 26 Byte der Header-Informationen und eine 4 Byte lange FCS. Diese FCS wird an dem Port überprüft, der den Frame vom Trunk empfangen hat.

Auf dem ausgehenden Switch-Modul fügt der ASIC die ISL-Einkapselung hinzu, bevor das Modul den Frame an den Trunk sendet.

Wenn sich ein Catalyst-Port nicht in einem Switch-Trunk befindet, kann der Port Intraswitch-Verkehr zwischen Switching-Ports im selben Switch verarbeiten. Der ASIC verkapselt den Frame, den der eingehende Port auf dem Netzwerk empfängt.

In Bild 10.7 wird ein Ethernet-Frame durch 30 Byte mit Informationen umkapselt. Diese 30 Byte enthalten drei Felder, mit denen die VLAN-ID, der Herkunfts-Port des Frame und eine FCS angegeben wird. Diese FCS wird an dem Port überprüft, der den Frame vom Switchbus empfängt.

Bei Nicht-Ethernet-Frames führt der SAGE-ASIC die Einkapselung durch. Er wird für Nicht-Ethernet-Applikationen verwendet, wie z.B. das FDDI-Modul, das ATM-LANE-Modul, den Token-Ring und das NMP auf der Supervisor-Engine.

Derselbe Typ von ASIC auf jedem ausgehenden Port entfernt die umkapselten Informationen und entnimmt den Ethernet-Frame, bevor er ihn aus den Ziel-Ports aussendet.

Der Switchbus ist eine Hauptplatine, die eine 1.2-Gbps-Kapazität für das Frame-Switching besitzt. Die Supervisor-Engine und alle Leitungsmodule haben Zugriff auf diesen Switchbus.

Bild 10.8 zeigt das ISL-Frame-Markierungsformat.

Bild 10.8: Das ISL-Framing verkapselt den vorhandenen Schicht-2-Frame.

DDDDDDD	DDDDDDD	DDDDDDD	DDDDDDD	DDDDDDD	TTTUUUU
SSSSSSSS	SSSSSSSS	SSSSSSSS	SSSSSSSS	SSSSSSSS	SSSSSSSS
LLLLLLL	LLLLLLL	10101010	10101010	00000011	HHHHHHHH
HHHHHHHH	HHHHHHHH	VVVVVVVV	VVVVVVVB	IIIIIII	IIIIIII
RRRRRRR	RRRRRRR	\multicolumn{4}{l}{Original-Frame mit unverändertem CRC Ethernet, Token-Ring, FDDI}
CCCCCCCC	CCCCCCCC	CCCCCCCC	CCCCCCCC		

Die Einzelheiten eines ISL-Frame

Die ISL-Frame-Einkapselung besteht aus 30 Byte und enthält die folgenden Felder:

- D – Ziel-(Destination-)Adresse. Eine 40 Bit lange ISL-Multicast-Adresse, die momentan 01000C0000 lautet.

- T – Typ des eingekapselten Frame. Die folgenden TYPEN-Codes wurden festgelegt: 0000 für Ethernet, 0001 für Token-Ring, 0010 für FDDI und 0011 für ATM.

- U – Benutzer-(User-)definierte Bits (TYPEN-Erweiterung). Mit ihnen kann die Bedeutung des TYPEN-Felds erweitert werden. Zum Beispiel zeigt bei Ethernet-Frames das Benutzerfeldbit 0 die Priorität des Pakets an, wenn es durch den Catalyst 5000 wandert. 0000 bedeutet normale Priorität, 0001 bedeutet Priorität 1, 0010 bedeutet Priorität 2 und 0011 bedeutet hohe Priorität.

- S – Quell-(Source-)Adresse des ISL-Pakets. Es sollte die 48 Bit lange 802.3-MAC-Adresse der MAC enthalten, die den Frame aussendete.

- L – Längenfeld. Ein 16-Bit-Wert, der die Länge des Pakets in Byte angibt, die D-, T-, U-, S-, L- und CRC-Felder nicht mitgerechnet. Die Gesamtlänge der ausgenommenen Felder beträgt 18 Byte, somit zeigt das L-Feld die Gesamtlänge minus 18 Byte.

- Folge von 1 und 0 – Dieser Wert zeigt AAAA03, um anzuzeigen, dass die ISL-Frames eine logische Verbindungskontrolle (LLC = Logic Link Control) des Subnetwork-Access-Protokolls (SNAP) verwenden.

- H – Die ersten (High) Bits der Quelladresse. Dieses Feld enthält die ersten 3 Bytes des Quelladressenfelds, also die Hersteller-ID, die auch unter Organization-Unique-Identifier (OUI) bekannt ist.

- V – VLAN-ID des Pakets. Ein 15-Bit-Wert, mit dem die Frames von verschiedenen VLANs unterschieden werden. Dieses Feld wird oft als die »Farbe« des Pakets bezeichnet. Cisco-Geräte verwenden die letzten 10 Bits dieses Felds, um 1024 VLANs zu unterstützen.

- B – BPDU/CDP/VTP-Kennzeichen. Das BPDU-Bit ist für alle BPDUs gesetzt, die durch das ISL-Paket eingekapselt wurden. Der Spanning-Tree verwendet BPDUs für Informationen über die Topologie des Netzwerks. Dieses Bit wird auch für die CDP- und die VTP-Paketverkapselung eingesetzt. Durch dieses Bit können Pakete durch den Eingangs-Switch gelangen.

- I – Indexfeld. Dieses kennzeichnet den Port-Index der Paketquelle, wenn es aus dem Catalyst-Switch heraustritt. Er wird nur für Diagnosezwecke verwendet und kann durch andere Geräte auf jeden Wert gesetzt werden.

- R – Reserviertes Feld. Dieses wird verwendet, wenn Token-Ring- oder FDDI-Pakete in einem ISL-Paket eingekapselt werden. Bei Token-Ring-Frames werden hier die AC- und FC-Felder platziert. Beim FDDI wird das FC-Feld im letzten Feldbit gesetzt, das eine Bedeutung hat (z.B. würde ein FC von 0x12 ein RESERVIERTES Feld von f 0x0012 verursachen). Bei Ethernet-Paketen sollte das RESERVIERTE Feld nur Nullen enthalten.

- Ursprünglicher eingekapselter Frame – Dieses Feld enthält den eingekapselten Frame mit seinem eigenen CRC-Wert und ist vollständig unverändert. Der interne Frame muss einen gültigen CRC-Wert aufweisen, wenn die ISL-Einkapselungsfelder entfernt werden. Die Länge dieses Felds kann 1 bis 24.575 Bytes sein, um Ethernet-, Token-Ring- und FDDI-Frames enthalten zu können.

– C – Die neue CRC. Diese CRC ist ein 32-Bit-Standardwert, der über den gesamten eingekapselten Frame vom D-Feld bis zum Feld mit dem ursprünglich eingekapselten Frame berechnet wird. Die empfangende MAC überprüft diese CRC und kann Pakete verwerfen, die über keine gültige CRC verfügen. Beachten Sie, dass diese CRC zusätzlich zu der CRC am Ende des ursprünglich eingekapselten Frame existiert.

Trunk-Verbindungen zwischen einzelnen Switches befördern die Pakete für ein oder mehr VLANs. Netzwerkadministratoren benötigen eine VLAN-Zuordnungsfunktion, um eine konsistente VLAN-Konfiguration innerhalb der gesamten Switch-Anordnung des Netzwerks zu erreichen.

In der Switch-Anordnung in Bild 10.9 müssen VLAN-Informationen über das VLAN 1 mehrere ISL-Trunks durchqueren, die das Fast-Ethernet und das FDDI verwenden.

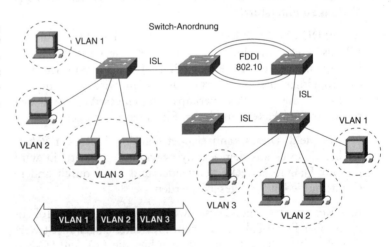

Bild 10.9: Durch das VTP werden VLAN-Informationen wirksamer verbreitet.

Das VTP

Das VTP ist ein Multicast-Meldungsprotokoll der Schicht 2, mit dem eine einmalige VLAN-Klassifizierung beim Eintritt in den Trunk ermöglicht wird. Auf diese Weise kann die gesamte Management-Domäne durchwandert werden, ohne dass eine zusätzliche VLAN-Klassifizierung auf jedem weiteren Hop ausgeführt werden muss. Dies reduziert die Latenz enorm, wodurch zwischengeschaltete Switches mit annähernder Leitungsgeschwindigkeit arbeiten können.

VLANs, die sich über mehrere LAN-Typen erstrecken, erhalten durch das VTP eindeutige Namen und interne Indexzuordnungen. Trunkports können den gesamten VLAN-Verkehr innerhalb der Domäne weiterleiten.

Das VTP ermöglicht das Hinzufügen, die Entfernung und die Umbenennung von VLANs auf Systemebene, ohne dass auf jedem Switch eine weitere manuelle Konfiguration ausgeführt werden muss. Auf diese Weise reduziert sich die erforderliche Administration auf Geräteebene sehr, ebenso wie die Gefahr der Verwendung nicht übereinstimmender Namen.

Das VTP überwacht VLAN-Änderungen und sendet periodische Anzeigen als Multicasts, um mit anderen Switches im Netzwerk zu kommunizieren. Durch das VTP werden vollständig übereinstimmende VLAN-Konfigurationsinformationen für die gesamte VTP-Domäne möglich.

Eine VTP-Domäne besteht aus einer Gruppe mit einem oder mehr untereinander verbundenen Geräten, die denselben VTP-Domänennamen besitzen. Ein Switch kann nur Mitglied in einer VTP-Domäne sein.

Wenn Sie den VTP-Domänennamen festlegen, sollten Sie darauf achten, dass der Name innerhalb der gesamten Netzwerk-Management-Domäne gleich ist. Verwenden Sie den Befehl **set vtp domain admin-1**.

In Bild 10.10 treten VTP-Anzeigen (Advertisements) auf einem reservierten VLAN-Trunkport über die ISL auf.

*Bild 10.10:
Der VTP-Server
und der VTP-
Client tauschen
VTP-Anzeigen
aus.*

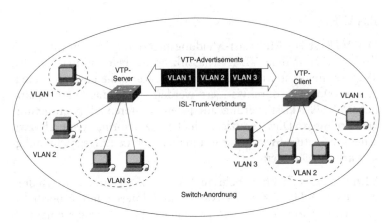

Ein VTP-fähiger Switch kann in drei Modi konfiguriert werden: als ein VTP-Server, als ein VTP-Client oder im transparenten VTP-Modus.

Server und Clients unterhalten die vollständige Liste mit allen VLANs innerhalb der VTP-Domäne (die die Grenzen für die konfigurierten VLANs festlegt). Sie übertragen und empfangen auch Advertisements mit bekannten VLAN-Informationen.

Ein VTP-Server unterhält seine VLAN-Informationen in einem nonvolatilen Speicher oder auf einem TFTP-Gerät. Sie können die globalen VLAN-Informationen in einem VTP-Server mit Hilfe der Befehlszeilenschnittstelle (CLI = Command-Line-Interface) des Catalyst ändern, indem Sie die VTP-Management-Information-Base (MIB) einsetzen.

Wenn ein Client oder ein Server bemerkt, dass ein VLAN hinzugefügt wurde, bereitet er sich darauf vor, an seinen Trunkports Verkehr mit der neu vereinbarten VLAN-ID zu empfangen.

Ein anderer Betriebsmodus nennt sich *transparenter Modus*. Dieser ist für Switches gedacht, die nicht an der automatischen Trunk-Konfiguration der VTP-erzeugten VLANs teilnehmen sollen. Jedoch werden die Switches im transparenten Modus die VTP-Anzeigen, die sie an einem Trunkport empfangen haben, an andere Trunkports weiterleiten.

VTP-Anzeigen (auch *adverts* genannt) treten auf einem reservierten VLAN eines Trunkports auf. Die VLAN-Nummer für das VTP wird automatisch eingerichtet und variiert in Abhängigkeit vom Medientyp des Trunks. Das für das VTP reservierte VLAN kann nicht gelöscht oder geändert werden.

Clients überprüfen die Anzeigen nach einer Konfigurationsänderungsnummer. Diese Nummer erhöht sich stufenweise für nacheinander erfolgende VLAN-Änderungs-Updates. Wenn ein Client mehrere Anzeigen erhält, wird er die Anzeige mit der höchsten Änderungsnummer als Quelle für die VLAN-Informationen übernehmen.

Die letzte Aktualisierung enthält einen Bericht über die IP-Adresse des letzten Switch (ein VTP-Client oder -Server), der eine VLAN-Anzeige sendete.

Die Fehlersuche beim VTP

Bei einer Fehlersuche beim VTP gibt es mehrere Grundregeln:

- Konfigurieren Sie die Switches für den transparenten Modus, wenn Sie das VTP nicht einsetzen wollen. Wenn der korrekte Betrieb des Switch mit einem fest installierten (Hard-Code-) VLAN-Setup erfolgen kann und die Verwendung von Anzeigen über neue, geänderte oder aufgehobene VLANs für Sie ohne Bedeutung ist, bietet der transparente Modus das einfachste Verfahren und ermöglicht die einfachste Fehlersuche.

- Eine VLAN-Einrichtung hat für einen Switch im transparenten Modus nur lokale Bedeutung. Jedoch werden Switches im transparenten Modus weiterhin die VTP-Adverts von anderen Switches verteilen, die als VTP-Server oder -Clients konfiguriert sind.

- Wenn Sie VTP-Clients und -Server einsetzen, besteht die am einfachsten zu untersuchende Topologie in zentralisierten VTP-Servern mit der Root-Bridge des Spanning-Tree.

- Der VTP-Server ist der bevorzugte Modus für Catalyst-Switches. Sie benötigen mindestens einen VTP-Server in der durch das VTP verwalteten Domäne.

- Konfigurieren Sie keine VTP-Server offline. Wenn Sie einen VTP-Server offline konfigurieren und ihn dann mit dem Netzwerk verbinden, besteht die Gefahr von nicht konsistenten Informationen, wenn dieser Server eine VTP-Anzeigenänderung sendet, die die Domäne nicht vollständig reflektiert. Andere Switches, die sich mit dem Netzwerk verbinden, könnten die fehlerhaften VTP-Informationen verwenden und es könnten VLANs aus dem Netzwerk verschwinden.

- Konfigurieren Sie andere Switches des Netzwerkschranks als VTP-Clients. So können Sie die Anzahl der Switches reduzieren, die Sie bei der Suche nach VTP-Konfigurationsproblemen

- berücksichtigen müssen, da ein Client keine globalen VLANs erzeugen kann.
- Die Rolle des VPT-Clients passt am besten auf Geräte, die nicht genügend nonvolatilen Speicher besitzen, um die Informationen über die globalen VLANs zu speichern, die ein Server durch VTP-Adverts kennen lernt.
- Clients behalten bei einem Neustart keine Informationen über globale VLANs. Stattdessen benötigen Sie aktuelle VLAN-Informationen durch die VPT-Adverts, die sie von den Servern erhalten.
- Das VTP kann nicht funktionieren, wenn kein Trunkport oder kein VLAN1 existiert. Wenn Sie eine Fehlersuche ausführen, sollten Sie überprüfen, ob diese grundlegenden Anforderungen für das VTP korrekt konfiguriert wurden.
- Das VTP ist für die Netzwerkverwaltung durch das CiscoWorks for Switched Internetworks (CWSI) erforderlich. Wenn Sie eine Applikation zur Netzwerkverwaltung einsetzen wollen, wie z.B. den VlanDirector, muss ein VTP-Server existieren.

Wenn Sie einen Fehler auf einer ISL suchen, sollten Sie zuerst überprüfen, ob die physikalischen Eigenschaften zwischen den Switches übereinstimmen – Portgeschwindigkeit, Port-Duplex und bei optischen Verbindungen den Fasertyp.

Sie sollten im innersten Bereich Ihres Netzwerks überprüfen, ob die eingebrannten (Hard-Code-)Trunks aktiv sind. Wenn Sie merken, dass die Trunks nicht aktiv sind, können Sie das Problem mit dem folgenden Befehl beheben:

```
set trunk [slot/port] on
```

Stellen Sie sicher, dass der VTP-Domänenname des Switch für die ISL-Geräte übereinstimmt. Den VTP-Domänennamen können Sie mit dem folgenden Befehl überprüfen:

```
show vtp domain
```

Stellen Sie sicher, dass Ihre VLANs auf beiden Seiten eines Trunk übereinstimmen. Dies können Sie überprüfen, indem Sie einen der folgenden Befehle auf beiden Switches einer Verbindung ausführen:

```
show trunk
```

oder

```
show vlan
```

Kapitel 10 • Die Diagnose und Behebung von Catalyst-Problemen **503**

Wenn Sie die Ursache des ISL-Problems nicht identifizieren können, können Sie weitere Fehlersuchwerkzeuge verwenden. Sie können beispielsweise einen Fast-Ethernet-Analyzer einsetzen (zum Beispiel Switch-Probe), wenn Sie die Frames dekodieren müssen.

10.4.2 Die Fehlersuchwerkzeuge des Catalyst 5000

Die Fehlersuche auf einem Catalyst 5000 beginnt mit dem Supervisor-Engine-Modul. Die Catalyst-Switches 5000 und 5002 benötigen ein Supervisor-Engine-Modul im oberen Slot des Gehäuses. Die anderen Slots sind für Schnittstellenmodule vorgesehen (z.B. die restlichen vier Slots des Catalyst-Switch 5000).

> **ANMERKUNG**
>
> Es existieren drei verschiedene Supervisor-Engines (I, II und III). Die Supervisor-Engines I und II unterstützen fest installierte Fast-Ethernetports (entweder 100BaseTx oder 100BaseFx). Die Supervisor-Engine III ist mit modularen oder fest installierten Uplinkports verwendbar und enthält eine fortschrittlichere Funktionalität wie z.B. EARL. Unter www.cisco.com können Sie weitere Konfigurationsbeschreibungen finden.

Wenn der Slot 1 kein Supervisor-Engine-Modul enthält, wird das System nicht booten. Die Supervisor-Engine aktiviert das Switching und die Netzwerkverwaltung der Schicht 2. Dieses Modul enthält einen Konsolenport und zwei Fast-Ethernet-Schnittstellen für Netzwerkverbindungen, wie Bild 10.11 zeigt. Diese können mit Workstations, Servern, Switches und Routern verbunden werden.

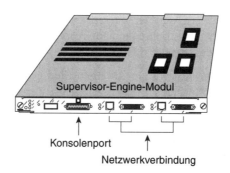

Bild 10.11: Das Supervisor-Engine-Modul enthält einen Auxiliary-Port und LEDs.

Für eine Fehlersuche auf Catalyst-Switches der 5000er Serie können Sie eine ganze Reihe von Werkzeugen einsetzen:

- Das CWSI
- Einen integrierten RMON-Agenten und eine Switch-Probe
- Die Switch-LEDs und die Ausgabe während des Kaltstarttests
- Die TCP/IP-Werkzeuge **ping** und **telnet**
- CDP
- Der Catalyst-Switched-Port-Analyzer (SPAN)
- Catalyst-Befehle (vor allem die **show**-Befehle)

Für Werkzeuge wie das CWSI oder einen Netzwerkmanager, die den integrierten RMON-Agenten verwenden, können Sie eine eigene Netzwerkverbindung verwenden, die auf der Supervisor-Engine oder auf einem der anderen Module existiert.

Die Switch-Probe ist ein Fast-Ethernet-Analyzer, die sich mit einem externen Netzwerkmanager verbinden kann.

Der Port für das Konsolenterminal bietet den Netzwerkadministratoren das CLI für den ASCII-Text. Diese externe Verbindung benötigt keine besonderen Applikationen, um CDP- oder Catalyst-Befehle auszuführen. Verwenden Sie das CLI für TCP/IP-Werkzeuge wie z.B. **ping** und **telnet**.

Der Rest des Kapitels bietet zusätzliche Einzelheiten über alle diese Fehlersuchwerkzeuge. Der Hauptschwerpunkt richtet sich hierbei auf die LEDs, das CDP, den SPAN und die verwendbaren **show**-Befehle des Catalyst.

Das CWSI

Das CWSI ist ein spezielle Version des CiscoWorks, das eine Netzwerkmanagement-Applikation mit einer grafischen Benutzerschnittstelle (GUI = Graphical-User-Interface) enthält.

Das CWSI kann als eigenständiges Werkzeug auf einem Windows-NT- oder UNIX-PC installiert werden, der Solaris, HP-UNIX und AIX unterstützt. Das CWSI kann aber auch als eine SNMP-Element-Management-Applikation zusammen mit dem HP-OpenView, dem SunNet-Manager und dem NetView/AIX installiert werden.

Das CWSI beinhaltet mehrere Management-Applikationen. Diese können Informationen liefern, mit denen Sie die Grundlinien-Performance Ihres geswitchten Netzwerks bestimmen, mögliche Probleme erkennen und eine Fehlersuche ausführen können:

– Das CiscoView bietet ein GUI, das einen physikalischen Blick auf das Gehäuse unterstützt, sowie die Konfiguration, die Performance-Überwachung und eine kleinere Fehlersuche.

– Der VlanDirector bietet ein GUI, mit dem neue Benutzer hinzugefügt, Benutzer zwischen Netzwerksegmenten verschoben und VLAN-Zuordnungen der Benutzer geändert werden können.

– Der TrafficDirector bietet ein GUI für Applikationswerkzeuge der RMON-Konsole, um einen einheitlichen Überblick über die Netzwerkaktivität auf mehreren Switchports und Trunk-Verbindungen zu erhalten.

– Die AtmDirector-Management-Applikation ist ein GUI, das die Installation und Administration des ATM in geswitchten Internetzwerken vereinfacht.

– Applikationen zur Verfolgung von Benutzeraktivitäten werden verwendet, um dynamische VLANs einzurichten und um Stationsstandorte innerhalb des Netzwerks zu verfolgen.

ANMERKUNG

Weitere Details über das CWSI können Sie unter www.cisco.com finden.

Der integrierte RMON-Agent und die SwitchProbe

Mit der Catalyst-Software können Sie den Switch mittels eines integrierten RMON-Agenten überwachen und das Netzwerk kontrollieren, wie Bild 10.12 zeigt. Das RMON wurde 1992 zu einem Standard für das Ethernet (das im RFC 1271 beschrieben ist). Die RMON-Spezifikation bietet Informationen für die Fehlerdiagnose, die Planung und die Performance-Einstellung in Netzwerken, wobei die Informationen in neun Gruppen mit Überwachungselementen eingeteilt sind.

*Bild 10.12:
Die RMON-Agenten sammeln Statistiken und Ereignisinformationen und senden Berichte darüber an den Netzwerkmanager.*

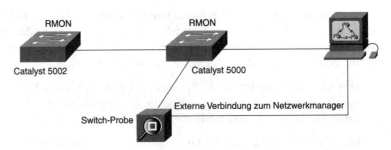

Der im Catalyst 5000 integrierte RMON-Agent unterstützt vier Gruppen der RMON-Spezifikation (die im RFC 1757 beschrieben sind). Die RMON-Fähigkeiten wurden für 10BaseT und 100BaseT (Fast-Ethernet) in eine Switching-Plattform mit hoher Performance eingebettet, um einen vorsorglichen Netzwerk-Managementzugriff auf die RMON-Statistiken, die vergangenen Ereignisse, Alarmzustände und Ereignisgruppen zu ermöglichen. Diese vier RMON-Gruppen sind bei einer LAN-Fehlersuche von größtem Interesse:

- Paket-Traps (Fallen), um Alarmzustände im Netzwerk erkennen zu können

- Paketaufzeichnung für die Dekodierung und die Analyse des Netzwerkverkehrs

- Ereignisse und Statistiken als Quelldaten für das Netzwerk-Accounting/Rechnungsstellung

Mit der SPAN-Funktion können Netzwerkmanager die anderen fünf RMON-Gruppen einsetzen, sowie die Informationen, die durch das RMON2 geliefert werden.

Cisco bietet eigenständige RMON-Probes für die Überwachung von beliebigen Segmenten, Ringen oder Switch-Verbindungen in einem Unternehmensnetzwerk. Diese Switch-Probe-Geräte können Segmente in einem FDDI-, CDDI-, Token-Ring-, Ethernet- oder Fast-Ethernet-Netzwerk überwachen.

10.4.3 Die Überprüfung der Catalyst-Switch-LEDs

Ein Teil eines vollständigen Fehlersuchszenarios beinhaltet die Überprüfung des normalen Hardware-Zustands, durch einen Blick auf die Frontseite des Gehäuses mit den LEDs für das Supervisor-Modul, die Leitungskarten und die Stromversorgung(en).

Kapitel 10 • Die Diagnose und Behebung von Catalyst-Problemen

Durch die integrierten Hardware-Tests und die LEDs lässt sich der Betrieb des Moduls erkennen und eine einfache visuelle Fehlersuche ausführen. Die Zustands-LED auf jedem Modul zeigt die erfolgreiche Durchführung sowie leichtere und schwerere Fehlzustände der automatischen Tests bei einem Kaltstart.

Mit der CWSI-CiscoView-Applikation können Sie diese LEDs von externer Seite überprüfen. Die LEDs werden als graphische Objekte angezeigt. Die folgenden Module können durch das CWSI verwaltet werden:

– Das Supervisor-Engine-Modul

  Überprüfen Sie die verschiedenen LEDs auf dem Supervisor-Engine-Modul, die des NMP eingeschlossen, das als Sammelpunkt für Switch-Management-Informationen dient.

  Das externe Management durch SNMP-Einstellungen (Set) oder durch eine Telnet-(Client-)Verbindung kann auf jeder geswitchten oder ATM-Schnittstelle erfolgen.

  Das lokale Management erfolgt auf dem Konsolenport (female DCE EIA/TIA-232) über eine Konsolenterminal- oder eine Modemverbindung. Das Supervisor-Engine-Modul eines Catalyst-Switch 5000 und 5002 enthält folgende Komponenten:

  - Einen 25-MHz-68EC040-Netzwerk-Management-Prozessor mit 8 Mbyte DRAM, 4 Mbyte Flash-EPROM für downloadbaren Microkode und Software-Upgrades und 256 Kbyte NVRAM. Die Supervisor-Engine ist mit einer 1.2-Gbps-Switching-Hauptplatine mit hoher Performance und geringer Latenz verbunden.

  - Zwei Fast-Ethernet-Schnittstellen (Full- oder Half-Duplex), die als ISL-Trunks fungieren können. Die Benutzer können zwischen doppelten 100BaseTX- (Kategorie 5 UTP), doppelten Multimode-100BaseFX- oder doppelten Single-Mode-100BaseFX-Verbindungen wählen. Des Weiteren können die beiden Ports mit der Fast-EtherChannel-Technologie von Cisco als eine einfache, fehlertolerante Full-Duplex-Verbindung mit 400 Mbps konfiguriert werden.

– Wenn die automatische Suche des CWSI abbricht, sollten Sie die System-Status-LEDs des Supervisor-Engine-Moduls und die der Stromversorgung überprüfen. Wenn bei der CWSI-Version 1.2 keine redundante Stromversorgung aktiviert ist, kann der automatische Suchprozess abgebrochen werden.

Die Switchlast-LEDs des Supervisor-Engine-Moduls sind wichtige Anzeigen für eine normale oder abnormale Aktivität der Switch-Platine. Wenn die Last-LEDs eine hohe Last (ständig 80% bis 100%) anzeigen, findet vermutlich gerade ein Broadcast-Sturm statt. Mit Hilfe dieser LED-Anzeigen können Sie mögliche Gründe für diesen Zustand untersuchen.

Leitungskarten-(Line-Card-)Module

Überprüfen Sie die Power-Up-LED-Reihe auf den Leitungskarten-Switch-Modulen. Die LEDs blinken während des Startvorgangs und leuchten anschließend grün, wenn eine erfolgreiche Initialisierung abgeschlossen wurde. Eine rote LED zeigt einen Fehlzustand an. Auf einigen Modulen kann auch eine orange LED ein Problem anzeigen.

Wenn der Switch in Betrieb ist, sollten Sie den normalen LED-Zustand für alle installierten Module überprüfen. Wenn eine Leitungskarte nicht vollständig eingesteckt ist, kann ein Hardware-Fehler angezeigt werden. Überprüfen Sie die Position der Verschlüsse. Eine rote Status-LED zeigt an, dass sich das Modul nicht im Slot befindet.

Die automatische Erkennung in einem Switch-Modulport zeigt die Betriebsgeschwindigkeit des Ports an. Wenn die 100-Mbps-LED aus ist, wird der Port entweder nicht verwendet oder er wird mit 10 Mbps betrieben. Erwarten Sie das von diesem Port? Wenn nicht, suchen Sie weiter:

- Überprüfen Sie, ob eine 10/100-Mbps-Verbindung mit 10 Mbps verbunden ist und nicht mit 100 Mbps.

- Durch starke Biegungen oder Knicke in einem Kabel der Kategorie 5 kann eine 10/100-Mbps-Schnittstelle nur den 10 Mbps-Modus verwenden.

- Extreme Temperaturen können zwischenzeitliche Ausfälle verursachen.

- Einige Geräte führen die automatische Geschwindigkeitsverhandlung nicht korrekt aus.

Die häufigsten Netzwerkprobleme lassen sich auf Kabelprobleme zurückführen. Die Tabelle 10.2 zeigt die spezifizierten Entfernungsgrenzen für die einzelnen Switch-Kabeltypen auf.

Kapitel 10 • Die Diagnose und Behebung von Catalyst-Problemen

Modultyp		Half-Duplex (z.B. ein Hub)	Full-Duplex (mit Adapter)
Kupfer Kategorie 3	10BaseT	100 m	100 m
Kupfer Kategorie 5	100BaseTX	100 m	100 m
Multimode-Faser (MMF)	10BaseFL	2 km	2 km
	100BaseFX	400 m	2 km
Singlemode-Faser (SMF)	100BaseFX	10 km	10 km

Tabelle 10.2: Kabellängenbegrenzungen.

Die optischen Glasfaserkabel MMF und SMF werden für das ATM und das FDDI verwendet. Wenn Sie Probleme mit optischen Glasfaserkabeln untersuchen, ist ein wichtiger Punkt die Betrachtung von asymmetrischen Verbindungsproblemen, bei denen eine Seite eines sendenden und empfangenden Kabelpaars ausfällt, aber das restliche Kabel dennoch Frames weiterleitet. Diese asymmetrische Verbindung kann die Schleifenvermeidung des Spanning-Tree verhindern.

Die Antworten auf die folgenden Fragen helfen Ihnen bei der Bestimmung, ob ein Problem mit einem Kupfer-UTP-Kabel vorliegt:

- Wurde bei dieser Installation der richtige Kabeltyp verwendet? Kategorie 3 ist *nur* für 10BaseT und 10BaseT4. Wurde statt eines Kabels der Kategorie 5 eines der Kategorie 3 verlegt?

- Wenn Kabel der Kategorie 5 verwendet wurden, wurde das Kabel auch korrekt verlegt? Sind die Anschlüsse richtig verlegt?

- Wurde das Kabel gekreuzt oder parallel verlegt? Welcher Typ sollte es sein? Vergleichen Sie die RJ-45-Anschlussbelegung an beiden Kabelenden, wenn Sie sich nicht sicher sind.

- Befindet sich an einem der beiden Kabelenden ein Kabelbruch? Wenn Kabel zu eng verlegt wurden oder zu eng mit einem Kabelbinder gebündelt wurden, kann dies Kabelbrüche zur Folge haben. Wenn die Kabel durch einen Schacht gezogen wurden, können Kabelbrüche auftreten und Wackelkontakte verursachen.

- Ist das Kabel länger als die festgelegten 100 Meter? Ein Time-Domänen-Reflektometer (TDR) kann die Länge des Kabels anzeigen, mit allen Verbindungen des Kabelschranks.

- Ist die Patch-Verkabelung korrekt? Gibt es auf dem Patchpanel fehlende, lose oder gebrochene Kabel?

Es folgen einige Fragen in Bezug auf die Verbindungen zu Endbenutzergeräten:

- Ist die Netzwerkkarte bzw. der Schnittstellenport am Benutzerende funktionsfähig?
- Ist das Gerät an den richtigen Port angeschlossen? Ist der Port aktiv?

Eine Möglichkeit zur Überprüfung der verlegten Verkabelung besteht in der Ersetzung des gesamten Kabels durch ein externes Kabel. Wenn Sie ein Kabel der Kategorie 5 zur Verfügung haben, das mit Sicherheit in Ordnung ist, verbinden Sie das Kabel mit den beiden Geräten, um die Verbindungsmöglichkeit zu testen. Dieser Test wird alle Zweifel über verlegte Kabel oder gepatchte Anschlüsse ausräumen.

Die folgende Testausrüstung kann verwendet werden, um eine ganze Reihe von Netzwerk- und Netzwerkverkabelungsproblemen zu beheben:

- TDR – Messen Sie damit die Kabellänge und den Widerstand, indem Sie ein Signal durch das Kabel senden und die Reflektion bestimmen.
- Protokoll-Analyzer – Zeichnen Sie damit Protokollinformationen auf, indem Sie das Netzwerk anzapfen und die Protokollinformationen in eine lesbare Form dekodieren.
- Kabeltester – Scanner für STP, UTP oder Glasfaser.
- Netzwerkmonitore – Überwachen Sie den Netzwerkverkehr kontinuierlich mit Hilfe von SNMP-Agenten.

10.4.4 Die Diagnosewerkzeuge des Catalyst-Switch 5000: ping

Eine der nützlichsten und wichtigsten Fehlersuchhilfen ist der Befehl **ping**, der einen einfachen Echotest ermöglicht. Wenn Sie ein Zielgerät an**pingen**, erhalten Sie eine Antwort? Wenn ein **ping** nicht antwortet, stellen Sie die folgenden Fragen:

- Besteht ein Kabelproblem?
- Kann das Testterminal (oder die Workstation) mit irgendwelchen anderen Geräten kommunizieren?
- Können andere Geräte mit dem Switch kommunizieren?
- Treten auf dem Switch Port-Fehler auf? (Prüfen Sie dies mit dem Befehl **show port**.)

- Tritt normaler Port-Verkehr auf? (Prüfen Sie dies mit dem Befehl **show mac**.)
- Befinden sich Port und Schnittstelle sc0 im selben VLAN? (Prüfen Sie dies mit den Befehlen **show port** und **show interface**.)

10.4.5 Das CDP

Das CDP ist ein medien- und protokollunabhängiges Protokoll zur Geräteerkennung, das auf allen Cisco-Geräten betrieben werden kann (Router, Bridges, Kommunikationsserver und Switches).

Cisco-Geräte erkennen sich gegenseitig in einer protokoll-/medienunabhängigen Weise, daher können Netzwerkadministratoren oder Netzwerk-Management-Applikationen die Cisco-Geräte dynamisch erkennen, die Nachbarn von bereits bekannten Geräten sind.

Das CDP läuft auf allen Medien, die das SNMP unterstützen, LANs, Frame-Relay und ATM-Netzwerke eingeschlossen. Das CDP läuft nur auf der Datenverbindungsschicht. Daher können zwei Systeme, die unterschiedliche Netzwerkschichtprotokolle verwenden, einander dennoch erkennen.

Das CDP verwendet ein kleines Multicast-Paket mit der allgemeinen Zieladresse 01-00-0C-CC-CC, um regelmäßige Meldungen zu senden und zu empfangen.

Jedes Gerät meldet mindestens eine Adresse, an der es SNMP-Meldungen und eine TTL empfangen kann. Diese TTL legt die Zeitdauer fest, die ein empfangendes Gerät die CDP-Informationen aufbewahren soll, bevor es sie verwirft. In der Standardeinstellung beträgt die TTL 180 Sekunden.

Die CDP-Pakete werden mit einem TTL-Wert größer Null ausgesendet, nachdem eine Schnittstelle aktiviert wurde, und mit einem TTL-Wert gleich Null, direkt bevor eine Schnittstelle deaktiviert wird, wodurch eine schnelle Zustandsbestimmung ermöglicht wird.

Alle Cisco-Geräte empfangen CDP-Pakete und speichern die Informationen des Pakets zwischen. Die zwischengespeicherten Informationen sind für das Netzwerk-Management durch MIBs verfügbar. Die Cisco-Geräte leiten ein CDP-Paket niemals weiter.

Wenn sich Informationen durch das letzte empfangene Paket ändern, werden die neuen Informationen gespeichert und die älteren Informationen werden verworfen und zwar auch dann, wenn der

TTL-Wert noch nicht abgelaufen ist. Das CDP besitzt den Cisco-HDLC-Protokolltypwert 0x2000.

Cisco-Geräte leiten CDP-Pakete niemals über die Geräte hinaus, die mit ihnen über eine Datenleitung verbunden sind. In Bild 10.13 kann der Netzwerkadministrator nur CDP-Informationen über die Nachbarn aufrufen, die direkt mit dem Switch verbunden sind, an den das Management-Terminal angeschlossen ist. Der Administrator kann jedoch das CDP einsetzen, um die IP-Adresse des benachbarten Routers zu erhalten, eine Telnetsitzung mit dem Router aufnehmen und den Befehl **show cdp** erneut ausführen, um die direkten Nachbarn des Routers anzusehen.

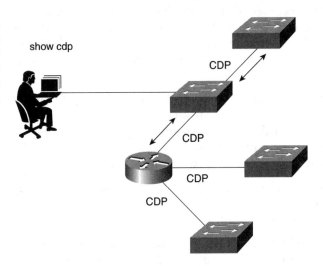

Bild 10.13: Cisco-Geräte verwenden das CDP, um sich gegenseitig zu erkennen.

Das CDP liefert eine Grafik ähnlich zu den Informationen, die in Bild 10.14 gezeigt sind. Die Felder und ihre Bedeutung sehen Sie in der folgenden Tabelle:

*Bild 10.14: Mit dem CDP-Befehl **show cdp neighbor detail** können Sie die IP-Adresse von benachbarten Switches erkennen.*

```
show cdp neighbor detail
Device-ID: 003292129(MEKONG5K)
Device Addresses:
IP Address: 192.206.196.44
Holdtime: 154 sec
Capabilities: TRANSPARENT_BRIDGE SWITCH
Version:
  WS-C5000 Software, Version McpSW: 2.1(6) NmpSW: 2.1(6)
  Copyright (c) 1995,1996 by Cisco Systems
Platform: WS-C5000
Port-ID (Port on Device): 1/1
Port (Our Port): 1/1
```

Feld	Beschreibung
Device-ID	Kennzeichnet den bestimmten Nachbarn.
IP Address	Zeigt die Protokolladressen der Netzwerkschicht, die auf der Schnittstelle konfiguriert sind.
Holdtime	Gibt an, wie lang dieses Gerät die Informationen dieses Nachbarn speichern soll.
Capabilities	Zeigt die Fähigkeiten des Nachbarn an (z.B. Routing, Bridging [SRB oder TB], Switch-Host, IGMP-bedingte Filterung).
Version	Zeigt die auf dem Nachbarn betriebene Software-Version.
Platform	Kennzeichnet die Plattform (z.B. Cisco 7000 oder Catalyst).
Port on Device	Kennzeichnet die Schnittstelle, von der das CDP die Informationen über das benachbarte Gerät bezog.
Our Port	Zeigt den eigenen Port (die Schnittstelle) an, mit dem (der) der Nachbar verbunden ist.

10.4.6 SPAN

SPAN ist die Switched-Port-Analyzer-Funktion auf einem Catalyst-Switch der 5000er Serie. Wenn Sie SPAN einsetzen, wird der Datenfluss zwischen einem Quell- und einem Ziel-Port auf den speziellen SPAN-Port gespiegelt, wie Bild 10.15 zeigt.

Durch die Port-Spiegelung kann der Switch eine Kopie der Daten anfertigen, die durch einen Port fließen (den SPAN-überwachten Port), und die Daten an einen anderen Port übertragen (das SPAN-Ziel).

Ein SPAN-Port verhält sich nicht wie ein normaler Switchport. Das Spanning-Tree-Protokoll ist deaktiviert und Sie können die VLAN-ID eines SPAN-Ports nicht ändern.

Wenn Sie SPAN einsetzen, kann eine externe Probe Frames derart aufzeichnen und analysieren, als ob sie sich auf demselben Segment wie der SPAN-Quellport befindet. Diese Fähigkeit wird gelegentlich auch als *Roving (Fliegendes) RMON* bezeichnet – d.h., ein RMON-Agent kann nach Belieben an jeden Punkt einer Verkehrsquelle gesetzt werden.

Bild 10.15: Durch eine Spiegelung des Moduls 2/Port 8 zum Modul 3/Port 12 können Sie den Verkehr analysieren.

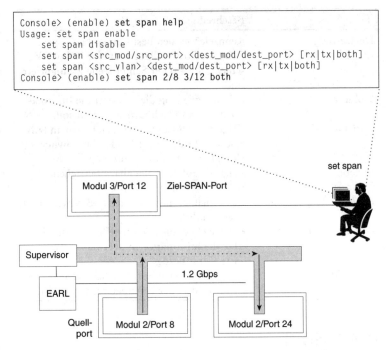

```
Console> (enable) set span help
Usage: set span enable
       set span disable
       set span <src_mod/src_port> <dest_mod/dest_port> [rx|tx|both]
       set span <src_vlan> <dest_mod/dest_port> [rx|tx|both]
Console> (enable) set span 2/8 3/12 both
```

SPAN spiegelt den Verkehr von jedem einzelnen Port, Trunk oder VLAN. Die Frames von einem festgelegten SPAN-Port können an einen externen Netzwerk-Analyzer, wie z.B. Switchprobe, übergeben werden. SPAN wird zusammen mit einem externen Analyzer eingesetzt, um zusätzliche RMON-Gruppen verwenden zu können, die über die RFC-1757-Gruppen (Statistiken, History, Alarmzustände und Ereignisse) der Standardeinstellung hinausgehen.

Um die SPAN-Funktion für gespiegelte Datenaufzeichnungen auf dem ausgewählten SPAN-Port zu aktivieren, geben Sie einen Befehl ein, um bestimmten Port-Verkehr an einen anderen zu richten. Zum Beispiel können Sie den gesamten Verkehr des Ports 3 an den Port 8 spiegeln (an den Ihr Analyzer angeschlossen ist). Beim SPAN können ATM und FDDI Quellports sein, aber keine Zielports.

Wenn Sie SPAN auf einen Trunkport anwenden, sollten Sie bedenken, dass ein Trunkport entweder als ein Quell-Port oder ein Ziel-Port designiert sein muss. Wenn ein Ziel-Port ein Trunkport ist, tragen alle ausgehenden Pakete durch SPAN einen ISL-Header.

Die SPAN-Befehlssyntax, die in Bild 10.15 gezeigt ist, kennzeichnet die notwendigen Argumente, um anzugeben, was überwacht werden soll und wo sich der SPAN-Port befinden soll.

Sie können einen bestimmten Port spiegeln oder ein VLAN, solange die Quell- und Ziel-Ports demselben VLAN-Typ entsprechen.

Es folgt ein Beispiel, in dem der Befehl verwendet wird, um mit SPAN den durch das VLAN 1 gesendeten/empfangenen Verkehr an den Port 3/12 zu spiegeln. Wenn SPAN zur Überwachung des VLAN-Verkehrs aktiviert ist, können Sie keinen Trunkport als überwachten Port auswählen:

```
Console> (enable) set span 1 3/12 both
Console> (enable) show span
Source       Destination     Direction        Status
------       -----------     ---------        ------
VLAN 1       Port 3/10       transmit/receive enabled
```

Es folgt ein zweites Beispiel, in dem der Befehl verwendet wird, um SPAN einzurichten. Das Beispiel aktiviert die Spiegelung des am Port 2/8 gesendeten/empfangenen Verkehrs an den Port 3/12:

```
Console> (enable) set span 2/8 3/12 both
Console> (enable) show span
Source       Destination     Direction         Status
------       -----------     ---------         ------
Port 2/8     Port 3/12       transmit/ receive enabled
```

ANMERKUNG

Automatisierte Prozeduren im TrafficDirector ab der Version 4.1.3 vereinfachen das Setup, die Datenaufzeichnung und die Analyse des SPAN-Verkehrs in Catalyst-Switches.

Wenn Sie einen Port zur Überwachung durch SPAN bestimmen, wird der ASIC für den Port die Pakete für das SPAN markieren, bevor sie den Switchbus bzw. den Ziel-Port und den gespiegelten SPAN-Port erreichen.

Auf dem SPAN-Port kann die gespiegelte Paketaufzeichnung durch eine CWSI-Applikation oder einen anderen Protokoll-Analyzer mit entsprechenden Dekodierfähigkeiten analysiert werden.

10.5 Die Catalyst-Befehle

Die vier hilfreichsten Befehle für das Catalyst-Switching sind:

- **set** – Setzt Switch-Parameter.
- **clear set** – Löscht Switch-Parameter oder überschreibt Switch-Parameter.
- **show** – Überprüft oder bewertet Parameter.
- **syslog** – Erzeugt Log-Meldungen.

Dieser Abschnitt beschäftigt sich mit den **show**-Befehlen.

> **ANMERKUNG**
>
> Wenn Sie den Befehl **help** im enabled-Modus aktivieren, können Sie die Verwendung der Argumente für die einzelnen Catalyst-Befehle aufrufen, indem Sie den Befehl und das Argument eingeben und anschließend das Wort **help** (alternativ können Sie auch ein **?** eingeben). Das folgende Beispiel verwendet diese Möglichkeit, um die Argumente für die Befehlsgruppe **set span** angezeigt zu bekommen:

```
Console> (enable) set span help
Usage: set span enable
       set span disable
       set span <src_mod/src_port> <dest_mod/dest_port> [rx tx both]
       set span <src_vlan> <dest_mod/dest_port> [rx tx both]
```

Die **show**-Befehle liefern essentielle Informationen über die Systemeinstellungen, die Schnittstellen und die Zähler des Catalyst.

10.5.1 Die show-Befehle für die Systemeinstellungen

Die folgenden **show**-Befehle können Sie für die Systemeinstellungen ausführen:

- show system
- show test
- show interface
- show log
- show mac
- show module
- show port

Diese Befehle werden in den folgenden Abschnitten detailliert erklärt.

show system

Mit dem Befehl **show system** können Sie die folgenden Catalyst-Systeminformationen anzeigen:

- Den Zustand, der der Anzeige der System-LED entspricht: Stromversorgung (ok, Ventilator ausgefallen, fehlerhaft oder keine), Ventilator (= fan) (ok, fehlerhaft oder anderes), Temperaturalarm (an oder aus) und Systemzustand (ok oder fehlerhaft)
- Uptime (bisherige ununterbrochene Betriebszeit), die Zeitdauer, bis eine ruhende Sitzung ausgeloggt wird, die Teilnummer der aktiven Stromversorgung, der Modemstatus (enable oder disable) und die eingestellte Baud-Rate des Modems
- Aktuelle Verkehrsrate, Spitzenverkehrsrate auf der Hauptplatine und Zeitstempel, wann diese Spitzenrate erreicht wurde
- Alle Informationen über Systemname, Standort und Systemkontakt, die auf dem Switch durch den Systemadministrator festgelegt wurden

show test

Mit dem Befehl **show test** können Sie die Ergebnisse von Diagnosetests anzeigen. Optional können Sie eine Modulnummer angeben, um den Test auf dem Modul anzuzeigen. Wenn keine Nummer angegeben wird, werden Teststatistiken für das allgemeine System und für das Modul 1 (die Supervisor-Engine) ausgegeben. Folgende Informationen werden angezeigt:

- Der Zustand der Umgebung für das allgemeine System (Tests für jede Stromversorgung, die Temperatur und den Ventilator)
- Die Modul-Testergebnisse des Moduls 1 zeigen den Modultyp (NMP), die Speicher-Testergebnisse für den Switch liefern Daten über den ROM, den Flash-EEPROM, den seriellen EEPROM und den NVRAM
- Den EARL-Zustand inklusive mehrerer Tests (NewLearnTest, IndexLearnTest, DontForwardTest, MonitorTest, DontLearn, FlushPacket, ConditionalLearn, EarlLearnDiscard und EarlTrapTest)

- Den LCP-Diag-Zustand für das Modul 1 inklusive Testergebnisse über CPU, seriellen PROM, Boot-ROM-Prüfsumme, Archive-Flash-Prüfsumme, RAM, Local-Target-Logic, VLAN-Color-Blocking-Logic, Dual-Port-RAM, SAMBA-Chip, SAINT-Chips, Paket-Puffer, Repeater-Module, Flash und MII5-Ports
- Ob ein Loopback und eine aktive Konsole vorhanden ist

show interface

Mit dem Befehl **show interface** können Sie Informationen über die Netzwerk-Schnittstellenkennzeichen und deren Adressierung anzeigen. Folgende Informationen werden angezeigt:

- Ob eine SLIP-Schnittstelle vorhanden ist und wenn ja, die IP-Adresse der SLIP-Schnittstelle und die IP-Adresse des SLIP-Ziels
- Kennzeichen über den Schnittstellenzustand (UP, DOWN, BROADCAST, LOOPBACK, POINTOPOINT oder RUNNING)
- VLAN-Informationen der SC0-Schnittstelle, die auch als Management-VLAN bezeichnet wird
- Sc0, die lokale Schnittstelle, ihre IP-Adresse und Netzwerkmaske und die Broadcast-Adresse

show log

Mit dem Befehl **show log** können Sie die Fehleraufzeichnung für das System oder ein bestimmtes Modul anzeigen. Die Informationen enthalten:

- Die aktive NPM-Aufzeichnung, inklusive Reset-Anzahl, Resets, Bootup-History und Ausfallzahlen
- NVRAM-Aufzeichnungen
- Modul-Aufzeichnungen, inklusive aller aufgetretenen Resets

show mac

Mit dem Befehl **show mac** können Sie die folgenden MAC-Informationen anzeigen:

- Modul- und Port-ID und den Frame-Verkehr für den Port
- Die Gesamtzahl der Frames, deren Übertragung wegen übermäßiger Verzögerung abgebrochen wurde oder weil die MTU-Größe überschritten wurde

- Die Anzahl der eingehenden Frames, die verworfen wurden, weil sie nicht geswitcht werden mussten
- Die Anzahl der adressierbaren Speichereinträge, die verworfen wurden, weil die Seite im EARL voll war
- Die Anzahl der eingehenden oder ausgehenden Frames, die verloren gingen, bevor sie weitergeleitet wurden (wegen ungenügendem Pufferplatz)
- Token-Ring- und FDDI-Werte
- Datum und Uhrzeit des letzten ausgeführten **clear counters**-Befehls

show module

Mit dem Befehl **show module** können Sie den Zustand des Moduls und weitere Informationen anzeigen. Wenn Sie keine Modulnummer angeben, liefert der Befehl Informationen über alle Module. Diese Informationen enthalten:

- Die Modulnummer und den Namen des Moduls, die Anzahl der Ports auf dem Modul, den Modultyp (wie z.B. 10BaseT Ethernet), die Modellnummer und die Seriennummer
- Den Zustand des Moduls (mögliche Zustände sind ok, disabled, faulty, other, standby oder error)
- Alle MAC-Adressen oder den MAC-Adressbereich für das Modul
- Die Hardware-Version, die Firmware-Version und die Software-Version des Moduls
- Token-Ring- und FDDI-Werte

Manchmal zeigt der Befehl **show module** an, dass die Status-LED eines Ethernet-Moduls grün ist, auch wenn einige Modulports den PMD-Loopback-Test während des Startvorgangs nicht bestehen. Die Status-LED eines Ethernet-Moduls zeigt nur dann orange oder rot, wenn alle Modul-Ports den PMD-Loopback-Test nicht bestehen.

Um diesen Fehler zu beheben, geben Sie den Befehl **show test** ein, um die PMD-Loopback-Testergebnisse für ein Modul anzuzeigen, und setzen Sie daraufhin das Modul mit dem Befehl **reset** *mod_num* zurück. Wenn der Fehlzustand weiter besteht, müssen Sie das Modul ersetzen.

show port

Mit dem Befehl **show port** können Sie den Zustand des Ports und die Zähler anzeigen. Sie können eine bestimmte Modul- und Port-Nummer angeben. Die auf diesen Befehl hin angezeigten Informationen sind:

- Die Modul- und Port-Nummer und der Name (wenn konfiguriert) des Ports
- Der Zustand des Ports (connected, not connected, connecting, standby, faulty, inactive, shutdown, disabled oder monitor)
- Alle VLANs, zu denen der Port gehört
- Jede Level-Einstellung für den Port (normal oder high)
- Jede Duplex-Einstellung für den Port (auto, full, half, a-half oder a-full) und Port-Geschwindigkeitseinstellung (auto, 10, 100, 155, a-10 oder a-100)
- Der Port-Typ (10BaseT, 10BaseFL MM, 100BaseTX, 100BaseT4, 100BaseFX MM, 100BaseFX SM, 10/100BaseTX, FDDI, CDDI, MLT3 CDDI, SDDI, SMF-FDDI, PreStd CDDI, SCF FDDI, OC3 MMF ATM, OC3 SMF ATM, OC3 UTP ATM oder Route Switch)
- Sicherheit aktiviert oder deaktiviert (wenn sie aktiviert ist, die geschützte MAC-Adresse für den sicherheitsaktivierten Port) und ob der Port durch den Schutz deaktiviert wurde
- Die Quell-MAC-Adresse des letzten Pakets, das der Port empfangen hat
- Ob die Porttrap aktiviert oder deaktiviert ist
- Broadcast-Informationen, inklusive dem auf dem Port konfigurierten Broadcast-Schwellwert und der Anzahl der verworfenen Broadcast/Multicast-Pakete, weil das Broadcast-Limit für den Port überschritten wurde
- Port-Fehler, inklusive der Anzahl von Frames mit Alignment-Fehlern (Frames die nicht mit einer geraden Anzahl von Oktetten enden und eine falsche CRC1 besitzen), die auf dem Port empfangen wurden, der Anzahl der auf dem Port aufgetretenen FCS-Fehler, der Anzahl der auf dem Port aufgetretenen Sende- oder Empfangsfehler (die anzeigen, dass der interne Sende- oder Empfangspuffer voll ist), der Anzahl der empfangenen Frames, die kürzer als 64 Oktette waren (aber sonst korrekt geformt waren)

- Kollisionsinformationen, inklusive wie oft eine Kollision auftrat, bevor der Port erfolgreich ein Frame auf das Medium setzen konnte, wie oft mehrere Kollisionen auftraten, bevor der Port erfolgreich ein Frame auf das Medium setzen konnte, die Anzahl der späten Kollisionen (Kollisionen außerhalb der Kollisionsdomäne) und der Anzahl der exzessiven Kollisionen die auf dem Port auftraten (die anzeigen, dass ein Frame 16 Kollisionen erfuhr und er daraufhin verworfen wurde)
- Alle auf dem Port empfangenen Runts (Frames, die kleiner als die minimale IEEE 802.3-Frame-Größe waren) oder Giants (Frames, die größer als die maximale IEEE 802.3-Frame-Größe waren)
- Der Zustand der Verbindungseinheit und der Verbindungszustand des Ports, wie folgt:
  - Disabled – Der Port besitzt kein Leitungsmodul oder er wurde durch den Benutzer deaktiviert.
  - Connecting – Der Port versucht sich zu verbinden oder er ist deaktiviert.
  - Standby – Die Verbindung wird zurückgehalten oder es ist der inaktive Port eines Dual-Homing-Konzentrators.
  - Active – Der Port hat eine Verbindung aufgenommen.
  - Other – Der Konzentrator kann den Verbindungszustand nicht bestimmen.
- Verbindungsfehlerratenzustände (LER = Link-Error-Rate), inklusive einer abgeschätzten LER, dem LER-Alarmgrenzwert und dem LER-Cutoff-Wert (die LER, bei der eine Verbindung als ausgefallen markiert wird)
- Verbindungsfehlermonitorzustände (LEM = Link-Error-Monitor), inklusive der Anzahl der auf dem Port empfangenen LEM-Fehler und der Anzahl, wie oft eine Verbindung wegen übermäßiger LEM-Fehler abgelehnt wurde
- Der letzte Zeitpunkt, wann die Port-Zähler zurückgesetzt wurden

10.5.2 Die show-Befehle für die Switch-Konfiguration

Mit den folgenden **show**-Befehlen können Sie Informationen über die Catalyst-Konfiguration, über die Netzwerkeinheiten wie z.B. VLANs und über Nachbarn abrufen:

- show config
- show span
- show trunk
- show flash
- show spantree
- show vtp domain
- show cdp neighbor

Diese Befehle werden in den folgenden Abschnitten detailliert erklärt.

show config

Mit dem Befehl **show config** können Sie die aktuelle Systemkonfiguration anzeigen. Dieser Befehl ist vergleichbar mit dem Cisco-IOS-Befehl **show running config**. Die Befehlsausgabe zeigt

- Catalyst-Passwort-, System- und Kontaktinformationen
- SNMP-Einstellungen, TCP/IP-Adressierungen und DNS-Serverdetails
- Alle TACACS+-Konfigurationen
- Bridging-, VTP-, Spanning-Tree-Protokoll- und Syslog-Einstellungen
- Informationen über Switch-Module und die Ports

show span

Mit dem Befehl **show span** können Sie Informationen über die Switched-Port-Analyzer-Funktionseinstellung der Catalyst-Serie 5000 anzeigen. Die Informationen zeigen:

- Ob das SPAN aktiviert oder deaktiviert ist und wenn das SPAN aktiviert ist, den Quell-Port oder das Quell-VLAN, das durch das SPAN überwacht werden soll, sowie den Ziel-Port, an den die gespiegelten SPAN-Informationen gerichtet werden sollen

– Ob Sende-, Empfangs- oder Sende/Empfangs-Informationen überwacht werden

show trunk

Mit dem Befehl **show trunk** können Sie Trunk-Informationen für den Switch anzeigen. Sie können dabei eine Modul- und eine Port-Nummer angeben. Die Informationsausgabe auf diesen Befehl zeigt:

– Die Modul- und Port-Nummer(n), den administrativen Status des Ports (on, off, auto oder disable) und den Port-Status (trunking oder not-trunking)

– Die VLAN-Informationen, inklusive dem auf dem Trunk erlaubten VLAN-Bereich (die Standardeinstellung ist 1 bis 1000), die erlaubten und aktiven VLANs in der Managementdomäne innerhalb des erlaubten Bereichs, ob die VLANS im Weiterleitungszustand des Spanning-Tree und nicht blockiert (not pruned) sind, den Bereich der VLANs, die sich momentan im Trunk befinden und die sich im Weiterleitungszustand des Spanning-Tree-Protokolls befinden

Bild 10.16 zeigt eine Beispielausgabe auf den Befehl **show trunk**, mit dem Informationen zur Problembehebung und Aktionsplanung ermittelt werden können.

```
show trunk 1/1
Port    Mode        Status
1/1     auto        not-trunking
Port    Vlans allowed
1/1     1-2,10-15,200,254
Port    Vlans active
1/1     1
```

Bild 10.16: Der Befehl show trunk zeigt die aktiven VLANs in diesem Trunk an.

Versuchen Sie den Port 1/1, der als not-trunking angezeigt wird, mit dem folgenden Befehl in den Trunk-Modus zu versetzen:

```
set trunk 1/1 on
```

Wenn ein VLAN aktiv ist, muss es als Eintrag auf den Befehl **show trunk** angezeigt werden. Alle aktiven VLANs oder durch das VTP hinzugefügten VLANs werden als Einträge angezeigt.

Vergewissern Sie sich, dass für diesen Trunk mindestens ein VLAN konfiguriert ist. Sie konfigurieren ein VLAN für den Trunk mit dem folgenden Befehl:

```
set trunk 1/1 [vlans]
```

Eine wichtige Fehlerprüfung besteht darin, ob die beiden Seiten der Verbindung in den VLANs übereinstimmen, die den Trunk verwenden können. Wenn Sie ein VLAN aus dem Trunk entfernen müssen, verwenden Sie den folgenden Befehl:

```
clear trunk 1/1 [vlans]
```

> **ANMERKUNG**
>
> Wenn Sie die gezeigten Befehle ausführen, müssen Sie die Portnummer **1/1** durch die richtige Portnummer für Ihren Switch ersetzen.

In der Standardeinstellung sendet der Switch die Ausgabe auf die **debug**-Befehle und Systemfehlermeldungen an das Konsolenterminal. Mit dem Befehl **show log** können Sie die Fehleraufzeichnung für das System oder ein bestimmtes Modul anzeigen. Diese Meldungen können auch an andere Ziele umgeleitet werden.

Das Syslog-Fehler- und Ereignis-Logging erzeugt SNMP-Log-Meldungen, die Konfigurationsparameter und Protokollaktivitäten anzeigen. Wenn es aktiviert ist, werden die System-Logging-Meldungen typischerweise an einen UNIX-Host oder einen anderen Netzwerk-Managementserver gesendet, der als Syslog-Server fungiert.

Sie können das Syslog als Teil Ihrer Vorbereitung auf das Switchmanagement und auf eine Fehlersuche einrichten, um mit dem Syslog-Daemon Log-Meldungen aufzuzeichnen und zu speichern und sie später zu analysieren.

show flash

Mit dem Befehl **show flash** können Sie Flash-Informationen auflisten, inklusive der Dateinamen, der Versionsnummern und der Dateigrößen.

show spantree [vlan]

Mit dem Befehl **show spantree** [*vlan*] können Sie Spanning-Tree-Informationen für ein VLAN anzeigen. Sie können die Nummer des VLAN angeben (die Standardeinstellung ist VLAN1) sowie die Nummer des Moduls und des Modul-Ports, um die Anzeige zu begrenzen. Die Informationen auf diesen Befehl enthalten Folgendes:

– Das VLAN, für das die Spanning-Tree-Informationen angezeigt werden; ob das Spanning-Tree-Protokoll aktiviert oder deaktiviert ist, und wenn aktiviert, die MAC-Adresse der designierten Spanning-Tree-Root-Bridge; die Priorität der de-

Kapitel 10 • Die Diagnose und Behebung von Catalyst-Problemen **525**

signierten Root-Bridge; die gesamten Pfadkosten bis zur Root; der Port, durch den die Root-Bridge erreicht werden kann (wird nur bei Nicht-Root-Bridges gezeigt)

– BPDU-Informationen, inklusive der Zeitdauer, wie lange ein BPDU-Paket als gültig angesehen werden soll, wie oft die Root-Bridge BPDUs aussendet und wie viel Zeit der Port im lauschenden oder lernenden Modus verharren soll

– Bridge-Informationen, inklusive der Bridge-MAC-Adresse, der Priorität, dem maximalen Alter, der Hello-Zeit und der Weiterleitungsverzögerung

– Die Portnummer und das VLAN, zu dem der Port gehört

– Der Spanning-Tree-Port-Zustand (disabled, inactive, not-connected, blocking, listening, learning, forwarding, bridging)

– Die Kosten und die Priorität des Ports

– Ob der Port für das Fast-Start-Feature konfiguriert ist

show spantree statistics

Mit dem Befehl **show spantree statistics** können Sie die BPDU-Kommunikation des Spanning-Tree-Protokolls dekodieren und interpretieren, wie Bild 10.17 zeigt.

```
show spantree statistics
Spanning tree enabled
Designated Root              00-60-47-8f-9a-00
Designated Root Priority     1
Designated Root Cost         10
Designated Root Port         1/1
Root Max Age   20 sec   Hello Time 2  sec   Forward Delay 15 sec
Bridge ID MAC ADDR           00-60-83-4e-d6-00
Bridge ID Priority           32768
Bridge Max Age 6 sec    Hello Time 1  sec   Forward Delay 4 sec
Port      Vlan  Port-State    Cost   Priority  Fast-Start
--------  ----  -----------   -----  --------  ----------
1/1       1     forwarding    10     32        disabled
```

Bild 10.17: Mit dem Befehl show spantree statistics können Sie die BPDU-Kommunikation anzeigen.

Sie können entweder ein VLAN angeben, wie in Bild 10.17, oder Sie können die Informationen über alle VLANs abrufen, die dem Switch bekannt sind. Der Spanning-Tree ist in der Standardeinstellung aktiviert.

Die folgenden Details wurden über das VLAN 1 angezeigt:

Parameter	Beschreibung
Designated-Root 00-60-47-8f-9a-00	Ein anderer Catalyst 5000 ist die Root
Designated Root Priority 1	Priorität der Root-Bridge
Designated Root Cost 10	Geringste Kosten zur Root-Bridge
Designated Root Port 1/1	Verbunden mit der Root durch Port 1/1
Root Max Age 20 sec Hello Time 2 sec Forward Delay 15 sec	Maximales Alter, Hello-Intervall, Weiterleitungsverzögerung – alle von der Root-Bridge. Alle Switches müssen die Werte verwenden, die die Root gemeldet hat

Die folgenden Details sind Switch-Parameter:

Parameter	Beschreibung
Bridge ID MAC ADDR 00-60-83-4e-d6-00	Bridge-ID des Switch
Bridge ID Priority 32768	Bridge-Priorität des Switch, die durch den Befehl **set spantree priority 1 32768** festgelegt wurde. Die Bridge mit der tiefsten Priorität ist die standardeingestellte Root
Bridge Max Age 6 sec Hello Time 1 sec Forward Delay 4 sec	Wenn der Switch die Root ist, können Sie diese Parameter mit den folgenden Befehlen setzen: **set spantree maxage 6 1** **set spantree hello 1 1** **set spantree fwddelay 4 1**

Die folgenden Details sind Port-Parameter:

Port	Vlan	Port-State	Cost	Priority	Fast-Start
1/1	1	Forwarding (Weiterleitung)	10	32	Disabled (deaktiviert)
1/2	1	not-connected (nicht verbunden)	10	32	Disabled (deaktiviert)

Kapitel 10 • Die Diagnose und Behebung von Catalyst-Problemen 527

Es folgen Beschreibungen der Port-Parameter:

Parameter	Beschreibung
Port	Bedenken Sie, dass ein Port in mehr als einem VLAN auftauchen kann. Um alle Spanning-Trees eines Trunk zu sehen, geben Sie den Befehl **show spantree** *Slot/port* ein
VLAN	Ein Spanning-Tree pro VLAN
Port-State	Forwarding, listening, learning, blocking, not-connected
Cost	Um die Kosten festzulegen, geben Sie den Befehl **set spantree portcost** *Slot/Port cost* ein
Priority	Um die Port-Priorität des Spanning-Tree für parallele Interswitch-Verbindungen festzulegen, geben Sie einen dieser Befehle ein: **set spantree portpri** *Slot/Port Priorität* oder **set spantree portvlanpri** *Slot/Port Priorität [vlan]*
Fast-Start	Damit ein Port, der mit einer einzelnen Workstation oder einem PC verbunden ist, bei einer Aktivierung schneller startet, geben Sie den folgenden Befehl ein: **set spantree portfast** *Slot/Port* {**enable**	**disable**}

Bild 10.18 zeigt den Befehl, mit dem Details über den Spanning-Tree für ein bestimmtes VLAN angezeigt werden können. Sie können auch ein alternatives Argument für einen bestimmten Port/Slot eingeben.

```
show spantree 5
VLAN 5
Spanning tree enabled
Designated Root               00-60-47-ca-ff-04
Designated Root Priority      32768
Designated Root Cost          0
Designated Root Port          1/0
Root Max Age   20 sec   Hello Time 2  sec   Forward Delay 15 sec
Bridge ID MAC ADDR            00-60-47-ca-ff-04
Bridge ID Priority            32768
Bridge Max Age 20 sec   Hello Time 2  sec   Forward Delay 15 sec
Port      Vlan   Port-State      Cost    Priority  Fast-Start
-------   ----   -------------   -----   --------  ----------
 3/9       5     not-connected   10         32     disabled
 3/10      5     not-connected   10         32     disabled
 3/11      5     not-connected   10         32     disabled
 3/12      5     not-connected   10         32     disabled
```

*Bild 10.18:
Mit dem Befehl **show spantree** können Sie Spanning-Tree-Details aufrufen.*

Es folgt eine kurze Beschreibung der Elemente aus Bild 10.18:

Feld	Beschreibung
VLAN	VLAN, für das die Spanning-Tree-Informationen gezeigt werden
Spanning tree enabled	Zeigt an, ob das Spanning-Tree-Protokoll aktiviert oder deaktiviert ist
Designated Root	MAC-Adresse der designierten Spanning-Tree-Root-Bridge
Designated Root Priority	Priorität der designierten Root-Bridge
Designated Root Cost	Zeigt die gesamten Pfadkosten, um die Root zu erreichen
Designated Root Port	Port, durch den die Root-Bridge erreicht werden kann (wird nur bei Nicht-Root-Bridges gezeigt)
Root Max Age	Zeitdauer, für die ein BPDU-Paket als gültig angesehen werden soll
Hello Time	Zeigt an, wie oft die Root-Bridge BPDUs aussendet
Forward Delay	Zeigt an, wie viel Zeit der Port im lauschenden oder lernenden Modus verharren soll
Bridge ID MAC ADDR	Bridge-MAC-Adresse
Bridge ID Priority	Bridge-Priorität
Bridge Max Age	Maximales Alter der Bridge
Hello Time	Hellozeit der Bridge
Forward Delay	Weiterleitungsverzögerung der Bridge
Port	Port-Nummer
Vlan	VLAN, zu dem der Port gehört
Port-State	disabled, inactive, not-connected, blocking, listening, learning, forwarding oder bridging
Cost	Die Kosten dieses Ports
Priority	Die Priorität dieses Ports
Fast-Start	Zeigt an, ob der Port für das Fast-Start-Feature konfiguriert ist

show vtp domain

Mit dem Befehl **show vtp domain** können Sie Informationen über die VTP-Domäne anzeigen:

– Den Namen und die Indexnummer der VTP-Domäne und die VTP-Versionsnummer

– Den lokalen VTP-Modus (Server, Client oder transparent)

– Die Gesamtzahl der VLANs in der Domäne und die maximal erlaubte Anzahl von VLANs auf dem Gerät

– Die VTP-Revisionsnummer, die beim Austausch von VLAN-Informationen verwendet wird, ob die SNMP-Benachrichtigung aktiviert oder deaktiviert ist, und die IP-Adresse, durch die das VTP zuletzt aktualisiert wurde

– Ob das VTP-Pruning (Blockieren) aktiviert oder deaktiviert ist, und wenn es aktiviert ist, die VLANs, auf denen das Pruning erlaubt ist

show cdp neighbors

Mit dem Befehl **show cdp neighbors** können Sie CDP-Informationen über alle Cisco-Geräte anzeigen, die mit dem Switch verbunden sind. Die Informationen enthalten die Geräte-ID und die Adressierung des Nachbarn, die Fähigkeiten, die Software-Version, die Hardware-Plattform, die Modul- und die Port-ID auf dem Nachbargerät und die Geräte auf dieser Seite der Datenverbindung.

10.6 Die Isolierung von Problemen in Catalyst-Netzwerken

Mit einer allgemeine Herangehensweise bei der Bestimmung von Problemen, wie sie in Bild 10.19 gezeigt wird, kann ein Problem in einem Catalyst-Switch-Netzwerk systematisch isoliert werden.

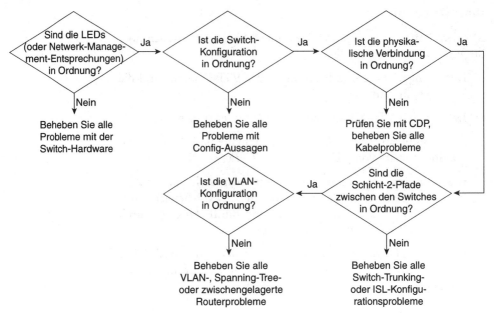

Bild 10.19: Mit diesem Catalyst-Problemisolierungsverfahren können Sie die Fehlersuchprozeduren strukturieren.

Gehen Sie in der folgenden Reihenfolge vor:

1. Überprüfen Sie die physikalischen Anzeichen der LEDs oder deren Entsprechungen.

2. Arbeiten Sie sich von einer einzelnen Switch-Konfiguration nach außen vor.

3. Überprüfen Sie die Schicht-1-Verbindung zu einem anderen Switch.

4. Überprüfen Sie die Schicht-2-Verbindung zu einem anderen Switch.

5. Suchen Sie nach Fehlern in dem VLAN, das mehrere Switches enthält.

Während Sie nach Fehlern suchen, sollten Sie auch überprüfen, ob das Problem chronisch ist oder doch eher ein isolierter Ausfall. Einige chronische Probleme werden durch den wachsenden Bedarf der Desktop-Ports nach Diensten verursacht, die die Konfiguration, das ISL-Trunking oder die Zugriffskapazitäten auf die Server-Ressourcen übersteigen.

Der Einsatz von Web-Technologien und traditionellen Applikationen (wie z.B. Filetransfer, E-Mail und Netzwerk-Backup) können den Verkehr anwachsen lassen, den die Unternehmensnetzwerke verarbeiten müssen.

Viele Campus-LANs sind nicht vorhersagbaren Netzwerkverkehrsmustern ausgesetzt, die durch die Kombination von Intranet-Verkehr, weniger zentralisierten Campus-Serverstandorten und der steigenden Nutzung von Multicast-Applikationen verursacht werden.

Die alte 80/20-Regel, die besagt, dass nur 20% des Netzwerkverkehrs über das Backbone fließt, ist nicht mehr aktuell. Durch das Browsing im internen Web können Benutzer im gesamten Firmen-Intranet nach Informationen suchen und sie abrufen.

Die Verkehrsmuster werden inzwischen dadurch bestimmt, wo sich die Server mit den wertvollsten Seiten befinden und nicht mehr durch die physikalischen Konfigurationen der Arbeitsgruppen, denen diese zugeordnet sind.

Wenn in Ihrem Netzwerk regelmäßig Engpässe auftreten, wie z.B. übermäßige Overflows, verworfene Frames und Neuübertragungen, dann sollten Sie überprüfen, ob zu viele Desktop-Ports in einen einzelnen Trunk münden. Sie sollten auch überprüfen, ob zu viele Knoten der Verbindung auf globale Ressourcen und den Server zugreifen.

Wenn sich die Benutzer durch das Firmenportfolio der webbasierten Ressourcen klicken und auf Multimedia-Applikationen zugreifen und in der Folge der Hauptteil Ihres Verkehrs über das Backbone läuft und der gegenseitige Zugriff alltäglich wird, sollten Sie darüber nachdenken, Ihre Netzwerkressourcen zu erhöhen, um diesen wachsenden Bedarf zu decken.

10.7 Catalyst-Symptome und Probleme

Die Tabelle 10.3 zeigt Catalyst-Probleme oder Symptome der höheren Ebene und die Wahrscheinlichkeiten und Aktionspläne, mit denen Sie die Probleme lösen können.

Tabelle 10.3: Catalyst-Symptome, mögliche Probleme und Aktionspläne.

Symptom	Mögliche Probleme und Aktionspläne
Der Switch kann nicht mit lokalen Geräten kommunizieren	– Problem mit der Stromversorgung. Überprüfen Sie die LED und die Sicherung. – Problem mit der Hardware. Überprüfen Sie die LED des Moduls und ob das Modul richtig im Switch eingesteckt ist. – Kabelproblem. Überprüfen Sie die Verbindungs-LED und ob das richtige Kabel korrekt angeschlossen ist. Tauschen Sie das Kabel durch ein Kabel aus, von dem Sie wissen, dass es in Ordnung ist.
Die Terminal- oder Modemverbindung kann nicht mit dem Switch kommunizieren	– Fehlerhaft konfigurierter Terminal- und Konsolenport. Prüfen Sie die übereinstimmende Baudrate und das Zeichenformat. – Wenn das Terminal noch nie funktionierte, prüfen Sie das Kabel: – Nullmodemkabel für den direkten Anschluss. – Direktes Kabel für die Modemverbindung.
Der Server kann nicht mit externen Geräten auf einem anderen LAN kommunizieren	– Fehlerhaft konfigurierte IP-Adresse oder Maske. Prüfen Sie dies mit dem CDP. – Es ist kein oder das falsche Standard-Gateway festgelegt. Prüfen Sie den Switch, die Server und die Clients. – Das VLAN ist fehlerhaft konfiguriert. Prüfen Sie die Port-Zuordnungen, entfernen Sie unnötige Verbindungen zwischen VLANs, wenn ein Port zu mehreren VLANs gehört. – Problem der VLAN-Inkonsistenz. Stellen Sie sicher, dass die VLANs auf beiden Seiten eines Trunks übereinstimmen. – ISL-Problem. Stellen Sie sicher, dass das Trunking korrekt ist, verwenden Sie das VLAN1 und überprüfen Sie, ob ein ungültiges VTP-Server-Informations-Update auftrat.

10.8 Zusammenfassung

In diesem Kapitel haben Sie grundlegende Kenntnisse über die Datenflüsse auf einem Catalyst 5000 erworben, durch die Sie auftretende Symptome verstehen können. Sie haben die CWSI-Applikationen und das RMON kennen gelernt, mit denen Sie ein externes LAN-Management betreiben können. Zudem wissen Sie nun, dass die LEDs auf dem NMP-Supervisor-Modul und auf den Switching-Schnittstellen-Modulen die ersten Symptome eines Problems anzeigen können. Sie haben gelernt, wie Sie die Catalyst-

Fehlersuch-Werkzeuge (**ping**, **telnet**, die **show**-Befehle und das CDP) für das Debugging bei grundlegenden Aktivitätsproblemen, bei der Verbindung und schließlich beim Betrieb des Spanning-Trees, der VLANs und der ISL einzusetzen.

In Kapitel 11, »Die Fehlersuche bei VLANs auf Routern und Switches« werden Sie die Techniken einer VLAN-Fehlersuche kennen lernen.

10.9 Test 10: Die Diagnose und Behebung von Catalyst-Problemen

Geschätzte Zeit: 15 Minuten

Lösen Sie alle Aufgaben, um Ihr Wissen über die in diesem Kapitel enthaltenen Themen zu überprüfen. Die Antworten finden sich im Anhang A, »Antworten zu den Tests«.

Beantworten Sie die folgenden Fragen anhand der in diesem Kapitel enthaltenen Informationen.

Frage 10.1

Die Eingabe/Ausgabe-Pufferung erfolgt auf dem Backbone-Modul und in Puffern, die jedem Port zugeordnet sind.

– Wahr
– Falsch

Frage 10.2

Die Catalyst-Geräte der 5000er Serie sind fest konfigurierte Fast-Ethernet-Switches.

– Wahr
– Falsch

Frage 10.3

Bridges arbeiten auf der Schicht 2 des OSI-Referenzmodells.

– Wahr
– Falsch

Frage 10.4

Der Spanning-Tree kann nur Schleifen auflösen, die aus Verbindungen mit einem einzigen Medientyp bestehen.

- Wahr
- Falsch

Frage 10.5

Eine ISL kann ein Nicht-VLAN-fähiges Produkt mit einem VLAN-fähigen Produkt verbinden.

- Wahr
- Falsch

Frage 10.6

Das CWSI kann eine lokale Netzwerkverbindung einsetzen.

- Wahr
- Falsch

Frage 10.7

Mit dem **show**-Befehl können Port-, Modul- und Trunk-Statistiken aufgerufen werden.

- Wahr
- Falsch

KAPITEL 11
Die Fehlersuche in VLANs auf Routern und Switches

Cisco-Router und -Switches arbeiten zusammen, um logische Topologien oberhalb der physikalischen Infrastruktur des Netzwerks zu konfigurieren. Diese »virtuelle Vernetzung« ermöglicht jede beliebige Zusammenfassung von LAN-Segmenten innerhalb eines Netzwerks in einer eigenständigen Benutzergruppe, die daraufhin als ein einzelnes LAN erscheint. Wenn Sie beispielsweise im IP-Netzwerk (10.0.0.0) arbeiten, Ihre Datenflüsse und die Netzwerknutzung sich aber in drei getrennte und eigenständige Kategorien einteilen lassen:

- Die Accounting-Abteilung nutzt die Accounting-Server und sechs lokale Drucker.

- Die Verwaltungsabteilung greift auf die Netzwerkserver des Unternehmens zu und nutzt nur lokale Drucker.

- Die Verkaufs- und Marketing-Abteilung greift auf zwei Datenbank-Server, auf das Internet und nur auf die lokalen Drucker zu.

Sie können diese Geräte in virtuellen Netzwerken zusammenfassen, die auf diesem Nutzungsmuster beruhen. Der Verkehr, der dem Bedarf des Benutzers entspricht, wird an ihn weitergeleitet. Der Verkehr, der ihn nicht betrifft, wird ausgefiltert. Sie besitzen ein physikalisches Netzwerk und drei separate virtuelle oder logische Netzwerke.

Weitere Informationen über die Switch- und Router-Funktionalität finden Sie in Kapitel 3, »Die Cisco-Routing- und Switching-Prozesse«.

Die Virtual-LAN-(VLAN-)Technologie arbeitet durch eine logische Segmentierung des Netzwerks in einzelne Broadcast-Domänen, sodass Pakete nur zwischen den Ports geswitcht werden, die demselben VLAN angehören.

Geswitchte virtuelle Netzwerke reduzieren den unnötigen Netzwerk-Overhead, da der Verkehr aus einem bestimmten LAN nur an andere LANs innerhalb desselben VLAN übertragen wird. Betrachten Sie zum Beispiel ein Netzwerk, das sowohl IP- als auch IPX-Geräte enthält. Die IPX-Broadcasts würden durch das gesamte Netzwerk verbreitet und auch von den IP-Geräten gehört werden. Durch eine Aufspaltung dieses einen Netzwerks in separate VLANs können wir gewährleisten, dass nur relevante Broadcasts von den Geräten gesehen werden. Diese geswitchten virtuellen Netzwerke vermeiden den Nachteil der verschwendeten Bandbreite, die den traditionellen gebridgeten und geswitchten Netzwerken innewohnt, in denen Pakete oft in LANs weitergeleitet werden, die sie gar nicht benötigen.

Die Rolle des Routers hat sich weiter entwickelt, über die traditionelle Rolle der Firewall und der Broadcast-Unterdrückung hinaus, hin zum zentralen Gerät der verfahrensbasierten Kontrolle, der Broadcast-Verwaltung und der Routen-Verarbeitung und -Verteilung.

Router tragen zu den als VLANs konfigurierten geswitchten Architekturen bei, da sie die Kommunikation zwischen den logisch definierten Arbeitsgruppen (den VLANs) ermöglichen. Bedenken Sie, dass ein VLAN ein virtuelles Netzwerk ist. Die traditionelle Rolle eines Routers ist die Verbindung der Netzwerke untereinander. Daher verwenden wir Router, um VLANs miteinander zu verbinden und bestimmtem Verkehr zu gestatten, die VLAN-Grenzen zu überschreiten.

Router ermöglichen auch den VLAN-Zugriff auf gemeinsame Ressourcen, wie z.B. Server und Hosts, und sie stellen die Verbindung zu anderen Teilen des Netzwerks her, die entweder durch das eher traditionelle Subnetzverfahren logisch segmentiert sind oder die den Zugriff auf externe Standorte über Wide-Area-Verbindungen benötigen.

Die Cisco-IOS-VLAN-Dienste bieten vielfältige Möglichkeiten zur Kombination von mehreren über VLANs gerouteteten und geswitchten Protokollen, um die Performance zu steigern.

Router helfen bei der Integration der Switching-Produktfamilie/Partner-Produkte von Cisco und sie bringen Skalierbarkeit und Flexibilität in VLAN-Netzwerke. In diesem Kapitel werden Sie lernen, wie VLANs auf Cisco-Routern implemetiert werden und welche Vorkehrungen Sie treffen sollten, wenn Sie VLANs konfigurieren, die auf Routern in Kombination mit Switches arbeiten sollen.

11.1 VLANs in gerouteten und geswitchten Netzwerken

Bild 11.1 zeigt ein Netzwerk, das VLANs auf dem Router und den Switches unterstützt. Der Router verbindet die VLANs der Gruppe 1 und der Gruppe 2 miteinander.

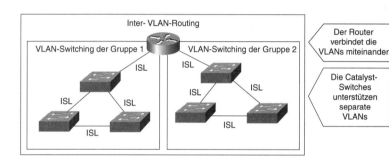

Bild 11.1: Mehrere VLANs verwenden die Paket-Markierung und Inter-Switch-Verbindungen (ISL) für den Router und die Switches.

In einem typischen geswitchten VLAN wird der Verkehr nur zwischen LAN-Schnittstellen geswitcht, die zum selben VLAN gehören. Typischerweise ist das Kriterium für eine Mitgliedschaft in einem VLAN die Funktion in einer Abteilung. Die Benutzer könnten jedoch auch in VLANs gruppiert werden, unter dem Gesichtspunkt eines gemeinsam verwendeten Protokolls oder einer gemeinsamen Subnetzadresse. Die Mitgliedschaften in VLANs sollten auf einer soliden Kenntnis der Datenflüsse und der Ressourcennutzung eingeteilt werden.

Cisco bietet ISLs auf Cisco-Routern der 4000er und 7000er Serie und auf Catalyst-Switches der 5000er LAN-Serie.

Das ISL-Trunk-Protokoll kennzeichnet den Verkehr für die einzelnen VLANs durch eine *Frame-Markierung* (Frame Tagging), wenn die Pakete auf das gemeinsame Backbone-Netzwerk geswitcht werden.

Empfangende Switches verwenden ISLs für intelligente Entscheidungen zur Weiterleitung und um die Pakete nur an die Schnittstellen zu switchen, die Mitglieder desselben VLANs sind.

Wenn LANs in einem VLAN vereint werden, wird ein Spanning-Tree-Protokoll-Algorithmus verwendet, um die Möglichkeit von

Schleifen auszuschließen und um den besten Pfad durch das Netzwerk zu bestimmen. Jedes VLAN hat innerhalb des Switches eine eigene Bridge-ID und der Spanning-Tree-Protokoll-Algorithmus wird für jedes VLAN separat ausgeführt. Jedes VLAN wird eigenständig betrieben. Sein Datenfluss muss nicht durch physikalische Änderungen oder Neuberechnungen des Spanning-Tree unterbrochen werden, die an anderer Stelle in der Netzwerktopologie erfolgen.

Die Unterstützung eines eigenen Spanning-Tree für jedes VLAN ermöglicht zudem eine optimale Pfadbestimmung für jedes VLAN und sie erweitert den Durchmesser des Netzwerks. Ein physikalischer Port auf einem Router oder Switch kann Bestandteil von mehr als einem Spanning-Tree sein, wenn er ein Trunk ist. Ein *Trunk* (Stamm) ist eine Point-to-Point-Verbindung, die Verkehr zwischen Switches oder zwischen Switches und Routern überträgt.

Für das Routing oder Switching von Inter-VLAN-Verkehr bündelt der Router das Inter-VLAN-Routing für mehrere VLAN-Switches. Der Verkehr zwischen VLANs kann eigenständig auf einer Karte oder zwischen verschiedenen Karten geswitcht werden, ohne den zentralen Route-Switch-Prozessor (RSP) auf einem Cisco-Router der 7000er Serie zu beanspruchen.

Router bieten zusätzliche Funktionalitäten, wie z.B. Access-Listen. Mit Access-Listen kann ein Netzwerkadministrator die Zugangs- und Ablehnungsvorgaben der Organisation implementieren.

11.2 Das Switching, die Übersetzung und das Routing eines VLAN

Ein Cisco-Router kann ISLs und IEEE 802.10-VLANs auf der Haupt-/ersten Schnittstelle bridgen (d.h. der VLAN-verkapselte Header bleibt erhalten).

In einem Schicht-2-VLAN-Switch betreibt die Cisco-IOS-Software einen IEEE-802.1-Spanning-Tree für jedes Schicht-2-VLAN, um die Skalierbarkeit zu erweitern und um zu verhindern, dass Topologieänderungen in einer geswitchten VLAN-Domäne ein anderes VLAN beeinträchtigen.

Eine geswitchte VLAN-Domäne entspricht einer gerouteten Subnetz-/Netzwerknummer und wird in der Cisco-IOS-Software durch eine VLAN-Subschnittstelle repräsentiert.

Die Schicht-2-VLAN-Übersetzung ist die Fähigkeit der Cisco-IOS-Software zum »Dolmetschen« zwischen verschiedenen VLANs (die dieselben oder verschiedene VLAN-Protokolle verwenden) oder auch zwischen einem VLAN und Nicht-VLAN-verkapselnden Schnittstellen der Schicht 2.

Bild 11.2 veranschaulicht die Unterschiede zwischen dem Switching, der Übersetzung und dem Routing eines VLAN.

Die Funktionalität der VLAN-Übersetzung wird typischerweise für das selektive Inter-VLAN-Switching von nicht routfähigen Protokollen verwendet, wie z.B. für das Maintenance-Operation-Protokoll (MOP) und den Local-Area-Transport (LAT) und um eine einzelne VLAN-Topologie über hybride (gemischte 802.1Q- und 802.10-Netzwerke) Switching-Umgebungen zu verlängern. Die VLAN-Übersetzung wurde mit der Cisco-IOS-Version 11.1 eingeführt und wird per Fast-Switching betrieben. (Für die Übertragung des Paket-Switching durch einen Router wird der Route-Cache verwendet.)

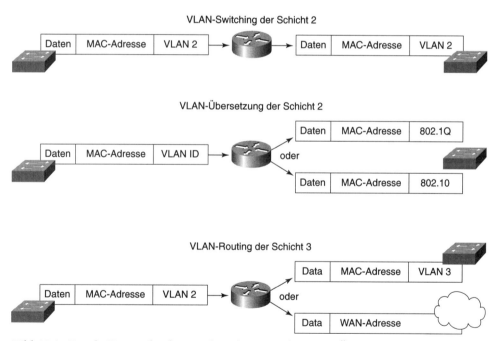

Bild 11.2: Es gibt Unterschiede zwischen dem Switching, der Übersetzung und dem Routing eines VLAN.

Der Router kann auch das Routing der Schicht 3 zwischen VLANs ausführen, wodurch die Verbindung zwischen verschiedenen VLANs und zwischen VLANs und Nicht-VLAN-Netzwerkschnittstellen ermöglicht wird, z.B. diejenigen, die zu den WAN-Diensten oder ins Internet führen.

Während der Router die VLAN-Dienste der Schicht 3 bietet, erfüllt der Router weiterhin die Standard-Routing-Attribute wie z.B. Netzwerkanzeigen, sekundäre Adressen und Helper-Adressen. Das VLAN-Routing wird per Fast-Switching ausgeführt.

Ein weiteres Feature des Routers ist das Hot-Standby-Router-Protokoll (HSRP), das ein automatisches Router-Backup durch die Einrichtung eines virtuellen Routers ermöglicht. Durch das HSRP können mehrere HSRP-konfigurierte Router die MAC-Adresse und die IP-Netzwerkadresse eines virtuellen Routers verwenden. Der virtuelle Router ist physikalisch nicht existent. Stattdessen stellt er das allgemeine Ziel für die Router dar, die für ein gegenseitiges Backup konfiguriert sind.

Durch das HSRP können Cisco-IOS-Router den gegenseitigen Betriebszustand überwachen und sehr schnell die Verantwortung für die Paketweiterleitung übernehmen, wenn der laufende Weiterleiter in der HSRP-Gruppe ausfällt oder aus Wartungsgründen deaktiviert wird. Dieser Mechanismus bleibt für die angeschlossenen Hosts transparent und kann auf jedem LAN- oder VLAN-Typ eingerichtet werden.

11.3 Die Übersetzungsfunktion der Schicht 2 auf einem Router

Die VLANs führen per Definition eine Netzwerkpartitionierung und eine Verkehrstrennung auf der Schicht 2 aus. Die Kommunikation zwischen verschiedenen VLANs erfordert das Routing der Schicht 3 oder eine Übersetzungsfunktion auf der Schicht 2.

Die Cisco-IOS-Software-Plattform beinhaltet die volle Unterstützung des Routing und der Übersetzung zwischen VLANs und zwischen VLAN-Trunk- und Nicht-VLAN-Schnittstellen.

Die integrierte Lösung des sehr schnellen und skalierbaren VLAN-Switching von lokalem Verkehr und des effizienten Routing und Switching von Inter-VLAN-Verkehr wird in großen Netzwerken immer attraktiver.

Cisco-Router erfüllen diese Anforderung durch ihre Fähigkeit, viele verschiedene VLAN-Bedürfnisse zu befriedigen:

- ISL über Fast-Ethernet.
- IEEE 802.1Q-Standards (vor allem für die Paketmarkierung als allgemeinem VLAN-Austauschmechanismus zwischen Switches, Routern und Server-Geräten).
- IEEE 802.10 (besonders für FDDI-Backbones). Bei IEEE-802.10-basierten VLANs ist es auch möglich, serielle High-Level-Data-Link-Control-(HDLC-)Verbindungen als VLAN-Trunks zu verwenden, um eine virtuelle Topologie über ein LAN-Backbone hinaus zu erweitern.
- ATM-LAN-Emulations-(LANE-)VLANs.

Der Router ermöglicht auch die Verbindung zwischen VLANs und Nicht-VLAN-Schnittstellen wie z.B. diejenigen, die die Campus-LANs mit dem WAN und dem Internet verbinden. Cisco-Router erfüllen diese Anforderung mit ihrer Fähigkeit, sich mit den Folgenden zu verbinden:

- Mit WAN-Protokollen der Schicht 2, wie z.B. HDLC, Point-to-Point-Protokoll (PPP) und Frame-Relay
- Mit Internet-Diensten, die TCP/IP, Novell-IPX, AppleTalk, DECnet, Banyan-VINES und verschiedene andere Protokolle verwenden

11.4 Die Cisco-IOS-Fehlersuche im Fast-Ethernet

Wenn Sie Probleme beim Betrieb von Fast-Ethernet-Verbindungen zwischen einem Router und Catalyst-Switches untersuchen wollen, müssen Sie überprüfen, ob die Cisco-IOS-Schnittstellenkonfiguration vollständig und korrekt ist:

- Konfigurieren Sie keine IP-Adresse auf dem Haupt-Fast-Ethernet. Konfigurieren Sie stattdessen eine IP-Adresse für jede Subschnittstelle, die Sie als eine Verbindung zu einem VLAN festlegen.
- Der Medienttyp MII (medienunabhängige Schnittstelle) kann sich auf einigen Fast-Ethernet-Schnittstellenmodulen befinden (z.B. auf der VIP-Karte). Wenn Sie diese Schnittstelle an Stelle der Standardverkabelung der Kategorie 5 verwenden, geben Sie diese Konfigurationsaussage nur für die Hauptschnittstelle ein.

- Die Full-Duplex-Konfiguration kann eine Problemquelle sein, wenn die Einstellungen auf beiden Seiten der Fast-Ethernet-Datenverbindung nicht gleich sind. Setzen Sie den Befehl **set port duplex** *mod num/port num* **full|half** vorsichtig ein. Wenn Sie Zweifel haben, sollten Sie explizit überprüfen, ob die Konfigurationseinstellung des Routers (auf der anderen Seite der Verbindung) auf dem Catalyst-Switch mit der Duplex-Einstellung auf dem Router übereinstimmt.

- Wenn der Cisco-IOS-VLAN-Switching-Code ein VLAN-Paket empfängt, entnimmt er zuerst die VLAN-ID aus dem Paketheader (die 10 Bit lange ISL-VLAN-ID) und demultiplext daraufhin auf der Basis dieses Werts in eine Subschnittstelle des empfangenden Ports.

- Bild 11.3 zeigt, dass das VLAN 3 den ISL-Trunk für das IP und für das IPX überqueren wird. Die Netzwerknummern auf der Router-Seite und der Switch-Seite müssen gleich sein.

- Wenn der Cisco-IOS-Code die VLAN-Identität keiner Subschnittstelle zuordnen kann, kann die Cisco-IOS-Software das empfangene Paket transparent bridgen, wenn der Router für das Bridging auf der Subschnittstelle konfiguriert ist.

- Empfangene VLAN-Pakete werden daraufhin nach dem Protokolltyp eingeteilt. Wenn die Subschnittstelle einer Bridge-Gruppe zugeordnet ist, werden nicht geroutete Pakete wieder verkapselt, bevor sie gebrigdet (dies nennt sich *Fall-Back-Bridging*) und fast-geswitcht werden.

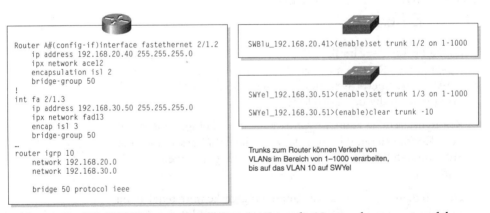

Bild 11.3: Im ISL-VLAN-Setup eines Routers müssen die Netzwerknummern auf der Router- und der Switch-Seite übereinstimmen.

Bild 11.3 zeigt die explizit verwendete Konfiguration, um ISL-VLANs auf einem Router einzurichten, zusammen mit der vergleichbaren Konfiguration auf dem benachbarten Catalyst 5000.

Die ISL ist auf den Leitungskarten des Catalyst 5000 verfügbar, die ein 100Base-Medium bieten. Das ISL-VLAN-Trunking ist nur auf 100BaseTX/FX-Fast-Ethernet-Schnittstellen auf den Plattformen der 7000er und 4500er Serien festgelegt. Die Bauart überträgt den Mechanismus der Subschnittstelle (oder der virtuellen Schnittstelle), um die ISL als einen Einkapselungstyp zu betrachten.

Sie können eine Fast-Ethernet-Subschnittstelle eines Routers der entsprechenden VLAN-Farbe zuordnen (dem ISL-Wert), die im VLAN-Header eingebettet ist. Diese Zuordnung legt fest, welcher VLAN-Verkehr aus der eigenen VLAN-Domäne hinaus geroutet/gebrigdet wird, und ermöglicht die Anwendung der vollen Cisco-IOS-Funktionalität auf der Basis einer Subschnittstelle. Zudem entspricht im VLAN-Routing-Muster ein geswitchtes VLAN einem einzelnen gerouteten Subnetz und die Schicht-3-Adresse wird an die Subschnittstelle vergeben.

Das Routing zwischen VLANs wird momentan nur für IP- und Novell-Ethernet-IPX-Einkapselungen auf einer ISL zugelassen. Das integrierte Routing und Bridging (IRB) ermöglicht das Routing und Bridging zwischen VLANs und beinhaltet die Unterstützung für das IPX mit SNAP und SAP-Einkapselungen sowie für das AppleTalk.

Im Beispiel von Bild 11.3 wird der IP- und der IPX-Verkehr von den ISL-VLANs 2 und 3 geroutet. Die Fast-Ethernet-Subschnittstellen 2/1.3 und 2/1.3 befinden sich beide in der Bridge-Gruppe 50, daher kann jeder andere nicht geroutete ISL-Verkehr zwischen diesen beiden Subschnittstellen gebrigdet werden.

Auf den beiden Switches können Sie den Catalyst-5000-Befehl **set trunk** für den Fast-Ethernet-Trunk ausführen, der zum Router führt. Wenn Sie den Trunk aktivieren und den Bereich der VLANs auf 1 bis 1000 setzen, können alle eingerichteten VLANs des geswitchten Netzwerks die ISL auf dem Router überqueren.

Um ein VLAN nicht durch den ISL-Trunk und den Router zu lassen, führen Sie den Catalyst-5000-Befehl **clear trunk** für den Fast-Ethernet-Trunk aus, der zum Router führt und geben Sie die ID des VLAN an, dem Sie die Benutzung des ISL-Trunk verwehren wollen.

> **ANMERKUNG**
>
> Das IRB ist eine Funktion der Cisco-IOS-Version 11.2. Das IRB wurde konzipiert, um das konkurrente Routing und Bridging (CRB) zu erweitern, eine Funktion der Cisco-IOS-Version 11.0. In der Vergangenheit konnte ein Cisco-Router ein Protokoll routen oder bridgen, aber nicht beides.
>
> Durch das CRB kann ein Benutzer ein Protokoll auf getrennten Schnittstellen innerhalb eines einzelnen Routers routen und bridgen. Jedoch ist der geroutete Verkehr auf die gerouteten Schnittstellen und der gebridgete Verkehr auf die gebridgeten Schnittstellen beschränkt. Bei einem bestimmten Protokoll kann der Verkehr auf einer bestimmten Schnittstelle entweder geroutet oder gebridget werden, aber nicht beides.
>
> Mit dem IRB kann ein Protokoll zwischen Schnittstellen geroutet werden, die entweder beide geroutet oder gebridget werden, oder zwischen verschiedenen Bridge-Gruppen innerhalb des Routers. Beachten Sie, dass Sie entweder das IRB oder das CRB betreiben können, aber nicht beide gleichzeitig.
>
> Unter www.cisco.com/Mkt/cmc/cc/cisco/mkt/ios/rel/112/irb_dg.htm finden Sie ein White-Paper mit dem Titel *Using Integrated Routing und Bridging with Virtual LANs*.

11.5 Die Punkte einer VLAN-Fehlersuche

Dieser Abschnitt betrachtet die folgenden Aspekte einer VLAN-Fehlersuche:

- Das VLAN-Design
- Die Funktionalität eines Routers in einem geswitchten Netzwerk
- Das Cisco-Discovery-Protokoll (CDP)
- Das Telnet

11.5.1 Das VLAN-Design

Verschiedene VLAN-Größen müssen berücksichtigt werden, um das erweiterte Router/Switch-Netzwerk einrichten, betreiben und verwalten zu können:

- Als allgemeine Regel gilt, dass der Durchmesser des Netzwerks eine maximale Knotenzahl von sieben Bridges (Router und Switches) enthalten darf. Der Netzwerkdurchmesser beeinflusst die Größe des temporären Verbindungsverlustes während der Neuberechnungen des Spanning-Tree. Während der Lauschphase dieser Periode werden die Datenpakete verworfen.

– Das Alter einer Bridge-Protokoll-Daten-Unit (BPDU) legt fest, mit welcher Regelmäßigkeit das Netzwerkgerät erwartet, BPDU-Meldungen zu dem Zeitpunkt zu empfangen (oder sie verwerfen wird), wenn eine Änderung eintritt. Die Einstellung dieser Größe beeinflusst auch die Konvergenzgeschwindigkeit und die anschließende Flutung von BPDUs.

– Die auf der Root-Bridge eingestellten Werte für das BPDU-Alter, die BPDU-Hello-Zeit und die Verzögerung der Weiterleitung (für das VLAN) werden an alle anderen Switches in der VLAN-Topologie der Root-Bridge übergeben.

Die Tabelle 11.1 zeigt die ISL-VLAN-ID-Nummern, die in der Standardeinstellung für die verschiedenen Medientypen verwendet werden. Die Tabelle zeigt auch die 802.10-Standard-IDs für ein äußeres Header-Element eines 802.10-Header-Pakets mit der Bezeichnung Security-Association-Identifier (SAID).

VLAN-Name	Typ	MTU	ISL-VLAN-ID	802.10 SAID
default	ethernet	1500	0001	1
fddi-default	fddi	4352	1002	101002
token-ring-default	token-ring	2048	1003	101003
Fddinet-default	fddi-net	4352	1004	101004
Trnet-default	tr-net	2048	1005	101005

Tabelle 11.1: Standardeingestellte ISL-VLAN-ID-Nummern.

Für die VLANs können Sie VLAN-Nummern im Bereich von 1 bis 1000 vergeben. Wenn Sie für das erweiterte Router/Switch-Netzwerk VLANs konfigurieren, sollten Sie darauf achten,

– dass der Medientyp und die Maximum-Transmission-Unit (MTU) auf beiden Seiten der Verbindung übereinstimmt.

– dass nach Möglichkeit die standardeingestellte Ethernet-VLAN-ID 1 nur zur Verwaltung und zur Fehlersuche verwendet wird. Verwenden Sie die anderen Nummern des Bereichs (2 bis 1000) für die VLANs, die den Benutzerverkehr übertragen.

11.5.2 Die Funktionalität eines Routers in einem geswitchten Netzwerk

Wenn Sie während einer Fehlersuche Fakten sammeln und Wahrscheinlichkeiten betrachten, sollten Sie mehrere Faktoren über die Rolle eines Routers berücksichtigen, der mit VLANs und Switches arbeitet:

- Wenn Sie den Router zum Bridgen zwischen ISL-Subschnittstellen einsetzen, werden die Spanning-Trees der zugehörigen VLANs in einem einzigen Spanning-Tree vereint. Diese Kombination kann den Router zum günstigsten Verbindungspunkt machen und der Router kann zur Root-Bridge werden.

- Vermeiden Sie die Aktivierung von mehreren Subschnittstellen, wenn Sie nicht wollen, dass das Spanning-Tree-Protokoll die auf jeder Router-Subschnittstelle gebrigdeten VLANs in einen einzigen Tree zusammenbindet.

- Überprüfen Sie, ob die eingestellte Einkapselung des Spanning-Tree-Protokolls auf dem erweiterten Router/Switch-Netzwerk konsistent ist. Mit anderen Worten, verwenden Sie im gesamten Netzwerk entweder das IEEE-Spanning-Tree-Protokoll oder das digitale Spanning-Tree-Protokoll. Verwenden Sie nicht gleichzeitig beide Bridging-Typen (IEEE und digital).

Eine Fallstudie im weiteren Verlauf dieses Kapitels beschreibt die ernsthaften Probleme, die mit inkompatiblen Spanning-Tree-Protokoll-Domänen auftreten können. Diese Probleme beinhalten verworfene BPDUs und andere Pakete, Schleifen und Broadcast-Stürme.

Die folgende Liste führt Sie durch eine Fehlersuche in einem Spanning-Tree-Protokoll-Netzwerk:

- Damit eine Fehlersuche so wirkungsvoll wie möglich ausgeführt werden kann, müssen Sie die Position der Root-Bridge in Ihrem erweiterten Router/Switch-Netzwerk kennen. Die **show**-Befehle auf dem Router und den Switches können Root-Bridge-Informationen liefern.

- Auf der Root-Bridge können Sie die Zeitgeber konfigurieren, mit denen die Parameter gesetzt werden, wie z.B. die Verzögerung der Weiterleitung und das maximale Alter für Spanning-Tree-Protokoll-Informationen. Sie haben auch die Option, ein Gerät per Hard-Code festzulegen, das Sie als Root-Bridge einrichten wollen.

- Wenn das erweiterte Router/Switch-Netzwerk eine Periode der Instabilität erfährt, wollen Sie evtl. die Häufigkeit der Spanning-Tree-Protokoll-Prozesse zwischen den Geräten verringern, weil diese Prozesse die Probleme noch verstärken.

- Wenn Sie den BPDU-Verkehr verringern wollen, setzen Sie die Zeitgeber auf der Root-Bridge auf die maximalen Werte. Setzen Sie vor allem den Forward-Delay-Parameter (Verzögerung der Weiterleitung) auf das Maximum von 30 Sekunden und den Maximum-Age-Parameter (maximales Alter) auf das Maximum von 40 Sekunden. Jedoch erhöht dies die notwendige Zeitdauer für die Netzwerkkonvergenz oder um Topologieänderungen im Netzwerk zu erkennen.

- Ein physikalischer Port auf einem Router oder Switch kann sich in mehr als einem Spanning-Tree befinden, wenn er ein Trunk ist. Das VLAN-Trunking-Protokoll von Cisco läuft seit der Cisco-IOS-Version 11.2 (VTP, ein Multicast-Messaging-Protokoll der Schicht 2) auf Catalyst-Switches, aber nicht auf Routern.

- Bis das VTP auch auf den Cisco-Routern unterstützt wird, ist es empfehlenswert (aber nicht notwendig), den Catalyst-Switch, der an den Router grenzt, im transparenten VTP-Modus zu konfigurieren.

11.5.3 CDP

Das CDP von Cisco läuft auf allen Cisco-Routern mit der Cisco-IOS-Software-Version 10.3 oder neuer und auf allen Catalyst-Switches. Daher ist CDP ein hilfreiches Werkzeug, das Sie einsetzen können, wenn Sie eine Fehlersuche beginnen. Es ist eine medien- und protokollunabhängige Einrichtung.

CDP bietet die Möglichkeit der Überprüfung, ob das direkt angeschlossene Nachbargerät wirklich die Fähigkeiten, Protokolle und Adressen besitzt, die Sie erwarten. Sehr häufig führt eine Diskrepanz in diesen Bereichen zu einer äußerst schnellen Erkennung und Behebung eines Verbindungsproblems mit einem Protokoll.

Obwohl CDP auf dem Router automatisch ausgeführt wird, müssen Sie CDP ausdrücklich auf der Fast-Ethernet-Schnittstelle aktivieren, über die der Router mit dem Switch verbunden ist. Die CDP-Funktion sendet automatisch ein kleines (etwa 8 Kbyte großes) Multicast-Paket an die Adresse 01-00-0C-CC-CC, um mit der Sendung und dem Empfang von Hello-artigen Updates über Nachbardaten zu beginnen.

Sie können diese Nachbardaten mit dem Cisco-IOS-Software-Befehl **show cdp neighbors** anzeigen. Wenn Sie eine Zieladresse für das Telnet benötigen, kann Ihnen das CDP diese Adresse liefern.

11.5.4 Der Einsatz des Telnet zu einem Switch auf einem anderen Subnetz

Wenn Sie Telnet auf einem Router einsetzen, sollten Sie sich bewusst sein, dass die geswitchte Umgebung, die das Spanning-Tree-Protokoll-Bridging verwendet, ein einzelnes Subnetzwerk für jedes VLAN besitzt. Die Telnet-Verbindung auf dem Router kann sich in einem Netzwerk befinden, das sich von dem gesuchten Switch unterscheidet, und der Switch besitzt keine Routing-Tabelle zur Auflösung der unterschiedlichen Netzwerkadressen.

Um dieses Hindernis bei einer Fehlersuche zu umgehen, besteht eine Möglichkeit darin, mit der Cisco-IOS-Software eine statische IP-Route auf die IP-Adresse des Switch für seine sc0 zu setzen, wie Bild 11.4 zeigt.

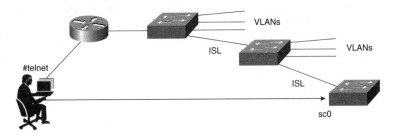

Bild 11.4: Mit **telnet** können Sie ein anderes Subnetz erreichen.

Obwohl das CDP selbst nur die Informationen über die direkt angeschlossenen Nachbargeräte anzeigt, können Sie eine Abfolge von Schritten ausführen, um IP-Adressen zu bestimmen und das Telnet über das geswitchte Netzwerk einzusetzen:

1. Starten Sie eine Telnet-Sitzung mit dem Nachbar-Switch und führen Sie den Befehl **show cdp neighbors** auf dem Catalyst-Switch aus, um die IP-Adresse des benachbarten Switch zu erhalten.

2. Starten Sie eine Telnet-Sitzung mit der Zieladresse auf dem Nachbarn des Switch, den Sie im Schritt 1 erhalten haben.

3. Wiederholen Sie die Schritte 1 und 2 so oft wie nötig, um das erweiterte Router/Switch-Netzwerk durchzuprüfen.

Dieser Prozess ähnelt in gewisser Weise den Iterationen, die im IP-Trace-Prozess erfolgen.

11.6 Die show-Befehle für VLANs auf einem Router

Die **show**-Befehle liefern essentielle Informationen über das System, die Schnittstellen und die Zähler des Routers. Sie werden bei einer Fehlersuche vermutlich die folgenden Befehle einsetzen:

- **show vlans** – Mit diesem Befehl können Sie Router-VLAN-Informationen anzeigen, z.B. die ID, die Trunk-Schnittstelle, die konfigurierten Protokolle, die Netzwerkadresse und die Paketanzahl.

- **show span** – Mit diesem Befehl können Sie Spanning-Tree-Informationen anzeigen, z.B. die Topologie, die der Router kennt, und ob eine LAT-Code-Filterung in Kraft ist.

> **ANMERKUNG**
>
> Der Cisco-IOS-Befehl **show span** zeigt keine Informationen über die SPAN-Port-Einstellungen auf dem Catalyst-Switch, die mit dem Catalyst-Befehl **show span** angezeigt werden. Führen Sie den Befehl **show spantree** auf dem Catalyst aus, um die Spanning-Tree-Informationen zu erhalten.

- **show bridge vlan** – Mit diesem Befehl zeigen Sie Informationen über den Router in seiner Funktion als VLAN-Bridge an, einschließlich jeder Bridge-Gruppe, der VLAN-Trunk-Schnittstelle, dem Protokoll für das VLAN, der VLAN ID und dem Zustand des Spanning-Tree-Ports für die Schnittstelle.

- **show interface fastethernet** – Mit diesem Befehl zeigen Sie die Fast-Ethernet-Informationen des Routers an.

> **ANMERKUNG**
>
> Es existieren zwei Formen des Befehls **show interface**. Die IOS-Version ist **show interfaces** (Plural) und die Catalyst-Version ist **show interface** (Singular). Bei diesen Befehlen muss jedoch ein Benutzer nur einen Teil des Befehls eingeben, bis er eindeutig ist. Zum Beispiel kann ein Benutzer **sho int** eingeben und den Befehl in beiden Situationen erfolgreich ausführen.

- **show arp** – Mit diesem Befehl zeigen Sie die Adressauflösungsinformationen des Routers an.

- **show cdp neighbors** – Mit diesem Befehl zeigen Sie die VLAN-Nachbardaten für den Router an, einschließlich der benachbarten Geräte-ID, den Adresseinträgen, den Fähigkeiten der Plattform und die Software-Version.

11.6.1 Der Befehl show vlan

Mit dem Befehl **show vlan** zeigen Sie VLAN-Informationen an. Wie Bild 11.5 zeigt, können Sie eine VLAN-Nummer angeben, um Informationen über das VLAN anzusehen.

```
Router# show vlan 3
Virtual LAN ID:  3 (Inter Switch Link Encapsulation)
  vLAN Trunk Interface:   Fast Ethernet0/0.3
    Protocols Configured:           Address:         Received:       Transmitted:
            IP                 192.168.30.50              32                101
           IPX             fad13.0060.5c82.6f00            0                  2
```

*Bild 11.5: Mit dem Befehl **show vlan** können Sie die grundlegenden VLAN-Parameter überprüfen.*

Die Ausgabe auf den Befehl **show vlan** zeigt:

- Die VLAN-ID
- Die Subschnittstelle des Routers für das VLAN
- Die Protokollinformationen mit dem Protokolltyp, der Adresse und dem Verkehr in Form der Paketanzahl

Bild 11.5 liefert eine Beispielausgabe auf den Befehl **show vlan**.

11.6.2 Der Befehl show span

Mit dem privilegierten EXEC-Befehl **show span** zeigen Sie die Spanning-Tree-Topologie an, die dem Router bekannt ist. Wie in Bild 11.6 gezeigt, können Sie diesen Befehl ausführen, um eine Anzeige der Spanning-Tree-Protokolleinstellungen zu erhalten, die der Router verwendet, wenn er am Router/Switch-Netzwerk als eine Spanning-Tree-Bridge teilnimmt.

In Bild 11.6 zeigen die Felder folgendes:

- Bridge identifier – Die Spanning-Tree-Priorität und die Media-Access-Control-(MAC-)Adresse des Bridging-Knotens, für den der EXEC-Befehl **show span** ausgeführt wurde. 0060.5c82.6f00 ist die MAC-Adresse, die der Router als seine Bridge-Adresse verwendet.

Kapitel 11 • Die Fehlersuche in VLANs auf Routern und Switches

```
Router# show span 1
Bridge Group 1 is executing the IEEE compatible Spanning Tree protocol
  Bridge Identifier has priority 32768, address 0060.5c82.6f00
  Configured hello time 2, Max age 20, forward delay 15
  We are the root of the Spanning-Tree
  Topology change flag not set, detected flag not set
  Times:  hold 1,-topology change 30, notification 30
          hello 2, Max age 20, forward delay 15, aging 300
  Timers: hello 2,-topology change 0, notification 0
 Port 29 (FastEthernet0/0.3 ISL) of bridge group 1 is forwarding
  Port path cost 10, Port priority 128
  Designated root has priority 32768, address 0060.5c82.6f00
  Designated bridge has priority 32768, address 0060.5c82.6f00
  Designated port is 29, path cost 0
  Timers: message age 0, forward delay 0, hold
```

*Bild 11.6:
Mit der Ausgabe auf den Befehl* **show span** *können Sie eine Karte des gebrigdeten Netzwerks erstellen.*

- Root bridge identifier – Die Spanning-Tree-Priorität und die MAC-Adresse der bekannten Root-Bridge. Diese Informationen erscheinen an zwei Stellen: bei den globalen Informationen und den port-spezifischen Informationen. Der Router wurde zur Root-Bridge gewählt. Diese Wahl kann eintreten, wenn der Router ein Kreuzungspunkt zwischen zwei VLANs ist, die von den Catalyst-Switches zum Router führen.

- Timers – Die Werte der Zeitgeber werden in Sekunden angezeigt und die Zeitgeber sind auf die angemessenen Standardeinstellungen eingestellt. Das maximale Alter beträgt 40 Sekunden und die maximale Verzögerung der Weiterleitung beträgt 30 Sekunden.

- Root port – Der Spanning-Tree-Port auf der betrachteten Bridge, durch die die Root-Bridge für das Internetzwerk gefunden wurde.

- Spanning-tree state – Wenn ein Port im forwarding-Modus ist, kann er den Verkehr aktiv über die Verbindung leiten. Wenn ein Port im blocking-Modus ist, ist die Verbindung nur eine aktive Backup-Verbindung, die keinen Bridge-Verkehr weiterleitet. Andere mögliche Modi sind down, listening und learning. Der Verkehr wird nur dann über die Verbindung weitergeleitet, wenn der Port im forwarding-Modus ist.

- Designated bridge – Die designierte Bridge-MAC-Adresse des Spanning-Tree für den Port oder die Schnittstelle. Wenn die designierte Bridge nicht mit der Bridge-ID übereinstimmt und der Port im Weiterleitungszustand ist, ist der Port ein Root-Port. Wenn die designierte Bridge mit der Bridge-ID übereinstimmt, ist der Port im Weiterleitungszustand oder er ist deaktiviert.

- Designated port – Der Spanning-Tree-Port, der der designierten Bridge zugeordnet ist.

Mit einigen der Schlüsselinformationen aus dem Befehl **show span** können Sie eine Karte erstellen, die Ihr Spanning-Tree-Protokoll-Netzwerk reflektiert. Eine Netzwerkkarte ist ein wichtiger Teil des Problemlösungsmodells einer Fehlersuche, während Sie die Fakten zusammentragen und Möglichkeiten betrachten.

Sie erstellen eine Netzwerkübersicht mit Hilfe der Adressen, der Root-Bridge-Informationen und der designierten Bridge-Ports zu den Nachbarn des Routers im Spanning-Tree. Ihre Karte kann die folgenden wichtigen Informationen enthalten:

- Den Namen des Routers oder Switches, der als eine Spanning-Tree-Bridge fungiert
- Die Bridge-Priorität für jedes Gerät
- Die Bridge-MAC-Adresse
- Den Root-Status und wenn das Gerät nicht die Root ist, die Root-Port-Schnittstelle

Für jede Schnittstelle, die als ein Spanning-Tree-Port fungiert, kann Ihre Karte die folgenden wichtigen Informationen enthalten:

- Die Subschnittstellen-ID
- Die MAC-Adresse der designierten Bridge
- Den Port zur designierten Bridge
- Den Port-Status (d.h. lauschend, lernend, weiterleitend, blockierend oder deaktiviert)

Die Erstellung einer Netzwerkkarte ist ein relativ einfacher, iterativer Prozess, der aus den folgenden Schritten besteht:

1. Führen Sie den EXEC-Befehl **show span** auf jedem Cisco-Bridging-Knoten aus und notieren Sie sich die Werte der Schlüsselfelder.

2. Bestimmen Sie für jede Nicht-Root-Bridge die Schnittstelle und den Port, die in Richtung Root-Bridge zeigt.

3. Zeichnen Sie anhand der erkannten Verbindungen Ihre Netzwerkübersicht auf.

Die folgenden Regeln gelten, wenn Sie mit Hilfe der Spanning-Tree-Informationen eine Netzwerkkarte zeichnen:

- Wenn die MAC-Adresse der designierten Bridge mit der MAC-Adresse der Root-Bridge übereinstimmt, ist der Port oder die Schnittstelle der untersuchten Bridge und die Root-Bridge mit demselben Netzwerk verbunden.
- Wenn die MAC-Adresse der designierten Bridge nicht mit der MAC-Adresse der Root-Bridge übereinstimmt, befindet sich die designierte Bridge auf dem Pfad zur Root-Bridge.
- Wenn die MAC-Adresse der designierten Bridge mit der Bridge-ID der untersuchten Bridge übereinstimmt, zeigt der Port oder die Schnittstelle weg von der Root-Bridge.
- Der designierte Port-Wert, der für einen bestimmten Port gezeigt wird, gehört zu der Bridge, die in der Port-Liste als designierte Bridge angegeben wird.

11.7 Die debug-Befehle für VLANs auf einem Router

Wenn Sie eine Fehlersuche in einem Campus-Netzwerk ausführen, in dem sich Router und Switches befinden, können sie mit den Befehlen **debug vlan packet** und **debug span** eine annähernde Echtzeitaufnahme der VLAN-Probleme und den Zustand des Spanning-Tree aus der Sicht des Routers erhalten.

Obwohl diese Fehlersuchwerkzeuge direkt von derselben Befehlszeilenschnittstelle ausführbar sind, die Sie auch für Ihre Konfigurationsaufgaben einsetzen, sollten Sie mit diesen **debug**-Befehlen sehr vorsichtig umgehen, vor allem wenn Sie einen **debug**-Befehl in einem Produktionsnetzwerk ausführen, in dem die Benutzer auf den Datenfluss angewiesen sind.

Wenn Sie diese Werkzeuge aber korrekt, selektiv und temporär einsetzen, können Sie sehr einfach wichtige Informationen erhalten, mit denen Sie Fakten bestimmen und Möglichkeiten betrachten können.

ANMERKUNG

Einige der Vorkehrungen und Warnungen für die korrekte Anwendung der **debug**-Befehle sind in Kapitel 5, »Die Cisco-Management- und -Diagnosewerkzeuge«, beschrieben.

11.7.1 Der Befehl debug vlan packet

Mit dem EXEC-Befehl **debug vlan packet** können Sie allgemeine Informationen über VLAN-Pakete anzeigen, die der Router empfängt, für deren Unterstützung er aber nicht konfiguriert ist.

Der Befehl **debug vlan packet** zeigt nur Pakete mit einer VLAN-ID, für deren Unterstützung der Router nicht konfiguriert ist. Mit diesem Befehl können Sie anderen VLAN-Verkehr im Netzwerk erkennen.

Mit dem Befehl **show vlans** können Sie die Zähler für die VLAN-Pakete ansehen, die durch die Router-Konfiguration geroutet oder geswitcht werden.

Bild 11.7 zeigt eine Beispielausgabe auf den Befehl **debug vlan packet**:

Bild 11.7: Die Ausgabe auf den Befehl debug vlan packet zeigt an, dass der Router das Protokoll eines eingehenden ISL-Pakets nicht erkennen kann.

```
Router# debug vlan packet
vLAN: Received ISL encapsulated UNKNOWN packet bearing color ID 4
    on interface FastEthernet0/0.4 which is not configured to
    route or bridge this packet type.
vLAN: ISL packet received bearing color ID 1 on FastEthernet0/0
    which has no sub-interface configured to route or bridge ID 1.
```

- Im ersten Eintrag der Beispielausgabe empfing der Router ein ISL-Paket für das VLAN 4, aber er konnte das Protokoll des Pakets nicht bestimmen. Zudem besaß er keine eingerichtete Adresse, über die er das Paket routen oder bridgen konnte.

- Im zweiten Eintrag empfing der Router ein ISL-Paket an seiner Hauptschnittstelle, aber es war keine Subschnittstelle konfiguriert, um das Paket für das VLAN 1 zu routen oder zu bridgen. Der Router konnte dieses versehentlich empfangene Paket nicht verarbeiten, daher erzeugte der Router einen **debug**-Eintrag.

In beiden Fällen verwirft der Router das Paket. Wenn ein verworfenes Paket ein Problem ist, sollten Sie die Konfigurationsaussagen des Routers einsehen und überprüfen, ob eine legale Protokolladresse, eine ISL-Einkapselung für das VLAN oder eine Bridge-Gruppe vorhanden ist.

Dagegen kann die Anzeige auf den Befehl **debug vlan packet** auch einfach nur anzeigen, dass Pakete über den ISL-Trunk zwischen dem Router und seinem Nachbar-Switch übertragen wurden, als Teil eines Broadcasts oder Multicasts von einem VLAN, das innerhalb des erlaubten Bereichs von VLANs (1 bis 1000) liegt.

Kapitel 11 • Die Fehlersuche in VLANs auf Routern und Switches **555**

Sie können verhindern, dass Verkehr von bestimmten VLANs die ISL-Verbindung zum Router überquert, indem Sie den Catalyst-Befehl **clear trunk** eingeben und ein Argument für die VLAN-ID verwenden, deren Verkehr Sie vom Router fernhalten wollen.

Sie sollten niemals vergessen, das Debugging abzuschalten, wenn Sie den Befehl **no debug vlan packet** nicht mehr benötigen.

11.7.2 Der Befehl debug span

Mit dem EXEC-Befehl **debug span** können Sie Informationen über Änderungen in der Spanning-Tree-Topologie anzeigen, wenn Sie eine transparente Bridge untersuchen. Die **no**-Form dieses Befehls (also **no debug span**) deaktiviert die Debugausgabe.

Nachdem Sie die ersten Anzeichen der Überlastung durch die lange Zeichenfolge empfangen haben, die in Bild 11.8 gezeigt ist, können Sie mit diesem Befehl nachvollziehen, ob das Spanning-Tree-Protokoll korrekt arbeitet.

```
Router# debug span
PST: Ether 0000000000000A080002A02D6700000000000A080002A02D6780010000140002000F00
            A B C&D E      F            G      H      I    J K L   M    O    P
PST:                  Indication that this is a spanning-tree packet.
Ether                 Interface receiving the packet.
(A) 0000              Indication that this is an IEEE BPDU packet.
(B) 00                Version.
(C) 00                Command mode:
                      00 indicates Config BPDU.
                      80 indicates the Topology Change Notification (TCN) BPDU.
(D) 00                Topology change acknowledgment:
                      00 indicates no change.
                      80 indicates a change notification.
(E) 000A              Root priority.
(F) 080002A02D67      Root ID.
(G) 00000000    Root path cost (0 means the sender of this BPDU packet is the root
bridge).
(H) 000A              Bridge priority.
(I) 080002A02D67      Bridge ID.
(J) 80                Port priority.
(K) 01                Port No. 1.
(L) 0000              Message age in 256ths of a second (0 seconds, in this case).
(M) 1400              Maximum age in 256ths of a second (20 seconds, in this case).
(N) 0200               Hello time in 256ths of a second (2 seconds, in this case).
(O) 0F00              Forward delay in 256ths of a second (15 seconds, in this case).
```

*Bild 11.8: Der Befehl **debug span** zeigt Änderungen in der Spanning-Tree-Topologie an.*

In den Spanning-Tree-Paketen, die der Router empfängt, können Sie die Perspektive des Routers erkennen. Wenn Sie die Ziffern abzählen und die Felder danach ausrichten, können Sie alle Datenfelder bestimmen, die für das Spanning-Tree-Protokoll verwendet werden.

Sie können diese Informationen mit denen kombinieren, die Sie auf den Catalyst-Befehl **show span** erhalten, um eine annähernde Echtzeitfilterung des BPDU-Meldungs-Prozesses des Spanning-Tree-Protokolls zu erhalten.

> **ANMERKUNG**
>
> Bild 11.8 zeigt das Spanning-Tree-Protokoll mit der IEEE-Einkapselung. Eine Beschreibung zum Spanning-Tree-Protokoll mit der digitalen Einkapselung können Sie unter www.cisco.com abrufen.

11.8 Die Isolierung von Problemen in Router/Switch-VLAN-Netzwerken

Eine allgemeine Herangehensweise an eine Fehlersuche, wie die folgende schrittweise Problemisolierung in einem Router/Switch-VLAN-Netzwerk ist sehr sinnvoll, um Probleme auf systematische Weise zu lösen. Gehen Sie in der Reihenfolge der Schritte vor, die in Bild 11.9 gezeigt sind:

1. Überprüfen Sie die physikalischen Fast-Ethernet-Verbindungen zwischen dem Router und dem Switch.

2. Suchen Sie in jeder Router- und Switch-Konfiguration nach Problemen in Bezug auf ungleiche Einträge von einer oder der anderen Seite.

3. Überprüfen Sie das Trunking und beheben Sie alle Probleme, die Sie in Zusammenhang mit der ISL entdecken (z.B. falsche oder fehlende Aussagen).

4. Untersuchen Sie jedes Problem mit einem VLAN, dessen Spanning-Tree-Protokollbetrieb und alle Probleme, die davon herrühren, dass der Router mit mehreren VLANs verbunden ist.

Kapitel 11 • Die Fehlersuche in VLANs auf Routern und Switches **557**

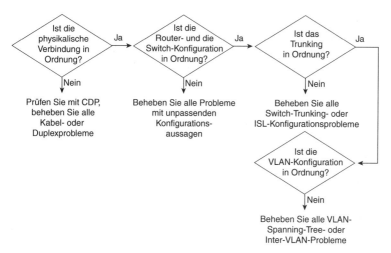

Bild 11.9: Die schrittweise Isolierung von VLAN-Problemen zeigt eine allgemeine Herangehensweise an die Fehlersuche in VLANs.

11.8.1 Ein Beispiel zur Fehlersuche: verworfene Pakete und Schleifen

Spanning-Tree-Bridges (die Switches und Router in Bild 11.10) verwenden Topologie-Änderungs-Benachrichtigungs-BPDUs, um andere Bridges über eine Änderung in der Spanning-Tree-Topologie des Netzwerks zu benachrichtigen.

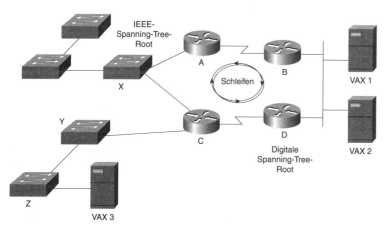

Bild 11.10: Unterschiedliche und inkompatible Spanning-Tree-Versionen verursachen Probleme.

Bridges senden diese Topologie-Änderungs-Benachrichtigungs-BPDUs immer dann aus, wenn ein Port in den Weiterleitungszustand hinein oder aus ihm heraus wechselt und sich noch andere Ports in derselben Bridge-Gruppe befinden (also im selben VLAN). Diese BPDUs wandern in Richtung Root-Bridge.

Pro gebrigdetem Netzwerk kann nur eine Root-Bridge existieren. Nach einem Wählvorgang zur Bestimmung der Root-Bridge legt die Root die Werte für Konfigurationsmeldungen (die BPDUs) fest und setzt die Zeitgeber der anderen Bridges.

Andere designierte Bridges bestimmen den kürzesten Pfad zur Root-Bridge und sind für die Anzeige von BPDUs an andere Bridges aus designierten Ports verantwortlich. Eine Bridge sollte Ports im blockierenden Zustand besitzen, wenn eine physikalische/logische Schleife vorhanden ist.

In Internetzwerken können Probleme auftreten, wenn auf Bridging-Knoten der IEEE- und der digitale Spanning-Tree-Algorithmus parallel verwendet wird. Diese Probleme werden durch die unterschiedliche Weise verursacht, wie die Bridging-Knoten mit den Spanning-Tree-BPDU-Paketen (oder den Hello-Paketen) umgehen und in der Art und Weise, wie sie die Daten verarbeiten.

In dem in Bild 11.10 gezeigten Szenario verwenden die Router A, B und C den IEEE-Spanning-Tree-Algorithmus und der Router D verwendet die versehentlich fehlerhaft konfigurierte digitale Spanning-Tree-Version.

Router A behauptet, die IEEE-Root (Wurzel) zu sein, und Router D beansprucht für sich, die digitale Root zu sein. Router B und Router C verbreiten aus allen Schnittstellen Root-Informationen für den IEEE-Spanning-Tree. Der Router D verwirft jedoch die IEEE-Spanning-Tree-Informationen. Entsprechend verwerfen die anderen Router die Behauptung des Router D, die Root zu sein.

Im Ergebnis geht keine Bridge in diesem Internetzwerk davon aus, dass eine Schleife existiert. Wenn ein Broadcast-Paket in das Netzwerk gesendet wird, bricht ein Broadcast-Sturm über das gesamte Internetzwerk herein, auch über die Switches X und Y und darüber hinaus.

Um dieses Problem zu lösen, muss der Router D für das IEEE umkonfiguriert werden. Obwohl eine Konfigurationsänderung notwendig ist, besteht die Möglichkeit, dass dies nicht ausreicht, um die Verbindungen wiederherzustellen.

Gehen Sie davon aus, dass in diesem Fall die Verbindungsmöglichkeit noch nicht wiederhergestellt wird, obwohl alle Bridging-Knoten für die Verwendung desselben Spanning-Tree-Algorithmus konfiguriert wurden. Es wird eine Rekonvergenzverzögerung einsetzen, während der die Geräte BPDUs austauschen und einen neuen Spanning-Tree für das Netzwerk berechnen.

11.8.2 VLAN-Symptome und Probleme auf Routern

Die Tabelle 11.2 zeigt höhere VLAN-Probleme, die auf einem Router oder Switch auftreten können. Die gezeigten Fakten oder Symptome und die Wahrscheinlichkeiten und Aktionspläne können Ihnen bei der Erkennung und Lösung der Probleme helfen.

Symptom	Mögliche Probleme und Aktionspläne
Die Performance im VLAN ist schlecht oder unzuverlässig.	– Fehlerhafter Adapter in einem Gerät. Überprüfen Sie die Hardware. – Die Full-Duplex- oder Half-Duplex-Einstellungen des Ethernets sind nicht korrekt. – Kabelproblem. Überprüfen Sie die Connected-LED. Überprüfen Sie, ob das Kabel korrekt angeschlossen ist und ob die Länge die maximale Kabellänge übersteigt.
Die Terminal- oder Modemverbindung kann nicht mit dem Router oder dem Switch kommunizieren.	– Fehlerhaft konfigurierter Terminal- und Konsolenport. Prüfen Sie die übereinstimmende Baudrate und das Zeichenformat. – Überprüfen Sie, ob eine Standardroute auf einem Router notwendig ist, um den Switch auf einem anderen Subnetz zu erreichen.
Das lokale VLAN-Gerät kann nicht mit externen Geräten in einem VLAN jenseits des Routers kommunizieren.	– Fehlerhaft konfigurierte IP-Adresse oder Maske. Prüfen Sie dies mit den Befehlen **cdp** und **show interface**. – Es ist kein oder das falsche Standard-Gateway festgelegt. Prüfen Sie den Router, den Switch, die Server und die Clients. – Das VLAN ist fehlerhaft konfiguriert. Prüfen Sie die Port-Zuordnungen, entfernen Sie unnötige Verbindungen zwischen VLANs, wenn ein Port zu mehreren VLANs gehört. – Problem der VLAN-Inkonsistenz. Stellen Sie sicher, dass die VLANs auf beiden Seiten eines Trunk übereinstimmen. – ISL-Problem. Stellen Sie sicher, dass das Trunking korrekt ist, verwenden Sie das VLAN1 und überprüfen Sie, ob ein ungültiges VTP-Server-Informations-Update auftrat.

Tabelle 11.2: VLAN-Symptome auf Routern, Probleme und Aktionspläne.

Wenn Probleme mit sehr schwachem Durchsatz auftreten, sollten Sie überprüfen, welche Fehlerart auftritt. Es könnte eine fehlerhafte Netzkarte existieren. Eine Kombination aus FCS- und Alignment-Fehlern und Runts zeugen von unpassenden Duplex-Einstellungen – gewöhnlich ist die automatische Verhandlung zwischen den Geräten oder eine fehlerhafte Einstellung zwischen den beiden Seiten einer Verbindung schuld.

> **ANMERKUNG**
>
> Es ist ein Märchen, dass ein geswitchtes Ethernet Kollisionen unmöglich macht. Es ist richtig, dass die Switches den Kollisionsbereich minimieren, aber wenn Sie sie im Half-Duplex-Modus betreiben, werden die Kollisionen weiterhin auftreten, weil immer zwei Geräte versuchen können, gleichzeitig miteinander zu kommunizieren. Ein Beispiel ist ein News-Server, der viele Clients besitzt, die versuchen gleichzeitig mit ihm zu kommunizieren. Der Verkehr geht durch den Router und den Switch zum direkt angeschlossenen Server. Gleichzeitig versucht der Server im Gegenzug mit diesen Clients zu kommunizieren. Während nun der Server einem Client antwortet, sendet ein anderer Client eine Anfrage und es besteht die Möglichkeit einer Kollision. Die einzige Lösung, mit der Kollisionen auf dem Ethernet ausgeschlossen werden können, ist der Betrieb im Full-Duplex-Modus.

Existiert das Problem auf der lokalen Seite oder der externen Seite der Verbindung? Bedenken Sie, dass in einer Verbindung zumindest einige Switchports beteiligt sind. Welchen Pfad nimmt das Paket – geht es durch Trunks oder andere Switches?

Wenn Sie sehen, dass der Kollisionszähler in der Ausgabe auf den Befehl **show interface** rasant zunimmt, kann das Problem in einer überlasteten Verbindung liegen.

11.9 Zusammenfassung

Dieses Kapitel beschrieb die Rolle des Routers als VLAN-Switch, VLAN-Übersetzer der Schicht 2 und Router zwischen VLANs auf der Schicht 3. Es lieferte auch die grundlegenden Schritte einer Fehlersuche und die zugehörigen Befehle für diese Art von Netzwerken.

11.10 Test 11: Die Fehlersuche in VLANs auf Routern und Switches

Geschätzte Zeit: 15 Minuten

Lösen Sie alle Aufgaben, um Ihr Wissen über die in diesem Kapitel enthaltenen Themen zu überprüfen. Die Antworten finden sich im Anhang A, »Antworten zu den Tests«.

Beantworten Sie die folgenden Fragen anhand der in diesem Kapitel enthaltenen Informationen:

Frage 11.1

Die Vereinigung des IEEE- und des digitalen Spanning-Tree-Protokolls wird einen einzelnen eigenständigen Tree erzeugen.

- Wahr
- Falsch

Frage 11.2

Um eine effiziente Fehlersuche des Spanning-Tree ausführen zu können, müssen Sie die Root-Bridge finden.

- Wahr
- Falsch

Frage 11.3

Das CDP verwendet Broadcasts und sollte sparsam eingesetzt werden.

- Wahr
- Falsch

Frage 11.4

Mit dem Befehl **show span** können Sie eine Karte auf der Basis Ihres Spanning-Tree-Protokoll-Netzwerks erstellen.

- Wahr
- Falsch

Frage 11.5

Ein **debug**-Befehl wird automatisch deaktiviert, nachdem 100 Zeilen am Bildschirm ausgegeben wurden.

- Wahr
- Falsch

Teil 4

Fehleranalyse WAN

12 Die Diagnose und die Behebung von Frame-Relay-Problemen
13 Die Diagnose und die Behebung von ISDN-BRI-Problemen

KAPITEL 12

Die Diagnose und die Behebung von Frame-Relay-Problemen

Frame-Relay-(Paket-Relais-)Netzwerke haben sich zu der WAN-Lösung entwickelt, wenn eine passende digitale Infrastruktur auf die stromlinienförmige Datenübertragungsfähigkeit des Frame-Relays traf. Obwohl einige Tests mit Switched-Virtual-Circuits (SVCs) ausgeführt werden, wird praktisch der gesamte Produktionsverkehr des Frame-Relays über permanente virtuelle Circuits (PVCs) übertragen. PVCs sind zuvor konfigurierte permanent eingerichtete (Daten-)Schaltkreise, die einen dynamischen Kreisaufbau und eine Beendigung unnötig machen – ein Schlüsselbereich in einer WAN-Fehlersuche.

Das Ziel dieses Kapitels ist die Betrachtung von speziellen Fehlersuchtipps für die Frame-Relay-PVC-Vernetzung über serielle Cisco-Schnittstellen.

12.1 Die Fehlersuche im Frame-Relay

Obwohl das Frame-Relay ein Datenverbindungsprotokoll der Schicht 2 ist, sollten Sie bei auftretenden Frame-Relay-Problemen zuerst die tieferschichtige Hardware-Schnittstelle (der physikalischen Schicht) überprüfen. Zum Beispiel sollten Sie überprüfen, ob ein V.35-Kabel zu einer Channel-Service-Unit/Data-Service-Unit (CSU/DSU) korrekt angeschlossen ist und ob es funktioniert. Bild 12.1 zeigt die verschiedenen Elemente der physikalischen Frame-Relay-Verbindung.

*Bild 12.1:
Die physikalische Frame-Relay-Verbindung besteht aus mehreren Elementen.*

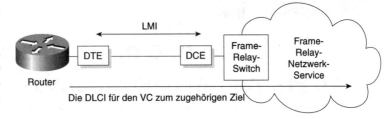

Wenn Sie festgestellt haben, dass die Hardware korrekt arbeitet, gehen Sie zur Schicht 2 über. Die Einkapselung (entweder Frame-Relay oder IETF) muss mit dem diesseitigen und dem gegenüberliegenden Data-Terminal-Equipment (DTE) übereinstimmen.

Der konfigurierte Typ der lokalen Management-Schnittstelle (LMI) muss auf dem DTE und auf dem Data-Circuit-Terminating-Equipment (DCE) übereinstimmen. Beim Frame-Relay sind die Optionen Cisco, ANSI oder q933a (ITU-T). Der Router erkennt automatisch, welche LMI in Betrieb ist (ab der Cisco-IOS-Version 11.2) und die LMI liefert die Keepalives, die Sie überprüfen können, wenn Sie eine Fehlersuche ausführen. Mit dem Befehl **frame-relay lmi-type** {ansi | cisco | q933a} können Sie den LMI-Typ bei Bedarf ändern.

Ein Frame-Relay-Service-Provider legt die zu verwendende Data-Link-Connection-ID (DLCI) fest, wobei diese ID nur lokale Bedeutung hat. Als Teil des Konfigurationsprozesses wird die DLCI auf die Zieladresse der Schicht 3 für diesen PVC übertragen. Sehr oft besteht ein hilfreicher Test in der Überprüfung der Details und Effekte dieses Konfigurationsprozesses.

Die Rahmenfelder der High-Level-Data-Link-Control (HDLC) sind für das Frame-Relay stromlinienförmig. Ein Schlüsselfeld ist die DLCI, die sich in einem 6 Bit langen Teil am Anfang und einem späteren 4 Bit langen Teil der Adress-Oktetts befindet, wie Bild 12.2 zeigt. Der 10 Bit lange DLCI-Wert ist das Herz des Frame-Relay-Header. Er kennzeichnet die logische Verbindung, die in den physikalischen Kanal gemultiplext wird.

Kapitel 12 • Die Diagnose und die Behebung von Frame-Relay-Problemen

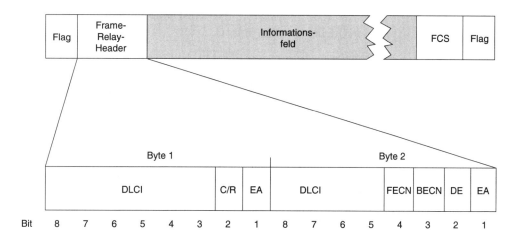

Bild 12.2: *Der wichtigste Teil des Frames, der DLCI-Teil, bestimmt das Ziel des Frames.*

12.1.1 Das Frame-Format des Frame-Relays

In der grundlegenden LMI-Adressierung haben DLCIs nur eine lokale Bedeutung. Das heißt, die Endgeräte an zwei verschiedenen Enden einer Verbindung können verschiedene DLCIs für dieselbe Verbindung verwenden. Die LMI ist der Verbindungszustandsmechanismus, den das Frame-Relay verwendet. Es gibt drei LMI-Spezifikationen von Cisco, die bereits in diesem Kapitel angesprochen wurden.

Der Einsatz von verschiedenen DLCIs kann eine Quelle von Problemen darstellen, wenn das DTE die vom Service-Provider festgelegte DLCI-Nummer entweder fehlinterpretiert oder falsch anwendet. Gewöhnlich wird dieses Problem aber während der Testphase isoliert und gelöst.

Die stau-(congestion-)bezogenen Bitpositionen im Frame sind:

– FECN – Forward-Explicit-Congestion-Notification (Vorwärts gerichtete Staunachricht), die von einem Frame-Relay-Netzwerk gesetzt wird, um das DTE, das den Frame empfängt, darüber zu informieren, dass ein Datenstau auf dem Pfad von der Quelle zum Ziel auftrat.

Der Cisco-Router gibt die FECN weiter, damit das DTE, das Frames mit dem gesetzten FECN-Bit empfängt, von den höherschichtigen Protokollen eine entsprechende Flusskontrolle anfordern kann.

- BECN – Backward-Explicit-Congestion-Notification (Rückwärts gerichtete Staunachricht), die von einem Frame-Relay-Netzwerk in Frames gesetzt wird, die in die entgegengesetzte Richtung der Frames wandern, die sich auf einem verstopften Pfad befinden.

Auch hier gibt der Router die BECN weiter, damit das DTE, das Frames mit dem gesetzten BECN-Bit empfängt, von den höherschichtigen Protokollen eine entsprechende Flusskontrolle anfordern kann.

- DE – Discard-Eligibility (Erlaubnis zum Verwerfen), die vom DTE gesetzt wird, um dem Frame-Relay-Netzwerk mitzuteilen, dass ein Frame weniger wichtig ist als andere Frames und vor anderen Frames verworfen werden soll, wenn dem Netzwerk die Ressourcen ausgehen. Somit ist dies ein einfacher Prioritätsmechanismus.

Mit dem Cisco-IOS-Befehl **show frame-relay pvc** und den **debug frame-relay**-Befehlen (werden im weiteren Verlauf dieses Kapitel betrachtet) können Sie die aktuellen Werte in diesen Frame-Feldern aufrufen.

12.1.2 Die Isolierung von Problemen in Frame-Relay-WANs

Das Flussdiagramm in Bild 12.3 zeigt die grundlegenden Schritte zur Isolierung eines Problems in einem Frame-Relay-Netzwerk. Die verfügbaren Werkzeuge, mit denen jedes Element überprüft werden kann, werden im weiteren Verlauf dieses Kapitels detailliert erklärt.

Kapitel 12 • Die Diagnose und die Behebung von Frame-Relay-Problemen

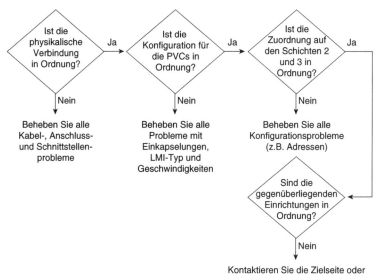

Bild 12.3: Mit diesem Flussdiagramm können Sie Frame-Relay-Probleme wirkungsvoll isolieren.

Betrachten wir die typischen Symptome und Probleme, die in einem WAN auftreten können. Die Tabelle 12.1 listet serielle Verbindungsprobleme auf und die Tabelle 12.2 listet Frame-Relay-Probleme auf.

Symptom	Mögliche Probleme
Aussetzende Verbindungen	– Fehlerhafte Router-Schnittstellenkarte oder Kabel – Fehlerhafte CSU/DSU – Taktproblem – Verstopfte/überlastete serielle Verbindung
Verbindung fällt aus, wenn sich die Last erhöht	– Schadhafte serielle Verbindung – Verstopfte/überlastete serielle Verbindung
Verbindungen fallen täglich zu einem bestimmten Zeitpunkt aus	– Verstopfte/überlastete serielle Verbindung
Verbindungen fallen nach einiger Zeit des normalen Betriebs aus	– Ungeschirmte Kabel befinden sich zu nahe an EMI-Quellen. – Die Hardware in der seriellen Verbindung ist ausgefallen. – Fehlerhafte Routing-Tabellen (flatternde Verbindungen). – Fehlende Puffer oder andere Software-Probleme.

Tabelle 12.1: Allgemeine serielle Verbindungssymptome und mögliche Probleme (Fortsetzung).

Symptom	Mögliche Probleme
Die Verbindung hat noch nie funktioniert Fehlerhafte Router-Schnittstellenkarte oder Kabel	– Die serielle Leitung wurde nicht eingerichtet oder sie ist ausgefallen. – Suchen Sie mit dem Befehl **show interfaces serial** nach Fehlern und tauschen Sie bei Bedarf die Karte oder das Kabel aus. – Überprüfen Sie mit dem Befehl **show controllers** den Mikrocode-Level. Führen Sie ein Upgrade aus, wenn die Version veraltet ist.
Fehlerhafte CSU/DSU	– Suchen Sie mit dem Befehl **show interfaces serial** nach Fehlern und ersetzen Sie bei Bedarf die CSU/DSU.
Taktproblem	– Überprüfen Sie, ob der Serial-Clock-Transmit-External-(SCTE-)Terminaltakt auf der CSU/DSU aktiviert ist. – Überprüfen Sie, ob das richtige Gerät den Systemtakt erzeugt. – Überprüfen Sie die Kabellänge. – Verringern Sie die Übertragungsgeschwindigkeit.
Verstopfte/überlastete serielle Verbindung	– Reduzieren Sie den Broadcast-Verkehr. – Verwenden Sie einen Protokoll-Analyzer, um das Verhalten von Applikationen zu überprüfen (z.B. umfangreiche Dateiübertragungen während Spitzenzeiten). – Implementieren Sie das Prioritäts-Queuing. – Passen Sie die Hold-Queue- und die Puffergrößen unter Zuhilfenahme eines technischen Supportmitarbeiters an. – Vergrößern Sie die Bandbreite, ziehen Sie eine zusätzliche Einwahlmöglichkeit in Betracht.
Schadhafte serielle Verbindung Ungeschirmte Kabel befinden sich zu nahe an EMI-Quellen	– Suchen Sie mit dem Befehl **show interfaces serial** nach zunehmenden Eingangsfehlern. – Suchen Sie mit dem Befehl **show interfaces serial** nach zunehmenden Eingangsfehlern. – Überprüfen Sie die Kabel und verlegen Sie sie bei Bedarf an anderer Stelle oder schirmen Sie sie ab.
Die Hardware in der seriellen Verbindung ist ausgefallen	– Überprüfen Sie mit dem Befehl **show interfaces serial**, ob die Verbindung down ist. – Führen Sie Loopback-Tests aus und verwenden Sie einen Protokoll-Analyzer, um das Problem zu isolieren.

Kapitel 12 • Die Diagnose und die Behebung von Frame-Relay-Problemen   571

Symptom	Mögliche Probleme
Fehlerhafte Routing-Tabellen	– Überprüfen Sie die Routen mit dem passenden **show protocol route**-Befehl. – Suchen Sie nach Quellen von falschen Routen, indem Sie die Konfiguration prüfen und einen Protokoll-Analyzer einsetzen.
Fehlende Puffer oder andere Software-Probleme	– Überprüfen Sie den Pufferzustand mit dem Befehl **show buffers**. – Verändern Sie die Puffer unter Zuhilfenahme eines technischen Supportmitarbeiters, um unterbrochene Verbindungen zu vermeiden.

Tabelle 12.1: Allgemeine serielle Verbindungssymptome und mögliche Probleme (Fortsetzung).

Symptom	Mögliche Probleme
Der Frame-Relay-Switch ist fehlerhaft konfiguriert	Überprüfen Sie mit dem Befehl **show interfaces serial**, ob LMI-Updates empfangen werden. Überprüfen Sie mit dem Befehl **debug frame-relay lmi**, ob die von Ihrem Hersteller festgelegten DLCI-Nummern mit der PVC-Ausgabe übereinstimmen.
Der Router ist fehlerhaft für das Frame-Relay konfiguriert	Überprüfen Sie, ob der LMI-Typ mit dem des Switch übereinstimmt. Betrachten Sie die Ausgabe auf den Befehl **show frame-relay map**, um festzustellen, ob die externen Netzwerke erkannt wurden.
Benutzer können sich über eine neue Frame-Relay-Verbindung nicht mit Ressourcen verbinden	Fehlerhafte Router-Schnittstellenkarte oder Kabel Der Frame-Relay-Switch ist fehlerhaft konfiguriert. Der Router ist fehlerhaft für Frame-Relay konfiguriert.

Tabelle 12.2: Frame-Relay-Symptome und mögliche Probleme

12.1.3 Ein Überblick über die Fehlersuchbefehle

Bild 12.4 zeigt eine Zusammenstellung der Befehle, die in diesem Kapitel betrachtet werden und inwieweit jeder Befehl zur Fehlersuche beitragen kann.

Wie Sie sehen können, kann jeder gezeigte Befehl einen bestimmten Teil der Kommunikation überprüfen.

Im nächsten Abschnitt werden Sie mehr über die verschiedenen Diagnosewerkzeuge erlernen, mit denen Sie eine Fehlersuche bei diesen WAN-Problemen ausführen können.

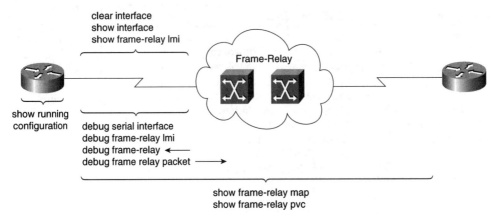

Bild 12.4: *Diese Befehle zur Frame-Relay-Fehlersuche werden in diesem Kapitel betrachtet.*

12.2 Die Diagnosewerkzeuge im WAN und beim Frame-Relay

Wenn die Übertragung über Frame-Relay nicht richtig funktioniert, besteht ein guter erster Test in der Überprüfung, ob sie bisher überhaupt funktionierte. Wenn sie noch nie funktionierte, liegt die wahrscheinliche Ursache in der Konfiguration der PVCs. Mit den **show**- und **debug**-Befehlen können Sie Probleme lokalisieren. Loopback-Tests sind bei einer Fehlersuche auch sehr nützlich.

12.2.1 Die show-Befehle des Frame-Relay

Die **show**-Befehle liefern Informationen über die Schnittstellenzustände, den Protokollstatus und wie die LMI und die Konfiguration arbeiten. Die folgenden **show**-Befehle werden in den folgenden Abschnitten detaillierter erklärt:

- show interfaces serial
- show frame-relay lmi
- show frame-relay map
- show frame-relay pvc

Der Befehl show interfaces serial

In dem Beispiel zum Befehl **show interfaces serial**, das in Bild 12.5 gezeigt wird, liefert die erste hervorgehobene Zeile Informationen, die für eine Fehlersuche im Frame-Relay entscheidend sind, um den Zustand der physikalischen Hardware-Schicht und die Keepalives der Schicht 2 zu überprüfen. Keepalives sind LMI-Meldungen wie diejenigen in Bild 12.5 und sie werden vom Router automatisch ausgesendet. Im weiteren Verlauf dieses Kapitels werden Sie eine Beschreibung zu den wichtigsten Auswertungen dieser hervorgehobenen Zeile finden.

```
Router#show interfaces serial 1
Serial1 is up, line protocol is down
  Hardware is MCI Serial
  Internet address is 131.108.174.48, subnet mask is 255.255.255.0
  MTU 1500 bytes, BW 1544 Kbit, DLY 20000 usec, rely 246/255, load 1/255
  Encapsulation FRAME-RELAY, loopback not set, keepalive set (10 sec)
  LMI enq sent  2, LMI stat recvd 0, LMI upd recvd 0, DTE LMI down
  LMI enq recvd 266, LMI stat sent  264, LMI upd sent  0
  LMI DLCI 1023  LMI type is CISCO  frame relay DTE
  Last input 0:00:04, output 0:00:02, output hang never
  Last clearing of "show interface" counters 0:44:32
  Output queue 0/40, 0 drops; input queue 0/75, 0 drops
  Five minute input rate 0 bits/sec, 0 packets/sec
  Five minute output rate 0 bits/sec, 0 packets/sec
     307 packets input, 6615 bytes, 0 no buffer
     Received 0 broadcasts, 0 runts, 0 giants
     0 input errors, 0 CRC, 0 frame, 0 overrun, 0 ignored, 0 abort
     0 input packets with dribble condition detected
     266 packets output, 3810 bytes, 0 underruns
     0 output errors, 0 collisions, 2 interface resets, 0 restarts
     178 carrier transitions
```

*Bild 12.5: Mit dem Befehl **show interfaces serial** können Sie die Funktionen der Schicht 1 und der Schicht 2 untersuchen.*

Ein zu prüfender Schlüsselbereich ist die Bestimmung, ob die passende Einkapselung gesetzt wurde. Die Einkapselung muss auf beiden Seiten der Datenverbindung gleich konfiguriert sein. Im Falle eines Frame-Relay-PVCs müssen beide Router dieselbe Einkapselung verwenden oder was auch immer der Frame-Lieferant verwendet. In diesem Fall muss die Einkapselung **frame-relay** sein.

Ein anderer zu prüfender Schlüsselbereich ist, ob der LMI-Typ korrekt konfiguriert ist. Bild 12.5 zeigt, dass dies die Cisco-LMI ist, die die DLCI 1023 für seinen PVC verwendet.

Die Zurücksetzung von Schnittstellen sind Schlüsselkennzeichen, die Sie bei einer Fehlersuche prüfen sollten. Die Zahl hinter interface resets zeigt an, wie oft die serielle Schnittstelle vollständig zurückgesetzt wurde. Die Zurücksetzung einer Schnittstelle kann erfolgen, wenn

- Pakete, die sich für die Übertragung in einer Queue (Warteschlange) befinden, nicht innerhalb von einigen Sekunden ausgesendet werden,
- ein Hardwareproblem mit der Schnittstelle, dem Kabel oder der CSU/DSU vorliegt,
- ein Problem mit dem Taktsignal vorliegt,
- ein Problem mit dem Trägersignal vorliegt,
- eine Schnittstelle sich in einer Schleife befindet oder deaktiviert wurde,
- der Router regelmäßig versucht, die Schnittstelle neu zu starten, während das Line-Protokoll nicht vorhanden ist.

Es ist möglich, dass Sie die Schnittstelle manuell mit dem Befehl **clear int s 1** zurücksetzen müssen.

Die erste hervorgehobene Zeile in Bild 12.6 zeigt als erste Zeile der eigentlichen Ausgabe, dass das Line-Protokoll nicht vorhanden ist. Die möglichen Ursachen werden im weiteren Verlauf dieses Kapitels zusammen mit empfohlenen Reaktionen beschrieben.

Die LMI-Einstellung in diesem Beispiel zeigt die DLCI 0 für den LMI-Typ ANSI Annex D. Der andere Typ von LMI ist ITU-T für Q.933 Annex A. Der Router erkennt automatisch, welchen LMI-Typ er verwenden muss (ab der Cisco-IOS-Version 11.2). Bis zur Cisco-IOS-Version 11.1 war der LMI-Typ Cisco die Standardeinstellung.

Um ein Anzeichen für die Aktivität auf der Schnittstelle zu erhalten, prüfen Sie die Anzahl der ein- und ausgehenden Pakete. Wenn die Fehlerzähler die Grundlinie überschreiten, kann dies ein wichtiger Gesichtspunkt für eine Fehlersuche sein.

Ein weiteres Schlüsselkennzeichen ist die Häufigkeit des Trägersignalwechsels (carrier transitions). Dieses Kennzeichen zählt, wie oft das Data-Carrier-Detect-(DCD-)Signal den Zustand wechselt. Einige Wechsel sind normal. Wenn Sie aber eine Zahl sehen, die viel höher ist, als Sie auf der Basis Ihrer Grundlinie erwarten können, kann dies eine mangelnde Stabilität der Trägereinrichtung anzeigen. Wenn ein Wechsel auftritt, kann die Verbindung unterbrochen und zurückgesetzt werden.

```
Router#show interfaces serial 1
Serial1 is up, line protocol is down
  Hardware is MCI Serial
  Internet address is 131.108.174.48, subnet mask is 255.255.255.0
  MTU 1500 bytes, BW 1544 Kbit, DLY 20000 usec, rely 249/255, load 1/255
  Encapsulation FRAME-RELAY, loopback not set, keepalive set (10 sec)
  LMI enq sent  4, LMI stat recvd 0, LMI upd recvd 0, DTE LMI down
  LMI enq recvd 268, LMI stat sent  264, LMI upd sent  0
  LMI DLCI 0  LMI type is ANSI Annex D  frame relay DTE
  Last input 0:00:09, output 0:00:07, output hang never
  Last clearing of "show interface" counters 0:44:57
  Output queue 0/40, 0 drops; input queue 0/75, 0 drops
  Five minute input rate 0 bits/sec, 0 packets/sec
  Five minute output rate 0 bits/sec, 0 packets/sec
     309 packets input, 6641 bytes, 0 no buffer
     Received 0 broadcasts, 0 runts, 0 giants
     0 input errors, 0 CRC, 0 frame, 0 overrun, 0 ignored, 0 abort
     0 input packets with dribble condition detected
     268 packets output, 3836 bytes, 0 underruns
     0 output errors, 0 collisions, 2 interface resets, 0 restarts
     180 carrier transitions
```

Bild 12.6:
Diese Ausgabe auf den Befehl **show interfaces serial 1** *zeigt an, dass das Protokoll nicht aktiv ist.*

Wenn die erste Ausgabezeile auf den Befehl **show interfaces serial** anzeigt, dass die Schnittstelle down ist, muss das Line-Protokoll, das von der Schnittstelle abhängt, ebenfalls inaktiv sein.

Die folgenden Gründe können vorliegen, wenn die serielle Schnittstelle inaktiv ist:

– Unterbrochene, schadhafte oder falsche Verkabelung.

– Probleme mit der Übermittlungsstelle der Telefonfirma (die Leitung ist nicht vorhanden oder sie ist nicht mit der CSU/DSU verbunden).

– Hardware-Ausfall (CSU/DSU oder die serielle Karte des Routers).

– Die Schnittstelle wurde falsch konfiguriert.

Wenn Sie vermuten, dass eines oder mehrere dieser Probleme die Ursache der inaktiven seriellen Verbindung ist, sind folgende Reaktionen angebracht:

– Überprüfen Sie, ob Sie das richtige Kabel und die richtige Schnittstelle verwenden.

– Überprüfen Sie die LEDs an der CSU/DSU, ob der Carrier-Detect (CD) aktiv ist.

– Fügen Sie eine Breakout-Box ein und überprüfen Sie alle Kontrollleitungen.

- Überprüfen Sie Ihre Konfiguration, um zu erkennen, ob Sie Keepalive-Pakete zwischen Routern erzeugen können.
- Tauschen Sie verwendete Hardware aus (verwenden Sie z.B. ein anderes Kabel oder eine andere Schnittstelle).
- Kontaktieren Sie den Anbieter Ihrer Standleitung oder Ihres anderen Dienstes.

Wenn die erste Ausgabezeile auf den Befehl **show interfaces serial** anzeigt, dass die Schnittstelle aktiv ist, aber das Line-Protokoll auf der Schnittstelle down ist, können folgende Gründe vorliegen, warum die Schicht 2 der seriellen Schnittstelle inaktiv ist:

- Es werden keine Keepalives vom externen Router gesendet (in der Standardeinstellung werden Keepalives alle 10 Sekunden gesendet).
- Der lokale oder der externe Router ist fehlerhaft konfiguriert.
- Es existiert ein Standleitungs- oder ein anderes Trägerservice-Problem (z.B. Rauschen, fehlerhaft konfigurierter oder ausgefallener Switch).
- Es existiert ein Taktproblem in der Einrichtung.
- Es trat ein Hardware-Ausfall eines Routers auf (lokal oder extern).
- Die lokale oder externe CSU/DSU ist ausgefallen.

Wenn Sie vermuten, dass eines oder mehrere dieser Probleme die Ursache des inaktiven Line-Protokolls ist, sind folgende Reaktionen angebracht:

- Überprüfen Sie die Datenverbindung für das Frame-Relay – die DTE-zu-DCE-Schnittstelle.
- Überprüfen Sie die Verbindung von der CSU zur CSU, um Verbindungs- und Hardware-Probleme auszuschließen.
- Führen Sie Loopback-Tests durch, um zu bestimmen, welche Teile der Schicht 2 (wenn nicht alle) aktiv sind und welche nicht.

Der Befehl show frame-relay lmi

Mit dem Befehl **show frame-relay lmi** können Sie LMI-Statistiken aufrufen, die ein Problem anzeigen können.

Um einen Startpunkt für die Aufzeichnung der Statistiken zu setzen, führen Sie den Befehl **clear counters serial** *Nummer* aus. Dieser Befehl setzt die Schnittstellenzähler zurück, die mit diesem **show**-Befehl und anderen verwendet werden.

In Bild 12.7 ist ein zu prüfendes Schlüsselelement, welche Rolle und welcher Keepalive-Typ für die Frame-Relay-Schnittstelle verwendet wird. Hier fungiert sie als ein DTE auf einer Benutzer-Netzwerk-Schnittstelle (UNI = User-Network-Interface). Sie könnte auch als eine Netzwerk-zu-Netzwerk-Schnittstelle (NNI) fungieren.

```
Router#show frame-relay lmi
LMI Statistics for interface Serial1 (Frame Relay DTE) LMI TYPE = ANSI
  Invalid Unnumbered info 0      Invalid Prot Disc 0
  Invalid dummy Call Ref 0       Invalid Msg Type 0
  Invalid Status Message 0       Invalid Lock Shift 0
  Invalid Information ID 0       Invalid Report IE Len 0
  Invalid Report Request 0       Invalid Keep IE Len 0
  Num Status Enq. Sent 9         Num Status msgs Rcvd 0
  Num Update Status Rcvd 0       Num Status Timeouts 9
```

Bild 12.7: Mit dem Befehl show frame-relay lmi können Sie die LMI-Statistiken überprüfen.

Sie sollten bei diesen Zählern nach ungültigen (invalid) LMI-Punkten suchen, die nicht Null zeigen. Um die Informationselemente zu sehen, benötigen Sie die Dekodierung durch einen Protokoll-Analyzer.

Überprüfen Sie auch die Num Status Timeouts, die anzeigen, wie oft die Statusmeldung nicht innerhalb des Keepalive-Zeitraums empfangen wurde. Der Zähler Num Status Enq. Timeouts zeigt an, wie oft die Status-Abfrage-Meldung nicht innerhalb des T392 DCE-Zeitraums empfangen wurde.

Der Befehl show frame-relay map

Mit dem Befehl **show frame-relay map** können Sie die aktuellen DLCI-Zuordnungseinträge der Schicht 3 einsehen und Informationen über die Verbindungen überprüfen. Die Ausgabe enthält End-zu-End-Informationen über die Zuordnung der lokal bedeutsamen DLCI zum entfernten Endziel.

In Bild 12.8 wurde die Frame-Relay-Schnittstelle deaktiviert und sie besitzt einen PVC zum gezeigten IP-Ziel. Die DLCI zur Erreichung dieser Schnittstelle ist

– dezimal 177,

– hexadezimal B1,

– 2C10, wie es in der Einrichtung erscheint.

Ein höherschichtiger Protokollprozess verwendet einen Broadcast, wenn er die auf der Schnittstelle konfigurierten DLCIs nicht kennt.

Bild 12.8: Die Frame-Relay-Schnittstelle ist deaktiviert und besitzt einen PVC zu einem IP-Ziel.

```
Router#show frame-relay map
Serial 1 (Administratively down): ip 131.108.177.177
dlci 177 (0xB1,0x2C10), static,
broadcast,
CISCO
TCP/IP Header Compression (inherited), passive (inherited)
```

Die Komprimierung wird von der Schnittstelle übernommen und nicht durch eine explizite Konfigurationsaussage.

Der Befehl show frame-relay pvc

Dieser **show frame-relay pvc**-Befehl liefert den LMI-Status von jeder DLCI, wie Bild 12.9 zeigt. Sie können aber auch eine bestimmte DLCI eingeben, um nur den speziellen PVC zu überprüfen.

Bild 12.9: Mit dem Befehl show frame-relay pvc können Sie PVCs überprüfen.

```
Router#show frame-relay pvc
    PVC Statistics for interface Serial1 (Frame Relay DCE)
    DLCI = 100, DLCI USAGE = LOCAL, PVC STATUS = ACTIVE
      input pkts 0            output pkts 0           in bytes 0
      out bytes 0             dropped pkts 0          in FECN pkts 0
      in BECN pkts 0          out FECN pkts 0         out BECN pkts 0
      in DE pkts 0            out DE pkts 0
      pvc create time 0:03:03 last time pvc status changed 0:03:03
      Num Pkts Switched 0

    DLCI = 101, DLCI USAGE = LOCAL, PVC STATUS = INACTIVE
      input pkts 0            output pkts 0           in bytes 0
      out bytes 0             dropped pkts 0          in FECN pkts 0
      in BECN pkts 0          out FECN pkts 0         out BECN pkts 0
      in DE pkts 0            out DE pkts 0
      pvc create time 0:02:58 last time pvc status changed 0:02:58
      Num Pkts Switched 0
```

Die DLCI-Nutzung kann lokales DTE oder SWITCHED anzeigen (d.h., der Router agiert als Switch). Als DCE bezieht sich der Status auf die ausgehenden Schnittstellen (up oder down) und auf den Status des ausgehenden PVCs.

Die auf einer DCE-Schnittstelle terminierten PVCs verwenden den Status der Schnittstelle, um den PVC-STATUS zu setzen.

Wenn die Nutzung LOCAL ist, wird damit angezeigt, dass der PVC mit einem Konfigurationsbefehl auf dem Router erzeugt wurde. Sie können untersuchen, ob diese Konfiguration korrekt ist. Der PVC-Status kann aktiv, inaktiv oder gelöscht (deleted) anzeigen. Sie sollten auch den Zeitpunkt prüfen, wann eine Änderung eintrat, um die Änderung mit einigen anderen Ursachen verbinden zu können, die Sie überprüfen.

Zum Abschluss sollten Sie nach verworfenen Frames, Staumeldungen und erlaubten Verwerfungen suchen, die über den normalen Betriebszahlen liegen. Der Frame-Relay-Switch leitet die FECN-Bits, die BECN-Bits und die DE-Bits unverändert von den Eingangs- zu den Ausgangspunkten im Netzwerk.

12.2.2 Die debug-Befehle für das Frame-Relay

Die **debug**-Befehle liefern eine laufende Anzeige der Frame-Relay-Details über die ausgewählten Paketfelder, Ereignisse und Zustände.

In einem Produktionsnetzwerk, das Benutzerverkehr überträgt, sollten Sie einige der **debug**-Befehle nur sehr vorsichtig einsetzen:

- Verwenden Sie die Argumente des Befehls so präzise wie möglich und erwägen Sie die Verwendung einer Access-Liste, um den **debug**-Befehl zu fokussieren.
- Sie sollten Ihre Netzwerkbelastung kennen, damit Sie nicht ein stark belastetes Netzwerk mit der zusätzlichen Verarbeitung und Ausgabe des **debug**-Befehls noch weiter belasten.
- Verwenden Sie immer den Befehl **no debug** oder **undebug**, sobald Sie die Debug-Werkzeuge nicht mehr benötigen.

Die in diesem Kapitel beschriebenen **debug**-Befehle der Cisco-IOS-Software sind:

- **debug serial interface** – Zeigt Informationen über die Frame-Relay- oder HDLC-Keepalive-Meldungen und andere Datenverbindungsmeldungen.
- **debug frame-relay lmi** – Zeigt Paketfelder an, um zu bestimmen, ob der Router und der Frame-Relay-Switch die LMI-Pakete korrekt senden und empfangen.
- **debug frame-relay events** – Zeigt Debugging-Informationen über die Pakete, die an einer Frame-Relay-Schnittstelle empfangen werden.

- **debug frame-relay packet** – Zeigt Debugging-Informationen über die Pakete, die aus einer Frame-Relay-Schnittstelle ausgesendet werden.

Der Befehl debug serial interface

Wenn der Befehl **show interfaces serial** anzeigt, dass die Line und das Protokoll down (inaktiv) sind, können Sie mit dem Befehl **debug serial interface** ein Taktproblem als Ursache für einen Verbindungsausfall isolieren, wie Bild 12.10 zeigt.

Bild 12.10: Die myseq-Nummern der HDLC-Keepalives nehmen zu, aber eine mineseen-Keepalive-Sequenznummer erhöht sich nicht.

```
Router# debug serial interface
Serial1: HDLC myseq 636127, mineseen 636127, yourseen 515040, line up
Serial1: HDLC myseq 636128, mineseen 636127, yourseen 515041, line up
Serial1: HDLC myseq 636129, mineseen 636129, yourseen 515042, line up

Serial1: HDLC myseq 636130, mineseen 636130, yourseen 515043, line up
Serial1: HDLC myseq 636131, mineseen 636130, yourseen 515044, line up
Serial1: HDLC myseq 636132, mineseen 636130, yourseen 515045, line up
Serial1: HDLC myseq 636133, mineseen 636130, yourseen 515046, line down
....
Illegal serial link type code xxx
```

Die Ausgabe auf den Befehl **debug serial interface** kann variieren, je nach dem WAN-Typ, der für eine Schnittstelle konfiguriert wurde: Frame-Relay oder HDLC (andere Schnittstellen sind HSSI, SMDS und X.25).

Die Ausgabe kann auch mit dem Einkapselungstyp variieren, der auf der Schnittstelle konfiguriert ist. Ebenso kann die Hardware-Plattform die Ausgabe auf den Befehl **debug serial interface** beeinflussen.

Für eine Fehlersuche auf einer Frame-Relay-Datenverbindung setzen viele Ingenieure zeitweilig die Einkapselung auf HDLC, die in Bild 12.10 gezeigt ist, um zu sehen, welcher Keepalive-Verkehr vorhanden ist. Dieses Verfahren wird aus folgendem Grund eingesetzt: Wenn die LMI für das Frame-Relay inaktiv ist, wird die Schnittstelle mit der Frame-Relay-Einkapselung keine Keepalive-Werte erzeugen können.

Wenn sich die Keepalive-Werte nicht in jeder nachfolgenden Ausgabezeile erhöhen, besteht ein Takt- oder ein Leitungsproblem an einem Ende der Verbindung.

Die Feldwerte zeigen:

- mineseq – Das von der lokalen Seite gesendete Keepalive
- yourseen – Das von der anderen Seite gesendete Keepalive
- mineseen – Das lokale Keepalive, das von der anderen Seite gesehen wurde

Bild 12.10 zeigt, dass der externe Router nicht alle Keepalives empfängt, die der lokale Router sendet. Das DTE sendet eine Sequenznummer aus und erwartet dieselbe Sequenznummer vom anderen Ende in einem gültigen Paket zurück.

Wenn sich die Werte in den Feldern *myseq* und *mineseen* um mehr als zwei in sechs aufeinanderfolgenden Keepalive-Ereignissen unterscheiden (z.B. war 636130 das letzte *mineseen*, aber 636131 bis 636133 wurden nicht gesehen), dann geht die Leitung down und die Schnittstelle wird zurückgesetzt. Daraufhin wird das Line-Protokoll deaktiviert und jedes Protokoll der Schicht 3 wird die Verbindung als nicht verfügbar ansehen. Die Frame-Relay-LMI versucht weiterhin einen gültigen Keepalive-Dialog aufzunehmen. Wenn die LMI drei aufeinanderfolgende myseq/mineseen-Kennzeichen empfängt, bringt sie die Leitung wieder hoch. Die yourseen-Werte, die vom gegenüberliegenden Ende erzeugt werden (z.B. 515040 bis 515046) zählen korrekt hoch. Der Frame-Fluss von der gegenüberliegenden Seite zur lokalen Seite funktioniert. Das weiter zu überprüfende Problem ist der Frame-Fluss von dieser Seite zur anderen Seite.

Die illegale serielle Verbindungsmeldung wird angezeigt, wenn die Einkapselung Frame-Relay (oder HDLC) ist und der Router versucht, ein Paket zu senden, das einen unbekannten Pakettyp enthält.

Im weiteren Verlauf dieses Kapitels werden Sie mehr über den Frame-Relay-Betrieb in den Beschreibungen zu den Befehlen **debug frame-relay events** und **debug frame-relay packet** erfahren.

Der Befehl debug frame-relay lmi

Mit dem Befehl **debug frame-relay lmi** können Sie den LMI-Austausch überprüfen. Die ersten vier Ausgabezeilen in Bild 12.11 beschreiben einen LMI-Austausch. Die erste Zeile beschreibt die LMI-Anfrage, die der Router an den Switch gesendet hat. Die zweite Zeile beschreibt die LMI-Antwort, die der Router vom Switch empfangen hat.

*Bild 12.11:
Mit dem Befehl
debug frame-
relay lmi können
Sie den LMI-
Austausch über-
prüfen.*

```
Router#debug frame-relay lmi
Serial 1 (out): StEnq, clock 20212760, myseq 206, mineseen 205,
yourseen 136, DTE up
Serial 1 (in): Status, clock 20212764, myseq 206
RT IE 1, length 1, type 1
KA IE 3, length 2, yourseq 138, myseq 206
....
Serial 1 (out): StEnq, clock 20252760, myseq 210, mineseen 209,
yourseen 144, DTE up
Serial 1 (in): Status, clock 20252764, myseq 210
RT IE 1, length 1, type 1
KA IE 3, length 2, yourseq 146, myseq 210
PVC IE 0x7, length 0x6, dlci 400, status 0, bw 56000
PVC IE 0x7, length 0x6, dlci 401, status 0, bw 56000
```

Die *(out) StEnq* ist eine vom Router gesendete LMI-Statusanfrage und die *(in) Status* ist die Antwort vom Frame-Relay-Switch. Die Zahl hinter *mineseen* ist die Nummer des letzten Keepalives, das vom Switch als korrekt akzeptiert wurde.

Die dritte und die vierte Zeile beschreiben die Antwort des Switch auf diese Anfrage. Das RT IE ist ein Report-Typ-Informations-Element für Keepalives mit seq- und seen-Werten, mit denen die Keepalives nummeriert werden.

Durch den clock-Wert können Sie die vergangenen Millisekunden des Systemtakts zwischen einzelnen Meldungen oder Ereignissen überprüfen.

Die ersten vier Zeilen stellen einen LMI-Austausch dar, die letzten sechs Zeilen (nach den ....) zeigen eine vollständige LMI-Statusmeldung mit PVC-Informationen. Die PVC-Informationselemente enthalten die DLCI, status 0 (hinzugefügt/inaktiv) und die festgelegte (comitted) Info-Rate (CIR) von 56 Kbps.

Da der Befehl **debug frame-relay lmi** nicht sehr viel Ausgabe erzeugt, können Sie ihn jederzeit ausführen, auch während Spitzenverkehrszeiten, ohne dass andere Benutzer im System besonders behindert werden.

Der Befehl debug frame-relay events

Mit dem Befehl **debug frame-relay events** können Sie die empfangenen Pakete analysieren. Da der Befehl **debug frame-relay events** sehr viel Ausgabe erzeugt, sollten Sie ihn jedoch nur einsetzen, wenn der Verkehr im Frame-Relay-Netzwerk unter 25 Pakete pro Sekunde liegt.

Mit der Ausgabe auf den Befehl **debug frame-relay events** können Sie den eingehenden Verkehr untersuchen und bestimmen, welche Applikation eine DLCI verwendet. In Bild 12.12 sind alle Pakete auf serial0 und serial1 eingehend (durch ein i gekennzeichnet).

```
Router#debug frame-relay events
Serial0(i): dlci 500(0x7C41), pkt type 0x800, datagramsize 24
Serial1(i): dlci 1023(0xFCF1), pkt type 0x309, datagramsize 13
Serial0(i): dlci 500(0x7C41), pkt type 0x800, datagramsize 24
Serial1(i): dlci 1023(0xFCF1), pkt type 0x309, datagramsize 13
Serial0(i): dlci 500(0x7C41), pkt type 0x800, datagramsize 24
```

Bild 12.12: Sie können den Befehl debug frame-relay events in einem Netzwerk ausführen, in dem der Verkehr schwächer als 25 Pakete pro Sekunde ist (wegen der Belastung durch die Verarbeitung und die Ausgabe auf den debug-Befehl).

In der ersten hervorgehobenen Zeile in Bild 12.12 lässt sich ablesen, dass die Frame-Relay-Pakete, die auf der Verbindung serial 0 DLCI 500 empfangen werden, IP-Pakete aus 10-Mbps-Netzen mit einer Größe von 24 Byte sind. In der zweiten hervorgehobenen Zeile in Bild 12.12 lässt sich ablesen, dass die Frame-Relay-Pakete, die auf der Verbindung serial 1 DLCI 1023 empfangen werden, ANSI-LMI-Meldungen mit einer Größe von 13 Byte sind. Es gibt viele andere Pakettyp-Kodierungen. Cisco-Router können auch den Ethernettyp verwenden, der im *pkt type*-Feld kodiert ist.

Mögliche Pakettyp-Werte für die Signalisierung sind:

– 0x308 – Signalmeldung; nur gültig bei einer DLCI von 0

– 0x309 – LMI-Meldung; nur gültig bei einer DLCI von 1023

Die möglichen Ethernet-Typen-Codes sind Folgende:

– 0x0201 – IP in einem 3-Mbyte-Netzwerk

– 0xCC – RFC 1294 (nur für IP)

– 0x0800 – IP in einem 10-Mbyte-Netzwerk

– 0x0806 – IP-ARP

– 0x0808 – Frame-Relay-ARP

– 0x8035 – RARP

– 0x8038 – Digitaler Spanning-Tree

– 0x809b – Apple-EtherTalk

– 0x80f3 – AppleTalk-ARP

– 0x8137 – IPX

– 0x9000 – Ethernet-Loopback-Paket-IP pkt type

Die möglichen HDLC-Typen-Codes sind folgende:

- 0x1A58 – IPX, Standardform
- 0xFEFE – CLNS
- 0xEFEF – ES-IS
- 0x1998 – Unkomprimiertes TCP
- 0x1999 – Komprimiertes TCP
- 0x6558 – Serielles Verbindungs-Bridging

Der Befehl debug frame-relay packet

Mit dem Befehl **debug frame-relay packet** können Sie die ausgesendeten Pakete analysieren, wie Bild 12.13 zeigt. Da der Befehl **debug frame-relay packet** sehr viel Ausgabe erzeugt, sollten Sie ihn jedoch nur einsetzen, wenn der Verkehr im Frame-Relay-Netzwerk unter 25 Paketen pro Sekunde liegt.

Bild 12.13: Der Befehl debug frame-relay packet zeigt Details über gesendete Pakete an.

```
Router#debug frame-relay packet
Serial0: broadcast = 1, link 809B, addr 65535.255
Serial0(o): dlci 500 type 800 size 24
Serial0: broadcast = 0, link 809B, addr 10.2
Serial0(o): dlci 100 type 809B size 104
Serial0: broadcast search
Serial0(o): dlci 300 type 809B size 24
Serial0(o): dlci 400 type 809B size 24
```

Die Frame-Relay-Pakete, die über die Verbindung serial 0 DLCI 500 gesendet wurden, sind AppleTalk-Pakete mit einer Größe von 24 Byte. Die Adressen (addr) stammen vom AppleTalk.

Wenn der Broadcast-Wert eine 1 zeigt, ist der Wert eine Broadcast-Adresse. Wenn der Broadcast-Wert eine 0 zeigt, dann ist die Adresse für ein bestimmtes Ziel (es ist also kein Broadcast). Ein broadcast search sucht nach einem Protokoll-Maplisten-Eintrag für jede Adresse, die das Schlüsselwort *broadcast* enthält.

Das type-Feld verwendet dieselben Pakettypen-Codes, die auch mit dem Befehl **debug frame-relay** verwendet werden.

12.2.3 Die Loopback-Tests für das Frame-Relay

Mit Loopback-Tests können Sie das Ausmaß eines Verbindungsproblems auf der Schicht 2 des Frame-Relays bestimmen. Sie können einige Fakten sammeln, bevor Sie den Anbieter der Standleitung oder den Frame-Relay-Service-Provider kontaktieren.

Wenn Sie noch keine klare Aussage darüber treffen können, wo sich das Problem befindet, sollten Sie Loopback-Tests in der folgenden Reihenfolge ausführen (siehe Bild 12.14):

1. Führen Sie den lokalen Loopback-Test mit der LMI aus (auf der Seite von Router A).
2. Versuchen Sie den lokalen Test auf der anderen LMI-Seite (auf der Seite von Router B).
3. Wenn sich die LMIs aktivieren lassen (z.B. 1023 für die Cisco-LMI), Sie aber keine Nicht-LMI-DLCI an die gegenüberliegende Schnittstelle übergeben können, um anderen Verkehr zu übertragen, sollten Sie den Service-Provider kontaktieren.
4. Der Frame-Relay-Service kann externe Loop-Tests ausführen und wird eher zu deren Ausführung bereit sein, wenn Sie bereits die lokalen Schleifen als möglichen Grund des Problems ausgeschlossen haben.

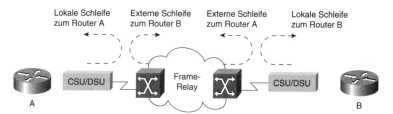

Bild 12.14: Es gibt mehrere Punkte, an denen Frame-Relay-Loopback-Tests eingesetzt werden können.

12.3 Zusammenfassung

Dieses Kapitel liefert einen Überblick über mögliche serielle und Frame-Relay-Verbindungsprobleme. Er betrachtet auch die **show**- und **debug**-Befehle sowie den Einsatz der Loopback-Tests, mit denen diese Probleme isoliert werden können.

12.4 Test 12: Die Diagnose und die Behebung von Frame-Relay-Problemen

Geschätzte Zeit: 15 Minuten

Lösen Sie alle Aufgaben, um Ihr Wissen über die in diesem Kapitel enthaltenen Themen zu überprüfen. Die Antworten finden sich im Anhang A, »Antworten zu den Tests«.

Beantworten Sie die folgenden Fragen anhand der in diesem Kapitel enthaltenen Informationen:

Frage 12.1

Das Frame-Relay ist ein Datenverbindungsprotokoll der Schicht 2.

- Wahr
- Falsch

Frage 12.2

Die verwendbaren LMI-Typen sind Cisco, IETF und ANSI.

- Wahr
- Falsch

Frage 12.3

Endgeräte an zwei verschiedenen Enden einer Verbindung müssen dieselbe DLCI verwenden.

- Wahr
- Falsch

Frage 12.4

Die FECN wird gesetzt, um das DTE, das den Frame empfängt, über die Stauung zu informieren, die auf dem Pfad auftritt.

- Wahr
- Falsch

Frage 12.5

Die Erlaubnis zum Verwerfen (Discard-Eligibility) ist ein einfacher Prioritätsmechanismus.

- Wahr
- Falsch

Frage 12.6

Nennen Sie mindestens drei **show**-Befehle, die bei einer Fehlersuche auf WAN- und Frame-Relay-Verbindungen von Nutzen sind.

KAPITEL 13
Die Diagnose und die Behebung von ISDN-BRI-Problemen

Die Integrated-Services-Digital-Network-(ISDN-)Dienste fassen rapide in den Netzwerk- und Kommunikationsbereichen Fuß. Immer mehr Netzwerkumgebungen wechseln auf das ISDN, um eine ganze Reihe von Verbindungsproblemen in Wide-Area-Netzwerken zu lösen. Das ISDN gewinnt vor allem Akzeptanz in Telearbeitsplatz-Applikationen, bei Datenübertragungen mit sehr hohen Geschwindigkeiten und bei Videokonferenzen.

Das Ziel dieses Kapitels ist die Betrachtung von speziellen Fehlersuchtipps für die ISDN-Basic-Rate-Schnittstellen-(BRI-)Vernetzung über Cisco-Router-Schnittstellen. Eine andere Möglichkeit des ISDN-Dienstes bietet die Primary-Rate-Schnittstelle (PRI), die in Nordamerika und in Japan 23 B-Kanäle und einen D-Kanal besitzt und damit eine maximale Bitrate von 1,544 Mbps ermöglicht (der PRI-D-Kanal läuft mit 64 Kbps). Die ISDN-PRI in Europa, Australien und anderen Teilen der Welt besitzt 30 B-Kanäle und einen 64-Kbps-D-Kanal und damit eine gesamte Übertragungsrate von 2,048 Mbps.

13.1 Die Isolierung von Problemen in ISDN–BRI-Netzwerken

Bild 13.1 zeigt ein Flussdiagramm zur Isolierung von Problemen mit einer ISDN-BRI-Verbindung in einem Wide-Area-Netzwerk (WAN). Wie Sie sehen können, beginnt die Fehlersuche auf der physikalischen Schicht und steigt dann auf.

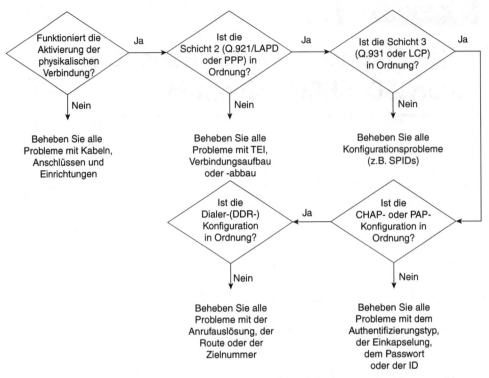

Bild 13.1: Mit diesem Flussdiagramm zur ISDN-Fehlersuche können Sie Ihren Problemlösungsprozess koordinieren.

Die Tabelle 13.1 listet allgemeine serielle Probleme und deren Symptome auf. Die Tabelle 13.2 listet spezielle Probleme mit ISDN-BRI-Verbindungen auf und die Tabelle 13.1 listet mögliche Lösungen für ISDN-BRI-Probleme auf.

Tabelle 13.1: Allgemeine serielle Symptome und mögliche Probleme.

Symptom	Mögliche Probleme
Aussetzende Verbindungen	– Fehlerhafte Router-Schnittstellenkarte oder Kabel – Fehlerhaftes NT1 oder fehlerhafte Telefonanlage – Taktproblem – Verstopfte/überlastete serielle Verbindung
Verbindung fällt aus, wenn sich die Last erhöht	– Schadhafte serielle Verbindung – Verstopfte/überlastete serielle Verbindung
Verbindungen fallen täglich zu einem bestimmten Zeitpunkt aus	– Verstopfte/überlastete serielle Verbindung

Symptom	Mögliche Probleme
Verbindungen fallen nach einiger Zeit des normalen Betriebs aus	– Ungeschirmte Kabel befinden sich zu nahe an EMI-Quellen. – Die Hardware in der seriellen Verbindung ist ausgefallen. – Fehlerhafte Routing-Tabellen (flatternde Verbindungen). – Fehlende Puffer oder andere Software-Probleme.
Die Verbindung hat noch nie funktioniert. Fehlerhafte Router-Schnittstellenkarte oder Kabel	– Die serielle Verbindung wurde nicht eingerichtet oder sie ist ausgefallen. – Suchen Sie mit dem Befehl **show interfaces serial** nach Fehlern und tauschen Sie bei Bedarf die Karte oder das Kabel aus. – Überprüfen Sie mit dem Befehl **show controllers** das verwendete Kabel und überprüfen Sie, ob das Kabel physikalisch richtig installiert ist.
Fehlerhaftes NT1 oder fehlerhafte Telefonanlage	– Suchen Sie mit dem Befehl **show interfaces serial** nach eingehenden Fehlern und ersetzen Sie bei Bedarf das NT1. Kontaktieren Sie Ihren Telekommunikationsanbieter.
Taktproblem	– Überprüfen Sie, ob das richtige Gerät den Systemtakt erzeugt. – Überprüfen Sie die Kabellänge. – Verringern Sie die Übertragungsgeschwindigkeit.
Verstopfte/überlastete serielle Verbindung	– Reduzieren Sie den Broadcast-Verkehr. – Verwenden Sie einen Protokoll-Analyzer, um das Verhalten von Applikationen zu überprüfen (z.B. umfangreiche Dateiübertragungen während Spitzenzeiten). – Implementieren Sie das Prioritäts-Queuing. – Passen Sie die Hold-Queue- und die Puffergrößen unter Zuhilfenahme eines technischen Supportmitarbeiters an. – Vergrößern Sie die Bandbreite, ziehen Sie eine zusätzliche Einwahlmöglichkeit in Betracht.

Tabelle 13.1: Allgemeine serielle Symptome und mögliche Probleme (Fortsetzung).

Tabelle 13.2: ISDN-BRI-Symptome und mögliche Probleme.

Symptom	Mögliche Probleme
Der ISDN-Router wählt nicht.	– Es ist kein ISDN-Switch festgelegt oder es existiert keine Route. – Falsche Service-Profile-ID (SPID) oder falsche Einwahl- bzw. Auswahlnummer. – Falsche Dial-on-Demand-Routing- (DDR-) Aussage (z.B. **dialer-list**, **dialer-group**, **dialer map** oder **dialer string**).
Benutzer kann sich nicht verbinden.	– Fehlerhafte Router-Schnittstellenkarte oder Kabel. – Der Switch ist fehlerhaft konfiguriert. – Der Router ist fehlerhaft konfiguriert.
Der ISDN-Anruf vom Router kommt nicht an.	– Fehlerhafte Router-Schnittstellenkarte oder Kabel. – Die ISDN-Kabel sind nicht richtig angeschlossen. – Die angefragte Einrichtung wurde nicht angemietet.
Der lokale ISDN-Router kann den gegenüberliegenden Router nicht an**pingen**.	– CHAP-Problem. – Der Router ist fehlerhaft für das ISDN konfiguriert (die Dialer-Map zeigt nicht auf die gegenüberliegende Schnittstelle oder das DDR ist fehlerhaft konfiguriert). – Fehlerhafte Routing-Tabellen.
Der zweite ISDN-B-Kanal kommt nicht hoch.	– Problem mit dem ISDN-Lastgrenzwert. – Der Router ist fehlerhaft für den zweiten ISDN-B-Kanal konfiguriert.

Tabelle 13.3: ISDN-BRI-Probleme und mögliche Lösungen.

Problem	Mögliche Lösung
Der Router ist fehlerhaft für das ISDN konfiguriert.	– Führen Sie den Befehl **show running-config** aus, um den Befehl **no shutdown** zu finden, und verwenden Sie den Befehl **dialer-list**, um festzulegen, welche Pakete die Einwahl verursachen. – Überprüfen Sie die Adresse des nächsten Knotens mit dem Befehl **dialer map** und ändern Sie sie bei Bedarf. Ab der Cisco-IOS-Version 12.0 wurde dieser Befehl durch den Befehl **show system running-config** ersetzt.
Die ISDN-Kabel sind nicht richtig angeschlossen.	– Stellen Sie sicher, dass der S0-Bus richtig terminiert ist.

Problem	Mögliche Lösung
Die angefragte Einrichtung wurde nicht angemietet.	– Stimmen Sie die SPIDs, die Telefonnummer, die Konfiguration und den Switch-Typ mit dem Service-Provider ab.
CHAP-Problem	– Überprüfen Sie die Benutzernamen- und Passwort-Statements.
Problem mit dem ISDN-Lastgrenzwert	– Stellen Sie sicher, dass sich der Befehl **dialer load-threshold** in der Konfiguration befindet. – Falls nötig, verringern Sie den Dialer-Load-Grenzwert auf einen Wert, der den zweiten B-Kanal aktiviert.

Tabelle 13.3: ISDN-BRI-Probleme und mögliche Lösungen (Fortsetzung).

13.1.1 Ein Überblick über die Fehlersuchbefehle

Bild 13.2 zeigt eine Zusammenstellung der Befehle, die in diesem Kapitel betrachtet werden und inwieweit jeder Befehl zur Fehlersuche beitragen kann.

Diese Befehle werden im folgenden Abschnitt näher erklärt.

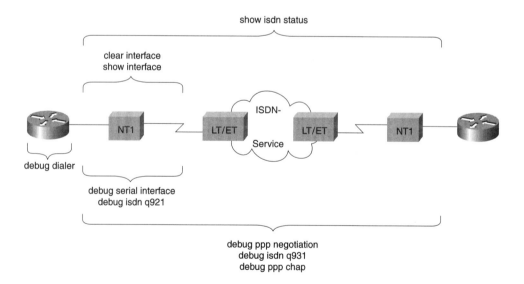

Bild 13.2: Der am besten geeignete Befehl bestimmt sich durch die Komponente der Verbindung, die Sie untersuchen wollen.

13.2 Die Diagnosewerkzeuge für die ISDN-BRI

In diesem Abschnitt werden Sie lernen, wie Sie die **show-** und die **debug-**Befehle einsetzen, um ISDN-Probleme zu identifizieren.

13.2.1 Die show-Befehle der ISDN-BRI

Als einen ersten Test zur Untersuchung einer ISDN-BRI sollten Sie versuchen, das gegenüberliegende ISDN-Ziel anzu**ping**en. Dies testet das DDR, das den Anruf auslöst, und anschließend die Fähigkeit, die BRI-Verbindung zu benutzen.

Wenn ein **ping** keinen Erfolg zeigt, fahren Sie mit anderen Fehlersuchmethoden fort. Die **show**-Befehle liefern Informationen über die Schnittstellenzustände, den Protokollstatus und wie der Dialer (der DDR-Prozess) einen ISDN-Anruf initiiert. Sie können auch den Befehl **traceroute** ausführen, um den Pfad zwischen IP-Geräten zu überprüfen.

Die folgenden Befehle können Sie einsetzen, um ISDN-Probleme zu isolieren:

- **clear interface bri** *Nummer* – Setzt die logische Hardware einer BRI-Schnittstelle zurück, wobei die *Nummer* die Portnummer (oder Slot/Port-Nummer) ist. Mit diesem Befehl setzen Sie die Zähler auf Null, wenn Sie die zu überprüfenden Zähler neu starten wollen.

- **show interfaces bri** *Nummer* – Zeigt Informationen über den BRI-D-Kanal für die Schnittstelle mit der angegebenen *Nummer*.

- **show interfaces bri** *Nummer* 1 2 – Zeigt Informationen über die BRI-B-Kanäle 1 und 2 für die Schnittstelle mit der angegebenen *Nummer*.

- **show controllers bri** – Zeigt Informationen über den BRI-Controller, einschließlich dem Aktivierungszustand der Schicht 1.

- **show isdn status** – Zeigt Informationen darüber, welcher ISDN-Switch verwendet wird, und über den Status der Schichten 1, 2 und 3 für BRI-Verbindungen.

- **show dialer interface bri** *Nummer* – Zeigt Informationen über die DDR-Wählfolge, den Einwählstatus und die Einstellungen der Zeitgeber.

Kapitel 13 • Die Diagnose und die Behebung von ISDN-BRI-Problemen

- **show ppp multilink** – Zeigt Informationen über gebündelte BRI-B-Kanäle, die eine erweiterte Version der Point-to-Point-Protokoll-(PPP-)Einkapselung verwendet.

> **ANMERKUNG**
>
> Bei einer WAN-Fehlersuche empfehlen Cisco-Ingenieure, dass Sie den Cisco-IOS-Befehl **service timestamps** verwenden. Dieser Befehl setzt einen Zeitstempel auf jede Debug- oder Log-Meldung. So können Sie wertvolle Informationen darüber erhalten, wann die Debug-Elemente auftraten und wieviel Zeit zwischen den Ereignissen verging. Sie können festlegen, dass das Zeitmaß für die Debug- oder Log-Ereignismeldungen verwendet wird. Sie können festlegen, dass sich die Anzeige auf die Uptime bezieht (wie viel Zeit seit dem letzten Neustart des Systems verging) oder auf die Datetime (Datum und Uhrzeit werden angezeigt). Zudem können Sie festlegen, dass die Cisco IOS-Software auch die Millisekunden oder die lokale Zeitzone im Zeitstempel anzeigt.
>
> Es folgen einige Beispiele dieses Befehls:
>
> - service timestamps debug uptime – Zeichnet die Zeit zusammen mit der Debug-Ausgabe auf, wobei der Systemtakt verwendet wird, der auch von außen stammen kann, wie z.B. vom Network-Time-Protokoll (NTP).
>
> - service timestamps log datetime msec – Zeichnet das Datum und die Uhrzeit durch **datetime** und die Millisekunden durch **msec** auf.

Einige der Schlüsselinhalte aus diesen Befehlsausgaben erscheinen in den folgenden Abschnitten.

Der Befehl show interfaces bri

Die BRI bietet 192 Kbps für den Einsatz an kleinen Datenkonzentrationspunkten. Die Schnittstelle erzeugt die Kanäle. Jede BRI-Schnittstelle besitzt zwei 64-Kbps-Datenkanäle (B-Kanäle) und einen 16-Kbps-Signalkanal (D-Kanal), wie Bild 13.3 zeigt. Der BRI-Dienst wird häufig auch als 2B+D bezeichnet.

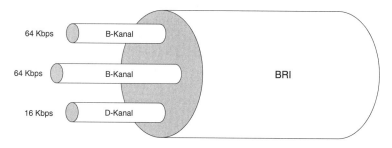

Bild 13.3: Der ISDN-B-Kanal überträgt 64 Kbps und der D-Kanal 16 Kbps.

Die *Bandbreite* (pipe size) legt die maximale Datenmenge fest, die gleichzeitig übertragen werden kann. In vielen Fällen ist die Bandbreite weniger entscheidend wie die Benutzerapplikation, die die Verbindung füllt (z.B. stoßweiser Verkehr im Vergleich zu einem eher gleichmäßigen Datenfluss). Die kombinierten B-Kanäle bieten nicht unbedingt dieselbe Kapazität wie ein 128-Kbps-Kanal, weil die Übertragungsrate nicht proportional zu den gesendeten Paketen ist.

Wenn Sie eine Fehlersuche ausführen, können Sie sich auf diese spezifischen Komponenten des BRI-Dienstes konzentrieren, sowie auf die 48 Kbps mit Overhead-Bits, die auch im 48 Bit großen BRI-Frame gesendet werden.

In Bild 13.4 wird eine Beispielausgabe auf den Befehl **show interfaces bri** gezeigt. Die Meldung »Line protocol is up (spoofing)« zeigt die D-Kanal-Information, dass die Schnittstelle behauptet, aktiv zu sein.

Bild 13.4: Die Meldung »Line protocol is up (spoofing)« ist eine D-Kanal-Information.

```
Router# show interface bri 0
BRI0 is up, line protocol is up (spoofing)
Hardware is BRI
Internet address is 1.1.2.1, subnet mask is 255.255.255.0
MTU 1500 bytes, BW 56179 Kbit, DLY 20000 usec, rely 255/255, load 1/255
Encapsulation PPP, loopback not set
Last input never, output 0:00:09, output hang never
Last clearing of »show interface« counters never
Output queue 0/40, 0 drops; input queue 0/75, 0 drops
Five minute input rate 0 bits/sec, 0 packets/sec
Five minute output rate 0 bits/sec, 0 packets/sec
1948 packets input, 11442 bytes, 0 no buffer
 Received 392 broadcasts, 0 runts, 0 giants
 0 input errors, 0 CRC, 0 frame, 0 overrun, 0 ignored, 0 abort
1961 packets output, 12249 bytes, 0 underruns
0 output errors, 0 collisions, 33 interface resets, 0 restarts
24 carrier transitions
```

Spoofing (zu Deutsch schwindeln) bedeutet nicht unbedingt, dass der D-Kanal oben (aktiv) ist. Es könnte auch sein, dass gar keine Leitung an der Schnittstelle angeschlossen ist. Spoofing bedeutet einfach, dass das DDR der Schicht 3 »angelogen« wird, damit ein Routing-Eintrag im Router aufrecht erhalten wird. Durch diesen Routing-Eintrag kann das DDR aufwachen und eine Einwahl zu dem ISDN-Netzwerk auslösen, wenn Benutzerverkehr die Verbindung beansprucht.

Kapitel 13 • Die Diagnose und die Behebung von ISDN-BRI-Problemen

Der Router im Beispiel wurde gerade erst gestartet. Wenn ein Router einen längeren Zeitraum in Betrieb war, sollten Sie mit dem Befehl **clear interface bri 0** die Zähler der Schnittstelle zurücksetzen. Durch diesen leeren Zählerzustand können Sie eine Startzeit für viele Ausgabenfelder im **show interfaces**-Befehl setzen.

Der Befehl show interfaces bri number 1 2

Wenn Sie die Variante des Befehls **show interfaces bri** ausführen, die die Kanalnummer festlegt, können Sie eine Ausgabe über einen oder beide B-Kanäle auf der BRI erhalten, wie Bild 13.5 zeigt.

```
Router# show int bri 0 1
BRI0: B-Channel 1 is down, line protocol is down
  Hardware is BRI
  MTU 1500 bytes, BW 64 Kbit, DLY 20000 usec, rely 255/255, load 1/255
  Encapsulation PPP, loopback not set, keepalive set (10 sec)
  Last input never, output never, output hang never
  Last clearing of »show interface« counters never
  Output queue 0/40, 0 drops; input queue 0/75, 0 drops
  Five minute input rate 0 bits/sec, 0 packets/sec
  Five minute output rate 0 bits/sec, 0 packets/sec
     0 packets input, 0 bytes, 0 no buffer
     Received 0 broadcasts, 0 runts, 0 giants
     1 input errors, 0 CRC, 0 frame, 0 overrun, 0 ignored, 1 abort
     0 packets output, 0 bytes, 0 underruns
     0 output errors, 0 collisions, 39 interface resets, 0 restart
     7 carrier transitions
```

Bild 13.5: Das Befehlsargument 1 bezieht sich auf den BRI-Kanal B1.

Mögliche Gründe für einen inaktiven Kanal (down) sind:

– Das Protokoll ist nicht aktiv (down).

– Die Schnittstelle ist nicht aktiv.

– Die Verkabelung ist nicht korrekt.

– Es besteht ein Problem mit Ihrem Telekommunikationsanbieter (die Leitung ist nicht aktiv oder sie ist nicht mit dem Switch verbunden).

– Es besteht ein Hardware-Ausfall (z.B. Routerport/Karte).

Die Befehle show controllers bri und show isdn status

Die Befehle **show controllers bri** und **show isdn status** liefern Fehlersuchinformationen über den erstmaligen Aktivierungsprozess einer ISDN-Verbindung auf der Schicht 1.

Betrachten wir zuerst die Elemente und die Funktionalität der Schicht 1.

Standard-ISDN-BRI-Rollen und Schnittstellen-Referenzpunkte

Sie sollten Ihre Bemühungen bei der Untersuchung Ihres ISDN-Netzwerks auf die lokale Schleife richten. Das ISDN-Central-Office (CO) wird als die Netzwerkseite der lokalen ISDN-Schleife betrachtet. Die Leitungs-Terminierung/Exchange-Terminierung (LT/ET) verwaltet die Terminierung der lokalen Schleife und die Switching-Funktionen. Bild 13.6 zeigt alle diese Elemente.

Auf der Kundenseite wird die lokale ISDN-Schleife durch einen Netzwerkterminierungstyp 1 (NT1) terminiert. Der NT1 ist verantwortlich für die Überwachung der Leitungsperformance, den Takt, die physikalische Signal-Protokoll-Umwandlung, die Stromversorgung und das Multiplexing der B- und D-Kanäle.

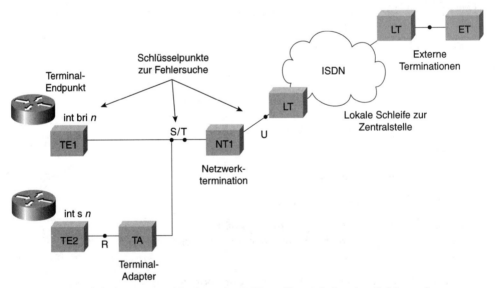

Bild 13.6: Die lokale ISDN-Schleife ist der Schlüsselbereich für eine Fehlersuche.

Es gibt noch zwei weitere zu erwähnende ISDN-Geräte: das Terminal-Equipment (TE) und die Terminal-Adapter (TAs). Das TE ist ein Endbenutzergerät wie z.B. ein digitales Telefon oder eine Workstation:

- Reine ISDN-Terminals werden als Terminal-Equipment-Typ 1 (TE1) bezeichnet. TE1s sind mit dem ISDN-Netzwerk durch ein vieradriges, digitales Twisted-Pair-Kabel verbunden.

- Nicht-ISDN-Terminals wie z.B. DTEs, die älter als die ISDN-Standards sind, werden als Terminal-Equipment-Typ 2 (TE2) bezeichnet. TE2s sind mit dem ISDN-Netzwerk durch Terminal-Adapter verbunden. Der ISDN-TA kann entweder ein eigenständiges Gerät oder in einem TE2 integriert sein.

  Wenn das TE2 ein eigenständiges Gerät ist, ist es mit dem TA über eine physikalische Standardschnittstelle verbunden. Beispiele sind EIA/TIA-232-C, V.24 und V.35. Der TA führt die notwendige Protokollumwandlung durch, um Nicht-ISDN-(TE2-)Equipment den Zugang in das ISDN-Netzwerk zu ermöglichen.

Referenzpunkte sind allgemeine Begriffe, die in einer Fehlersuche verwendet werden, um eine Komponente der lokalen Schleife des Netzwerks zu bezeichnen. Hersteller und Provider des ISDN verwenden die Referenzpunkte R, S, T und U, die in Bild 13.16 gezeigt sind:

- Referenzpunkt R – Die Schnittstelle zwischen Nicht-ISDN-Terminal-Equipment (TE2) und einem TA. Der TA ermöglicht es dem TE2, im Netzwerk wie ein ISDN-Gerät zu erscheinen. Für den R-Referenzpunkt gibt es keinen Standard. Hersteller können aus einer ganzen Reihe von verschiedenen physikalischen Verbindungen und Kommunikationsschemata wählen.

- Referenzpunkt S – Die Schnittstelle zwischen ISDN-Benutzerequipment, also entweder dem TE1 oder dem TA und dem NT2 oder dem NT1.

- Referenzpunkt T – Die Schnittstelle zwischen dem Switching-Equipment auf der Kundenseite (NT2) und der lokalen Schleifenterminierung (NT1).

  Die Internationale Telekommunikations-Union (ITU, früher Internationales Telegraphen- und Telephon-Consultative-Committee [CCITT]) legt bestimmte Protokolle für die S- und T-Referenzpunkte fest.

Wenn kein NT2-Equipment vorhanden ist, wird die Benutzer-Netzwerk-Schnittstelle (UNI) gewöhnlich als *S/T-Referenzpunkt* bezeichnet. Die S/T-Schnittstelle ist ein Schlüsselbereich für die Fehlersuche, die in diesem Kapitel betrachtet wird.

Gewöhnlich ist die S/T-Schnittstelle ein vieradriges Kabel, das die vorhandene Anlage verlängert. Dieses Kabel besitzt ein Anschlusspaar zur Übertragung und ein Anschlusspaar für den Empfang.

- Referenzpunkt U – Die Schnittstelle, an der die Übertragung zwischen dem NT1 und dem LE erfolgt.

Gewöhnlich ist die U-Schnittstelle ein zweiadriges Kabel, um die Materialkosten zu reduzieren. Dieses Kabel verwendet eine Frequenz-Divisions-Multiplex-Technik und die Echo-Unterdrückung für einen schnellen gegenseitigen Wechselbetrieb des Half-Duplex, der den Full-Duplex-Betrieb simuliert.

Sowohl die S/T- als auch die U-Schnittstellen können eine Full-Duplex-Kommunikation betreiben.

13.2.2 Die Fehlersuche auf der S/T-Schnittstelle der Schicht 1

Wie Bild 13.7 zeigt, verwendet der vieradrige Dienst auf der S/T-Schnittstelle ein RJ-45-Kabel und einen RJ-45-Stecker.

Die mechanischen Vorgaben für den ISDN-Stecker sind durch den ISO-Standard 8877 festgelegt. Für das ISDN werden die Anschlüsse 3, 4, 5 und 6 verwendet. Wenn Sie einen Fehler suchen, überprüfen Sie, ob Ihre Kabel und Stecker die richtigen für das BRI sind. Suchen Sie auch nach sichtbaren Anzeichen für gebrochene Stecker oder Drähte.

Pin	Terminal-Endpunkt-(TE-) Belegung	Netzwerk-Terminier-(NT-) Funktion
1	Spannungsquelle 3 (+)	Spannungsstufe 3 (+)
2	Spannungsquelle 3 (-)	Spannungsstufe 3 (-)
3	Übertragen (+)	Senden (+)
4	Senden (+)	Übertragen (+)
5	Senden (-)	Übertragen (-)
6	Übertragen (-)	Senden (-)
7	Spannungsstufe 2 (-)	Spannungsquelle 2 (-)
8	Spannungsstufe 2 (+)	Spannungsquelle 2 (+)

Bild 13.7: Das ISDN verwendet RJ-45-Anschlüsse (ISO 8877).

Kapitel 13 • Die Diagnose und die Behebung von ISDN-BRI-Problemen

Das ISDN verwendet die elektrischen Vorgaben für die Leitungskodierung der Alternate-Mark-Inversion (AMI). Die Polaritätskennzeichen in der Tabelle für die Übertragungs- und Empfangskreise entsprechen der Polarität der Frame-Impulse.

Das BRI-Leitungs-Framing auf der S/T-Schnittstelle

Aus der Sicht der lokalen Schleife überträgt das ISDN digitale Signale zwischen zwei Punkten. Die ISDN-Frame-Formate der physikalischen Schicht (der Schicht 1) unterscheiden sich je nachdem, ob der Frame ausgehend (vom Terminal zum Netzwerk) oder eingehend (vom Netzwerk zum Terminal) ist, wie Bild 13.8 zeigt. Die Frames sind 48 Bits lang und darin enthalten sind 36 Bits Daten. Das TE, das mit der Sendung von Frames beginnt, hat einen 2-Bit-Versatz im Vergleich zu den Frames, die es vom NT empfängt.

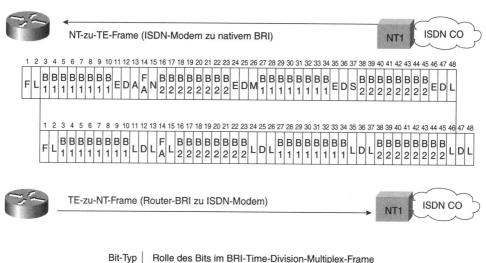

Bild 13.8: *Das ISDN verwendet verschiedene Frame-Formate auf der Schicht 1 für den ein- und den ausgehenden Verkehr.*

Der ISDN-Dienst besitzt mehrere logische Kanäle für die Signalisierung und für die Benutzerdaten. Die logischen Kanäle werden parallel mit dem Time-Division-Multiplexing (TDM) betrieben. Durch das TDM besitzt jeder Kanal einen dedizierten Time-Slot (ein Zeitfenster) auf der Verbindung. Die Übertragung erfolgt durch eine Aneinanderreihung dieser Time-Slots:

- Das TDM des ISDN verwendet die B1-, B2- und die D-Bits.
- Der Synchronisierungsmechanismus nutzt Verletzungen des Leitungscodes durch die F-, FA- und N-Bits.
- Die Kollisionsvermeidung für bis zu acht TEs auf den BRI-Subadressen nutzt den Echo-Kanal mit den E-, S- und M-Bits.
- Der elektrische Ausgleich auf 0 Volt Gleichstrom nutzt das L-Bit für eine gerade oder ungerade Anzahl von vorausgehenden Bits.
- Das Leitungsstartkennzeichen für die physikalische Schicht verwendet das A-Bit.

Der BRI-Aktivierungsprozess auf der S/T-Schnittstelle

Probleme mit dem Startvorgang der BRI-Synchronisierung und der BRI-Aktivierung auf der physikalischen Schicht sind wesentlich ernster als das Problem eines Übertragungsausfalls: Ein Übertragungsausfall betrifft nur einen Kanal, aber ein Synchronisierungsproblem betrifft alle Kanäle der Einrichtung.

Der erste Aktivierungsvorgang besteht aus fünf Schritten, die in Bild 13.9 gezeigt sind:

1. Zu Beginn ist kein Signal vorhanden und die Leitung ist in keiner Richtung aktiv (TE zu NT und NT zu TE).
2. Ein TE wird aktiv, indem es das Signal 01111110 aussendet (das 7E-High-Level-Data-Link-Control-[HDLC-]Kennzeichen).
3. Die Netzwerkseite sendet Frames mit dem A-Bit (dem Aktivierungsbit) auf 0 gesetzt (nicht aktiviert).
4. Das TE synchronisiert sich durch drei aufeinander folgende Paare von Leitungscodeverletzungen (d.h. mit F- und FA-Bits) und beginnt mit der Sendung von physikalischen Frames.
5. Das NT synchronisiert sich auch durch Leitungscodeverletzungen (durch die F- und die FA- oder N-Bits) und beginnt mit der Sendung von Frames mit dem A-Bit = 1 (aktiviert).

Kapitel 13 • Die Diagnose und die Behebung von ISDN-BRI-Problemen **603**

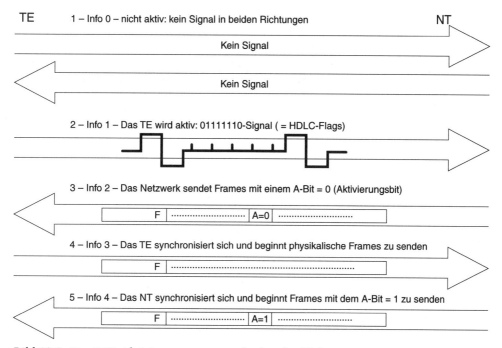

Bild 13.9: Der BRI-Aktivierungsprozess erfordert fünf Schritte.

Ab diesem Punkt ist die Schicht 1 aktiv. Sobald kein gültiges Paar mit Leitungscodeverletzungen mehr in beiden Richtungen in zwei aufeinander folgenden ISDN-Frames der Schicht 1 entdeckt wird, ging die Synchronisierung verloren.

Die Überprüfung der Aktivierung mit den Befehlen show controllers bri und show isdn status

Bild 13.10 zeigt die Ausgabe auf den Befehl **show controllers bri**. Diese zeigt die BRI-D-Kanal-Informationen und viele andere interne Controller-Werte.

```
Router#show controller bri
BRI unit 0
D Chan Info:
Layer 1 is ACTIVATED
idb 0x9F6E8, ds 0xA56F8, reset_mask 0x8
buffer size 1524
RX ring with 2 entries at 0x2101600 : Rxhead 0
00 pak=0x0AB0A4 ds=0x40CE70 status=D000 pak_size=0
(...)
```

*Bild 13.10: Mit dem Befehl **show controllers bri** können Sie D-Kanal-Informationen aufrufen.*

Bild 13.11 zeigt die Ausgabe auf den Befehl **show isdn status**. Diese zeigt eine sehr hilfreiche Zustandübersicht für alle drei ISDN-Schichten. Ingenieure verwenden diesen Befehl sehr häufig bei einer Fehlersuche, um den schnellsten Überblick über den Switch-Typ und den Status der Schnittstelle zu erhalten.

Bild 13.11: Mit dem Befehl show isdn status können Sie einen Überblick über die Schichten 1–3 erhalten.

```
Router#show isdn status
The current ISDN Switchtype = basic-net3
ISDN BRI0 interface
    Layer 1 Status:
            DEACTIVATED
    Layer 2 Status:
            Layer 2 NOT Activated
    Layer 3 Status:
            No Active Layer 3 Call(s)
    Activated dsl 0 CCBs are 0, Allocated = 0
```

Der Befehl show dialer

Der Auslöser für eine ISDN-Einwahl ist das DDR. Wie Bild 13.12 zeigt, liefert der Befehl **show dialer bri n** Informationen über den Prozess, durch den ein Cisco-Router automatisch eine circuit-(gegenseitig-)geswitchte Sitzung initiiert (und später auch beendet), wenn Übertragungsstationen dies anfordern.

Bild 13.12: Um ein Anzeichen für einen gegenüberliegenden Ausfall zu erhalten, können Sie den Befehl show dialer ausführen, um zu überprüfen, ob der gegenüberliegende Router korrekt konfiguriert ist.

```
Router#show dialer
Dial String      Successes    Failures    Last called   Last status
4155551212           1           0         00:00:00       successful
4155551213           1           0         00:00:00       successful
0 incoming call(s) have been screened.
BRI0: B-Channel 1
    Idle timer (300 secs), Fast idle timer (20 secs)
    Wait for carrier (30 secs), Re-enable (15 secs)
BRI0: B-Channel 2
    Idle timer (300 secs), Fast idle timer (20 secs)
    Wait for carrier (30 secs), Re-enable (15 secs)
```

Der Router täuscht Keepalives vor, damit die End-Stationen die Sitzung als aktiv betrachten. Das DDR erlaubt das Routing über das ISDN oder über Telefonleitungen mit Hilfe eines externen ISDN-Terminal-Adapters oder eines Modems über die BRI-Schnittstelle, die Sie festlegen.

Um ein Anzeichen für Fehler in der Dialer-Konfiguration zu erhalten, sollten Sie die Router-Konfiguration überprüfen. Überprüfen Sie vor allem die folgenden Konfigurationsbefehle:

- **dialer-list**
- **dialer-group**
- **dialer map/dialer string**

Der Befehl show ppp multilink

Wenn Sie BRIs untersuchen, die das Multilink-PPP (MLP) oder das Multilink-Multichassis-PPP (MMP) verwenden, sollten Sie mit demselben Befehl beginnen: **show ppp multilink**. Die Ausgabe enthält zusammenfassende und Konfigurationsinformationen über die Bündel- oder Stack-Gruppen, die Sie eingerichtet haben.

Die BRI-Kanäle können für das inverse Multiplexing in einem MLP-Bündel zusammengefasst werden, wie Bild 13.13 zeigt. Das MLP wurde konzipiert, um über einzelne oder mehrere Schnittstellen betrieben zu werden, die zur Unterstützung von Dial-on-Demand-Rotary-Gruppen und für die PPP-Einkapselung konfiguriert wurden.

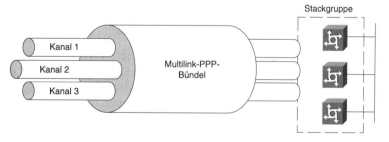

Bild 13.13: Bündel mit mehrfachen Verbindungen werden wie eine virtuelle PPP-Sitzung behandelt.

Wie Bild 13.14 zeigt, können Sie den Befehl **show interfaces bri0** ausführen, um den Status des Multilink-Bündels zu untersuchen.

Bild 13.14:
Mit dem Befehl show interfaces bri0 können Sie den Status des Multilink-Bündels aufrufen.

```
Router# show interfaces bri0
BRI0:2 is up, line protocol is up
  Hardware is BRI
  MTU 1500 bytes, BW 64 Kbit, DLY 20000 usec, rely 255/255, load 1/255
  Encapsulation PPP, loopback not set, keepalive set (10 sec)
  LCP Open, multilink Open
  ---Relevant information
  Last input 00:00:00, output 00:00:04, output hang never
  Last clearing of »show interface« counters never
  Queueing strategy: fifo
  Output queue 0/40, 0 drops; input queue 0/75, 0 drops
  5 minute input rate 0 bits/sec, 0 packets/sec
  5 minute output rate 0 bits/sec, 0 packets/sec
     371 packets input, 26644 bytes, 0 no buffer
     Received 371 broadcasts, 0 runts, 0 giants, 0 throttles
     0 input errors, 0 CRC, 0 frame, 0 overrun, 0 ignored, 0 abort
     314 packets output, 14612 bytes, 0 underruns
     0 output errors, 0 collisions, 13 interface resets
     0 output buffer failures, 0 output buffers swapped out
     394 carrier transitions
```

Das PPP-Multilink bietet auch die Fähigkeit, Datenpakete vor der Verkapselung zu segmentieren, um die Performance der Zusammenfügung zu steigern. Die Daten werden innerhalb eines virtuellen PPP-Sitzungsbündels eingekapselt und das Datagramm erhält eine Sequenznummer. Der empfangende Router verwendet die Sequenznummer, um den ursprünglichen Strom neu zu erzeugen.

Das MMP von Cisco lässt MLP-Verbindungen von einem einzelnen Client zu, die auf verschiedenen Access-Servern enden. Diese Access-Server oder Router werden in einer Stack-Gruppe zusammengefasst, die wie eine Rotary-Gruppe arbeitet, auf die Benutzer mit einer einzelnen Nummer zugreifen können.

Aus der Sicht einer ISDN-Fehlersuche können Sie denselben **show interfaces bri0**-Befehl ausführen, um Informationen über diese Optionen der PPP-Einkapselung zu erhalten.

Bild 13.15 zeigt ein einzelnes MLP-Bündel (namens rudder) mit drei Mitgliedern.

```
system# show ppp multilink
Bundle rudder, 3 members, first link is BRIO: B-channel 1
0 lost fragments, 8 reordered, 0 unassigned, sequence 0x1E/0x1E ↵
rcvd/sent
......
systema# show ppp multilink
Bundle hansolo 2 members, Master link is Virtual-Access4
0 lost fragments, 0 reordered, 0 unassigned, 100/255 load
0 discarded,  0 lost received, sequence 40/66 rcvd/sent
members 2
  Serial0:4
  systemb:Virtual-Access6    (1.1.1.1)
```

*Bild 13.15:
Ein Stack-Gruppenmitglied besitzt eine Virtual-Access-Bundle-Schnittstelle und zwei untergeordnete Schnittstellen.*

Die nächsten Zeilen in Bild 13.15 zeigen ein MMP-Beispiel: Der Router systema ist ein Stack-Gruppenmitglied mit hansolo als der Bündel-Schnittstelle Virtual-Access4. Die zwei untergeordneten Schnittstellen sind Serial 0:4 (ein lokaler PRI-Kanal) und eine Schnittstelle vom Stack-Gruppenmitglied systemb.

Probleme, die das MLP oder das MMP betreffen, benötigen eine zusätzliche Überprüfung der Multilink-PPP-Konfigurationsaussagen und anderer Protokolle, wie z.B. das Stack-Group-Bidding-Protokoll (SGBP), das über den Rahmen dieses Kapitels hinausgeht.

13.2.3 Die debug-Befehle des ISDN-BRI

Die **debug**-Befehle liefern eine laufende Anzeige eines abgefangenen Flusses von Paketfeldern, Aktivierungs- und Verhandlungsereignissen und Statusdetails. Mit der Ausgabe auf die **debug**-Befehle für das ISDN und verwandte Protokolle können Sie die Schichten 1, 2 und 3 in einer systematischen Weise überprüfen und damit Fakten sammeln und Möglichkeiten für Ihren Aktionsplan betrachten.

Sie müssen vorsichtig sein, wenn Sie einige der **debug**-Befehle ausführen:

– Verwenden Sie die Argumente des Befehls so präzise wie möglich und geben Sie eine bestimmte Schnittstelle an.

– Erwägen Sie die Verwendung einer Access-Liste, um den **debug**-Befehl zu fokussieren.

– Sie sollten Ihre Netzwerkbelastung kennen, damit Sie nicht ein stark belastetes Netzwerk mit der zusätzlichen Verarbeitung und Ausgabe auf den **debug**-Befehl noch weiter belasten.

- Führen Sie zuvor den Befehl **service timestamps** aus, damit die **debug**-Ausgabe anzeigt, wann die Ausgabeereignisse auftraten (im Befehl **show milliseconds**). Dieser Zeitstempel ermöglicht eine bessere Erkennung und erleichtert die Kommunikation. Zudem können Sie durch den Zeitabstand zwischen einzelnen Ausgabeereignissen Probleme einfacher isolieren.

- Verwenden Sie immer den Befehl **no debug** oder **undebug**, sobald Sie die Debug-Werkzeuge nicht mehr benötigen.

Die in diesem Kapitel beschriebenen **debug**-Befehle der Cisco-IOS-Software sind:

- **debug bri** – Zeigt Informationen darüber an, ob der ISDN-Code die B-Kanäle aktiviert und deaktiviert, wenn Sie versuchen sich auszuwählen. Dieser Befehl kann sehr umfangreiche Schicht-1-Informationen liefern.

- **debug isdn q921** – Zeigt Zugangsprozeduren der Datenverbindungsschicht (Schicht 2), die auf dem Router auf dem D-Kanal (Link-Access-Prozedur auf dem D-Kanal oder LAPD) seiner Schnittstelle stattfinden.

- **debug ppp negotiation** – Zeigt Informationen über den Verkehr und den Informationsaustausch in einem Internetzwerk an, das das PPP verwendet. Dabei werden Felder von Paketen angezeigt, die während der Aktivierung übertragen wurden, wenn PPP-Optionen ausgehandelt werden.

- **debug isdn q931** – Zeigt Informationen über die Anrufeinrichtung und die Beendigung von ISDN-Netzwerkverbindungen (der Schicht 3) zwischen dem lokalen Router (also der Benutzerseite) und dem Netzwerk.

- **debug ppp authentication** – Lässt den **debug ppp**-Befehl die Authentifizierungs-Protokoll-Meldungen anzeigen, z.B. den Paketaustausch des Challenge-Handshake-Authentication-Protokolls (CHAP) oder des Password-Authentication-Protokolls (PAP).

Die Ausgabe und eine zugehörige Interpretation einiger Schlüsselinhalte auf diese Befehle werden in den folgenden Abschnitten gezeigt.

Der Befehl debug bri

Wie Bild 13.16 zeigt, erzeugt der Befehl **debug bri** eine größere Ausgabemenge und sollte nur verwendet werden, wenn der Router nicht richtig mit dem ISDN-Switch kommunizieren kann oder wenn der Verkehr im IP-Netzwerk gering ist, damit andere Aktivitäten im System nicht negativ beeinträchtigt werden.

```
Router# debug bri
BRI: write_sid: wrote 20 for subunit 0, slot 1.
BRI: Starting Power Up timer for unit = 0.
BRI: write_sid: wrote 3 for subunit 0, slot 1.
BRI: Starting T3 timer after expiry of PUP timeout for unit = 0, ↵
current state is F4.
BRI: write_sid: wrote FF for subunit 0, slot 1.
BRI: Activation for unit = 0, current state is F7.
BRI: enable channel B1
BRI: write_sid: wrote 14 for subunit 0, slot 1.
%LINK-3-UPDOWN: interface BRI0: B-Channel 1, changed state to up
%LINK-5-CHANGED: interface BRI0: B-Channel 1, changed state to up.!!!
BRI: disable channel B1
BRI: write_sid: wrote 15 for subunit 0, slot 1.
%LINK-3-UPDOWN: interface BRI0: B-Channel 1, changed state to down
%LINK-5-CHANGED: interface BRI0: B-Channel 1, changed state to down
%LINEPROTO-5-UPDOWN: Line protocol on interface BRI0: B-Channel 1, ↵
changed
state to down
```

Bild 13.16: Der Befehl debug bri kann sehr umfangreiche Daten erzeugen, daher sollte er sparsam eingesetzt werden.

In der Ausgabe Bild 13.16 ist *write_sid* ein interner Befehl, der an den Subunit-Identifier des Schnittstellen-Controllers gesendet wird. Der T3-Zeitgeber legt fest, wie lange auf die Aktivierung gewartet werden soll (gewöhnlich 1 bis 2 Sekunden). In diesem Beispiel tritt er nach dem Power-up-(PUP-)Timeout auf. Wenn der T3 abläuft, ist der abgelaufene Zustand F2. Die %LINK-Meldungen zeigen an, dass der Kanal oder das Protokoll auf der Schnittstelle den Zustand gewechselt haben: Beachten Sie, dass der BRI 0-Kanal 1 kurz einsetzte und anschließend wieder aussetzte.

Wenn eine Fehlersuche einen schnellen Zustandswechsel von up zu down verursacht, sollten Sie überprüfen, ob das Kabel herausgezogen ist oder ob die Schnittstelle deaktiviert wurde (shut down).

Die Fehlersuche auf der ISDN-Schicht 2 Q.921

Nachdem Sie festgestellt haben, dass die Hardware korrekt funktioniert, können Sie mit der Fehlersuche zur Schicht 2 übergehen, um eine fehlerfreie Kommunikation zwischen Endstationen über die physikalische Verbindung zu gewährleisten.

Die Schicht 2 bestimmt die logische Verbindung zwischen dem Benutzer-TE (also dem Router) und der lokalen Netzwerkterminierung (dem lokalen ISDN-Switch), wie Bild 13.17 zeigt.

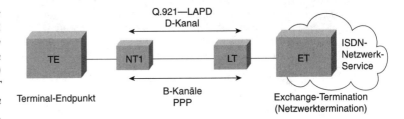

Bild 13.17: Die Schicht 2 befindet sich zwischen dem TE (dem Router) und dem ET (dem lokalen ISDN-Switch).

Das ISDN-Signal-Protokoll ist die Link-Access-Prozedur des D-Kanals oder auch das LAPD. Das LAPD-Protokoll ist formell im ITU-T Q.920 und im ITU-T Q.921 spezifiziert.

Das datenübertragende ISDN-Protokoll ist das PPP oder das HDLC. Es wird eine serielle, synchrone, Full-Duplex-Übertragung entweder über physikalische Point-to-Point- oder Point-to-Multipoint-Verbindungen unterstützt.

Das LAPD verwendet das Framing auf sehr ähnliche Weise wie das HDLC, das in Bild 13.18 gezeigt wird. Das LAPD-Frame-Format besitzt mehrere Felder in der Adresse. Eines der Felder, das vor der Einrichtung der Schicht 2 benötigt wird, ist die Terminal-Endpunkt-ID (TEI).

Bild 13.18: Das ISDN-Frame-Format beginnt und endet mit identischen Flag-Feldern.

Flag	Adresse	Kontrolle	Information	CRC	Flag

Adresse (2 Oktetts)							
1	2	3	4	5	6	7	8
SAPI (6 Bits)						C/R	EA0
TEI (7 Bits)							EA1

Die folgende Liste beschreibt kurz die Felder, die im ISDN-Frame von Bild 13.18 enthalten sind:

- Flag (1 Oktett) – Dieses enthält immer 0x7E.

- SAPI (Service-Access-Point-ID) – 6 Bits, die den Punkt angeben, an dem die Schicht 2 einen Dienst für die Schicht 3 bietet (z.B. SAPI 0 = Anruf-Kontroll-Prozeduren, SAPI 1 = Paketmodus, der die Q.931-Anruf-Prozeduren verwendet, und SAPI 16 = Paketmodus-Kommunikations-Prozeduren).

- C/R-(Command/Response-)Bit – Zeigt an, ob der Frame ein Befehl oder eine Antwort ist.

- EA0-(Adresserweiterungs-)Bit – Zeigt an, ob dies das letzte Oktett der Adresse ist.

- TEI – Eine 7-Bit-Geräte-ID.

- EA1-(Adresserweiterungs-)Bit – Gleich wie EA0.

- Control (2 Oktette) – Das Kontrollfeld der Frame-Ebene zeigt den Frame-Typ an (Information, Kontrolle oder unnummeriert) und die erforderlichen Sequenznummern.

- Informationen – Die Schicht-3-Protokoll-Informationen und Daten.

- CRC (2 Oktetts) – Prüfsumme, ein einfacher Test der Benutzerdaten auf Bitfehler.

- Flag (1 Oktett) – Dieses enthält immer 0x7E.

Eine TEI identifiziert ein Terminal eindeutig. Mit der TEI können Sie erkennen, welches Terminal Sie überprüfen. Die TEIs 64 bis 126 sind für die dynamische Zuweisung während der Schicht-2-Aktivierung reserviert und die TEI 128 wird für einen Broadcast verwendet.

Verschiedene Switches (5ESS, DMS-100 und nationales ISDN) entfernen die vergebenen TEIs nicht, wenn ein Fehler aufgrund von Schicht-1-Problemen auftritt. Wenn Sie die TEI eines Anrufs entfernen wollen, müssen Sie den Router neu starten. Wenn der Router neu hochgefahren ist, erzwingt er beim ersten Anruf eine Verhandlung über die ISDN TEI, daher können eingehende und ausgehende Anrufe eine Aktivierung verursachen.

Die Service-Access-Point-ID (SAPI) ist ein anderes Schlüsselfeld in der LAPD-Adresse. Die SAPI bestimmt den Meldungstyp. Die bei einer Fehlersuche zu suchenden Schlüssel-SAPIs sind:

- SAPI 63 – Die Schicht-2-Verwaltung, die für Prozesse der TEI-Vergabe verwendet werden.

- SAPI 64 – Wird für die Anrufkontrolle verwendet.

- SAPI 0 – Kennzeichen, dass der Meldungstyp ein Schicht-3-Signal ist (vom Q.931 im weiteren Verlauf dieses Kapitels).

Auf Cisco-Routern erfolgt die Fehlersuche auf der Schicht 2 vor allem mit dem Befehl **debug isdn q921**.

Das LAPD-Frame-Format ist dem des HDLC sehr ähnlich. Wie das HDLC, verwendet auch das LAPD Kontroll-, Informations- und unnummerierte Frames. Innerhalb des Frames kennzeichnet das Kontrollfeld den Typ der verwendeten LAPD-(HDLC-)Meldung. Sie können während einer Fehlersuche einen oder mehrere dieser Meldungstypen einem ISDN-Prozess zuordnen:

- Ein TEI-Prozess verwendet einen unnummerierten Informations-Frame (UI, gezeigt als 0x03) mit der SAPI 63 und der TEI 127 (nur Einsen).

- Wenn ein Terminal eine TEI besitzt, fährt es mit dem Verbindungsaufbau mit einem Set-Asynchronous-Balanced-Mode-Extended (SABME) fort, das eine unnummerierte Bestätigung (UA = Unnumbered Acknowledge) erhält, wenn es erfolgreich ist, oder einen Unterbrechungsmodus (DM = Disconnect Mode), wenn es nicht erfolgreich ist.

- Im Benutzerdaten-Übertragungsmodus sollten Sie bei einer Fehlersuche die Informations-Frames (INFO) mit den Schlüsselmeldungstypen Empfänger bereit (RR = Receiver Ready) oder Ablehnung (REJ = Reject) oder Empfänger nicht bereit (RNR = Receiver Not Ready) überprüfen.

Der Befehl debug isdn q921

Bild 13.19 zeigt TEI-Zuweisungsmeldungen auf den Befehl **debug isdn q921**. Die TEI 64 wird durch den Switch vergeben, wenn der Router neu startet.

In den ersten beiden Ausgabezeilen sendet das TE eine ID REQ und der Switch antwortet mit einer ASSN ID (AI). ASSN bedeutet hier Assign bzw. Zuweisung. Ein ID REQ zeigt den Identitätsanfrage- (Request-) Meldungstyp, der während der automatischen TEI-Vergabeprozedur vom lokalen Router an das Netzwerk gesendet wurde. Diese Meldung wird in einem nicht nummerierten Informationsbefehls-Frame gesendet. AI = 127 fragt nach einer beliebigen TEI, AI = 64 bedeutet, dass die TEI 64 vergeben wurde.

```
Router# debug isdn q921
2656.612 TX ->  IDREQ  ri = 14613  ai = 127
2656.648 RX <-  IDASSN ri = 14613  ai = 64
....
2424.920 TX ->  IDREQ  ri = 63529  ai = 127
2426.924 TX ->  IDREQ  ri = 31418  ai = 127
2428.928 TX ->  IDREQ  ri = 9819   ai = 127
```

*Bild 13.19: Mit dem Befehl **debug isdn q921** können Sie TEI-Zuweisungsinformationen aufrufen.*

In der zweiten Meldungsgruppe folgt auf die IDREQ keine Antwort mit einer TEI, daher sendet das TE die IDREQ erneut, wobei jede eine andere Referenz-ID (ri) erhält.

Die während einer TEI-Identifizierung zu überprüfenden Meldungstypen sind:

– ID Request (1)

– ID Assigned (2)

– ID Denied (3)

– ID Check Request (4)

– ID Check Response (5)

– ID Remove (6)

– ID Verify (7)

Bild 13.20 führt die **debug isdn q921**-Befehlsausgabe fort. Der Switch verwendet eine ID-Überprüfungsanfrage (IDCKRQ = ID-Check-Request), um zu überprüfen, ob die vergebenen TEIs noch in Gebrauch sind.

```
11239.364 RX <-  IDCKRQ  ri = 0      ai = 127
11239.372 TX ->  IDCKRP  ri = 52714  ai = 115
11240.364 RX <-  IDCKRQ  ri = 0      ai = 127
11240.372 TX ->  IDCKRP  ri = 44171  ai = 115
...
2339.745 RX <-  IDREM   ri = 0      ai = 73
2340.524 RX <-  IDREM   ri = 0      ai = 73
2341.972 TX ->  IDREQ   ri = 25733  ai = 127
```

Bild 13.20: Der Switch verwendet eine ID-Überprüfungsanfrage, um aktive und doppelte TEIs zu erkennen.

Die aktive Station antwortet mit einer ID-Überprüfungsantwort (IDCKRP = ID-Check-Response). Jede TEI, die nicht antwortet, wird durch das Netzwerk mit Hilfe von zwei ID-Entfernungs- (IDREM = ID-Remove-)Befehlen entfernt. Es werden zwei Meldungen verwendet, um Probleme mit der UI-Meldung auf der Anlage auszuschließen.

Der Switch verwendet die IDCKRQ auch zur Erkennung, ob doppelte TEIs in Gebrauch sind. Bei doppelten TEIs entfernt der Switch die TEI auf beiden TE-Geräten.

Jede Station, die ein IDREM empfängt, wird eine neue TEI anfordern und die SAPI 63 sowie die Broadcast-TEI 127 aus reinen Einsen verwenden. Die 5ESS-, DMS-100- und die nationalen ISDN-Switches halten die Schicht 2 aber immer aktiv und entfernen keine Schicht-2-TEIs, wenn ein Fehler oder ein Schicht-1-Ausfall auftritt. Um Verwirrung zu vermeiden, versucht auch der Router dieselbe(n) zuvor verwendeten TEI(s) zu behalten. Die einzige Möglichkeit, auf dem Router eine TEI zu entfernen, besteht im Neuladen (reload) des Routers.

Der neu geladene Boot-Code des Routers wird erzwingen, dass die ISDN-Tei-Markierung für den ersten Anruf gesetzt wird, ganz gleich, was in der Konfiguration festgelegt ist. Dieser erste Anruf betrifft alle Switch-Typen, jedoch ermöglicht der Prozess weiterhin, dass alle ein- und ausgehenden Anrufe die BRI-Schnittstelle aktivieren können.

Nachdem die ISDN-Schicht 2 die TEIs für die Endstationen eingerichtet hat, fährt der Prozess mit der SABME-Anfrage fort, die das Signal SAPI 0 verwendet.

Bei herkömmlichen DMS-100- und nationalen ISDN-Switch-Typen versucht der Router ständig, die Schicht 2 zu aktivieren, indem er SABMEs aussendet, dann eine ID_Verify-Meldung und schließlich wieder SABMEs, wie Bild 13.21 zeigt. Diese Reihenfolge wechselt sich mit SABMEs ab, bis die Verbindung hochkommt. Der herkömmliche 5ESS sendet nur die SABMEs, weil die ID_Verify-Meldung nicht für den 5ESS gültig ist.

Bild 13.21: Wenn die Verbindung eingerichtet ist, sendet die Datenverbindung INFO-Frames.

```
2656.612 TX ->   IDREQ  ri = 14613  ai = 127
2656.648 RX <-   IDASSN ri = 14613  ai = 64
2656.652 TX ->   SABMEp sapi = 0  tei = 64
2656.676 RX <-   UAf    sapi = 0  tei = 64
2658.360 RX <-   INFOc  sapi = 0  tei = 64  ns = 0  nr = 0
2658.368 TX ->   RRr    sapi = 0  tei = 64  nr = 1
2658.372 TX ->   INFOc  sapi = 0  tei = 64  ns = 0  nr = 1
```

Wenn Sie nach Fehlern suchen, sollten Sie überprüfen, ob auf eine SABME eine Unterbrechungs-Modus-(DM-)Antwort erfolgt. Wenn dies der Fall ist, erfolgt kein weiterer Schicht-3-Aufbau und Sie müssen herausfinden, warum die SABME nicht erfolgreich war.

Wenn die SABME-Anfrage erfolgreich ist, erfolgt als Antwort eine unnummerierte Bestätigung (UA). Ab diesem Zeitpunkt ist die Schicht-2-Verbindung oben (aktiv). Wenn weiterhin ein Problem besteht, können Sie zur Prüfung der Schicht 3 oder eines anderen höherschichtigen Protokolls übergehen.

Das ISDN kann in die Informationsübertragungsphase übergehen und das TE kann mit der Übertragung von INFO-Frames beginnen. Bestätigungen für diese INFO-Frames treten entweder in RR- oder in anderen INFO-Frames auf.

Mit dem RR wird der Status der Datenverbindung bestätigt, wenn keine INFO-Frames übertragen oder empfangen werden müssen. Das Kennzeichen nr bezieht sich auf die empfangene Nummer. Die Kennzeichen p und f beziehen sich auf poll (abfragend) und final (abschließend), mit denen der Switch, der häufiger aktiv ist als die abfragende Seite, eine abschließende Antwort vom Router erzwingen kann.

Beide Seiten können die Datenverbindung durch einen Disconnect-Frame (DISC) unterbrechen. Bei einer Fehlersuche können Sie gewöhnlich davon ausgehen, dass die Probleme auf der Seite der Datenverbindung auftreten, die den DISC sendete. In Bild 13.22 empfing der lokale Router den DISC vom lokalen Switch. Das I = Indikation zeigt Schicht 3-Werte vom Q.931.

```
180484 RX <-  RRp   sapi = 0  tei = 80  nr = 5
180488 TX ->  RRf   sapi = 0  tei = 80  nr = 4
190484 RX <-  RRp   sapi = 0  tei = 80  nr = 5
190488 TX ->  RRf   sapi = 0  tei = 80  nr = 4
...
23:59:52: RX <-  INFOc  dsl = 0  sapi = 0  tei = 70  ns = 0  nr = 1
i = 0x0801895A08028183
23:59:52: TX ->  RRr   dsl = 0  sapi = 0  tei = 70  nr = 1.....
0:00:02: RX <-  DISCp  dsl = 0  sapi = 0  tei = 70
0:00:02: TX ->  UAf    dsl = 0  sapi = 0  tei = 70
0:00:09: RX <-  UI     dsl = 0  sapi = 0  tei = 127 i = ♪
0x450003C06C0480323037
```

Bild 13.22:
Jede Seite kann die Datenverbindung durch die Aussendung eines DISC-Frames beenden.

Nach einem DISC müssen das TE und das ET die Prozeduren zur Aktivierung und zum Aufbau der Schicht 2 erneut ausführen.

Der Befehl debug ppp negotiation

Die BRI-Schnittstelle unterstützt auf den B-Kanälen die HDLC-, PPP-, X.25- und die Frame-Relay-Einkapselungen. Solange keine bestimmte Einkapselung erforderlich ist, wird die PPP-Einkapselung empfohlen, mit CHAP-Authentifizierung für eine zusätzliche Sicherheit.

Das Protokollfeld kennzeichnet die obere Schicht, die im Informationsfeld übertragen wird. Beispiele der Protokollfeldwerte sind:

- 0021 – IP
- 0029 – AT
- 002B – IPX
- 003D – Multilink
- 0201 – 802.1d-Hellos
- 0203 – SRB-BPDU
- 8021 – IPCP
- 8029 – ATCP
- 802B – IPXCP
- C021 – LCP
- C023 – PAP
- C025 – LQR (Link-Quality-Report)
- C223 – CHAP

Das LCP richtet die Datenverbindungen des B-Kanals ein und unterhält ihn. Zudem bietet es einen Mechanismus zur Verhandlung von PPP-Optionen. Die verhandelbaren Typen und Optionen sind:

- Maximum-Receive-Unit (MRU) – Die MTU-Größe (die Standardeinstellung ist 1500 Byte). Wird von Cisco nicht verwendet.
- Async-Control-Character-Map – Die Kontroll- und Escape-Zeichen auf asynchronen Verbindungen.
- Authentifizierungsprotokoll – PAP (0xC023) oder CHAP (0xC223), wobei die Standardeinstellung auf Routern keine Authentifizierung verwendet.

- Quality-Protokoll – Der Prozess für die Datenverbindungsüberwachung.

- Magic-Number – Die eingesetzte Technik zur Entdeckung von Loopback-Verbindungen.

- Reserviert (zur Zeit nicht verwendet).

- Protokollfeldkomprimierung – Die Komprimierung des PPP-Protokollfelds.

- Adress- und Kontrollfeldkomprimierung – Die Komprimierung des PPP-Adress- und Kontrollfelds.

Mit den folgenden **debug ppp**-Befehlen können Sie Informationen zur Fehlerbestimmung erhalten.

Die Verhandlung der PPP-Optionen beginnt mit dem LCP auf dem lokalen TE, das eine Konfigurationsanfrage sendet (CONF-REQ). Wenn die Optionen vom gegenüberliegenden TE akzeptiert werden, sendet es eine Konfigurationsbestätigung (CONF-ACK) zurück. In Bild 13.23 wird der Authentifizierungstyp CHAP angefordert und bestätigt.

```
Router#debug ppp negotiation
PPP BRIO: B-Channel 1: LCP CONFREQ(1) id 2 (4)
PPP BRIO: B-Channel 1: LCP CONFACK(2) id 2 (4)
ppp: sending CONFREQ, type = 3 (CI_AUTHTYPE), value C223/0
ppp: config ACK  received, type = 3 (CI_AUTHTYPE), value C223/0
...
PPP BRIO: B-Channel 1:  LCP CONFREQ(1) id E4  MAGICNUMBER (6) ↵
0 129 37 28
PPP BRIO: B-Channel 1: LCP CONFNAK(3) id E4 (6) MAGICNUMBER (6)
...
PPP BRIO: B-Channel 1: LCP CONFREQ(1) id 1 (1C) MRU (4) 6 174
    ASYNCMAP (6) 0 0 0 0
    AUTHTYPE (4) 192 35
    MAGICNUMBER (6) 178 72 127 10
    PCOMPRESSION (2)
    ACCOMPRESSION (2)
PPP BRIO: B-Channel 1: LCP CONFREJ(4) id 1 (1C) MRU (4) 6 174
```

Bild 13.23: Eine Verhandlung beginnt mit einer LCP-Konfigurationsanfrage.

Wenn das gegenüberliegende TE die Option erkennt, aber nicht akzeptiert, sendet das gegenüberliegende TE eine negative Konfigurationsbestätigung (CONFNAK) zurück. In Bild 13.23 erscheint diese CONFNAK für die Option Magic-Number.

Wenn das gegenüberliegende TE eine Anfrage für eine Option empfängt, die nicht erkennbar oder nicht akzeptierbar ist, sendet es eine Konfigurationsablehnung (CONFREJ) zurück, wie das Beispiel mit der MRU zeigt (die von Cisco-Routern nicht unterstützt wird).

Mit dem (bereits beschriebenen) Befehl **show interfaces bri 0 1** können Sie überprüfen, ob der PPP-LCP-Status aktiv (open) ist und welche Optionen und Protokolle ausgehandelt wurden.

Der Befehl debug ppp authentication

Bild 13.24 zeigt die Ausgabe auf den Befehl **debug ppp authentication**.

Bild 13.24: Mit dem Befehl **debug ppp chap authentication** *können Sie die Einrichtungsprozeduren eines Anrufs betrachten.*

```
Router# debug ppp chap authentication
ISDN Event: Connected to 2823680 on B1 at 64 Kb/s.
BRI0: B-Channel 1: PPP AUTH CHAP input code = 1 id = 10 len = 14
BRI0: B-Channel 1: PPP AUTH CHAP input code = 2 id = 16 len = 26
BRI0: B-Channel 1: remote passed CHAP authentication.
BRI0: B-Channel 1: PPP AUTH CHAP input code = 3 id = 10 len = 4
BRI0: B-Channel 1: Passed CHAP authentication with remote
...
BRI0: B-Channel 1: Unable to authenticate. No name received from peer
BRI0: B-Channel 1: Unable to validate CHAP response. USERNAME ⏎
bomartin not found.
BRI0: B-Channel 1: Unable to validate CHAP response. No password ⏎
defined for
USERNAME bomartin
BRI0: B-Channel 1: Failed CHAP authentication with remote.
Remote message is Unknown name
BRI0: B-Channel 1: remote passed CHAP authentication.
BRI0: B-Channel 1: Passed CHAP authentication with remote.
BRI0: B-Channel 1: CHAP input code = 4 id = 3 len = 48
```

Bei einer Fehlersuche kann die Authentifizierung einer ISDN-Einwahl ein Schlüsselbereich des B-Kanal-Aufbaus der Schicht 2 sein. Das CHAP ist die bevorzugte Auswahl, da es die stärkere Authentifizierung im Vergleich zum alternativen PAP bietet. Das CHAP verwendet einen Drei-Wege-Handshake:

1. Die lokale TE-Station sendet eine Challenge-(Herausforderungs-)Meldung an das gegenüberliegende TE (Code 1 = Challenge).

2. Die gegenüberliegende CHAP-Station antwortet mit einem Wert, der durch die einseitige Hash-(Zerhack-)Funktion berechnet wurde (Code 2 = Antwort).

Kapitel 13 • Die Diagnose und die Behebung von ISDN-BRI-Problemen **619**

3. Wenn dieser Wert mit der Berechnung der lokalen Station übereinstimmt, wird eine Authentifizierung mit dem Code 3 (Erfolg) gesendet. Wenn er nicht stimmt, wird eine Authentifizierung mit dem Code 4 (falsch) gesendet.

Wenn Sie einen Fehler suchen, müssen Sie Folgendes überprüfen:

– Ob die konfigurierten Passwörter auf dem lokalen und dem gegenüberliegenden TE identisch sind.

– Ob der Router-Name des gegenüberliegenden TEs, den Sie auf dem lokalen Router konfiguriert haben, mit dem gegenüberliegenden TE-Namen übereinstimmt.

Der Befehl debug isdn q931

Mit dem Befehl **debug isdn q931** können Sie die ISDN-Q.931-Schicht (die Schicht 3) überprüfen.

Betrachten wir zuerst die Elemente der Schicht 3. Für die ISDN-Signalisierung zwischen dem TE und dem ET werden zwei Schicht-3-Spezifikationen verwendet:

– ITU-T I.450 (auch unter ITU-T Q.930 bekannt)

– ITU-T I.451 (auch unter ITU-T Q.931 bekannt)

Gemeinsam unterstützen diese Protokolle circuit-geswitchte und paket-geswitchte Benutzer-zu-Benutzer-Verbindungen für die lokale D-Kanal-Leitung, wie Bild 13.25 zeigt. Diese Protokolle sind nicht für B-Kanäle und werden nicht von Ende-zu-Ende betrieben.

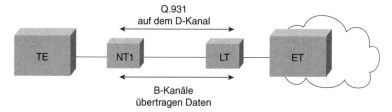

Bild 13.25: Der D-Kanal verwendet das Q.931 (in I.451 und Q.931/Q.932 spezifiziert).

Für eine Fehlersuche stehen eine ganze Reihe von Meldungen zur Anrufeinrichtung, Anrufbeendigung, für Informationen und Anderes zur Verfügung. Diese Meldungen sind SETUP, CONNECT, RELEASE, USER INFORMATION, CANCEL, STATUS und DISCONNECT. Sie sind im Prinzip ähnlich zu denen, die im X.25-Protokoll der Schicht 3 verfügbar sind.

Ein Problem ist, dass viele ISDN-Switch-Hersteller Produkte entwickelten, bevor die Spezifikationen abgeschlossen waren. Diese Bandbreite von Produkten beeinträchtigt die Bit-Interpretationen, die beim Schicht-3-Framing verwendet werden.

Die Router-Konfiguration muss exakt dem Switch-Typ entsprechen, der am ISDN-ET verwendet wird. Mit diesem Befehl können Sie überprüfen, ob der Q.931-Austausch zwischen dem Router und dem Switch an jedem Ende der Schicht-3-Verbindung korrekt interpretiert wird.

In der Tabelle 13.4 ist aufgezeigt, dass die verschiedenen Switch-Typen vor allem den geographischen Standort des ISDN-Dienstes reflektieren bzw. den Hersteller, dessen Switch vom einzelnen Service-Provider oder der PTT (Post, Telefon und Telegraf) verwendet wird. Die Tabelle ist nicht vollständig. Zum Beispiel ist ein anderer in Australien verwendeter Switch-Typ der basic-ts013.

Tabelle 13.4: Switch-Typen.

Switch-Typ	Beschreibung
basic-1tr6	Veralteter 1TR6-Switch-Typ für Deutschland
basic-5ess	AT&T 5ESS Switch-Typ für die USA
basic-dms100	Northern DMS-100-Switch-Typ
basic-net3	NET3-Switch-Typ für Großbritannien und Europa (Euro-ISDN)
basic-ni1	Nationaler ISDN-1-Switch-Typ
basic-nwnet3	NET3-Switch-Typ für Norwegen
basic-nznet3	NET3-Switch-Typ für Neuseeland
basic-ts013	TS013-Switch-Typ für Australien
ntt	NTT-Switch-Typ für Japan
vn2	VN2-Switch-Typ für Frankreich
vn3	VN3- und VN4-Switch-Typs für Frankreich

Mit dem Befehl **isdn switch-type** ? können Sie die möglichen Switch-Typ-Einstellungen aufrufen.

Ein typisches Anzeichen eines falsch gewählten Switch-Typs ist das Symptom, dass ein TE einen Anruf mit 56 Kbps ausführt, aber das ET den Anruf mit 64 Kbps anmeldet.

Wenn Sie den Befehl **debug isdn q931** für eine Fehlersuche auf der Schicht 3 für den ISDN-D-Kanal ausführen, liefert die Befehlsausgabe Informationen über die Q.931-Frames, die in Bild 13.26 aufgeschlüsselt werden.

Kapitel 13 • Die Diagnose und die Behebung von ISDN-BRI-Problemen

Bit 8	Bit 7	Bit 6	Bit 5	Bit 4	Bit 3	Bit 2	Bit 1
Protokollbegrenzer							
0	0	0	0	Anrufreferenzlänge			
Flag	Anrufreferenz						
0	Meldungstyp						
Informationselemente							

Bild 13.26: Die Anrufreferenz-Flag im Q.931-Frame-Format ist für die Quelle auf 0 und für das Ziel auf 1 gesetzt.

Einen Punkt, den Sie in der Debug-Ausgabe beachten sollten, ist die Call-Referenz-Flag (callref):

- 0 – Vom Anrufenden
- 1 – An den Anrufenden (Ziel)

Die Werte der Meldungstypen sind:

- 0x05 – Q.931-Einrichtung
- 0x45 – Disconnect (Beendigung)
- 0x7D – Status

Die Q.931-Parameter nennen sich Informationselemente (IEs) und sind:

- 0x04 – Bearer capability (Trägerfähigkeit)
- 0x2C – Keypad facility (werden verwendet, um auf 5ESS- und NI-1-Switches zu senden)
- 0x6C – Calling party number (anrufende Nummer)
- 0x70 – Called party number (angerufene Nummer)
- 0x3A – SPID

Sie können die Call-Referenz (CR) verwenden, um verschiedene Anrufe in Ihrer **debug**-Ausgabe zu unterscheiden. Bei der Interpretation der CR sollten Sie Folgendes beachten:

- Es wird dieselbe Referenznummer für einen eingehenden und einen ausgehenden Anruf auf derselben Leitung verwendet, mit Ausnahme der Zahl des Flag-Bitwerts.
- Die Call-Referenz-Flag zeigt 0, wenn die Meldung von der anrufenden Seite ausgesendet wird. Zum Beispiel kann der Anrufende die Referenz 0x02 (00000010) senden.
- Die Call-Referenz-Flag zeigt 1, wenn die Meldung an die anrufende Seite gesendet wird.

Beachten Sie, dass die RX- und TX-Meldungen in Bild 13.27, die zum selben Anruf gehören, wegen des Flag-Bits eine unterschiedliche CR verwenden.

Bild 13.27: Mit dem Befehl debug isdn q931 können Sie die Call-Referenznummern überprüfen.

```
Router# debug isdn q931
0:03:10:  190.680 TX -> SETUP pd = 8 callref = 0x01
0:03:10:           Bearer Capability i = 0x8890
0:03:10:           Channel ID i = 0x83
0:03:10:           Called Party Number i = 0x80, '4839625'
...
   248236 TX -> INFOc sapi = 0  tei = 80  ns = 6  nr = 6
      SETUP pd = 8  callref = 0x02
      Bearer Capability i = 0x8890
      Channel ID i = 0x83
      Called Party Number i = 0x80, '372756'
   248392 RX <- INFOc sapi = 0  tei = 80  ns = 6  nr = 7
      CALL_PROC pd = 8  callref = 0x82
      Channel ID i = 0x89
```

Der Aufbau eines Q.931-Anrufs zeigt Informationselemente über die Bearer-Capability (Trägerfähigkeit) an. Wenn Sie die Bearer-Capability untersuchen, sollten Sie Probleme mit dem Diensttyp überprüfen, der vom Netzwerk erwartet und durch die ISDN-Switches interpretiert wird:

– Die Fähigkeit zur Informationsübertragung

– Unbeschränkte oder eingeschränkte digitale Informationen

– Sprache

– 3.1-kHz-Audio oder 7-kHz-Audio

– Video

– Modus – Circuit-Modus oder Paket-Modus

– Übertragungsrate – Die Standardeinstellung ist 64 Kbps, aber die Bearer-Capability kann festlegen, dass der Anruf ein 56-Kbps-Anruf mit Anpassung der Übertragungsrate ist.

In Bild 13.27 zeigt der Bearer-Code 0x8890 einen uneingeschränkten 64-Kbps-Datenanruf im Circuit-Modus – die häufigste Verkehrsübertragung auf dem Router.

Die festgelegten Q.931-Verbindungsaufbaumeldungen für die typischen Stufen eines circuit-geswitchten ISDN-Anrufs sind in Bild 13.28 gezeigt.

Kapitel 13 • Die Diagnose und die Behebung von ISDN-BRI-Problemen

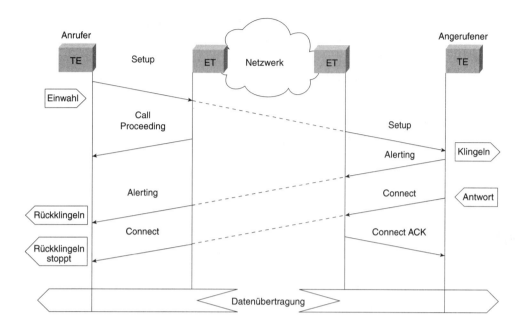

Bild 13.28: Der Q.931-Verbindungsaufbau tauscht alle notwendigen Informationen aus, um den Anruf erfolgreich einzurichten.

Bild 13.28 zeigt einen einfachen, erfolgreichen ISDN-Verbindungsaufbau. Es gibt sehr viele Varianten des Meldungsaustauschs, die von bestimmten ISDN-Switches benötigt werden, oder in Fällen, in denen eine zusätzliche Verhandlung erforderlich ist.

Bild 13.29 zeigt eine Ausgabe auf den Befehl **debug isdn q931**, die die ausgetauschten Q.931-Einrichtungsmeldungen beinhaltet.

```
RouterA#debug isdn q931
248236 TX -> INFOc  sapi = 0  tei = 80  ns = 6  nr = 6
    SETUP pd = 8  callref = 0x02
        Bearer Capability i = 0x8890
        Channel ID i = 0x83
        Called Party Number i = 0x80, '372756'
248392 RX <-  INFOc  sapi = 0  tei = 80  ns = 6  nr = 7
    CALL_PROC pd = 8  callref = 0x82
        Channel ID i = 0x89
249460 RX <-  INFOc  sapi = 0  tei = 80  ns = 7  nr = 7
    CONNECT pd = 8  callref = 0x82
```

Bild 13.29: Der ausgehende Verbindungsaufbau vom anrufenden TE zeigt SETUP, CALL_PROC und CONNECT.

In Bild 13.29 zeigt der ausgehende Verbindungsaufbau des anrufenden TEs die folgenden Meldungen:

- SETUP mit Informationselementen über die Fähigkeiten (Capability), die ID und die angerufene Nummer (called party)
- CALL_PROC (für *call proceeding* oder *Anruf läuft weiter*), mit einer Kanal-ID-Nummer, die anzeigt, dass dies ein BRI ist und den Kanal 1 einsetzen wird
- CONNECT (Verbindung) ist eine Meldung von der gegenüberliegenden Seite zur anrufenden Seite

Bild 13.29 zeigt einen normalen Meldungsaustausch für einen erfolgreichen Verbindungsaufbau auf der anrufenden Seite.

Bild 13.30 zeigt eine Ausgabe auf den Befehl **debug isdn q931**, in der der eingehende Verbindungsaufbau auf dem angerufenen TE angezeigt wird:

- SETUP mit Informationselementen über die Fähigkeiten (Capability), die ID und die anrufende Nummer (calling party number).
- CONNECT
- CONNECT ACK (Verbindungsbestätigung)

Bild 13.30: Der eingehende Verbindungsaufbau auf dem angerufenen TE zeigt SETUP, CONNECT und CONNECT ACK.

```
RouterB #debug isdn q931
251076 RX <-  UI  sapi = 0  tei = 127
    SETUP pd = 8  callref = 0x45
        Bearer Capability i = 0x8890
        Channel ID i = 0x8A
        Calling Party Number i = 0x0083, '372500'
        Calling Party SubAddr i = 0x80, 'P2902'
        Called Party Number i = 0x
251564 TX ->  INFOc  sapi = 0  tei = 80  ns = 8  nr = 8
    CONNECT pd = 8  callref = 0xC5
251996 RX <-  INFOc  sapi = 0  tei = 80  ns = 8  nr = 9
    CONNECT_ACK pd = 8  callref = 0x45
```

Kapitel 13 • Die Diagnose und die Behebung von ISDN-BRI-Problemen

Bild 13.30 zeigt einen normalen Meldungsaustausch für einen erfolgreichen Verbindungsaufbau auf der angerufenen Seite.

> **ANMERKUNG**
>
> Bild 13.30 zeigt die verfügbaren Zeitstempel, wenn Sie den Cisco-IOS-Befehl **service timestamps debug datetime msec** ausführen. Die Cisco-Ingenieure empfehlen, diesen Zeitstempel beim Debugging von WAN-Problemen zu aktivieren, weil er Informationen darüber liefert, wie schnell die Ereignisse aufeinander folgen, und er ist von großer Hilfe, wenn Sie mit anderen Fehlersuch-Ressourcen arbeiten (z.B. Cisco-TAC).

In Bild 13.31 zeigt die **debug**-Ausgabe einen abgelehnten eingehenden Anruf und dass das angerufene TE den Anruf beendet.

```
0:03:10:   190.680 TX -> SETUP pd = 8  callref = 0x01
0:03:10:           Bearer Capability i = 0x8890
0:03:10:           Channel ID i = 0x83
0:03:10:           Called Party Number i = 0x80, '4839625'
0:03:10:   190.756 RX <- -Version_COMP pd = 8  callref = 0x81
0:03:10:           Cause i = 0x8295 - Call rejected

312.900 RX <-  INFOc sapi = 0  tei = 96  ns = 1  nr = 2
   DISCONNECT pd = 8  callref = 0x81
       Cause i = 0x82D8
       Signal i = 0x03
312.912 TX ->  RRr sapi = 0  tei = 96  nr = 2 received ⮠
HOST_DISCONNECT_ACK
312.920 TX ->  INFOc sapi = 0  tei = 96  ns = 2  nr = 2
   -Version pd = 8  callref = 0x01
       Cause i = 0x8090
312.948 RX <-  RRr sapi = 0  tei = 96  nr = 3
313.220 RX <-  INFOc sapi = 0  tei = 96  ns = 2  nr = 3
   -Version_COMP pd = 8  callref = 0x81
```

*Bild 13.31:
Ein eingehender Anruf wird abgelehnt und das angerufene TE beendet den Anruf.*

Im oberen Bereich von Bild 13.31 können Sie überprüfen, wie schnell die Freigabe (Release) erfolgte, um zu erkennen, ob sie von der lokalen Seite oder von der gegenüberliegenden Seite der Verbindung herrührt (die für die Freigabe oft länger braucht). Wenn die gegenüberliegende Seite mit der Rufnummernüberwachung (Call-Screening) aufgebaut wird, wird die resultierende Freigabe länger brauchen als andere Ursachen.

Der ISDN-Verbindungsaufbau kann aus verschiedenen Gründen abgelehnt werden und beide Seite können eine Verbindung durch ein DISCONNECT beenden. Der untere Teil von Bild 13.31 zeigt ein DISCONNECT. Die Information von einem Cisco-Router über den Grund ist gewöhnlich »normal call clearing« 0x8090 (normale Beendigung der Verbindung).

Bei Problemen kann jedoch eine Ursachennummer und eine Beschreibung für eine Freigabe helfen, den Grund der Verbindungsbeendigung oder der nicht erfolgreichen Verbindung zu erkennen. Einige Ursachen reflektieren Probleme, wie z.B. die Rufnummernüberwachung auf dem gegenüberliegenden Router, fehlende Kanäle oder falsche SPID.

Fragen Sie Ihren Service-Provider, um zu erfahren, ob SPIDs benötigt werden (in Deutschland nicht üblich). Eine ganze Menge Fehlersuchzeit für das BRI wird für diese IDs aufgewendet. Auf nordamerikanischen ISDN-Leitungen identifiziert die SPID die Leitungskonfiguration des BRI-Dienstes. Je nach dem verwendeten ISDN-Switch und dessen Software-Version können SPIDs erforderlich sein.

Wenn der Switch ein DMS-100 oder ein nationaler ISDN-1-(NI-1-)Switch ist, werden SPIDs benötigt. Auch der 5ESS-Switch von AT&T kann SPIDs benötigen, je nach der auf ihm betriebenen Software-Version. Mit dem privilegierten EXEC-Befehl **show running-config** (oder **show system:running-config** in der IOS 12.0) oder **configure terminal** können Sie die Routerkonfiguration überprüfen. Vergewissern Sie sich, dass die festgelegte SPID-Nummer mit der von Ihrem Service-Provider übereinstimmt.

Jede SPID zeigt auf Verbindungsaufbau- und Konfigurationsinformationen. Die Ab- bzw. die Anwesenheit der zweiten SPID in der Routerkonfiguration legt fest, ob der zweite B-Kanal für Daten oder Sprache verwendet werden kann. Bild 13.32 zeigt die Ausgabe auf den Befehl **configure terminal**.

Bild 13.32: Mit dem Befehl **configure terminal** *können Sie SPID-Informationen erhalten.*

```
Router#configure terminal
isdn spid1 415555836201 5558362
isdn spid2 415555837002 5558370
```

- Die Spid-Nummer ist gewöhnlich eine zehnstellige Telefonnummer mit zusätzlichen Stellen:

  415: Vorwahl
  555: Austausch
  8362 und 8370: Stations-ID
  01 und 02 : Terminal-ID

- ldn (lokale Directory-Nummer) für eingehende Anrufe auf dem zweiten B-Kanal:

  555: Austausch
  8362 und 8370: Stations-ID

Wenn eine SPID notwendig ist, sie aber nicht auf dem Gerät konfiguriert ist, kann das Gerät den D-Kanal auf der Schicht 3 nicht initialisieren und es kann kein Anruf erfolgen. Bei einer Fehlersuche sollten Sie überprüfen, ob die SPID in der Cisco-IOS-Konfiguration genau mit dem Wert für den ISDN-Dienst übereinstimmt.

Durch die SPID kann das TE das gewünschte Profil registrieren, indem es eine Nummer verwendet, die der Service-Provider für die lokale Einrichtung vergeben hat. Die SPIDS werden vom Switch nach einem Neustart durch einen lokalen Handshake zwischen dem TE und dem lokalen ISDN-Switch überprüft.

Wenn ein Gerät in das ISDN-Netzwerk eingefügt wird, führt es einen Prozess zur D-Kanal-Initialisierung auf der Schicht 2 durch, indem das Gerät eine Endpunkt-ID (EID) erhält. Das Gerät versucht daraufhin die D-Kanal-Initialisierung auf der Schicht 3. Eine gültige SPID wird mit einer EID bestätigt.

Der Router kann Anrufe auf der Basis einer EID beantworten, wenn ein eingehender Anruf an eine EID adressiert ist und nicht an eine lokale Directory-Nummer (LDN). Die EID wird während der SPID-Initialisierung vergeben.

Bild 13.33 zeigt einen normalen BRI-Verbindungsaufbau mit korrekt funktionierenden SPIDs.

*Bild 13.33:
Die SPIDs werden vom Switch nach einem Neustart durch einen lokalen Handshake zwischen dem TE und dem lokalen ISDN-Switch überprüft.*

```
Router# debug isdn q931
11438.776 TX ->  INFORMATION pd = 8  callref = (null)
                SPID Information i = 0x363133373835323631323030
11438.872 RX <-  INFORMATION pd = 8  callref = (null)
                ENDPOINT IDent i = 0xF180
11443.848 TX ->  INFORMATION pd = 8  callref = (null)
                SPID Information i = 0x363133373835323631333030
11443.972 RX <-  INFORMATION pd = 8  callref = (null)
                ENDPOINT IDent i = 0xF080
11438.776 TX ->  INFORMATION pd = 8  callref = (null)
                SPID Information i = 0x363133373835323631323030
11438.872 RX <-  INFORMATION pd = 8  callref = (null)
                ENDPOINT IDent i = 0xF180
ISDN Event: incoming ces value = 1
received HOST_TERM_REGISTER_ACK - received eid
                ENDPOINT IDent i = 0xF180
11443.848 TX ->  INFORMATION pd = 8  callref = (null)
                SPID Information i = 0x363133373835323631333030
11443.972 RX <-  INFORMATION pd = 8  callref = (null)
                ENDPOINT IDent i = 0xF080
ISDN Event: incoming ces value = 2
received HOST_TERM_REGISTER_ACK - received eid
                ENDPOINT IDent i = 0xF080
```

Die Ausgabe auf den Befehl **debug isdn q931** in Bild 13.34 liefert ein Beispiel einer ungültigen SPID. Anzeichen für eine ungültige SPID ist eine Ursachen-(Cause-)Aussage, die Sie zur Problemerkennung einsetzen können. Das HOST_TERM_REGISTER_NACK (NACK = Nicht bestätigt) liefert zusätzliche Informationen über die Ursache mit der Meldung »invalid EID/SPID or TEI not assigned« (ungültige EID/SPID oder nicht vergebene TEI).

*Bild 13.34:
Die Aussage HOST_TERM_REGISTER_NACK liefert zusätzliche Informationen über die Ursache.*

```
11678.060 TX ->  INFORMATION pd = 8  callref = (null)
                SPID Information i = 0x31323334353536373736
11678.164 RX <-  INFORMATION pd = 8  callref = (null)
                Cause i = 0x82E43A - Invalid IE contents
11678.060 TX ->  INFORMATION pd = 8  callref = (null)
                SPID Information i = 0x31323334353536373736
11678.164 RX <-  INFORMATION pd = 8  callref = (null)
                Cause i = 0x82E43A - Invalid IE contents
ISDN Event: incoming ces value = 1
received HOST_TERM_REGISTER_NACK - invalid EID/SPID oder TEI ↵
not assigned
                Cause i = 0x8082 - No route to specified network
```

Kapitel 13 • Die Diagnose und die Behebung von ISDN-BRI-Problemen

> **ANMERKUNG**
>
> Sie können auch mit dem Befehl **show isdn status** nach Fehlern suchen. Sie können damit die gesammelten SPID-NACK-Berichte in der Ausgabe sehen. Der Befehl **show isdn status** zeigt die SPID-Informationen für 5ESS-, NI-1- und DMS-100-Switches, wenn eine SPID konfiguriert ist. Die Ausgabe auf den Befehl zeigt an, ob eine SPID gültig ist und ob die LDN konfiguriert ist, und sie zeigt die EID des Switch. Die EIDs können nur an die NI-1- und die DMS-100-Switch-Typen vergeben werden.

Wenn Sie nach Fehlern suchen, sollten Sie überprüfen, ob ein eingehender Anruf eine EID besitzt und ob die angerufene Nummer genau mit der LDN in der ISDN-SPID-Konfiguration des Routers übereinstimmt. Wenn diese Nummern nicht zueinander passen, wird der Anruf ignoriert.

Gewöhnlich akzeptiert der Router Anrufe an jede Nummer. Wenn aber mehrere (Daten-)Geräte sich dieselbe BRI teilen, verwenden Sie für jedes Gerät eine eigene Nummer. Es kann angebracht sein, dass der Router eine angerufene Nummer oder Subadressennummer in der eingehenden Meldung zum Aufbau von ISDN-BRI-Verbindungen überprüfen soll, wenn die Nummer durch den Switch übergeben wird. Hierzu können Sie die erlaubten Nummern konfigurieren, indem Sie mit der Cisco-IOS-Software die Befehle **isdn answer1** und **isdn answer2** ausführen.

Der Router akzeptiert nur Anrufe an die angegebene Adresse (oder Subadresse). Wenn aber ein Anruf erfolgt, der zu keiner Verbindung führt, kann die Verwendung einer angerufenen Adresse ein möglicher Grund für die Verbindungsablehnung sein.

Bei unpassenden Nummern stimmt die Nummer, die auf dem angerufenen Router mit dem Befehl **isdn answer** konfiguriert wurde, nicht mit der Nummer überein, die der anrufende Router sendete.

Bild 13.35 zeigt eine Keypad-Einrichtung, die auf 5ESS- und NI-1-Switches verwendet wird, um Anrufparameter in den Oktetten der angerufenen Nummer zu variieren. Die Keypad-IE wird daraufhin in der Debug-Anzeige ASCII-dekodiert. Die Keypad- und die SPID-Informationen werden als ASCII dekodiert.

Bild 13.35:
Die Answer1-
Nummer stimmt
nicht mit der
angerufenen
Nummer
überein.

```
Router#config t
interface bri 1
isdn answer1 375121200

Router#debug isdn q931
251076 RX <- UI  sapi = 0  tei = 127
    SETUP pd = 8  callref = 0x45
        Bearer Capability i = 0x8890
        Channel ID i = 0x8A
        Calling Party Number i = 0x0083, '372500'
        Calling Party SubAddr i = 0x80, 'P2902'
        Called Party Number i = 0x80, '372256'
251564 TX -> INFOc  sapi = 0  tei = 80  ns = 8  nr = 8
    CONNECT pd = 8  callref = 0xC5
251996 RX <- INFOc  sapi = 0  tei = 80  ns = 8  nr = 9
    CONNECT_ACK pd = 8  callref = 0x45
312.616 TX -> INFOc  sapi = 0  tei = 96  ns = 1  nr = 0
    SETUP pd = 8  callref = 0x01
        Bearer Capability i = 0x8890
        Channel ID i = 0x83
        Keypad Facility i = 0x3939303439303530
```

Auf einem Cisco-Router mit mehr als einem BRI (oder PRI) kann eine zusätzliche Sicherheitsstufe durch die Identifizierung der anrufenden Leitung (CLI = Calling-Line-Identification oder auch Called-Caller-ID) konfiguriert werden, mit der eingehende Anrufe überwacht werden.

Mit dem Cisco-IOS-Befehl **isdn caller** können Sie den Router zur Überprüfung der Calling-Line-ID konfigurieren, die von einer erwarteten Gegenstelle stammt. Für die CLI-Überwachung muss ein lokaler Switch die CLI an den Router übergeben können. Bild 13.36 zeigt die Konfiguration, mit der ein passender Anruf zugelassen wird.

```
router#config t
interface bri 0
isdn caller 3725002902
```

```
router#debug isdn q931
251076 RX <- UI sapi= 0 tei= 127
    SETUP pd = 8 callref= 0x45
        Bearer Capability i= 0x8890
        ChannelID i= 0x8A
        Calling Party Number i= 0x0083, '372500'
        Calling Party SubA ddri= 0x80, 'P2902'
        Calling Party Number i= 0x80, '372756'
```

Bild 13.36: Die Nummer des ISDN-Callers stimmt mit der anrufenden Nummer überein.

Die anrufende ISDN-Adresse oder Subadresse verursacht den Anruf und gewöhnlich akzeptiert der Router eingehende Anrufe von jeder Adresse. Wenn aber ein Anruf erfolgt, der zu keiner Verbindung führt, sollten Sie überprüfen, ob der Router mit dem ISDN-Caller konfiguriert wurde. Wenn ja, kann folgendes passieren:

– Der Router akzeptiert nur Anrufe von der (den) angegebenen Adresse(n).

– Wenn die Caller-ID-Überwachung konfiguriert ist und der lokale Switch keine Caller-IDs überträgt, lehnt der Router alle Anrufe ab.

Der Befehl debug dialer

Die circuit-(schaltkreis-)geswitchte Technologie des ISDN baut nur dann Verbindungen auf, wenn eine Kommunikation benötigt wird. Cisco verwendet das DDR, um zu bestimmen, wann eine Verbindung zwischen zwei Seiten aufgenommen werden soll.

Mit dem DDR werden Pakete in »interessant« bzw. »uninteressant« eingeteilt, auf der Basis von protokollspezifischen Access-Listen und Dialer-Listen oder mit Hilfe von Dialer-Profilen. Die DDR-Protokollkonfiguration legt fest, welcher Verkehr auf dem Router einen ISDN-Anruf auslöst.

Wenn Sie einen Fehler in einer Verbindung suchen, die noch nie aktiviert wurde, sollten Sie überprüfen, ob die Access-Listentests zu restriktiv sind, sodass das **dialer-list**-Statement die Verbindung nicht aufbauen kann.

Mit dem Befehl **show dialer** können Sie auf dem anrufenden Router den aktuellen Status der gewählten Nummer, die DDR-Zeitgeber und den Verbindungsstatus aufrufen. Verwenden Sie den Befehl **debug dialer**, um DDR-Probleme zu untersuchen.

Die Dialer-Map legt fest, wohin das DDR wählen soll (z.B. eine IP-Adresse auf dem angewählten Router, die mit einer Telefonnummer erreicht werden kann). In Bild 13.37 erlaubte der Access-Listentest dem DDR die Auslösung eines Anrufs, aber die Schnittstelle BRI 0 kann den Wählvorgang nicht ausführen, weil keine Telefonnummer (kein dialer string) vereinbart ist.

*Bild 13.37:
Mit dem Befehl
debug dialer
können Sie die
Konfiguration
der DDR-State-
ments überprü-
fen (zum Beispiel
die konfigurierte
Telefonnummer).*

```
Router#debug dialer
BRI0: Dialing Cause: BRI0: ip PERMIT
    BRI0: No dialer string defined.  Dialing cannot occur..
    BRI0: Dialing Cause: BRI0: ip PERMIT
    BRI0: No dialer string defined.  Dialing cannot occur..
    BRI0: Dialing Cause: BRI0: ip PERMIT
    BRI0: No dialer string defined.  Dialing cannot occur..
    BRI0: Dialing Cause: BRI0: ip PERMIT
    BRI0: No dialer string defined.  Dialing cannot occur..
    BRI0: Dialing Cause: BRI0: ip PERMIT
    BRI0: No dialer string defined.  Dialing cannot occur..
```

Sehr oft enthält eine Konfiguration mehr als eine Map (Zuordnung) pro Ziel oder mehrere Ziele. Sie sollten sicherstellen, dass eine Nummer festgelegt ist, die exakt zum gewünschten ISDN-Ziel passt.

13.3 Zusammenfassung

Dieses Kapitel beschäftigte sich mit der Überprüfung der physikalischen Verbindung und der Leitungsaktivierung und wie das DDR zu kontrollieren ist, das einen ISDN-Anruf auslösen soll. Dieses Kapitel zeigte auch auf, wie die Befehle **clear**, **show** und **debug** zu verwenden sind.

Sie haben gelernt, wie das Q.921 des D-Kanals und das PPP des B-Kanals auf der Schicht 2 zu überprüfen ist. Sie haben gelernt, wie das Q.931 des D-Kanals und die Informationselemente auf der Schicht 3 zu überprüfen sind. Sie wissen nun auch, dass fehlerhaft konfigurierte SPIDs einen Verbindungsaufbau verhindern können.

13.4 Test 13: Die Diagnose und die Korrektur von ISDN-BRI-Problemen

Geschätzte Zeit: 15 Minuten

Lösen Sie alle Aufgaben, um Ihr Wissen über die in diesem Kapitel enthaltenen Themen zu überprüfen. Die Antworten finden sich im Anhang A, »Antworten zu den Tests«.

Kapitel 13 • Die Diagnose und die Behebung von ISDN-BRI-Problemen

Beantworten Sie die folgenden Fragen anhand der in diesem Kapitel enthaltenen Informationen:

Frage 13.1

Die Tests der Schichten 1 und 2 überprüfen die lokale Schleife zum ISDN-Switch.

- Wahr
- Falsch

Frage 13.2

Die Tests der Schicht 3 überprüfen die Verbindungsmöglichkeit von einem Ende zum anderen.

- Wahr
- Falsch

Frage 13.3

Der Befehl **clear all** setzt die logische Hardware zurück.

- Wahr
- Falsch

Frage 13.4

BRI bietet eine 16-Kbps-Leitung.

- Wahr
- Falsch

Frage 13.5

»Spoofing« zeigt an, dass ein D-Kanal aktiv ist.

- Wahr
- Falsch

Frage 13.6

Die S/T-Schnittstelle der Schicht 1 verwendet ein RJ-45-Kabel und einen RJ-45-Stecker.

- Wahr
- Falsch

Frage 13.7

Die Frame-Formate der Schicht 1 unterscheiden sich, je nachdem, ob sie eingehend oder ausgehend sind.

- Wahr
- Falsch

TEIL 5
Anhänge

Anhang A: Antworten zu den Tests
Anhang B: Die Cisco-Supportfunktion
Anhang C: Referenzen und empfohlene Literatur
Anhang D: Prüfliste und Arbeitsblatt zur Problemlösung

ANHANG A

Antworten zu den Tests

Kapitel 1: »Die Methodik der Fehlersuche«

1.1

Die Berechnung von Ausfallkosten basieren auf

- dem jährlichen Gesamtertrag einer Organisation oder einer Abteilung
- den gesamten eigen- und fremdverschuldeten Ausfallstunden
- dem mittleren jährlichen Gehalt der Benutzer
- der Gesamtanzahl der durch die Ausfallzeit betroffenen Benutzer

1.2

Das achtstufige Problemlösungsmodell in diesem Kapitel beinhaltet die folgenden acht Schritte:

1. Das Problem festlegen
2. Das Sammeln von Fakten
3. Betrachtung der Möglichkeiten
4. Die Erstellung eines Aktionsplans
5. Die Ausführung des Aktionsplans
6. Die Überprüfung der Ergebnisse des Aktionsplans
7. Die Wiederholung des Problemlösungsprozesse
8. Die Lösung des Problems

1.3

Sie können Fakten von Benutzern, Netzwerkadministratoren, Managern und allen anderen am Netzwerk beteiligten Schlüsselpersonen sammeln. Des Weiteren können Sie Fakten sammeln durch Netzwerk-Management-Systeme, Protokoll-Analyzer, durch Ausgaben auf diagnostische Routerbefehle, wie z.B. privilegierte **debug**-EXEC-Befehle und **show**-EXEC-Befehle oder durch Hinweise über Software-Versionen.

1.4

Machen Sie die Änderungen rückgängig, die nicht zur Problemlösung führten und bringen Sie das Netzwerk wieder in seinen ursprünglichen Zustand.

1.5

Stellen Sie sicher, dass der Aktionsplan keine Sicherheits- oder Verwaltungsvorgaben des Netzwerks beeinträchtigt.

Kapitel 2: »Überblick über Protokolleigenschaften«

2.1

a. Verbindungsorientiert
b. Verbindungslos

2.2

a. TCP
b. SPX
c. NCP
d. ATP

2.3

Die Transportschicht

2.4

Das Präambelfeld

2.5

Early-Token-Release

2.6

Token-Ring

2.7

a. LLC1: Verbindungslos
b. LLC2: Verbindungsorientiert, bestätigt
c. LLC3: Verbindungslos, bestätigt

2.8

Die 10-Bit-DLCI kennzeichnet die logische Verbindung, die durch das Multiplexing in einem physikalischen Kanal zusammengefasst wird. Sie befindet sich im Kern des Frame-Relay-Adressfelds innerhalb des Paket-Headers.

2.9

ARP

2.10

UDP/IP

2.11

OSPF für IP und NLSP für IPX

2.12

Es werden NBP-Lookups in die entsprechende Zone geflutet, um Netzwerkdienste zu entdecken.

2.13

a. Verbindungseinrichtung
b. Datenübertragung
c. Verbindungsbeendigung

2.14

a. Effizienz
b. Einfache Implementierung
c. Geringer Netzwerk-Overhead

2.15

a. Verbindungsorientiert: TCP
b. Verbindungslos: UDP

2.16

a. 2
b. 1
c. 4
d. 3

2.17

a. Single Modus

2.18

ICMP

2.19

Hop-Count-Limits, Holddowns, ausgelöste Updates, Split-Horizon und Poison-Reverse-Updates

2.20

Ein externes Gateway-Protokoll

2.21

a. Das RIP ist ein Distanz-Vektor-Routing-Protokoll ähnlich zum IP-RIP.

b. Das NLSP ist ein Verbindungszustandsprotokoll ähnlich zum OSI-IS-IS und zum OSPF des TCP/IP.

2.22

b. Es wurde konzipiert, um Sprach-, Video- und Datenverkehr zu übertragen.

c. Es ist primär ein verbindungsorientiertes Netzwerk.

e. Es unterstützt virtuelle Pfade und virtuelle Kanäle.

Kapitel 3: »Die Cisco-Routing- und -Switching-Prozesse«

3.1

Ein Paket wird durch die Switching-Technologie von einer eingehenden Schnittstelle zu einer ausgehenden Schnittstelle eines Cisco-Routers befördert.

3.2

Die Richtung des Zielnetzwerks, die durch ein eingehendes Paket vorgegeben wird, wird durch die Routing-Technologie bestimmt.

3.3

Router-Updates werden aus allen Schnittstellen gesendet, die für dieses Routing-Protokoll konfiguriert sind.

3.4

Die Switching-Pfadtypen sind:

- Prozess-Switching
- Fast-Switching
- Optimiertes Switching
- Verteiltes (Distributed) Switching
- NetFlow-Switching

3.5

Der Standard-Switching-Mechanismus für den IP-Verkehr ist das Fast-Switching.

3.6

Das verteilte (distributed) Switching ist ein Mechanismus, mit dem der Route/Switch-Prozessor entlastet wird und der VIPs verwendet.

3.7

Die folgenden speziellen Features können die Performance negativ beeinflussen:

- Queuing
- Random-Early-Detection
- Komprimierung
- Filterung (mit Access-Listen)
- Verschlüsselung
- Accounting
- Debugging

Kapitel 4: »Werkzeuge zur allgemeinen Fehlersuche«

4.1

a. 4
b. 2
c. 6
d. 1
e. 5
f. 3

4.2

Die Fehlersuche sollte auf der physikalischen Schicht beginnen.

4.3

Netzwerkmonitore und Protokoll-Analyzer

4.4

Kabeltester

4.5

Netsys oder andere Modellierwerkzeuge

Kapitel 5: »Cisco-Management- und -Diagnose-Werkzeuge«

5.1

a. 1
b. 2
c. 3
d. 4

5.2

show buffers

5.3

show interfaces serial

5.4

show controllers

5.5

Das Konsolenterminal

5.6

show tech-support
show running-config
show version
show controllers
show interface
show processes
show stack
debug

Kapitel 6: »Beispielaufgaben zur Fehlersuche«

Aufgabe 1: Ein Token-Ring-Netzwerk

Beobachtungen:

- Es existieren nichttriviale Input-Queue-Drops.

- Gleichzeitig ist die Anzahl der »no buffers« gleich der Anzahl der Input-Queue.

- Drops – dies zeugt nicht von Input-Queue-Problemen, sondern von einem Problem mit der Pufferverfügbarkeit.

- Eine Prüfung mit dem Befehl **show buffers** zeigt eine deutliche Anzahl von hits, misses, trims und created Puffern.

Lösungen:

- Es gibt offensichtliche Probleme mit der Anzahl der verfügbaren mittleren Puffer. Es sollten weitere Daten erhoben werden, um sicherzustellen, dass dies ein Trend ist und kein Einzelfall. Es sollte ein Protokoll-Analyzer verwendet werden, um den Grund für so viele mittelgroße Frames zu bestimmen. Überprüfen Sie, ob die Menge der mittelgroßen Frames durch eine Konfigurationsänderung auf Servern, Clients oder Routern reduziert werden kann. Wenn dies nicht der Fall ist, müssen Sie vermutlich die Menge der mittleren Puffer anpassen.

- Mögliche Werte könnten sein:
  - 300 mittlere, permanente Puffer
  - 400 mittlere, maximal freie Puffer

- Bitten Sie Ihr technisches Supportpersonal um Unterstützung bei der Anpassung der Puffer.

Aufgabe 2: Das Sydney-Netzwerk

Beobachtungen:

- Die CPU-Belastung ist relativ hoch, wobei der kurzfristige (5-Sekunden-) Wert 100% erreicht.
- Überprüfen Sie, welche Prozesse die größten CPU-Ressourcen beanspruchen (höchste Runtime in ms).
- Dies scheinen die IS-IS-Update-, Novell-Router- und Novell-SAP-Prozesse zu sein.

Lösungen:

- Führen Sie ein Upgrade der Software auf die Version 9.21 oder höher durch, wenn der Router eine frühere Version verwendet. Dies wird eine feinere Kontrolle ermöglichen, da in den SAP-Filtern Platzhalter festgelegt werden können. Mit gut strukturierten SAP-Namen werden Filter mit Platzhaltern die Länge der SAP-Filter und die daraus resultierende CPU-Last verringern.
- Eine Erhöhung der RIP/SAP-Update-Zeitgeber könnte ein wenig helfen, würde aber zu einer langsameren Routing-Konvergenz führen.
- Die Verwendung des Erweiterten IGRP für IPX als Routing-Protokoll würde den Hauptteil der periodischen RIP/SAP-Updates aufheben und damit die CPU-Belastung reduzieren. Auch der Einsatz des NLSP würde die Menge der periodischen RIP/SAP-Updates verringern.

Aufgabe 3: Das Brussels-Netzwerk

Beobachtungen:

- Die Input-Queue-Drops nehmen zu.
- 0 no buffer, also sind die Puffergrößen in Ordnung.
- 0 ignored, also ist der ciscoBus-Komplex in Ordnung.
- Der Input-Queue-Hits-Wert 147/150 zeigt an, dass die Input-Queue durch zu viele eingehende Frames überläuft. Der erste

Parameter dieses Queue-Parameters ist eine Momentaufnahme und er zeigt ständig einen bedeutsamen Wert. (Der Befehl **show** wurde etwa alle 10 Sekunden ausgeführt, um diese Werte aufzunehmen.)

– Die meisten Drops scheinen etwa alle 60 Sekunden aufzutreten (betrachten Sie den Wert nach »last clearing of **show interface** counters«).

– Da dieses Netzwerk unter Novell betrieben wird und die reguläre Flutung alle 60 Sekunden erfolgt, könnte dieses Phänomen durch RIP- oder SAP-Updates verursacht werden. (Dieses Netzwerk empfing alle 60 Sekunden 4x1300 Saps und 4x3000 Novell-Routen!)

Lösungen:

– Versuchen Sie auf die Dauer den SAP-Verkehr zu reduzieren (vielleicht durch den Einsatz eines Routing-Protokolls, wie z.B. das Erweiterte IGRP für IPX oder das NLSP) oder strecken Sie den Verkehr über die Zeit (durch den Befehl **output-sap-delay**).

– Kurzfristig können Sie zusammen mit Ihrem technischen Supportpersonal die Größe der Input-Hold-Queue erhöhen.

Kapitel 7: »Die Fehlersuche bei TCP/IP-Verbindungen«

7.1

a. ping
b. trace
c. show
d. debug

7.2

a. show ip ospf interface, show ip ospf database und show ip ospf
b. show ip interface
c. show ip route summary
d. debug ip icmp
e. debug ip ospf events, show ip ospf interface

7.3

Die Tabelle zeigt die fünf Möglichkeiten:

Verkehrsanforderungen	Router-Konfiguration
NetBEUI-Verkehr	Transparentes Bridging oder Source-Route-Bridging
Transparentes Bridging oder SRB	Datenverbindungs-Switching oder externes Source-Route-Bridging
NetBIOS-Verkehr vom Novelltyp 20	**ipx type-20-propagation**
Auf dem Segment ist ein Microsoft-WINS-Server konfiguriert	Natives IP. Auf dem Router ist keine spezielle Konfiguration notwendig.
UDP-verkapselte NetBIOS-Broadcasts über das IP	**ip helper address** und **ip forward-protocol udp**

7.4

a. route print
b. arp -d

Kapitel 8: »Die Fehlersuche bei Novell-Verbindungen«

8.1

a. show
b. debug
c. ping ipx

8.2

a. show ipx interface
b. show ipx server
c. show ipx nlsp database
d. debug ipx ipxwan
e. ipx ping-default novell

8.3

Der SAP-Verkehr ist die Hauptursache für übermäßigen Overhead in Novell-Netzwerken. Es gibt drei Möglichkeiten, um mit diesem Problem fertig zu werden:

a. SAP-Filter
b. Änderung der Update-Intervalle
c. Einsatz des Erweiterten IGRPs für das IPX auf WAN-Verbindungen

8.4

a. Einkapselungstyp
b. Netzwerknummer
c. Routing-Protokoll

8.5

Wahr

8.6

Falsch – alle internen Netzwerknummern müssen eindeutige IPX-Adressen sein.

Kapitel 9: »Die Fehlersuche bei AppleTalk-Verbindungen«

9.1

a. ping appletalk
b. show
c. debug
d. test appletalk

9.2

a. show appletalk name-cache, show appletalk nbp
b. show appletalk route
c. test appletalk nbp und dann nbp poll oder nbp lookup
d. test appletalk nbp und dann nbp confirm
e. debug apple zip oder debug apple events

9.3

Falsch – Jeder Router muss eine eindeutige Router-ID besitzen.

9.4

Wahr

9.5

a. Kabelbereich
b. Zonenname
c. Routing-Protokoll

Kapitel 10: »Die Diagnose und Behebung von Catalyst-Problemen«

10.1

Wahr

10.2

Falsch – sie sind vollständig modular.

10.3

Wahr

10.4

Falsch – Der Spanning-Tree funktioniert in Umgebungen, die Ethernet- und Fast-Ethernet-Verbindungen enthalten.

10.5

Falsch – Das ISL ist ein Cisco-proprietäres Protokoll, das nur in VLAN-Trunks funktioniert.

10.6

Wahr

10.7

Wahr

Kapitel 11: »Die Fehlersuche in VLANs auf Routern und Switches«

11.1

Falsch – Die IEEE- und DEC-Spanning-Tree-Protokolle sind in einer einzelnen geswitchten/gebridgeten Umgebung nicht zueinander kompatibel.

11.2

Wahr

11.3

Falsch – Das CDP verwendet Multicasts und ist ein sehr nützliches Fehlersuchwerkzeug.

11.4

Wahr für den Router-Befehl **show span**. Falsch für den Catalyst-Switch-Befehl **show span**. Auf dem Switch liefert dieser Befehl Statistiken über gespiegelte Ports.

11.5

Falsch – Die **debug**-Befehle bleiben aktiv, bis sie mit den Befehlen **no debug** oder **undebug** deaktiviert werden.

Kapitel 12: »Die Diagnose und die Behebung von Frame-Relay-Problemen«

12.1

Wahr

12.2

Falsch – Die verwendbaren LMI-Typen sind Cisco, ANSI und das q933a der ITU.

12.3

Falsch – DLCIs sind nur lokal von Bedeutung.

12.4

Wahr

12.5

Wahr

12.6

show interface serial [n]
show frame-relay lmi
show frame-relay map
show frame-relay pvc

Kapitel 13: »Die Diagnose und die Korrektur von ISDN-BRI-Problemen«

13.1

Wahr

13.2

Wahr

13.3

Falsch – **clear all** ist kein gültiger IOS-Befehl.

13.4

Falsch – Das BRI-ISDN bietet zwei 64-KBit-B-Kanäle und einen 16-KBit-D-Kanal und damit eine gesamte Bandbreite von 144 KBit.

13.5

Wahr

13.6

Wahr

13.7

Wahr

Die Cisco-Supportfunktionen

Cisco bietet einen überraschend umfangreichen Satz von Supportoptionen auf seiner Webseite Cisco Connection Online (CCO). Die CCO bietet den Rahmen für den Online-Support-Channel von Cisco. Sie befindet sich unter www.cisco.com (siehe Bild B.1) und enthält die folgenden Supportelemente:

- Cisco-Dokumentation
- Titel der Cisco Press
- Das Cisco-Software-Center
- Den Cisco-Marketplace und technische Werkzeuge
- Cisco-Trainingsinformationen

ANMERKUNG

Sie benötigen ein CCO-Passwort, um einige Bereiche der CCO betreten zu können. Um einen CCO-Account und ein Passwort zu erhalten, müssen Sie ein CCIE, ein Besitzer eines Cisco-Service-Kontrakts, ein Cisco-Reseller, ein Premier-Certified-Partner, ein Cisco-Angestellter oder ein ausgezeichneter Zulieferer, Kunde eines Cisco-Partners, Distributor oder Reseller sein. Sie können sich unter www.cisco.com/register registrieren lassen.

Bild B.1: Die Homepage von Cisco Connection Online.

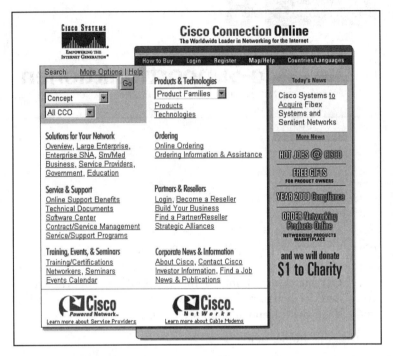

> **ANMERKUNG**
>
> Im Dezember 1998 gewann Cisco Connection Online den HotShots-Award 1998 für die Best Electronic Commerce Enabled Site, der von der Information Industry Association (IIA) gestiftet wurde.

Die CCO ist ein preisgekröntes Beispiel des Handels über elektronische Medien und über die vernetzte Umgebung des Internets. Sie nutzen bereits das Netzwerk als ein Werkzeug zur Informationsteilung. Die CCO kann Ihnen viele Ressourcen für Ihre Internetzwerkarbeit und für Ihre Fehlersuche liefern.

Da Netzwerke komplex und kritisch sind, entwickelte Cisco die CCO als eine skalierbare Online-Ressource, um einen direkten Zugriff auf Ressourcen, Informationen und Systeme zu ermöglichen. Die CCO ist ein weltweites Intranet, das über das Internet erreichbar ist. Die Globalisierungsfeatures der CCO verbessern den Zugriff auf kritische Informationen und Ressourcen im globalen Maßstab.

Die CCO bietet Benutzern zwei Zugriffsstufen:

- Den Gastzugriff für die allgemeine Öffentlichkeit – Gastbenutzer haben Zugriff auf allgemeine Unternehmens- und Produktinformationen.

- Den registrierten Zugriff für Kunden, die entweder einen Supportkontrakt von Cisco erworben haben oder durch einen Cisco-autorisierten Partner gesponsort wurden. Registrierte Benutzer haben Zugriff auf alle Informationen der Gaststufe, plus zusätzliche tiefergehende Informationen und erweiterte Online-Applikationen und Dienste.

Die Informationen auf der CCO können Ihnen bei Ihren Bemühungen um eine Problemlösung sehr helfen. Die CCO verfügt über CD-basierte und Web-basierte Werkzeuge, die Sie vor Problemen bewahren können – einschließlich Ressourcen darüber, wie Sie Cisco-Produkte konzipieren, bestellen, konfigurieren, unterstützen und schonen können. Zudem bietet sie auch Werkzeuge, um Probleme zu beheben – um Bugs und Probleme zu entdecken, zu erkennen und zu verfolgen.

Sie können auf die CCO-Infrastruktur mit Ihrem Web-Browser zugreifen. Übersetzte Versionen der englischsprachigen Cisco-Web-CCO-Homepage und vieler anderer CCO-Schlüsselseiten sind nun in vielen Sprachen verfügbar, unter anderem in Chinesisch, Dänisch, Niederländisch, Finnisch, Französisch, Deutsch, Italienisch, Japanisch, Koreanisch, Norwegisch, Portugiesisch, Russisch, Spanisch und Schwedisch.

Die größten CCO-Support-Center befinden sich in San Jose in Kalifornien, in Raleigh in North-Carolina, in Brüssel in Belgien und in Sydney in Australien. Cisco hat auch externe CCO-Verteilungsserver mit lokalen Points-of-Presence (POPs) in vielen Ländern rund um den Globus aufgestellt. Benutzer können nun auf alle CCO-Gastdienste – einschließlich der Produktinformationen, der Dokumentationen und technischen Tipps – über dedizierte Verbindungen in Australien, China, Frankreich, Hongkong, Japan, den Niederlanden und Südkorea zugreifen. Es werden auch weiterhin immer mehr POPs eingerichtet werden.

Durch die Auswahl eines Servers und das Anklicken des Go-Buttons werden Sie zu dem regionalen Server gelangen, auf dem Sie aktuelle Gastinformationen und Dienste in Anspruch nehmen können. Die CCO-Homepage wird zuerst in Englisch gezeigt, Sie können aber daraufhin eine lokale Sprache von derselben globalisierten Schnittstelle aufrufen, um die übersetzten Inhalte lesen zu können. Wenn Sie ein registrierter Benutzer sind und sich einloggen, werden Sie zum CCO-Hauptserver in San Jose in Kalifornien geleitet.

Durch eine Firewall am Eingangspunkt in das Cisco-Intranet ermöglicht Cisco eine sichere Transaktionsleitung zwischen den Webservern außerhalb der Unternehmens-Firewall von Cisco (dem öffentlichen Internet) und den internen Informationssystemen und Datenbanken von Cisco. Diese Firewall besitzt eine Sichere-Transport-Architektur (STA), ein komplexes System aus kommerziellen Produkten und angepassten Applikationen.

B.1 Die Nutzung der CCO zur Vermeidung von Problemen

Unter den CCO-Ressourcen, die Ihnen bei der Vermeidung von Problemen helfen können, befinden sich folgende Werkzeuge:

- Die Dokumentations-CD-ROM ist eine interaktive Bibliothek mit technischen Produktinformationen, mit denen Sie Ihr Netzwerk korrekt konzipieren und konfigurieren können. Sie können die CD-ROM einsetzen, um viele Ursachen für Netzwerkprobleme zu erkennen.

- Cisco Press veröffentlicht eine Ressourcenbibliothek mit der alle Aspekte der Cisco-Netzwerke erlernt werden können. Die Themen reichen von der Fehlersuche über Netzwerkdesign bis hin zur IOS-Konfiguration.

- Auf dem CCO-MarketPlace können Sie durch das Internetworking-Products-Center (IPC) Software-Produkte über das Internet erstehen. Es verwendet Agent-Applikationsprogramme, um Ihnen beim Online-Handel zu helfen und um Ihnen Statusinformationen zu liefern.

- Das CCO-Software-Center ist die neue Version des Software-Library-Services, mit dem Sie Upgrades beziehen und mehr über den weiten und wachsenden Bereich der Cisco-Software-Produkte erfahren können. Hier können Sie auch Maintenance-Releases und Code-Patches beziehen.

Betrachten wir nun diese Werkzeuge etwas genauer, mit denen Sie Probleme vermeiden können.

B.1.1 Die Cisco-Dokumentation

Die Dokumentations-CD-ROM ist eine interaktive Bibliothek mit technischen Produktinformationen. Nachdem Sie sie auf Ihrem System installiert haben, bietet Ihnen die Dokumentations-CD-ROM eine Reihe miteinander verbundener Dokumente, die Sie über Hypertext-Links und mit Navigationswerkzeugen durchsuchen können – die Menüleiste mit Navigations-Buttons, einer Online-Hilfe und der Dokument-Buttonleiste.

Durch eine Sucheinrichtung können Sie direkt zu den Informationen springen, die Sie interessieren. Die CD-ROM bietet auch verschiedene Möglichkeiten, um zu Dokumenten zurückzukehren, die Sie bereits zuvor angesehen hatten. Durch eine History-Einrichtung können Sie die Dokumente zurückverfolgen, die Sie in den letzten 60 Tagen angesehen haben. Sie können auch den Ort von Dokumenten speichern, die Sie regelmäßig aufsuchen, indem Sie sie in die Bookmark-Liste aufnehmen. Das CD-ROM-Paket enthält die folgende Dokumentation im HTML-Format:

- Cisco-IOS-Versionshinweise, Konfigurationsführer, Befehlsreferenzen und Befehlsübersichten
- Eine debug-Befehlsreferenz und System-Error-Meldungen
- Die Management-Information-Base-(MIB-)User-Quick-Reference und den Access-Services-Quick-Configuration-Guide von Cisco
- Den Cisco-Produktkatalog
- Die Router- und Hub-Installations- und Konfigurationsratgeber
- Die Switch-Installations- und Konfigurationsratgeber, die Switch-Befehlsreferenzführer und Switch-MIB-Referenzführer
- Client/Server-Software-Installationsratgeber
- Konfigurationshinweise zu Speichererweiterungen, Netzwerkschnittstellenkarten, 19-Zoll-Kits und andere Upgrade-Produkte

Die Online-Dokumentation enthält die Produkthandbücher, White-Papers, Produktspezifikationen, Quick-Starts, technische Tipps, praktische Hinweise, Beispielkonfigurationen und mehr.

Die Quick-Starts von Cisco bieten Informationen für eine schnelle Hardware-Installation und Software-Konfiguration für erfahrene Anwender. Eine schrittweise Navigation, aufgabenorientierte Prozeduren und erweiterte Grafiken bieten einen schnellen und effizienten Zugriff auf spezifische Informationen, wodurch wertvolle Zeit zur Einrichtung und zum Betrieb eingespart wird. Zu dem Zeitpunkt als dieses Buch geschrieben wurde, waren die folgenden Quick-Starts online:

- Catalyst 5002 Quick Hardware Installation Guide
- Catalyst 5000 und 5505 Quick Hardware Installation Guide
- Catalyst 5509 Quick Hardware Installation Guide
- Catalyst 5500 Quick Hardware Installation Guide
- Catalyst 2926 Quick Start
- Catalyst 8510 Animated Quick Start
- Catalyst 8540 Animated Quick Start

Sie können auch eine umfangreiche Sammlung von technischen Tipps von Experten des Technical Assistance Center (TAC) von Cisco durcharbeiten.

B.1.2 Die Cisco Press

Informationen über Cisco Press können Sie unter www.cisco-press.com finden. Diese Site verwendet die Web-Browser-Technologie, um eine Navigation, die Betrachtung von und die Suche nach Dokumenten zu ermöglichen. Die Search-and-Seeker-Agent-Technologie wird durch Verity Inc. ermöglicht.

Diese Site präsentiert ausgewählte Teile von veröffentlichten Cisco-Press-Büchern. Eine Liste der verfügbaren Publikationen können Sie unter Cisco Press-Online finden, die von Macmillan Computer Publishing gehostet wird. Zusätzliche Cisco-Press-Titelinformationen finden Sie unter www.ciscopress.com.

B.1.3 Der CCO-MarketPlace

Auf dem CCO-MarketPlace können Sie durch das Internetworking-Products-Center (IPC) Software-Produkte über das Internet erstehen. Das IPC bietet zahlreiche Vorteile, z.B. den Zugriff auf ausführliche Produktkonfigurations- und Preisinformationen sowie der Bestellprüfung und der Möglichkeit zur Online-Bestellung. Das IPC verwendet Cisco-Commerce-Agenten, das sind spezielle Applikationen, die für Cisco-Kunden und Partner entwickelt wurden:

- Der Status-Agent ermöglicht den Zugriff auf aktuelle Informationen in Cisco-Bestellungen. Diese Applikation vereinfacht und steigert die Möglichkeit, den Fortschritt und den Status von Cisco-Bestellungen rund um die Uhr an 365 Tagen im Jahr überprüfen zu können.

- Der Pricing-Agent gibt Ihnen einen direkten Zugriff auf die Online-Preisliste von Cisco. Es kann eine Preissuche auf der Basis einer Produktfamilie, einer Produktbeschreibung oder einer Produktnummer ausgeführt werden. Durch eine zusätzliche Funktion können Sie die gesamte Preisliste auf Ihren Computer herunterladen.

- Der Configuration-Agent ermöglicht eine Suche nach konfigurierbaren Cisco-Produkten und die Online-Erstellung von Produktkonfigurationen.

- Mit dem Service-Order-Agent erhalten Sie einen Echtzeitzugriff auf den Status Ihrer Serviceanforderungen auf der Basis Ihrer Service-Order-Nummer, Ihrer PO/Referenznummer oder Ihrer TAC-Fallnummer. Der Service-Order-Agent besteht aus drei Teilen:

  • Service-Order-Submit

  • Service-Order-Status

  • Service-Parts-Agent (auch FRUFinder genannt, für Field-Replaceable-Units, das sind zugehörige ersetzbare Teile)

Um auf das IPC zugreifen zu können, müssen Sie sich für die Commerce Agents über CCO-Benutzer registrieren lassen. Gehen Sie hierzu auf www.cisco.com, klicken Sie Register an, wählen Sie Commerce Agents und füllen Sie das Benutzerprofil aus. Aus Sicherheitsgründen werden Sie nach einer gültigen Purchase-Order-Nummer und Billing-Adresse gefragt.

B.1.4 Das CCO-Software-Center

Das CCO-Software-Center ist die neue Version des Software-Library-Service, mit dem Sie Upgrades beziehen und mehr über den weiten und wachsenden Bereich der Cisco-Software-Produkte erfahren können.

Über die Jahre hinweg hat sich die Software-Library, die heute Software-Center heißt, von einem einfachen FTP-Service zur Übertragung von Software-Fixes an Kunden zu einem Standort für alle Lebensphasen eines Cisco-Software-Produkts entwickelt. Je nach der Stufe Ihrer Cisco-Software-Servicevereinbarungen oder denen Ihres Cisco-Partners, können Sie folgende Ressourcen in Anspruch nehmen:

- Beziehen Sie Haupt-Upgrades und Maintenance-Releases von Cisco-Software-Produkten.

- Beziehen Sie vor dem Kauf ausgewählte Demonstrations- und Beta-Versionen der neuesten Cisco-Produkte zu Testzwecken.

- Konsultieren Sie Software-Upgrade-Planer, die Produktliteratur, Release-Informationen, Dokumentationen und Releasehinweise sammeln und präsentieren.

- Verwenden Sie Prüfsummen- und MD5-Werte (Message-Digest 5 – siehe RFC 1321, »MD5 Message-Digest Algorithm«) für Software-Dateien, um die Integrität der Software-Dateien sicherzustellen.

- Verwenden Sie Software-Prüflisten, um sicherzustellen, dass die Cisco-Software-Produkte für Ihre Internetzwerk-Plattformen verfügbar und kompatibel sind.

- Durchsuchen Sie die Software-Image-Library der CCO im Web, um die Überschrift der gesuchten Datei(en) zu finden, und laden Sie daraufhin die Software herunter.

- Testen Sie spezielle Dateidownloads von Software, die nicht allgemein oder öffentlich verfügbar ist (z.B. kritische, kundenbezogene Fehlerbehebungen).

B.2 Der Einsatz der CCO zur Problembehebung

Die CCO bietet eine Reihe von Ressourcen, mit denen Probleme behoben werden können:

- Das Bug-Toolkit II ist das populäre Bug-Suchwerkzeug der CCO. Es besteht aus einem Satz von integrierten Applikationen, mit denen ein Zustandsbericht über Defekte identifiziert, evaluiert und bezogen werden kann, die tatsächliche oder potenzielle negative Auswirkungen auf Ihr Netzwerk haben können.

- Die CCO-Troubleshooting-Engine kann eine Reihe von allgemeinen Netzwerkproblemen mit Hilfe einer intuitiven Web-Schnittstelle auflösen. Dieses Werkzeug unterstützt ein großes Sortiment von Netzwerkprotokollen, Cisco-Plattformen und WAN-Protokollen und betrachtet vor allem die Bereiche Hardware, Konfiguration und Performance.

- Wenn Sie herausfinden müssen, was auf einem Cisco-Produkt vor einem Ausfall passierte, können Sie den CCO-Stack-Decoder verwenden. Analysieren Sie eine Stack-Trace (mit dem Befehl **show stacks**) auf Cisco-Router-Plattformen und Sie erhalten einen verständlichen Satz mit diagnostischen Ergebnissen, einschließlich Hardware-Ausfällen und möglichen Software-Defekten.

- Das Open Forum der CCO bietet einen Online-Frage-und-Antwort-Mechanismus für Cisco-Kunden, um Antworten auf allgemeine technische Fragen zu erhalten.

- Wenn Sie das Cisco-TAC für einen Servicefall anfragen müssen, können Sie das CCO-Case-Management-Toolkit in Anspruch nehmen. Es bietet den direkten Zugriff auf das TAC für Falleröffnungs-, Anfrage- und Update-Zwecke. Das TAC kann auch über die Rufnummer 408-553-6387 (USA) erreicht werden.

B.2.1 Das Bug-Toolkit II von Cisco

Das Bug-Toolkit II von Cisco enthält drei Werkzeuge:

- Den Bug-Navigator
- Den Bug-Alert
- Den Bug-Watcher

Zusammen können diese drei Werkzeuge alle bestimmten Defekte lokalisieren (durch den Bug-Navigator) und bezeichnen (durch den Bug-Watcher) oder die Defekte bestimmen, die zu einem erzeugten Netzwerkprofil gehören (durch den Bug-Alert).

Mit dem Bug-Navigator II können Sie nach bekannten Bugs suchen, die mit einer Software-Version, einem Funktionssatz oder mit Schlüsselworten zusammenhängen. Wenn Sie die bestimmte ID-Nummer eines Bugs kennen und mehr Informationen benötigen, können Sie sie mit diesem Werkzeug sehr leicht erhalten.

Mit dem Bug-Navigator II können Sie die Suchergebnisse in Watcher-Behältern (bins) speichern und dauerhafte Alert-Agenten erzeugen, die die Watcher-Bins mit neuen Defektalarmmeldungen füllen.

Sie können jede Anzahl von bezeichneten Profilen von Ihren Netzwerkumgebungen festlegen und die mächtigen Such-Agenten des Bug-Toolkits werden ständig die bedeutsamen Defekte überwachen sowie alle Defekte, die mit Ihren bezeichneten Agent-Profilen übereinstimmen.

Mit dem Bug-Watcher können Sie mehrere bezeichnete »bins« erzeugen, in denen Sie den Status einer beliebigen Anzahl von Defekten überwachen können.

B.2.2 Die CCO-Troubleshooting-Engine

Mit der Troubleshooting-Engine wurde eine einfache und produktive Methode zur Auflösung der häufigsten Konfigurations- und Performance-Aufgaben im Zusammenhang mit Cisco-Produkten entwickelt. Obwohl das Werkzeug so konzipiert ist, dass es eine komplette Auflösung des übergebenen Problems liefern kann, ist es auch sehr hilfreich bei der weiteren Verfeinerung und Adressierung der Eigenschaften des Problems mit Hilfe von Hyperlinks zu verwandten Dokumenten und Themen. Auf diese Weise liefert das Werkzeug zwar nicht immer eine Antwort, aber es fungiert als ein Hilfsmittel bei der allgemeinen Fehlersuchmethodik.

Mit dieser Troubleshooting-Engine sollten Sie fähig sein, allgemeine und einfache Probleme eigenständig zu lösen. Jedoch können Sie sie nicht zur Lösung von komplizierten Problemen einsetzen, die ein ausführliches Debugging oder eine entsprechende Fehlersuche erfordert.

Um die Troubleshooting-Engine einzusetzen, wählen Sie einen möglichst eng gefassten Problembereich und geben Sie eine knappe Beschreibung Ihres Problems ein. Die Applikation stellt Ihnen daraufhin Fragen, um das Problem einzugrenzen. Mögliche Vermutungen werden hergeleitet, nachdem Sie Ihre Beschreibung und jede Antwort übergeben haben. Während Sie weiterhin Fragen beantworten, werden wahrscheinliche Vermutungen hergeleitet und nach der Wahrscheinlichkeit der Problemlösung aufgelistet. Der maximal mögliche Wert für eine Vermutung ist 100, daher zeigt ein Wert von 90 oder höher eine sehr wahrscheinliche Lösung des Problems an.

B.2.3 Der CCO-Stack-Decoder

Der Stack-Decoder hilft in diesen seltenen Gegebenheiten, in denen ein Cisco-Router in einen der Zustände gerät, für deren Bewältigung er nicht programmiert wurde (z.B. bei einem Hardware-Ausfall) und bei dem der Router eine Stapelaufzeichnung (einen Stack-Trace) erzeugt. Der Stack-Trace ist eine wichtige Funktion der Cisco-IOS-Software, mit der die nachfolgende Diagnose und Reparatur der zugrunde liegenden Ursache ermöglicht wird. Sie können die Stack-Traces mit dem privilegierten Befehl **show stacks** auf der EXEC-Eingabe des Routers anzeigen.

Cisco betrachtet jede Situation, die zu einem Stack-Trace und einem Neustart (oft als Crash bezeichnet) führte und nicht durch einen Hardware-Ausfall verursacht wurde, als einen Software-Defekt, auch wenn die Wurzel des Problems tatsächlich ein fehlerhaft funktionierendes Gerät im Netzwerk ist.

Der Stack-Decoder entschlüsselt den Stack-Trace, den das Gerät erzeugt, und liefert eine Symboldatei. Die Symboldatei, plus die anderen Informationen aus dem Trace, liefern gewöhnlich genügend Informationen, um die Ursache des Stack-Trace isolieren zu können.

Bevor der Stack-Decoder realisiert wurde, mussten Sie den Trace zur Entschlüsselung an das TAC senden, damit es die zugehörigen Daten analysierte und die Ergebnisse mit der Bug-Tracking-Datenbank, den diagnostischen Regeln und den Hardware-Adressinformationen verglich. Dank des Stack-Decoders der CCO können Sie nun dieselben Techniken einsetzen, die das TAC verwendet, und den Prozess automatisieren. Nachdem der Trace analysiert wurde, liefert der Stack-Decoder eine geordnete Ergebnisliste mit möglichen Diagnosen. Die Ergebnisliste enthält gewöhnlich eine Liste mit Bug-IDs oder eine Hardware-Diagnose.

Unter den ersten Defekten in der Ergebnisliste findet sich gewöhnlich die Wurzel des Problems. Gelegentlich zeigt sich in der Diagnose kein klarer Schuldiger. Es ist wichtig, dass Sie den Software-Versionsstufen große Beachtung schenken sowie auch den Protokollen und Zuständen, die im Bug-Bericht beschrieben werden. Nachdem Sie alle Daten verglichen haben, ist es gewöhnlich sehr leicht, die Wurzel des Problems zu erkennen.

B.2.4 Das Open Forum der CCO

Das Open Forum der CCO bietet einen Online-Frage-und-Antwort-(Q&A-)Mechanismus für Cisco-Kunden, um Antworten über allgemeine technische Fragen zu erhalten. Diese Antworten erhalten Sie auf drei Arten:

– Durchsuchen Sie die Q&A-Datenbank der CCO (auf ähnliche Weise, wie Sie es bei einem Internet-Service wie Yahoo ausführen!).

– Geben Sie eine einzige Textfrage ein, die die Forumsoftware zergliedert und an eine CCO-Suchmaschine übergibt.

– Senden Sie Fragen an das Open Forum. Dies ist ein System, mit dem Sie in Echtzeit mit anderen Menschen im Netz kommunizieren können. Sie können Meldungen mit Text, Bildern und aktuellen Web-Links senden.

> **ANMERKUNG**
>
> Die Antworten des Forums kommen von Cisco-Netzwerk-Ingenieuren, die für Cisco arbeiten oder auch nicht. Das Open Forum ist ein Dienst für die Cisco-Kunden und die gelieferten Antworten spiegeln nicht unbedingt die Sichtweise von Cisco wider.

Wenn die Suche abgeschlossen ist, erhalten Sie eine Liste mit möglichen Antworten auf Ihre Frage. Diese Q&A-Paare werden auf der Basis Ihrer eingegebenen Schlüsselworte gewichtet und der »Wert« wird in der linken Spalte angezeigt: Je höher der Wert, desto wahrscheinlicher wird Ihnen die Antwort weiterhelfen.

Wenn das System keine Q&A-Paare finden kann, die die Schlüsselworte aus Ihrer Suchfrage enthalten, erhalten Sie die Nachricht, dass keine gültigen Q&As für Ihre Frage vorhanden sind. Zu diesem Zeitpunkt können Sie entweder die Frage an das Open Forum senden oder zurück zur Homepage des Open Forums gehen und die Frage anders stellen.

> **ANMERKUNG**
>
> Ein Teil des Open Forums ist das CCIE Chat Forum, das CCIEs die Möglichkeit geben soll, einen Echtzeitdialog mit anderen CCIEs zu führen, um die Verbreitung von Informationen und Problemlösungen zu ermöglichen. Diese Option ist aber nur auf CCIEs beschränkt.

B.2.5 Das TAC

Für den Cisco-Service und Support bietet das TAC die vertragsgemäße, kostenpflichtige oder im Rahmen der Garantie geleistete technische Unterstützung für Cisco-Produkte und es überwacht das Serviceproblem vom ersten Anruf bis zum Abschluss.

Die beste Vorgehensweise für eine Zusammenarbeit mit dem TAC besteht darin, zuerst jede Fehlersuche auszuführen, zu der Sie fähig sind. Nutzen Sie die Support-Ressourcen für die Fehlersuche (einschließlich der in der CCO) und Ihr Wissen (einschließlich das aus diesem Buch), um das Problem selbst zu finden.

Wenn Sie Ihr eigenes Netzwerkproblem lösen, ist die voraussichtlich erforderliche Zeit, bis Sie das Netzwerk wieder in seinen vollständigen Betriebszustand versetzen können, wesentlich kürzer, als wenn Sie sich die Zeit nehmen, um beim TAC einen Fall zu eröffnen und die Details des Problems an das TAC zu melden. Es kann aber dennoch vorkommen, dass Sie das Problem an das TAC übergeben müssen. Sie können den Service vom Cisco-TAC via Telefon, Fax, Internet oder E-Mail anfordern.

Stellen Sie sicher, dass Sie alle notwendigen Informationen zur Hand haben, bevor Sie einen Fall eröffnen. Die Informationen können je nach Netzwerktyp, Produkt und Dienstarrangement variieren. Generell sollten Sie folgende Dinge vorbereiten:

1. Sammeln Sie alle zugehörigen Fakten, um das Problem zu beschreiben. Besorgen Sie sich die Ausgaben von allen betroffenen Geräten auf den Befehl **show tech-support** (Cisco-IOS-Software-Version 11.0 oder höher). Dieser Befehl vereinigt die Ausgabe auf mehrere Fehlersuchbefehle. Diese Fehlersuchbefehle sind in Kapitel 5, »Die Cisco-Management- und -Diagnose-Werkzeuge« beschrieben. Fügen Sie weitere Fakten wie die Folgenden hinzu:

   - Konfigurationsänderungen in der letzten Zeit
   - Debugs
   - Protokoll-Analyzer-Aufnahmen

2. Legen Sie sich die Informationen über Ihre Garantieansprüche zurecht:

   - Firmenname
   - Kontaktname, Adresse und Telefonnummer
   - Die Seriennummer und die Modellnummer der Einheit, auf der das Problem auftritt
   - Die Problem-Prioritätsstufe des Anrufs. Es gelten die folgenden Prioritätsstufen:
     - Priorität 1 – Produktionsnetzwerk ist ausgefallen
     - Priorität 2 – Produktionsnetzwerk ist schwer beeinträchtigt
     - Priorität 3 – Die Netzwerkperformance ist beeinträchtigt
     - Priorität 4 – Es werden Informationen über Cisco-Produkt-Fähigkeiten, Installation oder Konfiguration benötigt

3. Kontaktieren Sie das zuständige TAC für Ihren Bereich. Eröffnen Sie einen Fall, um einen Aktionsplan durchzuführen.

4. Wenn Sie das TAC kontaktieren, vergibt der TAC-Kunden-Support-Ingenieur (CSE) eine Fallnummer für Ihr Problem. Sie sollten diese Nummer bei allen Anfragen in Bezug auf diesen Fall nennen. Ihr Problem wird je nach Problemtyp und Prioritätsstufe an das zugehörige Kunden-Ingenieurs-Antwort-Team weitergeleitet, das eine Lösung erarbeitet.

5. Sie können das Case-Management-Toolkit in der CCO nutzen, um direkt mit dem TAC von Cisco zu interagieren. Das Case-Management-Toolkit besteht aus drei verschiedenen Werkzeugen:

   - Durch das Case Open können Sie technische Unterstützung anfordern, indem Sie einen Fall (einen Case) beim TAC eröffnen.

   - Mit dem Case Query können Sie den Status des Falles überprüfen, den Sie beim TAC eröffnet haben.

   - Mit dem Case Update können Sie Ihre eigenen Hinweise an einen Fall senden, den Sie beim TAC eröffnet haben.

6. Das Case Management Toolkit kann Sie auch an den Cisco MarketPlace und den Service Order Agenten des IPC verweisen. Der Cisco MarketPlace liefert den Status jedes bestellten Ersatzteils, mit dem die fehlerhafte Hardware wieder in den Betriebszustand gebracht werden kann.

7. Das TAC arbeitet, um Service zu liefern. Nach der Ausführung des Service-Aktionsplans arbeitet der CSE mit Ihnen zusammen, um die Ergebnisse zu betrachten. Der CSE kommt mit Ihnen überein, dass das Problem gelöst ist, und schließt den Fall.

B.3 Die CCO-Trainingsinformationen

Das CCO bietet Trainingsseminare und Zertifizierungsprogramme für Kunden und Reseller an. Die Kundentrainingsabteilung bietet Werkzeuge, um den Cisco-Kurs zu finden, den Sie suchen:

- Seminare – Schauen Sie die Liste mit den Trainingsseminaren durch, die eine kurze Beschreibung des Seminars enthält, die erforderlichen Voraussetzungen, wer daran teilnehmen sollte und das Thema des Seminars.

- Materialien zum Selbststudium – Schauen Sie die Liste mit den Materialien zum Selbststudium durch, die Ratgeber zum Selbststudium enthält, sowie CD-ROMs, Bücher und computerbasierte Trainingsmethoden.

- Seminarfinder – Wenn Sie bereits wissen, welches Seminar Sie besuchen wollen, können Sie den Seminarfinder einsetzen, um ein Seminar zur passenden Zeit und am passenden Ort zu finden. Der Seminarfinder ist eine mächtige Suchmaschine, mit der Sie nach den folgenden Kriterien eine Suche ausführen können: Seminar, Trainingspartner, Stadt, Bundesstaat/Provinz, Land, Region, Sprache, Startdatum und Enddatum.

- Cisco Career Certifications – Vollständige Informationen über Cisco Career Certifications, einschließlich Karrierestufenbeschreibungen, empfohlenen Vorbereitungsseminaren und Testatanforderungen.

B.4 Zusammenfassung

Sie werden merken, dass die CCO eine der umfassendsten Support-Sites im Internet ist. Der beste Weg, um die Möglichkeiten zu entdecken, besteht darin, durch die CCO zu surfen und zu sehen, welche Informationen verfügbar sind.

Referenzen und empfohlene Literatur

Dieser Anhang enthält eine Liste mit einschlägigen englischen Büchern, Zeitschriften, technischen Publikationen und Standards. Die »Auswahl des Herausgebers« ist mit einem Stern (*) markiert.

Bücher und Zeitschriften

Apple Computer, Inc. *AppleTalk Network System Overview.* Reading, Massachusetts: Addison-Wesley, 1989.

Apple Computer, Inc. *Planning and Managing AppleTalk Networks.* Reading, Massachusetts: Addison-Wesley, 1991.

Black, U. *Data Networks: Concepts, Theory and Practice.* Upper Saddle, New Jersey: Prentice Hall, 1989.

Black, U. *Physical Level Interfaces and Protocols.* Los Alamitos, California: IEEE Computer Society Press, 1988.

Case, J.D., J.R. Davins, M.S. Fedor, and M.L. Schoffstall. »Network Management and the Design of SNMP.« *ConneXions: The Interoperability Report,* Vol. 3, March 1989.

Chappell, L. *Novell's Guide to NetWare LAN Analysis.* San Jose, California: Novell Press, 1998.*

Coltun, R. »OSPF: An Internet Routing Protocol.« *ConneXions: The Interoperability Report,* Vol. 3, No. 8, August 1989.

Comer, D.E. *Internetworking with TCP/IP: Principles, Protocols, and Architecture,* Vol. 1, 2nd ed. Upper Saddle, New Jersey: Prentice Hall, 1991.*

Davidson, J. *An Introduction to TCP/IP.* New York: Springer-Verlag, 1992.

Ferrari, D. *Computer Systems Performance Evaluation.* Upper Saddle, New Jersey: Prentice Hall, 1978.

Garcia-Luna-Aceves, J.J. »Loop-Free Routing Using Diffusing Computations.« Publication pending in *IEEE/ACM Transactions on Networking,* Vol. 1, No. 1, 1993.

Green, J.K. *Telecommunications,* 2nd ed. Homewood, Illinois: Business One Irwin, 1992.

Jones, N.E.H., and D. Kosiur. *Macworld Networking Handbook.* Foster City, California: IDG, 1992.

LaQuey, T. *The Internet Companion: A Beginner's Guide to Global Networking.* Reading, Massachusetts: Addison-Wesley, 1994.

Leinwand, A., and K. Fang. *Network Management: A Practical Perspective.* Reading, Massachusetts: Addison-Wesley, 1993.

McNamara, J.E. *Local Area Networks: An Introduction to the Technology.* Bedford, Massachusetts: Digital Press, 1997.

Malamud, C. *Analyzing DECnet/OSI Phase V.* New York: Van Nostrand Reinhold, 1991.*

Malamud, C. *Analyzing Novell Networks.* New York: Van Nostrand Reinhold, 1991.

Malamud, C. *Analyzing Sun Networks.* New York: Van Nostrand Reinhold, 1991.

Martin, J. *SNA: IBM's Networking Solution.* Upper Saddle, New Jersey: Prentice Hall, 1987.

Martin, J., with K.K. Chapman and the ARBEN Group, Inc. *Local Area Networks. Architectures and Implementations.* Upper Saddle, New Jersey: Prentice Hall, 1989.

Meijer, A. *Systems Network Architecture: A Tutorial.* New York: John Wiley & Sons, 1987.

Miller, M.A. *Internetworking: A Guide to Network Communications LAN to LAN; LAN to WAN,* 2nd ed. San Mateo, California: M&T Books, 1995.

Moy, John T. *OSPF: Anatomy of an Internet Routing Protocol.* Reading, Massachusetts: Addison-Wesley, 1998.

O'Reilly, T. and G. Todino. *Managing UUCP and Usenet,* 10th ed. Sebastopol, California: O'Reilly & Associates, 1992.

Perlman, R. *Interconnections: Bridges and Routers.* Reading, Massachusetts: Addison-Wesley, 1992.*

Rose, M.T. *The Simple Book: An Introduction to Management of TCP/IP-Based Internets.* Upper Saddle, New Jersey: Prentice Hall, 1991.*

Ross, F.E. »FDDI – A Tutorial.« *IEEE Communications Magazine,* Vol. 24, No. 5, May 1986.

Schlar, S.K. *Inside X.25: A Manager's Guide.* New York: McGraw-Hill, 1990.

Schwartz, M. *Telecommunications Networks: Protocols, Modeling, and Analysis.* Reading, Massachusetts: Addison-Wesley, 1987.

Sherman, K. *Data Communications: A User's Guide.* Upper Saddle, New Jersey: Prentice Hall, 1990.*

Sidhu, G.S., R.F. Andrews, and A.B. Oppenheimer. *Inside AppleTalk,* 2nd ed. Reading, Massachusetts: Addison-Wesley, 1990.

Spragins, J.D., et al. *Telecommunications Protocols and Design.* Reading, Massachusetts: Addison-Wesley, 1991.

Stallings, W. *Data and Computer Communications.* New York: Macmillan, 1991.

Stallings, W. *Handbook of Computer-Communications Standards,* Vols. 1–3. Carmel, Indiana: Howard W. Sams, 1990.

Stallings, W. *Local Networks,* 3rd ed. New York: Macmillan. 1990.*

Stevens, W.R. *TCP/IP Illustrated,* Vol. 1. Reading, Massachusetts: Addison-Wesley, 1994.*

Sunshine, C.A. (ed.). *Computer Network Architectures and Protocols,* 2nd ed. New York: Plenum Press, 1989.

Tanenbaum, A.S. *Computer Networks,* 2nd ed. Upper Saddle, New Jersey: Prentice Hall, 1988.*

Terplan, K. *Communication Networks Management.* Upper Saddle, New Jersey: Prentice Hall, 1992.

Zimmerman, H. »OSI Reference Model – The ISO Model of Architecture for Open Systems Interconnection.« *IEEE Transactions on Communications* COM-28, No. 4, April 1980.

Technische Publikationen und Standards

Advanced Micro Devices. *The Supernet Family for FDDI.* Technical Manual Number 09779A. Sunnyvale, California, 1989.

Advanced Micro Devices. *The Supernet Family for FDDI.* 1989 Data Book Number 09734C. Sunnyvale, California, 1989.

American National Standards Institute X3T9.5 Committee. FDDI Station Management (SMT). Rev.6.1; March 15, 1990.

American National Standards Institute X3T9.5 Committee. Revised Text of ISO/DIS 8802/2 for the Second DIS Ballot, »Information Processing Systems – Local Area Networks.« Part 2: Logical Link Control. 1987-01-14.

American National Standards Institute T1.606 Committee. Integrated Services Digital Network (ISDN) – Architectural Framework and Service Description for Frame-Relaying Bearer Service, 1990.

American National Standards Institute T1.617 Committee. Integrated Services Digital Network (ISDN) – Signaling Specification for Frame Relay Bearer Service for Digital Subscriber Signaling System Number 1 (DSS1), 1991.

American National Standards Institute T1.618 Committee. Integrated Services Digital Network (ISDN) – Core Aspects of Frame Protocol for Use with Frame Relay Bearer Service, 1991.

ATM Data Exchange Interface (DXI) Specification, Version 1.0. Document ATM_FORUM/93-590R1, August 4, 1993.

Banyan Systems, Inc. *VINES Protocol Definition.* DA254-00, Rev. 1.0. Westboro, Massachusetts, February 1990.

Bellcore. *Generic System Requirements in Support of a Switched Multi-Megabit Data Service.* Technical Advisory, TA-TSY-000772, October 1989.

Bellcore. *Local Access System Generic Requirements, Objectives, and Interface Support of Switched Multi-Megabit Data Service.* Technical Advisory TA-TSY-000773, Issue 1, December 1985.

Bellcore. *Switched Multi-Megabit Data Service (SMDS) Operations Technology Network Element Generic Requirements.* Technical Advisory TA-TSY-000774.

Chapman, J.T., and M. Halabi. *HSSI: High-Speed Serial Interface Design Specification.* Menlo Park, California and Santa Clara, California: Cisco Systems and T3Plus Networking, Inc., 1990.

Consultative Committee for International Telegraph and Telephone. *CCITT Data Communications Networks – Services and Facilities, Terminal Equipment and Interfaces, Recommendations X.1–X.29.* Yellow Book, Vol. VIII, Fascicle VIII.2, 1980.

Consultative Committee for International Telegraph and Telephone. *CCITT Data Communications Networks – Interfaces, Recommendations X.20–X.32.* Red Book, Vol. VIII, Fascicle VIII.3, 1984.

DDN Protocol Handbook. Four volumes, 1989.

Defense Communications Agency. *Defense Data Network X.25 Host Interface Specification.* Order number AD A137 427, December 1983.

Digital Equipment Corporation. *DECnet/OSI Phase V: Making the Transition from Phase IV.* EK-PVTRN-BR, 1989.

Digital Equipment Corporation. *DECserver 200 Local Area Transport (LAT) Network Concepts.* AA-LD84A-TK, June 1988.

Digital Equipment Corporation. *DIGITAL Network Architecture (Phase V).* EK-DNAPV-GD-001, September 1987.

Digital Equipment Corporation, Intel Corporation, and Xerox Corporation. *The Ethernet, A Local-Area Network, Data Link Layer and Physical Layer Specifications.* Version 2.0, November 1982.

Garcia-Luna-Aceves, J.J. »A Unified Approach to Loop-Free Routing Using Distance Vectors or Link States.« ACM 089791-332-9/89/0009/0212, pp. 212–223, September 1989.

Hemrick, C., and L. Lang. »Introduction to Switched Multi-Megabit Data Service (SMDS), an Early Broadband Service.« *Proceedings of the XIII International Switching Symposium* (ISS 90), May 27–June 1, 1990.

Hewlett-Packard Company. *X.25: The PSN Connection: An Explanation of Recommendation X.25.* 5958-3402, October 1985.

IEEE 802.2. *Local Area Networks Standard, 802.2 Logical Link Control.* ANSI/IEEE Standard, October 1985.*

IEEE 802.3. *Local Area Networks Standard, 802.3 Carrier Sense Multiple Access with Collision Detection.* ANSI/IEEE Standard, October 1985.*

IEEE 802.5. *Local Area Networks Standard, 802.5 Token Ring Access Method.* ANSI/IEEE Standard, October 1985.*

IEEE 802.6. *Local & Metropolitan Area Networks Standard, 802.6 Distributed Queue Dual Bus (DQDB) Subnetwork of a Metropolitan Area Network (MAN).* ANSI/IEEE Standard, December 1990.

International Business Machines Corporation. *ACF/NCP/VS Network Control Program, System Support Programs: General Information.* GC30-3058.

International Business Machines Corporation. *Advanced Communications Function for VTAM (ACF/VTAM), General Information: Introduction.* GS27-0462.

International Business Machines Corporation. *Advanced Communications Function for VTAM, General Information: Concepts.* GS27-0463.

International Business Machines Corporation. *Dictionary of Computing.* SC20-1699-7, 1987.

International Business Machines Corporation. *Local Area Network Technical Reference.* SC30-3883.

International Business Machines Corporation. *Network Problem Determination Application: General Information.* GC34-2010.

International Business Machines Corporation. *Synchronous Data Link Control: General Information.* GA27-3093.

International Business Machines Corporation. *Systems Network Architecture: Concepts and Products.* GC30-3072.

International Business Machines Corporation. *Systems Network Architecture: Technical Overview.* GC30-3073-1, 1985.*

International Business Machines Corporation. *Token-Ring Network Architecture Reference.* SC30-3374.*

International Business Machines Corporation. *Token-Ring Problem Determination Guide.* SX27-3710-04, 1990.*

International Organization for Standardization. *Information Processing System – Open System Interconnection; Specification of Abstract Syntax Notation One (ASN.1).* International Standard 8824, December 1987.

Novell, Inc. IPX Router Specification, Version 1.10. Part Number 107-000029-001, October 16, 1992.*

Novell, Inc. NetWare Link Services Protocol (NLSP) Specification, Revision 0.9. Part Number 100-001708-001, March 1993.*

StrataCom. *Frame Relay Specification with Extensions*. 001-208966, Rev.1.0, September 18, 1990.

Xerox Corporation. *Internet Transport Protocols*. XNSS 029101, January 1991.

Anhang D: Prüfliste und Arbeitsblatt zur Problemlösung

Um Probleme in Ihrem Internetzwerk zu isolieren, müssen Sie zuerst alle wichtigen Fakten zusammentragen und anschließend jedes vermutete Problem methodisch angehen. Dieser Anhang enthält eine Prüfliste zur Fehlersuche und ein allgemeines Arbeitsblatt, das Ihnen bei diesem Prozess helfen soll. Verwenden Sie die Prüfliste und das Arbeitsblatt als Muster, um Ihre eigenen Prüflisten und Arbeitsblätter zu erstellen, die auf ihre spezielle Internetzwerkumgebung zugeschnitten sind.

Prüfliste zur Fehlersuche

Bevor Sie in Ihrem Internetzwerk irgendwelche Änderungen vornehmen, sollten Sie folgende Fragen positiv beantworten:

- Haben Sie eine Liste mit allen gemeldeten Symptomen aus Ihrem Internetzwerk identifiziert und zusammengetragen?

- Kennen Sie Ihr Internetzwerk? Verfügen Sie über eine exakte physikalische und logische Karte Ihres Internetzwerks?

- Haben Sie eine Liste mit allen in Ihrem Netzwerk implementierten Netzwerkprotokollen?

- Wissen Sie, welche Protokolle geroutet werden?

- Wissen Sie, welche Protokolle gebridget werden?

- Kennen Sie alle Kontaktpunkte zu externen Netzwerken?

- Haben Sie für jedes Symptom eine Liste mit möglichen Problemen und Ursachen erstellt?

- Haben Sie für jedes Problem einen Aktionsplan erarbeitet?
- Besitzen Sie einen Katastrophen-Rückzugsplan (Disaster-Recovery-Plan) für den Fall, dass Ihr Netzwerk ausfällt?

Arbeitsblatt zur Fehlersuche

Wenn Sie alle diese Fragen mit Ja beantworten, können Sie mit der Isolierung der Probleme beginnen. Eliminieren Sie immer nur ein Problem gleichzeitig.

Gemeldete Symptome

_____

_____

_____

_____

Karte der Netzwerktopologie – fügen Sie weitere Blätter hinzu:

Geroutete Protokolle:
_____
_____
_____

Gebridgete Protokolle:
_____
_____
_____

In Ihrer Umgebung verwendete Medien:
_____
_____
_____

Internetzwerkausrüstung (einschließlich Netzwerkadresse, Hersteller, Modell und Funktion):
_____
_____
_____

Suspekte(s) Endsystem und Internetzwerkknoten (einschließlich Netzwerkadresse, Hersteller, Modell und Funktion):
_____
_____
_____

Im Netzwerk eingesetzte Applikationen (FTP, Sendmail, NFS, NetWare usw.):
_____
_____
_____

Symptome und mögliche Probleme:

Symptom	Mögliche Probleme

Aktionsplan für jedes Problem:

Problem	Aktionsplan

Aktionsergebnisse:

Problem/Aktion	Ergebnis

Stichwortverzeichnis

2B+D, siehe ISDN-BRI 595
5ESS-Switches, Keypad-Facility, Anrufparameter 629

A
AAL (ATM-Adaptationsschicht), ATM-Referenzmodell 96
AAL1 97
AAL3/4 97
AAL5 97
AARP (AppleTalk-Address-Resolution-Protokoll) 176, 177
–, Pakete, Format 177
AARP-Pakete, SNAP-Protokoll-Diskriminatorfeld 178
AARP-Proben, AppleTalk 471
Abfrage-Pakete, Erweitertes IGRP 150
ABM (Asynchroner balancierter Modus)
–, HDLC 88
Access-Kontrollbyte, Token 70
Access-Listen
–, AppleTalk 434
–, Einschränkung des IP-Debug-Befehls 281
–, IP 349
Accounting, Performanceeinfluss 207
Adressen
–, AppleTalk 180

–, ATM 97
– –, NSAP 98
– –, private Formate 98, 99
– –, Subnetzwerkmodell 98
–, FDDI 79
–, Frame-Relay, globale Adressierung 118
–, IP
– –, Hinzufügen oder Ändern 386
– –, Loopback-Pingtests 385
– –, Probleme 373
– –, unterstützte Netzwerkklassen 127, 128
–, LMI, globale 117
Adressfamilien-ID, RIP-Pakete 140
Adressfeld
–, FDDI 81
–, LAPB-Frames 111
–, RIP-Pakete 140
–, SDLC-Frames 85
ADSP (AppleTalk-Data-Stream-Protokoll) 185, 186
AEP (AppleTalk-Echo-Protokoll) 186
AFI-Feld, private ATM-Adressen 99
AFIs (Autoritäts- und Format-IDs), NSAP-ATM-Adressen 98
AFP (AppleTalk-Filing-Protokoll) 49, 186
AGS+-Karten, show controllers cxbus 314

Aktionspläne
–, NetWare-Probleme 425, 426
–, TCP/IP 382
Aktive Monitore, Token-Ring 68
Aktive Prozesse 275
Algorithmen
–, CRC, Frame-Relay 112
–, Spanning-Tree-Protokoll 538
Allgemeine AppleTalk-Symptome und -Probleme 468
Allgemeine LMI-Erweiterungen 113
Allgemeine NetWare-Probleme 423
Allgemeine trace-Befehl-Probleme 299
AMI (Alternate-Mark-Inversion) 601
–, ISDN-BRI-Leitungskodierung 601
Analyse
–, EIGRP-Pakete 363
–, Frame-Relay-Pakete 584
Anfragen, LMI, Frame-Relay 581
Anfrage-Pakete, Erweitertes IGRP 150
Antworten, LMI, Frame-Relay 581
Antwort-Pakete, Erweitertes IGRP 150
Anzeige, siehe auch Betrachtung 398, 399
–, EIGRP-Nachbarn 397
–, ISDN-BRI B-Kanal-Ausgabe 597
–, VLAN-Spanning-Tree-Topologie 550
–, VTP 500
AppleTalk 174, 175
–, AARP-Proben 471
–, Access-Listen 434
–, Adressen 180
–, ADSP 186
–, AEP 186
–, AFP 186
–, allgemeine Symptome und Probleme 468
–, ASP 186
–, ATP 185

–, Clients 175
–, DDP 55, 180
–, debug-Befehle 455
–, Dienstentdeckung 50
–, doppelte Netzwerknummern 474
–, Echo-Frames 50
–, Ereignisse 459
–, erweiterte Netzwerke 180
–, fehlerhaft konfigurierte Router 470
–, Fehlermeldungen 457, 458
–, Fehlersuche, Verbindungen 433
–, GetZoneList-Anfragen 50
–, höherschichtige Protokolle 59
–, instabile Routen 475
–, Internetzwerk-Tipps 476
–, Knoten 179
–, Knotenadressen 176
–, Name-Cache 442
–, Namen, Format 454
–, NBP 183
–, NBP, Ausgabe 460
–, NBP-Broadcast-Anfragen 50
–, NBP-Dienste 453
–, Nbptest-Einrichtung 453
–, Netzwerke 179
–, nicht erweiterte Netzwerke 180
–, NVEs 183
–, Pakete, Debugdaten 462
–, PAP 186
–, ping-Befehlsoptionen 291
–, Routenflattern 475
–, Router, Konfigurationsanzeige 438
–, Router-Diagnose-Befehle 433
–, Routingtabelle 182, 443
–, RTMP 182
–, RTMP-Update-Probleme 475
–, Schnittstellen, Zustand 440
–, Server 175
–, show-Befehlsoptionen 433
–, Soft-Seed-Router 473
–, unpassende Konfiguration 473
–, Verbindungsabfolge 49
–, ZIPs (Zonen-Informations-tabellen) 184

Stichwortverzeichnis **683**

–, ZIP-Ereignisse 465
–, ZIP-Stürme 470, 475
–, Zonen 179, 180
–, Zonen-Informationstabelle 452
appletalk ignore-verify-errors 473
appletalk lookup-type 442
appletalk name-lookup-interval 442
AppleTalk ping 297
Applikations-Portnummern
–, TCP 134
–, UDP 134
ARA (AppleTalk-Remote-Access), Fehlersuche 467
Arbeitsspeicher
–, Auslastung 277
–, Daten 268
–, freier Arbeitsspeicher 275
–, I/O 275
–, Router, Statistiken 273, 274
–, SRAM, freier Arbeitsspeicher 275
Architektur, Catalyst 5000-Switches 486
Area-Border-Router, OSPF 154
Area-ID-Feld, OSPF-Pakete 158
ARM (Asynchroner Antwortmodus), HDLC 88
ARP
–, dynamische IP-Adressen 129
–, Pakete 130
–, Pakete, Zustand 369, 370
ARP-Anfragen, MAC-Adressen, TCP-Sitzungen 47
ARP-Cache
–, IP 350
–, Windows NT, Entleerung 388
ARP-Pakete
–, HA-Feld 130
–, Hardware-Typenfeld 130
–, Operationsfeld 130
–, PA-Felder 130
–, Protokolltyp-Feld 130
AS (Autonomes System) 131
–, BGP 162
–, externe Verbindungsanzeigen, OSPF 158
–, OSPF 154

ASP (AppleTalk-Session-Protokoll) 186
AS-Pfadattribut, BGP 165
Asynchroner Verkehr, FDDI 75
ATM 58, 90
–, AAL1 97
–, AAL3/4 97
–, AAL5 97
–, Adressen 97
– –, NSAP 98
– –, private Formate 98, 99
– –, Subnetzwerkmodell 98
–, CLP-Bit 101
–, Dienste 94
–, Endpunkte 91
–, Leaves 100
–, NICs 103
–, NNIs (Netwerk-zu-Netzwerk-Schnittstellen) 92
– –, Zellformate 94
–, physikalische Schicht 97
–, Point-to-Multipoint-Verbindungen 100
–, Point-to-Point-Verbindungen 100
–, PVCs (permanente virtuelle Kreise) 94
–, QOS 101
–, Referenzmodell
– –, Ebenen 96
– –, Schichten 96
–, Root-Knoten 100
–, SVCs (geswitchte virtuelle Kreise) 94
–, Switches 91
– –, Arbeitsweisen 95
–, Switching 90
–, Übertragungspfade 95
–, UNIs (Benutzer-Netzwerk-Schnittstellen) 92
– –, Zellformate 94
–, VCIs 58
–, VCs 58
–, verbindungsloser Dienst 94
–, Verkehrskontrakte 101
–, Verkehrslenkung 101
–, Verkehrsregelung 101
–, virtuelle Kanäle 95
–, virtuelle Pfade 95

–, VLAN-Dienst 103
–, Zellen
– –, CLP-Feld 94
– –, GFC-Feld 93
– –, Header 93
– –, HEC-Feld 94
– –, PT-Feld 93
– –, VCI-Feld 93
– –, VPI-Feld 93
ATM-Schicht, ATM-Referenzmodell 96
ATM-Schnittstellen, Daten 267
ATP 49, 185
Attribute, BGP 165
AUI (Attachment-Unit-Interface), Ethernet 62
Ausfall-Management 227
Ausgabeformate, debug-Befehle 281
Ausgabe-Queues 211
–, verworfene Pakete 211
Ausgelöste Updates
–, IGRP 145
–, RIP 142
Authentifizierung
–, CHAP, ISDN-BRI 619
–, von ISDN-BRI-Anrufen 618
Authentifizierungstypfeld, OSPF-Pakete 158
Autonomes Switching 198
Autonomes System-Nummernfeld, EGP-Pakete 160
Autorekonfiguration, Token-Ring 69
AVO-Internationale TDRs 220

B

Backbones, OSPF 154, 155
Backup-Designated-Router, OSPF 156
Basic-Rate-Interface, siehe BRI 589
Beaconing, Token-Ring 69, 270
Bearer-Capability, ISDN-BRI 622
BECN (Backward-Explicit-Congestion-Notification) 568
–, Frame-Relay 568
BECN-Bit, Frame-Relay 115

Beendigung
–, CDP 305
–, ping-Sitzungen 290
–, verbindungsorientierte Datenübertragungen 57
Befehle
–, appletalk ignore-verify-errors 473
–, appletalk lookup-type 442
–, appletalk name-lookup-interval 442
–, AppleTalk ping 297
–, Benutzer-EXEC ping, Überprüfung der TCP/IP-Verbindungen 342
–, Benutzer-EXEC trace 298, 348
–, Catalyst-Switching-Optionen 516
–, cdp holdtime 304
–, cdp run 305
–, cdp timer 304
–, clear cdp counters 305
–, clear cdp table 305
–, clear counters serial 576
–, clear int s 1 574
–, clear interface bri 0 597
–, clear trunk 543, 555
–, configure terminal 626
–, debug 278
– –, Betrachtung der Optionen 281
– –, privilegierte EXEC-Optionen 245
–, debug all 280
–, debug apple arp 455
–, debug apple errors 456
–, debug apple events 457, 459, 460
–, debug apple nbp 460
–, debug apple routing 464
– –, Felder 464, 465
–, debug apple zip 465
–, debug arp 369
–, debug bri 608, 609
–, debug broadcast 278
–, debug dialer 631
–, debug frame-relay events 582
–, debug frame-relay lmi 581
–, debug frame-relay packet 584

–, debug ip eigrp 363
–, debug ip icmp 290, 364
–, debug ip igrp events 366, 383
–, debug ip ospf events 367
–, debug ip packet 367
–, debug ip rip 368
–, debug ipx packet 428
–, debug ipx routing, Felder 416
–, debug ipx sap activity 427
–, debug isdn q921 608, 612, 613
–, debug isdn q931 608, 619, 623, 628
–, debug ppp authentication 618
–, debug ppp negotiation 608, 616
–, debug serial interface 580
–, debug span 553, 555
–, debug vlan packet 553, 554
–, default-metric 383
–, diagnostic 243, 245
–, distance, TCP/IP 384
–, exception dump 316
–, Fehlersuche, Frame-Relay 571, 578, 593
–, frame-relay map, broadcast 429
–, ipconfig /all 376
–, ipx gns-response-delay 422
–, ipx gns-round-robin 422
–, ipx ping-default novell 292, 396
–, ipx router nlsp 424
–, ipx routing 427
–, isdn answer2 629
–, isdn caller 630
–, isdn switch-type ? 620
–, ISDN-BRI, traceroute 594
–, Meldungslogging, Festlegen des Logging-Levels 285, 286
–, more system, running-config 428
–, nbstat 378
–, no debug 279
–, no debug all 279
–, no debug vlan packet 555
–, ping 246, 288
– –, Beispielausgabe 289
– –, ISDN-BRI 594
–, ping (ipx) 292, 396
–, ping appletalk 291
–, privilegierter EXEC-ping, Test der TCP/IP-Verbindungen 345
–, privilegierter IP-ping 292, 294, 345
–, privilegierter IP-trace 301
–, privilegierter ping (IPX echo) 296
–, redistribute metric 383
–, route add default 382
–, route print 387
–, router odr 304
–, service timestamps debug datetime msec 625
–, service timestamps log datetime msec 595
–, set port duplex full|half 542
–, set trunk 543
–, set vtp domain admin-1 499
–, show 246
–, show appletalk access-lists, Felder 434
–, show appletalk adjacent-routes 435
–, show appletalk arp 437
–, show appletalk globals 438
–, show appletalk interface 51, 440
– –, Felder 440, 441
–, show appletalk name-cache 442
–, show appletalk nbp 453
–, show appletalk route, Felder 443
–, show appletalk traffic 50
– –, Felder 448, 449, 450, 451
–, show arp 549
–, show bridge vlan 549
–, show buffers 247
– –, Felder 247, 311, 313, 315
–, show cdp 303, 305, 512
–, show cdp entry 307
–, show cdp interface 305
–, show cdp neighbors 306, 529, 548
–, show cdp neighbors detail 306
–, show config 522, 523

–, show controllers 268
–, show controllers bri 594, 598, 603, 604
–, show controllers cxbus 312
–, show controllers token 268, 269, 271
–, show dialer 631
–, show dialer bri 604
–, show dialerinterface bri 594
–, show ethernet interfaces, Felder 252, 253, 259
–, show flash 524
–, show frame-relay lmi 576
–, show frame-relay map 577
–, show frame-relay pvc 578
–, show interfaces 250
– –, Betrachtung der statistischen Zähler 251
–, show interfaces atm 267
–, show interfaces bri 594, 595, 597
–, show interfaces bri0 605
–, show interfaces ethernet 251
–, show interfaces fastethernet 549
–, show interfaces fddi 261, 265
–, show interfaces serial 257, 258, 573, 575, 576
–, show interfaces tokenring 255, 256, 261
–, show ip access-list 349
–, show ip arp 350
–, show ip interface 351
–, show ip ospf database 353
–, show ip ospf interface 355
–, show ip protocols 356
–, show ip route 359, 382, 383
–, show ip traffic 360
–, show ipx eigrp neighbors 397
–, show ipx eigrp topology 397
–, show ipx interface 49, 399
–, show ipx nlsp database 402
–, show ipx route 405
–, show ipx servers 406, 427
–, show ipx traffic 49
–, show isdn status 594, 598, 629

–, show logging 286, 287
–, show mac, Betrachtung der MAC-Daten 518
–, show memory 273, 274
–, show memory free 275
–, show memory io 275
–, show memory sram 275
–, show options 245
–, show port, Betrachtung der Port-Zustände/Zähler 520
–, show ppp multilink 595
–, show processes 275
–, show processes memory 277
–, show running-config 626
–, show span 522, 523, 550
–, show spantree 524, 549
–, show spantree statistics 525
–, show stacks 314
–, show system, Betrachtung der Catalyst-Systemdaten 517, 518, 519
– –, running-config 626
–, show tech-support 309
–, show test, Betrachtung der Catalyst-Switch-Diagnosedaten 517, 518
–, show version 310, 311
–, show vlan 550
–, show vtp domain 529
–, terminal monitor 286
–, test appletalk 454
–, trace 288
– –, Überprüfung der IP-Verbindungen 347, 348
–, tracert 387
–, write core 316
Befehlsfeld, RIP-Pakete 139
Befehlssyntax, SPAN 515
Begrenzte IP-Hostzugriffs-Probleme 372
Beispielübungen, Brussels-Router 327, 328, 329, 331, 333, 334, 335, 337
–, Sydney-Router 323, 325
–, Token-Ring-Netzwerke 319
Benachbarte Router, OSPF 156
Benachrichtigungsmeldungen 284
–, BGP 165
–, der Stufe 5 284

Benutzer-EXEC-Befehl ping
-, Testzeichen 343
-, Überprüfung der TCP/IP-
  Verbindungen 342
Benutzer-EXEC-Befehl trace 298,
  348
BERTs (Bit-Error-Rate-Tester)
  221
Bestätigungsnummernfeld, TCP
  135
Bestätigungspakete, Erweitertes
  IGRP 150
Betrachtung 520
-, aktive Prozesse 275
-, AppleTalk
- -, Ereignisse 459
- -, Fehlermeldungen 457, 458
- -, Name-Cache 442
- -, NBP-Ausgabe 460
- -, Paket-Debug-Daten 462
- -, Routingtabelle 443
- -, Schnittstellenzustand 440
- -, ZIP-Ereignisse 465
- -, Zonen-Informationstabelle
  452
-, AppleTalk-Access-Listen 434
-, AppleTalk-
  Routerkonfiguration 438
-, Arbeitsspeicherauslastung 277
-, Arbeitsspeicherdaten 268
-, ATM-Schnittstellendaten 267
-, Boot-Systeme 310
-, BPDU, Spanning-Treedaten
  525, 526
-, Catalyst-5000-Systemdaten
  517, 518, 519
-, Catalyst-Switch-Diagnosedaten
  517, 518
-, CDP
- -, aktuelle Einstellungen 307
- -, Nachbargerätedaten 306
-, CxBus-Controllerdaten 312
-, DDR-Zustand, ISDN-BRI 631
-, debug-Befehlsoptionen 281
-, EIGRP, Topologietabellenfelder
  398, 399
-, EIGRP-Nachbarn 397
-, Ethernet-Schnittstellendaten
  252, 256, 262, 267

-, FDDI-Schnittstellendaten 261,
  265
-, Fehler-Meldungs-Logs 286
-, Fehlerzähler 268
-, geswitchter Port-Analyzer,
  Catalyst-5000 522
-, IP
- -, Access-Listen 349
- -, allgemeine Debug-Daten 367
- -, ARP-Cache 350
- -, ARP-Paket-Zustand 369,
  370
- -, RIP-Updates 368, 369
- -, Routing-Protokoll-Zustand
  356
- -, Routingtabelle 359
- -, Schnittstellenzustand 351,
  352, 354
- -, Verkehrsstatistiken 360
-, IPX-Paketdaten 414
-, IPX-Routingdaten 416
-, IPX-Routingtabelle 405
-, IPX-Server 406
-, IPXWAN-Schnittstellendaten
  413
-, ISDN-BRI
- -, D-Kanaldaten 603
- -, MLP-Bündelzustand 606
- -, Multilink-Bündel 605
- -, Schnittstellenzustand 604
-, ISDN-BRI-B-Kanal-Ausgabe
  597
-, Logging-Meldungen auf
  Terminals 286
-, MAC-Daten 518
-, Netzwerk-Schnittstellen,
  Flag/Adressdaten 518
-, NLSP, Nachbarn 402
-, OSPF-Schnittstellendaten 355
-, Ports
- -, Parameter 526
- -, Zustand 520
-, Puffer-Statistiken 247
-, Router
- -, Arbeitsspeicher-Statistiken
  273, 274
- -, freier Arbeitsspeicher 275
-, Routerkonfiguration, OSDN-
  BRI 626

–, RTMP-Routinen-Ausgabe 464
–, serielle Schnittstellendaten 258
–, SNMP, Parameter 287
–, Source-Route-Bridgingdaten 255
–, Spanning-Trees, VLANs 527, 528
–, Spanning-Tree-Topologie 555
–, Stapelspuren 314
–, statistische Zähler 251
–, Switches
– –, Flashdaten 524
– –, Nachbardaten 529
– –, Parameter 526
– –, Systemkonfiguration 522
–, TCP/IP
– –, ICMP-Meldungen 364
– –, OSPF-Ereignisdaten 367
–, Token-Ring, Fehlerzähler 268
–, Token-Ring-Schnittstellendaten 255
–, Verbindungszustands-Datenbankeinträge 402
–, VLAN-Spanning-Tree-Topologie 550
–, VTP, Domänendaten 529
–, Windows NT, Routingtabelle 387, 388
BGP 162
–, AS path-Attribut 165
–, Benachrichtigungs-Meldungen 165
–, EGP-Attribut 165
–, IGP-Attribut 165
–, Keepalive-Meldungen 166
–, Meldungs-Header-Fehler 165
–, Metrik 163
–, nächster Hop-Attribut 165
–, Open-Meldungen 164
–, Open-Meldungsfehler 165
–, Pakete
– –, Format 163
– –, Längenfeld 164
– –, Markierfeld 164
– –, Typenfeld 164
–, Routingtabelle 163
–, Unerreichbarkeitsattribut 165
–, Update-Meldungen 163, 164
–, Update-Meldungsfehler 166

Biddle-TDR 220
BIGA (Built-in-Gate-Array), Catalyst 5000 488
B-Kanal, ISDN-BRI 596, 597
BLERT (Block-Error-Rate-Tester) 221
Blue-Box 100 Breakout-Box (IDS, Inc.) 221
Bootsysteme 310
BPDU, Spanning-Tree-Statistiken 525, 526
Breakout-Boxes 221
BRI (Basic-Rate-Interface) 589
Bridges
–, designierte Bridges 492
–, Root-Bridges 492
Bridging
–, Source-Route, Betrachtung der Daten 255
–, Spanning-Tree-Protokoll 548
–, Unterschiede zum Switching 489
–, Vergleich zum Switching 490
BRI-Dienst, ISDN 120
broadcast-Schlüsselwort, frame-relay map 429
Browsing, Windows-NT-Probleme 378
BrRq (Broadcast-Anfrage), NBP-Pakete 184
Brussels-Router 327, 328, 329, 331, 333, 334, 335, 337
Bücher zur Referenz 667
Bug-Toolkit II 659
Burst-Fehler, Token-Ring 271

C
Caller-ID, siehe CLI 630
Catalyst-5000-Switches
–, Befehlsoptionen 516
–, BIGA 488
–, Diagnose-Daten 517, 518
–, Eingabe/Ausgabe-Queuing 486
–, Fehlersuche 503
– –, ping-Befehlsoptionen 510
–, Flashdaten 524
–, geswitchter Port-Analyzer 522
–, interne Architektur 486
–, NMP 488

–, Store-and-Forward-Switching 486
–, Systemdaten 517, 518, 519
–, zentraler Busentscheider 487
Catalyst-Switches
–, 2900-Modell 484
–, 5500-Modell 484
–, CDP 547
–, Fehlersuche 483, 485
–, höherschichtige Probleme und Symptome 531, 532, 559
–, Problemisolierung 529, 530
Catalyst-Switches-Modell 2900 484
Catalyst-Switches-Modell 5000
–, interne Architektur 486
Catalyst-Switches-Modell 5500 484
CCIE-Chat-Forum 662
CCO (Cisco-Connection-Online) 651, 652, 653
–, Trainingsoptionen 664
CCO-MarketPlace, Software-Produkte 656
CCO-Open-Forum 661
CCO-Stack-Decoder 660
CCO-Troubleshooting-Engine 660
CDP 302, 547
–, aktuelle Einstellungen 307
–, CDP-Nachbargerätedaten 306
–, Deaktivierung 305
– –, auf Schnittstellen 305
–, Geräte-Entdeckungs-Werkzeug 511
–, Konfiguration 303
–, Nachbardaten 529
–, Nachbar-Switch-IP-Adressen 512
–, Pakete 302, 511
– –, Holdtimes 304
–, Tabelle, Entleerung 307
–, Übertragungsfrequenz 304
–, Überwachung 305
cdp holdtime 304
cdp run 305
cdp timer 304
CHAP, ISDN-BRI, Fehlersuche 619

Chicago-Router-Übung 319, 322, 327
Cisco
–, Bug-Toolkit II 659
–, Diagnosebefehle 243, 245
–, Netzwerkverwaltungswerkzeuge 231
–, Quick-Starts 655
–, Routing, Prozessüberblick 193, 194
–, Support-Optionen und -Dienste 651, 656
–, Switching, Prozessüberblick 195, 196
–, technischer Support 308
Cisco-Netsys-Baseliner 4.0 für Windows NT 235
Cisco-Netsys-SLM-Suite 236
Cisco-Press-Webseite 656
Cisco-Router der 2500er Serie, Speichernutzung 274
Cisco-Router der 4000er Serie, Speichernutzung 274
Cisco-Router der 7000er Serie, show interfaces 250
CiscoView
–, grafisches Geräteverwaltungswerkzeug 234
–, Überprüfung der Switch-LEDs 507, 508
CiscoWorks 232
–, Netzwerk-Verwaltungswerkzeuge 232
CiscoWorks Blue, IBM-basierte Netzwerkverwaltung 233
CiscoWorks2000, Web-basierte Netzwerkverwaltung 233
clear cdp counters 305
clear cdp table 305
clear counters serial 576
clear int s 1 574
clear interface bri 0 597
clear trunk 543, 555
CLI (Calling-Line-Identifikation), ISDN-BRI 630, 631
Clients, AppleTalk 175
CLNP (Connectionless-Network-Protokoll) 55
CLNS 55

CLP-Bit (Cell-Loss-Priority), ATM 101
CLP-Feld, ATM-Zellen 94
CMNS (Connection-Mode-Network-Service) 58
CONFACKs (Configure-Acknowledges), ISDN-BRI 617
configure terminal 626
confirm, test appletalk 454
CONFREJs (Configure-Rejects), ISDN-BRI 618
CONFREQs (Configuration-Requests), ISDN-BRI 617
Connectivity-Baseliner 236
Connectivity-Solver 236
CONP (Connection-Oriented-Network-Protokoll) 58
Controller, CxBus, Daten 312
Core-Dumps 309, 316
cpu, show processes 281
CPUs, Betrachtung der Auslastung 276
CR (Call-Referenz), ISDN-BRI 621
CRB (konkurrentes Routing und Bridging) 544
CRC (Cyclic-Redundancy-Check) 63
CRC-Algorithmus, Frame-Relay 112
CRC-Fehler, Token-Ring 271
CRM (Cisco-Resource-Manager) 234
CSE (Cisco-Support-Engineer), technischer Support 309
CSMA/CD (Carrier-Sense-Multiple-Access-Collision-Detection) 60
CSU/DSUs (Channel-Service-Unit/Data-Service-Units) 565
–, Frame-Relay, Probleme 570
CWSI (CiscoWorks-Switched-Internetwork-Solutions) 233
–, Fehlersuche bei Switches 504
–, Line-Kartenmodule 508
–, Supervisor-Engine-Module 507
CxBus-Controller, Daten 312

D

DASs (Dual-Attachment-Stationen), FDDI 74, 75
Datagramme, TTL-Werte 298, 348
Datagramm-Längenfeld, DDP-Pakete 180
Datenbank-Beschreibungs-Pakete, OSPF 157
Datenbanken, Verbindungszustand, Einträge 402
Datenfeld
–, FDDI 79, 82
–, LAPB-Frames 111
–, TCP 136
Datenframes, IEEE 802.3 64
Datenoffsetfeld, TCP 135
Datenübertragungen
–, verbindungslose 45
–, verbindungsorientierte 43, 56
Datenübertragungsphase, verbindungsorientierte Datenübertragungen 57
Datenverbindungen, Frame-Relay 580
Datenverbindungsfehlersuche 249
Datenverbindungsschicht, OSI-Referenzmodell 52
DCC-Feld, private ATM-Adressen 99
DCEs, Frame-Relay 112
DDP (Datagram-Delivery-Protokoll) 55, 180
–, Typenwerte 181
DDP-Pakete, Datagramm-Längenfeld 180
–, erweiterter Header 180
–, kurzer Header 180
–, Prüfsummenfeld 181
DDR, Fehlersuche 594
–, ISDN-BRI, Betrachtung des Zustands 631
–, ISDN-BRI, Überprüfung der externen Routerkonfiguration 604
DE (Discard-Eligibility) 568
–, Frame-Relay 568

Deaktivierung, CDP 305
DE-Bit, Frame-Relay 116
debug all 280
debug apple arp 455
debug apple errors 456
debug apple events 457, 459, 460
debug apple nbp 460
debug apple routing 464
–, Felder 464, 465
debug apple zip 465
debug arp 369
debug bri 608, 609
debug broadcast 278
debug dialer 631
debug frame-relay events 582
debug frame-relay lmi 581
debug frame-relay packet 584
debug ip eigrp 363
debug ip icmp 290, 364
debug ip igrp events 366, 383
debug ip ospf events 367
debug ip packet 367
debug ip rip 368
debug ipx packet 428
debug ipx routing, Felder 416
debug ipx sap activity 427
debug isdn q921 608, 612, 613
debug isdn q931 608, 619, 623, 628
debug ppp authentication 618
debug ppp negotiation 608, 616
debug serial interface 580
debug span 553, 555
debug vlan packet 553, 554
debug-Befehle 278
–, AppleTalk 455
–, Ausgabeformate 281
–, Betrachtung der Befehlsoptionen 281
–, error message logging 282
–, Frame-Relay 579
–, IPX 412
–, ISDN-BRI 607
–, privilegierter EXEC 245
–, TCP/IP 362
–, vlan-Optionen 553
Debug-Daten, IP-Pakete 367
DECnet
–, CLNP 55

–, CLNS 55
–, X.25-Protokoll 59
default-Metrik 383
Designated-Bridges 492
Designated-Router, OSPF 156
Diagnosebefehle 243, 245
Diagnosewerkzeuge
–, andere Hersteller 282
–, Frame-Relay 572
Dienste
–, ATM 94
– –, VLAN 103
–, Cisco-Optionen 651, 656
–, NBP 453
–, verbindungslose 44
–, verbindungsorientierte 43
Dienstentdeckung, Macintosh-Computer 50
Diensttypenfeld, IPX-SAP-Pakete 171
Digitale Multimeter 218
DISC-Meldungen (disconnect) 615
DISCONNECTs, ISDN-BRI 626
distance, TCP/IP 384
D-Kanal, ISDN-BRI 596
–, Betrachtung der Daten 603
–, Schicht 3 Q.931 619
–, Spoofing 596
DLCIs (Data-Link-Connection-IDs) 566
–, Frame-Relay 566
– –, Frames 114
– –, Überprüfung der Zuordnungen 577
– –, Überprüfung des LMI-Zustands 578
– –, Frame-Relay-VCs 113
DM (Disconnect-Modus) 612
DNICs (Data-Network-Identification-Codes), IDNs 109
DNS, Fehlersuche 389
DNS-Server, ping-Optionen 385
Domänen
–, OSPF 154
–, VTP
– –, Betrachtung der Daten 529
– –, Konfiguration 499

Doppelringe, FDDI 76
Doppelte Netzwerknummern,
    AppleTalk 474
Dreiwege-Handshake, TCP 47
DSAP (Destination-Service-
    Access-Point), IEEE 802.3 64
DSPs (Domain-Specific-Parts),
    NSAP-ATM-Adressen 98
DTEs, Frame-Relay 112
DUALe Finite-State-Maschine,
    Erweitertes IGRP 149
Dual-Homing, FDDI 78
Dynamische IP-Adressen
–, ARP 129
–, RARP 129
Dynamisches Routing 131

E
E.164-Feld, private ATM-
    Adressen 100
EA-Bit (erweiterte Adresse),
    Frame-Relay-DLCIs 115
Echo-Frames, AppleTalk 50
Echo-Pakete, ping-Befehl 296
EGP 159
–, Gateway-Blockaden 161
–, Pakete
– –, Autonomes-System-
    Nummernfeld 160
– –, Fehlermeldungen 162
– –, Nachbarakquisitions-
    meldungen 161
– –, Nachbarerreichbarkeits-
    meldungen 161
– –, Poll-Meldungen 161
– –, Routing-Update-Meldungen
    161
– –, Sequenznummernfeld 160
– –, Versionsnummernfeld 160
– –, Zustandsfeld 160
EGP-Attribut, BGP 165
EIDs (Endpunkt IDs)ISDN-BRI
    627
EIGRP
–, Betrachtung der Nachbarn
    397
–, Pakete, Analyse 363
–, Topologietabelle, Anzeigefelder
    398, 399

Einfache Kabelprüf-Werkzeuge
    218
Eingabe/Ausgabe-Queuing,
    Catalyst 5000 486
Eingabe-Queues 211
–, verworfene Pakete 211
Eingehende
    Verbindungsablehnungen,
    ISDN-BRI 625
Eingehender Verkehr, Frame-
    Relay, Fehlersuche 583
Einkapselung
–, Frame-Relay 573
–, IPX, Probleme 424
–, NetWare 169
– –, Probleme 427
–, PPP, ISDN-BRI 606
Einkapselungsfelder, ISL-Frames
    496, 497
Einrichtungen, nbptest 453
Empfang von Staufehlern, Token-
    Ring 271
Endbegrenzer, FDDI 79
Endbenutzerverbindungen,
    Switches 510
Endpunkte, ATM 91
Entdeckung beschädigter Bits,
    Frame-Relay 113
Entleerung, CDP-Tabelle 307
Ereignisse
–, IGRP, Überblicksdaten 366
–, OSPF, Daten (TCP/IP) 367
–, ZIP 465
Erreichbarkeit von Hosts, ping-
    Optionen 289
Erweiterte Netzwerke, AppleTalk
    180
Erweiterter Header, DDP-Pakete
    180
Erweiterter Modus, ping-Befehle
    292, 346
Erweitertes IGRP 147
–, Abfrage-Pakete 150
–, Anfrage-Pakete 150
–, Antwort-Pakete 150
–, Bestätigungs-Pakete 150
–, DUALe Finite-State-Maschine
    149
–, Hello-Pakete 150

–, Konvergenz 147
–, Nachbar-Neu-/Wiederentdeckung 148
–, Nachbartabellen 150
–, Pakete, Typen 150
–, Routenmarkierung 152
–, RTP 148
–, teilweise gebundene Updates 147
–, Topologietabelle 151
– –, passive Routeneinträge 152
–, Update-Pakete 150
Erweitertes IGRP, siehe EIGRP 363
Erweiterungen, LMI (Frame-Relay) 113
–, globale Adressierung 117
–, Knoten-IDs 117
–, Multicasting 118
ESI-Feld (End-System-ID), private ATM-Adressen 100
Ethernet
–, AUI 62
–, CRC 63
–, FCS-Feld 63
–, Frames, Präambeln 62
–, MAU 62
–, Protokolle, Ethernet 59
–, Schnittstellen, Daten 252, 256, 262, 267
–, Typenfelder 63
–, Version 2-Eigenschaften 61
EtherTalk 176, 467
exception dump 316
EXEC-Befehl
–, show buffers 247
–, show controllers cxbus 312
–, show logging 286
–, show stacks 314
–, show version 310, 311
–, write core 316
Expertensystem, Sniffer Pro 225
Externe Netzwerküberwachung 238
Externe Router 131
Externe VLAN-Verbindungen 559
Externe Ziel-IP-Adressen, ping-Optionen 386

F
Fall-Back-Bridging 542
Fast-Ethernet, Fehlersuche, Catalyst-Switch-Verbindungen 541, 543
Fast-Switching 198
FCS-Feld
–, Ethernet 63
–, FDDI 79, 82
–, IEEE 802.3 63
–, ISL-Frames 494
–, SDLC 86
FDDI
–, Adressen 79
–, Adressfelder 81
–, asynchroner Verkehr 75
–, DASs 74
– –, Ports 75
–, Datenfelder 79, 82
–, Doppelringe 76
–, Dual-Homing 78
–, Endbegrenzer 79
–, FCS-Feld 79, 82
–, Fehlertoleranz 76
–, Flag-Sequenzen 81
–, Framekontrollfelder 79
–, Frames 79
–, Framezustandsfelder 79
–, Kontrollfelder 81
–, optische Bypass-Switches 77, 78
–, Präambeln 78
–, Protokollfelder 82
–, reservierte Token 75
–, Ring-Wiederherstellung 76
–, SASs 74
–, Startbegrenzer 78
–, synchroner Verkehr 75
FDDI-Schnittstellen, Betrachtung der Daten 261, 265
FDDITalk 176
FECN (Forward-Explicit-Congestion-Notification) 567
–, Frame-Relay 567
FECN-Bit (Forward-Explicit-Congestion-Notification), Frame-Relay 115
Fehlerhaft konfigurierte ISDN-BRI-Switches 620

Fehlerkontrolle,
  verbindungsorientierte
  Datenübertragungen 57
Fehlermeldungen
–, AppleTalk 457, 458
–, Ebene 3 284
–, EGP-Pakete 162
–, Formate 283
–, Log-Dateien 286
–, Stufe 3 284
–, trace-Befehle 298, 348
Fehlermeldungs-Logging, debug-
  Befehle 282
Fehlersuche
–, AppleTalk 433
–, AppleTalk-Netzwerke 466
–, Catalyst-5000-Switches 503
– –, ping-Befehlsoptionen 510
–, Catalyst-Switches 483, 485,
  529, 530
–, CCO-Optionen 654
–, Datenverbindungen 249
–, Fast Ethernet, Catalyst-Switch-
  Verbindungen 541, 543
–, Frame-Relay 565
– –, Befehlsüberblick 571, 578,
  593
– –, DLCI-LMI-Zustand 578
– –, DLCI-Zuordnungen 577
– –, eingehender Verkehr 583
– –, Einkapselung 573
– –, Keepalives 580
– –, PVC-Zustand 578
–, geswitchte Netzwerke 546
–, IP
– –, Adressierung 373
– –, ausgefallene redundante
  Pfade 375
– –, Subnetzmasken 373
– –, Windows-NT-Vernetzung
  375
–, ISDN-BRI 589, 592
– –, B- und D-Kanäle 596
– –, CHAP-Authentifizierung 619
– –, DDR 594
– –, lokale Schleife 598
– –, S/T-Schnittstelle 600
– –, Schicht 2-Q.921 610
–, ISL 502

–, Methoden 21, 22
–, NetWare, Aktionspläne 425,
  426
–, NetWare-Netzwerke 420
–, NetWare-Probleme 423
–, NetWare-Schnittstellen 426
–, NetWare-Server 421
–, Novell-Verbindungen 395
–, Problemlösungsmodell
– –, Aktionspläne 30
– –, Betrachtung der Ergebnisse
  der Aktionspläne 32
– –, Eingrenzung der
  Möglichkeiten 27, 28
– –, Festlegen des Problems 24,
  25
– –, Problemlösung 34
– –, Sammeln von Fakten 27
– –, Wiederholung des Prozesses
  33
–, Router in VLANs 536, 537
–, Spanning-Tree-Protokoll 546
–, Switches
– –, CWSI 504
– –, in VLANs 537
– –, RMON-Agent 505
–, TCP/IP 341
– –, allgemeine Symptome und
  Probleme 379, 380
–, Token-Ring-Netzwerke 319,
  320
–, Unix-Hosts, Standard-
  Gateway-Probleme 382
–, verbindungslose
  Datenübertragungen 45
–, verbindungsorientierte
  Protokolle 44
–, VLANs 536, 544
– –, externe Verbindungen 559
– –, Problemisolierung 556
–, Vorbereitung 35, 36
–, VTP, Tipps und Hinweise
  501
–, Windows NT, Browsing 378
–, Winsock-Proxies 390
Fehlersuchmethodik,
  Testantworten 637
Fehlertoleranz, FDDI 76
Fehlerzählerr 268

Felder
–, ARP-Pakete 130
–, debug apple routing 464, 465
–, debug ipx routing 416
–, EIGRP-Topologietabelle 398, 399
–, IP-Paketheader 125, 126
–, IP-Protokoll-Werte 126
–, ISDN-BRI 611
–, ISL-Frames, Einkapselungfelder 497
–, RIP-Pakete 139
–, show appletalk access-lists 434
–, show appletalk interface 440, 441
–, show appletalk route 443
–, show appletalk traffic 448, 449, 450, 451
–, show buffers 247, 311, 313, 315
–, show ethernet interfaces 252, 253, 259
–, show interfaces serial 258
–, show ipx traffic 410
–, TCP-Pakete 134
–, trace-Ausgabe 299
Fensterfeld, TCP 136
Filterung, Performance-Einfluss 207
Flagfeld
–, LAPB-Frames 111
–, SDLC-Frames 85
–, TCP 136
Flagsequenzen, FDDI 81
Flashdaten, Betrachtung bei Switches 524
Flusskontrolle
–, Frame-Relay 114
–, verbindungsorientierte Datenübertragungen 57
Formate, Fehlermeldungen 283
Framekontrollfelder, FDDI 79
Frame-Relay 111, 566
–, BECN 568
–, BECN-Bit 115
–, CRC-Algorithmus 112
–, CSU/DSU-Probleme 570
–, Datenverbindungen 580

–, DCEs 112
–, DE 568
–, DE-Bit 116
–, debug-Befehle 579
–, Diagnosewerkzeuge 572
–, DLCIs 566
– –, Überprüfung der Zuordnungen 577
– –, Überprüfung des LMI-Zustands 578
–, DTEs 112
–, eingehender Verkehr, Fehlersuche 583
–, Einkapselung 573
–, Entdeckung von beschädigten Bits 113
–, FECN 567
–, FECN-Bit 115
–, Fehlersuchbefehle 571, 578, 593
–, Fehlersuche 565
–, Flusskontrolle 114
–, Frames 114
– –, DLCIs 114
–, globale Adressierung 114, 118
–, HDLC 566
–, HDLC-Pakete, Typencodes 584
–, hybride Netzwerke 120
–, Keepalives 580
–, LMI 112
– –, DTE-DCE-Kompatibilität 566
– –, Erweiterungen 113
– –, IEs 116
– –, Meldungsformat 116
– –, PVC-Zustandsmeldungen 582
– –, Überprüfung des Austauschs 581
– –, Zustandsabfragen 582
–, Loopbacktests 585
–, Multicasting 114, 118
–, öffentliche Netzwerke 119
–, Pakete
– –, Analyse 584
– –, Typen und Werte 583
–, private Netzwerke 119
–, Puffer fehlende 571

–, PVCs, Überprüfung des Zustands 578
–, serielle Schnittstelle, Ursachen für Ausfälle 575, 576
–, serielle Verbindungsprobleme 570, 571
–, show-Befehle 572
–, statistisches Multiplexing 112
–, Staubenachrichtigung 113
–, staubezogene Bitpositionen 567
–, Trägerwechsel 574
–, VCs 113
– –, DLCIs 113
– –, Zustandsmeldungen 114
–, Verbindungsausfall-Takt-Probleme 580
–, verbindungsorientiertes Protokoll 42
frame-relay map, broadcast 429
Frames
–, Ethernet, Präambeln 62
–, FDDI 79
–, Frame-Relay 114
– –, DLCIs 114
–, IEEE 802.3
– –, Datenframes 64
– –, Präambeln 62
–, ISL
– –, Einkapselungsfelder 496, 497
– –, FCS-Feld 494
– –, Paketfeld 494
– –, Tagging-Format 495
– –, VLAN-Frame-Tagging 494
–, LAPB
– –, Adressfelder 111
– –, Datenfelder 111
– –, Flagfelder 111
– –, Formattypen 110
– –, Informationen 110
– –, Kontrollfelder 111
– –, S (Supervisory) 110
– –, U (Unnummeriert) 110
–, LAPD, Felder 122, 612
–, LCP, Klassen 83
–, PPP 81
–, SDLC 85
– –, Adressfelder 85
– –, Flagfelder 85

–, X.25 108
Framezustandsfelder, FDDI 79
Freier Speicher 275
FST (Fast-Sequentierter-Transport) 55
–, RSRB-Pakete 55
FTP (File-Transfer-Protokoll) 137
FwdReq (Forward-Request), NBP-Pakete 184

G
Gatewayblockaden, EGP 161
Gateways 131
–, ping-Optionen 385
–, Unix-Host-Standardeinstellungen 382
Geordnete Übertragung, verbindungsorientierte Datenübertragungen 57
Geräteentdeckungswerkzeuge, CDP 511
Geroutete Protokolle 46
Geswitchte Netzwerke, Fehlersuche 546
Geswitchte virtuelle Circuits, siehe SVCs 94
Geswitchter Port-Analyzer, Catalyst 5000 522
GetZoneList-Anfragen, AppleTalk 50
GFC-Feld, ATM-Zellen 93
GFI-Feld, X.25-Header der Schicht 3 108
Globale Adressierung
–, Frame-Relay 114, 118
–, LMI-Erweiterungen 117
Globaler Konfigurationsbefehl
–, cdp run 305
–, exception dump 316
–, logging console 285, 286
–, router odr 304
Grafische Gerätemanagement-Werkzeuge 234
Grundlinien-SPIDs, ISDN-BRI 627

H
HA-Feld (Hardwareadresslängen-Feld)

–, ARP-Pakete 130
–, RARP-Pakete 130
Hardware, Konfigurationsdaten 310
Hardware-Typenfelder, ARP/RARP-Pakete 130
HDLC (High-Level-Data-Link-Control) 83, 87, 566
–, Asynchroner Antwortmodus 88
–, Asynchroner balancierter Modus 88
–, ISDN-BRI 610
–, Normaler Antwortmodus 88
–, Pakete, Frame-Relay-Typencodes 584
Header
–, ATM-Zellen 93
–, IEEE 802.3 64
–, IP-Pakete 125
– –, Felder 125, 126
–, OSPF-Pakete 156
–, UDP 136, 137
–, X.25, Felder 108
HEC-Feld, ATM-Zellen 94
Hello-Pakete
–, Erweitertes IGRP 150
–, OSPF 156, 157
High-End-Kabeltester 219
Höhere Schichten, OSI-Referenzmodell 123
Höherschichtige Probleme 560
Höherschichtige Protokolle, AppleTalk 59
Höherschichtige TCP/IP-Protokolle 137
Höherschichtige VLAN-Probleme, VLANS 560
Holdtimes, CDP-Pakete 304
HOST_TERM_REGISTER_NACK
–, ISDN-BRI, Ursachendaten 628
Hosts, Erreichbarkeit, ping-Optionen 289
HOSTS-Datei, Windows NT, unpassende Einträge 389
Hot-Standby-Router-Protokoll 540

HSRP (Hot Standby Router-Protokoll) 540
Hub-go-ahead-SDLC-Verbindungen 84
Hybride Frame-Relay-Netzwerke 120

I

I/O-Arbeitsspeicher, freier Arbeitsspeicher 275
IBM-Netzwerke, Management-Werkzeuge 233
IBM-Token-Ring, siehe Token-Ring 66
ICD-Feld, private ATM-Adressen 100
ICMP (Internet-Control-Message-Protokoll) 132
–, Arbeitsweise 132
ICMP-Echo-Meldungen, Überprüfung der Host/Netzwerk-Verbindung 289
ICMP-Meldungen, TCP/IP 364
ICMP-Time-Exceeded-Meldungen, Empfang von trace-Paketen 347
ID-Check-Requests, siehe IDCKRQ-Anfrage 613
ID-Check-Responses, siehe IDCKRP-Antwort 614
IDCKRP-Antworten, ISDN-BRI 614
IDCKRQ Anfragen, ISDN-BRI 613
IDIs (Initial-Domain-IDs), NSAP-ATM-Adressen 98
ID-Längenfeld, RTMP-Pakete, ID-Längenfeld 182
IDNs (International-Data-Numbers)
–, DNICs 109
–, NTNs 109
–, X.121-Adressen 108
ID-Nummern, ISL-VLANs 545
IDREM-Befehle, ISDN-BRI 614
ID-Remove-Befehle, ISDN-BRI 614
IDS, Inc. Blue-Box 100 221

IEE 802.5, siehe Token-Ring 69
IEEE 802.2 88, 89
–, SAPs 89
IEEE 802.2-Protokoll 55
IEEE 802.3 60
–, CRC 63
–, Datenframes 64
–, DSAP 64
–, Eigenschaften 61
–, FCS-Feld 63
–, Frames, Präambeln 62
–, Header 64
–, Kontrollfelder 64
–, LLC-PDU 63
–, Namenkomponenten der physikalischen Schicht 61
–, OUI 65
–, SAP-Felder 64
–, SFDs 62
–, SSAP 64
IEs (Informationselemente)
–, ISDN-BRI 621
–, LMI-Meldungen 116
I-Frames (Information) 85
–, LAPB 110
–, SDLC 85
Ignore-Meldungen 212
IGP-Attribut, BGP 165
IGRP (Interior-Gateway-Routing-Protokoll) 143
–, ausgelöste Updates 145
–, Ereignis-Übersichtdaten 366
–, Metriken 144
–, Multipfad-Routing 144
–, Poison-Reverse-Updates 146
INFO-Frames, ISDN-BRI 615
Informationsframe, Token-Ring 67
Informelle Meldungen 284
–, Stufe 6 284
Instabile Routen, AppleTalk 475
Integrated-Services-Digital-Network, siehe ISDN 589
Interarea-Routing, OSPF 154
Internationale Datennummern, siehe IDNs 108
Internationale Organisation für die Standardisierung, siehe ISO 51

Interne Architektur, Catalyst-5000-Switches 486
Interne Router 131
Internes Pufferlogging 285
Internet, TCP-Routing 131
Internet-Protokoll-Suite 123
Internetzwerke
–, Fehlersuche 20, 21, 22
–, Problemlösungsmodell
– –, Aktionspläne 30
– –, Betrachtung der Ergebnisse auf die Aktionspläne 32
– –, Eingrenzung der Möglichkeiten 27, 28
– –, Festlegen des Problems 24, 25
– –, Lösung des Problems 34
– –, Sammlung von Fakten 27
– –, Wiederholung des Prozesses 33
Internetzwerktipps, AppleTalk 476
Intra-Area-Routing, OSPF 154
IOS-Befehlsausgabe, Senden an das Cisco-Technical-Assistance-Cente 310
IP (Internet-Protokoll) 55, 124
–, Access-Listen 349
–, Adressen hinzufügen oder ändern 386
–, allgemeine Debug-Daten 367
–, ARP-Cache 350
–, ARP-Paketzustand 369, 370
–, begrenzter Hostzugriff 372
–, externe Ziel-IP-Adressen 386
–, Fehlersuche, Windows-NT-Vernetzung 375
–, Loopback-Ping-Tests 385
–, Pakete
– –, Header 125
– –, Headerfelder 126
–, Ping-Sitzungen, Test-Zeichen 290
–, Probleme
– –, Adressierung 373
– –, ausgefallene redundante Pfade 375
– –, Subnetzmasken 373
–, Protokollfeld-Werte 126

–, RIP-Pakete 139
–, Routing, Vertrauensoptionen 384
–, Routing-Protokollzustand 356
–, Routing-Tabelle 131, 359
– –, RIP-Updates 368, 369
–, Schnittstellen, Zustand 351, 352, 354
–, Subnetze 128
–, Subnetzmasken 129
–, Symptome und Probleme 375
–, Verkehrsstatistiken 360
IP-Adressen 127
–, Nachbar-Switches, Bestimmung durch das CDP 512
–, unterstützte Netzwerkklassen 127, 128
ipconfig /all 376
IPv4, siehe IP 124
IPX 55, 167
–, debug-Befehle 412
–, Einkapselungsprobleme 424
–, Novell, siehe Novell IPX 297
–, Pakete
– –, Betrachtung der Daten 414
– –, Prüfsummenfeld 168
– –, Quellfelder 168
– –, Socketnummernfeld 168
–, ping-Optionen 292, 396
–, privilegierter ping-Befehl 296
–, RIP-Optionen 170
–, RIP-Pakete 170
– –, Netzwerknummernfeld 170
– –, Operationsfeld 170
– –, Ticksfeld 170
–, Routing, Daten 416
–, Routing-Tabelle 405
–, SAP-Pakete 170
– –, Diensttypenfeld 171
– –, Knotenadressfeld 171
– –, Netzwerkadressfeld 171
– –, Servernamensfeld 171
– –, Socketadressfeld 171
–, Schnittstelle, Zustands-/Parameteranzeige 399
–, Server, Anzeige 406
–, Verbindungszustand Datenbank, Einträge 402
–, Verkehrsstatistiken 408

ipx gns-response-delay 422
ipx gns-round-robin 422
ipx ping-default novell 292, 396
ipx router nlsp 424
ipx routing 427
IPXWAN, Schnittstellen, Daten 413
IRB (Integriertes Routing und Bridging) 543
IRDP (ICMP-Router Discovery-Protokoll) 133
ISDN (Integrated-Services-Digital-Network) 119, 589
–, BRI-Service 120
–, LAPD, Framefelder 122
–, NT1/2s 121
–, NT1s 121
–, NT2s 121
–, Referenzpunkte 121
–, TE1s 121
–, TE2s 121
isdn answer2 629
isdn caller 630
isdn switch-type ? 620
ISDN-BRI
–, AMI-Leitungskodierung 601
–, Anrufreferenz-Flag 621
–, Authentifizierung von Anrufen 618
–, Bearer-Fähigkeit 622
–, Betrachtung der Routerkonfiguration 626
–, B-Kanal
– –, Ausgabe 597
– –, Fehlersuche 596
–, CHAP-Authentifizierung 619
–, CLI 630, 631
–, CONFACKs 617
–, CONFNAKs 617
–, CONFREJs 618
–, CONFREQs 617
–, CR 621
–, Datenübertragungsprotokolle, PPP/HDLC 610
–, DDR
– –, Überprüfung der gegenüberliegenden Routerkonfiguration 604
– –, Zustand 631

–, debug-Befehle 607
–, DISCONNECTs 626
–, D-Kanal
– –, Daten 603
– –, Fehlersuche 596
– –, Schicht 3-Q.931 619
– –, Spoofing 596
–, EIDs 627
–, eingehende Verbindungsablehnungen 625
–, Fehlersuche
– –, DDR 594
– –, lokale Schleife 598
– –, Schicht 2 Q.921 610
–, HOST_TERM_REGISTER_NACK, Ursachendaten 628
–, IDCKRP-Antworten 614
–, IDCKRQ-Anfragen 613
–, IDREM-Befehle 614
–, IEs 621
–, INFO-Frames 615
–, LAPD, Signalprotokoll 610
–, LAPD-Frameformat 612
–, LDNs 627
–, MLP, Betrachtung des gebündelten Zustands 606
–, Multilink-Bündel, Betrachtung des Zustands 605
–, ping-Befehl 594
–, PPP
– –, Einkapselung 606
– –, Nummerntypen und -optionen 616
–, Problemisolierung 589, 592
–, Protokollfeldwerte 616
–, RJ-45-Verbindungen 600
–, R-Referenzpunkt 599
–, RR-Meldungen 615
–, S/T-Schnittstelle 600
– –, Fehlersuche 600
– –, Leitungsframing 601
–, SABMEs 614
–, Schnittstelle, Zustand 604
–, serielle Schnittstellen, Probleme und Symptome 590, 592
–, show-Befehle 594
–, SPIDs
– –, Bedarfsbestimmung 626
– –, Grundlinie 627

– –, ungültige 628
– –, Ursachenaussagen 628
– –, Verbindungseinrichtung und Konfiguration 627
–, S-Referenzpunkt 599
–, Switches
– –, fehlerhaft konfigurierte 620
– –, Typen 620
–, TE2s 599
–, TEI-Feld 610, 611
–, TEIs, Meldungstypen 613
–, traceroute 594
–, unnummerierte Bestätigungen 615
–, U-Schnittstelle 600
–, Verbindungen, Probleme 592
ISDN-PRI 589
ISL (Inter-Switch-Link) 537, 543
–, Fehlersuche 502
–, VLAN-Frame-Tagging 494
ISL-Frames
–, Einkapselungsfelder 496, 497
–, FCS-Feld 494
–, Paketfeld 494
–, Taggingformat 495
ISLs (Inter-Switch-Links), parallele VLAN-Lastverteilung 494
ISL-VLANs, ID-Nummern 545
ISO, OSI-Referenzmodell 51
Isolierung
–, von leichten Fehlern, Token-Ring 271
–, von Problemen, VLANs 556

K
Kabel, Switches, Distanzlimits 508
Kabelfehlerzustände, Token-Ring 284
Kabeltester 218
–, High-End 219
–, OMNI-Scanner 218
Kabeltestwerkzeuge 218
Kategorien von Syslog-Meldungen 286
Keepalive-Meldungen, BGP 166
Keepalives
–, Frame-Relay 580

–, LMI 117
Keypad-Einrichtung
–, 5ESS-Switches,
  Anrufparameter 629
–, NI-1-Switches, Anrufparameter
  629
Klasse-A-Stationen, FDDI 74
Klasse-B-Stationen, FDDI 74
Klassen, LCP-Frames 83
Knoten, AppleTalk 179
Knoten-Adressen, AppleTalk 176
Knoten-Adressfeld, IPX-SAP-
  Pakete 171
Knoten-ID-Feld, RTMP-Pakete
  182
Knoten-IDs, LMI-Erweiterungen
  117
Konfiguration
–, AppleTalk
– –, Tipps 476
– –, unpassende Einrichtung 473
–, CDP 303
–, NetWare-Clients,
  Problemisolierung 419
–, Switches, VTP-Optionen 500
–, VTP, Domänen 499
Konfigurationsverwaltung 227
Kontrollfelder
–, FDDI 81
–, IEEE 802.3 64
–, LAPB-Frames 111
–, SDLC 85
Konvergenz, Erweitertes IGRP
  147
Kupferverkabelung, Switches 509
Kurzer Header, DDP-Pakete 180

L
LANE 102
–, Protokollarchitektur 103
Längenbegrenzungen, Switchkabel
  508
Längenfeld
–, BGP-Pakete 164
–, OSPF-Pakete 158
LANs
–, Catalyst-Switches, Fehlersuche
  483, 485
–, Ethernet 60

–, IEEE 802.3 60
–, Überwachung 237
LAP (Link-Access-Prozedur) 84
LAPB (Link-Access-Prozedur,
  balanciert) 84, 88, 110
–, Frames
– –, Adressfelder 111
– –, Datenfelder 111
– –, Flagfelder 111
– –, Formattypen 110
– –, I (Informationen) 110
– –, Kontrollfelder 111
– –, S (Supervisory) 110
– –, U (Unnummeriert) 110
LAPD (Link-Access-Prozedur, D-
  Kanal) 122, 610
–, Framefelder, LAPD-Frames
  122
–, ISDN-BRI 610
– –, Frameformat 612
–, SAPIs 122
–, TEIs 122
LAT-Protokoll (Local-Area-
  Transport) 539
LCI-Feld (logische Channel-ID),
  X.25-Header der Schicht 3
  108
LCP (Link-Control-Protokoll) 80
–, Frames, Klassen 83
–, Phasen 82
LCP-Frames, PPP 81
LDNs (lokale Directory-
  Nummern), ISDN-BRI 627
Leaves, ATM 100
LEDs
–, Switches
– –, Überprüfung mit CiscoView
  507, 508
– –, Überprüfung mit Supervisor-
  Engines 507
Leitungsfehler, Token-Ring 271
Leitungsframing, ISDN-BRI-S/T-
  Schnittstelle 601
LEM-Zustände (Link-Error-
  Monitor), Portzustand 521
LER-Zustände (Link-Error-Rates),
  Portzustand 521
Link-Access-Prozedur, D-Kanal,
  siehe LAPD 610

LkUp (Lookup), NBP-Pakete 184
LkUp-Reply (Lookup-Antwort),
    NBP-Pakete 184
LLC (Logical Link Control) 55,
    88
–, Diensttypen 89
LLC PDU, IEEE 802.3 63
LLC2-Protokoll 58
LMHOSTS-Datei, Windows NT,
    Probleme 390
LMI (Lokale Management-
    Schnittstelle) 566
–, Erweiterungen
– –, globale Adressierung 117
– –, Knoten-IDs 117
– –, Multicasting 118
–, Frame-Relay 112
– –, DTE-DCE-Kompatibilität
    566
– –, Erweiterungen 113
– –, PVC-Zustandsmeldungen
    582
– –, Überprüfung des Austauschs
    581
– –, Zustandsabfragen 582
–, Keepalives 117
–, Meldungen
– –, Format 116
– –, IEs 116
– –, unnummeriertes
    Informations-ID-Byte 116
– –, Verbindungsreferenz-Byte
    116
–, Zustandsabfrage-Meldungen
    117
Local-Area-Protokoll, siehe LAT
    539
LocalTalk 176, 467
localtime, service timestamps 280
Logging
–, an Terminals 286
–, der Logdateien 286
–, in den internen Puffer 285
–, Syslog-Server 286
Lokale Schleife, ISDN-BRI,
    Fehlersuche 598
Lookup-Anfragen
–, NBP 460
–, NBP-Pakete 184

Loopback-Pingtests 385
Loopback-Tests, Frame-Relay
    585
LSAs (Verbindungszustands-
    Advertisements)
–, OSPF 153, 156

M

MAC-Adressen, TCP-Sitzungen
    47
Macintosh, Problemisolierung
    466
Macintosh-Clients, siehe auch
    AppleTalk 50
Macintosh-Computer
–, Dienstentdeckung 50
–, GetZoneList-Anfragen 50
Macintosh-Computer, siehe auch
    AppleTalk 50
Maintenance-Operation-
    Protokoll, siehe MOP 539
Management-Werkzeuge für
    Netzwerke 236
Markierfeld, BGP-Pakete 164
MAU (Medium-Attachment-Unit),
    Ethernet 62
Mehrfache Leitungsbündel, ISDN-
    BRI, Zustand 605
Meldungs-Header-Fehler, BGP
    165
Meldungs-Logging-Befehle,
    Festlegen der Logging-Stufe
    285, 286
Methoden der Fehlersuche 21, 22
Metrik
–, BGP 163
–, IGRP 144
–, OSPF 158
–, RIP-Pakete 140
–, VLANs, Konzeptbetrachtungen
    544
Microsoft-Windows-Probleme
    376
Microtest, OMNI-Scanner 218
MLP (Multilink PPP) 605
–, ISDN-BRI, gebündelter
    Zustand 606
MMP (Multilink-Multichassis-
    PPP) 605

Modelle der Fehlersuche 20
Modellier-Werkzeuge,
    Netzwerkperformance,
    Überprüfung 228
Module, Portzustand 520
MOP (Maintenance-Operation-
    Protokoll) 539
more system, running-config 428
MSAUs (Multistation-Access-
    Units) 66
msec, service timestamps 280
MTU (Maximum-Transmission-
    Unit) 545
–, VLANs 545
Multicasting, Frame-Relay 114,
    118
Multipfad-Routing, IGRP 144
Multipoint-SDLC-Verbindungen
    84

N
Nachbar-Akquisitionsmeldungen,
    EGP-Pakete 161
Nachbar-
    Erreichbarkeitsmeldungen,
    EGP-Pakete 161
Nachbarn
–, CDP 306
–, EIGRP 397
–, NLSP 402
–, Switches 529
Nachbar-Neu-/Wiederentdeckung,
    Erweitertes IGRP 148
Nachbar-Switches, Bestimmung
    der IP-Adresse über das CDP
    512
Nachbartabellen, Erweitertes
    IGRP 150
Nächster Hop-Attribut, BGP 165
Namen, AppleTalk 454
Namens-Cache, AppleTalk 442
NAUN (nächster aktiver
    Upstream-Nachbar), Token-
    Ring 69, 271
NBP (Name-Binding-Protokoll)
    183, 453
–, Ausgabe (AppleTalk) 460
–, Dienste 453

NBP-Broadcast-Anfragen,
    AppleTalk 50
NBP-Pakete 184
–, Lookup-Anfragen 184
nbptest-Einrichtung 453
–, Schlüsselworte 453
nbstat 378
NCP (Network-Control-
    Protokoll) 80, 174
–, Verbindungsabfolge 48
NCP-Anfragen, NetWare 49
NCP-Frames, PPP 81
NetBIOS (Network-Basic-
    Input/Output-System) 174
Netsys Baseliner 228
Netsys Baseliner 4.0 for Windows
    NT 235
Netsys Connectivity Service
    Manager 237
Netsys LAN Service Manager
    237
Netsys Performance Service
    Manager 237
Netsys SLM-Suite 236
Netsys WAN Service Manager
    237
NetWare
–, Aktionspläne für Probleme
    425, 426
–, allgemeine Symptome und
    Probleme 423
–, Einkapselung 169
– –, Probleme 427
–, IPX, Einkapselungsprobleme
    424
–, NCP 174
–, NCP-Anfragen 49
–, NLMs 174
–, Problemisolierung 420
–, Protokolle 166
– –, IPX 55
–, SAP-GNS-Anfragen 48
–, Schnittstellen, Fehlersuche 426
–, Server, Fehlersuche 421
–, SPX 58, 173
–, Verbindungsabfolge 48
–, Workstations 166
Network Associates Sniffer Pro
    224

Netzwerkadressfeld, IPX SAP-
 Pakete 171
Netzwerke
–, AppleTalk 179
–, externe Überwachung 238
–, Frame-Relay, hybride 120
–, geswitchte, Fehlersuche 546
–, Grenzwertüberwachung 241
–, IBM, Verwaltungswerkzeuge 233
–, IP-Adressierung 128
–, IP-Adressunterstützung 127
–, NetWare, Fehlersuche 420
–, Schleifen 491
–, SDLC, Konfigurationsbeispiel 86
–, Token-Ring
– –, Fehlersuche 319, 320
– –, Sterntopologie 69
–, Verbindungen, ping-Optionen 289
–, Verkehrsüberwachung 239
–, verteiltes Polling 241
–, VLANs, Verwaltung 241, 242
–, Web-basierte Verwaltung 233
–, Windows NT, Verwaltungswerkzeuge 235
Netzwerk-Modellier-Werkzeuge 228
Netzwerknummernfeld
–, IPX-RIP-Pakete 170
–, RTMP-Pakete 182
Netzwerkschicht
–, OSI-Referenzmodell 52
–, verbindungslose Protokolle 55
Netzwerkschnittstellen, Flag/Adressdaten 518
Netzwerküberwacher 222, 223, 225
Netzwerkverwaltungssysteme 226, 227
Netzwerkverwaltungswerkzeuge 231, 232, 236
Netzwerk-zu-Netzwerk-Schnittstellen, siehe NNIs 92
Netzwerkzuordnung 552
NEXT (Near-End-Crosstalk), Überprüfung der Verkabelung 218

NFS (Network-File-System) 138
NI-1-Switches, Keypad-Einrichtung, Anrufparameter 629
Nicht erweiterte Netzwerke, AppleTalk 180
Nicht isolierende leichte Fehler, Token-Ring 271
NICs (Network-Interface-Cards), ATM 103
NLAs (Network-Link-Advertisements), OSPF 157
NLMs (NetWare-Loadable-Modules) 174
NLSP (NetWare-Link-Services-Protokoll) 172
–, Nachbarn 402
NMP (Network-Management-Processor), Catalyst 5000 488
NNI (Network-to-Network Interface), Frame-Relay-LMI-Statistiken 577
NNIs (Network-to-Network Interfaces)
–, ATM 92
–, ATM-Zellformate 94
no debug all 279
no debug 279
no debug vlan packet 555
Novell 166
–, Fehlersuche, Verbindungen 395
–, NetWare-Protokolle 166
–, Problemisolierung, debug-Befehlsoptionen 413
Novell IPX, ping-Optionen 297
NRM (Normal-Response-Modus), HDLC 88
NSAP, ATM-Adressen 98
NT1/2s (Netzwerk-Terminations-Typ 1/2) 121
–, ISDN 121
NT1s (Netzwerk-Terminations-Typ 1) 121
–, ISDN 121
NT2s (Netzwerk-Terminations-Typ 2) 121
–, ISDN 121
NTNs (Nationale Terminalnummern), IDNs 109

Num_Status-Timeouts, LMI-Statistiken (Frame-Relay) 577
Num-Status-Enq.-Timeouts, LMI-Statistiken (Frame-Relay) 577
NVEs (Netzwerk-Visible-Entities) 183

O
Öffentliche Frame-Relay-Netzwerke 119
Öffentliche NNIs, ATM 92
Öffentliche UNIs, ATM 92
OMNI-Scanner (Microtest) 218
Open Forum 661
Open-Meldungen, BGP 164
Open-Meldungsfehler, BGP 165
Operationsfeld
–, ARP-Pakete 130
–, IPX-RIP-Pakete 170
OPSF, LSAs 153
Optimiertes Switching 199
Optionsfeld, TCP 136
Optische Bypass-Switches, FDDI 77, 78
Optische Glasfaser, Überprüfung 218
Optische Glasfaserkabel, Switches 509
OSI (Open-System-Interconnection), no pg ref 42
OSI-Referenzmodell 51
–, höhere Schichten 123
–, Schicht 2 59
–, Schichten 52
OSPF (Open-Shortest-Path-First) 153
–, Area-Border-Router 154
–, AS-externe-Verbindungs-Advertisements 158
–, ASs 154
–, Backbones 154, 155
–, benachbarter Router 156
–, Betrachtung der Ereignisdaten, TCP/IP 367
–, Datenbankbeschreibungspakete 157
–, Designated-Router 156
–, Domänen 154
–, Hello-Pakete 156, 157

–, Interarea-Routing 154
–, Intra-Area-Routing 154
–, LSAs 156
–, Metriken 158
–, NLAs 157
–, Pakete
– –, Area-ID-Feld 158
– –, Authentifizierungs-Typenfeld 158
– –, Header 156
– –, Längenfeld 158
– –, Prüfsummenfeld 158
– –, Router-ID-Feld 158
– –, Typen 157
–, RLAs 157
–, Schnittstellen, Daten 355
–, SLAs 158
–, SPF-Routing-Algorithmus 155
–, TOS-basiertes Routing 158
–, verbindungsloses Protokoll 42
–, Verbindungszustandsanfragen 157
–, Verbindungszustandsbestätigungen 157
OUI (Organizational-Unit-ID), IEEE 802.3 65

P
PADs (Packet-Assembler/Disassemblers), X.25 106
PA-Felder
–, ARP-Pakete 130
–, RARP-Pakete 130
Pakete
–, AARP 177
–, AppleTalk, Debug-Daten 462
–, ARP 130
– –, HA-Feld 130
– –, HA-Felder 130
– –, Hardware-Typenfeld 130
– –, Operationsfeld 130
– –, PA-Felder 130
– –, Protokoll-Typenfeld 130
– –, Zustand 369, 370
–, BGP
– –, Format 163
– –, Längenfeld 164
– –, Markierfeld 164

– –, Typenfeld 164
–, CDP 302, 511
– –, Holdtimes 304
–, DDP
– –, erweiterter Header 180
– –, kurzer Header 180
–, Echo (ping) 296
–, EGP
– –, Autonomous-System-
  Nummernfeld 160
– –, Fehlermeldungen 162
– –, Nachbar-Akquisitions-
  meldungen 161
– –, Nachbar-Erreichbarkeits-
  meldungen 161
– –, Poll-Meldungen 161
– –, Routing-Update-Meldungen
  161
– –, Sequenznummernfeld 160
– –, Versionsnummernfeld 160
– –, Zustandsfeld 160
–, EIGRP, Analyse 363
–, Erweitertes IGRP 150
–, Frame-Relay
– –, Analyse 584
– –, Typen und Werte 583
–, HDLC, Frame-Relay-
  Typencodes 584
–, IP
– –, Header 125
– –, Headerfelder 125, 126
–, IPX
– –, Daten 414
– –, Prüfsummenfeld 168
– –, Quellfelder 168
– –, Socketnummernfeld 168
–, NBP 184
–, OSPF
– –, Area-ID-Feld 158
– –, Authentifizierung Typenfeld
  158
– –, Header 156
– –, Längenfeld 158
– –, Prüfsummenfeld 158
– –, Router-ID-Feld 158
– –, Typen 157
–, RARP 130
– –, Hardware-Typenfeld 130
– –, PA-Felder 130

–, RIP
– –, Adressfamilien-ID-Feld 140
– –, Adressfeld 140
– –, Befehlsfeld 139
– –, Formate 139
– –, Metrik 140
– –, Versionsnummernfeld 139
–, Routenentdeckung, trace-
  Optionen 298, 348
–, RTMP 182
–, Spurfluss 202, 204
–, TCP
– –, Felder 134
– –, Formate 134
– –, SYN 47
Paketfeld, ISL-Frames 494
Paketfluss 202, 204
Paketpuffer 212
Paketverwerfung
–, in Ausgabe-Queues 211
–, in Eingabe-Queues 211
PAP (Printer-Access-Protokoll)
  49, 186
Parameter
–, Ports 526
–, SNMP 287
–, Switches 526
–, tracert-Befehl 387
Partiell gebundene Updates,
  Erweitertes IGRP 147
Passive Routeneinträge,
  Erweitertes IGRP,
  Topologietabelle 152
PDUs (Protocol-Data-Units) 54
Performance-Überwachung,
  VLANs, langsam oder
  unzuverlässig 559
Permanente virtuelle Kreise, siehe
  PVCs 94
Pfade des Paketflusses 202, 204
Pfade für das Switching 196, 197
Phasen, LCP 82
Physikalische Frame-Relay-
  Komponenten, Probleme 565
Physikalische Schicht
–, ATM 97
–, ATM-Referenzmodell 96
Physikalische Schichtnamen-
  Komponenten, IEEE 802.3 61

ping 246, 288
-, AppleTalk 297
-, Beenden von Sitzungen 290
-, Beispielausgabe 289
-, DNS-Server 385
-, echo-Pakete 296
-, erweiterter Modus 292, 346
-, externe Ziel-IP-Adressen 386
-, Fehlersuche, Catalyst-5000-Switches 510
-, Gateways 385
-, IP-Sitzungen, Testzeichen 290
-, ISDN-BRI 594
-, Loopbacktests 385
-, Novell IPX 297
-, privilegierter IP 292, 345
-, Router 385
-, TCP/IP-Fehlersuche 342
ping (ipx) 292, 396
ping appletalk 291
planes, ATM-Referenzmodell 96
Point-to-Multipoint-Verbindungen, ATM 100
Point-to-Point-SDLC-Verbindungen 84
Point-to-Point-Verbindungen, ATM 100
Poison-Reverse-Updates
-, IGRP 146
-, RIP 143
Poll-Meldungen, EGP-Pakete 161
Port-Analyzer, SPAN 513, 514
Ports
-, FDDI-DASs 75
-, Parameter 526
-, TCP, Applikationen 134
-, UDP, Applikationen 134
-, Zustand 520
Port-Spiegelung, Switches 513
PPP (Point-to-Point-Protokoll) 80
-, Einkapselung, ISDN-BRI 606
-, Frames 81
-, ISDN-BRI 610
- -, Nummerntypen und -optionen 616
-, LCP, Phasen 82
-, LCP-Frames 81
-, NCP-Frames 81

Präambeln
-, Ethernet/IEEE 802.3-Frame 62
-, FDDI 78
PRI (Primary-Rate-Interface), ISDN 589
Primäre, SDLC 84
Primary-Rate-Interface 589
Prioritätsfeld, Token-Ring 69
Private ATM-Adressformate 98, 99
Private Frame-Relay-Netzwerke 119
Private NNIs, ATM 92
Private UNIs, ATM 92
Privilegierte EXEC debug-Befehle 245, 278
Privilegierter AppleTalk ping-Befehl 297
Privilegierter Befehl
-, ping (IPX-Echo) 296
-, show tech-support 309
Privilegierter EXEC-Befehl
-, ping, Überprüfung der TCP/IP-Verbindungen 345
-, terminal monitor 286
Privilegierter EXEC-Modus, show running-config 626
Privilegierter IP-Befehl
-, ping 292, 294, 345
-, trace 301
Probleme
-, Aktionspläne 30
- -, Ergebnisse 32
-, AppleTalk 468
-, AppleTalk-Netzwerke 466
-, Catalyst-Switches 529, 530, 531, 532, 559
-, Einschränkung der Möglichkeiten 27, 28
-, Erkennung 24, 25
-, Frame-Relay 565
- -, DLCI-LMI-Zustand 578
- -, DLCI-Zuordnungen 577
- -, Keepalives 580
- -, PVC-Zustand 578
-, IP 375
- -, Adressierung 373
- -, ausgefallene redundante Pfade 375

– –, Subnetzmasken 373
– –, Windows NT-Vernetzung 375
–, ISDN-BRI 589, 592
–, Lösung 34
–, NetWare, Aktionspläne 425, 426
–, NetWare-Netzwerke 420, 423
–, Sammlung von Fakten 27
–, TCP/IP 379, 380
– –, Aktionspläne 382
–, trace-Befehl 299
–, VLANs 536, 556
–, Wiederholung des Problemlösungsprozesses 33
–, Windows NT, Browsing 378
Problemlösungsmodell
–, Aktionspläne 30
– –, Betrachtung der Ergebnisse 32
–, Einschränkung der Möglichkeiten 27, 28
–, Festlegen des Problems 24, 25
–, Problemlösung 34
–, Prozesswiederholung 33
–, Sammlung von Fakten 27
Protokoll-Analyzer 223, 224, 225, 226, 241
Protokolle
–, AARP 176, 177
–, ADSP 185, 186
–, AEP 186
–, AFP 49, 186
–, AppleTalk 174, 175
– –, höherschichtige 59
–, ARP 129
–, ASP 186
–, ATM 58, 90
–, ATP 185
–, BGP 162
–, CDP 302
–, CLNP 55
–, CLNS 55
–, CMNS 58
–, CONP 58
–, DDP 55, 180
–, EGP 159
–, Erweitertes IGRP 147
–, Feldwerte, ISDN-BRI 616

–, Frame-Relay 111
–, FST 55
–, FTP 137
–, geroutete 46
–, HDLC 83, 87
–, HSRP 540
–, ICMP 132
– –, Arbeitsweise 132
–, IEEE 802.2 55, 88, 89
–, IEEE 802.3 60
–, IGRP 143
–, IP 55, 124
– –, Feldwerte 126
–, IP-Routing, Zustand 356
–, IPX 55, 167
–, IRDP 133
–, ISDN 119
–, LANE 102
– –, Architektur 103
–, LAP 84
–, LAPB 84, 88, 110
–, LAPD 122, 610
–, LAT 539
–, LCP 80
–, LLC 55, 88
– –, Diensttypen 89
–, LLC2 58
–, LocalTalk 176
–, MLP 605
–, MMP 605
–, MOP 539
–, NBP 183, 453
–, NCP 80, 174
–, NetBIOS 174
–, NetWare 166
–, NLSP 172
–, OSPF 153
–, PAP 49, 186
–, PPP 80
– –, ISDN-BRI-Optionen 616
–, QLLC 86, 89
–, RARP 129
–, RIP 138, 368
–, Routing 46
– –, Betrachtung des IP-Zustands 356
–, RTMP 182
–, RTP 148
–, SDLC 83

–, SMTP 137
–, SNAP 65
–, SNMP 137
– –, Netzwerk-Verwaltung 227
–, Spanning-Tree 491, 546
–, SPX 48, 58, 173
–, TCP 58, 123
–, TCP/IP, höherschichtige 137
–, Telnet 137
–, UDP 55, 136
–, unzuverlässige 42
–, Verbindungsabfolgen 45
–, verbindungslose 42, 55
– –, Netzwerkschicht 55
–, verbindungslose Datenübertragung 54
–, verbindungsorientierte 42, 43, 58
– –, Fehlersuche 44
–, VTP 499
–, X.21 bis 111
–, X.25 59, 105
–, X-Window-System 137
–, ZIP 465
–, zuverlässige 42
Protokollfelder, FDDI 82
Protokolltypenfelder, ARP/RARP-Pakete 130
Proxies, Winsock-Probleme 390
Prozesse 275
Prozess-Switching 197
–, System-Pufferung/Queuing 210
Prüfsummenfeld
–, DDP-Pakete 181
–, IPX-Pakete 168
–, OSPF-Pakete 158
–, TCP 136
PSEs (Paket-Switching-Exchanges), X.25 105
PSNs (Paket-Switched-Networks), X.25 105
PT-Feld, ATM-Zellen 93
PTI-Feld (Paket-Typ-ID), X.25-Header der Schicht 3 108
Puffer
–, fehlende, Frame-Relay 571
–, internes Logging 285
–, Paket 212

–, Schnittstelle 212
–, Statistiken 247
Pufferung 210
PVCs (permanente virtuelle Circuits)
–, ATM 94
–, Frame-Relay
– –, Überprüfung des Zustands 578
– –, Zustandsmeldungen 582
–, X.25 107

Q

QLLC (Qualified-Logical-Link-Control) 86, 89
QOS (Quality-of-Service), ATM 101
Quelladressen, IEEE 802.3 63
Quelladressfelder, FDDI 79
Quellfelder, IPX-Pakete 168
Quellportfeld, TCP 134
Queuing 210
–, Ausgabe-Queues 211
–, Eingabe-Queues 211
Quick-Starts 655

R

RARP
–, dynamische IP-Adressen 129
–, Pakete 130
RARP-Pakete
–, HA-Felder 130
–, Hardware-Typenfeld 130
–, PA-Felder 130
–, Protokoll-Typenfeld 130
redistribute metric 383
Redundante Pfadprobleme, IP 375
Referenzmaterialien 667, 668, 669
Referenzpunkte
–, ISDN 121
–, ISDN-BRI 599
REJ-Meldungen (Reject) 612
Reservierter Token, FDDI 75
Reserviertes Feld
–, TCP 135
–, Token-Ring 69
Ressourcen-Monitor 240

Ringwiederherstellung, FDDI 76
RIP (Routing-Information-
  Protokoll) 138, 368
–, ausgelöste Updates 142
–, IP-Routingtabellen-Updates
  368, 369
–, IPX-Pakete 170
– –, Netzwerknummernfeld 170
– –, Operationsfeld 170
– –, Ticksfeld 170
–, IPX-Verwendung 170
–, Pakete, Format 139
–, Poison-Reverse-Updates 143
–, Routing-Schleifen 141
–, Routing-Update-Zeitgeber 140
–, Split-Horizon 142, 145
RIP-Pakete
–, Adressfamilien-ID-Feld 140
–, Adressfeld 140
–, Befehlsfeld 139
–, Metrik 140
–, Versionsnummernfeld 139
RJ-45-Verbindungen, ISDN-BRI
  600
RLAs (Router-Link-
  Advertisements), OSPF 157
RMON-Agent, Fehlersuche bei
  Switches 505
RNR Meldungen (Receiver-Not-
  Ready) 612
Root-Bridges 492
Root-Knoten, ATM 100
route add default 382
route print 387
Routenflattern, AppleTalk 475
Routen-Tagging, Erweitertes
  IGRP 152
Router
–, 7000er Serie, show interfaces
  250
–, Arbeitsspeicher-Statistiken
  273, 274
–, AppleTalk,
  Konfigurationsanzeige 438
–, Area-Border-Router, OSPF
  154
–, CDP 547
–, Core-Dumps 309, 316
–, debug-Befehlsoptionen 553

–, externer 131
–, Fehlersuche, VLANs 536, 537
–, freier Arbeitsspeicher 275
–, HSRP-Protokoll 540
–, interner 131
–, Konfiguration, ISDN-BRI 626
–, Konfigurationsdaten 310
–, ping-Optionen 385
–, Pufferstatistiken 247
–, show vlan-Befehlsoptionen
  549, 552
–, Trunks 538
–, Übersetzung, Schicht 2 540
–, VLAN-High-End-Probleme
  560
router odr 304
Router-ID-Feld, OSPF-Pakete 158
Routinen, RTMP, Ausgabe 464
Routing
–, dynamisches 131
–, IP, Vertrauensoptionen 384
–, IPX, Betrachtung der Daten
  416
–, Prozessüberblick 193, 194
–, statisches 131
–, Switchingfunktionen, die die
  Performance beeinträchtigen
  205
– –, Accounting 207
– –, Filterung 207
–, TCP 131
–, VLANs 538, 539, 543
Routing-Information-Protokoll,
  siehe RIP 368
Routing-Protokolle 46
Routing-Schleifen, RIP 141
Routing-Tabelle
–, AppleTalk 182, 443
–, BGP 163
–, IP 131, 359
– –, RIP-Updates 368, 369
–, IPX 405
–, Windows NT 387, 388
Routing-Tupel, RTMP 183
Routing-Update-Meldungen,
  EGP-Pakete 161
Routing-Update-Zeitgeber, RIP
  140
Roving RMON 513

RPCs (externe Prozeduraufrufe) 138
R-Referenzpunkt, ISDN-BRI 599
RR-Meldungen (Receiver-Ready) 612
–, ISDN-BRI 615
RSRB-Pakete (Remote-Source-Route-Bridging) 55
RTMP (Routing-Table-Maintenance-Protokoll) 182, 464
–, Betrachtung der Routinenausgabe 464
–, Pakete 182
–, Routing-Tupel 183
RTMP-Pakete
–, Knoten-ID-Feld 182
–, Netzwerknummernfeld 182
–, Versionsnummernfeld 182
RTMP-Update-Probleme, AppleTalk 475
RTP (Reliable-Transport-Protokoll) 148
–, Erweitertes IGRP 148

S

S/T-Schnittstelle
–, ISDN-BRI 600
– –, Fehlersuche 600
– –, Leitungsframing 601
SABMEs (Set-Asynchronous-Balanced-Mode-Extended) 612
–, ISDN-BRI 614
SAIDs (Security-Association-IDs) 545
–, VLANs 545
SAP
–, IPX-Pakete 170
– –, Knotenadressfeld 171
– –, Netzwerkadressfeld 171
– –, Servernamenfeld 171
– –, Service-Typfeld 171
– –, Socketadressfeld 171
SAP-Felder, IEEE 802.3 64
SAP-GNS-Anfragen, NetWare 48
SAPIs (Service-Access-Point-IDs) 612
–, LAPD 122

SAPs (Service-Access-Points), IEEE 802.2 89
SASs (Single-Attachment-Stationen), FDDI 74
Scanner
–, OMNI-Scanner 218
–, Überprüfung der Kabelverbindung 218
Schicht 1, X.25 106, 111
Schicht 2
–, OSI-Referenzmodell 52, 59
–, Q.921, ISDN-BRI, Fehlersuche 610
–, Router-Übersetzung 540
–, X.25 106, 110
Schicht 3
–, OSI-Referenzmodell 52
–, X.25 106
– –, Header 108
– –, VC operations 109
Schicht 4, OSI-Referenzmodell 52
Schicht 5, OSI-Referenzmodell 52
Schichten
–, ATM-Referenzmodell 96
–, OSI-Referenzmodell 52
Schlechte VLAN-Performance 559
Schleifen im Netzwerk 491
Schlüsselworte
–, nbptest-Einrichtung 453
–, show ip ospf database 353
–, show ip route 359
Schnittstellen
–, AppleTalk, Zustand 440
–, ATM, Daten 267
–, Ausgabe-Queues 211
–, Deaktivierung des CDP 305
–, Eingabe-Queues 211
–, Ethernet, Daten 252, 256, 262, 267
–, FDDI, Daten 261, 265
–, IP, Zustand 351, 352, 354
–, IPX, Zustands/Parameter-anzeige 399
–, IPXWAN, Daten 413
–, ISDN-BRI, Zustand 604
–, NetWare, Fehlersuche 426
–, Netzwerk, Flag/Adressdaten 518

–, OSPF, Daten 355
–, seriell, Daten 258
–, Token-Ring, Daten 255
Schnittstellenpuffer 212
–, Ignores 212
–, Underruns 213
SDLC 83
–, FCS-Felder 86
–, Frames 85
– –, Adressfelder 85
– –, Flagfelder 85
–, I-Frames 85
–, Kontrollfelder 85
–, Netzwerkkonfigurations-
beispiel 86
–, primäre 84
–, sekundäre 84
–, S-Frames 86
–, U-Frames 86
SDLC-Verbindungsschleifen 84
sekundäre, SDLC 84
SEL-Feld (Selektor), private ATM-
Adressen 100
Sequenznummernfeld
–, EGP-Pakete 160
–, TCP 135
Serielle Schnittstellen
–, Daten 258
–, Frame-Relay, Ursachen für
Ausfall 575, 576
–, ISDN-BRI, allgemeine Pro-
bleme und Symptome 590,
592
Server
–, AppleTalk 175
–, DNS, ping-Optionen 385
–, IPX, Anzeige 406
–, NetWare, Fehlersuche 421
–, Syslog 286
–, VTP 500
Servernamenfeld, IPX-SAP-Pakete
171
service timestamps debug
datetime msec 625
service timestamps log datetime
msec 595
Service und Support für Cisco-
Produkte 662
set port duplex fullhalf 542

set trunk 543
set vtp domain admin-1 499
SFD (Start-of-Frame-Begrenzer),
IEEE 802.3 62
S-Frames (Supervisory) 86
–, LAPB 110
–, SDLC 86
Ships-in-the-Night-Routing 195
show appletalk access-lists, Felder
434
show appletalk adjacent-routes
435
show appletalk arp 437
show appletalk globals 438
show appletalk interface 51, 440
–, Felder 440, 441
show appletalk name-cache 442
show appletalk nbp 453
show appletalk route, Felder 443
show appletalk traffic 50
–, Felder 448, 449, 450, 451
show arp 549
show bridge vlan 549
show buffers 247
–, Felder 247, 311, 313, 315
show cdp 303, 305, 512
show cdp entry 307
show cdp interface 305
show cdp neighbors 306, 529,
548
show cdp neighbors detail 306
show config 522, 523
show controllers 268
show controllers bri 594, 598,
603, 604
show controllers cxbus 312
–, AGS+-Karten 314
show controllers token 268, 269,
271
show dialer 631
show dialer bri 604
show dialer interface bri 594
show ethernet interfaces, Felder
252, 253, 259
show flash 524
show frame-relay lmi 576
show frame-relay map 577
show frame-relay pvc 578
show interfaces atm 267

Stichwortverzeichnis

show interfaces 250
–, Betrachtung der statistischen Zähler 251
show interfaces bri 594, 595, 597
show interfaces bri0 605
show interfaces ethernet 251
show interfaces fastethernet 549
show interfaces fddi 261, 265
show interfaces serial 257, 258, 573, 575, 576
show interfaces tokenring 255, 256, 261
show ip access-list 349
show ip arp 350
show ip interface 351
show ip ospf database 353
show ip ospf interface 355
show ip route 359, 382, 383
show ip traffic 360
show ip-Protokolle 356
show ipx eigrp neighbors 397
show ipx eigrp Topologie 397
show ipx interface 49, 399
show ipx nlsp database 402
show ipx route 405
show ipx servers 406, 427
show ipx traffic 49, 410
show isdn status 594, 598, 629
show logging 286, 287
show mac, MACdaten 518
show memory 273, 274
show memory free 275
show memory io 275
show memory sram 275
show port, port status/counters 520
show ppp multilink 595
show processes 275
–, cpu 281
show processes memory 277
show span 522, 523, 550
show spantree 524, 549
show spantree statistics 525
show stacks 314
show system, running-config 626
show system, Catalyst-Systemdaten 517, 518, 519
show tech-support 309
show test, Diagnoseergebnisse, Catalyst-Switch 517, 518
show version 310, 311
show vlan 550
show vtp domain 529
show-Befehle 245, 246
–, Frame-Relay 572
–, ISDN-BRI 594
–, TCP/IP 349, 396
–, vlan-Optionen 549, 552
Silikon-Switching 198
Sitzungsschicht, OSI-Referenzmodell 52
SLAs (Summary-Link-Advertisements), OSPF 158
SMTP (Simple-Mail-Transfer-Protokoll) 137
SNAP (Subnetwork-Access-Protokoll) 65
SNAP-Protokoll-Diskriminatorfeld, AARP-Pakete 178
Sniffer Pro-Netzwerkmonitor 223
Sniffer Pro-Protokoll-Analyzer 224
SNMP (Simple-Network-Management-Protokoll) 137
–, Betrachtung der Parameter 287
–, Netzwerkverwaltung 227
Socket-Adressfeld, IPX-SAP-Pakete 171
Socket-Nummernfeld, IPX-Pakete 168
Soft-Seed-Router, AppleTalk 473
Software-Produkte, CCO-Marketplace 656
Source-Route-Bridging, Daten 255
SPAN
–, Befehlssyntax 515
–, Port-Analyzer 513, 514
–, Überwachung des VLAN-Verkehrs 515
SPAN ports (Switched-Port-Analyzer), TrafficDirector 239
Spanning-Tree-Protokoll
–, Betrachtung der Topologie 550

–, Betrachtung der Topologieänderungen 555
–, Bridging, Telnetausführungen 548
–, Fehlersuche 546
–, Überblick 491
Spanning-Tree-Protokollalgorithmus, Einbindung von LANs in ein VLAN 538
Spanning-Trees
–, BPDU, Daten 525, 526
–, VLANs 527, 528
SP-CxBus-Controller (Switch-Prozessor), Daten 312
SPF-Routing-Algorithmus, OSPF 155
SPIDs
–, ISDN-BRI
– –, Bedarfsbestimmung 626
– –, Grundlinie 627
– –, line setup und configuration 627
– –, ungültige 628
– –, Ursachenaussagen 628
Split-Horizon, RIP 142, 145
Spoofing, D-Kanal, ISDN-BRI 596
SPX (Sequenced-Packet-Exchange) 58, 173
–, NetWare-Verbindungen 48
SQL-basierte Berichte, TrafficDirector 240
SRAM-Arbeitsspeicher 275
S-Referenzpunkt, ISDN-BRI 599
SSAP (Source-Service-Access-Point), IEEE 802.3 64
Stack-Decoder 660
–, Stapelspuren 314
Standardgateways, Unix-Hosts, Probleme 382
Standards 670, 672, 673
Stapelspuren 314
Startbegrenzer
–, FDDI 78
–, Token 70
Statisches Routing 131
Statistiken, Puffer 247
Statistische Zähler 251

Statistisches Multiplexing, Frame-Relay 112
Staubenachrichtigung, Frame-Relay 113
Staubezogene Bitpositionen, Frame-Relay 567
Sterntopologie, Token-Ring-Netzwerk 69
Store-and-Forward-Switching, Catalyst 5000 486
Subnetze, IP 128
Subnetzmasken, IP 129, 373
Subnetzwerkmodelladressierung, ATM 98
Supervisor-Engines
–, Fehlersuche bei Switches 503
–, Switches, Überprüfung des LEDs 507
Supportdienste und -optionen 651, 656
SVCs (Switched-Virtual-Circuits)
–, ATM 94
–, X.25 107
Switches
–, ATM 91
– –, Arbeitsweise 95
–, Flashdaten 524
–, Parameter 526
–, Systemkonfiguration 522
–, geswitchter Port-Analyzer 522
–, Catalyst
– –, 2900-Modell 484
– –, 5500-Modell 484
– –, Fehlersuche 483, 485
– –, Fehlersuche im Fast-Ethernet 541, 543
– –, höherschichtige Probleme und Symptome 531, 532, 559
–, Catalyst 5000
– –, Befehlsoptionen 516
– –, Betrachtung der Diagnosedaten 517, 518
– –, BIGA 488
– –, Eingabe/Ausgabe-Queuing 486
– –, Fehlersuche 503
– –, interne Architektur 486
– –, NMP 488
– –, ping-Befehlsoptionen 510

Stichwortverzeichnis **715**

– –, Problemisolierung 529, 530
– –, Store-and-Forward-Switching 486
– –, zentraler Busentscheider 487
–, CDP 547
–, Endbenutzerverbindungen 510
–, Fehlersuche
– –, CWSI 504
– –, in VLANs 537
– –, RMON-Agent 505
–, Inter-Switchverbindung 537
–, ISDN-BRI
– –, fehlerhaft konfigurierte 620
– –, Typen 620
–, Kabel, Distanzgrenzen 508
–, Konfiguration für das VTP 500
–, Kupferverkabelung 509
–, Nachbar-IP-Adressen, Entdeckung über das CDP 512
–, Nachbarn, CDP-Daten 529
–, optische Glasfaserkabel 509
–, Port-Analyzer, SPAN-Werkzeug 513, 514
–, Port-Spiegelung 513
–, Supervisor-Engines, Überprüfung der LEDs 507
–, transparenter Modus 500
–, Trunks 538
–, Überprüfung der LEDs, CiscoView 507, 508
–, Unterschiede zu Bridges 490
–, Vergleich mit Bridges 490
Switching
–, ATM 90
–, Fast-Switching 198
–, Funktionen, die die Performance beeinträchtigen 205
– –, Accounting 207
– –, Filterung 207
–, optimiertes Switching 199
–, Pfade 196, 197
–, Prozess-Switching 197
– –, System-Pufferung/Queuing 210
–, Prozessüberblick 195, 196
–, Silikon-Switching 198

–, verteiltes Switching 199
–, VLANs 538, 539
SwitchProbes, Netzwerkverkehrsüberwachung 239
Sydney-Router-Übung 323, 325
Symptome
–, AppleTalk-Probleme 468
–, Catalyst-Switches 531, 532, 559
–, IP-Probleme 375
–, NetWare-Problemen 423
–, TCP/IP-Problemen 379, 380
Synchroner Verkehr, FDDI 75
SYN-Pakete (Synchronisierung), TCP 47
Syslog-Meldungen, Kategorien 286
Syslog-Server, Logging-Meldungen 286
Systematische Fehlersuche 25, 27, 28, 30, 33, 34
Systempufferung 210

T

T1-Wide-Area-Telefon-Dienste 119
Tabellen, CDP, Entleerung 307
TAC (Technical-Assistance-Center) 309, 656, 662
Taktprobleme, Frame-Relay-Verbindungausfälle 580
TCP 58, 123
–, Applikations-Portnummern 134
–, Bezug von MAC-Adressen, ARP-Anfragen 47
–, Dreiwege-Handshake 47
–, Pakete
– –, Bestätigungsnummernfeld 135
– –, Datenfeld 136
– –, Datenoffsetfeld 135
– –, Fensterfeld 136
– –, Flagfeld 136
– –, Formate 134
– –, Optionsfeld 136
– –, Prüfsummenfeld 136
– –, reserviertes Feld 135

– –, Sequenznummernfeld 135
– –, wichtiges Zeigerfeld 136
– –, Zielportfelder 134
–, Quellportfeld 134
–, Routing 131
–, SYN-Pakete 47
–, Transportschicht 134
–, Verbindungsabfolge 46
TCP/IP, siehe auch IP 371
–, Aktionspläne 382
–, allgemeine Symptome und Probleme 379, 380
–, begrenzter Hostzugriff 372
–, debug-Befehle 362
–, distance 384
–, EIGRP-Pakete
– –, Analyse 363
–, Fehlersuche 341
–, höherschichtige-Protokolle 137
–, ICMP-Meldungen 364
–, IGRP, Ereignisübersichtsdaten 366
–, OSPF-Ereignisdaten 367
–, Symptome und Probleme 375
TDM (Time-Division-Multiplexing) 112
TDRs (Time-Domain-Reflektometer) 217, 219
TE1s (Terminal-Equipment-Typ 1) 121
–, ISDN 121
TE2s (Terminal-Equipment-Typ 2) 121, 599
–, ISDN 121
–, ISDN-BRI 599
Technische Publikationen 670
Technische Standards 670, 672, 673
Technischer Support 308
TEI-Feld, ISDN-BRI 610, 611
TEIs (Terminal-Endpunkt-IDs)
–, ISDN-BRI, Meldungstypen 613
–, LAPD 122
Telnet 137
–, Verwendung beim Spanning-Tree-Protokoll-Bridging 548
terminal monitor 286

Terminals, Anzeige der Logging-Meldungen 286
test appletalk 454
–, confirm 454
Testantworten, Kapitel 1, Fehlersuchmethodik 637
Testzeichen
–, Benutzer-EXEC-Befehl ping 343
–, IP-ping-Sitzungen 290
Ticksfeld, IPX-RIP-Pakete 170
Token 66
–, Access-Kontroll-Byte 70
–, Startbegrenzer 70
Token-Ring 66
–, aktive Monitore 68
–, Autorekonfiguration 69
–, Beaconing 69, 270
–, Betrachtung der Fehlerzähler 268
–, Burst-Fehler 271
–, CRC-Fehler 271
–, Empfangsstau-Fehler 271
–, fehlerhafte Leitungszustände 284
–, Informationsframe 67
–, isolierender leichter Fehler 271
–, Leitungsfehler 271
–, MSAUs 66
–, NAUN 69
–, NAUNs 271
–, nicht isolierender leichter Fehler 271
–, Prioritätsfeld 69
–, reserviertes Feld 69
–, Schnittstellen, Betrachtung der Daten 255
–, Sterntopologie 69
–, Token 66
Token-Ring-Netzwerke, Fehlersuche 319, 320
TokenTalk 176
Topologietabelle
–, EIGRP, Anzeigefelder 398, 399
–, Erweitertes IGRP 151
– –, passive Routeneinträge 152
TOS-basiertes Routing, OSPF 158

trace-Befehl 288
–, allgemeine Probleme 299
–, Benutzer-EXEC 298, 348
–, Fehlermeldungen 298, 348
–, Felder 299
–, privilegierter Modus 301
–, TTL-Werte 347
–, Überprüfung der IP-
   Verbindungen 347, 348
traceroute, ISDN-BRI 594
tracert 387
TrafficDirector
–, externe Überwachung 238
–, Protokollanalyse 241
–, Ressourcen-Monitor 240
–, siebenschichtige
   Verkehrsanalyse 240
–, SPAN-Ports 239
–, SQL-basierte Berichte 240
–, VLAN-Überwachung 239
Trägerwechsel, Frame-Relay 574
Training mit Cisco-Produkten
   664
Transparenter Modus von
   Switches 500
Transportschicht, OSI-
   Referenzmodell 52
–, TCP 134
Troubleshooting-Engine 660
Trunks 538
TTL (Time-To-Live), Datagramme
   298, 348
TTL-Werte (Time-To-Live), trace-
   Pakete 347
Typen
–, Frame-Relay-Pakete 583
–, Frame-Relay-Paketcodes 584
Typenfeld
–, BGP-Pakete 164
–, Ethernet 63
Typwerte, DDP 181

U
UA-Meldungen (unnummerierte
   Bestätigung) 612
UAs (unnummerierte Bestätigung)
   615
Überblick
–, Routingprozess 193, 194

–, Spanning-Tree-Protokoll 491
–, Switchingprozess 195, 196
Überprüfung
–, optischen Glasfaser 218
–, Verkabelung 218
– –, TDRs 219
–, Windows NT-Routingtabelle
   387
Übersetzung
–, Router, Schicht 2 540
–, VLANs 538, 539
Übertragungsfrequenz, CDP 304
Übertragungsmodi, HDLC 88
Übertragungspfade, ATM 95
Überwachung
–, CDP 305
–, LANs 237
–, Netzwerke 222, 223
–, Netzwerke, externe Optionen
   238
–, Netzwerkverkehr 239
–, VLAN-Verkehr, SPAN-
   Werkzeug 515
–, WANs 237
Übungen
–, Brussels-Router 327, 328,
   329, 331, 333, 334, 335, 337
–, Sydney-Router 323, 325
–, Token-Ring-Netzwerke 319
UDP (User-Datagram-Protokoll)
   55
–, Applikations-Portnummern
   134
–, Header 136, 137
U-Frames (unnummeriert) 86
–, LAPB 110
–, SDLC 86
Underrun-Meldungen 213
Unerreichbarkeitsattribut, BGP
   165
Ungültige SPIDs, ISDN-BRI 628
UNI (User-Network-Interface),
   Frame-Relay-LMI-Statistiken
   577
UNIs (User-Network-Interfaces)
–, ATM 92
–, ATM-Zellformate 94
Unix-Hosts, Standard-Gateway-
   Probleme 382

Unnummerierte Bestätigungen, siehe UAs 615
Unnummeriertes Informations-ID-Byte, LMI-Meldungen 116
Unpassende Einkapselung, IPX 424
Unpassende Konfigurationen, AppleTalk 473
Unzuverlässige Protokolle 42
Unzuverlässige VLAN-Performance 559
Update-Meldungen, BGP 163, 164
Update-Meldungsfehler, BGP 166
Update-Pakete, Erweitertes IGRP 150
Updates, IP-Routingtabelle 368, 369
Ursachen-Aussagen, ISDN-BRI, SPIDs 628
U-Schnittstelle, ISDN-BRI 600
User-Network-Interfaces, siehe UNIs 92

V
VCI-Feld, ATM-Zellen 93
VCIs (virtuelle Channel-IDs) 58
VCs (virtuelle Circuits) 58
–, Frame-Relay 113
– –, DLCIs 113
– –, Zustandsmeldungen 114
–, X.25 107
– –, Operationen der Schicht 3 109
Verbindungen
–, AppleTalk 49
– –, Fehlersuche 433
–, ATM 100
–, Frame-Relay, Ausfall- und Taktprobleme 580
–, ISDN-BRI, allgemeine Probleme 592
–, NCP 48
–, NetWare 48
–, Netzwerke, ping-Optionen 289
–, Novell, Fehlersuche 395
–, TCP 46

Verbindungsabfolgen, Protokolle 45
Verbindungsaufbau, verbindungsorientierte Datenübertragung 56
Verbindungslose Datenübertragung 42, 45
–, Protokolle 54
Verbindungslose Dienste 44, 45, 54
–, ATM 94
–, Fehlersuche 45
Verbindungslose Protokolle 42
–, Beispiele 55
Verbindungsorientierte Datenübertragungen 56
–, Beendigung 57
–, Fehlerkontrolle 57
–, Flusskontrolle 57
–, geordnete Übertragung 57
Verbindungsorientierte Dienste 43
Verbindungsorientierte Protokolle 42, 43, 58
–, ATP 49
–, Fehlersuche 44
–, NCP 48
–, TCP 46
Verbindungsparameter
–, 5ESS-Switches 629
–, NI-1-Switches 629
Verbindungsreferenz-Byte, LMI-Meldungen 116
Verbindungsreferenz-Flag, ISDN-BRI 621
Verbindungszustandsanfragen, OSPF 157
Verbindungszustandsbestätigungen, OSPF 157
Verbindungszustandsdatenbank, IPX, Einträge 402
Verfolgung des Paketflusses 202, 204
Verkabelung
–, Überprüfung 218
– –, TDRs 219
Verkehrskontrakte, ATM 101
Verkehrsregelung, ATM 101

Verkehrsstatistiken
–, IP 360
–, IPX 408
Verkehrsüberwachung von Netzwerken 239
Verkehrsverwaltung, ATM 101
Version 2 des Ethernet 61
Versionsnummernfeld
–, EGP-Pakete 160
–, RIP-Pakete 139
–, RTMP-Pakete 182
Verteiltes (distributed) Switching 199
Vertrauensoptionen, IP-Routing 384
Verwaltung, VLANs 241, 242
–, über das VTP 499
Virtuelle Kanäle, ATM 95
Virtuelle Pfade, ATM 95
VLAN-Dienst, ATM 103
VlanDirector, VLAN-Verwaltung 241, 242
VLANs (virtuelle LANs)
–, aktive Catalyst-5000-Switches 523
–, Fall-Back-Bridging 542
–, Fehlersuche 536, 544
– –, auf Routern 536, 537
– –, externe Verbindungen 559
– –, Problemisolierung 556
– –, Switches 537
–, IRB 543
–, ISL
– –, Frame-Tagging 494
– –, ID-Nummern 545
–, langsame oder unzuverlässige Performance 559
–, Metriken 544
–, MTU 545
–, Routing 538, 539, 543
–, SAIDs 545
–, show-Befehlsoptionen 549, 552
–, Spanning-Tree 527, 528
–, Spanning-Tree-Details 526
–, Spanning-Tree-Topologie 550, 555
–, Switching 538, 539

–, Übersetzung 538, 539
– –, Schicht 2 540
–, Überwachung des Verkehrs, SPAN-Werkzeug 515
–, Verwaltung 241, 242
–, Verwaltung über das VTP 499
Volt-Ohm-Meter 218
Vorbereitung auf eine Fehlersuche 35, 36
VPI-Feld, ATM-Zellen 93
VTP 499
–, Adverts 500
–, Domänen
– –, Daten 529
– –, Konfiguration 499
–, Fehlersuche, Tipps und Hinweise 501
–, Konfiguration, Switches 500
–, transparenter Modus von Switches 500
VTP-Server 500

W

WAN-Manager 242
WANs, Überwachung 237
WATS (Wide-Area-Telefon-Dienste) 119
Web-basierte Netzwerkverwaltungen 233
Web-Seiten
–, CCO (Cisco-Connection-Online) 651, 652, 653
–, Cisco Press 656
Wechselnde serielle Verbindungsprobleme beim Frame-Relay 569, 590
Werkzeuge
–, Netzwerkmonitore 222, 223
–, Netzwerkverwaltungssysteme 226, 227
–, Protokoll-Analyzer 223, 224
Werte, Frame-Relay-Pakete 583
Wichtiges Zeigerfeld, TCP 136
Windows NT
–, ARP-Cache, Entleerung 388
–, Browsing-Probleme 378
–, DNS, Probleme 389
–, HOSTS-Datei, unpassende Einträge 389

–, Internetzwerk-Probleme 376
–, LMHOSTS-Datei, Probleme 390
–, Netzwerkverwaltung 235
–, Routingtabelle, Überprüfung 387, 388
Winsock-Proxy-Probleme 390
WINS-Server, ping-Optionen 385
Workstations, NetWare 166
write core 316

X
X.121-Adressen
–, IDNs 108
–, X.25 109
X.21 bis-Protokoll 111
X.25 105
–, Frames 108
–, PADs 106
–, PSEs 105
–, PSNs 105
–, PVCs 107
–, Schicht 1 106, 111
–, Schicht 2 106, 110
–, Schicht 3 106
– –, Header 108
– –, VC-Operationen 109
–, SVCs 107
–, VCs (Virtual-Circuits) 107
–, X.121-Adressen 109
XDR (externe Datendarstellung) 138
X-Window-System 137

Z
Zeitschriften zur Referenz 667
Zellen
–, ATM
– –, CLP-Feld 94
– –, GFC-Feld 93
– –, Header 93
– –, HEC-Feld 94
– –, PT-Feld 93
– –, VCI-Feld 93
– –, VPI-Feld 93
Zentraler Bus-Entscheider, Catalyst 5000 487
Zieladressen, IEEE 802.3 63
Zieladressfelder, FDDI 79
Ziel-DTE-Adressen, X.25 Schicht 3 Header 108
Zielportfelder, TCP 134
ZIP (Zonen-Informations-Protokoll) 465
ZIP-Ereignisse 465
ZIP-Stürme, AppleTalk 470, 475
ZITs (Zonen-Informationstabellen) 184
Zonen, AppleTalk 179, 180
Zonen-Informationstabelle, AppleTalk 452
Zuordnung von Netzwerken 552
Zustandsabfrage-Meldungen, LMI 117
Zustandsabfragen, LMI (Frame-Relay) 582
Zustandsfeld, EGP-Pakete 160
Zustandsmeldungen, Frame-Relay-VCs 114
Zuverlässige Protokolle 42